近代アジア市場と朝鮮

開港・華商・帝国

石川亮太 著
Ryota Ishikawa

名古屋大学出版会

近代アジア市場と朝鮮　目　次

凡　例

一、引用文中の……は省略、〔　〕内は引用者による補いを示す。
二、漢字は原則として日本の常用漢字に改めた。
三、漢文史料の引用にあたっては、本文に現代日本語訳を掲げ、対応する原文を注に示した。引用文中の□は不明字、アラビア数字は蘇州号碼を示す。蘇州号碼は中国の伝統的商業文書に利用される数字であり、本書では第II部で利用した同順泰文書に頻出する。
四、文語文の日本語史料を引用する際には漢字ひらがな混じり文に改め、濁点・句読点を補った。また変体かなは一般のかなに改めた。
五、史料の出所のうち「使館檔案」は中央研究院近代史研究所檔案館所蔵の駐韓使館保存檔案を指す。この史料については第4章を参照されたい。
六、研究文献の引用にあたって、本文の注では著者名と発表年のみを示し、書誌全体は巻末の文献一覧に譲った。なお著者名をハングルで示したものは朝鮮文、漢字で示したものは日本文ないし中国文であり、同一著者の文献であってもこの原則に従って書き分けた。また、日本文の文献のうち著者名が朝鮮・中国名であって、かつ読み方が明らかなものは［　］内にかなで読みを補い、文献一覧でもその順で排列した。(例) 姜徳相［かん・とくさん］(一九六二)。
七、本文の日付は、原則として西暦（グレゴリオ暦）により、必要に応じて（　）で旧暦を補った。ただし第6章、第7章は史料と対照する便宜から本文中でも旧暦を用いた。なお朝鮮政府は一八九六（建陽元）年一月一日からグレゴリオ暦を採用した。

長春
吉林
間島
ウラジオストク
局子街
琿春
龍井村
奉天（瀋陽）
咸鏡北道
清津
咸鏡南道
城津
営口
(牛荘)
鳳凰城
(柵門)
北京
九連城
義州
天津
大連
元山
平壌
鎮南浦
海州
開城
ソウル（漢城）
仁川
煙台
(芝罘)
江景
群山
全州
馬山
釜山
木浦
長崎
上海

関連地図（20 世紀初め）

序　章　近代アジア市場の中の朝鮮開港

——華商からのアプローチ

一六世紀末から一七世紀前半にかけ、南側の日本と北側の女真から二度ずつ侵攻された朝鮮は、中華の主宰者に駆け上った女真すなわち清の朝貢国となる一方、日本に新たに成立した江戸幕府とは対等の立場で国交を回復した。朝鮮は以後二〇〇年にわたりこの二国とのみ外交関係を保つこととなった。このような東アジア規模の政治変動は、一六世紀後半にこの地域を席捲した国際商業ブームを背景としたものであったが[1]、清と江戸幕府は一七世紀半ばからそれぞれの方法で海上貿易と人の移動を管理し、秩序の回復を図った[2]。その間にあった朝鮮も同様であり、清と日本（対馬藩）に対して場所と参加者、商品のいずれについても限定的な貿易を実施した[3]。

東アジアのこうした状況は、一九世紀半ばからの開港場を通じた自由貿易の開始によって再び転換した。その背景となった国際関係の秩序あるいは論理の変化については様々な解釈がなされている[4]。だがあえて量的な面だけに注目すれば、開港場という装置とそこに集中する近代的な交通・通信のインフラストラクチャーを通じて、東アジアの貿易は急激な増加を遂げ、それは各国の経済・社会に大きな変化をもたらした。

朝鮮の場合、一八七六年の日朝修好条規の締結が「開港」の起点となった。以後しばらく朝鮮の条約締結国は日本一国に限られたが、一八八二年に米国を皮切りとして西欧諸国との条約も順次締結され、また同じ八二年には宗属関係を維持したままで——主権国家間の条約としてではなく皇帝の恩恵として——朝中商民水陸貿易章程が制定され、清との間でも開港場を通じた移動と貿易が認められた。[5] 一八七六年の時点で朝鮮の開港場はかつてより対日貿易の拠点となっていた釜山一港であったが、一八九四年の日清戦争までに元山・仁川の二港が追加され、一九一〇年までにさらに増えて一〇港となった。[6] こうした制度的変化を背景に実際の貿易額も急増した。表序-1は朝鮮海関の貿易統計が公刊された一八八五年以来、[7] 保護国期の一九〇六年までの貿易状況を示している。この簡略な表からだけでも、朝鮮の貿易が右肩上がりに急激な増加を遂げたことが分かる。[8]

以下では一八七六年の開港から日露戦争後の保護国化に至る時期を朝鮮の開港期と呼ぼう。開港期の朝鮮にとって最大の貿易相手国は一貫して日本であった。対日貿易は規模において拡大しただけでなく、内容においても綿織物など日本製の工業製品と朝鮮の食糧品（米、大豆）の交換という典型的な垂直分業の形を保護国化の時点で既に確立していた。[9] 村上勝彦はこのような日朝貿易の構造を「綿米分業体制」と表現し、日清戦争後を起点として日露戦争後に形をなし、植民地期に至って強固化・全面化を果たしたとする。[10]

これについて、次の二つの問題に留意したい。一つは、市場の環境（制度やインフラストラクチャー）が未整備あるいは流動的であったこの時期において、貿易を生産上の分業形成の過程とのみ捉えては不十分であり、流通の実際の担い手であった商人たちが制約された環境の下でどのように貿易を実現させたかを明らかにしなければならないということである。[11] もう一つは、開港期の貿易を植民地化に至る過程として、日朝の二国間関係の中だけで捉えてよいかということである。朝鮮が最終的には「日本による対外関係の独占的な媒介と掌握」の下で韓国併合を迎えるとしても、[12] それは最初から予定されていたことではない。開港期朝鮮をめぐる多角的な貿易環節の構造を明らかにし、日朝貿易もその中の一つとして相対的に位置づけることが必要であろう。

このような問題を念頭に、本書では開港期の外国貿易において日本人商人の最も有力な対抗者であった華人貿易商すなわち華商に注目する。華商による対中国貿易を軸とした商業活動の実態を明らかにし、それを条件付けた朝鮮内外の様々な条件——その中には日本との関係も含まれる——を広域的な視野の下に跡づけることで、開港期朝鮮の国

表序-1　開港期朝鮮の貿易額，相手先別（1885～1906 年）

（千円）

年	輸入（商品）			輸出（商品）			輸出（金）	
	日本	中国	その他	日本	中国	その他	日本	中国
1885	1,370	301	1	378	9	1	n.a.	n.a.
1886	2,021	439	14	488	16	0	912	219
1887	2,072	733	11	784	19	2	1,178	210
1888	2,179	848	20	785	72	10	1,025	349
1889	2,285	1,086	7	1,122	110	2	608	374
1890	3,071	1,652	5	3,475	71	4	275	475
1891	3,204	2,044	8	3,220	136	10	273	416
1892	2,542	2,051	5	2,272	150	22	367	486
1893	1,949	1,906	25	1,543	134	21	425	494
1894	3,647	2,065	120	2,051	162	99	639	295
1895	5,839	2,120	130	2,366	92	24	953	400
1896	4,294	2,159	78	4,396	264	68	803	587
1897	6,432	3,536	100	8,090	736	148	948	1,087
1898	6,771	4,929	117	4,523	1,130	57	1,193	1,183
1899	6,658	3,471	99	4,205	685	87	2,049	884
1900	8,241	2,582	117	7,232	1,969	239	3,065	568
1901	9,052	5,618	27	7,402	800	260	4,857	136
1902	8,689	4,832	20	6,550	1,536	231	5,004	60
1903	11,555	5,359	1,306	7,600	1,549	329	5,456	0
1904	19,007	5,053	2,745	5,697	1,233	3	4,999	11
1905	23,562	5,945	2,452	5,390	1,502	13	5,205	2
1906	22,914	4,105	2,635	6,917	700	516	4,602	64

出所）1885～93 年は中国海関年報附録（China Imperial Maritime Customs, *Returns of Trade and Trade Reports*, Appendix 2, Corea）各年。1894～1903 年は朝鮮海関年報（Korea Imperial Maritme Customs, *Returns of Trade and Trade Reports*）1903 年版。1904・05 年は同 1905 年版，1906 年は同 1906 年版による。なお前者は『朝鮮海関年報』（ソウル：亜細亜文化社，1989 年）の影印を，後者は原本（1901 年，03 年，05 年，06 年版は韓国国立中央図書館蔵，04 年版はソウル大学校中央図書館古文献室蔵）を利用した。

注）朝鮮海関の刊行物では 1901 年までメキシコドル表示，1902 年から円表示となっている。ただしメキシコドル表示は実際は円表示と読み替えて差し支えない（堀和生・木越義則 2008：p. 24）。輸出は国産品のみ，輸入は外国品のみで再輸出を控除した純輸入額を示す。n.a. は値が得られないことを示す。

際市場との関係について一つの切り口を提示したい。

一　開港期国際商業への視角

(1) 朝鮮商業史における開港期

開港期の対外貿易には開港場を通じる以外にも中露との陸路貿易や沿岸の密貿易などいくつかの経路があり、それらは地方的にはかなりの重みを持つことがあった。しかしここでは、開港場貿易にひとまず焦点を絞り、いくつかの切り口から研究上の課題について整理してみたい。

まず朝鮮商業史の中で開港期がどのように位置づけられてきたかを見てみよう。この当時、朝鮮人商人が開港場を通じて海外と直接取引する例はほとんどなく、貿易の大半は外国人商人によって行われた。欧米向け一次産品を産しなかった朝鮮に渡航する欧米人商人は少なく、外国人商人の大半は日本人と華人によって占められていた(13)。開港場には日本や中国におけるのと同様、外国人の居住と営業のために居留地（朝鮮では中国と同じく租界と表現した）が設置され(14)、内外商の取引はそれら居留地で行われる場合が多かった。ただし朝鮮の場合、内外商の接触はこうした（日本で言う）居留地貿易の形でのみ見られたわけではない。首都ソウル（漢城）が事実上の雑居地として外国人の居住と営業に開かれていたほか(15)、内地通商権つまり許可を得て開港場外で商業を行う権利も外国人に認められていた(16)。

朝鮮史研究における国際商業への関心は、外国人商人による貿易活動そのものというよりも、右のような様々な局面における内外商間の関係、とりわけ朝鮮人商人の側の対応に向けられてきた。そうした研究は一九八〇年代から韓国を中心に急速に進展した。朝鮮人商人の経営史料はほとんど残されていないが、その頃から利用できるようになった王朝の行政文書や日本領事報告の綿密な検討を通じて、開港場貿易に端を発する国内商業機構の形成と、その中での朝鮮人商人の活動について、多くの事実が明らかにされた。

そのような研究が共通して注意した論点の一つは、内外商の「商権」すなわち市場の主導権をめぐる問題であった。[17]外国人商人、特に日本人商人が流通機構を掌握する過程と、朝鮮人商人による対抗の諸相が論じられた。開港場における居留地貿易の場合、外商との取引に応じたのは開港場客主と呼ばれる商人たちであり、内地（開港場外）の朝鮮人との取引を仲介した。李炳天によれば、彼らは開港場ごとに商会社等と呼ばれる団体を組織して、政府機関に対する納税と引き換えに仲介独占権を与えられた。しかしそうした特権性にもかかわらず、独立した金融機関を持たなかった彼らは、日系銀行に支援された日本人商人の前貸しに依存し、経営の独立性を失っていったと評価されている。[18]

また一八九〇年代からは日本人商人と華商による内地通商が盛んとなり、禁を犯して内地に定着する者も現れた。李炳天や羅愛子がこれについて検討し、内地においても外国人商人が朝鮮人商人への前貸し金融を通じて流通の主導権を握ったこと、また、外国人商人が輸出入品いずれについても海関税以外の課税を条約上免じられていたことで、随所で商業税を負担しなければならなかった朝鮮人商人は相対的に不利に陥ったこと等を指摘した。[19]なお一八八九年からの防穀令事件もこうした内地通商に伴って生じたものである。地方官は現地消費分の確保や徴税を目的として慣行的に防穀（穀物流出の差し止め）を行っており、外交問題に至らないものを含めれば、防穀をめぐる外商との紛議は各地で頻発していた。[20]

このような外国人商人の活動について、朝鮮人商人が政治的な示威を行うこともあった。ソウルでは一八八七年から数度にわたり、外国人商人のソウルからの撤退を要求した同盟閉店（撤市）が行われた。[21]また日清戦争後の一八九八年にはソウル商人が皇国中央総商会という団体を結成し、ソウルおよび内地からの外国人商人の排除を政府に訴えた。梶村秀樹はこれを民族的な商権自主の運動と捉えて強調した。[22]

このように開港期の内外商間の関係については、外国人商人の浸透という外圧への朝鮮人の対応という文脈が強調されてきた。これらの研究が抱える問題の一つは、外国人商人の実態が十分に明らかでないままに朝鮮人商人の「対応」だけが論じられ、従って「外圧」の内容も実のところはっきりしていないという点にある[23]。外国人商人の活動を支えた条件としてしばしば挙げられるのは領事裁判権・内地通商権、内地課税の免除などの条約特権、定期航路のようなインフラストラクチャーや銀行による近代的な金融サービスなどであるが、これらは「不平等条約」に体現された国家間の非対称関係と結び付けて論じられることが多く、それが商人らの実際の活動の中でどのように機能したかという問題は必ずしも深く追究されてこなかった[24]。

例えば内地通商権は外国人商人にとって重要な権益ではあったものの、必要条件に過ぎなかったことも事実であり、彼らがそれをどのような動機に基づいて行使し、自身の経営の中に位置付けたかは改めて論じるべき問題として残されている。また日系銀行による金融サービスについても、それが外国人商人に対して持った意味は、彼らの資金調達や決済の仕組みを全体的に明らかにする中で初めて明らかになるであろう。

このように外国人商人の活動に即して考えようとするならば、それは朝鮮で完結していたわけではなかったのだから、朝鮮人商人と向き合った局面だけを切り取って論じるのでは明らかに不十分である。国境を跨いだ彼らの活動の全体像を、その前提となった国際市場のあり方と共に明らかにする必要がある。朝鮮における内外商関係についても、そのような国際市場の広がりの中で、その一部として捉えることによって、朝鮮人商人の国際的位相を考える手がかりが得られるのではないだろうか。

(2) 日本人商人と日本帝国主義史

右に示したような外国人商人の活動に即した分析は「朝鮮史」の課題ではないという見方もあるだろう。では、それぞれの出身国の側からアプローチした研究は、こうした課題に向き合ってきたと言えるだろうか。まず日本人商人について見てみよう。日本人は開港時点で既に釜山に対馬出身者のコミュニティを形成しており、一九一〇年にはその数一七万人に達した。在朝日本人についての研究は一九七〇年代から蓄積され、多くの成果が上げられている。それらは日本の帝国主義的膨張の一環として在朝日本人を位置づける視角から始まり[25]、近年では開港場の都市形成史という視角から日朝住民間の関係を考察した研究も見られるようになった[26]。

在朝日本人社会の中心は貿易商であり、日本人商業会議所や居留民団などを通じて彼らが果たした政治的・社会的役割については右のような研究の中で詳しく検討されてきた。しかし彼らの商業活動そのものに焦点を当てた研究は少ない。開港場の日本人商人は、経営・資本規模が相対的に小さい現地定着型の商店が多く、経営に関する史料をほとんど残さなかったことが直接の原因であろう。日本の対朝鮮貿易の拠点が長崎から大阪に移る中で、大阪と結び付いた商人の進出が増えたことが指摘されているが[27]、彼らの日本との具体的な取引の様相は、例えば米穀や綿織物のような主要商品についてもほとんど明らかになっていない[28]。この点で日本人商人の商業活動については、先の表現を再度用いれば、現地で朝鮮人と向き合った側の顔しか分かっていないと言ってもよい。

一方でこれら日本人商人の対日貿易を支えた開港場のインフラストラクチャーやサービスについては一定の研究が蓄積されている。これらは早くから日本政府および日本の企業によって提供された。例えば日系銀行は、一八七八年に釜山に第一国立銀行の支店が開設された後、長崎の第十八国立銀行、大阪の第五十八国立銀行が開港場に店舗を設けた。村上勝彦や高嶋雅明は、それらが日本人商人の対日貿易金融や、開港場の日系通貨流通に果たした役割を検討した[29]。経営史料に基づいたそれらの研究は、政府の対外金融政策と密接に結び付きながらも[30]、独自の経営上の立場から開港場金融に携わった銀行の活動実態を明らかにしている。

一九七〇年代から八〇年代に集中して現れたそれらの研究は、在朝日本人に関する研究と同様、日本の帝国主義化の起点を明らかにするという関心から取り組まれた。その意味で日本帝国主義史の視点と呼ぶことができよう。村上は、日本における「産業資本の確立」において「植民地圏確保」が持つ重要性を明らかにするという立場を明確にしている[31]。日本から見た日朝関係に関心を置いたこれらの研究は、先に見たような朝鮮史の研究と直接に議論を切り結ぶことはなかった。こうした研究のもう一つの問題は、日本による植民地化を前提としてそこに至る過程を遡及的に跡づけるという方法の下で、日朝関係だけが取り出して論じられる傾向が強かったということである。[32] 朝鮮をめぐる広域的な国際環境の中で日朝関係を位置づけることはなお課題として残されている。

(3) 華商からのアプローチ

①日本人商人の競合者としての華商　朝鮮で活動する外国人商人のうち、日本人商人に次いで多かったのは華商であった。その人数は確定しにくいが、ある史料によれば日清戦争直前の一八九三年において朝鮮全体の華人は二一八二人、日本人は八八七一人であったという。ただしソウルだけを見れば華人が一二五四人、日本人が七七九人と逆転しており、局面によっては華人がより優勢であったことが注意される(後掲の表序-6を参照)。

日本人商人の活動を取り上げた史料の中では、しばしばそれらの華商が競争者として立ち現れる。先に挙げた表序-1を見ると、一八八〇年代末から中国からの輸入が急増し、一八九三年には日本からの輸入にほぼ匹敵する規模に達している。大まかに言って対日貿易は日本人商人、対中国貿易は華商によって営まれたと見てよく、[33] 右のような貿易傾向は日本人商人に対する華商の急追と捉えられたのである。折しも朝鮮をめぐる日清間の緊張が高まる時期でもあり、両国商人の競争は多かれ少なかれ、そうした政治的情勢と結び付ける形で言及された。

両者の競争の背景については貿易構造について立ち入って見る必要がある。現代の貿易統計は一般に商品の原産地と消費地を基準に相手先を区分するが、表序-1が根拠とした朝鮮海関統計では、商品の最終積出地と最初の荷揚地を基準として区分した。その影響は特に朝鮮の輸入において顕著であり、日本・中国からの輸入とされているものは必ずしもこの両国の生産品ではない。むしろ、イギリス製綿織物など第三国からの再輸入品が多く、その比率は日清戦争直前において朝鮮の輸入の四〇パーセントを超えていた。[34] 対日輸入についていえば、その中継貿易的性格は時期が早いほど顕著で、表序-1に現れていない開港直後には九割近くが第三国品の再輸入であった。次第に日本産品の割合は増えたものの、一八八五年にはなお半分が第三国品であった[35]。こうした状況で華商もイギリス製綿織物の中国からの再輸入を開始したのであり、激しい競争は必至であった。

ただし日清戦争後になると、日本からの輸入品は日本製品がその九割を超え、その内訳も綿糸布などの工業製品が中心となる。それと並行して対日輸出品に占める米・大豆の比率も高まる（一八九六年に米豆二品で八六パーセント[36]）。こうした状況を指して村上勝彦が「綿米交換体制」と称したのは冒頭で述べた通りである。これ以後の華商の貿易活動について、少なくとも日本帝国主義史の視角に立つ研究ではほとんど現れなくなる。それは清がもはや政治的な競合者でなくなったことに加え、生産レベルの分業形成に関心を置き、商業をそれに従属したものと考える研究視角を反映するものであった[37]。

②広域的流通の担い手としての華商　一八八〇年代後半から九〇年代まで華商による輸入貿易が急増したことは、中国・朝鮮関係史の文脈でもしばしば言及されてきた[38]。その中で華商は、清の対朝鮮政策に支援され、それに付随するものとして論じられてきた。清は一八七九年の琉球処分を契機に日本への警戒を強め、朝鮮に積極的に介入するようになった[39]。華商の朝鮮での活動を公認した一八八二年の朝中商民水陸貿易章程そのものが、朝鮮の対欧米開港に清が介入する過程で立案され、壬午軍乱の善後処理と同時に制定されたものであった。それは開港場とソウルでの華人の居住と営業活動を認めたほか、清の片務的領事裁判権を認め、また関税も既存の協定税率に従うことを定めた点で、清自身が欧米列国と結んだいわゆる不平等条約に倣うものだった。一八八四年の甲申政変後、新たに派遣された袁世凱の下で清の朝鮮政策はさらに強圧的となり、また朝中間を結ぶインフラストラクチャーも清の主導によって整備された。

こうした状況が華商に概ね有利に働いたこと自体は間違いないだろうが、独立した経営主としての華商の行動は、清朝の政策以外にも様々な要因によって決定されたはずである。だがそれらを視野に入れて華商の商業活動そのものを分析する作業はほとんど行われてこなかった。そうした研究状況に対して、一九九〇年代の古田和子の研究は[40]、必ずしも朝鮮華商だけを対象としたものではないが、先に述べた朝鮮の貿易構造について解釈し直すことで、方法上重要な示唆を与えることになった。

古田の研究は、一九世紀末の東アジア開港場間の貿易を、上海を中心とした放射状の流通システムとして捉えようとするもので、具体的にはイギリス製綿織物を例に、それらが上海を中継地として各地の開港場に再輸出されたことを中国の海関統計を通じて明らかにした(41)。古田はこのような開港場間の広域的な流通システムを「上海ネットワーク」と呼び、華商がその主な担い手であったとした。この議論は、一九世紀後半のアジアを一つの市場圏として捉えようとする一九八〇年代の「アジア交易圏論」を踏まえ(42)、その空間的な構造の明確化を図るものであった。

その中で朝鮮は重要な例の一つとして取り上げられた。先述のようにイギリス製綿織物は、日本人商人と華商の朝鮮市場をめぐる競争の焦点となっていたが、古田によれば、いずれが持ち込んだのも上海を経て再輸出されたものであり、両者の競争は上海ネットワーク内部の再編として捉えられる(43)。このような理解は、華商を取り上げた従来の研究が朝鮮現地での朝鮮人や日本人との関係だけを捉えてきたのと異なり、国際的な流通構造の中でその位置づけを図っている点で重要である。

ただし古田の議論は、流通システムの担い手とされている華商の活動について、具体的に検証した上で構築されたものではない。古田は共同出資（合股）と同郷性を裏付けとする華商間のネットワークが遠隔地取引の費用と危険を低減したと想定しているが(44)、朝鮮で活動した個々の華商が具体的にどのようなネットワークを展開し、それを機能させていたかについては示していない。商業史として見れば、古田の議論はなお集計的な統計から敷衍した仮説としての性格を脱していない。二〇〇〇年代になって進められるようになった個別の経営史料を利用した研究を参照しつつ(45)、古田の提示した広域的な流通システムがどのように支えられていたかを検証する必要があると言えよう。

また古田の議論は、東アジア各地の開港場が、自由貿易の「場」としての機能を共有していたことを前提としている。そのような見方は、開港場をそれぞれの一国史の中に閉ざすことなく、広域的な国際市場の基盤として理解する上で有効であろう。しかし開港場や居留地の成立過程にはそれぞれ歴史的な個性があり、それを反映して国際市場や国内市場との結び付き方も多様であった[46]。開港場における国際商業の形成過程を歴史的に復元するためには、そうした商業の「場」が持つ個性に注目しつつ、なおかつそれが広域商業の基盤となってゆく過程を考える必要がある。開港場に集中したインフラストラクチャーやサービスについても同様に、その歴史的な特徴に留意した上で、それが華商の活動にどう反映したかを明らかにするべきであろう。

（4）開港期の対中国貿易——議論の前提として

開港期の貿易に関する従来の研究は、日朝貿易の拡大とその（日本の工業化に伴う分業形成という意味での）深化を重視する一方、他の貿易経路についてはほとんど関心を寄せてこなかった。華商の商業活動を議論する前提として、彼らが活動の軸とした対中国貿易の構造について開港場の貿易統計から整理しておきたい。

まず対中国貿易の空間的な構造を確認しよう。先述のようにこの時期の朝鮮海関の統計は、最終積出地と最初の荷揚地を基準として相手国を分類しており、原産地・消費地を基準とする現在の貿易統計と直に接続することはできないが、流通経路を確認する上では現在のものよりもむしろ利用しやすい。

朝鮮において対中国貿易の拠点となったのは一八八三年に開港された仁川である。仁川は西海岸中部の京畿湾奥に位置し、首都ソウルから最も近い開港場であった。表序-2は仁川の対中国貿易額と、それが全国の対中国貿易に占める比率を示している。一見して分かるように、商品の輸出入では、日清戦争前後を通じて仁川が圧倒的な比率を占めていた（平均して輸入で八一パーセント・輸出で八三パーセント）。ただし商品貿易とは別建ての金地金輸出については仁川の比率はそれほど大きくない。これは東海岸の元山から近隣で生産される砂金が直に積み出されたためである。

中国側の相手港については朝鮮の統計では明らかにならないため、中国側の海関統計を見てみよう。表序-3は中

表序-2　仁川の対中国貿易と全国比（1885～1906年）

（千円）

年	輸入（商品）	(%)	輸出（商品）	(%)	輸出（金）	(%)
1885	217	72	9	100	n.a.	n.a.
1886	370	84	13	81	166	77
1887	627	86	19	100	110	52
1888	614	72	57	79	116	33
1889	687	63	99	90	64	17
1890	1,300	79	53	75	76	16
1891	1,721	84	103	76	99	24
1892	1,688	82	101	67	137	28
1893	1,569	82	79	59	127	26
1894	n.a.	n.a.	n.a.	n.a.	n.a.	n.a.
1895	n.a.	n.a.	n.a.	n.a.	259	65
1896	1,894	88	231	88	283	48
1897	3,097	88	669	91	777	71
1898	4,363	89	1,065	94	848	72
1899	2,843	82	506	74	659	75
1900	1,998	77	1,780	90	455	80
1901	3,910	70	662	83	119	88
1902	3,434	71	1,353	88	53	88
1903	4,451	83	1,289	83	0	n.a.
1904	4,817	95	1,165	94	3	27
1905	5,583	94	1,376	92	2	100
1906	3,330	81	347	50	0	n.a.

出所）仁川の貿易額について，1893年以前は表序-1と同じ。1896～1902年：『仁川港外国貿易内国貿易輸出入額七ヶ年間対照表』（仁川日本人商業会議所，1903年）。1903年・04年：『仁川商業会議所報告』（同前，1905年）。1905・06年：表序-1と同じ。なお金について1895年は仁川商況年報（『通商彙纂』55号号外），他は商品貿易と同じ。

注）百分率（%）は全国の対中国貿易額に対する仁川の比を指す。全国の数値は表序-1による。単位と各区分（輸入，輸出（商品），輸出（金））の捕捉する範囲についても表序-1と同じ。n.a.は値が得られないことを示す。

表序-3 中国の対朝鮮貿易（1883～1906年）

（千海関両）

年	輸入（外国品）	上海（%）	芝罘（%）	輸出（国内品）	上海（%）	再輸出（外国品）	上海（%）
1883	12	98	2	2	n.a.	63	100
1884	31	100	0	33	87	33	91
1885	25	100	0	121	100	85	100
1886	27	78	30	102	88	110	88
1887	18	35	41	182	88	274	88
1888	72	31	34	245	91	300	89
1889	120	17	54	200	80	418	92
1890	53	19	13	473	87	596	94
1891	101	18	19	480	81	975	96
1892	132	30	7	465	86	897	97
1893	127	16	5	399	83	828	97
1894	439	9	70	893	94	432	96
1895	56	31	n.a.	638	96	803	100
1896	462	11	70	478	73	938	97
1897	612	4	76	782	81	1,529	98
1898	952	4	80	1,087	76	1,605	98
1899	807	8	57	729	85	1,406	98
1900	1,189	58	34	804	80	1,142	97
1901	514	7	82	1,179	82	1,808	97
1902	1,261	6	86	1,043	85	2,120	99
1903	1,416	26	67	1,268	83	2,316	97
1904	879	6	89	1,391	89	2,041	97
1905	1,754	n.a.	n.a.	2,186	n.a.	n.a.	n.a.
1906	372	n.a.	n.a.	1,439	n.a.	n.a.	n.a.

出所）China Imperial Maritime Customs, *Returns of Trade and Trade Reports*, each year.

注）原史料は朝鮮からの「輸入」について1890～94年は国内品に分類しているが，ここでは外国品として扱った。また1902～04年の「再輸出（外国品）」は全国の値が得られないが，各港について得られるので，それらを合計した。1905年以後は全国でも各港でも相手先別の再輸出額は得られない。n.a.は値が得られないことを示す。なお1883年の「輸出（国内品）」は，出所から得られる上海の輸出額が全国のそれより大きくなっているため，誤記と考え，比率を掲表していない。

国側から見た商品貿易について示したものである（金地金を含まない）。輸出は中国の国内品と外国品の再輸出に分けて示したが、いずれについても一貫して上海の比重が大きい（平均して国内品輸出で八五パーセント、外国品再輸出で九六パーセント）。一方で輸入は当初こそ上海の比率が高かったが、山東省の芝罘（煙台）が次第に大きくなり、ここには示していないが天津も一定の比率を占めた。

統計の制約から二港間の貿易規模は特定できないが、少なくとも朝鮮の輸入（中国の輸出）において上海から仁川への流れが圧倒的であったことは間違いない。朝鮮の輸出についても積出地は仁川が多い。荷揚地は分散しているが、それでも黄海・渤海沿岸の諸港にほぼ限られていた。開港場を通じた商品貿易はかなり限定された経路で行われていたと言える。

また貿易の収支についていえば、表序-1に示したように朝中貿易は全体的に朝鮮側の赤字であったし、仁川・上海間で考えれば赤字の幅はより大きかったと考えられる。[47] 商品貿易とは別建ての金地金の輸出がそれをある程度埋めていたとはいえ、輸入を相殺するほどではなかったし、一八九〇年代末からは中国への金の輸出自体が急減した。一八九七年に金本位制に移行した日本が、朝鮮産金の買い入れを政策的に強化したためである。[48] 仁川で対中国貿易に従事する華商の立場から見れば、上海からの輸入が活動の中心となる一方、それに見合うだけの輸出商品あるいは金地金を確保することは困難だったと思われる。

貿易について個々の商人の立場から考えるとすれば、その決済がどのように行われていたかを同時に問わなければならない。濱下武志は開港期の仁川華商の貿易が上海からの輸入に偏っていたことを指摘し、その決済は神戸を加えた「三角金融」によって解決されていたのだろうという見通しを示している。[49] 朝鮮華商の対中国貿易について決済も含めて考えた場合、朝鮮・中国の二国間、また仁川・上海の二港間で完結していなかったことは右のような貿易統計の検討からも容易に推測される。この点については本書を通じて具体的に検証することになるだろう。

次に貿易商品について見よう。表序-3から分かるように、中国から朝鮮に積み出される商品の過半は上海を経て再輸出される外国品であった。古田和子の取り上げたイギリス製綿織物もこの内に含まれているはずである。中国、朝鮮ともに公刊された海関統計は国別商品別の数値を掲げないため、これ以上の品目内訳を知ることはできない。ただし仁川に限れば、日本人の作成した統計を通じて一定の情報が得られる。表序-4は一八九三年における仁川の輸入品を取扱商人の国籍別に分類したものである。仁川における上海からの輸入貿易は一八八八年に輪船招商局、八九年に日本郵船の上海航路が開設されたことで急速に増加したとされ[50]、表序-2、表序-3もそれを裏付けているが、表序-4に見えるこの年の「清商」すなわち華商の輸入高は日本商の二倍を大きく超えている。そして華商による輸入品の五五パーセントは機械製綿織物であり、イギリスから再輸入されたそれらの綿織物が華商の貿易全体の中でも重要な意味を持っていたことが確認できる。

日清戦争後における対中国輸入品の構成についてはやや詳しく知ることができる（表序-5）。機械製綿織物の輸入額（B）は日清戦前よりむしろ増加しているものの、輸入全体に占める比率としては減少傾向にあった。日清戦争後に日本製綿織物の輸入が急増し、中国経由でのイギリス製綿織物の輸入が競争にさらされたためである。綿織物と入れ替わるように比重を高めたのは中国製の絹織物と麻織物（C）であった。いずれも朝鮮人にとって重要な衣料品であったが、綿織物と違って日本からの輸入は増えなかった。植民地化後、一九二〇年代の税制改訂で高率の関税および消費税が賦課されるようになるまで[51]、この二品目について中国製品の優位は揺らがなかった。

なおここでは仁川から中国への輸出品については数

表序-4　仁川の商品輸入額・取扱商人別（1893年）

（円）

「清商」	1,485,120
うち機械綿織物	809,419
紡績糸	44,666
絹織物	242,251
麻布	31,349
その他	491,153
「日本商」	659,695
「洋商」	113,944
「韓商」	25,127
合　計	2,283,886

出所）日本領事報告掲載の仁川商況報告，明治26年1～12月各月分を集計（『官報』2903号から『通商彙纂』2号まで）。

注）取扱商人の区分は原史料による。なお海関統計（*Returns of Trade and Trade Reports*）によれば，この年の輸入額は2,435,310ドル（うち中国から1,589,126ドル，日本から845,349ドル）であった。本表と合計の輸入額において8％弱の齟齬がある。商品の区分は筆者が再構成したもの。

表序-5　仁川の対中国輸入品構成（1896〜1906 年）

（千円）

年	対中国輸入計(A)	金巾	粗布	左 2 品計（B）	B/A (%)	絹織物	麻布	左 2 品計（C）	(B + C) /A(%)
1896	1,921	757	53	811	42	286	222	509	69
1897	3,121	1,047	259	1,306	42	423	397	820	68
1898	4,396	810	479	1,290	29	600	434	1,034	53
1899	2,853	663	562	1,225	43	437	287	724	68
1900	2,034	241	283	524	26	507	285	793	65
1901	3,926	438	491	930	24	921	443	1,364	58
1902	3,449	483	552	1,035	30	620	439	1,060	61
1903	4,505	756	400	1,156	26	660	529	1,190	52
1904	5,161	1,335	791	2,126	41	814	388	1,202	64
1905	6,099	1,362	889	2,250	37	795	904	1,699	65
1906	3,564	613	276	889	25	428	711	1,139	57

出所）対中国輸入計は表序-2 に同じ。各商品について，1896〜1902 年は『仁川港外国貿易内国貿易輸出入額七ヶ年間対照表（自明治二十九年至明治三十五年）』（仁川日本人商業会議所，1903 年），1903 年・04 年は『仁川商業会議所報告』（同前，1905 年），1905 年は「仁川三十八年貿易年報」『通商彙纂』明治 40 年臨時増刊 5 号，1906 年は「仁川三十九年貿易年報」『同』明治 40 年 64 号。

注）金巾は生金巾・晒金巾・その他金巾類の合計。

字を掲げていない。日清戦争以前にはそもそも中国への輸出自体が輸入に比して極めて少なかったが，戦後はかなりの増加を見せた。その原因は，開港後も義州経由の陸路輸出だけが認められていた紅蔘が，日清戦争中の国制改革（甲午改革）によって海路輸出を認められたことにある。日清戦後の仁川の対中国輸出のうち，紅蔘は平均して八一パーセントを占めた（一八九六〜一九〇二年）[52]。ただし紅蔘は朝鮮政府や王室の重要な財源として管理され，一八九九年頃からは専売化された[53]。このような経緯は，朝鮮の対中国貿易において開港場以外の経路がなお一定の意味を持っていたこと，それを考える上では「自由貿易」に収斂しない，制度の連続的側面に注意する必要があることを示唆している。

二　華人の広域移動の中の朝鮮

(1) 近代東アジアにおける華人の移動

華商の貿易活動の前提に国境を超えた華人の移動があったことは言うまでもない。東南アジアに比べれば規模は小さかったとしても，近代の東アジアでも広く華人の移動が見られた。朝鮮の華商また華人についてもその一環として考える必要がある。

朝鮮の華人に関する通史的な文献は、概ね現地での活動状況に関心を集中し、海外との関係については本国（清・中華民国）の僑務政策を除いてほとんど言及しない[54]。開港期の華人については、史料状況の変化に刺激された緻密な研究が韓国で進められているが[55]、これらも他の地域との比較や関連については関心を向けていない。日本帝国やその崩壊後の冷戦体制下における華人の位相を広域的な視野の中で位置づけようとする研究は現れているが、華人社会の草創期についてそうした視角から接近した研究はほとんどない[56]。

華人の活動の広域的な性格に注目せず、それぞれの社会の周縁的な存在あるいは外部者として描いてきたのは朝鮮だけではない。例えば日本史では、明治期の内地雑居論争の中で華人流入への警戒が高まったことが、日本における国民意識の形成という文脈から言及されてきた[57]。だが「アジア交易圏論」によってアジアの市場圏としてのまとまりを前景化する視角が提示され、その担い手の一つとして華人が注目されるようになったことで、日本の華人についての視角も大きく転換した。例えば籠谷直人は、明治期の華人について、日本社会における外部者としてよりもアジア内貿易の担い手として描き、その活動が日本をアジア市場に向き合わせる契機となったことを強調している[58]。またロシアについては、その極東地域を、広大な国土の中の辺境としてではなく、アジア市場の一部として描こうとする研究が現れている。この地域の開発がアジアからの労働力や消費財の供給を抜きにしては成り立たなかったということが改めて意識される中で、一九世紀半ばからの華人の流入も注目されるようになった[59]。

このような視角の変化を念頭に置きながら、東アジアにおける華人の移動について整理し、朝鮮華人の性格について理解するための前提としたい。華人の移動には何度かの大きな波があったが、転機の一つとなったのは、中国における一八世紀からの急速な人口増加と消費需要の拡大である。中国周辺の各地で中国向け商品の生産が活発化すると同時に華人の移動が見られ、東南アジアでは「華人の世紀」と呼ばれる状況を生んだ。米のような基幹食糧に加え錫や胡椒、ナマコや燕の巣をはじめとする海産物など多様な商品が華商によって中国に輸出され、また華人労働者の移住がその生産を拡大した[60]。

朝鮮半島に近接する地域でいえば、山東半島から満洲への移住を挙げることができる。移住者の多くは農民だったが、必ずしも出身地での基盤を失った流民的な存在ではなかった。家計補充的な出稼ぎを起点として、出身地との頻繁な往来を繰り返す中で徐々に定着していったものであり、中国本土への移出を前提とした商業的な農業に従事した[61]。また近世日本では華人の移住こそ制限されたが、いわゆる「四つの口」を通じて中国との貿易が活発に行われた。特に煎海鼠《いりこ》や昆布などの海産物が長崎・琉球を通じて大量に輸出されたことについては、金銀流出を抑止したいという日本側の要因だけではなく、中国の消費需要に引き寄せられたという側面を無視できない。それが日本の商人や漁民の北方進出を促し、漁業を通じたアイヌ支配の強化にもつながっていったことを考えると、中国の人口増加と需要拡大という要因は、日本とその周辺地域との関係にも大きな影響を与えたと言える[62]。

日本の開港後、外国人居留地の設置によって移動の自由が確保されると、長崎に加え函館や横浜などにも一八七一年の日清修好条規締結を待たずに華商が進出し、これら海産物の輸出を手掛けた。このことは右のような一八世紀以来の中国要因が、開港後の華人の移動においても働いていたことを示している[63]。こうした華商の海産物輸出は、日本人の生産者や商人の組織化や品質改良、また華商に対抗した直輸出の試みといった様々な対応を引き出すことになった[64]。またロシア極東でも華人は早くから海産物の採取と輸出を行っており[65]、一八七〇年代からはロシア人商人がサハリンで華人労働者を雇用して中国向けのコンブ生産に従事するようになった[66]。

一九世紀後半の華人の移動がこうした在来の要因だけで説明されるわけではもちろんない。東南アジアは大半が欧米の植民地支配の下に置かれ、欧米向け一次産品生産の増加がさらに多くの華人を引き寄せた。中国と日本そして朝鮮では現地政権の主権がひとまず維持されたが、各地に設けられた開港場がそれら三国を「自由貿易」に接続する装置となった。前節でも触れたように開港場や外国人居留地の運用形態は各々の歴史的背景に応じて多様であり[67]、そもそも東アジアの三国間では（これも歴史的な経緯を反映して）相互的な最恵国待遇を欠いていたことを考えると[68]、東アジアに自由貿易体制が成立したと言い切るにはやや慎重とならざるを得ない。とはいえ国ごとの体制の違いを超え、開港場という安定した商業秩序の場が形成され、その間では移動の自由が保障されるという事態の生じたことが、西洋との関係だけでなく、アジアの中での華人の移動と商業活動に絶大な便宜を与えたことは疑えない[69]。開港場間を結ぶ汽船や通信などのインフラストラクチャー、貿易金融や保険業などの近代的サービスがそれを後押しした[70]。

ところで中国国内での移動、特に各地からの外来者が集まる都市への移動においては、同郷性を基礎とするネットワークが重要な意味を持った[71]。上海では開港直後から、広州で西洋人との取引経験を積んできた広東商人が買辦として来住し、浙江（寧波）や江蘇出身の商人もこれに参入した[72]。これらの商人は、他の開港場へも移動して西洋人の活動を支えると同時にアジア内貿易の主体となった。日本への渡航についても、彼らが日清修好条規の締結以前から活動できたのは、西洋人商人と結び付いてその買辦や家事使用人という立場を獲得できたためであり[73]、華商から見れば中国国内における開港場間移動の延長上にあったと言ってよい。明治期の日本華商の多くが、中国の開港場商業において大きな力を持った華中南の沿海諸省、すなわち広東と浙江、江蘇、福建出身であったこともこれを反映している。こうした開港場商業のノウハウを持つ華商が国境を超えて拡散することによって、東アジアの開港場相互間の貿易が成長し、それによって伝統的な消費財のみならず、イギリス製綿織物のような近代商品も広く流通したのである。

こうした開港場間の移動と連動しつつもやや性格が異なるものとして、山東半島から北に向かう華人の動きも注意される。先述のように、こうした動きは一八世紀以来のものだが、沿海州や北満洲におけるロシアの活動に刺激されて、その範囲を北に向かって拡大した[74]。条約上の制約から開港場で商人やサービス業者を中心とするコミュニティを形成した日本の華人に比べ（斯波義信はこれを「商人型移住類型」と呼んだ[75]）、北満洲やロシアに向かう山東出身の華人には出稼ぎ的な農民や労働者が多く、流動性も高かった。ただしロシア当局とも結び付きながら彼らの移動や消費生活を支え、華人社会のリーダーとなっていったのは現地に定着した華商であった[76]。また日本では当初山東出身者の活動は目立たなかったが、日清戦争後になると阪神地域の綿織物や雑貨が華北、満洲の市場に輸入されるようになり、それに伴って大阪にも山東出身の華商が進出した。[77]

このように近代の東アジアにおける華人の移動は、少なくとも一八世紀に遡る長期的な要因と、「西洋の衝撃」以後に生じた要因の双方に刺激を受けながら、いくつかの流れを形成していた。この中で朝鮮への華人の進出はどう位置づけられるのだろうか。

(2) 草創期朝鮮華人の特徴

朝鮮開港期における華人の活動は、開港場制度を前提として行われた点で、大まかには斯波義信が日本華人について言った「商人型移住類型」が当てはまるだろう。しかし朝鮮の置かれた国際関係その他の条件から、その形成過程に相当の相違が見られたことは当然である。国際関係の問題は次節で論じることとし、ここでは日清戦争以前に作成された華人名簿からその構成上の特徴を明らかにし、前項で見た広域的な華人の移動傾向の中に位置づけたい。なお日清戦争以後の華人の構成については別に第11章で見る。

清朝は、一八八二年の朝中商民水陸貿易章程によって華人の居住が公認されたソウルおよび三カ所の開港場（釜山、元山、仁川）について、一八八三年から八四年にかけて領事に相当する商務委員を設置し、居留民の保護・管理を担当させた。[78] この商務委員の業務の一つに華人の登録があった。[79] 表序-6は、そのような作業を通じて商務委員が作成した名簿を整理したものであり、比較のため日本人数も挙げている。ここから朝鮮全体の華人数は、恐らく甲申政変の影響で一八八四年から八五年にかけて落ち込んだのを除けば、概ね増加傾向をたどったことが分かる。この間日本人の人数は一貫して華人を上回っているものの、増加率で見れば華人の方が高かった。また華人の人口はソウルに最も多く、仁川がそれに次ぎ、釜山・元山は少ない。日本人の場合、もともと対日貿易の拠点であった釜山の居留者が多く、またソウルと仁川を比べると開港場である仁川に集中する傾向が見られた。

このような華人と日本人の居住地の差異について、直接には、それぞれの多くが何らかの形で関わっていただろう

表序-6　商務委員の報告による各地華人数（光緒 9～12，15，17～19 年）

（人）

年	華人					日本人（参考）		
	ソウル	仁川	釜山	元山	朝鮮計	ソウル	仁川	朝鮮計
光緒 9（1883）	82	54	n.a.	n.a.	136	n.a.	348	4,003
10（1884）	352	235	102	62	751	n.a.	116	4,356
11（1885）	108	50	107	91	356	88	562	4,521
12（1886）	120	205	82	57	464	162	706	(609)
…								
15（1889）	511	307	28	38	884	527	1,362	3,494
…								
17（1891）	751	563	138	37	1,489	698	2,331	9,021
18（1892）	957	637	148	63	1,805	715	2,540	9,137
19（1893）	1,254	711	142	75	2,182	779	2,504	8,871

出所）華人については光緒 15 年を除き『清季中日韓関係史料』（中央研究院近代史研究所，1972 年）。該当する文書番号を挙げれば次の通り。光緒 9 年分：826 号，10 年分：983 号，11 年分：1127 号，12 年分：1208 号，13 年分：1331 号，14 年分：1415 号，15 年分：1515 号，16 年分：1608 号，17 年分：1674 号，18 年分：1786 号，19 年分：1873 号。光緒 15 年分については「華商各号花名清冊」（使館檔案 1-41-40-19）により集計した。日本人については次の通り。ソウル：京城居留民団役所『京城発達史』1912 年，422-423 頁。仁川：仁川府『仁川府史』1933 年，6 頁。朝鮮計：朝鮮総督府『朝鮮に於ける内地人』1923 年，2-3 頁。

注）華人について，①光緒 9～12，15 年の 5 カ年分の人数は名簿から筆者が集計したものである。光緒 17～19 年については合計人数しか判明しない。②対象期間が暦年と一致していない場合もある。③名簿の上で同一人物が複数回登場する場合があるが（年内に退去入市を繰り返して重複登録されたと考えられる），それらも含めた延べ人数である。日本人について，①新暦により，旧暦による華人の分とは一致しない。また計算時点も不明である。②3 つの系列はそれぞれ別の史料に拠っており，調査方法の整合性も不明である。②1886 年の朝鮮計の値はソウル・仁川と齟齬するが（　）に入れて原史料の値を示した。

対中国貿易と対日貿易の性格に由来すると考えられる。先述のように対中国貿易は、絹織物や機械綿織物など、当時にあっては奢侈品的な性格の強い消費財の輸入に集中していた。それらは上海から仁川に輸入され、多くは朝鮮最大の（ほとんど唯一と言ってもよい）消費都市であるソウルで売却されたと考えられる。対して大豆や米など農産物の対日輸出にも従事していた日本人の場合、それらの集散地である開港場で活動する方が便利だっただろう。ただしソウルの居住権（開桟権）は、清が他国に先駆けて、しかも朝鮮側の反対を押し切って獲得した権利であることを考えると[80]、王城に華人を居住させること自体に清側は何らかの政治的な意味を見出していたのかも知れない。外国人のソウル居住に反発する朝鮮人商人の撤市運動を受け、朝鮮政府は繰り返し清にソウルからの華人の撤退を求めたが、清はそれに理解を示すそぶりを見せつつも、ついに実行しなかった[81]。

次に同じ史料を用いて華人を出身地（籍貫）

表序-7　ソウル・仁川の華人人口，出身地（籍貫）別（光緒10〜12，15年）

ソウル

（人）

年	山東	広東	江蘇	浙江	湖北	安徽	その他	合計
光緒10（1884）	235	3	22	15	47	14	16	352
11（1885）	54	5	9	28	2	0	12	108
12（1886）	65	9	9	15	10	3	9	120
…								
15（1889）	361	24	37	17	17	1	54	511

仁　川

（人）

年	山東	広東	江蘇	浙江	湖北	安徽	その他	合計
光緒10（1884）	93	74	15	37	8	0	8	235
11（1885）	0	29	4	14	2	0	1	50
12（1886）	79	37	13	49	14	2	11	205
…								
15（1889）	233	42	8	18	4	1	1	307

出所）表序-6に同じ。

別に整理した表序-7を見てみよう。ここでは華人の集中したソウルと仁川だけを取り上げた。いずれも山東出身者が多いという傾向ははっきりしている。ただしそのすべてが朝鮮に定着した者であったとは限らない。例えば一八八九年のソウル居住者について、表の根拠とする華人名簿は、三六一名の山東出身者のうち一三三名に「浮住各商号」と注記しており、三分の一以上が出稼ぎ的な一時滞在者であったことが窺われる。[82] 朝鮮における山東出身者の多くは山東半島北岸の登州府・萊州府から来た人々であり、[83] これは遼東半島に多くの出稼ぎ者や移民を送り出した地方と一致する。この地方の農民にとって在来船でも二日行程の遼東は決して遠いところではなく、家計補充の戦略として頻繁に往来を繰り返した。[84] 朝鮮もこうした山東半島住民の出稼ぎ圏に取り込まれたと考えてよいだろう。

山東からの華人渡航の様子について一つだけ史料を挙げておこう。一八八九年の秋、仁川商務委員の李蔭梧が、ソウルに駐在する袁世凱に宛てた報告書の一部である。

思うに仁川港はソウルに近接する一方で山東の登州・煙台に向かいあっており、各国の軍艦・商船が集まる場所であるため、本土の流民（游民）やごろつき（游勇）も出没し、事件が重なって日々深刻さを増しています。この頃、山東の沿海地方が凶作に見舞われ、流民が三々五々渡来して暮らしを立てようとし、各所のごろつきもそれに混入し、朝鮮の内地に入り込んで村々で悪さをしています。厳密に捜索し、不良の者を区分して送還せよとの閣下〔袁世凱〕の命令を繰り返し奉じているところです。……〔日中の定期航路について〕船が入港する都度、華人たちが数百名下船して旅館に入り、また朝鮮人の民家に身を隠したり、日本人の経営する旅館に投宿する者もおり、本職が一、二の者を遣って検査させるのをやり過ごし、一日も経てばそれらの流民やごろつきはどこに逃げたのか分からなくなってしまいます。(85)

華人の渡航について朝鮮側には管理の権限がなく、商務委員が検査することとなっていたが、(86)実際には手の回り兼ねるほど、流動的な華人の移動が生じていた。こうした不作に伴う一時的避難としての移動も、山東半島と遼東半島の間で従来から見られたもので、山東の農民にとって朝鮮に行くのも大きな違いはなかったことが窺われる。

なお山東から仁川へは汽船を利用しなくても、在来帆船での往来が十分に可能であり、一八八三年の開港直後から山東、遼東の帆船が「絡繹往来」していたという。(87)一八八四年中に仁川に入港した在来帆船は三六隻で、煙台（芝罘）や威海、俚島、石島などの山東半島の諸港から出帆したものだった。(88)これらのうち煙台以外は開港場ではなかったが、沿岸交易の重要な拠点となっていた。(89)さらにこれらの帆船は、朝鮮側でも開港場の仁川に入港するとは限らなかった。右に引いた史料と同じ一八八九年、山東半島からの「游民」の取り締りに苦慮した袁世凱は、彼らが朝鮮の「沿海地方随処」で上陸してソウルに入り込んでいることを李鴻章に報告している。(90)朝鮮半島西海岸のいくつかの港は、開港前から紅蔘輸出など中国との密貿易拠点となっており、(91)上陸を可能とする体制があったのだろう。そのような「密」貿易、「密」入国を一部に含みながら、開港場とそこに集中する近代的なインフラストラクチャーに依存しない形で華人の往来の見られたことが注意される。このことからも山東から朝鮮への移動には、遼東半島への在来の移動の延長として捉えられる側面があったと言える。

もちろん山東から来た華人のすべてが移動性の高い人々だったわけではない。先に見た一八八九年のソウル居住者の名簿では、山東出身者だけで構成された五三の商号が確認できる。そのうち一〇商号では、成員とされる者（一～九人）のほか、一人から多くは一二人の「浮住」者を居住させていた。(92) 親戚や知人に対する扶助として、あるいは業として「浮住」者を宿泊させていたと考えられ、取引や働き口を斡旋することもあっただろう。このような先行者の定着により、それを頼った出稼ぎ者の往来も可能になったと言える。

ところで、表序-7からは山東以外に少数ながら広東や浙江、江蘇などの出身者もいたことが分かる。表では一八八四年からの値を挙げているが、それに先立つ一八八三年末の時点で、ソウルの城内には山東華商一三戸・四一名に加え浙江華商六戸・一八名のいたことが確認される。またその年の初めに開港されたばかりの仁川では、山東華商二戸・一三名のほか広東華商三戸・一七名、浙江華商二戸・一八名が活動していた。(93) 山東華商よりむしろ早く広東・浙江華商の進出が見られたことが注意される。一八八四～八六年の華商名簿によれば、広東出身者には広州・肇慶の両府から来た者が多く、浙江出身者には寧波府から来た者が多かった。(94) いずれも中国国内で有力な開港場商人のグループを形成し、日本にも開港当初から進出した人々である。彼らの朝鮮への渡航についても、そのような開港場間移動の延長上に理解してよいだろう。

先の一八八三年の史料によれば、華人にはこうした独立の商人のほか、西洋人の使用人として活動する者もいた。例えばソウル郊外の麻浦では「怡和洋行」に属する広東人二名と浙江人三名がいた。怡和洋行（Jardine, Matheson & Co.）の朝鮮での活動については詳らかでないが、一八八三年のごく短い間、上海・仁川航路の運航を試みており、(95) 関連して拠点を設けたものと思われる。また仁川には海関や税務司の「傭工華人」が九名いたが、その構成は浙江五名、広東一名、江西一名、江蘇二名で、山東出身者は見られない。(96)

広東や浙江出身の華人が西洋人と結んで開港場間を移動するというのも、日本で既に見られたパターンであった。ただし朝鮮の場合、政治的な事情も考慮に入れる必要がある。岡本隆司が詳細に検討したように、一八八二年の壬午軍乱に介入した清は、李鴻章の幕僚馬建忠を実質的な設計者として、その後の朝清関係を決定づける一連の措置を取った。清と同型の外国人税務司制度の下での海関設立、西洋人・華人の政府顧問推薦、借款の供与などがそれである。その際に朝鮮に送り込まれた者の中核は、李鴻章の影響下にある西洋通の広東人若手官僚らであった。(97) 右の例に見える「傭工華人」も、そうした政治的なプロジェクトに伴って渡航した、より現場に近い技術者や事務職員層であったと考えられる。

朝鮮に進出した広東華商の事例を検討した姜抮亞は、彼らがこうした官界の広東人グループと個人的な関係で結び付いていたことを強調する。(98) そうした背景を考慮に入れると、広東や江蘇、浙江出身の華人たちは、人数こそ山東出身者に及ばなかったとはいえ、朝鮮での存在感は決して希薄ではなかったと見てよいし、様々な事業機会を捉えて上昇する機会にも乏しくなかったであろう。

このように華人の朝鮮への移動は、大きく二つの流れの中に位置づけられる。一つは山東半島から北へ向かう流れであり、一八世紀に遼東半島との間で生じた人の動きが、一九世紀後半から範囲を拡大してゆく中で朝鮮にも及んだ。その中には商人として定着する者のほか、そうした人々を頼って出稼ぎ的な移動を繰り返す者も多数含まれており、裾野の広い構成であったと考えられる。もう一つは広東や浙江、江蘇など華中南沿海部から開港場間を足場として移動する商人中心の流れであり、幕末開港後の日本への移動と基本的には一体のものと捉えられる。朝鮮の華人は、このような二つの流れが重なることで形成されたのである。

三　朝鮮における華人の活動と清朝

朝鮮における華商の活動は、清の朝鮮政策と一体のものとして捉えるべきではないが、それを重要な条件の一つとしていたことは、前節の検討の中からも窺われる。清の政策や国家間関係と華人の関係をどう捉えるべきか、改めて考えておきたい。

日本での華人の活動が日清の国交成立に先行し、日本政府は彼らの取り締りに苦慮する状況にあったのと比べ[99]、朝鮮については朝中商民水陸貿易章程の準備段階から、日本を牽制するための政治手段として華人が位置づけられていた[100]。そうした清の姿勢は——華商側がどう受け止めたかは措くとして[101]——少なくとも日清戦争までは変わりがなかったと見てよい。

さてこうした清の朝鮮への介入は、一七世紀以来の宗属関係を名分として行われた。清がそれまで朝鮮の内政外交を基本的に放任してきたことを考えれば、宗属関係を名分としながら、その関わり方が大きく変わったことは間違いない[102]。これについて岡本隆司は、そもそも属国や自主という概念に定まった定義があったわけではないことを強調する。清はもとより、朝鮮から見た場合や列国から見た場合、立場によって様々な解釈を許す宗属関係の曖昧さが、朝鮮が他の列国と結んだ条約関係との矛盾を覆い隠したという[103]。

朝清関係を二国間だけで理解することを排し、多国間関係のバランスの中で動態的に考えようとする岡本の議論は、朝鮮での華人の身分についてもあてはめることができよう。朝中商民水陸貿易章程は清朝皇帝が属邦に下す恩典であり、条約とは性格を異にするという建前だったが、実際には列国の条約と連動して事実上の「最恵国待遇」を確保する形で運用された。例えばこの章程は、華人に対し輸出品の購入に限って内地通商権を認めていたが、翌一八八三年一一月に締結されたイギリスとの条約が輸入品の内地販売を含む内地通商権を認めると、清は章程を改訂して華人にも同等の権利を認めさせた[104]。それは列国の側も同様であった。章程が華人に与えたソウルでの居住・営業権（開桟権）はそれまでの列国との条約に含まれない権益であったが、イギリスは右の朝英条約にこれを盛り込ませ、清がその権利を撤回すればイギリスも放棄することを別紙の善後続条で約束した[105]。

清の対朝鮮政策が多国間で連動する形で効果を発したことについて、ラーセン（Kirk W. Larsen）は、「多角的帝国主義（multilateral-imperialism）」という言葉で表現している[106]。華人の側から見れば、置かれた状況はまさにそのようなものであり、その地位は常に他の外国人との平衡関係の中で定まったと考えられる。清の朝鮮関与が華人にもたらした利点はそれほど直接的なものではなかったということでもあり、華人が清のプレゼンスをどう認識し、自身のために利用しようとしたかについては、他の環境要因とあわせて慎重に考察する必要があろう。

ところで清の華人との関わりについては、対朝鮮政策の一環であるのと同時に、この時期に幅広く展開された海外華人政策の一環という側面もあったことに注意しなければならない。海外華人を事実上放置してきた清は、一八七〇年代から方針を転じ、各地に公使館や領事館を設置して華人の保護・管理にあたらせるようになった。一八八三年以後の朝鮮における商務委員の設置もこれとほぼ時を同じくする。商務委員という呼称は朝鮮でのみ用いられたものだが、清末の領事制度を検討した青山治世によれば、その職務・職権から見て、同時期に西洋諸国や日本が朝鮮に派遣した領事と基本的に同質のものであったという。商務委員制度についても、宗属関係が華人に与えた恩恵あるいは優位性を示すものとして捉えるのは困難だと言える[107]。

商務委員が華人をどのように管理したかについては、関係文書が二〇〇四年から公開されたのを契機に韓国で研究が進展している。一八八〇年代のソウルでは、有力な華商を中心として「幇」と呼ばれる同郷団体が組織され、最終的には京・広・南・北の四幇が並立することになった。金希信はその形成の経緯を検討し、これらの幇が自治的な性格を持つのと同時に、商務委員から付託された権限をもとに行政事務を執ったことを明らかにしている[108]。領事などが有力華商を介して現地の華人社会を組織させ、管理を委ねるという手法は、清が同時期の各地で採ってきたものであった[109]。こうした華人社会の組織の仕方についても華人政策全般の中でその特徴を理解する必要がある。

以上は日清戦争以前についての議論だが、日清戦争以後には朝清間の宗属関係が解消され、朝鮮の国際関係はすべて主権国家間の条約に依拠することになった。朝清間でも一八九九年に対等な――双務的な最恵国待遇と領事裁判権を含むという変則的な形ではあったが――韓清通商条約が締結された[110]。先述のラーセンは、この後も華商が活発な活動を展開したことを強調し、宗属関係そのものは彼らの活動にとって大きな意味を持たなかったとする。[111] ただし清当局は朝鮮との対等性が表面化することを嫌い、それが条約締結の遅れにつながった。[112] 条約の内容について、清が領事裁判権をついに手放さなかったことについても、先述の青山は、それが清にとって属国との上下関係の指標であったからだと解釈している。[113] 少なくとも清政府の側において関係の転換は容易ではなかった。

先述したソウルの開桟権も華人と関連して清が手放さなかった既得権の一つであった。第一節で触れたように、ソウルの朝鮮人商人は日清戦争前から外国人のソウル撤退を訴えており、戦後には商権自主を訴える民族的な色彩を帯びた運動へと発展した。これについて韓国側は、清との条約交渉の過程でこの権利の放棄、あるいは将来放棄する約束を求めたが、清は応じなかった。[114] 朴俊炯は、こうした雑居状態の既成事実化がソウル以外の地域にも及び、日本やその他の国にも援用されることにより、内外人の居住空間を区別する条約の趣旨を形骸化させたとする。[115] 日清戦争後、朝鮮人のナショナリズムが華人を標的とする形で盛り上がったことは重要だが、それにもかかわらず日清戦争以前に構築された華人の朝鮮社会におけるあり方は大きく変わらなかった。むしろそうした華人の存在が制度の運用に影響を与えていったという側面に注意したい。

四　本書のアプローチと構成

(1) アプローチと構成

本書では、ここまで見てきたような華人・華商の特徴を踏まえ、朝鮮開港期における華商の国際商業について具体的に検討する。その基本的なアプローチは、彼らの形成するネットワークと、それを基礎とした商品や通貨の広域的な流通システムに注目し、国境を越えた関係性の広がりの中に開港期の朝鮮を位置づけるというものである。

ここではネットワークを、ひとまずミクロレベルで捉え、個々の華商間を結ぶ反復的・固定的な取引関係と定義しておきたい(116)。本書が取り上げるのは華人一般ではなく、現地でその活動が完結する小売業者やサービス業者でもない。念頭に置いているのは、現地に拠点を置きつつ遠隔地商業に従事する貿易商である(117)。そのようなタイプの移住商人が、特定の取引相手との間で越境的なネットワークを形成するという現象は、華人に限らず、多国籍企業組織が一般化する以前の世界で広く見られた(118)。その中で華商が構築するネットワークの特性、例えばどのような原理・紐帯によってネットワークが維持されたかという問題については、歴史学だけでなく人類学や経営学など様々な立場から議論が重ねられてきた(119)。

本書ではそれらの成果に学びながらも、華商のネットワークが開港期朝鮮をめぐる同時代的な環境の下でどのように展開・機能したかという点により多く注目したい(120)。かつてアジア交易圏論を主唱した濱下武志は、ヨーロッパ人の進出以前から存在したアジア人による域内交易が、西欧勢力の参入によって改編されることによって「近代アジア市場」と呼ぶべき地域市場が出現したとした(121)。これは何らかの実態を指すというよりは作業仮説であり、切り口によってその姿は様々に現れるであろう。本書は、朝鮮をめぐる華商のネットワークとそれを基礎とする流通システムの復元を通じて、それを条件付けた近代アジア市場の性格と、その中での朝鮮の位相について考えることを目的とする。

以下では具体的な論点について、本書の構成に即して説明しておこう。

一つ目の問題は、朝鮮側の歴史的条件が華商の進出過程にどのような影響を与えたかということである。先に見たように朝鮮の華人社会は、より広域的に見られた華人の移動の一部として形成されたものと言えるが、その過程は朝鮮側の条件によっても規定されたはずである。東アジアの各開港場がそれぞれの歴史的経緯を反映する形で運用され、さらに開港場外の商業体制は当面それまでの形のまま維持されたことを考えれば、華商の進出と定着の過程も国ごとに大きく異なっていたと考えなければならない。

第I部「朝鮮開港と華商ネットワークの延伸」では、このような考えから、初期の華商の活動に関する四つの事例を取り上げる。第1章「開港場をめぐる移動と制度の相克――釜山日本居留地における華人居住問題」、第2章「在朝日本人商人と華商からの「自立」――海産物の対中国輸出をめぐって」では、一五世紀以来の対日貿易の拠点であった釜山に注目し、開港場間を結ぶ華商の移動と貿易活動がそこにどのような影響を及ぼしたか考える。一方、第3章「伝統的陸路貿易の連続と再編――一八八〇年代の紅蔘輸出と華商」では、開港以前から続く陸路での紅蔘輸出を例に、華商の活動にも伝統的な商業体制に依拠して行われた側面のあることを示す。第4章「華商の対朝鮮人取引と紛争処理――ソウルにおける訴訟事例から」では、朝鮮人との商取引の秩序が形成されてゆく過程を個別の紛争事例を整理しながら明らかにする。

二つ目の問題は、朝鮮華商の貿易活動がミクロレベルで見てどのような広がりを持ち、どのような条件によって支えられていたかということである。華商の活動を現地では完結しない国際的な広がりを持ったものとして捉える時、個別経営の構造とそれを支える越境的なネットワークの働きを解明することが不可欠となる。さらに朝鮮現地における朝鮮人や日本人商人との関係についても、そうした広域的な商業活動の一部をなすものとして捉えなおすことで、華商の活動の全体像が明らかになるであろう。

第II部「朝鮮華商の貿易と多角的ネットワーク――広東商号同順泰の事例分析」では、華商同順泰の経営文書の分析を通じて右の課題に取り組む。第5章「同順泰の創設とネットワーク形成」では、一八八五年の商号設立の過程を中心に、それが上海をはじめ東アジア開港場に広がる広東華商のネットワークを基盤としていたことを明らかにする。第6章「同順泰の対上海貿易と決済システム――日清戦争前を中心に」、第7章「同順泰の内地通商活動とその背景」では、同順泰の商業活動が上海からの輸入貿易を主軸としていたことを明らかにした上で、それが右のような華商間のネットワークによって支えられていたこと、また、内地通商活動についてもそのような広域的な商業活動の一環として位置づけられていたこと等を示す。第8章「深化する日朝関係への対応――日清戦争後の同順泰」は、日清戦争後の日朝関係の深化の中で、同順泰がそれに対応して活動を変化させてゆく様子を明らかにする。なお今後の研究のため、補論「同順泰文書について」で史料の書誌的な特徴を整理した。

三つ目の問題は、二〇世紀初頭からの日本帝国の膨張が華商の活動にどのような影響を与えたかという問題である。いわゆる不平等条約体制の下、朝鮮政府は国境を越えた移動や流通に介入することができず、そのことが華商の広域的活動を支える条件の一つとなっていた。日本が朝鮮を保護国とし、さらに南満洲まで勢力圏下に置いたことは、そうした条件の変化を意味したはずである。領域支配への強い志向を特徴とする日本帝国の膨張に華商はどのように対応したのだろうか。また逆に、帝国の境界を跨いだ華商の活動が、その政策に何らかの影響を及ぼすということはなかったのだろうか。

第Ⅲ部「帝国への包摂・帝国からの漏出――日露通貨の広域流通と華商」は、この問いに通貨問題を通じて接近したい。第9章「近代アジア市場の中の朝鮮地方経済――ルーブル紙幣の広域流通を通じて」では、日本通貨に先立って一九〇〇年代から満洲と朝鮮の一部地域で流通するようになったロシアのルーブル紙幣を取り上げ、その流通実態を上海と結び付いた華商の活動と関連づけて論じる。第10章「日本の満洲通貨政策の形成と対上海関係――日露戦争軍票の流通実態」、第11章「植民地化前後の朝鮮華商と上海送金――朝鮮銀行券の循環に与えた影響」は、満洲における日露戦争軍票と朝鮮における朝鮮銀行券の流通が、いずれもルーブル紙幣と同様、華商の広域商業との緊張関係の中で展開したことを明らかにする。第12章「一九一〇年代の間島における通貨流通システム――朝鮮銀行券の満洲散布と地方経済の論理」は、第一次大戦前後における朝鮮銀行券の満洲への拡大が、現地華商を担い手とするローカルな通貨秩序に組み込まれるという形でしか実現しえなかったことを示す。

（2）史料と用語について

華商の国際商業を通じて朝鮮をめぐる国際市場の環境を明らかにするという本書の趣旨から、華商自身の経営文書のほか、朝鮮・清・日本それぞれの外交文書、調査報告書等を多面的に利用した。

華商の経営文書としては広東華商同順泰の商業書簡・計算書類（同順泰文書）を取り上げ，第II部の主史料として利用した。これは現在ソウル大学校に所蔵されているもので，年代は一八八〇年代末から一九〇〇年代前半までに限られるが，朝鮮華商の経営文書としては現在知られる限り唯一まとまった形で残るものである。これについては第II部の補論で若干の解説を加える。他に清側の史料としては，中央研究院に所蔵される駐韓使館保存檔案の所収文書を多く利用した。これは一八八三年に商務委員が設置された後，在ソウル清朝公館に蓄積された外交文書であり，現地での華商管理に関する史料を多く含む。これについては第4章で紹介する。対応する清朝中央の史料として，『清季中日韓関係史料』（中央研究院近代史研究所，一九七二年）として公刊された総理衙門の朝鮮檔も利用した。

日本側の史料としては，ほぼ全篇にわたり日本領事報告を利用した（外務省外交史料館所蔵の原文書のほか，『通商彙纂』『日本外交文書』として編集刊行されたもの）。日清戦争後についてはソウルの日本公使館・統監府文書（国史編纂委員会『駐韓日本公使館記録』一九八八～九四年，同『統監府文書』一九九八～二〇〇〇年として刊行）も利用した。外務省や大蔵省，各種銀行等による調査報告書類もテーマに即して適宜利用した。

朝鮮側の史料としては，大韓帝国期に至る外交・行政文書がソウル大学校奎章閣韓国学研究院を中心に，国史編纂委員会・韓国学中央研究院蔵書閣などにも所蔵されている。これらの原文書の一部は『旧韓国外交文書』『旧韓国外交関係附属文書』（高麗大学校亜細亜問題研究所，一九六五～七四年），『各司謄録』（国史編纂委員会，一九八一年～）として翻刻されてもいる。本書では原文書と翻刻の双方を利用した。

他に英文の史料として中国海関・朝鮮海関の年報（*Returns of Trade and Trade Reports*），イギリス議会文書中の領事報告（*Commercial Reports*）を史料・統計出所として適宜利用したほか，第11章で香港上海銀行アーカイブズ所蔵の済物浦代理店の記録を利用した。

最後に用語法について付言しておきたい。本書が扱う時期の東アジアについて，地域（地理上の空間）と国家，ヒトのグループをそれぞれどのように呼ぶかは極めて困難な問題である。完全に整合性のある用語法を編み出すのは難しいが、本書では、いささかの無理を承知の上で次のようにしたい。

中国に出自を持ち自らもそう考えていただろうヒトは住む場所によらず「華人」と呼ぶことにした。華商は先に述べたようにそのうちの商人、特に貿易商を指すが、これも活動の場所にかかわらずそのように呼ぶ。政治の主体として現れる国家については「清」「清朝」と呼ぶが、地域の呼称としては（いわゆるチャイナ・プロパーを指して）「中国」を用いる。現在の中華人民共和国東北地方にあたる地域は歴史的な地域呼称として「満洲」とするが、「中国」との区別は突き詰めておらず、特に統計上の区分などでは「中国」の一部に含んでいる。

朝鮮については、地域とヒト双方の呼称として「朝鮮」を用いている。政治上の国家については「朝鮮王朝」とすべきだが、多くの場所では簡略に「朝鮮」あるいは「朝鮮政府」としている。ただし一八九七年の大韓帝国成立後については「韓国」を用いる。また首都の呼称について、「ソウル」はみやこを指す古い固有語だが、朝鮮王朝の公称は漢城であった。京城は首都を指す一般名詞と言えるが、開港後に日本人の間で固有地名として広く用いられるようになり、韓国併合後に公称として採用された。本書では便宜上、各時代を通じてソウルと呼ぶことにした[122]。

第I部　朝鮮開港と華商ネットワークの延伸

厳しい環境に長く置かれてきた朝鮮（韓国）の華人は自らの歴史をほとんど書き残していないが[1]、一九七〇年代にある日刊紙の連載企画として書かれた『華僑』は、漢城華僑協会長の秦裕光が華人社会の歩みと自身の家族の経験を韓国語で紹介した貴重な記録である。その中で秦は、一八八二年の壬午軍乱を鎮圧した清軍の随行商人が韓国における華人の祖であるとする。秦によれば清軍を率いた水師提督呉長慶こそ華人の歴史を拓いた恩人であり、ソウルに残るその祠堂の祭祀を自分たちが引き続き守っていることを紹介している[2]。

呉長慶麾下の清軍に随行した商人のいたことは事実だが、一八八四年に清軍が一部撤収した際、そのほとんどは共に帰国したようであり[3]、後への連続性は確認できない。また呉長慶の祠堂は彼が急死した後、一八八五年に朝鮮政府が設けたもので、華人が祭祀に関わるようになったのは恐らくかなり後のことである[4]。しかし、華人の草創期がそうした環境の下で準備されたことはやはり重要であり、その渡航を公認した朝中商民水陸貿易章程も皇帝の頒下した恩典として宗属関係の連続性を前面に押し出したものであった。

伝統的関係の継続という側面を持ったのは日朝関係も同様である。一八七五年に日朝交渉のため釜山に派遣された森山茂は、英公使パークス（Sir Harry S. Parkes）に対し自身の役割をペリー（Matthew Calbraith Perry）のそれに擬し、パークスもそれが朝鮮の対西欧開国の契機となることを期待している[5]。しかし江華島事件を経て実際に結ばれた日朝修好条規は、両国君主の関係や公使常駐権の有無を曖昧にし、日本側が求めた最恵国待遇も、日本の他に国交の範囲を広げる意思はないとする朝鮮側の反対で盛り込まれなかった[6]。朝鮮側としては対日開港を既存の交隣関係の更改に止めようとしたものと考えられ[7]、日本側もそれに妥協せざるを得なかった[8]。実際に朝鮮が欧米諸国との条約締結に踏み切るのは一八八二年以後のことである。

このように、朝鮮の日清両国に対する開港は、いずれも伝統的な関係を踏襲する形で始まったことに改めて注意したい。もちろんこれらは他から独立していたわけではなく、清が欧米との関係で実質的な最恵国待遇を得られるように章程を運用したのは序章で強調した通りであり、日本も一八八三年の日本人民貿易規則で最恵国待遇を獲得した。以後、一八九四年の日清戦争勃発までの朝鮮をめぐる国際政治は、朝鮮政府自身もアクターの一人となって、相互に連動している国家間関係の中に宗属関係をどう位置づけるかを焦点に展開する。[9] こうした情勢の下、朝鮮における外国人――実質的に華人と日本人で構成されていた――の地位も、欧米が持ち込んだ自由貿易主義を軸に擦り合わされながら、なお伝統的な朝清関係・日朝関係をそれぞれに反映していたと考えられる。

さらに外国人の商業活動については、朝鮮側の伝統的な商業体制との関係を無視できない。いわゆる「不平等条約」体制は、開港場における自由貿易を強制するものであったのと同時に、開港場外では在来の商業体制が当面温存されるのを認めるものでもあった。[10] 朝鮮の場合、少なくとも一八九四年の甲午改革まで朝鮮時代以来の特権商業体制が維持され、一部はさらに保護国期まで形を変えて存続した。条約によって内地通商権を与えられ、しかも関税以外の商業税を免じられていた外国人商人は、そのような在来の商業体制に関わらず内地を含めて流通の主導権を掌握するに至ったという見方もある（序章参照）。だがそうした条約上の規定が、現実の市場の秩序の中で意味のあるものとして機能していたかどうかは、具体例に即して検討しなければならないだろう。

このように考えると朝鮮華商は、序章で見たような東アジアの広域的な華人の移動を背景としながらも、やはり朝鮮固有の歴史的条件――国際関係においても国内の商業体制においても――の下で進出し、朝鮮人や日本人との関係を構築したと見る必要がある。そのような側面に注意しながら、進出初期（一八八〇年代から九〇年代前半まで）における朝鮮華商の活動をいくつかの事例から検討してみたい。

第1章　開港場をめぐる移動と制度の相克

——釜山日本居留地における華人居住問題

朝鮮開港後における外国人の活動拠点となったのは居留地である。その制度的特徴については第二次大戦以前から研究が蓄積されており、大まかには明らかになっている[1]。だが、概ね朝鮮をめぐる列強の利権獲得競争という視角から居留地を取り上げてきた従来の研究では、居留地の持つ次の二つの側面を見過ごしがちだったのではないだろうか。第一に、居留地は朝鮮のみならず中国・日本の多くの開港場に設けられ、外国人が安全に居住し経済活動に従事できる空間として、東アジア内の多角的、広域的な移動と交易の基盤として機能した。第二に、それにもかかわらず居留地の多くは、国家間の条約ではなく地方的な取り決めに基づいて設置され、その背景には個々に異なる歴史的経緯があった。それぞれの個性を持って成立した各居留地が、結果として互いに同等のサービスを提供するようになり、人々の広域的な移動を支えるインフラストラクチャーとなっていった過程について、どのように考えればよいのだろうか。

このような疑問を念頭に、本章では一八八〇年代の釜山で起きた「徳興号事件」を分析する。朝鮮半島の南東端に位置する釜山は、富山浦と呼ばれた一五世紀以来、朝日外交と貿易の拠点として重要な役割を果たしてきたが、一八七六年の日朝修好条規により朝鮮最初の開港場に指定され、日本の専管居留地が設置された。ここで取り上げる事件は、一八八三年末、この居留地内に開業した華商の商号徳興号を日本領事が閉店させたことに端を発し、その処理をめぐって日本、清と朝鮮を巻き込む外交交渉が展開した。これをきっかけとして清は釜山に領事に相当する商務委員を派遣し、また自国の専管居留地を設置した。一方で日本側も居留地運営の方法を再検討し、実現には至らなかったものの、一時は日本居留地の放棄まで真剣に考慮された。

この事件そのものは従来から知られてきたが[2]、その取り上げ方は日清の利権競争の「口実」あるいは「挿話」としてのものに過ぎなかった。事件のきっかけとなった華商自身についてはほとんど知られていないし、また日清当局が華商の行動をどのように受け止め、制度に反映させたかも検討されていない。本章では、双方の外交文書を対照させながら事件の全体像を復原し[3]、朝鮮の開港当初における華商の移動実態と、それが開港場／居留地制度との間で切り結んだ関係について考えたい。以下、第一節でこの事件以前の日本居留地とその運用について確認した上で、第二節で事件の経過と清側の対応を、また第三節では日本側の対応について検討する。

一　釜山開港と日本居留地の設置

(1) 倭館から日本居留地へ[4]

朝鮮時代後期、地方官として対日外交と防備に責任を負ったのは、半島の東南端に位置する東萊府であった。その官府所在地（現在の釜山広域市東萊区）から南方約八キロメートルの海岸部に水軍基地の釜山鎮があった。そこからさらに約四キロメートル南側の岬状の場所に、日本人の滞在施設として草梁倭館が設置されたのは、一六七八年のことである。

この場所は現在では釜山の中心市街地にあたる。だが当時は東萊府の中心地から隔たった辺縁に位置していた。約一〇万坪の倭館は周囲を石垣で囲まれ、平常時に出入できる門は二カ所しかなかった。日本人が滞在できるのは倭館内部に限られ、夜間の外出は禁じられた。さらに倭館から釜山鎮に向かう街道の途中にも設門と呼ばれる門と障壁があり、日本人は日中でもそこから先には行けなかった。日本人は用務がある時のみ一時的に滞在するという建前であり、定住は許されず（実際には数年にわたり滞在する者もいたが）、女性の帯同は厳禁された。このように倭館は日本人を「閉じ込める」ための施設として運用されていた。これは長崎や広州など東アジアの伝統的な外国人居住地に共通する性格と言えるが、朝鮮の場合、一五九二年から六年間にわたり全土を蹂躙した「倭乱」、豊臣秀吉の侵略の記憶も当然影響していたことだろう。

さて江戸時代の日本において朝鮮との交渉や貿易を担当したのは、朝鮮海峡に浮かぶ対馬を所領とする宗氏である。宗氏は明治政府の成立後もしばらくは朝鮮外交を担当したが、朝鮮政府に王政復古の通知を受け取らせることに失敗した。いわゆる書契問題である。明治政府は宗氏から朝鮮外交の権限を回収し、一八七二年に外務省の官吏を倭館に派遣して管理下に置いた。だがその後も朝鮮側は明治政府を交渉相手として認めなかった。結局、一八七五年の江華島での武力衝突をきっかけとしてようやく、七六年二月に日朝修好条規が締結された。

この条約では釜山ほか二港の開港を約束している。ただしその本文では開港場における「日本人の土地の賃借と家屋の造営、朝鮮人家屋の賃借」を認めているに過ぎず（第四条）、居留地の設定については触れていない。倭館の敷地が引き続き日本人の居住に供されることを規定したのは一八七六年八月の日朝修好条規附録であり（第三条）、さらに七七年一月に釜山駐在の日本管理官近藤真鋤と東萊府使洪祐昌の間で釜山港居留地借入約書が交わされることで、旧倭館は正式に日本専管居留地となった。

この借入約書は日本文で四〇〇字余りの簡単なものである。この約書はまず、旧倭館の場所が「古来日本官民の居留地」であったことを確認した上で、①地租を年間五〇円として日本政府が納入することとし、②既設家屋のうち日本政府所有のものと朝鮮政府所有のものとを確定し、③船着き場を除く土地・道路・排水路等の設備一切は日本政府が管理補修することを定めた。倭館はもともと朝鮮政府が宗氏に恩恵として貸し与えた客館という性格を帯びていたが、約書はこれを日本側の既得権とみなし、あわせて借り受けの主体を日本政府に切り替えたのである。西洋諸国との修好を拒否しつつ、日本との条約締結は伝統的関係の修復に過ぎないと位置づけていた朝鮮側としては、これを本質的な変化とは捉えなかったであろう(5)。

この借入約書に基づいて、日本領事は警察権をはじめ居留地の運営全般に及ぶ強力な行政権を掌握した。一方で朝鮮側は居留地内に容喙する余地をほとんど喪失した。その象徴的な例としては、居留地内の土地利用者に対し、日本領事が単独で――つまり朝鮮地方官の連署なく――地券を発給し、借地権を与えたことが挙げられる(6)。これは借入約書において、日本政府が居留地の敷地を朝鮮政府から一括して借り受けるとしたことに対応している。これを当時の日本に存在した居留地制度と比較してみると、釜山居留地における日本領事の権限は際立って強かった(7)。

釜山に続いて一八八〇年には「元山津開港予約」(一八七九年八月)により東海岸の元山が開港された。ここでも日本政府は専管居留地を設け、その形式・規模は釜山のそれを踏襲した。

(2) 朝鮮の対西欧・対清開港と居留地

朝鮮政府は、一八七六年の対日開港後も西欧諸国との通交を拒否していたが、清の仲介により八二年五月にアメリカと通商条約を締結した。これを契機に西欧各国との条約が続々と締結されていった(一八八二年六月イギリス・ドイツ――ただし本国で批准されず内容を改めて八三年一一月に再締結、八四年七月ロシア・イタリア、八六年六月フランス)。その間一八八二年七月には壬午軍乱が起き、開港に反対してきた興宣大院君が擁立されたが清軍に鎮圧された。同年九月には朝中商民水陸貿易章程が制定され、清との宗属関係が再確認されるとともに、清との間で開港場を通じた自由貿易が認められた。

これらの条約・章程に基づき、既に開港されていた釜山・元山は日本以外の各国にも開放された。さらに一八八三年一月にはソウルに近い仁川も開港された。また対日開港時には当面の間免除とされていた関税の徴収が認められ、清の外国人税務司制度に倣った海関が設置されることになった。まず李鴻章の推薦を受けたドイツ人メレンドルフ(Paul G. von Möllendorff)が一八八二年一二月に来韓し、次の年の五月に総税務司に任命された。そして彼の推薦により招聘された西洋人税務司の下、仁川海関が一八八三年六月、元山海関が一〇月、そして釜山海関が一一月三日に正式に業務を開始した[8]。これによって実際上も各港が日本以外の諸国に開かれることになった。

日本側から見ると、このことは、朝鮮の開港場が自国民の独擅場でなくなり、他の締約国民との接触が予想されるようになったことを意味する。一八八二年一一月に駐朝鮮公使に任命された竹添進一郎は、赴任に先立って井上馨外務卿に意見書を提出し、このような状況に応じて日本も朝鮮での居留地政策を見直すべきだと論じた[9]。その中で竹添は、外国人の居住について次のように言う。

外国人雑居之事。釜元両港居留地は我領事専治の制にして今容易に外国人の雑居を許し難しと雖、仁川は草創の際なれば今より之を許すも許さゞるも勝手なり。貿易便利の一点より考察を下せば各国商人雑居の方或は可なるに似たり[10]。

すなわち竹添の意見は、日本領事が行政権を独占している釜山・元山居留地に他国民の居住を認めるのは困難だが、一八八三年一月に開港が決まっている仁川に居留地を設置する際には他国民も雑居できるようにするべきだというものであった(仁川の日本居留地章程が実際に締結されたのは一八八三年九月)。井上外務卿はこの意見をいったん退け、「雑居は不許方に取極むべき事」と指令したが[11]、海関が設置されておらず、他国民の渡航もまだ現実化していない段階で、すでに日本政府の内部ではその影響が議論されていたことが分かる。

一八八三年三月にも竹添は井上に同趣旨の提案をし、しかも今回は釜山・元山の日本居留地についても他国民の居住に開くべきだとした[12]。かなり長文の提案だが、一部を左に示そう。

米英独及支那諸国当国と通商予約取結候上は、各国商人追々釜山元山両港へ渡航貿易可致、左候へば右両港に於て各国商人居留地取設候は必然之事と存候。然るに右両港共従来日本人の居留地を劃限し、即日本の租界と一定致し候儀に付、今日に至り候ても日本租界中に他国人の雑居を相断り候は、一理有之候事と被存候。乍併一歩を退て熟考候へば、両港共租界中便利の場所は大抵我商人の占有に帰し、……空地に属する分を区画して他国人の雑居を許すは朝鮮政府に於て尤も好む所に可有之、然るに我より之を厳拒して朝鮮政府に迷惑を相掛候は、交際上に於て穏当の処置とも不被存、其上各国より如何の評説を下し可申哉、万一各国より我処置に満足不致して内々朝鮮政府に肩を持候様相成候へば、向後万端に付不都合不少と苦慮致し候。

つまり朝鮮政府や列国の歓心を買い、国際政治を有利な方向に誘導するために居留地中の未利用地を他国民の居住に開放しようという意見であった。続く部分で竹添は、朝鮮政府が国際関係への知識を蓄え、メレンドルフのような顧問も得たいま、日本ももはや暴力的な手段で我意を通すことは困難となったとする。そうした中で日本が自国居留地を外国人に開放すれば、日本の公平さを列国に印象づけるとともに朝鮮政府の信頼も獲得でき、その清への接近を防ぐ手立てとなるだろうというのであった。また釜山の場合、日本居留地を他国民に開放することには、列国の専管居留地の並立を防ぐという意味も込められていた。先述のように釜山の日本居留地は東萊府の中心から南に一〇キロメートル以上離れており、もし列国が両地点を結ぶ街道上に自国の居留地を設けた場合、日本居留地の商業に深刻な打撃を与えることが危惧されたのである。

この時は井上も竹添の提案に基本的に同意した。竹添の提案は、朝鮮への影響力を確保しつつ清との平和を保つという、当時の日本政府の方針にも合致するものであった[13]。ただし開放の形態については、竹添が「地所貸渡方法は清国上海天津等の例に倣ひ、現今の居留地を依然日本租界と定め我領事館に於て貸渡方取計ひ、而して一般に我規則を遵守為致候はゝ格別梗難の事有之間敷と存候[14]」として、中国で欧米列国が保有する専管租界にならって釜山でも日本の専管権は保持したままで他国民の雑居を認めればよいとしたのに対し、井上はそれでは「面倒を惹起」するとして、日本居留地のうち必要性の乏しい一角をいったん朝鮮に返還した上で、そこに各国共同の居留地を設置させるべきだとした(15)。

さらに竹添は、釜山の日本居留地においては朝鮮人商人の居住も認めるべきだと井上に提案した(16)。竹添によれば、横浜・神戸の居留地では日本人の居住を認めていないものの、上海や天津の租界では華人の居住を認めており、朝鮮においても商業上の便利から、信用があり居留地規則の順守を宣誓したものであれば朝鮮人であっても居住させたほうが有益と考えられた。これは釜山の日本領事館員から具申された意見であったという。外務省は朝鮮政府としかるべく協定を結んだ上で認めてよいと回答したが(17)、その後の経緯は確認できない。実際には朝鮮人の居留地内居住は後まで原則として認められることはなかった（後述）。

竹添が釜山居留地の他国民・朝鮮人への開放を考えるにあたり、モデルとして上海・天津の例を想起していたことは興味深い。上海の場合、一八四五年に成立したイギリス租界（一八六三年にアメリカ租界と合併し共同租界となる）、一八四九年に成立したフランス租界ともに、当初は華人の居住や借地を認めていなかった。しかし一八五三年の小刀会の蜂起をきっかけに、混乱を避けて租界に流入する華人が急増し、華人の租界内の居住が事実上認められた（一八五五年には上海道台の「上海華民住居租界条例」により正式に認められた）。租界の運営方法は開港場ごとに異なっていたが、少なくとも居住実態に関していえば、他港においても専管国の国民だけに限定したという例はなく、いずれも華人を含む諸国民に開かれていたと見てよい(18)。竹添は一八七〇年代から中国滞在の経験があり、特に一八八〇年から八二年までは天津領事の任にあった。こうした経歴から、中国での租界運営については熟知していたはずであり、朝鮮の居留地もそれを〝標準〟とするべきだと考えたのであろう。

さて、竹添がこれらの意見を井上に提出した直後、一八八三年四月にイギリスの神戸領事アストン（W.G.Aston）が釜山に上陸し、日本居留地の東北方にイギリス居留地の予定地を定めるという事件があった(19)。これが実現した場合、英国居留地は日本居留地と東萊府治の間を塞ぐ形となる。これはまさに竹添の危惧した事態であり、竹添は改めて外務省に日本居留地への他国人居住を許すよう具申した[20]。これに対する外務省の回答は現存しないが、この年の六月から七月にかけて外務省と竹添、釜山領事の間で、日本居留地のうち返還すべき地区について意見交換が行われたことが確認できる[21]。日本の当局者間では、居留地の一部を朝鮮政府に返還し、それを各国居留地に転換させるという方針がある程度共有されていたと見てよい。

ただし竹添は、一八八三年一一月に来韓したイギリス公使パークス（駐清公使と兼任）と面会した際、パークスから釜山日本居留地へのイギリス人の居住を認めるよう求められたが、これに応じなかった。まだ日本居留地の返還に関する準備が十分に整っていないと考えられたためであろう。そして竹添はパークスに、要請に応じられない理由を次のように説明した。釜山は「数百年来我人民住居致来り、殆ど殖民地の性質にして通常の居留地に無之」、警察や道路など行政一切は日本が掌握しており、そこに外国人が居住するとすれば、日本領事の命令に服し日本の法律を遵守しなければならない。これについては深く熟慮を要する。日本政府も居留地の扱いについてはまだ十分に検討していない、と[22]。

この中で竹添は、釜山居留地における日本の行政権が、歴史的な経緯から極めて強力であることを強調している。竹添の懸念の焦点は、そうした強力な日本領事の行政権が、他国民に対しても実効力を確保できるかという点にあったのではないかと思われる。行政権が広範なものであればあるほど、それは他国民の利害と各方面で衝突する可能性があるが、日本領事の裁判権は他国民に及ばない以上、日本側には行政権の執行を強制する手立てがない。領事裁判権と行政権の乖離という状況は、日本政府が既にその国内において痛切に経験してきたところであった。他国民の日本居留地への受け入れを主張してきた竹添だが、この問題については不安を払拭しきれなかったのではないだろうか。また井上が、日本の専管居留地のままで他国民を居住させれば「面倒を惹起」する恐れがあり、ひとまず朝鮮政府に返還して各国居留地とするほうがよいと考えた際にも、この問題を念頭に置いていた可能性があろう。

二　徳興号事件と清国居留地の成立

(1) 釜山での事件の発生

一八八二年の朝中商民水陸貿易章程に基づいて、清の総辦商務委員陳樹棠がソウルに着任したのは八三年一〇月であった[23]。約一カ月後の一一月二〇日、陳樹棠のもとに華商鄭翼之・鄭渭生が一通の請願書を提出した[24]。

それによれば、鄭翼之は広東省香山県の出身で、神戸の公興号で働いていたが、朝鮮が海関を設け各国と通商を始めたことを知って朝鮮渡航を決意したという。西洋雑貨や食料品などの商品を携えて神戸から日本汽船に乗り、一〇月三一日に釜山に到着した後は、日本人の家屋を借りて店舗としようとしたが貸してくれる者がおらず、海関のイギリス人に依頼して漸く日本家屋一棟を借りることができた。その上ですべての貨物を通関させ、商号を徳興号と定め、一一月六日に営業を開始した。先述のように釜山海関が正式に業務を開始したのは一一月三日であったから、鄭翼之らはまさにそのタイミングを見計らうように釜山に渡航したことになる。

ところが鄭翼之らは開店から三日後の一一月九日に日本領事から呼び出され閉店を要求された。請願書のうちこれに関する部分を訳出すると左の通りである。

> 思わぬことに日本領事は、……ついに私どもをその衙門まで連行して訊問し、力でもって威圧を加え、不条理にも店を閉鎖するよう強要し、開くのを認めませんでした。日本領事の言うには、「釜山港は日本の土地（日本地基）であり、その約定では華人がここで貿易するのを許していない。朝鮮国王の命により、（朝鮮政府が）それを日本の官に照会して許されて初めて、華人がここで通商できるのだ」と。思うに日本領事は釜山を併呑しようと考えているのであり、野蛮横暴極まります。することが道理に外れ、万国公法にも全く依拠しておりません[25]。

鄭翼之らはこの請願書で、陳樹棠に日本領事の不当を訴えるとともに、営業を妨害しないようとりなしを求めた。一二月八日の二度目の請願書によれば[26]、鄭翼之等はその後もしばらく、家屋を仲介してくれたイギリス人の尽力によって営業を続けることができたようである。しかし日本領事は一二月一日、再度彼らを呼び出して閉店を迫る一方、ごろつきを店舗に送って騒ぎたてさせ、地主と家主に対し鄭翼之らに建物を貸さないよう迫ったという。

鄭翼之らに営業禁止を申し渡したのは、正確には領事ではなく、領事事務代理の任にあった宮本羆であった（在釜山領事前田献吉は帰国中であった）。宮本が井上馨外務卿に報告した事件の経緯は、鄭翼之らの請願書に現れたそれと概ね一致する。宮本によれば、鄭翼之らは日本居留地内の本町三丁目において対馬出身の松本清太郎の家屋を借り、洋酒その他の雑貨類を売り出した。それを知った宮本が、鄭翼之らに対し「我居留地内に開店貿易致し候はいづれの許可を得来り候もの乎」、自分には外務省からも朝鮮政府からも通知がないが、と尋ねたところ、鄭らは「いづれよりも許可を得たる訳には無之候得共、朝鮮の開港場なれば別に差支無之と心得、開店したるなり」と答えた。これに宮本は「当所は朝鮮の開港場に相違なけれども我日本人居留地内に各国人と雑居貿易するの条約未た無之」と応じ、居留地は日本政府が朝鮮政府に地租を支払い、日本人のために借りた土地であるから、そのような取り決めが締結されるまで、一時滞在は構わないが開店営業を認めることはできないと告げた[27]。井上外務卿らが日本居留地の一部返還と各国居留地化の計画を進めているのを宮本も当然知っていたであろうが、それが正式に決定しないうちに独断で鄭翼之らの開店を認めるわけにはいかなかったのだろう。

一方で宮本の引く鄭翼之の応答からは、彼らが開港場における居住・営業の自由を当然と考えていたことが窺われる。宮本もそれを否定してはいないが、専管居留地の中においてもそれが貫徹するかどうかに認識の差があったと言える。宮本の別の報告書によれば、鄭翼之らは「上海租界の例を挙げ、勝手開店不苦儀と相心得たる段辯論」、釜山でも開業は随意のはずだと主張したという[28]。これについて、鄭翼之らが陳樹棠に提出した二度目の請願書でも上海の例が触れられていることが注意される。鄭翼之らは「上海に租界を有するのはイギリス・フランス・アメリカのみですが、今まで海外万国の商人が雲集してあたかも楽園を目指すごとき状態であり、何の障りもありません」とし、まして日本と清は国交を結んでいるにもかかわらずその領事が居留地で華商の活動を妨げるのは不当で、〝公法〟すなわち国際法を顧みないものだ、と主張した[29]。

実際には居留地の運営方式は個々に異なっており、統一されていたわけではない。その点で、釜山の居留地運営は日朝二国間の取り決めに規定されるという宮本の主張のほうが当を得ている。しかし先述のように、中国の租界において居住や営業を専管国の国民に限るという例がなかったことも事実であるし、日本の場合はそもそも特定国の専管居留地はなく、すべて各国共同居留地で、華人は日清修好条規（一八七一年）の締結以前からそこで活動していた[30]。神戸を拠点として開港場貿易に従事してきた鄭翼之らにとって、日本の専管居留地であることは、そこでの自分たちの活動を妨げる理由にはならないと思われたことだろう[31]。

神戸の清国領事が後に調査したところによれば[32]、徳興号は、鄭翼之らがかつて働いていた公興号の「分号」であった。鄭翼之自身や公興号の経営者黄曜東のほか、数名の神戸華商が合わせて二千元弱を出資しており、神戸では公興号のほか升記号や怡和号を取引先とすることが予定されていた。神戸には一八六八年の開港直後から華商が渡航して対中国貿易に従事していたが、広東省中部出身の商人たち、いわゆる広東帮はその最有力なグループの一つであり、黄曜東のほか升記号を経営する藍万高や怡和号を経営する麦少彭もその一角をなしていた[33]。先述のように鄭翼之・鄭渭生自身も広東省中部の香山県出身であり、同郷出身者の伝手をたどって神戸華商のもとで開港場貿易の訓練を受けたのち、その資金援助と取引ネットワークに支えられて独立に至ったと見てよい。

このように鄭翼之らは開港場華商のネットワークの延伸という形で釜山に進出した。ところが、釜山唯一の外国人居留地であった日本居留地は、伝統的な日朝関係の遺産として日本政府に引き継がれたもので、元来他国民の渡航を想定したものではなかった。日本側もこのような釜山居留地の特性が他国民との間で紛議となる可能性を想定はしていたものの、準備が整わないうちに事件が発生してしまったのである。

（2）朝鮮における日清交渉と清国居留地の設置

鄭翼之らの請願書を受け取った陳樹棠は、一八八三年一一月二二日、朝鮮の外交担当官署である統理交渉通商事務衙門（以下統理衙門）の督辦（長官）閔泳穆に対し、日本公使に事実確認するよう依頼した[34]。閔は直ちに竹添進一郎日本公使に照会を発し、陳樹棠の言葉を伝え、釜山の各国居留地についての協定はまだ作成されていないので、現実的な対応方法を話し合いたいと提案した[35]。

竹添はこれへの返書で、事件の詳細は不明としながらも、釜山は「二〇六年前に貴国政府が日本人に貸与し滞在の場所としたもので（該口在二百六年前、由貴政府借給日本人、以為羈留之処）」、釜山領事が華人の居留・営業を拒否したのは正当だと主張した[36]。二〇六年前というのは草梁倭館が設置された一六七八年を指すと見てよい。すでに見たように、竹添はそのわずか一〇日ほど前にパークスに対して日本居留地内におけるイギリス人の居住を拒否していたが[37]、近世以来の既得権益を盾に他国民の居住を拒否するという論法はその時と変わりがない。その一方で竹添は、東京にいる井上馨外務卿に対しては、この案件を報告するのにあわせてアメリカ・ドイツの公使からも日本居留地内での居住について問い合わせがあったことを伝え、他国が釜山に居留地を設けるのは避けねばならず、そのためには日本居留地を他国人に開放すべきだという持論を改めて展開した[38]。

事態は竹添の憂慮した方向に向かった。閔泳穆は一二月一三日、早期解決を促す陳樹棠に対し[39]、「華商が引き続き日本居留地で開店を望むならば、朝鮮政府と日本政府の協議を待たねばならず時日を要する」ので、「華商のために別に居留地を設定し、すみやかに開店させるほうがよいのではないか」と提案した[40]。陳樹棠はその二日後には現地調査を申し出、朝鮮政府と協議した結果、海関総税務司であり統理衙門協辦（次官）を兼任するメレンドルフが同行することになった[41]。

二人は一二月二二日釜山に到着し、翌一八八四年一月四日まで滞在した。陳樹棠がソウル帰任後に作成した李鴻章への報告書をもとに、彼らの釜山での行動を見てみよう[42]。彼らはまず鄭翼之らから事件について聞き取りを行い、また日本の宮本羆領事代理とも面会した。陳樹棠は宮本に対し、かつて日朝政府間で日本人以外の居留地滞在を許さない取り決めがあったとしても、それは日本人民貿易規則の第四二条によって破棄されたのであり、釜山は各国との通商に開かれ、「各国人が家屋を賃借して居住・貿易するのに任された（任便各国人賃屋居住貿易）」はずだと主張した。これに対して宮本は、新しい貿易規則の運用について自分の権限では判断できず、日本政府の指示があれば直ちに徳興号の再開を許可すると述べたという。

一八八三年七月に日朝間で調印された日本人民貿易規則は、朝鮮海関の設置に伴う新たな貿易手続きを定めたもので、第四二条はこれに抵触する既存の取り決めの失効を宣言していた。陳樹棠はこれを根拠に、日本居留地を伝統的な既得権とする竹添の主張に反駁したわけである。あわせて開港場は各国に開かれたものであるべきだという鄭翼之らの認識を、陳樹棠も共有していたことが注意される。陳樹棠の主張は居留地と開港場を区別していないが、そのこと自体、居留地（租界）の居住資格を国籍によって区別しない中国での状況を反映したものと見てもよいだろう。

また陳樹棠は日本居留地を観察し、それが山と海に囲まれた狭小地にあって家屋をこれ以上建設する余地はないと見えたことから、宮本が徳興号を閉店させたのもそのような土地不足のためと考えた。そして清国居留地を新設する用地としては、日本居留地から見て東北方の、東萊府に向かう街道沿いの平坦地が適当とした。海沿いで船舶の停泊に便利な上、東萊府に往来する貨客が必ず通過する地点でもあるため、将来の繁栄が見込めるという理由からであった。陳樹棠とメレンドルフはその場所を訪れ、すでにイギリス・ドイツが確保している土地の隣に木標を建てて目印とした。ドイツについては不詳だが、イギリスについてはアストンが一八八三年春に釜山を訪れ、居留地用地を選定していたことは先述の通りである。陳樹棠が選定した用地は、居留地章程が締結された一八八六年夏以後、実際に清国居留地として運用されるようになった（次節(3)を参照）。

ところで陳樹棠が閔泳穆から釜山での居留地設定を提案された際、ほとんど日を置かずに釜山調査を申し入れて実行に移したことに注意したい。当時の通信状況から考えると、これは本国からの指示ではなく陳樹棠自身の判断によると考えてよい（朝鮮・中国間の電信開設は一八八五年）。実は陳樹棠は、閔泳穆の提案に先立つ一二月七日、既にメレンドルフと共に仁川を踏査し、そこでも居留地の予定地を選定していた[43]。陳樹棠は仁川の現地踏査の後、李鴻章に「仁川口の華商の日本から来た者がすでに五、六十人に達し、速やかに土地を購入して家屋を建造しなければならないので（仁川口華商、由日本来者、已不下五六十人、亟須購地建房）」朝鮮政府と協議して調査を実施したと報告している[44]。仁川最初の居留地として日本居留地章程が締結されたのがこの年の九月三〇日であり、陳樹棠の行動はこれへの対応と見てよいが、鄭翼之らの請願書が届いた一一月二〇日以後に具体的な動きが始まったことを見ると、仁川への居留地設置も本国からの指示によるというより、仁川でも徳興号事件と同様の問題が生じることを懸念した陳樹棠自身の発意によるものだったように思われる。

そもそも清政府は、朝鮮への専管居留地の設置を既定の方針としていたかどうか疑わしい。朝鮮の対清開港を根拠づけた一八八二年九月の朝中商民水陸貿易章程は、開港場での居住・営業の自由を規定しているものの、居留地については何も言及していない。これは同時期に締結された朝鮮の対西欧条約に居留地の設定が言明されているのと対照的である。例えば一八八二年の朝米条約では、アメリカ人が開港場の「定められた地区の中で（所定界内／within the limits of the concessions）」居住することを認めている（第六条）。一八八三年の朝英条約では、より明確に居留地（洋人居住之処・租界／Foreign Settlements）の設定を認めている（第四条）。朝中商民水陸貿易章程に居留地についての言及がないのは、清政府が自国民について他国の専管居留地ないし共同租界で居住するのを前提したためと見てよいのではないだろうか。一八八三年一〇月に陳樹棠が赴任する際も居留地の設定が訓令された形跡はなく、その直前の七月に制定された商務委員の執務規定（派員辦理朝鮮商務章程[45]）にも居留地についての言及はない。

このように考えると、朝鮮での清国居留地の設置は、獲得すべき利権として当初から計画されていたというより、実際の華人の動きやそれが引き起こした問題に対する現地レベルでの対応として決定したことのように思われる。仁川華商についての陳樹棠の報告が特に「華商の日本から来た者」と表現していることも[46]、徳興号の事件に接した陳が、日本開港場からの渡航という移動経路を意識していたことを反映しているのではないだろうか。

華商の動向への事後的対応として制度整備が図られたことは、釜山ほか各開港場への商務委員派遣においてよりはっきりと見ることができる。もともと商務委員は、一八八二年の朝中商民水陸貿易章程において各開港場に設置するとされていた。だが先述した一八八三年七月の派員辦理朝鮮商務章程では、当面ソウルに総辦商務委員一名のみを置き、仁川委員はそれに兼任させるほか、釜山・元山については「華商の渡航がまだ少ない」ために将来の繁栄を待って派遣することとされた。政府レベルでは、保護すべき華商自体が多くないという認識のもと、商務委員の大幅な減員を考えていたことが分かる。

だが、この章程の定めに従って総辦商務委員に任命された陳樹棠は、ソウルに着任してすぐ、仁川にも専任の商務委員を派遣するよう李鴻章に要請した。その理由は、仁川の商務委員がソウルとの兼任では両地を往来するのに時間を浪費するだけでなく、実際に仁川への華商と華船（山東方面から渡航する在来船か）の渡航増加が確認されたということであった。李鴻章はこれを認め、陳樹棠の随員李乃栄を仁川に駐在させることとした(47)。

さらに陳樹棠は、一八八三年一二月の釜山調査の際、そこにも既に二〇名を超える華商が滞在していることを知るに至った。これら華商の管理者がいないことで新たな紛議が起きるのを危惧した陳樹棠は、釜山海関に翻訳員として勤務していた唐紹儀を「暫理華人事務」に任じた上で、李鴻章への調査報告の中で釜山にも専任の商務委員を派遣するよう要請した(48)。陳樹棠は一八八四年三月にも再度李鴻章に上申し、釜山・元山への商務委員派遣を求めた(49)。陳樹棠はその上申の中で、釜山・元山の状況を次のように説明している。

私が昨年冬に釜山に行ったところ二〇名ほどの華商がいることが分かりました。その中には元山から釜山に来た者がおり、話を聞いたところ元山には八〇名を超える華人がいて商売したり肉体労働に従事したりしており、あわせて琿春方面の華商も往来の際に多く元山を通過していて、速やかに中国の官吏が来て店舗の開設を支援してくれるのを望んでいる、とのことでした。調べたところ釜山は山海の物産が豊富で価格も安く、また元山でも毛皮や砂金、各種の商品があって価格はさらに安いのです。これらは従来、日本人が独占的に香港や上海に運んで販売してきました。また釜山・元山で売れる綿織物や金属、各種商品も極めて多いのですが、これまですべて日本人が香港・上海から日本経由で運んで販売しており、日本産品の販売はそれほど多くありません。そのため釜山・元山に移りたいと考える日本華商が多いのです(50)。

初期の日朝貿易の少なくない部分が朝中間の中継貿易であったことは序章で見た通りである。鄭翼之らが神戸から釜山に進出したのも、そうした貿易構造に乗じようとしたものであった可能性が高い。陳樹棠は自ら釜山に足を運ぶことによって、そうした動きが決して例外的ではないことを確認するとともに、朝鮮の東海岸を経て琿春へとつながる――さらにウラジオストク方面への華商・華工の移動とも恐らく連続する――華人の動きを「発見」し、その保護の必要を中央に訴えたのである。李鴻章は陳樹棠の要請を受け入れ、釜山商務委員に陳為焜を、元山商務委員に劉家驄を任命した(51)。

このように陳樹棠は、朝鮮着任後の見聞、特に徳興号事件をきっかけとして各地への清国居留地の設置と商務委員の派遣を実施していった。朝鮮華商を保護・管理する制度は、必ずしも清政府の対朝鮮政策の中で一方向的に決められたわけではなく、実際の華商の動きへの対応として具体化されていった側面があったのである。

（3）駐日公使黎庶昌の認識と日本政府との交渉

徳興号事件をめぐる日清間の交渉は日本でも並行して展開された。徳興号の出資者の一人であり、鄭翼之らのもとの雇い主でもある黄曜東が神戸の清国領事に訴えたのを、駐日公使黎庶昌が引き取って日本政府に徳興号の営業再開を求めたのである。黎庶昌が井上馨外務卿に提出した一八八三年一二月三日付の文書では(52)、黄曜東の主張を引用するという形で、釜山は開港場であって条約締結国には等しく往来貿易の権利が認められているにもかかわらず、朝鮮を「属邦」とする清にかえってそれを認めないのは不当であると指摘している。鄭翼之の請願書には見られなかった宗属関係への言及が目を引く。ただし黎庶昌はこの点には深く触れず、釜山が開港場（通商埠頭）であるにもかかわらず徳興号の営業を差し止めたのは不当であるという点に焦点を絞って日本領事を批判した。開港場の開放性を強調する立論は、陳樹棠が釜山で宮本羆に投じた主張と一致している[53]。

井上馨の返書でも宗属問題は言及されず、また釜山が開港場として他国民の商業活動に開放されたことも否定されなかった。井上によれば、釜山を各国民に開くこと自体は朝鮮政府が「自主の権内」で決定したことで、日本領事には干渉できないことであった。ただし井上は、もしも事件が日本居留地内で起きたことなら、その区域は「朝鮮政府と特殊の約」により「古来単に日本人居留の地」とされてきた場所であり、日本政府が地租を納め管理するほか、修築全般も日本人居留民の負担において行っていることから、領事が「其管轄外なる他国人」の居住・営業を許可し難い事情があるとした[54]。開港場の開放性を一般的な原則としては認めながら、居留地内でもそれが貫徹するわけではないという主張は、竹添進一郎公使の閔泳穆に対する反論や、宮本羆領事代理が陳樹棠に対して行ったそれと符合する。そして「管轄外なる他国人」という表現は、居留地への居住を認めるかどうかについて、領事の行政権が実効性を確保できる相手かどうかが重要な判断基準となっていたことを窺わせる。先に見たように、この点は井上や竹添が日本居留地を他国民に開放する場合、最も懸念していた問題であった。

井上がこの回答を送った時点で、外務省は徳興号事件についてソウル・釜山いずれからの報告にも接していなかった。一一月二八日付の『時事新報』に報道があり[55]、事件の発生自体は知っていた可能性があるが、詳細は不明だったであろう。外務省は黎庶昌の抗議を受けて直ちに釜山の宮本領事代理に詳報を命じ[56]、その報告が外務省に届いた後、一八八四年一月一八日に外務卿代理の伊藤博文の名義で改めて黎庶昌に文書を送った。その内容は、事件が居留地内で起きたことが確認できたとして、徳興号に対する閉店措置の正当性を主張するとともに、それが開港場での清国人の活動を妨害したものではないことを再度強調するものであった[57]。

ところで黎庶昌は、井上との最初の文書往復の後、その経緯を李鴻章に報告している[58]。その中で黎庶昌は、徳興号事件を「わが国と朝鮮、日本三国の通商の大局に密接に関わる問題」としてその重大性を強調している。彼は日本領事が徳興号を閉店させた理由を、それまで日本の独占してきた貿易が奪われることへの危機感に加え、日本が中国での内地通商権を認められなかったことへの報復でもあるとした。後者の理由には当時の日清間の懸案の一つであった琉球問題が関わっている。一八七九年の琉球処分についての清の抗議に対し、日本政府は、一八七一年の日清修好条規に含まれなかった最恵国待遇と内地通商権を日本に与えるならば、琉球王国を旧版図の一部（先島諸島）で再興させると提案した。この提案は合意直前まで至ったものの、最終的に清が調印を見送ったため決裂した（一八八一年一月）。黎庶昌の言う内地通商権とはこの提案に関するものであったと見てよい。

日本側の史料を見る限り、日本政府が徳興号事件を琉球問題と関連づけた形跡はない。だが黎庶昌は琉球問題における交渉担当者の一人であり、かつて天津領事であった竹添ともこれを論議したことがあったために[59]、二つの問題を結び付けて考えたのだろう。黎庶昌が井上への抗議の中で宗属関係に言及したのも、そのためだと思われる。黎庶昌は右の李鴻章への報告の中でも「朝鮮がわが属邦であるにもかかわらず、華商の住まう余地がないということがあってよいだろうか」と述べ、朝鮮政府に「命じて（責令）」釜山ほか諸港に直ちに「華人租界」を設けさせるよう提案した。

このように問題を国際政治的なものと理解する黎庶昌の見方は、現場での華商の動きに注意する陳樹棠のそれとはかなりの開きがある。また黎庶昌が李鴻章に居留地設置を提案した頃には、既に陳樹棠と朝鮮政府の間で居留地設定の準備が進んでおり、黎の提案がそれに直接の影響を与えた形跡はない。それにもかかわらずこの提案は、黎庶昌も朝鮮での居留地設定を必ずしも既定の方針とは考えていなかったことを示している点で注意される。黎庶昌が井上への抗議で開港場の開放性を根拠に日本領事の不当性を批判したこととあわせて考えると、当初の黎もまた陳樹棠と同様、開港場とそこに設置された居留地の開放性を疑っていなかったのではないだろうか。つまり陳樹棠・黎庶昌のいずれも日本居留地での華人の営業が拒否されることを予想しておらず、徳興号事件に直面して初めて自国居留地の必要性を感じるに至ったと考えられる。

（4）事件の収束とその後の徳興号

鄭翼之らは一八八三年一一月から三度にわたり陳樹棠へ営業の再開を求めた[60]。一二月三〇日には四度目の請願を提出したが、その内容はそれまでと異なり、損害賠償の要求を前面に押し出すものであった[61]。彼らは店舗の閉鎖後、生活費や人件費に加え、香港・上海からの輸入予約の取り消しによって計三万元の損失を蒙ったと主張した。陳樹棠は請願に示されていなかった損失の費目明細を速やかに提出するよう鄭翼之らに命じる一方[62]、統理衙門督辦の閔泳黙に照会し、金額は後日通知するとしつつ、日本公使に賠償請求の意向を伝えるよう頼んだ[63]。

鄭翼之らが損失明細を提出したのは翌年四月になってのことだった[64]。その内容は、一二月に陳樹棠に申し出た損失額三万元のうち上海・香港からの輸入予約金二万五七〇〇元は免除してもらうことができたため、実際の損失は四二四三元に止まったというもので、内訳として神戸の怡和号・升記号への違約金など五項目が挙げられていた。これを受けて陳樹棠は、この金額を釜山と神戸の日本当局から取り立てる方針であることを統理衙門に通知した[65]。

並行して駐日公使黎庶昌も井上馨外務卿に賠償を要求した[66]。井上は六月五日付の回答書でこれを拒否し、徳興号を閉店させた領事の措置の正当性を改めて主張した[67]。これを受けて黎庶昌は、日本側と交渉を続けても譲歩が得られる見込みはなく、居留地設定を急ぐべきだと陳樹棠に伝えた[68]。その中で黎庶昌は、徳興号の提出した損失額は虚偽だと断じている。これについて神戸の清国領事が陳樹棠に宛てた報告によれば[69]、そもそも三万元という請求額自体に根拠がなく、鄭翼之が人に唆されて誇大な請求をしたものであった。これを知った黄曜東が鄭翼之らを神戸に呼びつけて叱責したものの、全額を撤回すれば疑念を招くという理由で、四千元程度に金額を圧縮して請求しなおさせたのが真相だという。このことは、鄭翼之らが陳樹棠に損失明細を提出するのに四カ月以上かかったこととも符合し、おそらく事実だったのだろう。こうした内情は徳興号事件のこれ以上の追究を困難にしたに違いない。

さらに釜山の日本領事は、日本居留地での徳興号の営業を黙認するようになり、この点でも清側が争う理由は失われた。もともと日本領事は鄭翼之らに居留地からの退去までも命じたわけではなかった。一八八四年二月の釜山の唐紹儀の報告によれば、鄭翼之らは、家屋の門を閉ざして滞在している状況だったという(70)。さらに一八八四年六月に釜山商務委員に着任した陳為焜は、陳樹棠に対し、日本側が徳興号の営業再開を黙認したことから、賠償問題をこれ以上提起しないほうが得策だと具申した(71)。これを転送された李鴻章は「適切に処理せよ」と陳樹棠に指示し、総理衙門にもその旨を報告した(72)。これで外交上の案件としての徳興号事件はひとまず幕を下ろした。

以下では徳興号のその後の活動を見ておきたい。各地の清国商務委員が作成した一八八四年分の華人名簿によれば(73)、釜山の徳興号には鄭渭生のほか鄭瑞芬・鄭耀・鄭明の四名がおり（いずれも広東省出身）、鄭翼之はその年の旧暦三月に仁川に移っていた。一八八五年分の名簿によれば、八四年に釜山にいた四名のうち、鄭渭生も仁川に移っていた。さらに一八八六年分の名簿によると釜山にはもはや鄭瑞芬しかおらず、一方で仁川には鄭翼之・鄭渭生・鄭耀が滞在していた。徳興号が活動の軸足を次第に仁川へ移していった様子が分かる。

その後の動きは断片的にしか分からないが、一八八八年七月頃ソウルの古くからの商業地域である鍾路に「瓦房二十間」の店舗を購入し営業を開始したようである(74)。一八八九年には放火事件で鄭耀が死ぬという惨禍にあったが(75)、商店は再建され、日清戦争直後の日本領事報告にもソウルで「屈指の雑貨商」として現れる(76)。その後少なくとも韓国併合の前後まではソウルの有力華商の一つに数えられていたことが確認できる(77)。

さて一八八四年に鄭翼之が仁川に移ったことは、先の神戸清国領事の報告でも言及されている(78)。それによれば鄭翼之は、仁川清国居留地の敷地内に土地の造成が終わらないうちに建物を建設したため、撤去を命じられて損失を大きくしたという。既に述べたように仁川清国居留地の用地は一八八三年一二月に選定されたが、正式に居留地章程が調印されたのは翌八四年四月二日であり、さらに朝鮮側との費用負担の条件が折り合わない等の理由で整地作業が遅れ、ようやく敷地競売に至ったのは同年八月四日であった。[79]

陳樹棠によれば、鄭翼之は居留地章程の調印直後から建築材料を購入して建設を準備しており、整地作業を急ぐよう求めていた。[80] 四月二二日には他の華商と連れ立って仁川商務委員の李乃栄を訪ね、整地費用を自弁してもよいから早く土地を払い下げてほしいと懇願した。[81] 李乃栄は拒絶したが、鄭翼之は翌日にも李乃栄を訪ね、入港予定の汽船に貨物を積んでいるので建物が必要だと言い張った。李乃栄は、もし勝手に建設しても後で取り壊さなければならなくなると諭したが、抑えきれない勢いであったという。[82] 上述の神戸領事の報告と考え合わせると、鄭翼之はおそらく実際に李乃栄の制止を振り切って店舗を建設し、撤去を迫られたのだろう。

海関設置直後の釜山に進出して日本領事と衝突し、さらに居留地の整地作業も終わっていない仁川に自国の商務委員の制止も振り切って移動した鄭翼之らの行動は、開港場というインフラストラクチャーの普及を前提としながらも、国家の直接的な支援・介入からは一線を画して越境的なネットワークを構築していった華商の積極性を象徴的に示している。

三　日本側の対応――各国居留地案を中心に

(1) 在朝日本官民の危機感

ここで視点を再び日本側に移し、徳興号事件をきっかけとした居留地制度の見直しについて検討しよう。既に述べたように、徳興号事件の発生直後、竹添進一郎公使は朝鮮の統理衙門に対して釜山領事の正当性を主張する一方、自国政府に対しては釜山居留地への外国人居住を早急に認めるよう改めて進言した。一八八三年一二月に陳樹棠がメレンドルフとともに釜山を訪れると、朝鮮にいる日本官民からも竹添に同調する意見が表明された。

釜山領事代理の宮本羆は徳興号の閉鎖を命じた当事者であるが、井上馨外務卿に陳樹棠らの来釜を報告する中で、清国居留地を日本居留地とは別に設けさせるよりは、日本居留地内で外国人の雑居を認めた方が得策だと具申した[83]。また宮本は、陳樹棠らが調査の途中で馬山に立ち寄ったことにも注目した。馬山は釜山の西方五〇キロメートルにあたり、開港前から国内交易の拠点港であった。宮本は、イギリス人アストンが一八八三年四月に釜山を訪れた際も馬山を視察したことから馬山開港の計画があるのではないかと疑い、もし清国人が先に馬山に進出したら日本側の打撃となると具申した[84]。清側の史料によれば、陳樹棠が馬山に立ち寄ったのはイギリスが馬山開港を計画しているという情報を得たためで、宮本の疑念の通りであった。ただし陳樹棠自身は、馬山は良港ではあるが開港の準備には時間を要すると李鴻章に報告しており[85]、馬山の即時開港には慎重だったようである。

また宮本によれば、釜山居留地の日本人商人も他国民の居住に肯定的であった[86]。宮本から井上への報告に添付された居留地会議長白石直道と商法会議所会頭高洲器一の意見書によれば、彼らは他国の居留地が釜山に設定される可能性があることを既に竹添公使から聞いており、陳樹棠・メレンドルフの来釜でそれがいよいよ切迫したと認識していた。そして他国居留地の設置は日本居留地の盛衰を左右する大問題であるとし、それを回避するためなら日本居留地のうちの未利用地を他国民に開放することは厭わないし、もしそれで不十分なら全面的に雑居を認めるのもやむを得ないとした[87]。

さらに、一時帰国中の竹添公使の代理としてソウルに駐在していた島村久は、直接にメレンドルフと面会して釜山での調査内容について尋ねた。島村によれば、メレンドルフは、もし日本居留地での他国人の居住が認められないならば馬山を代替として開港し、海関も馬山に移転せざるを得ない、そうなれば日本商人の被る打撃は大きいだろうと述べ、島村は外務省に指示を求めた[88]。上述のように、陳樹棠自身は馬山の開港にそれほど積極的でなかったから、メレンドルフの発言が何を根拠としたものかは明らかでない。しかし島村は、前年にアストンが馬山を訪れたことを知っていただろうから、メレンドルフの発言も確からしいものと聞いたであろう。

(2) 各国居留地案とその挫折

メレンドルフとの会談に関する島村久の請訓（一八八四年一月一四日付）をきっかけに、日本政府は釜山居留地の制度について改めて検討を始めた。外務卿代理の伊藤博文は二月六日、三条実美太政大臣への上申の中で大略次のように述べた[89]——朝鮮政府も米英等の公使も釜山日本居留地への外国人の居住が認められるのを望んでいる。また、同居留地はわが国が「数百年来占有」してきたところであるが、もし今後も外国人の居住を認めないならば、他の居留地が日本居留地に通じる道路を塞ぐ形で設置されることは確実である。それゆえこの際、「我居留地雑居の儀を允諾致候方、商利上は勿論、政略上に於ても双方へ好意を示すの一端と相成、最も可然義と存候」。

伊藤によれば、釜山日本居留地を外国人に開放する場合、二つのやり方があった。一つは日本の専管居留地という形を維持したまま他国人の居住を許すものであり、もう一つは日本が専管国の立場を放棄し、居留地を各国共同運営の形に改めるというものであった。伊藤の見解では、前者の方式は「主権の虚名」を維持するに過ぎず、後に「煩雑に不堪の弊」を生じる恐れがあり、日本が占有してきた実態を放棄しても、後者の形態をとるのが望ましいとした。これは、徳興号事件以前に井上馨が示した見解と一致している。

これとほぼ同時に作成された外務省の島村への訓令案では[90]、上の二つの方法についてより詳しく説明している。それによれば、日本居留地の形式を維持する場合、「従来該地占有の主権を維持するの目的にて唯外国人を我居留地内に雑居せしむるに留るものなれば、地租の取立方は勿論其他警察規則及土地経営に係る一切の事項総て我領事の専管に帰すべし」。対して各国居留地とした場合は「我政府占有せる性質を改め全く各国共有の地となすに在れば、居留地内百般の事業は都《すべ》て外国の協議より成立」することになる。前者は「面倒を後日に惹くの弊」があるのに対し、後者は「数百年来占有の実を一朝相捨つるに似たるも、目下の時勢に合し、結句実益を失はざるの利」がある。そこで日本政府の希望は各国居留地化にあるということを念頭に、朝鮮政府および各国と交渉せよ、というものだった。またこの訓令案には、元山の日本居留地についても同じく各国居留地化を図るよう命じる内容を含んでいた。

一八八四年二月一四日には外務卿から島村代理公使へ釜山居留地の開放方針の内定が電報で通知された(91)。正式には二月一九日、太政大臣以下参議の連署により「釜山港我居留地を外国人雑居地となす事」が明治天皇に奏聞され裁可された(92)。これを受けて三条は、二月二一日、先の伊藤からの上申に「伺の通」と書き込んで返却した(93)。史料上は確認できないが、外務省は直ちに島村に訓令を発したと思われる。

このように日本政府は、日本居留地での居住・営業を自国民だけに認める方針をいったん放棄するに至った。その必要性自体は徳興号事件の前から竹添進一郎公使が指摘し、井上馨外務卿も認めていたものだが、徳興号事件をきっかけに釜山への他国居留地の設置が――さらには隣接する馬山の開港も――具体化したことが、日本政府の決定を後押ししたと言える。その際に「数百年来」の既得権である専管権の返還が、事件前に井上らが検討していた一部返還案よりも抜本的な全面返還案という形で浮上したことが注意される。これが専管居留地に他国民を住まわせることに伴う「煩雑」「面倒」を避けるという理由で選択されたことは、日本政府がそれまで居留地での他国民の居住を避け続けてきた理由が、他国民の法的管轄権をめぐる紛争の回避という点にあったことをあからさまに示している(94)。

さて島村代理公使は四月二五日、統理衙門督辦金炳始への照会で釜山日本居留地を各国居留地に改めるという日本政府の意向を伝え、これを各国公使に伝えるよう依頼した(95)。朝鮮政府は少なくとも米英公使と陳樹棠にこれを伝達し意見を求めた。これに米国公使フート（Lucius H. Foote）は賛否を明言せず、公使会議の開催を待つとのみ回答した(96)。一方で英国公使パークスは日本の提案に明確に反対した。彼によれば、日本居留地の敷地は狭隘であるうえ既に多くの日本人が居住しており、利用できる余地は少なかった。そして、先にアストンが設定したイギリス居留地の候補地を各国居留地として開放しても差し支えなく、また釜山の近傍に新たな開港場を開いてもよいと逆に提案した(97)。陳樹棠の回答は現存しないが、米国公使と同様、会議の開催を提案するに止まったようである(98)。これらの意見は五月一二日に金炳始から島村に回付された[99]。

これを受けて島村は反対を表明したパークスと直接に面談したが、パークスは右の見解を繰り返すだけだった[100]。また米国公使は統理衙門への返信では賛否を明言しなかったが、陳樹棠が英・米両国の公使に面会して尋ねたところ、両者とも日本の提案に否定的であったという[101]。陳樹棠自身も、日本の提案は受け入れ困難であり、以前に自身が設定した候補地に予定通り清国居留地を設けるのが適切であると李鴻章に報告した。これに対し李も、清国居留地の候補地は日本居留地の貨物の出入路にあたり将来の発展が予測できるとして、陳樹棠の意見を支持した[102]。

このような米・清の反応が日本政府に伝わったかは明らかでないが、かつてイギリス人への日本居留地の開放を要請したパークス本人が反対したことだけでも、日本政府にとっては大きな障害と感じられただろう。井上外務卿は七月一〇日、ソウルの島村公使と釜山の前田献吉領事にそれぞれ訓令し、もしイギリスが自国居留地の中に他国民の居住も許すという方針であれば、日本も同様の方法を取らざるを得ないため日本居留地の返還はできないとした[103]。その後島村は、再度朝鮮政府を通じてイギリス側の見解を尋ねたが返信は得られなかった[104]。その後の経緯は不明だが、釜山日本居留地の各国居留地化計画は、日本以外に積極的な賛成を示す国がない中でひとまず霧消したと見られる。

（3）日本居留地での外国人居住——その後の運用

先述のように、徳興号は遅くとも一八八四年六月頃までに日本居留地内での営業再開を黙認された。閉店事件についての日清間の交渉もこれをきっかけとして収束に向かった。徳興号の再開が黙認されたのは、日本政府が専管居留地の各国居留地への転換を図っていた時期とちょうど重なる。清国商務委員として釜山に赴任した陳為焜は、日本が徳興号の営業を黙認したのは、日本居留地に外国人を受け入れる計画があるためだと陳樹棠に報告した[105]。

各国居留地化の計画が挫折した後も、日本領事は居留地での華人の居住・営業を当面黙認した。釜山の清国商務委員と東萊府使の間で清国居留地章程が調印されたのは、用地設定から二年半を経た一八八六年八月だったが[106]、これを受けて清国商務委員は、日本居留地内で日本人から家屋を賃借している華商を自国居留地に移動させる予定であると日本領事館に通知した。宮本羆領事代理によれば、この時点で日本居留地内に十数人の華商がいたという[107]。なお元山でも同じ一八八六年四月に清国租界章程が調印されたが、それまでは日本居留地の中に華人の雑居が黙認されていた[108]。

右の宮本の報告に外務省通商局長の浅田徳則が付した意見は興味深い[109]。浅田によれば、清国居留地は「陸路貿易の要衝を占め我居留地の為め不利益」のため、日本側としては清国居留地内にも日本人を居住させたいが、日本居留地において他国民の居住を拒むのが自由であるのと同様、清国側もその居留地に日本人を受け入れる義務はない。そこで当面は日本居留地での華人の居住を黙認しておき、「時機見計ひ在韓清国公使と協議を遂げ、互相の約定を以て相方の居留地とも雑居を許す」ようにしてはどうか、と。この意見が政策に反映されたか明らかでないが、各国居留地化が挫折した後も日本居留地での華人の居住・営業が黙認された理由の一端が推測できる。

この後、釜山では一八八九年から九二年にかけ、西欧側と日本側の双方から各国居留地の設置が断続的に提起された[110]。だがそれらの計画はいずれも実現に至らず、またイギリスほか列国が専管居留地を実際に設置することもなかったため、結局釜山には日本居留地と清国居留地が並立する状況が韓国併合まで続くことになった。西欧列国が釜山に居留地を設けなかった理由としては、一八八〇年代末から上海・仁川間の定期航路が安定して運航されるようになり、朝鮮の対西欧貿易の多くがこれを利用して行われるようになったため、釜山の商業地理上の重要性が減退したことが挙げられよう[111]。また一八八三年の朝英条約により、居留地から一〇朝鮮里以内で外国人の土地取得が公認されていたことも[112]、列国が自前の居留地を持つ必要性を小さくしたと考えられる。

しかしながら、日本居留地に居住・営業を希望する朝鮮人やその他の外国人は引き続き存在し、日本領事はその取扱いに悩み続けることとなった。そのことは一九〇三年一〇月、釜山領事幣原喜重郎が外務大臣小村寿太郎に送った文書から明らかになる[113]。

幣原によれば、朝鮮人やその他の外国人を日本居留地に居住させる際に最も問題となるのは、行政権・警察権の執行が十分に可能かという点であった。形式的には行政権を日本側が確保していたといっても、裁判権はそれぞれの本国が持つ中で、実効性が疑念視されていたのである。例えば外国人に対し「家宅捜索の如き司法警察権の執行は実際上屢〻紛議の因となり」、また「其居住する家宅に関し警察の目的以外の行政権、例へば公用徴発」を及ぼす場合、居住者が外国人である場合はたとえ家屋を所有していなくても「占有者」としての立場で異議を申し立てることがあり得た。また朝鮮人については伝染病の防疫についての「警察上の取締」を実行できるかが憂慮された。

しかし現実に日本居留地への居住を希望する外国人や朝鮮人は多かったため、幣原は次のような原則に基づいて対応していた。①朝鮮人・外国人が独立した一戸を所有・占有することは、日本領事の行政・警察権と衝突する可能性があるため禁止する。②日本人が所有・占有する家宅内に一時滞在（寄留）するだけならば、日本領事の行政権はその日本人に対して行使されることになり、「外国人は単に本邦人の家宅に寄留するに止まるが故に、我国権の作用に対し直接に容喙の口実なく、従て命令執行上困難を惹起するの虞《おそれ》」がないから、認めてもよい。実際は外国人が独立した一戸を構えていたとしても、名義の上で日本人の所有・占有する家屋に寄留するということにしておけば、「当館〔領事館〕に対しては家屋の所有者又は占有者として権利を主張することを得」ないのだから、それでよい。幣原によれば、実際にこうした便法によって日本居留地内に朝鮮人一五戸を居住させており、またロシア人が東清鉄道汽船会社代理店の営業を希望した際も、「表面上本邦人増永某の名義を以て」させ、ロシア人がその増永の使用人として寄留するという形を取ることで許可したという。

ここから日露戦争直前の段階に至っても、釜山の日本領事が居留地への自国民以外の居住・営業に慎重な態度を保持し続けていたことが確認できる。その理由は日本の裁判権の下にない他国民に対し、日本の行政権が確実に及ぶことを確信できなかったためであり、居住を認めるためには、他国民が日本領事に対して権利義務関係を結ばないよう擬制する必要があった。一八八〇年代に徳興号事件を引き起こしたのと同じ条件が、依然として日本居留地の運営に影響を与えていたのである。

本章で取り上げた鄭翼之・鄭渭生は、神戸の広東華商の支援を受けて釜山に徳興号を創設し、仁川からソウルへと活動拠点を移動しながら、朝鮮を代表する広東華商として長く活動した。開港場間に形成された華商ネットワークが朝鮮に延伸する、その先駆けとしての役割を果たしたと言ってよい。彼らが一八八三年末に釜山日本居留地に上陸した直後、日本領事によって営業を禁じられた事件は、日清の外交官と本国政府にそれぞれ対応を迫り、既存の制度に変化をもたらしたり、議論を惹起したりした。この事件は、居留地という制度に対する関係者間の認識の相違を浮かび上がらせた。

まず当事者の鄭翼之・鄭渭生は、開港場とともに居留地もすべての外国人に開放されていることを当然と考えていた。彼らにとってのモデルはまず上海の租界であり、また彼らが朝鮮渡航前に活動していた神戸の居留地でもあった。彼らが海関設置直後の釜山に、自国領事の派遣も待たずに進出したのは、上海や神戸での慣行が釜山の日本居留地にもあてはまることを信じたからだと思われる。

また清側の代表者、すなわちソウルの陳樹棠と東京の黎庶昌は、事件の知らせを聞いてそれぞれに朝鮮への清国居留地設置を必要と考え、陳樹棠は朝鮮政府と交渉してそれを実行に移した。このことはとりもなおさず、二人がそれまで清国居留地の設置を既定の方針だとは考えていなかったことを示している。おそらく彼らも当初は、鄭翼之・鄭渭生と同様、居留地の開放性を当然のことと考え、日本居留地が華商の居住に開かれないという事態を想定していなかったのであろう。

一方で日本側にとって釜山居留地は、伝統的な日朝関係下で獲得した既得権を引き継いだものであり、日本や中国にある居留地と同列のものではなかった。朝鮮が日本以外の諸国とも西欧的な外交・通商関係を結ぶに至り、そのような釜山居留地の特性が他国との摩擦を引き起こす可能性を日本側も認識してはいたが、準備が整わないうちに徳興号事件が発生した。日本側に他国民への居留地開放を躊躇させたのは、皮肉なことに、日本の既得権たる強力かつ広範な居留地行政権であった。それは日本の領事裁判権下にない他国民に行使される時には摩擦をより大きくする可能性があったし、そもそも実効力を有するか疑わしかった。結局、日本政府はその居留地の各国居留地への転換、すなわち専管権の放棄という形でしか問題を解決する方法を見出し得ず、それが挫折した後は、日本居留地への外国人居住を原則として禁じ続けたのである。

日清戦争以前に開港された三港――仁川・釜山・元山――において、日本と清がそれぞれに専管居留地を設置したことは、これまで朝鮮をめぐる日清の覇権争いという視点から論じられてきた。しかし本章で扱った釜山の事例は、開港場をめぐる制度の形成過程が、必ずしも国家間関係のレベルだけで論じられるものではないことを示している。拡大する東アジア地域内の物流・人流の現実が、制度の形成や変容をどう刺激したのかという視点からの検討も不可欠だと言えよう。

第2章　在朝日本人商人と華商からの「自立」

——海産物の対中国輸出をめぐって

日本の開港後に対中国貿易の主たる担い手となった華商たちは、一八七六年に日朝修好条規が締結されて日朝間の開港場貿易が開始されると、朝鮮市場を中国と結び付ける役割を間接的に果たすことになった。日朝貿易の相当部分が、中国・朝鮮間の中継貿易として行われたためである。一八八二年に朝中商民水陸貿易章程が制定された後、第1章で見たように日本華商の一部が朝鮮への進出を図ったことも、こうした文脈を踏まえてこそ理解できる。

さて右のような初期の日朝貿易のあり方は、朝鮮に進出した日本人にも影響を及ぼしたはずである。一八八二年以後、日本人商人が後発の華商と朝鮮市場をめぐって熾烈な競争を展開したことはよく知られているが、それ以前の段階から、そもそも日本人商人の取り扱う商品の多くが日本華商の手を経たものであったとすれば、日本人と華商は単純な対立関係にあったとは言えないことになる。古田和子は、イギリス製綿織物の例を取り上げ、その朝鮮への輸入を扱った在朝日本人も華商の構築した「上海ネットワーク」の末端に連なっていたと表現した。(1) そのこと自体は重要な指摘であるが、在朝日本人が流通機構の上でどのように華商と結び付いており、日本人自身はそのことをどう認識していたかなど、具体的に明らかになっていない課題が多く残されている。

本章ではこうした課題に接近するための切り口として、朝鮮沿海で生産された中国向けの加工海産物を取り上げる。具体的には、近世日本において俵物三品と称された、煎海鼠（いりこ）・干鮑（ほしあわび）・鱶鰭（ふかのひれ）

の三品目に着目する。これら――以下では便宜的に「俵物海産物」と呼ぶ――は、一九世紀以前からアジア各地で中国向けに生産されてきた国際商品の一つであり、近代になっても「取引額は細かく、包装・運送・保管・販売の手間は極めて煩わしく、長年にわたる取引経験の蓄積と広い販売ネットワークを持たないと扱いにくい」という商品の特性から(2)、欧米人・日本人の参入を容易に許さず華商の重要な商品であり続けた。こうした伝統商品は、機械製綿織物などに比べれば注目されることが少ないが、市場の環境変化が流通に与えた影響を長期的な視野から把握する上で好適な素材であろう。

本章では、一八七〇年代から二〇世紀初頭までの時期を対象として、朝鮮での俵物生産物の生産から消費地に至るまでの流通機構を復元する。これらは初期の日本人の出稼ぎ漁民の主たる漁獲対象であり、長崎から華商の手を経て中国市場に輸出された。これに対し、釜山に進出していた日本人商人が参入を図り、自分たちの手で中国への「直輸出」を試みた。こうした過程に注目することで、朝鮮での日本人商人や漁民の活動が、華商の広域商業との緊張関係――依存と対抗の両面を含む――の下で行われていたことが明らかにできるだろう。

一　朝鮮開港直後の俵物海産物（一八七六～八〇年代前半）

朝鮮ではほぼ全国の海岸でナマコを採取することが可能であったが、特に南海岸、東海岸および済州島が主要な漁場であった。ナマコを煮て乾燥させた煎海鼠は、開港以前から義州近郊で行われた辺境開市（中江開市）の輸出品となっていたほか(3)、釜山の草梁倭館でも対馬への輸出品となり、それらは長崎を経て中国に輸出されていた(4)。またアワビは済州島の著名な産物であり、王室への貢物とされていた(5)。製法は不明としても、いずれも開港以前から朝鮮人による生産が行われ、煎海鼠については早くに中国向けの輸出品として位置づけられていたことが注意される。ただしフカ漁業はほとんど見られなかったようである。[6]

これら俵物海産物は一八七六年の釜山開港後、同港を通じて日本に輸出されるようになった。当初は米・大豆と牛皮に次ぐ重要な輸出品であったという。[7] 釜山の日本人商人は朝鮮人漁民に日本的な製法を伝授して商品を確保していたといい、[8] 輸出品の多くは朝鮮人の製品を集荷したものだったと推測される。ただし一八八三年の日本人民貿易規則で沿海漁業が解禁される以前から、実質的には日本人の出稼ぎ漁業（朝鮮通漁）は始まっており、[9] その生産物が含まれていた可能性も否定できない。

釜山から輸出された海産物が持ち込まれたのは長崎だった。一八七六年の長崎英国領事報告から、釜山からの輸入品に早くも irico, shark's fins, dried awabi が含まれていたことが確認できる。[10] 朝鮮開港にあたり最初に定期航路が設けられたのが釜山・長崎間であったこと、また、開港当初の釜山日本人商人の大半が長崎県（特に対馬）の出身であったことや、[11] 早くに日系銀行による長崎への貿易金融が提供されていたこと等がその背景として考えられるが、[12] 加えて、朝鮮からの海産物を必要とする長崎側の事情もあった。長崎側の事情についてやや詳しく見ておこう。

近世の長崎貿易において俵物海産物は、唐船（中国船）の輸出品として重要な地位を占めていた。その流通機構は幕府の統制下に置かれ、特に一七八五年以後は産地からの集荷過程を含めて長崎会所が直接的に統制するようになった。こうして長崎には全国から俵物海産物が集荷されていたが、一八五九年の開港に伴い俵物の流通統制は段階的に緩和され、六五年には完全に自由貿易が認められた。[13] 結果として産地に近い函館や横浜に回送される俵物が増加する一方、長崎は地方的な集荷地に転落してしまった。[14]

こうした状況のなか朝鮮は長崎にとって新たな商品供給地となった。そのことは特に煎海鼠について明らかである。一八八一年の英国長崎領事報告によれば、この年長崎から輸出された煎海鼠は三万八五四八ドル（メキシコドル、以下同じ）であったのに対し、長崎に朝鮮から輸入された煎海鼠は二万七二一六ドルであった。[15] 日本国内での需要が多くないという商品の性格上、朝鮮から輸入された煎海鼠がすべて再輸出されたとすれば、長崎から中国へ輸出される煎海鼠の過半が朝鮮産であったことになる。他の年の数値もあわせて見ると、一八八〇年代初頭に長崎から輸出された煎海鼠の相当部分は、既に朝鮮産によって占められるようになっていたと考えられる。[16]

長崎に輸入後の朝鮮産海産物について、一八八二年の日本の釜山領事報告は「専ら支那人に転売するものなり」としている。[17] 最終的には長崎華商が受け手となって中国に再輸出したと考えてよい。一八五九年の長崎開港後、唐船の来航は途絶状態となっていたが[18]、華商は西洋船を通じて渡来し、唐館時代からの残留者とあわせ、一八七一年に日清修好条規が締結される前から貿易商として活発に活動していた。[19] 英字紙 *The Nagasaki Express* によれば、一八六九年における長崎輸出総額三一七万ドルのうち五六パーセントを、輸入総額三〇五万ドルのうち五二パーセントを Chinese Houses が扱っていたとしている。[20] 特に中国向けの海産物輸出は華商がほぼ独占する状態であった。[21]

朝鮮の開港直後、朝鮮航路と上海航路の接続する長崎が朝中貿易の中継地となったことはよく知られている。例えば朝鮮に輸入される生金巾など、イギリス製綿織物の多くは上海から長崎華商を経て朝鮮に再輸出された。[22] 長崎華商の間に朝鮮への関心が高まっていたことは、長崎を訪れた清朝官吏によっても報告されている。[23] こうした状況で、朝鮮産の俵物海産物は、綿織物とは逆に中国向けの商品として長崎華商の活動に組み込まれたのである。

二　日本人通漁と生産・流通構造の変化（一八八〇年代半ば〜）

(1)「朝鮮通漁」の拡大と俵物海産物

朝鮮沿海での日本人漁業は、先述のように一八七六年の日朝修好条規締結の前後から増えていたが、八三年に日朝間で締結された日本人民貿易規則によって法的な根拠が与えられた。[24] これ以後、沿海漁場の飽和が深刻化していた西日本一帯から盛んに出稼ぎ漁業――当時の表現で言う「朝鮮通漁」――が行われるようになった。一八九〇年代の出漁船の数は年間六〇〇～七〇〇隻程度で、山口県、長崎県、広島県からの出漁が特に多かった[25]。

漁獲物を漁民自身が加工してから運ぶ加工漁業は、運搬技術が未熟だった初期段階の通漁においてかなり大きな比重を占めていた。加工漁業のうち、煮干しを生産するイワシ漁業と並んで重要だったものが、俵物を生産するナマコ・アワビ漁、フカ漁であった[26]。例えば一八九四年中に釜山で操業免許を受けた六二五隻のうち、ナマコ・アワビを対象とする潜水器漁業に従事する船は八五隻、フカ縄漁船は七二隻、ナマコ網漁に従事する船は六隻であった。また同年に元山で操業免許を受けた四六隻のうちでは三二隻が潜水器漁船であった[27]。

これらのうち潜水器は、それまで素潜りや簡単な網によって行われていたナマコ・アワビ漁の生産性を飛躍的に高めた。日本では一八七〇年代に導入されたというが[28]、朝鮮に最初に持ち込まれたのもかなり早く、七九年に山口県の吉村与三郎が慶尚道巨済島で開始したのが嚆矢であったという[29]。一八八〇年代に入ると日本国内で潜水器による濫獲の弊が顕著となり、農商務省が繰り返しその規制を図ったのに加え、長崎県が一八八二年に潜水器漁業取締規則を発布したことをきっかけとして、各地の潜水器船が朝鮮に向かうことになった[30]。さらに一八九二年末、やはり日本人の漁場となっていたロシア領沿海州で潜水器漁業が規制されたことによって、朝鮮沿海への出漁は一層増加した[31]。一八九二年一二月から翌年二月にかけて朝鮮近海を視察した農商務省水産局の関沢明清は次のように言う。

昨年までは本邦漁人の潜水器械船にして朝鮮近海に出稼ぎするもの百台許なりしが、昨年秋より曽て魯領浦潮斯《ウラジオス》徳《トク》へ出稼の潜水器械、彼の地を引揚げ朝鮮海に来りしもの二十七台あり、之を合せて百二十台許あり、其中済州島周回にて漁業を為すもの七八十台あり（此中二十一台は山口県吉村与三郎、十七台は長崎竹内源吉、十四台は対州竹内吉重等の組織せる水産会社の所有に係り、其他は一人一台乃至三五台を有するに過ぎずと云ふ）、尤現今来り居るは二十五台許に過ぎざれども陰暦正月以降に至らば七八十台に及ぶべしと、而して九十月に至りて一先づ郷里に返るを常とす[32]。

ここから日清戦争直前の朝鮮沿海で百数十台の日本人潜水器が操業していたこと、その大半が季節的な出稼ぎ漁業であったことが確認できる。また経営形態として、数台から数十台を操業する企業的な経営が一部で見られたことも興味深い。潜水器漁船は、一隻につき潜水夫一〜二名が乗り、他に船頭やポンプ押、命綱持ちなどあわせて五〜六名が乗り組んだ。出漁期間中は漁場付近の適当な地に納屋と呼ばれる小屋を設け、ここを根拠地として連日操業し、漁獲物はこの根拠地に持ち帰って製品にしたという[33]。このように上陸して加工場を設ける必要があったこと、また濫獲が資源の枯渇をもたらしたことから[34]、朝鮮人住民との間で頻繁に紛争が起き、命を落とす者さえ現れた。右の史料に現れる済州島では朝鮮政府の求めに応じた日本政府が一八八四年から九一年まで断続的に出漁を自粛させた[35]。朝鮮沿海での潜水器漁業の広がりと影響の大きさを窺うことができる。

フカ漁業は四〜五人、また六〜九人乗りの延縄船で行われた[36]。対象魚種の特殊性から出漁地が限られ、一九〇〇年頃ではほとんどが山口県の鶴江浦と玉江浦、大分県の佐賀関と中津浦から出漁したものだったという。フカ漁船は出稼ぎではあったが、八月下旬に出発して漁場を転々とし、翌年の七月に至って初めて帰還するという形で、ほぼ一年に及ぶ長期の出漁を行っていた[37]。フカ漁の目的は鱶鰭製造用のヒレ採取にあったため、残りの部位は海中に投棄していたが、沿岸で漁獲した場合には胴体を朝鮮人に売却した。それまでフカを利用することの少なかった朝鮮人は、「鱶は必ず鰭を切り落としたるものと定まりたるもの」と考えるほどであったという[38]。切り取ったヒレは、潜水器漁業の場合と同じく沿岸に小屋を設けて漁民自身が鱶鰭に加工した[39]。

（2）長崎経由輸出の拡大と流通機構

日本人通漁の増加は、現地住民との摩擦を引き起こしながらも、潜水器のような新しい技術を持ち込んだり、それまで漁獲対象となっていなかったフカ漁を始めたりすることで、朝鮮沿海での俵物海産物の生産を急激に増加させたと考えられる。このような生産面の変化は流通にどのような形で現れたのだろうか。

朝鮮の開港場から輸出された俵物海産物は、表2-1によれば、一八八二年に合計して一〇万円台に達するものの、その後かえって減少し、増減を繰り返しながら九二年までは一万円から二万円台に止まっている。朝鮮開港場の輸出統計からは、日本人漁民の活動が俵物海産物の輸出量の増加に結び付いたという兆候を見出すことができない。

だが注意すべきなのは、朝鮮開港場の貿易統計が実際の対外貿易のすべてを捕捉しているわけではないということである。一八七六年の開港にあたり、日朝貿易は当面無関税とされたが、八三年七月に日本人民貿易規則、朝鮮国海関税目が定められて無関税貿易は終了することになった。一八八四年には統計上の日朝貿易全体が縮小しており、村上勝彦は縮小の一部は関税を忌避した密貿易によるものと推測している(40)。

通漁の場合、漁獲物を朝鮮で通関せずに日本に持ち帰ることは、他の商品よりいっそう容易だったに違いない。一八九三年の釜山領事報告は、日本人漁民が「漁獲したる所のもの〔アワビ〕は、当港に於て販売するより、之を乾晒して我が国に携帯し長崎に於て販売する方利益多きを以て、近来此種の漁業者増加するに拘わらず、当港より輸出する所の干鮑・海参〔煎海鼠〕の類は増加せざるなり」と伝えている(41)。また、フカ漁民についても、漁獲物を鱶鰭に加工した後、直接に持ち帰ることが多かったという(42)。

そこで朝鮮ではなく、長崎における俵物海産物の輸出状況に注目しよう。表2-2から干鮑について見ると、長崎からの輸出量は一八八六年まで一千担前後だったが、八七年に二〇〇四担に急増し、八九年から九四年までは二五〇〇～二七〇〇担で推移する。一方で、日本全体の干鮑輸出量は一八八五年まで漸増傾向にあったが、八六年にいったん急増した後、八七年から八九年までは八五年以前の水準に停滞する。一八九〇年には再度増加するものの、九一年以後は継続的に減少してゆく。そのため、日本全体に占める長崎の比率も、一八八七年以後に増加してゆく。『外国貿易概覧』(明治二五年版)は、干鮑について「近時本邦各地に於て潜水器を用ひ漁獲するが故に本品は大に減少を呈せしも、独り九州地方に至りては……本邦漁人の済州島近海に於て収穫する多きを以て、本年の如きは長崎港のみ〔輸出額の〕増額を見たり。……本年は済州島産実に同港輸出額の十分の七を占む」とし(43)、統計に現れた傾向を裏書

表 2-1　朝鮮の俵物海産物輸出（1877～1903 年）

年	煎海鼠			鱶　鰭			干　鮑		
	重量(担)	価額(円)	(うち釜山)	重量(担)	価額(円)	(うち釜山)	重量(担)	価額(円)	(うち釜山)
1877	213	3,382	15,237	43	1,199	n.a.	4	83	n.a.
1878	440	6,426	6,426	64	1,752	n.a.	7	137	n.a.
1879	679	16,332	16,332	72	2,174	n.a.	28	695	n.a.
1880	655	18,034	17,758	228	7,634	n.a.	161	1,655	n.a.
1881	1,382	60,584	34,791	145	7,956	n.a.	57	1,450	n.a.
1882	1,754	91,219	75,744	211	9,596	n.a.	189	1,160	n.a.
1883	1,076	30,228	27,090	211	7,900	7,566	2	30	30
1884	386	6,310	6,294	214	4,923	4,659	12	246	246
1885	695	10,114	9,653	229	5,215	5,028	31	575	575
1886	649	8,444	8,134	241	5,718	5,599	26	473	473
1887	736	9,506	9,380	271	6,578	6,399	4	51	51
1888	577	7,477	6,912	404	11,359	11,076	29	397	397
1889	1,056	15,125	14,413	441	12,788	12,500	132	1,757	1,757
1890	722	10,358	10,358	413	12,280	12,280	95	1,495	1,495
1891	551	8,721	8,530	475	13,313	13,313	0	0	0
1892	814	16,381	13,273	n.a.	10,626	10,372	40	608	608
1893	1,313	31,766	20,048	369	11,645	11,423	53	1,054	1,054
1894	3,132	68,633	34,793	160	4,629	4,455	n.a.	n.a.	2,992
1895	2,567	50,332	20,373	103	2,899	2,494	n.a.	n.a.	3,854
1896	1,496	27,060	23,394	222	5,850	4,965	82	1,707	1,707
1897	1,878	57,258	40,973	538	16,141	15,939	312	7,323	7,322
1898	2,471	59,303	38,409	461	13,079	12,700	376	9,676	9,676
1899	3,975	105,143	52,327	309	10,251	8,243	80	2,075	2,075
1900	2,273	61,524	32,873	186	5,171	4,963	317	8,961	8,733
1901	3,356	66,804	36,758	249	11,371	10,909	573	14,230	14,230
1902	2,345	63,837	n.a.	288	9,149	n.a.	154	5,676	n.a.
1903	3,861	109,139	30,857	425	13,710	13,193	151	5,151	5,151

出所）朝鮮全体について：1878～83 年は大蔵省「朝鮮旧貿易八箇年対照表」（同『大日本外国貿易十八箇年対照表』1909 年の附録），ただし 83 年の煎海鼠は『通商彙編』明治 16 年上半季・下半季。1884 年は『同』明治 17 年上半季・下半季。1885～93 年は China Imperial Maritime Customs, *Returns of trade and trade reports for each year*, Appendix 2 Corea. 1894～1903 年は Korea Imperial Maritime Customs, *Returns of trade and trade reports for 1903* 所収の十年対照表，ただし 1903 年分の鱶鰭の誤植は同じ史料の 1905 年版で補正した。釜山について：1878～82 年は農商務省商務局『商況年報』明治 15 年度。1883 年は『通商彙編』明治 16 年上半季・下半季。1884～93 年は朝鮮全体と同じ。1894～1900，1903 年は『通商彙纂』所収の各年釜山商況年報。1901 年は Korea Imperial Maritime Customs, *Returns of trade and trade reports for 1901*.

注）原史料の額面金額に従い，紙幣円と銀円の補正はしていない。また海関統計のメキシコドル表示を円に読み替えた。これらの点で本表は暫定的なものである。海関統計の単位について堀和生・木越義則（2008）参照。

なお朝鮮全体の数値と，本来その内数である釜山の数値に齟齬のある箇所があるが，原史料のままとした。

表 2-2　日本の俵物海産物輸出（重量）（1878～1901 年）

（担）

年	煎海鼠			鱶　鰭			干　鮑		
		うち長崎(全国比)			うち長崎(全国比)			うち長崎(全国比)	
1878	4,848	1,223	25 %	1,084	323	30 %	9,037	797	9 %
1879	4,599	1,512	33	1,595	476	30	10,170	699	7
1880	5,184	1,506	29	1,513	698	46	10,730	1,018	9
1881	5,779	1,039	18	1,708	733	43	8,556	1,118	13
1882	6,624	947	14	1,670	638	38	10,719	1,192	11
1883	6,756	874	13	1,669	600	36	10,170	976	10
1884	6,216	1,047	17	2,420	708	29	12,527	941	8
1885	6,329	1,016	16	2,085	620	30	13,347	876	7
1886	7,360	1,107	15	2,336	767	33	17,985	925	5
1887	8,891	1,212	14	2,538	947	37	13,994	2,004	14
1888	7,223	1,121	16	3,118	936	30	13,499	1,824	14
1889	7,455	1,137	15	2,917	1,026	35	13,563	2,663	20
1890	8,780	1,435	16	2,910	892	31	15,300	2,652	17
1891	8,557	1,507	18	2,493	816	33	12,426	2,769	22
1892	8,652	1,707	20	2,263	806	36	11,015	2,767	25
1893	8,408	2,093	25	2,833	945	33	10,210	2,710	27
1894	9,291	2,090	22	2,977	1,300	44	11,651	2,493	21
1895	10,218	3,640	36	3,095	944	31	10,608	1,980	19
1896	9,158	2,516	27	3,235	1,035	32	9,850	1,999	20
1897	7,998	3,205	40	3,475	996	29	9,078	1,907	21
1898	7,607	1,698	22	3,630	1,029	28	10,350	1,712	17
1899	9,457	2,526	27	3,907	1,116	29	11,157	1,476	13
1900	6,684	2,102	31	3,610	935	26	8,509	1,602	19
1901	10,056	1,809	18	3,882	1,080	28	8,509	1,334	16

出所）全国：1878～81 年は東洋経済新報社『日本貿易精覧』1935 年。1882 年以後は大蔵省『大日本外国貿易年表』各年。長崎：1878～84 年は *BPP, Commercial Report, Nagasaki*, each year. 1885 年以後の煎海鼠・鱶鰭について 1885～91 年は大蔵省『大日本外国貿易年表』各年，1892～1901 年は農商務省『水産貿易要覧』上，1903 年。干鮑について 1885～97 年は大蔵省『大日本外国貿易年表』各年，1898～1901 年は大蔵省『外国貿易概覧』各年。

きしている。煎海鼠と鱶鰭についてはこれほど明確な傾向は見られないが、それらも干鮑と同様に漁民によって直接長崎に持ち込まれたことを考えると、朝鮮通漁の拡大が長崎での俵物海産物輸出の拡大を支えた可能性は高い。

出稼ぎ漁民が長崎に生産物を持ち込んだ理由は、まずは彼らの出漁元が長崎やその近県に集中していたということにあるだろうが(44)、加えて金融上の背景もあった。長崎の海産物取引では一般に、荷主が輸出商たる華商と直接に交渉することはできず、日本人売込商に手数料を支払って華商との交渉を委託しなければならなかった。一方で売込商は、商品の一手売却を条件として荷主に所要資金を前貸ししたという(45)。長崎で売込商と荷主は「同一家族のように交際」していたといい(46)、こうした長期的な取引関係が信用供与の前提となったのだろう。朝鮮への出稼ぎ漁民についても、長崎の売込商から資金の前貸しを受け、その売込商を通じて生産物を売却する場合が多かったと考えられる。長崎に海産物を供給する国内集荷圏が縮小する中、売込商の側としても、朝鮮通漁を支援してその生産物の確保を図る動機は強かったであろう。先に朝鮮での潜水器漁業の創始者として紹介した吉村与三郎も、取引のある長崎の海産物問屋から資金を借り入れて事業を開始したという(47)。

さて長崎華商の買い入れた海産物は中国各地に輸出された。「鯣《するめ》及鮑は重に南清の需要物なるが故に広東商人によりて香港に向け輸出せられ、海参及鱶鰭は北清の需要物なるが故に福建商によりて上海に向け輸出」されたという(48)。長崎華商は輸出入の双方に従事し、中国の取引先との間では取引を一回ごとには決済せず、一定期間の売買額を相殺した上で残額を授受していたという。こうした相互清算の方法は華商間でしばしば見られるものであった(49)。長崎華商と売込商の関係も固定的で、相互清算や延べ払いでの決済が広く見られた(50)。先述のように売込商と荷主の間でも長期的取引を基盤とした資金の前貸しが見られたことを考えると、朝鮮沿海での俵物海産物の生産は、中国の消費地から長崎華商・売込商を経て伸びる、二者間の信用関係の連鎖の上に成り立っていたことになる。

長崎華商の決済方法がこのようなものであったとすると、朝鮮産海産物――長崎から輸出される俵物の相当部分を占めていた――の供給量の如何は、長崎華商の輸出のみならず輸入にも影響を及ぼしうる条件だったことになる。売込商が前貸しを通じて漁民からの供給量の決定権を掌握していたことは、長崎華商および売込商の貿易活動の安定において、重要な鍵の一つになっていたと言える(51)。

三　釜山日本人商人による直輸出活動

(1) 直輸出活動の主体——釜山水産会社を中心に

開港後における朝鮮産海産物の流通経路は長崎を中継点として形成されたが、これから外れる動きがなかったわけではない。日本郵船は一八八六年に長崎から朝鮮各港を経て煙台(芝罘)・天津に至る定期航路を開設したが、天津領事の鶴原定吉によると、航路開設の翌年である一八八七年から天津の日本商店武斎号が釜山から朝鮮産煎海鼠の輸入を開始した。また三井物産の出張所もやはり釜山から朝鮮産鱶鰭の輸入を始めたという(52)。

ここでは長崎ではなく、釜山が輸出の起点となっていることが注意される。釜山側での輸出の主体について、一八八九年の芝罘領事報告は次のように言う。

朝鮮国釜山在留我商人等が輸出する同国水産物の中、鱶鰭・煎海鼠・乾鮑・魚肚等は重に清国へ輸送するものにして、其量も随分巨額なれども、従来長崎清商の手を経て輸送するがため未だ充分の利益を占得せざるより、本年同港に於て専ら当国へ直輸出を営むの目的を以て水産会社を設置し、且つ当港〔煙台〕在留我商人等も該社と連絡し委托販売を試みたるに、鱶鰭・煎海鼠・魚肚の如き贅沢品は平年すら需要少なきのみならず、昨秋以来凶歉相襲い民力消耗の折柄、思はしく需要なかりしと云ふ(53)。

この史料では釜山の日本人商人が、長崎華商を経由せずに海産物の対中輸出を実現しようと設立した「水産会社」

に注目している。前節に見たように、日本人の出稼ぎ漁民の手になる俵物海産物は、大半が朝鮮の開港場を経ずに直接長崎へ持ち込まれており、これでは生産が拡大しても開港場の日本人商人の得る所はなかった。また開港場に集荷される分も長崎経由で輸出され、その価格や取引量は消費地の情報を握っている長崎華商が事実上決定していた[54]。釜山から天津・煙台への海産物輸出は、こうした状況を打開し、朝鮮海産物の流通を日本人商人の支配下に置こうとする試みと見ることができる。

明治期の日本において外商の支配する居留地貿易を克服し、日本人商人による海外輸出を実現しようとした動きは一般に直輸出運動と呼ばれる。直輸出の対象となった商品としては生糸が有名だが、昆布などの海産物について華商への対抗を図って行われることもあった[55]。釜山から天津・煙台への俵物海産物の輸出も、右の史料がまさに「直輸出」と表現しているように、広い意味でこうした直輸出運動の一環と見ることができよう。

以下では右の史料に現れる「水産会社」を中心として、釜山日本人商人による直輸出の試みをより詳しく検討したい。この会社、すなわち釜山水産会社は一八八九年二月に発起人一〇名が連名で釜山領事に設立を届け出、領事が本省に伺いのうえ認可したもので、朝鮮の居留地で組織された最初期の「会社」である[56]。領事に提出された定款によれば、会社は「海産物の売買及び捕漁採獲を目的とし併せて委托販売の業を営む」（第二条）ものとされ、設立期限は一〇年、有限責任制をとり、資本金五万円を一千株に分かって募集するものとされた。資本金のうち半分は発起人が保有する予定で、株主は日本人に限るとされた[57]。

会社発起人とされる一〇名はいずれも釜山在住の日本人である（表2-3）。うち九名は設立と同年の一八八九年に外務省が実施した海外日本人商工業者の報告に財産額千円以上の者として名前が現れており、いずれも貿易商を主業とする者であった（同表の備考欄）。発起人のうちには釜山で植民地期まで活躍した者も含まれている。例えば大池忠助は一八五六年に対馬厳原で出生、一八七五年に釜山に渡航した。以後一貫して釜山にあって「貿易、海運、製塩、水産、精米、旅館業等多方面に亘って先駆的開拓に邁進」したほか、居留民団議長や日本人商業会議所副会頭に就任

表 2-3　釜山水産会社の設立発起人（1889 年当時）

氏　名	本籍地・族籍	現 住 地	備　　考
諫山運平	宮崎県南那阿郡西方村五百五十番戸 士族	釜山港第一区本町壱丁目十二番地	貿易兼漁業，財産額 1,500 円
海江田平助	鹿児島県薩摩国日置郡湊町八十八番地 平民	釜山港入江町十一番地	貿易兼雑商，財産額 7,000 円
上野永次	新潟県越後国北蒲原郡新発田東村字片町一番地 士族	釜山港第一区琴平町八番地	貿易，大倉組，財産額 3,000 円 ＊「上野永治」名で現れる
栗原重冬	新潟県越後国中頸城郡高田中根町通丁十二番地 士族	釜山港第二区入江町十四番地	貿易兼雑商，財産額 5,000 円および日本型・西洋帆船，支店元山
迫間房太郎	大阪府西区南堀江町五丁目十三番地 平民	釜山港第一区本町二丁目八番地	貿易，五百井商店（本店大坂），財産額 6,000 円
豊田清助	大阪府東区淡路町五丁目一番地 平民	釜山港第一区弁天町壱丁目十二番地	貿易兼雑商，財産額 3,500 円
沢木安二郎	大阪府東区高麗橋三丁目二十七番地 平民	釜山港第一区本町二丁目六番地	〔現れず〕
大池忠助	長崎県対馬国下県郡宮谷町 平民	釜山港第一区入江町二番地	貿易兼船舶問屋，財産額 13,000 円
松尾元之助	長崎県対馬国下県郡天道茂町百八十七番地 平民	釜山港第一区本町一丁目七番地	貿易，財産額 3,500 円
坂田与一	福岡県筑後国上妻郡吉常村十六番地	釜山港第一区本町三丁目十二番地	貿易，財産額 5,000 円

出所）届出書（1889 年 2 月 27 日付）。室田義文（釜山領事）の青木周蔵（外務次官）あて公 44 号（1889 年 3 月 15 日付，『朝鮮国釜山港ニ於テ釜山水産会社設立及請願雑件』外交史料館 3-3-2-3，アジア歴史資料センター Ref. B10074011400）に添付。ただし備考欄は室田義文の青木周蔵あて公 36 号（1889 年 2 月 22 日付，『本邦人外国ニ於テ商店ヲ開キ営業ヲスル者ノ氏名住所営業ノ種類等取調一件』外交史料館 3-3-7-13，アジア歴史資料センター Ref. B10074441300）による。

するなど、一九三〇年に死去するまで日本人社会の中心にあり続けた[58]。また迫間房太郎は一八六〇年に生まれ、八〇年に大阪五百井長商店の釜山支配人として渡航して貿易業に従事する傍ら、釜山水産会社のほか釜山倉庫会社（一八九七年）、釜山電灯株式会社（一九〇一年）など在釜日本人の企業活動に積極的に関与した。一九〇四年には五百井長商店から独立して迫間商店を設立し、四二年に釜山で没するまで、大池と同様、事業活動のほか各種の公職にも従事した[59]。

釜山水産会社はこの後、開港期から植民地期を通じて釜山の代表的な日本人「地場」企業として生き残った。会社の事業として知られるものに釜山魚市場の運営がある。会社設立とほぼ同時に設けられた魚市場は、日本人漁民の委託を受けてその漁獲物を販売し、二〇世紀初までに朝鮮一円に鮮魚を供給するようになった[60]。しかし会社が設立当初に意図していたのは、このような朝鮮国内向けの事業というよりは、むしろ俵物をはじめとする加工海産物の海外輸出であった。そのことは会社の設立趣意書から明らかである[61]。

「釜山水産会社設立の趣意」と題されたこの文書は、最初に釜山貿易の現況について、「従来其輸出物貨の重なるものは即はち穀物にして、其盛衰は偏に年の豊凶に因るものなれば……我らは本港の貿易は一に穀物に頼らずして、益々旺盛の域に進むの策を講ずるは目下の急務とする所なり」という認識を示す。実際に一八八九年、釜山の輸出額の五三・四パーセントが大豆・米の二品で占められていた[62]。このような状況の下、「海参・鱶鰭・鮑其他海草類」を主とする海産物は「其豊饒は却て穀物を凌駕するのみならず、年に因りて豊凶の虞あることなし」「是等貨物採収の容易なること、目前に広大なる販売地を有すること」等の理由から、釜山の新たな輸出商品として発展させるにふさわしい。だが釜山の日本人商人は「その富源は広大無主なることを知ると雖ども、多くは之に投ずる資力薄弱独立独行の姿にして、其源流の一少流だも汲取する能はざる也」という状態である。そこで「各自応分の資財を醵集し当港に於て一の合本会社を組織」し、「上は〔朝鮮通漁の道を開いた〕政府の盛意を奉戴し、下は商業上の実益を興し、併せて当港は単に豊凶常ならざるの穀物にのみ頼らざるの策」を取ろうとするので、「江湖の資産を有する諸君」の投資を期待したい、とする。

この趣意書によれば、釜山水産会社の設立は、釜山における俵物海産物の輸出を推進し、米と大豆に過度に依存している不安定な輸出貿易の基盤を広げるところに最大の目的があった。趣意書の最後は「物貨の製造其他の方法に至つては熟練なるものを招聘して之に従事せしむへし」という文言でやや唐突に結ばれており、会社設立の過程が貿易商によって主導され、生産者が直接には関与していなかったことを窺わせる。(63)

さて先に引いた一八八九年の芝罘領事報告(64)にもあるように、釜山水産会社は設立当初から、実際に天津・煙台への俵物海産物の直輸出を開始した。一八八九年から九二年までの間に会社が直輸出した俵物三品の合計重量は、八九年：一二七・五担、九〇年：一七七担、九一年：一九二担、九二年：二九二・五担と、ひとまず増加傾向にあったことが確認できる。(65)芝罘領事は売れ行きはあまり良好ではなかったように言っているが、一八八九年の釜山海関報告では、同社が鱶鰭の対中国輸出で利益を上げ、設立から九カ月の間に株主に三〇パーセントの配当を実現したとする。(66)資金不足で高金利の居留地において、株主を引き付けておくには無理をしても一定の配当を要したという事情はあるにしても、(67)それなりの儲けは得たのであろう。

直輸出の方法については、『朝鮮通漁事情』（一八九三年）から大まかに知ることができる。(68)まず輸出先での商品販売については、「釜山水産会社に於て貨物を天津に直輸するには従来三井物産会社の天津出張所へ其販売を委託せり、而して三井物産会社は委托を受け之を販売するときは、其代価の内より〔天津現地商人の〕仲買口銭として売揚代金の二分、会社の手数料として同じく二分、合せて百分の四を控除す」（一二〇頁）とあり、三井物産会社の出張所に販売を委託していた。また金融の面では、同じ史料に「直輸するときは其販売を畢へ仕切勘定の到来するまでには多くの日子を経ざる可からざるが故に、第一国立銀行の支店に依頼し、在天津三井物産会社への荷為替金を借用し資金の運用を為せり」とあり（一三八頁）、最も早期に朝鮮居留地に進出した第一国立銀行から荷為替の割引を受けていた。商品の輸送を日本郵船が一八八六年に開設した長崎・天津間の定期航路によったこととあわせ、釜山水産会社の直輸出が、日本企業による萌芽的な貿易関連サービスに支えられていたことは興味深い。

また会社の商品調達については、「在釜山水産会社の如きは、本邦より出稼ぎを望む漁人の薄資なる者に対し仕入金を貸し、其収穫物を買収し、代金の中より漸次資金を償却せしむるの法を設け」（一二六頁）といい、日本人漁民への資金の前貸しを通じてその漁獲物を確保しようとしていた。長崎の売込商による荷主・漁民への前貸しと同じ手段を採ったことになる。ただし釜山水産会社に対して「其生鰭を売る者は大分県下中津浦の漁人に過ぎず」「釜山より輸出高は出漁者総体の収穫より見れば十の一二に過ぎざるべし」「其製品は漁者自ら携へて長崎に至り売却するを常とす」とも説明されている（六六頁）。これと関連して一八九二年の釜山領事報告は、「我国漁夫の漁獲したる海参も多くは長崎等の地方に於いて販売するが故に、当港在留の商估は朝鮮人の漁獲したるもの並に我国漁夫が適々当港の近傍に於て漁獲したるものを買集め乾製して天津に輸出するに過ぎず」とする。[69] 釜山水産会社をはじめ釜山の日本人商人は、ようやく中国市場への直輸出を開始したとはいえ、商品集荷の過程における長崎華商・売込商の主導権を奪取するには至っていなかったのである。

（2）天津における朝鮮産海産物

釜山からの直輸出の仕向地として地名が挙がっているのは天津と煙台の両港である。ここでは天津に注目し、そこでの朝鮮産海産物の流通についてさらに検討したい。

まず天津での朝鮮産海産物の輸入規模を、煎海鼠を例に見てみよう。表2-4は中国海関年報から抽出した、天津における煎海鼠輸入量（担）である。朝鮮産は元来、国外産（A）に含まれたはずだが、一八九〇年から九四年の間、中国海関では朝鮮を「属邦」としてその産品を「国内産」に分類したから、その間のAに朝鮮産は入っていない。一方で国内産（B）について、もともと中国国内での煎海鼠生産は極めて少なかった。当初ゼロだったBが一八九〇年になって突如現れるのは、右の統計基準の改訂によって朝鮮産が国内産に組み入れられたのを反映したものと考えられる。つまりBは実質的に朝鮮産の輸入高と考えてよい。そのように考えると，天津への朝鮮産煎海鼠の輸入は一八九〇年以後急速に成長し，九四年には他の外国産とほぼ匹敵する量に達したのが分かる。このような朝鮮産の輸入増加は，釜山からの直輸出の結果と見てよいだろう。

またCは朝鮮の三開港場（釜山・仁川・元山）からの煎海鼠の輸出量を示す。仕向け国ごとの数値は不明で，実質的には日本向けと中国向けの合計と考えてよいが，これをBと比べると，一八九一年から九三年まではCのうち約九〇パーセントが天津に仕向けられたことになる。統計の不備（例えば漁民の持ち帰り分）を勘案したとしても，朝鮮からの「開港場を通じた」輸出については日本（長崎）向けよりも中国向け直輸出の方が大きくなっていたと解釈できよう(70)。

表 2-4　天津における煎海鼠輸入量（1885～94 年）

（担）

年	天津・輸入		朝鮮・輸出
	国外産（A）	「国内」産（B）	朝鮮産（C）
1885	2,006	–	695
1886	1,868	–	649
1887	2,726	–	736
1888	1,835	–	577
1889	2,428	–	1,056
1890	1,482	324	722
1891	1,749	528	551
1892	2,154	710	814
1893	1,535	1,156	1,313
1894	1,759	1,563	–

出所）いずれも China Imperial Maritime Customs, *Returns of Trade and Trade Reports*, each year, ただし朝鮮はその Appendix 2 より。

注）A 欄は 1890～94 年の間，朝鮮産を含まない。同じ期間，朝鮮産は B 欄に含まれ，実質的にそのすべてを構成した。本文を参照。C 欄は三開港場（釜山・仁川・元山）からの輸出量。

天津の海産物市場において朝鮮産の比率が高まっていたことは，記述的な史料からも確認できる。直輸出が始まったばかりの一八九〇年には「〔天津の〕当業者の説に拠れば，海参は日本産七分を占め，鱶鰭は日本産四分を占むるの割合ならん」と(71)，日本産が優勢であった。ところが一九〇〇年になると，天津に輸入される煎海鼠は「総額十中の五は朝鮮産にして釜山・元山の両港より輸入せり，我国産は之に亜《つ》ぐ，露領産は二分の割合なるが如し」とされ(72)，一〇年足らずの間に直輸出された朝鮮産のシェアが大幅に増えたことが分かる。

次に天津における流通機構について見よう。先に見たように，直輸出された海産物は，現地の日本商人に販売を委託された。天津で日本人商人が活動するようになったきっかけは，一八八六年の日本郵船による長崎・天津航路の開設であった。一八八九年の史料では、「定期航路開通以前に在ては商用の為め本邦人の来津したる者は毎年三、四名に過ぎざるが如し。然るに右開通初年より俄に増加し、即ち去る十九年〔一八八六〕に八名、二十年に二十六名、二十一年には三十五名となれり」とする。(73)

来航者の多くは詳細不明だが、中で最も早くから活動していたのは一八八四年開設の三井物産天津出張所であった。日清戦争前の中国において、日本人貿易商が活動していたのは上海・香港・天津・煙台・広州・福州の沿海諸港に限られていたが、三井物産は福州以外の諸港に支店・出張所を置き、委託売買に従事していた。(74) 一八九〇年代初めの天津出張所の業務内容には、「清国政府への売込」「龍動《ロンドン》送羊毛の買入」「九州茶の売込」と並んで「朝鮮より雑穀海産物の送荷」が挙げられている。(75) また煙台の場合、同社の出張所が「上海・香港・朝鮮の三港並びに本邦にある諸銀行と為替取組」「我商人の如き清国通商に慣熟せざる者は該出張員にて懇篤に指示」（一八九二年）など、(76) 売買の仲介以外に様々な付帯的サービスを行っていた。こうした三井物産のサービスに依存する形で、釜山からの俵物海産物の直輸出も実現したわけである。

こうした天津の日本人商人が、現地の海産物流通機構の中でどのような位置を占めていたかについては、一九〇八年の『清国商業綜覧』から推測される。これによれば、天津には「外国輸入商人」「支那問屋」「仲買人」「小売人」「内地仕入人」という五種類の海産物商人がいた。(77) 輸入商である「支那問屋」は、上海あるいは日本から直接に商品を輸入し、必ず「仲買人」を経て「小売人」あるいは「内地仕入人」に売却した。つまり日本・上海→「支那問屋」→「仲買人」→「小売人」・「内地仕入人」→各地消費者というのが基本の流通経路であった。

一方で「外国輸入商人」は、「日本人のみにして、本業の傍ら水産物を取扱ひ、仲買人の手を経て問屋に売却す」「日本輸入商は仲買人の手を経て問屋に売込むものにして、小売人又は内地仕入人に売捌くことなし」という。三井物産出張所などもこの「外国輸入商人」の範疇に入ると見られる。これらを介して輸入された朝鮮産海産物は、いったん「仲買人」を経て「支那問屋」に売られ、その後は右の基本経路に沿って流通したと考えられる。(78) 日本人商人が

「小売人」「内地仕入人」と直接には取引しないという点は、日本人商人が在来の流通機構と競合し、新しい流通機構を構築したわけではないことを示している。

天津に輸入された朝鮮産海産物は、天津で消費されるほか、「内地仕入人」つまり各地から買い付けにきた客商の手を経て華北各地の消費地に向かったと思われるが、その際、同じ朝鮮産でも産地や品質によって市場は細分化されていた。例えば煎海鼠の場合、「朝鮮産は……外観を損じ我産の優に及ばず、故に中等に位し、元山炭製品は山西省に出し、釜山製品は稍佳良なれば北京に致すの外当地〔天津〕に於て需用す」（一九〇〇年）という状況だった[79]。市場に習熟していない日本人商人にとって、このように複雑な海産物市場への参入が極めて困難だったのは当然で、在来の流通機構の末端に連なるほかなかったと言えよう。

（3）近代的貿易サービスの未成熟

開港場貿易において欧米から輸入された近代的なインフラストラクチャーや貿易サービス、ノウハウが大きな意味を持ったことは当然だが、釜山水産会社の直輸出の場合、利用したサービスがすべて日本企業によって提供されていた点が特徴的である。当時の朝鮮開港場において、欧米企業の活動自体がほとんど見られなかったことは事実だが、日本企業が既に三国間貿易、この場合は朝中間のサービスを提供するに至っていたことは興味深い。

ただしその実際の機能においては様々な問題も見られた。例として貿易金融について検討しよう。釜山水産会社が天津に直輸出する際、朝鮮の第一国立銀行支店で荷為替割引を受けていたことは先に述べた。しかし、そのことを紹介した『朝鮮通漁事情』（一八九三年）は、「近頃銀行と物産会社との間に種々の事情ありてコルレスポンデンスの約を解きたる由にして、該銀行は荷為替貸付を為さざることとなり、昨今は大いに不便を感ずるに至れり」と注記しており（一二〇頁）、一八九三年までにサービスが中断していたことが分かる。この年の一〇月に大阪商業会議所は第一国立銀行に対して朝鮮・上海間の為替取組の実施を求めたが、その理由の一つとして、朝鮮産の「海参・鱶鰭等は清国に輸出すれど、其朝鮮より直接に清国に輸出するものは最も少なく、多くは一旦長崎商人の手を経て輸出するを常とせり……〔朝鮮〕在留本邦商人の輸出に係るもの頗る少なきは、蓋し……両地間に於ける為替の便利なきこと実に其の一原因たらずんばあらず」としている[80]。釜山水産会社の設立に関わった迫間房太郎は大阪の有力な朝鮮貿易商である五百井長商店の釜山支配人であったほか[81]、この時期には大阪商人が朝鮮貿易への関与を深めていたことから[82]、釜山での状況は大阪にも直接に伝わっていたと見られる。

第一国立銀行が荷為替割引を中止した直接の背景は不明だが、当時の朝中間の貿易は、朝鮮側の輸入に偏った圧倒的な片貿易であり（序章参照）、金融サービスの維持には望ましくない状況だったと言える。大阪商業会議所の要請の翌月、すなわち一八九三年一一月に横浜正金銀行上海支店が開設され、朝鮮所在の日系銀行との間で為替取組を開始したが、それも円滑には機能しなかった。一八九四年の仁川領事報告によれば、朝中間の為替相場の不安定性に加えて、「本邦商人にて当地より上海へ向け輸出すべきものなきが、本港支店は常に〔上海に対し〕借方に多く、片為替なるが為め、今日の有様にては未だ十分之れを利用すること能はざるが如し」と報告している[83]。釜山と天津・煙台間で行われる海産物直輸出の場合、当時の朝中貿易の大動脈である仁川・上海間に比べ貿易規模自体少なく、為替の安定的な提供には難が大きかったことだろう。

また消費地における情報の入手という点でも問題があった。天津は冬季に結氷して貿易活動が停止するために、春の解氷直後、冬期に釜山の日本人商人が抱えていた俵物海産物の在庫が殺到して値崩れを起こすことがしばしばあった。一八九三年の天津領事の報告では「本品〔煎海鼠〕及鱶鰭の如きは、輸出者に於て尤も常に需要の程度を量り、適宜の数額を分送するを要す、否らざれば或は漸次価格低落して竟に挽回の機なきに至らん」という警告を発している[84]。これについては釜山商人の資金繰りの問題も考える必要があるが、天津側では「需要の程度を量」ることができない、すなわち市場情報が充分でないことがこのような事態を生じていると認識されていたのである。

三井物産ほか現地で販売を委託される日本人商人は、輸出商からこうした消費地の情報提供を期待されたと思われるが、彼らにしても、「元来天津にて需用する鱶鰭は重に『ヤジ』なるを以て、『ヤジ』は他の雑種よりも高価に売行くべき当然とす。然るに其嘗て天津に鱶鰭を輸出せる頃、『ヤジ』も雑種も共に同価に売行けり。是彼地〔天津〕滞在本邦商人の其取扱に熟練せざるより安価に買はれたるものなり」と批判されているように、[85]市場情報・取引慣習に習熟しないために不利な取引を行いがちであった。先にも述べたように、細分化された伝統商品の取扱いは、新来の日本人商人には困難を極めたのである。

このように日本企業の提供する貿易サービスは、必ずしも十分に成熟していなかった。これが直輸出にどの程度の影響を与えたかを計ることは困難だが、一定の制約を課したことは間違いないだろう。ただし釜山の輸出商人は、有利な取引ができないと判断される状況では、必ずしも直輸出に固執しなかった。日清戦争後になるが、一八九六年の商況についての釜山領事報告は、「従来当港より直接に天津・芝罘・上海其他各港へ向け〔海産物を〕輸出したることあるも、薄資本のものにては其各港にて貨物の捌口を見出す迄の余裕なく、為に損失を知りつつ放売することなどありしより、一先本邦に出荷し、長崎・神戸等に於て居留支那商人に売渡し其手を経て清国に輸出するを便利とせり」と報告している。[86]輸出商の規模が小さく、十分な金融サービスの支援も受けられない状況の下では、自ら直輸出を試みるよりも、既成の日本華商を軸とした流通機構を利用した方がよいと判断することもあったのである。釜山水産会社の設立趣意書に見える「政府の盛意を奉戴し」との文言からは、事業の経済ナショナリズム的な面を読み取ることができるが、一方で現場の商人の間では、日本人だけで完結した取引機構を形成しようという志向が必ずしも貫徹していたわけでないことが注意される。

四　日清戦争後における生産・流通構造

ここまでの分析から、一八九四年の日清戦争前夜における朝鮮産の俵物海産物の流通経路を整理すると、図2-1のようになろう。いったん釜山の日本人商人のもとに集荷され、そこからさらに長崎の売込商・華商を経て中国に輸出されるルートを仮に「釜山・長崎ルート」と呼ぶことにしよう。これは朝鮮開港当時から存在していたルートである。一八八〇年代半ばから日本人漁民が増えると、彼らが釜山を経由せず、長崎に直接持ち込む海産物が増加してくるが、これを「長崎持ち込みルート」と呼んでおこう。右の二つのルートはいずれも長崎を経由するものだが、一八八六年に長崎・天津航路が開設された後、釜山の日本人商人が天津・煙台の日本人商人と提携し、長崎を経ないで直輸出を図るようになった。これを「直輸出ルート」と呼ぼう。

日清戦争はこれらの流通経路に大きな影響を与えた。天津はじめ華北諸港への航路が途絶したためである。一八九五年についての釜山領事報告には、「〔俵物〕三品の需要地は殆ど清国に限り、当港商人は直に天津其他清国諸港に輸送すると本邦長崎に輸送するとの道を取来れるが、通常長崎への輸出は一部分に止まるを例とすれども、開戦以来本年七月迄当港と北清諸港間の航路中絶したるを以て、其後は重に長崎に輸送し同地在留の清商に販売するの道を取れり」とある。(87) 前節(2)でも述べたように、日清戦争直前の段階では、釜山を経由する海産物のうち「直輸出ルート」が「釜山・長崎ルート」よりもむしろ太くなっていた。それが戦争の影響で前者が途絶した後、「釜山・長崎ルート」中心に戻ってしまったのである。航路は一八九五年七月に再開されたが、それでもこの年の釜山からの輸出のうち「直輸出ルート」によるものは金額ベースで二五・八パーセント(二万三七三円のうちの五二四八円)にまで落ち込んだ。(88) 一方で長崎から輸出される煎海鼠は、同じ年に前年比で一五〇〇担以上の増加を見ている(表2-2)。

ただし日清戦争の影響は一時的なものに止まったようである。釜山から中国へ直輸出される煎海鼠は、戦争終結後徐々に増加した。釜山の煎海鼠輸出額に占める「直輸出ルート」の比率は、一八九五年の二五・八パーセントから、九六年五四・四パーセント（一万二七五〇円）、九七年六二・三パーセント（二万五三六一円）、九八年七三・二パーセント（二万七七八五円）と高まってゆき、数量も増加している[89]。反面、長崎から輸出される煎海鼠は徐々に減少し、一九〇〇年には二一〇二担とほぼ日清戦争開戦前の水準に戻った（表2-2）。

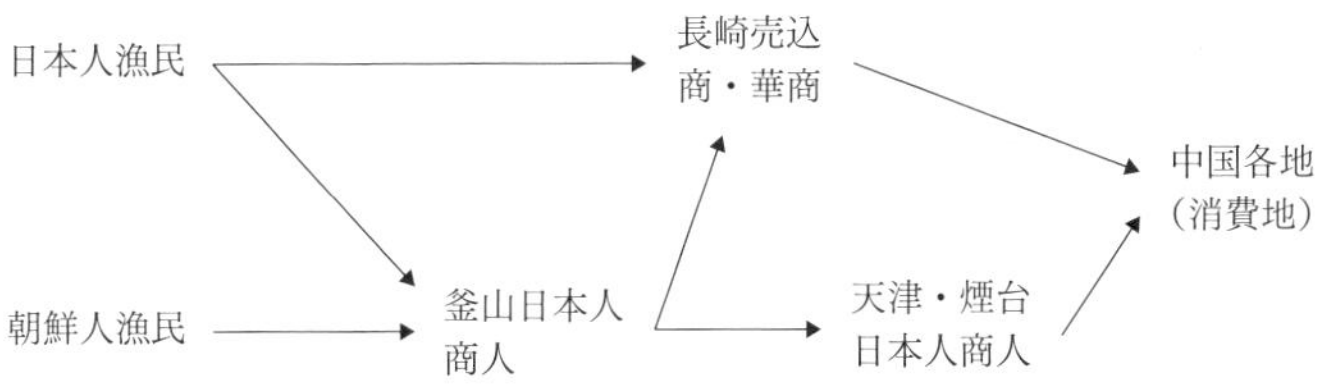

図 2-1　朝鮮産俵物海産物の流通経路（1894 年当時）

一九〇〇年以後については十分な検討が及んでおらず、簡単な見通しだけを述べておきたい。一九〇七年に長崎に入荷した煎海鼠二二五三担のうち朝鮮産は一一五二担で、その割合は五一パーセントであった[90]。この朝鮮産一一五二担は、「長崎持ち込みルート」と「釜山・長崎ルート」の合計ということになる。一方で同じ年、朝鮮の各開港場を通じて各国に輸出された煎海鼠は三一〇五担だった[91]。これは「直輸出ルート」と「釜山・長崎ルート」の合計ということになる（厳密に言えば仕出地は釜山だけではないが統計上の区分が困難である[92]）。二つの数値を比較すると「直輸出ルート」が最も大きかったことが推測される。干鮑と鱶鰭についてはこのような数値を算出できないが、いずれも一九〇〇年代まで釜山水産会社等の直輸出が実施されていたことは確認できる[93]。

それでは、長崎を経由するもののうち、出稼ぎ漁民が朝鮮開港場を経ずに持ち込む「長崎持ち込みルート」と、いったん開港場の日本人商人を通じて輸出される「釜山・長崎ルート」とでは、どちらが大きかったのだろうか。日本の『外国貿易概覧』一九〇二年版は、この年の干鮑輸出について「長崎・神戸両港より輸出するものは朝鮮産七、八分を占め……朝鮮産は一旦釜山を経て内地に来るものと、漁場より対州に入り更に内地に来るものとありて、前者の方多きを例とす」とする[94]。これが煎海鼠・鱶鰭にも当てはまるとすれば、俵物海産物の輸出ルートとしては「長崎持ち込みルート」よりも「釜山・長崎〔および神戸〕ルート」の方が大きくなっていたことになる。日清戦争以前には、日本人漁民の生産物は多くが釜山を経由せず、直接に長崎に持ち込まれていたのだから、何らかの変化が生じていたことになる。

その背景として、ここでは生産面での変化を挙げておく。見てきたように、一八八〇年代以降急増した日本人の潜水器漁業・フカ漁業は、漁期ごとの出稼ぎすなわち通漁であった。しかし一八九〇年代の半ばから、出稼ぎではなく、朝鮮に拠点を置いて活動する定着型の潜水器漁民が出現した(95)。一九〇〇年代の末には、朝鮮沿海で操業する日本人の潜水器一三七台中、定着しているものが八三台だったという(96)。定着した潜水器漁民の製品は、大規模な経営者の場合は彼ら自身によって直接天津へ輸出されることもあったが、多くは前貸しを受けた開港場の日本人商人に売却された(97)。いずれにせよ、日本人潜水器漁民の朝鮮への定着化の傾向、換言すれば長崎売込商の前貸しによって販路を拘束される出稼ぎ型漁民の比率の低下は(98)、長崎売込商・華商の集荷力を低下させたと言える。

一方で釜山の日本人商人は、自らの集荷した海産物を、その時の状況にあわせて、中国に直輸出するか長崎華商を利用するか、あるいは神戸に輸出するかを決定したのであろう。日本人漁民の活動形態の変化と並行して、朝鮮産俵物海産物の流通機構は、釜山の日本人商人を軸とする形に再編されたのである(99)。

一八七六年の日朝修好条規締結直後から、俵物海産物は釜山日本人商人の重要な輸出品の一つとなり、下って八〇年代からは日本人漁民の漁獲・製造の対象としても重要視されるようになった。本章では、こうした日本人商人・漁民の朝鮮での活動が、長崎華商を核とする海産物流通機構の一端に位置づけられていたことを強調した。

釜山から華北への直輸出は、こうした状況から脱却し、朝鮮産海産物を自身の支配下に置こうとする日本人商人の試みとして始まったものであった。朝鮮における日本人の企業活動の嚆矢と言える一八八九年の釜山水産会社の設立も、そうした華商からの「自立」の試みの一環に位置づけることができる。朝鮮をめぐる近代的貿易サービスの未成熟にもかかわらず釜山日本人商人の直輸出は継続した。長崎の海産物輸出において朝鮮は依然重要な供給地であり続けたが、それはもはや長崎華商・売込商による一方的な流通支配の結果ではなくなっていった。日清戦争後に日本人漁民の活動が通漁から定着へと形を変え、彼らへの資金提供を通じて在朝日本人が集荷力を高めてゆく中で、長崎はその販路選択肢の一つに逆に位置づけられていったのである。

このような俵物海産物の事例は、開港後の朝鮮における日本人の活動を、日朝の二国間関係の中でのみ理解するのではなく、より広域的なアジア市場の中で——具体的には、日本人に先行して開港場間の交易を展開していた華商との関係の中で——考える必要があるということを示唆していると言えよう。

第3章　伝統的陸路貿易の連続と再編
――一八八〇年代の紅蔘輸出と華商

朝鮮開港後の対外貿易は、開港場を通じた自由貿易に一元化されたと考えられがちだが、必ずしもそうとは言えない。そのような通念に当てはまらない商品として、薬用人蔘を原料とする紅蔘を挙げることができる。紅蔘は一八世紀末から北京への燕行使が携行するようになり、開港直前には最大の輸出品となっていた。開港後も大方の条約締結国に対しては輸出禁止品とされ(1)、清と日本に対してのみ、それも朝鮮人による輸出だけが許された(2)。外国人の参入が認められなかった結果、伝統的な紅蔘貿易の管理体制は開港後も基本的にそのままの形で維持され、輸出の経路も原則として伝統的な使行ルートが利用された。それが変化するのは、日清戦争によって燕行使が廃止され、また戦争下で開始された甲午改革により在来の商業体制がひとまず解体されてからのことである。

紅蔘の事例は、「開港」が朝鮮国内の商業体制の変革を伴わず、在来の体制の外郭に開港場を接ぎ木したに過ぎなかったという側面を浮かび上がらせる。とはいえ紅蔘の輸出体制が開港によって変化しなかったわけではない。本章では、開港後の紅蔘輸出に――朝鮮人だけがその権利を持つという制度の外形にかかわらず――華商が深く関与したという事実を通じて、その輸出体制を連続と断絶の両面から検討してみたい。

朝鮮後期の紅蔘貿易については多くの研究が蓄積されているが、開港後の実態についてはあまり明らかでない(3)。ここでは清側に残った史料を利用して(4)、一八八九年に起きたある事件を取り上げてその背景を分析する。その事件とは、華商裕増祥が紅蔘の代金として振り出した手形が不渡りに陥ったというものであるが、当該の手形が朝鮮政府の輪船招商局（以下招商局）に対する借款の償還に利用されたことから、事件は単なる商事紛争に終わらず、両国政府を巻き込む外交問題に発展した。この事例を通じて、開港後の紅蔘貿易に参加した両国の主体と、その背景となった制度について検討を深めたい。

一　招商局借款と裕増祥手形

（1）招商局借款の成立と償還

華商裕増祥の事件を検討するに先立ち、その背景となった招商局借款について見ておきたい。一八八二年九月、壬午軍乱の収拾のため清に派遣された趙寧夏は、天津で李鴻章・馬建忠と面会した。この時の交渉内容は日清戦争までの朝清関係の基本的な枠組みを定めるものとなった。具体的には朝中商民水陸貿易章程が制定されたほか、清に範をとる形で海関を設置し、また清から外交顧問を推薦すること等が定められた(5)。

この交渉の中で李鴻章は朝鮮政府への借款提供を認め、招商局から曹平銀三〇万両、開平鉱務局から二〇万両の合計五〇万両を「専為商務興利之用」のため一二カ年賦・年利八パーセントで貸与することとした。担保は新設予定の海関税収とし、それで不足ならば「紅蔘税項」、さらに「鉱税」を充てるとした(6)。だが翌八三年二月に上海を訪れた閔泳翊とメレンドルフに対し、招商局は委任状の不備を理由に銀の引き渡しを拒んだ(7)。朝鮮側は三月に再び閔泳翊と李祖淵を上海に派遣し曹平銀二〇万両分だけ（上海通用の規元銀＝上海両に換算して二一万両）を借り受けた(8)。

その利息は前年の合意通り年八パーセントとされ、元金の引き渡しから一年ごとに天津か上海の招商局に支払うこととされた。元金は六年目から、毎年曹平銀二万八五七一両四二（規元銀に換算して三万両）ずつを返済することとし、あわせて利息の支払いも逓減させ、一二年目で元利とも皆済とする計画であった[9]。朝鮮政府はこれに基づき、一八八四年四月に第一回の利息として規元銀一万六八〇〇両分の香港上海銀行小切手を招商局に引き渡した[10]。

だが朝鮮政府の支払いは第二回から遅れ始めた。一八八五年三月の期日から二カ月遅れて規元銀七千両がまず支払われ[11]、残額が支払われたのは一年遅れの八六年四月だった[12]。第三回支払いはさらに遅れ、期日から一年後の一八八七年三月にようやくその一部である曹平銀六七三四両余が支払われた。

注目されるのは、朝鮮政府が第三回支払いの手段として、九連城の華商東来福の振り出した約束手形（銀票）を用いたことである[13]。九連城は鴨緑江を挟んで義州と向かい合う清側の集落である。一八八二年に朝中商民水陸貿易章程が制定される前、朝鮮からの使行（燕行使）ルートが鴨緑江を渡り、柳条辺牆と呼ばれる防柵を通過する場所（柵門）で定期的に行われていた柵門後市が、両国間貿易の最大の機会となっていた（陸路貿易の制度については第三節で改めて述べる）。一八八三年の奉天交易章程（奉天与朝鮮辺民交易章程）でこれが廃され、代わりに随時交易が認められたのが九連城であった[14]。このことから、朝鮮政府が支払いに用いた手形も陸路貿易と何らかの関係を持っていた可能性があるし、なぜ朝鮮政府がこの手形を保持していたかも注意される。

ただしこの手形を招商局に提示された東来福の上海分号は、理由は不明ながら、その支払いを拒絶した。袁世凱は手形を朝鮮政府に返し、既に期日を迎えた四回目の利息と合わせて支払い直すよう求めた[15]。朝鮮側は一八八七年一〇月になって、今度は鳳凰城の華商裕増祥の振り出した手形六枚、規元銀三万両分を袁世凱に引き渡した。鳳凰城は右の柵門の後方に位置し、この地方の商業および行政の拠点となっていた。この手形については裕増祥の上海駐在員から支払いが実行された[16]。朝鮮政府は残額を現銀で支払い[17]、第三、四回の利息支払いが完了した。

一八八八年の第五回利払いも期日に遅れ、一二月末に華商の手形二枚が袁世凱に引き渡された。手形は裕増祥による規元銀一万四二〇〇両のものと広信号による二七八〇両のもので、いずれも九連城で朝鮮人に対して振り出されたものであった[18]。これらについても、一八八九年五月末までに上海で支払いが行われた[19]。

次の一八八九年からは元金の返済も始まることになっていたが、それまでの状況から朝鮮側の支払い能力を懸念した袁世凱は、滞納すれば招商局が海関税か鉱山を差し押さえる可能性があると朝鮮政府に警告した[20]。しかし朝鮮政府の支払いはこの年も遅れ、同年末になって第六回の利息と元金の合計、規元銀四万六八〇〇両が商人の手形一六枚によって支払われた。うち朝鮮人商人が振り出した八〇〇両分を除き、一五枚・四万六千両分は先にも二度にわたって用いられた華商裕増祥の手形であった。袁世凱はソウルに駐在する裕増祥の孫兆吉に命じ、これらを上海での支払いを約束した手形に書き換えさせて招商局に送った[21]。ところが上海の裕増祥出張員は、翌年の旧閏二月末日（一八九〇年四月一八日）を期日とする手形の支払いを実行できなかった。この不渡り手形の処理が次項以下の主題となる。

こうした状況の中、第七回の支払い期限が重なり、さらに翌一八九一年三月には第八回の期限を迎えたが、いずれも朝鮮政府は実行できなかった。繰り返し袁世凱の督促を受けた朝鮮政府は、一八九一年一〇月、この二回分に加え第九回分の元本も前倒しした一一万六四〇〇両を上海で一度に返済した[22]。朝鮮政府は、この銀について、訳官洪正柱を営口に送って調達したものと説明しているが[23]、詳細は不明である。この後の支払いはついに実行されないまま日清戦争に至った。

(2) 裕増祥手形の処理問題

招商局借款の償還過程で、朝鮮政府は数回にわたり華商が九連城・鳳凰城で振り出した手形を利用した。うち裕増祥の手形は一八八七年から八九年にかけて三度にわたり利用されたが、最後のものは不渡りとなって波紋を残した。ここではその処理過程を通じて、裕増祥がどのような商店であったかを明らかにし、また問題の手形を振り出した経緯について検討したい。

裕増祥が手形支払いに応じられないことが明らかになった後、李鴻章はその代金である規元銀四万六千両をあくまで裕増祥から取り立てることとし、ソウルにいた孫兆吉を天津に押送させた[24]。孫兆吉は一八九〇年六月一八日に天津に到着した[25]。

孫兆吉が天津で供述したところによれば、裕増祥は洋貨・雑貨と朝鮮紙などを扱い、鳳凰城とその近辺に複数の店舗を運営するほか、上海・営口・煙台とソウルに聯号ないし駐在員（行庄）を置いていた[26]。中朝国境を拠点としつつ黄海・渤海沿岸の開港場で活動を展開していたことが分かる。また天津に送致される前にソウルで行った供述によれば、孫兆吉がソウルに来たのは一八八七年で、綢洞の「朝鮮客店」に仮寓しながら活動していたという[27]。

さらに李鴻章は、鳳凰城に駐在する分巡東辺兵備道（以下東辺道[28]）に命じ、裕増祥の資産を差し押さえた。東辺道の報告から国境地域での裕増祥の事業が窺われる。

本城〔鳳凰城〕に開設された裕増祥・裕増和・裕増永の三商号の資産をざっと計算させたところ、負債の半ばにもなりませんでした。このほか、鳳凰辺門〔柵門〕に裕増桟があり、安東県では九連城に裕増祥、龍泉溝に裕増厚、沙河鎮に裕増福、栗子園に裕増長があり、寛甸県では太平川に裕増泰、永甸に裕増和があります。これら七店はすべて鳳凰城の裕増祥の分号ですが、在庫品は多くありません。この中には酒造所〔焼鍋〕も一、二ありますが、資金はそれほど潤沢ではありません。九連城の裕増祥だけは他店舗と比較できないほど大きいのですが、現在ではかつての勢いはないようです。また各店で多額の手形〔憑帖〕を振り出している一方、官民双方に巨額の貸しがあるといいます。孫兆祥は、「朝鮮に銀二三万両余の貸しがあり、歴年にわたり回収できていないため、資金に乏しくなっている。これらの貸しを追徴してほしい」と主張しています[29]。

この史料に「裕増」の二字を共有する商店が都合一〇カ所現れるが、いずれも孫兆麟・兆祥・兆吉の「同東聯号」、つまり出資者を同じくする系列店であった[30]。裕増祥が孫兆吉とその親族の共同出資による事業であったことが分かる。このうち鳳凰城の本号にいた孫兆祥は兆吉の兄であり、上海には兆吉の甥にあたる孫松巌もいた[31]。

漢人農民による満洲開発は、中国本土との分業を前提として進行した。農産物の相当部分は食糧・肥料として中国本土に移出される一方、綿織物などの工業品は逆に移入された。これを背景に、農村の再生産の核として、雑貨販売と農産物収買、時に酒造業（焼鍋）を兼ね、農業サイクルに応じて金融も提供するような商人が出現した[32]。右の史料は孫一族がまさにそのような型の商人であったことを示している。もともと柵門外の鴨緑江右岸への入植は禁じられていたが、一九世紀半ばには急速に農地化が進み、清朝もそれを追認せざるを得なかった。裕増祥の系列店の多くがあった安東県や寛甸県もそうした地域に属しており[33]、裕増祥がこの地域の急速な開発を背景に成長したことが窺われる。

また鳳凰城郊外の柵門は、先に触れたように、朝中間の陸路貿易の拠点となってきた。右の史料で裕増祥が柵門に裕増桟を持ち[34]、さらに朝鮮に銀二三万両を超す債権を持つとされることは、同号が朝鮮との陸路貿易にも関わっていたことを示唆している。

次に、問題の発端となった不渡り手形の背景を見てみたい。先述のようにこの手形は、袁世凱が朝鮮政府から受け取ったものを、孫兆吉に命じて上海支払いの形に書き換えさせたものであった。孫兆吉が書き換えの命令を受けたのは一八九〇年三月初めであるが、孫は当初、当該の手形について「朝鮮王室（韓廷）の人蔘代金に関わるもので、仲介者である玄興宅との間に別の事情（別情）のあることは既に稟申しております」と述べ、それが解決するまで支払いを待ってほしいと懇願している[35]。はじめから問題含みの手形だったのである。ここでの関心からいえば、そこに紅蔘が関わっていたことが注目されよう。

では孫兆吉の言う「別の事情」とは何だろうか。それを説明する稟は、一八九〇年二月四日に孫兆吉から龍山商務委員の唐紹儀に宛てて提出されていた。

　私は光緒一四年九月に朝鮮人玄興宅の紅蔘六千斤を購入し、一斤一三両余の市価に従って支払うと言明しました。玄は開城で紅蔘を私にいったん引き渡しましたが、私が義州まで至ったところで商品の発送を押し止め、市価に従うのではなく、一斤一五両とせよと言い、私に手形九万両を無理に振り出させました。私がそこで玄と約束したのは、「もしそのように価格を引き上げるなら、速やかに紅蔘を引き渡し、私が〔他の売り手より〕先に上海に到着して売却し、多くの利益を得られるように計らうこと。また朝鮮人が上海に行って安く売ることを許さず、私に損失が及ばないようにせよ。もしそれができなかったときは、もとの手形は回収して破棄し、一斤一三両余の価格で計算した別の手形に換える。……」ということでした。玄はその時、すべて承諾しました[36]。

これによれば孫兆吉は、朝鮮人玄興宅から上海で売却するという条件で紅蔘輸出を請け負い、売却成立後に清算する約束で手形を振り出していた。紅蔘は人蔘の栽培拠点であった開城で製造されたものと見てよいだろうが、玄興宅がそこで引き渡しを完了せず義州まで同行したのは、紅蔘輸出は朝鮮人にのみ許すという朝中商民水陸貿易章程の規定に形の上で従うためだったのだろう。

だが裕増祥は、紅蔘を受け取って中国で売却した後も、玄興宅に代金を支払わなかった。玄興宅らの行動に不満を持ったためである。右の稟の続く部分によれば、玄興宅は価格についての約束ができた後も紅蔘をなかなか引き渡さず、ようやく孫兆吉が紅蔘を受け取ったのは旧暦一〇月中旬であった。孫兆吉は営口まで紅蔘を運んだものの、港が既に結氷しており、遼東半島南部の荘河から漸く上海に運出できた。ところが玄興宅は、この間にひそかに手下の崔錫栄・玄学成に命じ、紅蔘二六〇〇斤を仁川から密輸出させ、上海で安価に売り払っていた。その影響で上海の紅蔘価格が大きく下落し、孫兆吉はやむなく香港に向かったものの、そこでも崔錫栄らが既に紅蔘を売った後であった。ついに孫兆吉も安売りせざるを得ず、大きな損失を出したという。孫兆吉の唐紹儀への訴えは、玄興宅に支払う紅蔘価格を、義州での約束通り、一斤一三両に引き下げてほしいというものであった。

訴えを受けた唐紹儀は、二月一四日に朝鮮側の漢城府少尹と会審の場を設け、孫兆吉と玄興宅を呼び出した[37]。そこでの孫兆吉の主張は概ね右の稟に沿ったものであった。玄興宅は孫兆吉に紅蔘六千斤を売ったのは認めたものの、価格は最初から一斤一五両で合意していたと主張した。加えてその紅蔘について次のように証言した。

この紅蔘は国王の紅蔘であって、私は間に立っただけです。紅蔘を一斤銀一五両、合計九万両で孫兆吉に売り、代金は裕増祥の手形（銀票）で受け取って、ただちに国王に提出しました。一部たりとも自分のものにはしていません。また紅蔘二六〇〇斤を仁川から上海に輸出した件については、国王が人を遣わして売らせたもので、私は関係していません。(38)

当該の紅蔘を国王のものとする点は先の孫兆吉の主張と一致する。紅蔘の価格については玄興宅と孫兆吉いずれの言い分が正しいか明らかでない。会審の判語も価格については判断せず、国王が二六〇〇斤の紅蔘を海路輸出した点だけを問題にした。すなわち国王の行為は民間人と利を争うもので裕増祥が憤るのは当然である、国王の密輸出という事件を外交交渉に移すのは忍びない、一斤につき三〜四両を孫兆吉に払い戻して事件を終わらせよ、というのが結論だった。(39)会審でも国王の紅蔘輸出への関与が認められたことになる。

このような経緯から、朝鮮政府が借款の利払いに袁世凱に渡した裕増祥の手形は、玄興宅の供述通り、紅蔘の代価として国王に納められたものだったと見てよい。三月初に袁世凱から手形を示された孫兆吉が支払いの猶予を求めたのは、右の会審で認められた払い戻し金の受け取りがまだ済んでいなかったためであろう。袁世凱は孫兆吉の求めに応じることなく、上海払いに書き換えさせた手形を直ちに招商局に引き渡した。上海の裕増祥駐在員が期日にそれを支払うことができなかったのは先述の通りである。(40)

袁世凱は支払いが行われなかったことを知り、(41)唐紹儀に命じて再度孫兆吉を訊問させた。孫兆吉によれば、玄興宅は判決で指示された払い戻しを拒み、代わりに紅蔘一万五千斤の輸出を新たに委託するとの話を持ちかけてきた。だがそれも結局実現せず、裕増祥は手形代金を準備できなかったのだという。(42)これについて唐紹儀も、玄興宅は朝鮮国王の「近臣」であるため強くは追及できず、また漢城府少尹も玄を「虎の如く恐れる」ばかりで進展がないと袁世凱に報告している。(43)こうして李鴻章は、裕増祥とその聯号の資産を差し押さえることになったのである。

二　開港期の紅蔘管理体制と「国王の紅蔘」

(1)　紅蔘管理体制の変化

裕増祥が玄興宅から輸出を請け負った「国王の紅蔘」とはそもそもどのようなものであり、開港期の紅蔘管理体制の中で、どのように位置づけられるのだろうか。開港以前の体制に立ち戻って整理してみよう(44)。朝鮮後期の紅蔘輸出は、中国への使行に要する経費を補う目的で始められた。使行参加者に一定の私貿易を認める慣行は朝鮮前期から存在し、その資金として一六八二年から銀の持ち出しが許されたが、日本銀の流入途絶で困難となったため、一七九七年から銀に代え紅蔘を持ち出すことが許された。そのような紅蔘は包蔘と呼ばれた。

持ち出しを許す包蔘の総量は初め年一二〇斤だったが次第に増え、一八四七年には四万斤に達した。ただし一八五〇年代にはやや減じて二万斤程度となった(45)。その輸出権は使行に加わる訳官らに加え商人にも認められた。中でも大きな比重を占めたのは義州商人であった。一八五一年の包蔘申定節目では、使行員役二七名に一万八〇〇〇斤の輸出を認めた一方、義州商人が充当される包蔘別将一七名には二万九二〇〇斤を認めている(46)。

包蔘定額の増加には政府の財政問題が関係していた。政府は包蔘の輸出に対し一定の包蔘税を課した。税収は司訳院に管理され使行経費や訳官らの収入となったが、税収規模の拡大につれ(47)、その相当部分が戸曹に移されて使行以外の用途に充てられるようになった(48)。一八六四年に高宗が即位し実父の興宣大院君が政権を掌握すると、対外的な緊張に伴って膨張する軍事費に包蔘税が流用されるようになった。地税をはじめとする従来の基幹税収が硬直化する中、包蔘税は中央財政を補塡する重要な財源となったのである(49)。

本章の冒頭でも述べたように、外国人の紅蔘輸出が禁じられた状況で、開港後も包蔘制は維持された。包蔘定額は一八八〇年代前半まで財政窮迫を理由として繰り返し増額されており(50)、包蔘税が引き続き重要財源と目されていたことが分かる。清側では朝中商民水陸貿易章程に基づき、従来非課税だった紅蔘に従価一五パーセントで課税することになったが、包蔘税の収入に影響することを恐れた朝鮮政府はその減免を繰り返し求め、一八八五年に一〇パーセントへの引き下げ、八八年には免税を認めさせた[51]。また招商局からの借款導入の際に「紅蔘税項」が海関税に次ぐ担保に設定されたことも[52]、中央政府が確実な収入を想定できる税目の筆頭に包蔘税があったことを示している。

ただし開港後の包蔘制の運用に変化がなかったわけではない。開城出身の知識人金澤榮は、「紅参志」の中で、「〔高宗〕二一年（一八八四）に包蔘万余斤を内庫に付し別付と称した。監採官・禁潜官等を開城に派遣して製作させた。うち一万斤は訳官に与えて売らせ〔代金を〕納公させた」と述べている[53]。内庫が具体的に指すところは不明だが王室財政と見て間違いない。つまり輸出権分与の見返りに包蔘税を徴収するだけでなく、国王自らが輸出権を持つようになったというのである。

これを裏付ける他の史料は朝鮮側に見出せない[54]。ただしソウルで活動していた華商譚傑生が、一八九〇年の書簡の中で「例年朝鮮では『国王属』の紅蔘が一万五千斤、『官家属』が一万斤、〔密造品の〕『私貨』が一万斤から二万斤製造される」と述べているのが注目される[55]。当時、譚傑生の経営する同順泰は開城で人蔘製品の買い付けにあたっており（第7章参照）、確度の高い情報に接していたと見てよい。包蔘の輸出権の相当部分が国王に帰属したことは、公式の措置であったかどうかは別としても[56]、事実だったのであろう。このことを踏まえると、一八八九年に裕増祥が輸出を請け負った「国王の紅蔘」も、国王が輸出権を持つ紅蔘——以下では金澤榮に倣い別付蔘とする——に属するものであった可能性が高い。

(2) 別付蔘の輸出——朝鮮側の担い手

別付蔘の性格について、裕増祥のカウンターパートとなった玄興宅を通じて掘り下げてみたい。これまでに見た裕増祥との紛争に関する記録からは、玄興宅が一定の威勢を持つ官人であったことしか分からない。だが同時期の他の史料と対照すると、玄興宅が一八八三年の遣米使節（報聘使、朝鮮政府が欧米に最初に送った使節団）に随員として参加した玄興澤を指すことはほぼ間違いない[57]。

この推測に従って、以下では彼を玄興澤と呼ぶことにする。玄興澤の生没年や家門、幼時の経歴等は明らかでない。遣米使節の帰国後は礦務局や転運署など財政関連の部署を中心に名前が見られるようになり、日清戦争直後の一八九五年から九六年には王室財産を管理する荘園司長・内蔵司長を歴任した。その後は大韓帝国の末期まで武官職にあったことが知られる[58]。徐榮姫は彼を、有力家門の出身ではないが国王の個人的な寵を得て栄達した「勤王勢力」の一人に数えている[59]。

玄興澤が紅蔘貿易に深く関与したことは梁晶弼が既に指摘している[60]。梁が紹介した『九包乾蔘都録冊』には、戊子年（一八八八）に製造された紅蔘二万五七五三斤について、輸出権者と思われる人物三〇名が列記されているが、そのうち玄興澤一人で製造高全体の五九パーセントにあたる一万五二二〇斤の権利を持っていた[61]。

訳科に合格した形跡がない玄興澤が紅蔘輸出に従事した背景について、梁晶弼は、閔泳翊との関係を強調している[62]。一八六〇年生の閔泳翊は、王后閔氏の生家に一八七七年に養嗣子として入った後、若年にもかかわらず国王外戚として権力を振るい、また開化政策を推進した。閔泳翊は一八八三年の遣米使節で正使を務めており、その随員であった玄興澤とは互いによく知る関係であったと思われる[63]。

閔泳翊は一八八六年に国内の政争を逃れて香港に一時滞在し、以後一九一四年に死亡するまでソウルと香港・上海を往復する生活を続けた。そのような閔泳翊が、国王高宗と王后に委託されて中国で紅蔘を売却し、売上金を隠匿しているという風聞は当時から広く流布していた[64]。一九〇八年から〇九年にかけては退位後の高宗と閔泳翊の間で、日清戦争以前に上海に輸出した紅蔘の代金返還をめぐる紛争が起き、これに玄興澤も関与していた[65]。これらから、玄興澤が別付蔘の輸出に携わったのも、閔泳翊との関係を通じてであったと見てよいだろう。

ところで裕増祥は、玄興澤との取引の二年前、一八八七年から既に別付蔘の輸出に関わっていた。一八九一年になってから、孫兆吉は龍山商務委員に次のように報告している。

光緒一三年〔一八八七〕に呉慶然を通じて「別福参」一万五千斤を購入しました。一斤あたり一五両として合計で銀二二万五千両分の手形を振り出し、その年の九月末までに銀と引き換えることを約束しました。ところが思いがけないことが起こりました。私はその期限が来る前に、約束通りの銀を〔呉に〕引き渡して清算しようとしたのですが、〔呉は〕一九万五千両分の手形だけを返し、残りの三万両分については返さなかったのです。呉慶然は、その手形は内務府が紛失したのであり、隠匿しているわけではないと言いました。(66)

朝鮮人から手形と引き換えに紅蔘を受け取り、後に銀で清算するという手順は、玄興澤との取引の場合と同様である。孫兆吉が「別福参」と表記しているのは、別付蔘と見てよいだろう（福と付は中国語で音通）。裕増祥の手形が内務府に保管されていたことも、この紅蔘が国王権力に近い場所で扱われていたことを示唆する。(67)

同じ一八八七年の四月初め、統理衙門は袁世凱に通知し、親軍営機器局の創設に必要な機器・武器を購入するため、紅蔘一万五千斤を「前府使呉慶然」に託し上海・天津で売却したいと述べている。(68)これに対し袁世凱は清側の輸入税を半免することを認め、朝鮮政府はその旨を義州府から東辺道に申し入れさせていることから、(69)当該の紅蔘は陸上の使行ルートを経て輸出される予定であったと分かる。担当者と数量、経路の一致などから見て、これが右の「別福参」つまり別付蔘一万五千斤と同じであることは疑いない。

呉慶然は海州呉氏の出身で、漢学訳官呉膺賢の子として一八四一年に生まれた。兄弟には開化思想家として著名な慶錫のほか慶潤・慶林・慶鶴がおりすべて訳科に合格している。呉慶然自身も一八七六年の訳科式年試に合格した。(70)その後、呉慶然は一八八一年の暦使行齎咨官として北京に赴き、(71)八二年の冬至使にも定員外の堂上訳官として随行した。(72)一八八三年末には天津の機器製造局に機械購入の代金として銀二万両を納付する任務にあたった。(73)一八八七年の別付蔘輸出と目的を同じくする業務にその数年前から既に携わっていたことが注意される。

他に呉慶然は、一八八八年四月から典圜局委員として万里倉鋳銭所を監督し、同年九月には礦務局幇辦も兼ねていたこと等が確認できる。[74] 玄興澤と異なり政権中枢との人的関係は明瞭でないが、その官歴は軍政と開化政策の双方に深く関与した閔泳翊のそれと交差しており、[75] 彼の知遇を得ていた可能性は高い。つまり呉慶然は、漢学訳官としての実務能力を通じて開化政策に関わった人物であり、別付蔘の輸出にもその一環として従事したと見られる。玄興澤が輸出した別付蔘も、「商務興利之用」を掲げた招商局借款の償還に充てられたことを考えれば、別付蔘の制度そのものが、開化政策による財政支出の拡大に応じるために創出されたと見ることもあながち無理ではないだろう。

朝鮮王朝の財政システムには、各機関が個別に財源確保を要する分散性を特徴としており、そのことは開港後も変わりがなかった。須川英徳によれば、このような中で推進された開化政策は、統理衙門がかろうじて管理下に置く海関税収に過度に依存することになったという。[76] これに沿っていえば、別付蔘もまた開化政策の稀少な財源の一つであったと言えよう。開港以前から中央政権が管理しうる財源として包蔘税が活用されていたのを継承し、さらに収入を確実なものとするために、包蔘の輸出権自体を国王に帰属させるという措置が取られたのではないだろうか。ただし国王自身の貿易への関与が当時としては正常ではないとみなされたため、それは公式化されず、閔泳翊と個人的に連なる人脈を通じて輸出が図られたのであろう。

三　陸路国境貿易における変化と商人の対応

(1) 国際環境の変化と陸路貿易

これまで検討してきたように、裕増祥が一八八七年と八九年に輸出した紅蔘は、いずれも国王が輸出権を持つ別付蔘であった。さらに孫兆吉は一八九〇年の会審で「これまで朝鮮官蔘の輸出を請け負って誤りがなかった」と供述している。[77]このことから推測すれば、朝鮮政府が招商局借款の第三・四回、第五回の利払いに用いた裕増祥の手形も、別付蔘の輸出に伴って振り出されたものである可能性が高い。特に第三・四回の利払いに用いられた三万両分の手形については、孫兆吉自身が「朝鮮国王貨銀」として振り出したことを言明している。[78]

このように裕増祥が数度にわたり別付蔘の輸出を請け負った背景に、鳳凰城で携わってきた陸路貿易の経験があったことは十分に考えられる。裕増祥の手形と同じように朝鮮政府の利払いに用いられた東来福・広信号の手形については手がかりを欠くが、それらが九連城と鳳凰城で振り出されたことを考えれば、やはり陸路貿易に関連したものであった可能性が高い。本節ではこの時期の陸路貿易とその担い手について検討し、あわせてその別付蔘輸出との関係についても考えたい。

開港前の陸路貿易にはいくつかの経路があったが[79]、ここでは裕増祥に直接関係したものとして、鳳凰城郊外の柵門で開かれた柵門後市に注目する。[80]既に触れたように、鴨緑江を渡河した使行が柵門を通過するのにあわせ、期間を定めて設けられた両国商人の交易の場が柵門後市である。使行の派遣回数は年により増減したが、後市の開催回数は一九世紀半ばまでに年三回となっていた。[81]

朝鮮政府は、長く非公式に行われてきた柵門後市を一七五二年に公認した。[82]その目的は交易品に課税し、訳官らに携帯させる公用銀を調達することにあった。[83]後市への参加を義州商人に限る一方で、彼らの団体（都中）に後市税の徴税業務を請け負わせ、税銭四万両を銀に換えて司訳院に納付させた。一八一四年には義州に管税庁が設けられ、後市税のほか包蔘税や帽税（毛皮帽子の輸入税）など陸路貿易に関する諸税を徴収したが[84]、その実務は引き続き義州商人が担当した。[85]なお清側は柵門で中江税を課した。

朝鮮政府が柵門後市への出市品として公式に認めていたのは紙や牛皮、昆布などであったが、使行参加者が北京まで携帯する建前であった紅蔘（包蔘）も、実際には後市の重要な商品となっていた。[86]先述のように一九世紀になると、紅蔘の輸出権の相当部分が義州商人に与えられるようになっており、彼らがその一部を柵門で売却したことは不思議でない。一方で朝鮮側の輸入品は織物や雑貨類であったが、一九世紀半ばから機械製綿織物（洋木）が流入するようになり、ソウルのみならず地方場市でも見られるようになった。これらは興宣大院君が西洋製品の輸入を禁じた時期にも南京木綿の名で輸入されたという[87]。

綿布の例から分かるように柵門後市は国際市場の変化と切り離されていたわけではない。一八六一年に開港された営口（牛荘）の海関報告では、柵門に対する綿織物の出荷や紅蔘の入荷などが頻繁に報告されている[88]。また一八六六年の丙寅洋擾を受けて義州府尹が集めた情報の中には、柵門の華商積王増が紅蔘を販売するため海路上海に行った際の証言が含まれており、その中では上海でフランス人から朝鮮遠征の噂を聞き、煙台を経て帰る際にも大きな西洋船を見かけたこと等が述べられている[89]。柵門華商自身が開港場間を往来していたことが注意される。裕増祥が営口や上海に出張員を派遣していたのも、陸路貿易に従事する華商として特異な例ではなかったと言える。

ただし一八七六年に朝鮮が釜山を開港し、機械製綿織物や雑貨が日本経由で輸入されるようになると、柵門後市の貿易高は目に見えて減り、一八八〇年にはそれらの商品の営口から鳳凰城への出荷はほぼ皆無となった[90]。そのような中、一八八二年の朝中商民水陸貿易章程と翌年の奉天交易章程によって柵門後市が廃止され、九連城に場所を移して随時交易が認められたが、その商況も捗々しくなかった。一八八四年に駐津大員に任じられた南廷哲によれば、九連城は荒れ地を開いただけの場所であり、華商らは柵門から移動してきたものの、随時交易となって取引時期が分散した等の理由で一層の不振に陥ったという[91]。

（2）裕増祥による陸路貿易と取引相手

第一節で見たように、手形の不払いから東辺道に資産を差し押さえられた裕増祥は、「朝鮮に銀二三万両余の貸し」があるとし、これを取り立てて手形支払いに充てることを願い出た。その内訳について、一八九〇年に作成された一覧には四六項目、合計で銀二四万八千両と銭四万三千両余りが列記されている（表3-1）。玄興宅・崔錫栄について

表3-1　裕増祥の朝鮮人に対する債権一覧

借り手	金額	注記
大官中	銀33,021両20	光緒十三四年，洪徳祖・安邦賢二人経手，辦使臣赴北京路費借用
玄興宅	当五銭4,351吊60	光緒十五年十二月晦日買紬緞，辦公 【漢城】
李致雲	銀6,136両46	光緒十四年三月，辦公
崔錫栄	銀250両00	〃　四月 【漢城】
義州商会所金基錫	銀3,534両63	光緒十五年
金応五	銀34,682両10	光緒十二年，義州
朴景禧	銀262両80	〃，〃
金志彦	銀208両60	〃，〃
洪宇洛	銀95,187両10	光緒七年，〃
金汝麟	銀2,695両20	光緒九年，〃
李寛和	銀41,621両40	光緒七年，〃
鄭承祚	銀15,599両05	光緒六年，〃
禹昌謨	銀2,167両10	〃，〃
金鼎孝	銀1,221両56	〃，〃
張元吉	銀71両23	光緒十二年，〃
鄭麟興	銀212両53	〃，〃
金永俊	銀59両05	光緒十一年，〃
安尚佑	銀70両34	〃，〃
金景興	銀352両00	〃，〃
李枝青	銀451両14	光緒六年，〃
金啓練	銀297両89	〃，〃
金泰奎	銀244両83	以下係同治十三年〔住義州，在元山開店〕
張鎮国	銀44両60	
金正鎮	銀256両50	
金汝華	銀90両00	〔住義州〕
金孝永	銀259両21	〔〃〕
金益成	銀132両10	〔〃〕
郭興元	銀339両42	以下係同治五年〔〃〕
金華衡	銀91両47	〔〃〕
金得仁	銀332両67	〔〃〕
金雲鯨	銀581両00	〔〃〕
金洛永	銀758両55	〔〃〕
申成鳳	銀667両13	〔〃〕
朴景茂	銀290両95	〔〃〕
李学耕	銀1,303両70	〔〃〕
朴沃中	銀127両20	〔〃〕
申永禄	銀99両08	〔〃〕
高才明	銀34両00	
白時謙	銀102両35	〔〃〕
李永春	銀971両86	以下係同治四年〔〃〕
洪基守	銀562両80	〔〃〕
金尚祐	銀1,715両00	〔〃〕
李応賛	銀98両96	〔〃，現在王京〕
金挙鳴	銀213両23	〔〃〕
李寛昌	銀802両29	〔〃〕
金必明	銀652両22	〔〃〕

出所と注）裕増祥の朝鮮人に対する債権のリストは以下の6種を確認している。①領議政の袁世凱あて照覆，光緒16年5月23日，『裕増祥(1)』。②李鴻章の袁世凱あて札，光緒16年8月19日，『裕増祥(1)』。③龍山商務委員の袁世凱あて稟，光緒16年9月14日，『裕増祥(1)』。④裕増祥孫兆吉の龍山商務委員あて稟，光緒16年，『遵札伝裕増祥』。⑤裕増祥孫兆吉の龍山商務委員あて稟，光緒16年8月，『遵札伝裕増祥』。⑥裕増祥孫兆吉の龍山商務委員あて稟，光緒18年閏6月，『裕増祥(2)』。このうち③と⑤が最も詳しい。この2つは，内容に若干の出入はあるものの，概ね同じものである。①②④はその一部（表では金鼎孝より上に記されている項目）を抄出したものである。⑥は他より2年ほど遅く，内容にも他と重ならない項目を含む。「鮮人餘欠清単」と注記があり，光緒16年に未申告であった零細な貸金も含めたものだろう。表では裕増祥自身が作成し，しかも他との共通点が多い⑤を底本とした。項目の順序も⑤に従っている。ただし注記のうち【　】は④に，〔　〕は⑥に見られる情報を補ったものである。

はソウル（漢城）所在との注記があるが、他のほとんどは義州商人に対するものである。最も古い債権は同治四年（一八六五）に発生したとされ、裕増祥が柵門後市の時代から陸路貿易に従事していたことが確認できる。

借り手の冒頭に現れる「大官中」については、袁世凱から問い合わせを受けた議政府が「義州監税所」を指すと答えている。(92) 陸路貿易の収税を担当した義州管税庁を指すと見てよい。表の注記の欄には「洪徳祖・安邦賢二人経手」とあるが、孫兆吉によれば洪徳祖は「義州税官」、安邦賢は「大官中総辦」で、実際の銀銭授受は後者を通じて行ったという。(93) 洪徳祖は漢学訳官であり、一八八〇年代後半に監税官として義州に派遣されていたことが確認できる。(94) ただし管税庁の実務を担っていたのは先述のように義州商人であり、「総辦」の安邦賢はその代表者であったと見られる。(95)

裕増祥が管税庁に貸した資金の用途については、「辦使臣赴北京路費借用」と注記されている。管税庁は使行の公用銀を調達する義務を負っていたが、実際には常に十分な銀が手元にあったわけではない。一八八二年に賫咨官として北京に派遣された李応浚は、「賫咨官の旅費などは朝鮮商人が鳳凰城辺門の舗戸から借用する。朝鮮産の薬材小土［紅蔘を言う(96)］などを持参して銀に換えて返済する。これは二〇〇年間の例である」と述べている。(97) 二〇〇年来とする根拠は明らかでないが、管税庁の商人が公用銀を柵門の華商から借用する慣行があったことは他の史料からも確認でき、臨時の使行があると借入れがかさんで問題化した。(98) 裕増祥の「大官中」への債権も同様の貸付けと見てよいだろう。

その他の借り手については一八九一年九月の義州府尹の現況調査が参考になる。(99) 調査の対象者は表3-1のうち相対的に規模が大きく債権の時期も新しい一二件で、そのうち金鼎孝、禹昌謨、金応五、洪宇洛、金汝麟、李寛和、鄭承祚の七名は既に破綻した、あるいは義州を離れたとしている。国境貿易の不振が窺われるが、その中にもとは相当の資力を持っていた、あるいは大規模に事業を展開していたと見られる者もいる。例えば金応五が破産後に処分した家産として「義州の各債務者から取り立てた銭と田畑の証文、開城の蔘圃（人蔘畑）、ソウル・開城・平壌と安州の客主に預託していた銭」が挙げられており、[100] 彼が人蔘栽培や国内交易に手広く関与していたことが窺える。また李寛和については、一八八〇年に破綻した際、家産を処分して裕増祥を含む華商一二家にその収入を均分したという。[101]

また一八九二年には借り手のうち李致雲・金基錫・金応五・朴景禧・洪宗洛（死亡した洪宇洛の弟）・李寛和・鄭承祚・禹昌謨がソウルに召喚され、漢城府少尹と龍山商務委員の会審に付された。彼らは（故人の洪宇洛を除き）いずれも裕増祥の言う債務額は過大だと主張したが、裕増祥と取引関係にあったことは認めた。[102] 会審の判決は概ね裕増祥側の言い分を認めるものだった。[103] 一〇月までには金応五、洪宗洛、安邦賢など一部の債務者が銀二〇錠、銭三三万両余を裕増祥に支払ったという。[104] また安邦賢はその年のうちに死亡し、田土文券は義州府に差し押さえられ売却された。監税官洪徳祖の債務は、彼の転任にあたり義州府座首に預けられたという。[105] このように徐々に回収が進んだ形跡はあるが、その合計額はそれほど大きかったようには見えない。またそれらが招商局の手形代金に充当された形跡もない。おそらく裕増祥は、その主要資産を差し押さえられたまま、朝鮮人からの債権取り立ても円滑にはいかず、再起の機会をつかむことができなかったと見られる。[106]

さて、裕増祥のこれら朝鮮人との紛争が具体的にどのような取引を発端としていたか、右の会審記録や義州府の調査では詳らかでない。だが裕増祥が龍山商務委員に提出した「賬単」すなわち取引明細を見ると、これらの貸借が一度の取引によって生じたものではないことが分かる。[107] それによれば裕増祥は、各相手先と継続的に取引を繰り返しながら、貸しと借りを相殺してゆく相互清算の形を取っていた。毎年末に貸借残額が計算されているが、必ずしもそこで清算されたわけではなく、残額に利子を付して翌年に繰り越していた。孫兆吉は右の会審で「柵門交易では春秋二季に二分を越えない利息を加える例」だと述べており、賬単の形式と符合する。[108] このことから裕増祥の朝鮮人商人との取引は、長期的な信用関係の上に成立していたと言える。李応浚が言うような、華商が管税庁に公用銀を貸し付けて紅蔘で回収するという慣行も、そうした取引方法を前提としたものと言えよう。右の会審でも裕増祥と一〇年を超える取引関係にあったという朝鮮人側の証言が見られる。[109]

ただしその信用関係は必ずしも二者間で閉じていたわけではない。例えばソウルでの会審に召喚された金基錫は、裕増祥への債務の一部は、同号に貸しがあると言ってきた義州の黄致鎬に支払ったと主張し、判決もこれを事実と認めている[110]。金基錫は朝鮮政府への上申で、黄致鎬への支払いの際、孫兆吉を借り手とする銀九千両の借用書を提示されたと述べ、「柵門の交易では銀単・銭票が互いに通用し、それらを受け取れば銀を支払うのが習い」としている[111]。国境での陸路貿易に携わる朝中商人の間で手形を用いた信用の流通が見られたことが窺われる。

（3）取引方法の具体像と紅蔘

国境での陸路貿易の取引方法について他の華商の事例からさらに検討したい。一八九〇年に天津に召喚された孫兆吉は、陸路貿易において朝鮮人への不良債権に悩んでいるのは裕増祥だけではないとし、積玉増や東来福も朝鮮人からの取り立てを試みていると供述した[112]。第一節で既に見たように、東来福は九連城の華商で、一八八七年にはその手形が朝鮮政府を通じて招商局への支払いに利用されようとした。東来福が朝鮮人商人からの債権取り立てに悩んでいたことについては、同店自身が一八八八年一月に龍山商務委員に提出した訴状から確認できる[113]。そこには陸路貿易の方法について次のような記述がある。

弊店は九連城に雑貨舗を設けて生業とし、通商章程〔奉天交易章程か〕を遵守しつつ貨物の売買を行っています。その価格はしばしば高価で些細な事柄ではなく、間に仲介者がなければことごとに相互の不信を生じますので、取引の際には朝鮮人の「経紀」を立て、売買双方の貨物についてすべてその経紀を通じて売上金を授受します。華商の貨物はすべて経紀に委ねて対岸に送り、買い手に分けて売らせ、売却後の貨物代金は速やかに「官参銀項」と相殺させます。もし行き違いがあればその経紀が責任を負います。この方法は既に長く実施されてきたものので、ごまかしを防いで誠実な取引を行うため、誠によい方法です。

史料では「既に長く実施されてきた」とするのみで、いつ頃からこのような方法が取られていたかは明らかでない。ただ東来福はもとから九連城にあったわけではなく、一八八二年末の日本人の踏査記録では、柵門屈指の華商の一つとしてその名が挙がっている[114]。柵門後市が廃止され、一八八三年から陸路貿易の場所が九連城に移ったのに伴って、東来福も移転してきたものと考えられる。右の史料が紹介する方法も、柵門後市の時代から大きくは変わらないものと見てよいだろう。

このことを踏まえて史料を見ると、まず分かるのは、鴨緑江対岸すなわち義州の朝鮮人との交易が売買を相殺する形で行われてきたということであり、先に見た裕増祥の例と符合する。また、そこに紅蔘（官蔘＝包蔘）の輸出が組み込まれていたというのも、これまでの検討を裏付けるものである。

訴状は具体的な取引内容を記していないが、それを補うものとして、一八八八年一月（光緒一三年一二月）時点の東来福の取引状況を記した「帳単」が添付されている[115]。これを整理したのが表3-2である。帳単では取引先を「欠」と「存」に分け各々の金額を示している。東来福の取引が裕増祥の場合と同様に貸借を相殺する相互清算の形で行われたとすれば、欠は東来福の貸越しを、存は借越しを示すと考えられる。東来福に「欠」を持つ者のうち、金応五と李寛和は、裕増祥の案件でも取引先の義州商人として現れていた。一方「存」の側には、やはり裕増祥の案件に登場した大官中、すなわち管税庁が現れている。同じく「存」の側に見える崔錫栄は玄興澤の部下として上海への紅蔘輸出に携わった人物であり、自身も漢学訳官として紅蔘の輸出権を持っていた[116]。これらから東来福が義州商人とその運営にかかる管税庁、また訳官らと取引していたことが分かる。

また右に引いた訴状では両国商人の間を朝鮮人「経紀」が取り持ったとするが、表3-2に示したように、帳単にも一部の項目に経紀の名前が注記されている。経紀とは仲買人を言い、朝鮮の居間に相当する。右に引いた訴状の後段によれば、東来福が巻き込まれたトラブルは直接には「経紀」の行動に起因したもので、金銭の授受を仲介する「経紀」が悪心を起こしたため前年の輸出代金が未収となり、さらに購入した紅蔘の代金についても東来福の負債に

表 3-2　東来福の相手先別貸借残高（光緒 13 年 12 月）

区分	相手先	金　額	注　記
欠	金応五	銀 16,542 両 29	経紀金応権，李鼎黙
〃	李玄玉	銀 838 両 10	経紀金雲興
〃	馬永達	銀 1,100 両 00	経紀金応権
〃	李允植	銀 528 両 75	経紀高奉珍
〃	金景興	銀 406 両 39	経紀金雲興
〃	金鳳起	銀 605 両 69	経紀金応権，李鼎黙
〃	金得仁	銀 923 両 00	経紀高奉珍
〃	桂奎鏞	銀 158 両 98	経紀黄雲瑞
〃	申淳	銀 54 両 86	〃
〃	張元吉	銀 354 両 93	経紀金応権
〃	沈汝進	銀 163 両 48	
〃	林宜善	銀 1,483 両 76	経紀申基永
〃	李寛和	銀 547 両 68	〃
〃	崔允碩	銀 140 両 00	
〃	崔亨俊	銀 300 両 05	経紀高奉珍
〃	李陽俊	銀 139 両 93	〃
〃	朴成根	銀 1,500 両 00	
		（計銀 25,787 両 89）	
存	大官中	銀 2,864 両 86	
〃	李竹村	銀 4,355 両 97	
〃	金文鉉	銀 2,770 両 40	
〃	崔錫栄	銀 2,446 両 86	
〃	張禎善	銀 4,069 両 03	
〃	申応夏	銀 6,450 両 29	
		（計銀 22,957 両 41）	

出所）帳単，光緒 13 年 12 月 19 日，『東来福請詳追義州経紀欠項案』（使館檔案 1-41-47-17）。

なったという。

これら朝鮮人仲買人の実態は明らかでない。だが奉天交易章程の締結交渉の際、清側の東辺道陳本植は、これまでの開市で「東主」自身は国境を往来せず、「居間和売者」が間に立っていたために弊害が生じたとして、朝鮮側にその排除を要請している(117)。この場合の「東主」は商品の所有者である商人自身を指すのであろう。商人が直接は往来せず、仲買人が双方を仲介していたことが推測できる。これを受けて奉天交易章程は二二条で「経紀」の禁止を定めた。この禁止が実際には機能していなかったことは、一八八八年の東来福の訴状に「経紀」が登場することから明らかだが、章程の条文から仲買人のあり方の一端が窺われる。そこでは、両国商人の間で「官設経紀」が価格を操作したり、商品代金の支払いを履行しない等の問題があることから、今後は「経紀」の「包攬」すなわち取引の請負を禁止するとしている。「官設」という表現は、仲買人が何らかの官許を要したことを示唆している。

このことから国境での陸路貿易の取引慣習がどのように形成されたかも推測できる。先述のように朝鮮側では柵門後市への参加を義州商人に限り、収税業務と公用銀の調達を彼らに課した。中国側でも柵門に店舗を構える商人が中江税の徴収業務を請け負っていたようであり[118]、彼らが同時に貿易取引を独占していたとすれば、盛時には満洲だけでなく中国南部からも客商が集ったという柵門後市においても[119]、最終的な貿易の主体は彼ら柵門の華商に限られたことになる。さらに取引を仲立する仲買人も自由参入が許されず官許を要したのであるから、国境における陸路貿易そのものの参加者は両国ともにかなり限定されていたと言える。両国商人間の長期的な相互清算や手形による信用の流通を前提とする陸路貿易の慣行が成立し得たのもそのためであろう[120]。

本章を通じて見てきた裕増祥もこうした陸路貿易の参加者の一人であったと考えられる。そこでの朝鮮側参加者との関係を通じて、玄興澤や呉慶然とも接触することになったのであろう。裕増祥が長期の手形によって別付蔘の支払いを行ったのも、従来の陸路貿易の慣行に基づいたものと言える。ただし別付蔘の場合、輸出権が国王に帰属するという従来にない形のものであったために、それまでは陸路貿易の参加者間で流通するに過ぎなかった手形がソウルに持ち出され、朝鮮政府の借款償還に用いられる結果となったのである。東来福も同様に、陸路貿易の中で振り出した手形が何らかの形で朝鮮政府の手に移り、借款償還に利用されたと見られる。

本章では開港後における紅蔘管理体制について、別付蔘すなわち国王に輸出権が属する紅蔘を中心として明らかにした。別付蔘という制度は、分散的かつ柔軟性の低い朝鮮王朝の伝統的な財政システムの下、開港後の財政支出の膨張に対応するための方策の一つとして創設されたものであった。またその輸出を実際に行ったのは、従来の柵門後市の時代から陸路貿易に従事してきた華商であった。この事例は、一八八〇年代の開化政策が伝統的な財政システムや貿易体制と切り離しては考えられないことを示している。

次に商人の立場からこの事例の意味を考えてみよう。一八八〇年代に始まる朝鮮華商の活動については、東アジアの開港場間移動の一環という形で理解される側面が確かにある。第1章で見た徳興号はその代表的な例であろう。だがそのような面だけに注目すれば、伝統的な朝清関係の中で経験と人脈を蓄積してきた華商の存在は見えなくなってしまう。柵門で活動してきた裕増祥が開港後のソウルに孫兆吉を派遣し、新設された別付蔘の輸出にも応じたように、伝統的な陸路貿易の経験を持つ華商が環境変化への対応として朝鮮国内への進出を図る例も少なくなかったのではないだろうか[121]。開港初期の日本人商人に倭館貿易の経験を積んだ対馬出身者が多かったことを考えれば、そうした想定も必ずしも不自然なものとは言えないだろう。

同じことは朝鮮人商人にも言える。伝統的な対日・対中貿易に従事してきた東萊・義州商人が、仁川などに移動して開港場貿易に従事した例のあることは既に指摘されている[122]。特に義州では陸路貿易の衰えは覆うことができなかったから、商業活動を続けようとする商人にとって、ソウルや開港場への移動は不可避の選択だっただろう[123]。表3-1に現れる鄭承祚も、父の代から数十年にわたり裕増祥と取引してきたが、商売に失敗してからソウルに移り「経紀」つまり仲買人として糊口してきたという[124]。それは必ずしも退嬰的な行動だったとは言えない。急速に華商が増加していたソウルや仁川において、中国の商慣習に通じ中国語の知識も持った義州出身者が活躍する余地は少なくなかったはずだからである[125]。

開港場制度そのものは確かに朝鮮にとって外来的なものであったが、それが朝鮮に定着する中で、伝統的な制度や商業慣行が影響を与えたことは疑いを容れない。その過程を跡づけてゆくことで朝鮮における開港の意義をより多面的に理解できるだろう。

第4章　華商の対朝鮮人取引と紛争処理
――ソウルにおける訴訟事例から

一八八二年の朝中商民水陸貿易章程は、開港場で華人の居住・営業を認めたのに加え、首都ソウル（漢城）および郊外の漢江に面した楊花津（のち麻浦に改定）において華人の「開設行桟」を許した（開桟権）。章程の条文はその詳しい意味を定義していないが、店舗の常設を認めたものと解され、列国との条約もこれを踏襲するか、最恵国待遇によって均霑したことにより、ソウルは事実上の開市場となった[1]。表序-6で示したように、一八八〇年代後半にはソウルの華人人口が開港場のそれを上回っており、ソウルへの流入が急速に進んだことが窺われる。日清戦争直前のソウルでは「日商七百人」に対し「清商二千五百人」が活動していたという[2]。

朝鮮政府はソウルの開放に当初から消極的であり[3]、一八八三年の朝英条約以後の列国との条約にも「清が開桟（開設行桟）の権利を解消すれば」自国民もソウルから撤退させる旨の附属文書を付させた。繰り返し開桟解消を求める朝鮮政府に対し、清側も一八八六年にはこれをいったん認め、華人を城外の龍山に移すことを約束したが、移転費用の補償が十分でないことを口実として実施を引き伸ばし、結局は実行に移さなかった[4]。

開港場では何らかの形で居留地が設置されて外国人の居住に充てられたのに対し、ソウルには最後まで居留地が設定されなかった。事実上の雑居地となったソウルには、外国人の集住地がいくつか形成された。華人が多く住んだのは、都城正門の崇礼門から城内中心の鐘楼に向かう道路（現在の南大門路）沿いの一帯で、伝統的な商業地区に進出する形となった。一方で日本人は城内南辺の泥峴と呼ばれた地域に集まった。これら華人・日本人の多くは、各種の商人や都市的サービス業に従事する者たちであったと見てよい。一方で欧米人の数は少なく、宣教師・外交官やその家族が外国公使館の集中する城内西部の貞洞近辺に住んでいた。

ソウルに進出した外国人商人に対し、朝鮮政府だけでなくソウルの朝鮮人商人の間にも退去を求める声が高まり、一八八七、八九、九〇年の三度にわたり撤市すなわち商店のストライキが展開された。特に一八九〇年の撤市は一週間に及び、朝鮮政府は改めて天津に使節を送って李鴻章に開桟権の放棄を要請したものの、李鴻章はこれに応じなかった。(5)

こうした撤市にあたっては市廛に属する有力商人層が主導的な役割を果たした。(6)市廛とは、ソウルにおいて特定商品の独占的な販売権を認められた商人組織で、見返りに一定の税を政府に納めたほか、規模の大きなものについては公用品の納入や王宮の修繕など国役と呼ばれる負担を課された。市廛制度は朝鮮王朝の建国当初から存在したが、その数は一七世紀半ばから増えはじめ、一八世紀末には一二〇に上った。(7)政府は市廛数と特権の抑制を図ったが、綿布を扱う白木廛や絹織物を扱う立廛など、六矣廛と総称された大市廛は一八九四年まで独占特権を保持した。これら市廛は、特権対象の商品を自ら取引するほか、成員以外の商人に分税と称する税を課して当該の品目の取引を認めた。(8)

外国人商人は、輸出入品に対して海関税以外の国内課税を条約上免じられ、またソウルでも市廛特権を無視して活動を展開したため、しばしば摩擦を引き起こした。(9)さらに市廛に属さない朝鮮人商人が外国人の名を借りて右の分税を免れようとする事案も頻発した。(10)そうでなくても貿易に伴う流通構造や物価体系の変化は在来の朝鮮人商人の大きな負担となっていたに相違なく、外国人商人を標的とした撤市事件は、そのようにして朝鮮人間に積み重なった不満や不安が噴出したものと言えよう。

このように一八八〇年代に繰り返された撤市事件は、ソウルの外国人商人と朝鮮人の関係を反映するものとして注目されてきた。この事件は、清に対する開桟解消の要求と結び付いていた点で、当時の朝清関係を反映したものと言えるし、イギリスをはじめ各国が清に倣って漢城開桟権を享受したことや、官の取引への介入や内地課税を禁じる自由貿易主義が内外商間の緊張を高めたこと等をあわせて考えると、朝清関係に止まらず、いわゆる不平等条約体制が全体として内外商間の関係に強い影響を与えていたことを示してもいる。

一方、内外商間の具体的な取引については、ほとんど論じられたことがない。時に対立の局面が顕在化したとはいえ、その背後には日常的な取引が存在していたはずである。伝統的な特権に基づく市場規制が弛緩する中で、外国人商人と朝鮮人商人との取引はどのようなルールの下で行われたのだろうか。また両者間ではどのような摩擦が生じ、どのように解決されたのだろうか。このような市場の秩序は、国家間関係を一方的に反映したものとは考えにくく、商人ら自身が個別の取引を積み重ねてゆく中で、自生的に形成されていったと考えられる。

このような考えから本章では、日清戦争までのソウルで起きた朝鮮人と華商の訴訟案件を取り上げる。ここで用いるのはいわゆる領事裁判制度に関わる史料で、それ自体は国家の市場への介入を反映したものと言えるが、商人の提出した訴状や陳述は、訴訟の契機となった取引の実態を生々しく伝えているだけでなく、訴訟の提起に至る以前の段階で、商人ら自身が様々に市場秩序の維持を図っていたことを伝えてくれる。

一　史料の性格——駐韓使館保存檔案について

中央研究院近代史研究所の駐韓使館保存檔案は、清朝および中華民国がソウルに置いた公使館、総領事館およびその相当機関に蓄積された史料群である（以下では使館檔案と略称する）。そこには公文書のほか、機関の運営や人事に関する記録、華人の申立書など多様な史料が含まれ、内容に応じてフォルダに整理されている。一八八三年に総辦商務委員の陳樹棠がソウルに着任して以来、おおむね一九三〇年代半ばまでの文書がほぼ切れ目なく保存されている

（ただし後述のように、すべての文書が原型通り残っているわけではない）。この史料は二〇〇四年から順次公開され、これを用いた研究も増えつつある[11]。

本書の第1章、第2章でも既にこれに含まれる史料を利用したが、改めて日清戦争以前の使館檔案の性格を整理しておきたい。まず史料の生成と関わって、ソウルに置かれた清朝側の機関について見よう。一八八二年の朝中商民水陸貿易章程は、北洋大臣が朝鮮の各開港場に商務委員を派遣するよう定めたが（第一条）、それは直ちには実現されなかった。一八八三年七月に制定された派員辦理朝鮮商務章程ではソウルに総辦商務委員一名のみを置き、これに仁川商務委員を兼任させることが定められた[12]。これによりソウルに派遣されたのが陳樹棠であり、陳はソウルの居留民事務を管掌する一方、事実上清朝を代表して外交交渉にもあたった。現地で華商の増加を目の当たりにした陳樹棠が北洋大臣に働きかけ、まず仁川に専任の商務委員を置き、さらに釜山・元山にも商務委員を派遣させたことは、既に第1章で見た通りである。

甲申政変を受けて清朝の朝鮮政策が変化する中、陳樹棠は一八八五年一月に更迭され、袁世凱が総辦商務委員改め総理交渉通商事宜の職を帯びてソウルに赴任した。袁世凱が清朝を代表して日清戦争直前まで強権を振るったことはよく知られている。一方でソウルの居留民事務については別に漢城商務委員が置かれ[13]、一八八六年二月から袁世凱の随員の譚賡尭がこれを兼任した[14]。同年六月に漢城商務委員は譚賡尭の専任となり、先述のように華人の龍山への移動が議論されていた時期であったことから、名称も龍山商務委員に改められた[15]。担当者はしばしば変わったが[16]、一八八九年一月に唐紹儀が着任し[17]、以後は彼が日清戦争までその任にあった。

このように日清戦争以前のソウルには、清朝の出先機関として一八八二年から八五年まで総辦商務委員が、八五年から総理交渉通商事宜が置かれたほか、八六年からは並行して漢城（のち龍山）商務委員が置かれた。日清戦争以前の使館檔案に含まれるのは、基本的にこの三つの機関が授受した文書ということになる。

次に史料の内容について、現在の所蔵機関である中央研究院近代史研究所檔案館の目録から概観しよう。そこでは、清末期の使館檔案について、中分類の「宗」を責任者の名前と内容によって分類している。例えば総理交渉通商事宜すなわち袁世凱が受発信した、朝鮮政府との交渉に関するフォルダは「袁世凱：中韓交渉」という宗にまとめられている。日清戦争前の文書を収める各宗には「陳樹棠：〜」、「袁世凱：〜」、「唐紹儀：〜」のいずれかの表題が付されており、それぞれ総辦商務委員、総理交渉通商事宜、漢城および龍山商務委員の授受にかかる文書と見ることができる。

表4-1は日清戦争以前の各宗の簿冊数を整理したものである。現所蔵機関による分類が史料の本来の状態をどの程度反映しているかは不明だが(18)、内容について大まかな傾向を読み取ることは許されよう。狭義の外交に関するものと思われる「中韓交渉」や「各国交渉」は必ずしも多くない一方、居留民の保護・管理、館内の人事に関する文書が多く残っていることが分かる。中でも全体（四四四冊）の三割を超える一四〇冊が「訴訟案件」に属していることが目を引く。朝中商民水陸貿易章程に基づき、清朝は朝鮮で領事裁判権を保有していたが、これに関する事務が出先機関の重要な業務になっていたことが確認できる。本章の主な分析対象もここに含まれる文書である。

表4-1　日清戦争以前の使館檔案（「宗」別の冊数）

	陳樹棠	袁世凱	唐紹儀
中韓交渉	3	11	4
各国交渉		10	6
辺界	1	1	1
条約	1		
租界		4	
開埠	2	1	2
商務	17	21	30
税務	1	8	6
僑務		7	2
鉱務	1	4	
漁業		1	
学務	1	1	1
軍事	2	7	1
人事	8	32	13
護照執照	2	8	6
訴訟案件	27	41	72
煙賭案件			4
禁令		10	2
輪船招商局	3	4	8
修建工程	4	8	6
任内往来文件	7	10	5
雑項		4	2
合　計	80	193	171

出所）本文の注11参照，なお空欄は該当なしを示す。

ところで使館檔案の中心は官署間を往来する公文書であり、私文書や記録の多くは関係公文書の付録という形で収録されている。図4-1は、そこに含まれる公文書の範囲を一八九〇年頃について図示したものである。太い実線で囲われた総理交渉通

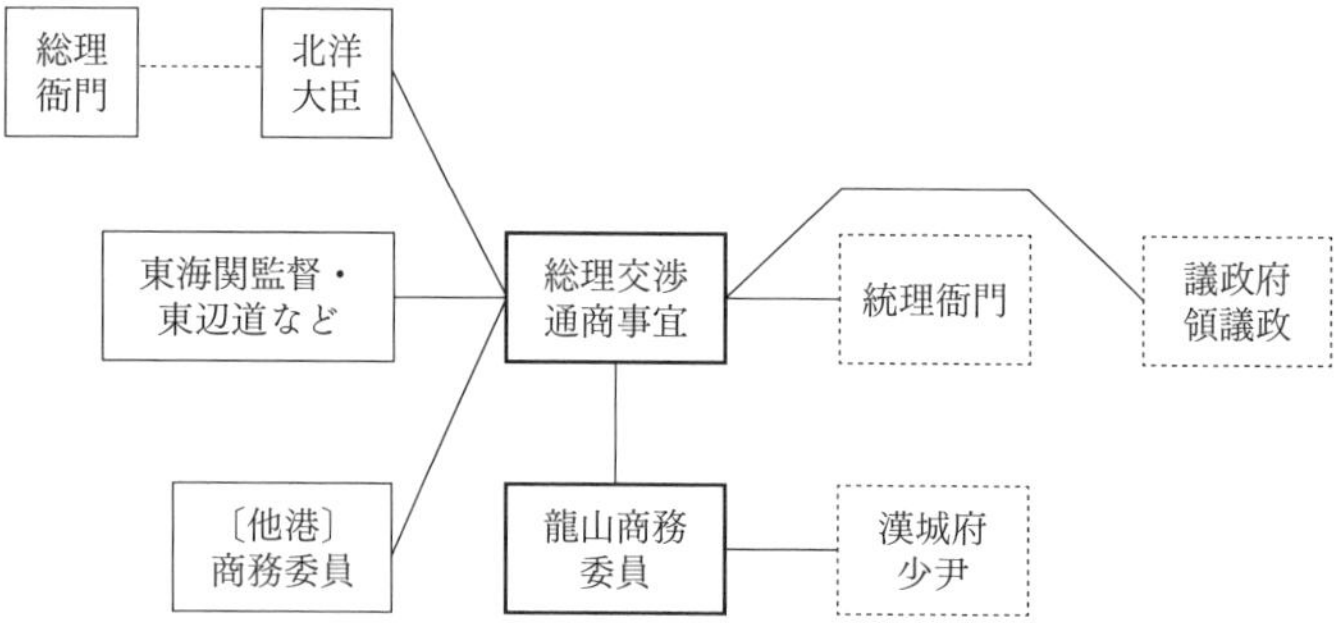

図 4-1　使館檔案に含まれる公文書の範囲（1890 年頃）

出所）筆者作成。
注）「総理衙門」と「北洋大臣」を結ぶ破線は『清季中日韓関係史料』の収録範囲を参考のため付したものである。

商事宜（袁世凱）と龍山商務委員（唐紹儀）が使館檔案の生成機関であることは先述の通りである。

清側の機構でいえば、総理交渉通商事宜は天津の北洋大臣の指揮下にあったのと同時に、龍山および仁川・釜山・元山の各商務委員に対しては指揮する立場にあったため、この経路に沿った文書が最も多い。また総理交渉通商事宜は、煙台の東海関監督や鳳凰城の東辺兵備道など、清国内に所在する他の機関とも必要に応じて連絡していた。

なお図では北洋大臣と総理衙門の間を破線でつないでいるが、これは『清季中日韓関係史料』（中央研究院近代史研究所編、一九七二年）の収録文書を示す。これは総理衙門に蓄積された「朝鮮檔」を整理したもので、そこに含まれる朝鮮現地の情報は、もっぱらソウルの陳樹棠・袁世凱から北洋大臣李鴻章に報告され、李の見解を付して総理衙門に回付されたものである。その点で『関係史料』と使館檔案は史料として相互補完的と言えるが、朝鮮での出来事が細大漏らさず北洋大臣に報告されたわけではなく、特に居留華人に関する問題の大半は朝鮮内で処理されたため、『関係史料』には反映されていない。

朝鮮側について見ると、総理交渉通商事宜は通常、外交を管掌する統理交渉通商事務衙門（統理衙門）の督辦（長官）との間で照会をやり取りしていたが、議政府の領議政に照会を送ることもあった。また龍山商務委員と平行関係にあったのは一八八七年に新設された漢城府少尹で、主に居留民事務について両者間で照会の往来が見られた。(19)

朝鮮側の外交文書としては、統理衙門が各国の代表機関との間でやり取りした文書が残り、『旧韓国外交文書』（高麗大学校亜細亜問題研究所、一九六五年）として整理刊行されている。[20] 使館檔案のうち、総理交渉通商事宜が統理衙門との間でやり取りした照会の相当部分は、これにも収録されている。ただし総理交渉通商事宜が議政府など朝鮮側の他の官署とやり取りした文書はこれに含まれない。また龍山商務委員と漢城府少尹が設置された後は、ソウルの居留華人に関する交渉は統理衙門を経由しなくなったため、これに関する文書も『旧韓国外交文書』に基本的には含まれなくなる。

このように使館檔案には他の史料では追うことのできない経路の文書が多く含まれている。ここで取り上げるソウルの華人関係訴訟の文書はその一つと言える。

二　ソウルにおける訴訟手続きの概要

一八八二年の朝中商民水陸貿易章程では、清側の片務的な領事裁判権を規定した。そこでは、朝鮮での両国民間の争いに対し、華人が被告の場合に清の商務委員が裁判権を持つだけでなく、朝鮮人が被告の場合にも朝鮮地方官と清の商務委員が「会同」して裁くことになっており[21]（会審制）、被告主義を原則とする一般の領事裁判権に比べ、朝鮮側がいっそう不利な形となっていた。[22] しかし具体的な訴訟の手続きについては規定されていない。

開港場では商務委員と朝鮮側の地方官すなわち開港場監理が裁判を担当したが、ソウルの場合、当初の総辦商務委員と平行関係にあったのは漢城府ではなく統理衙門督辦であったため、裁判もこの両者が担当した。先述のように漢城（のち龍山）商務委員が置かれ、朝鮮側でも漢城府少尹が設置されると、訴訟もこの両者間で処理された。

以下では訴訟の手続きを、華人が原告となって朝鮮人を訴える場合について検討する。華人の訴えは、まず商務委員に稟（下から上に申し立てる文書）の形で提出された。以下ではこれを便宜的に訴状と呼ぶ。一八八九年に龍山商務委員に提出された訴状の例を示そう。

治下の広幇同順泰の譚以時〔譚傑生〕が、勢いを恃んでの債務不払いを追究して下さるよう、稟によってお願いします。私は数年来、ソウルに店舗を設けて事業を営んでいます。昨年一二月初一日のことです。犂洞に住む朝鮮人金相愚なる者は、地位があり富裕でもあって、往き来はないまでもよく知っていましたが、〔この者が〕漂洋布五疋を一疋あたり三・六元、あわせて洋銀一八元で買ってゆき、年内に支払うと約束しながら、引き延ばして今まで一文たりとも支払いません。私は彼に督促しましたが、あろうことか、彼は道理を立てず自分の地位を盾とし、威勢によって誠意を裏切って返済しません。また、朴蓉湜なる者は私の店と長く取引があり、これまで滞りはありませんでしたが、この三月に買って行った商品について、一部だけ支払った残りの四万六四〇文を支払わないまま音信を絶ち会えなくなりました。私は彼を探して督促しましたが、ごまかすばかりで支払う意思を見せません。いかんともし難く、私が真実を申し述べて憲台大人〔唐紹儀〕にお願い申し上げますのは、私の困難をあわれみ、朝鮮の官に照会して金相愚と朴蓉湜の両名を厳しく追究し、私の銭をすべて返済するように計らっていただきたいということであり、もって無法を懲らし、私の異境での暮らしを安んじて下されば、これ以上の感激はありません。光緒一五年一一月一五日、治下の広幇同順泰が謹んで稟を差し上げます。〔印影：龍山華商広幇董事戳記[23]〕

この訴状は、華商商号の同順泰が、金相愚、朴蓉湜との商取引に伴う二件の未払い案件について、取り立てを求めたものである。文末に「龍山華商広幇董事戳記」の印影があることから広幇すなわち広東出身者の団体の代表者を通じる形で提出されたことが分かる。「十一月十六日到」との別筆の書き込みがあり、同順泰が訴状を作成した後、広幇董事の印を受けて、翌日に商務委員のもとに提出したのだろう。

このような文書の経路は通例に従ったものと考えられる。筆者が確認した商事関係の訴状は四二件で、光緒一〇年および同一四〜一七年(一八八四年、八八〜九一年)に作成されたものだが(後掲表4-2)、光緒一〇年分の六件のうち四件には「朝鮮漢城華商公所戳記」の印影があり(二件は印影なし)、また一四〜一七年分の三六件にはすべて「龍山華商北幇董事戳記」「龍山華商南幇董事戳記」「龍山華商広幇董事戳記」のいずれかの印影が見える。

ソウルの華人団体として最初に成立したのは漢城華商公所(中華会館とする史料もある)であり、一八八四年五月、総辦商務委員陳樹棠の命により組織された。これはすべての居留民を包摂するものだったが、翌一八八五年に山東出身者を中心とする北幇とそれ以外の南幇とに分裂し、八八年には広東出身者の広幇が南幇から分かれて、南北広の三幇が並列する形となった。幇は右のような訴訟の受け付けのほか、土地家屋の売買に対する証明、居留証(執照)や内地通商に必要な護照の発給を商務委員に取り次ぐなど、自治的な同郷団体であるのと同時に、行政の末端を分担するものでもあった。幇の代表すなわち董事は幇の推挙によって商務委員が任命した[24]。

さて訴状を受け取った商務委員は、提出者に受理した旨を「批」として告げる一方[25]、朝鮮側の担当者(龍山商務委員が取り扱う訴訟の場合、漢城府少尹)に照会を発した。右に引いた稟の場合、商務委員の照会そのものは確認できないが、次のような漢城府少尹からの返信(照覆)が残されており、処理方法の大枠が明らかになる。照覆の発信日は光緒一五年一二月二八日である。

朝鮮漢城府少尹の成(岐運)が照会をもって返信します。本年一一月一七日、前任者の在任中に次のような貴下の照会を受け取りました。「同順泰号譚以時の稟によれば、『犂洞に住む朝鮮人金相愚が買って行った漂洋布五疋について合わせて洋銀一八元が、年内に支払う約束にもかかわらず、今に至るまで一文も支払われておらず、また、朴蓉湜がこの春三月に購入した貨物も、一部を支払っただけで残りの四万六四〇文が未払いであり、それ以来支払いを拒み音信を絶って会えないので、朝鮮衙門に照会を発して、金相愚・朴蓉湜が私の銭をすべて返すよう厳しく追及させてほしい』とのことでしたので照会します。迅速に調査のうえ金・朴の両名を捕え、遅滞ない支払いを命じて下さい」とのこと、了解しました。既に金・朴の両名は拘置していますが、金相愚の申し立てによれば、華商同順泰に対する洋銀一八元の借りは、既に全額準備ができており、日ならず返済するとのことでした。また朴蓉湜の申し立てによれば、その者の店員が明年の正月末までに代わって準備しすべて返済するよう約束したとのことでした。この旨を照覆いたしますので、然るべくお取り計らい下さい。(26)

ここに引用された龍山商務委員の照会から、商務委員は自ら裁判に加わる考えはなく、金相愚・朴蓉湜の取調べと代金追徴を漢城府の側に委託していたことが分かる。先述のように朝中商民水陸貿易章程の規定では、華人が朝鮮人を訴えた場合、清と朝鮮の担当官員が合同で裁判（会審）を行うことになっていた。しかし実際には必ずしもそのように運用されたわけではなく、商事案件についての他の事例を見ても、合同での裁判が実施されることは少なく、(27)漢城府に処理が一任されることが多かったようである。

この事例の場合、漢城府少尹が照会を受け取ってから照覆を発するまで約四〇日を要しており、この間に漢城府が独自に被告の身柄を確保し、取調べを進めたのだろう。ただし照覆の文面にはその経緯については述べず、訴えられた商人たちが支払いを約束したという結論だけが伝えられている。そのため、どのような法的根拠に基づき判決が下されたかは明らかでない。このことは他の事例でも概して同じである。

このような訴えの経路を示したのが図4-2である。右に引いた同順泰の金相愚・朴蓉湜に対する訴えでは、案件が漢城府内で完結するため、公文書のやり取りは龍山商務委員と漢城府少尹の間に止まったが、案件によってはソウル以外の地方にまたがる場合もある。その時には、図示したように、龍山商務委員からさらに総理交渉通商事宜（袁世凱）に稟を上げ、そこから統理衙門に照会して、関係地方官に対応させるよう要求した。(28)

朝鮮人の側から華人を訴える場合の手続きについては、漢城府など朝鮮側機関の文書が残っておらず、使館檔案で確認できる件数も多くないため、十分には分からない。朝中商民水陸貿易章程によれば、華人が被告となる場合は清商務委員が単独で裁判を行うことになっていた。朝鮮人の訴えはいったん漢城府少尹に提出され、少尹から照会の形で龍山商務委員にもたらされるほか[29]、原告から直に龍山商務委員ないし総理交渉通商事宜に提出されることもあった[30]。華人からの訴えがほぼ例外なく図4-2の経路に沿って提出されたのに加え、朝鮮人からの訴えについては手続きが確立していなかったという印象を受ける。

そのほか訴訟に関する資料としては、関係者の召喚状や法廷における供述書などが見られるが、訴訟手続きのより厳密な復元は今後の検討に待ちたい[31]。

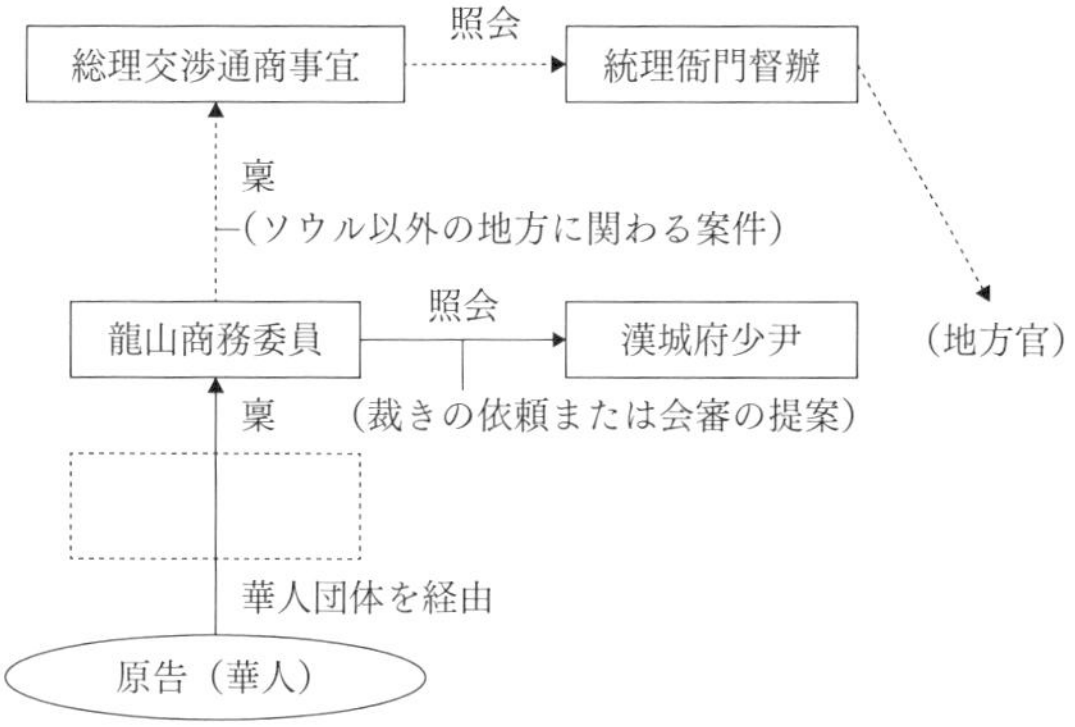

図4-2　訴えの経路（華人が朝鮮人を訴える場合）（1890年頃）

出所）筆者作成。

三　華商・朝鮮人商人間の取引形態

このような史料の性格を踏まえ、そこに現れた商取引の実態に目を転じよう。華人が原告となる訴訟は、商務委員への訴状（稟）の提出によって開始された。以下ではこの訴状を主な素材として、華商と朝鮮人商人の取引の特徴を検討する。

ここで利用するのは表4-2に示した四二件の訴状である。商取引に関わる案件のみを抽出しており、窃盗や暴行などは対象としていない[32]。また同じ案件について繰り返し訴状が提出されることもあるが、そうした重複は除いている。発信日は光緒一〇年と一四〜一七年に集中している。これは日清戦争以前の訴訟関連の簿冊をおおむね通覧し

表 4-2　使館檔案所収の商事関係訴状（日清戦争以前）

訴状番号	発信者（商号・姓名）	印影（華人団体）	訴状日付（光緒）	受信者	請求記号
1	匯記（馬宗耀）	〔なし〕	10.02.09	総辦商務委員	1-41-12-5
2	永源順（張詩緒）	〔なし〕	10.04.10	〃	1-41-12-8
3	和興順号(包星伍)	漢	10.06.20	〃	1-41-12-16
4	生盛号（王景林）	漢	10.06.20	〃	〃
5	公順興号 利順号	漢	10.07.15	〃	1-41-12-19
6	中華興（姜鳳彩）	漢	10.08.18	〃	1-41-12-20
7	和順号（陳紫亭）	北	14.08.27	龍山商務委員	1-41-47-27
8	震康号 順興号 益記号	南	14.09	〃	1-41-47-28
9	永来盛（王簡斎）	北	14.09.09	〃	1-41-47-29
10	彤成号 双盛泰 和順号 蓋記号 永来盛 公源利	北　南	14.11.05	〃	1-41-47-33
11	恒利昌号(王星文)	北	14.11.15	〃	1-41-47-34
12	永来盛	北	14.11.24	〃	1-41-47-32
13	双盛泰	北	15.06	〃	1-41-47-45
14	錦成東	北	〃	〃	〃
15	湧順福 永来盛 広徳号	北	〃	〃	1-41-47-46
16	永来盛	北	15.10.18	〃	1-41-47-47
17	双盛泰	北	15.11.04	〃	〃
18	復新号	南	15.11.15	〃	〃
19	同順泰（譚以時）	広	〃	〃	〃
20	同慶和	北	15.11.19	〃	〃
21	興長和号	南	15.11.24	〃	〃
22	宝興盛	北	15.11.28	〃	〃
23	佑興号（李献益）	北	15.12	〃	〃
24	双盛泰（王子蕃）	北	15.12.13	〃	〃
25	復新 謹記 献記 興和長 永泰	南	15.12.15	〃	〃
26	錦成東 公源利	北	〃	〃	〃
27	永順公 公源興 北公順	北	16.04	〃	〃

訴状番号	発信者（商号・姓名）	印影（華人団体）	訴状日付（光緒）	受信者	請求記号
（27続き）	湧順福 和順号 東順利				
28	湧順福（鮑福山）	北	16.05.17	龍山商務委員	1-41-47-47
29	双盛泰（王子蕃）	北	〃	〃	〃
30	公和順（欒徳懋）	北	16.06.25	〃	1-41-47-54
31	公源興（葉従先）	北	16.06.27	〃	〃
32	公和順	北	16.07	〃	1-41-47-47
33	復新号	南	16.09.10	〃	1-41-47-54
34	双盛泰	北	16.11	〃	1-41-30-34
35	同順泰	広	17	〃	1-41-47-60
36	双盛泰	北	17.04	〃	〃
37	興順号	北	17.04.25	〃	〃
38	復新号	南	17.05.15	〃	〃
39	北公順 万生成	北	17.06	〃	1-41-47-72
40	信申号	北	17.01	〃	1-41-47-60
41	錦成東 和順号 同慶和	北	17.11	〃	1-41-47-21
42	復新号 志豊号	南	〃	〃	1-41-47-60

注1）「発信者」は商号名のほか姓名の判明する者のみ（　）内に姓名を記した。
2）「印影」は華人団体の印影，以下の略号で示した。漢：朝鮮漢城華商公所戳記，北：龍山華商北幇董事戳記，南：龍山華商南幇董事戳記，広：龍山華商広幇董事戳記。
3）「受信者」は収録簿冊の属する「宗」から判断した。
4）「訴状日付」は原史料に従い，年月日の順で示す。年号はすべて光緒，旧暦のまま。

た結果であり、見落としを考慮しても、当時の訴状のすべてが現存するわけではないようである。また表4-3はそれらの訴状に取り上げられた取引を抽出したものである。一件の訴状に複数の取引が言及される場合があるため、取引の件数は訴状の件数よりも多い。いずれも華商から朝鮮人への商品の売却について、代金の支払いが紛争に発展したものである。

（1）売却された商品

具体的な商品名を示さず価格のみを示す訴状も多いが、判明する限りでは洋布・洋紗（機械製綿織物・紡績糸）や夏布（麻布）、絹織物などの繊維製品が大宗を占める。序章で見たように、これらは華商が上海から仁川を通じて輸入していた主力商品である。マッチなどの洋雑貨、砂糖、鉄材も輸入品と考えられる。表4-3の訴状32に見える「大米（コメ）」も中国産であり、朝

表 4–3　商事関係訴状に見える取引（日清戦争以前）

訴状番号	売り手	買い手（居所）	仲介者（呼称）	取引日	商　品	価　格	支払条件		
							現金	延払	不明
1	馬宗耀	崔致基（諫洞）	朴順昌（居間）	09.11.04	元宝銀（8 錠）	銭 400 吊		○	
2	永源順	金應五（北門谷）	張賢根（同中）	10.03.19	倭元（7481 斤）	銭 576 吊	○	○	
3	和興順	林学淵	崔致善（経手） 金奎煥（〃） 金伯賢（〃）	10.05.10	鉄（5942 斤）	銭 244 吊		○	
	〃	〃	〃		鉄（6243 斤）	銭 262 吊		○	
4	生盛号	林学淵	金奎煥（経紀）	10. 閏 5.14	鉄（4316 斤）	銭 177 吊		○	
5	公順興号	劉漢世	金元慶（経紀）	10.05		銭 270 吊		○	
	〃	〃	〃			銭 187 吊		○	
	利順号	〃	〃	10.05	洋布（91 疋）	銭 224 吊		○	
	〃	〃	〃		洋火（1 箱）	銭 36 吊		○	
6	中華興	李光純	安徳載（中人） 単于林（通事）	11.01	鋼鉄（3450 斤）	銭 250 吊		○	
7	和順号	李東植（万里倉）	姜渭成（経紀）		鉄	銭 648 吊		○	
8	震康号		金喜周（居間）	17.08		銭 128 吊		○	
	順興号		〃	〃		銭 31 吊		○	
	益記号		〃	〃		銭 47 吊		○	
9	永来盛	趙昶漢（青四房）	朴応順（経紀）					○	
	〃	朴漢豊（立斗房）	〃					○	
	〃	金仁完（立花房）	〃					○	
	〃	金　某	〃					○	
10	彤成号	洪鳳汝（西門）	申永瑞（経手）			銭 18 吊		○	
	〃	〃				銭 13 吊		○	
	双盛泰	〃	李致明（経手）	14.10.28		銭 63 吊		○	
	和順号	〃	金在玄（経手）			銭 14 吊		○	
	蓋記号	〃	崔奎憲（経手）			銭 84 吊		○	
	永来盛	〃	申永瑞（経手）			銭 227 吊		○	
	公源利	〃	金在鉉（経手）			銭 26 吊		○	
11	恒利昌号	劉秉度		14.11.06		銭 38 吊	○		
12	永来盛	孫景煥（木新房）		14.10	洋布（60 疋）	銭 300 吊		○	
	〃	〃		14.11.17	紅洋標（4 疋）	銭 20 吊		○	
13	双盛泰		李戊敬（経紀） 蔣和敬（〃）	15.06.22	洋紗（30 疋）	銭 42 吊	○		
14	錦成東		李戊敬（経紀） 蔣和敬	15.06.20	洋柴（1 箱）	銭 40 吊		○	
15	湧順福		李鳳夏（経紀）	16.04		銭 51 吊			○
	永来盛		〃	〃		銭 6 吊			○
	広徳号		〃	〃		銭 6 吊			○
16	永来盛	趙鼎潤 （湯器井洞）				銭 94 吊		○	

訴状番号	売り手	買い手（居所）	仲介者（呼称）	取引日	商　品	価　格	支払条件		
							現金	延払	不明
17	双盛泰	趙大洪（東門内）	趙仲汝（経手人）	15.08.17	洋布（20 疋）	銭 121 吊		○	
	〃	〃	〃	15.08.19	洋布（20 疋） 搭連布（1 疋）	銭 126 吊		○	
	〃	〃	〃	15.08.25	洋布（20 疋）	銭 120 吊		○	
18	復新号	金明徳（日本街）		15.11.20	綢貨	銭 52 吊		○	
	〃	〃		15.11.21	綢貨				
19	同順泰	金相愚（犂洞）		14.12.01	漂洋布（5 疋）	洋銀 18 元		○	
	〃	朴蓉湜		14.03		銭 41 吊			○
20	同慶和	金聖武（美洞）	金希順（中保人）	15.08.21	白糖（5 疋）	銭 109 吊		○	
21	興和長号	樸履順		15.09.01	洋布（40 疋）	銭 332 吊		○	
22	宝興盛	金聖武		15.08.18	洋鉄盆（300 個）	銭 38 吊		○	
23	佑興号	河春初	李致弘（経手人）	15.11.19	白糖（2 包）	銭 45 吊		○	
24	双盛泰	裴世元				洋銀 40 元 銭 1,273 吊			○
25	復新号	樸重植 全明載		15.11		銭 598 吊			○
	謹記号	〃		〃		銭 38 吊			○
	献記号	〃		〃		銭 23 吊			○
	永泰号	〃		〃		銭 16 吊			○
	興和長号	〃		〃		銭 100 吊			○
26	錦成東	崔徳景	朴鳳根（経手人）	15.09.21	白糖（4 包） 糖羌（1 箱）	銭 114 吊			○
	公源利	崔徳形		15.08.30	白糖（3 包）	銭 53 吊			○
27	永順公	朴興汝		15. 秋		銭 14 吊			○
	公源興	〃		〃		銭 6 吊			○
	北公順	〃		〃		銭 7 吊			○
	湧順福	〃		〃		銭 5 吊			○
	和順号	〃		〃		銭 9 吊			○
	東順利	〃		〃		銭 4 吊			○
28	湧順福	〔不知姓名〕		16.05.15	白潮羅（20 疋）	銭 50 吊	○		
29	双盛泰	〔不知姓名〕		16.05.14	白杭羅（4 疋）	銭 10 吊	○		
30	公和順	兪致万 （青布四房）	全聖貢（経手人）	16.05.30	洋紗（200 疋）	銭 360 吊		○	
31	公源興	兪致万 （青布四房）	全聖貢（経手人）	16.05.30	洋紗（200 疋） 洋羅（50 疋）	銭 455 吊		○	
	〃	〃	〃	16.06.13	洋羅（40 疋） 如意紗（5 疋） 銀条紗（15 疋）	銭 367 吊		○	
	〃	〃	〃	16.06.20		銭 5 吊		○	
32	公和順	金学洙	金聖文（経手人）	16.07.10	大米（11 包）	銭 59 吊		○	
33	復新号	兪致万			洋布・洋紗	銭 250 吊		○	
34	双盛泰	魏洪九（青布房）		16.05 か	洋布	銭 209 吊		○	

（つづく）

訴状番号	売り手	買い手（居所）	仲介者（呼称）	取引日	商　品	価　格	支払条件 現金	延払	不明
35	同順泰	金鍾佑		17.04.22	綢緞				○
36	双盛泰	徐錫允（青布二房）	徐錫俊（錫允弟）	17.04.04	洋布（10 疋）	銭 87 吊		○	
37	興順号	劉鎮裕（青布五房）	徐錫俊（経紀）	17.04.02	潮羅（20 疋）	銭 64 吊		○	
	〃	〃	〃	17.04.09	雲巾夏布（200 疋）	銭 350 吊			○
	〃	〃	〃	17.04.18	雲昌夏布（100 疋）	銭 180 吊			○
	〃	〃	〃	17.04.20	潮羅（60 疋）	銭 193 吊			○
38	復新号		徐錫俊（居間）	17.03.15	洋布（20 疋）	銭 170 吊		○	
39	北公順	崔成辰	張俊植（経紀）		洋銅（6 箱）	銭 86 吊		○	
	万生成	〃	〃		白糖（3 包）	銭 91 吊		○	
40	信申号	裵春伯	徐元燁（経紀）	17.08.8	洋布	銭 666 吊			○
	〃	〃	〃	17.08.13	〃				○
41	錦成東	李致大	李升天（経紀）	17.10.15	洋布等	銭 153 吊			○
	和順号	〃	〃	〃	〃	銭 26 吊			○
	同慶和	〃	〃	〃	〃	銭 58 吊			○
42	復新号	金用煥	楊駿国（経紀）	17.09.15		銭 749 吊		○	
	志豊号	〃	李順喜（経紀）	〃		銭 485 吊		○	

注 1)「訴状番号」は表 4-2 のそれと同じ。
2) 空欄は訴状から情報が得られないことを示す（「支払条件」の列を除く）。
3)「取引日」は原史料に従い，年月日の順で示す。年号はすべて光緒。
4)「価格」における銭の単位「吊」は 1,000 枚にあたる。

鮮の凶作を受けて特別に中国からの輸出が許可されたものである[33]。ソウルで華商が朝鮮人に販売した品の中心は中国からの輸入品であったことが確認できる。

(2) 売買の主体

訴状の提出者となった商号の数は延べ六六で、訴状自体の件数よりも多いのは連名の訴状があるためである。ただし一つの商号が複数の訴状を提出している場合も少なくなく、そうした重複を除いた商号数は三八となる。ちなみに使館檔案に含まれる光緒一五年（一八八九）の名簿によれば、その年のソウルの華人数は五一一名、華商の商号は七五であった[34]。

また光緒一四年以後の訴状に見える華人団体の印を訴状提出者の出身地を反映したものと考えると、最も多いのは北幇つまり山東省出身者であり、南幇（江蘇省・浙江省）、広幇（広東省）が続く。右の光緒一五年の名簿によれば、ソウル滞在の華人のうち山東省出身者が五九パーセントで最も多く、江蘇・浙江省出身者は九パーセント、広東省出身者は四パーセントであった。訴状提出者の構成もこれと齟齬がない。

買い手側の朝鮮人は姓名で示されることが多い（表4-3）。具体的な業種・業態が分かる例は少ないが、居所を「青布四房」「青布五房」、「立斗房」「立花房」、「木新房」などとする者については、「鐘楼街韓城官商」との説明があり[35]、市廛商人と考えてよい。市廛商人は、所属の市廛が設けた常設店舗の中で、「房」と呼ばれる区画を割り当てられて活動しており[36]、訴状での表現もそれを反映したものと思われる。具体的には「青布」は青布廛、「立」は立廛、「木」は白木廛を指すと考えられ、いずれも織物類を扱う市廛であった。

市廛商人が外商のソウル退去を訴える撤市運動の先頭に立っていたことは本章の冒頭で述べた通りであり、使館檔案の中にも、華商から綿布の販売を請け負った朝鮮人商人が白木廛商人への「規費」（販売許可料＝分税を指すと思われる）の支払いを拒んで暴行された事件が記録されている[37]。華商の活動が市廛商人の特権を動揺させ、摩擦を引き起こしていたことは確かだが、一方で華商と直接に取引する市廛商人も現れていたことは、彼らの対応の仕方が一様ではなかったことを示している。

（3）売り手・買い手の関係と仲介者

華商が輸入品を販売する際、独力で買い手を見つけるのは困難であっただろうから、何らかの仲介者を通じて取引する場合の多かったことは推測に難くない。絹織物や機械製綿布のような相対的に高価な消費財を販売する際には、とりわけその必要が大きかっただろう。

一つの方法は朝鮮人商人の店舗に寄留し、同時に取引の仲立ちも委託するというやり方であった。例えば一八九〇年頃、公和順という商号は卞鍾玉の「店内」に間借りし、卞に雇われた金聖文の仲介によって取引していた[38]。一八八七年に煙台から来航した双盛泰は、朝鮮人の「桟主」崔学中方に寄留し、商品もそこで販売した[39]。また前節で引いた訴状の例に現れる同順泰も、一八八五年に来航した後、ソウルの朝鮮人孫允弼らが営む「桟」に拠点を置き、家賃を支払わない代わりにすべての取引を孫らに委託した。そして一八八九年末に孫允弼らが経営に行き詰まり逃亡すると、その家屋を自身のものとしたという（この例について詳しくは第5章[40]）。

これらの例では崔学中と孫允弼を指して「桟」と言っているが、中国では商人を宿泊させてその取引を仲立ちする旅館を「桟」と呼ぶことがあり、ここでは朝鮮で同じような機能を果たしていた客主を指すと考えられる。客主は売買双方の委託を受けて取引を仲介する中間商人であり、店舗を設けて商人に宿食や貨物保管の便宜を与えたほか、金融業など多面的な業務を兼営した[41]。

客主ないしそれに類似した商人の店舗に滞在しつつ取引を仲介させたことが確認できるのは右の三件だけである。しかし表4-3の「仲介者」の列に示したように、何らかの形で売り手と買い手の間を取り持つ人物を利用した例は多い。史料上でのその呼称は様々で、「経紀」「経手」「経手人」とする場合が多いが、「居間」「同中」「中保人」等と呼ぶ例もある。それらの地位の相違を厳密に検証することは難しい。ここでは一括して仮に仲買人と呼び、その機能について考えてみたい。

仲買人の活動形態について、多くの訴状は、「朝鮮人某が『経手人』の某を通じて商品を購入した[42]」のように簡潔に触れるのみである。しかし次のような記述もある。「閏五月一四日に朝鮮『経紀』の金奎煥ほか一名が来訪して交渉し、朝鮮人林学淵が鉄材九九梱を買った[43]」、また「今月二二日に朝鮮人『経紀』の李戊敬とその手下の蔣和敬が綿糸三〇疋を購入し、……現金取引を申し出たので用心棒の金仲和に貨物を背負って行かせ、そのまま銭を受け取ろうとしたところ、あにはからんや、李戊敬は貨物を受け取って綢洞の朴舜之の家に行ってしまい、金仲和は手ぶらで帰ってきた[44]」。これらの例から考えれば、仲買人は一定の店舗を拠点に活動していたというよりも、売り手と買い手の間を往き来しながら売買を取り持つ存在であったと見られる。

訴状の中には「朝鮮人との交易一切はすべて『経手人』によって行う」等の文言もあり[45]、このような仲買人は、華商の間でかなり広く利用されていたと見てよい。また「朝鮮の商慣習に従い、あらゆる商品の売買はすべて『経紀』によって価格を定め、代金も『経紀』を通じて受け渡すので、詐欺等の弊害がある」[46]という文言もあり、価格交渉や代価の受渡しまでも仲買人の手によっていた状況が窺われる。

さらに華商は、最終的な買い手が誰かを知らないまま、仲買人に対して商品を売却することもあった。表4-3のうち買い手の姓名が見えない取引（訴状8、13～15、38）がこれにあたる。このような場合、華商から見て仲買人が事実上の買い手ということになり、紛争についての責任も仲買人が追及されている[47]。仲買人の側から見れば、最終的な買い手との取引に伴う危険一切を、売り手の華商に代わって引き受けていたことになる。

このように仲買人の機能は一様ではなく、売り手・買い手の信用状態や商品の性格によって異なるサービスを提供していたと考えられる。そうした仲買人は朝鮮人間の取引でも広く活動していたが[48]、互いに接触の経験が浅い華商と朝鮮人の間の取引では、単に取引相手を見つけるだけではなく、取引に伴う危険を減らすという意味でも重要な役割を負っていたと推測できる。特に華商が特定の仲買人と継続的な取引関係を結んでいるような場合は[49]、後者の面での期待が大きかったであろう。

なお、この時期のソウルには、通訳を兼ねる義州出身の仲買人など[50]、華商との取引に特化した仲買人も見られたようである[51]。第3章で義州側から見たように、伝統的な陸路での対中国貿易に従事してきた商人が、その衰退に伴ってソウルなどに移動したものと推測される。伝統的な対中国貿易の経験が開港後の華商の活動を支えた例として興味深い。

（4）支払いの手段と条件

第二節で引用した同順泰の訴状（表4-2の訴状19にあたる）では、取引の建値を洋銀——朝鮮で流通したものの多くは日本円銀と考えられる——としている。だが表4-3から分かるようにこれは例外に近く、二例を除いたすべての取引は銅銭を建値としている。朝鮮人との取引は基本的に朝鮮の銅銭によって行われたと見てよい。

ただし表4-3の右端に示した支払条件を見ると、判明するもののうち現金取引は少なく、多くは延べ払いで行われており、その期限は概ね一〇日から一カ月程度の間であった。その際には「銭票」「期票」「票拠」等と呼ばれる証書が作成されることがあった。これらを便宜的に手形と呼んでおく。左に掲げるのは訴状に添付されたその実物あるいは写しの例である。なお③の原史料は二行目の中央部で切断されており、右半分のみが現存している。

①癸未十一月初四日馬宗燿処標
右標段同前洋元宝銀捌拾錠価銭文肆仟両今月十五日及良依数備報事
標主諫洞崔致基
（出所：訴状1）

②含石価参仟両四月初五日即出給標
甲申三月十九日北門谷金応五
（出所：訴状2）

③梨峴林学淵閏五月初十日　保　金奎煥　金伯賢　崔致善
銭文弐仟肆佰参拾陸両弐戔弐分標
（出所：訴状3）

これらはいずれも一八八四年のものだが様式は一定していない。①には振出人：崔致基、名宛人：馬宗燿、振出日：癸未十一月初四日、支払日：今月十五日、取引商品とその数量：洋元宝銀捌拾〔八〇〕錠、支払額：銭文肆仟〔四千〕両の記載があるが、②はずっと簡略で、振出人と振出日、支払額の記載しかない。また③は中央で切断されているという外形上の特徴のほか、「保」つまり保証人の姓名が付記されている点で①②と異なっている。

このうち名宛人の記載がない②は、持参人払いの条件で振り出された可能性がある。華商の振り出した「銭票」を盗まれた朝鮮人商人が、「期日後に振出人の手に渡れば手遅れとなる」として龍山商務委員に届け出た事例もあり、[52]

第三者への譲渡を許す無記名式の手形も流通していたことが推測される。実際に当事者以外の人物の振り出した手形が支払いに用いられた例も確認できる[53]。手形の譲渡性やその範囲については慎重な検討が必要だが[54]、右の三つの例で手形の書式がそれぞれ異なっていたことを考えると、一定の原則が共有されていたというよりも、市場環境が急速に変化する中で、多様な形式・機能を持つ手形が並行して市場に現れたと見るべきだろう。朝鮮では開港前から於音と呼ばれる手形が広く利用されていたことが知られ、ここで挙げたものも広義にはその一つといってよいだろうが、そのあり方は「在来」のものだからといって必ずしも固定されていたわけではなく、随時変化を遂げていたと見なければならない[55]。

ところで、延べ払いのほうが現金取引より危険の大きかったこと（従って紛争に発展しやすかったこと）は明らかだから、訴状で確認できる取引の多くが延べ払いだからといって、これが全般的な傾向を反映したものとは必ずしも言えないだろう。ただ訴状の叙述は、右の事情を考えても、延べ払いがかなり広く行われていたことを窺わせる。例えば手形の例①が添付されていた訴状1は、本章で取り上げた取引事例のうち最も早い一八八三年一二月のものだが、それによれば、朝鮮人に馬蹄銀を売った華商馬宗耀が手形による支払いを受け入れたのは、「朝鮮の買売は向《さき》に期票の例有り」と認識していたためであった[56]。また一八八四年の訴状8は、震康号など三つの華商商号が、仲買人である朝鮮人金喜周から偽の「銭票」をつかまされたという案件だが、それにもかかわらず震康号らは訴状で「ソウルの取引では一カ月の『期票』を用いるのが例であり、もし現金取引に改めれば皆座して市況の沈滞を待つしかない」と述べ、手形による延べ払いの慣習自体は受け入れざるを得ないという認識を示している[57]。

このような延べ払いを広く伴うような取引のあり方は、ソウルでの朝鮮人間の商業金融のあり方を反映したものと考えられる。今回検討した訴状の中では、朝中商人間の取引において、銀行など金融機関の関与した形跡はない。日清戦前のソウルで営業していたのは日本人商人を主な顧客とする第一国立銀行（一八八八年、京城出張所開設）だけであった[58]。銀行に代わるような在来の決済システムとして、手形（於音）の割引や交換が六矣廛の付属業務として行われていたことを窺わせる記録もあるが、その規模は明らかでなく、また六矣廛の構成員以外に開かれたサービスであったかは慎重に考える必要がある[59]。

こうした状態で開港によって急速に商取引が拡大すれば、多額の資産を持っていたり、官金の流用を許されているような大商人を除いては、売り手が買い手に若干の延べ払いを許し、買い手は商品の転売代金で債務を支払うという形で信用を連鎖してゆくほか[60]、方途はなかったであろう。当時のソウルの市場は、こうした二者間の短期信用が自転車操業的に連鎖することで、ようやく成立していたのではないだろうか[61]。

なお朝鮮の統理衙門督辦は、一八八七年に袁世凱に照会し、ソウルの華商が銅銭を蓄蔵しているため朝鮮人商人の手元には「匯票」すなわち手形ばかりが残っていると抗議している[62]。実際に華商がどれだけの銅銭を保有していたかは分からないが、華商の活動が輸入品の売却に偏っていたことから、華商の手許に銅銭が集まりやすかったことは事実かもしれない[63]。そうであれば、開港後の急激な取引の膨張が現金通貨の相対的な不足をもたらし――ソウルでの主たる通貨は供給の伸縮性が特に乏しい銅銭であった――、手形による延べ払いを促進した可能性もある。

四　紛争の契機とその処理

表4-2に掲げた華商の訴状は、すべて朝鮮人に商品代金の支払いを求めたものだが、詳しく見ると、支払いが期日までに履行されなかったという理由だけで訴訟に至った例は少ない。最も多いのは買い手の逃亡をきっかけとするものだが、その場合でも訴訟に至るまでに当事者間で何らかの解決が図られていた。この節では紛争がどのような契機で生じたかを検討し、あわせて市場の内側からのルール形成の試みについても考えてみたい。

（1）売買に責任を負うのは誰か

前節で見たようにソウルの華商は、朝鮮人との取引に際して仲買人を利用することが多かった。仲買人は買い手との価格交渉や代金受渡しなどを代行するほか、時には自身が事実上の買い手の地位に立つこともあった。このような仲買人の活動は華商に便宜を与えたと考えられるが、一方で取引に伴う責任が誰に所在するかを曖昧にし、紛争のきっかけとなった。

仲買人を通じた代金受渡しに際して問題が生じた例として、一八九一年の興順号による訴えを取り上げよう（訴状37[64]）。紛争のきっかけは、青布五房の劉鎮裕が「経紀」徐錫俊を通じて興順号から織物類を購入したことであった。興順号はこれらを劉鎮裕の家に運び、徐錫俊からその兄錫允が振り出した「銭票」つまり手形を受け取った。その後、興順号は徐錫俊に対し手形の支払いを督促したが、徐はこれに応じないまま逃亡してしまった。興順号は買い手の劉鎮裕にも問い合わせたが、代金は徐錫俊に渡してあるとして取り合わなかったという。この案件では、仲買人を通じて代金を受け渡すとき、買い手がどこまで責任を負うのか明らかではなかったために争いがこじれたと言える。

もう一例として、一八八八年に震康号・順興号・益記号が連名で起こした訴えを見てみよう（訴状8[65]）。この例では原告となった三つの商号がそれぞれに「居間」の金喜周と取引し、いずれも一カ月払いの「銭票」を受け取ったが、それらが偽造されたものだったことが明らかになったため、訴訟となった。この訴状では実際の買い手は登場しない。恐らく三商号は買い手が誰かを知らないまま「居間」を相手に交渉したものと考えられ、そこに「居間」が「銭票」を偽造する余地が生じたのであろう。

とはいえ仲買人や延べ払いの慣習は急に排除できるものではなく、華商はそれらの存在を前提とした上で対策を講じなければならなかった。前節で取り上げた訴状1の案件を再度見てみよう。この案件は、華商馬宗耀が朝鮮人崔致基の振り出した手形①の支払いを求めたものだが、この手形を受け取った経緯について、馬が漢城府で口述したと思われる供述書が残されている[66]。それによれば、一八八三年一二月に「居間」の朴順昌なる者が馬宗耀を訪れ、銭四千両分の「於音紙」を見せて、引き換えに馬の元宝銀を売ってくれるよう頼んだという。これに対し馬宗耀は、「わが国（中国）のやり方では『手標』を主に用い、いわゆる『於音紙』は用いない。もし銀を買いたいなら、私が買い手と直接対面して『(手）標』を作成してから引き渡す」と告げた。朴もこれに同意したので、連れ立って買い手である崔致基の家に行き、朴・崔と馬宗耀の三人で面談の後、崔は四千両の「銭標」を作成して渡したのだという。

先述のように、仲買人を立てた取引では、売り手と買い手とが直に対面しないことも珍しくなかった。この取引でも、最初は「居間」の朴順昌だけが馬宗耀のもとを訪れている。しかし馬宗耀は実際の買い手も同席して合議することを求めており、しかも「於音」ではなく「手標」によって支払うよう求めた。於音は朝鮮の伝統的な手形を言うが、この場合に朴順昌がどのような形式のものを差し出したかは分からない。しかし結果的に作成された「銭標」すなわち手形①が、先に見たように、かなり多くの要件を書き込んだものであったことを考えると、最初に朴順昌が渡そうとした「於音」は、それよりずっと簡略なものだったのかもしれない。馬宗耀は、崔致基とも直接に面談することで取引の当事者を確定し、崔を直接の振出人とした手形を作成することで、できるだけ取引に伴う危険を減らそうとしたのだろう。

しかしこうした商慣習の変更は、かえって朝鮮人商人との間に摩擦を生む原因にもなった。一八八八年に和順号と朝鮮人李東植の間で起きた争いについて見てみよう。和順号が龍山商務委員に提出した訴状7によれば、[67]同号は「経紀」姜渭成を通じて李東植に鉄材を売却した。李東植は「万里倉鋳銭炉」の「右第一炉頭領」とされ、一八八三年に鋳造開始された当五銭の製造を請け負っていた人物の一人と考えられる。鉄材の代金は現金で支払う約束だったが、「経紀」姜渭成が「銭票」による延べ払いを求めてきたため、和順号もそれを受け入れた。だがその後も代金が一部しか支払われなかったため、和順号が買い手の李東植のもとに直に請求に行ったところ、罵倒され暴行を受けたという。

この案件については李東植の側の申立書も残っている。[68]それによれば、李東植の鋳銭所では創設当初から義州商人の姜渭成を通じて材料等を購入しており、代価は後日清算するのが慣わしだった。しかし今回の取引については、姜滑成が「華商から購入したものでありわが国の決まりを当てはめることはできない」と申し出たため、例外として「銭標」を作成して和順号に交付した。その一部はすでに支払いをしたにもかかわらず、和順号が支払いの遅れを言い立てて直に鋳銭所に乗り込み、乱暴を働いたのだという。

二人の言い分を対比すると、和順号の側では姜滑成の役割を取引の斡旋に過ぎないと見て、取引の実際の主体は李東植だと考えていたが、李の側ではそれまでの慣習から、姜を通じて購入した品の代金は姜との二者間で清算すればよいと考えていたようである。李東植は姜滑成の言い分に従って、特例として「銭票」を振り出して和順号に引き渡したものの、姜の仕入れ元に対し直接に買い手としての義務を負うのは初めての経験であったことから、支払方法について和順号との間に齟齬が生じたのだろう。

前節で見たように、当時のソウルでの商取引は延べ払いの形で行われることが多く、そこで生み出される二者間の信用は、仲買人を通じて前後に連鎖していた。そのような取引の形に慣れた朝鮮人にとって、特定の取引について責任者を確定する考え方には馴染みにくかったのかもしれない。前節で見たような多様な形式の手形も、こうした朝鮮人と華商のせめぎ合いの中で生み出されたものと考えてよいだろう。

(2) 保証責任の所在

売買に責任を負う当事者は誰かという問題と関連して、買い手が支払いを履行しなかった場合に誰が保証責任を負ったかについても考えてみたい。まず朝鮮人の仲買人の責任を考えてみよう。支払いの不履行は、買い手の逃亡によって表面化することが多かったが、その際にしばしば仲買人も行方をくらましていることから[69]、買い手が逃亡した時には仲買人も何らかの責任が問われるのが通例だったと思われる[70]。しかしその責任は、買い手の債務をまったく肩代わりするということでは必ずしもなかった[71]。例えば逃亡した買い手に代わって支払いを求められた仲買人が、自ら支払うのではなく、買い手を連れて戻ってきたという例がある[72]。後述のように、買い手の親族からの追徴や、買い手の資産の処分を売り手の華商に提案した例もある。

この問題について華商はどのように対応したのだろうか。前節で見た手形③では、「保」として金奎煥・金伯賢・崔致善の三名が挙げられているが、これらの人物は（この手形の添付されていた）訴状3から取引の「経手」つまり仲買人であったことが分かる。この場合、手形の文面上で仲買人の責任が明確にされていると言える。ただし他の二例の手形には保証人の名前が記されておらず、仲買人を「保」に充てるのが一般的だったかは分からない。また一八九二年には龍山商務委員がソウルの華人団体、北幇・南幇・広幇の各董事に諭を下し、朝鮮人の「経紀」は紹介した取引に責任を取ろうとしないから、取引の際には確実な「保人」に「保字」を提出させなければならないと戒めている[73]。「保人」の責任範囲は別に検討しなければならないが[74]、仲買人の負うべき責任の内容が華商の側には曖昧に見えることがあり、争いの原因となったと推測できる。

仲買人のほかに保証責任を問われることがあったのは買い手の親族である。朝鮮人から商務委員に提出した訴状には、逃亡した親族に代わって債務を支払うよう、華商から迫られたことに抗議したものがある。親族の言い分は様々で、逃亡した者から遠縁であることを理由に債務を負う立場にないと主張するものや[75]、仲買人や保証人を通り越して親族から取り立てるのは不当だとするものなどがあった[76]。一方で仲買人が華商を手引きして、逃亡した買い手の親族から追徴をさせた例もある[77]。追徴がどの範囲まで及ぶか、また、仲買人と親族のいずれがより重い責任を負うべきか等、一定の原則が共有されていないまま取り立てが行われていたことが分かる。

漢城府少尹の李建昌は、一八九一年のある案件で、華商が買い手の従兄弟から取り立てを行ったことに対し、龍山商務委員に照会を送り、「わが国の『律例』では、あらゆる私的な負債について、住居を異にする『堂従』から取り立てるという文言はない」として、取り立てた代金を返還させるよう求めた[78]。『続大典』（一七四六年成立）以後の朝鮮の法典類には「公私負債者、親父子外、兄弟及一族・止接人一切勿侵」（戸典徴債条）の文言が含まれており、これを踏まえた要求だと考えられる。しかし、この法典上の規定は、朝鮮側でも共有されていたわけではない。一八九四年には、朝鮮側の仁川監理が商務委員に要請されて債務者の親族からの取り立てを実施しようとし、統理衙門から「不許徴族」を理由に制止されるという事件が起きている[79]。

右の漢城府少尹李建昌は、別の案件で、「族徴の一款は実に公法の載せる所に非ざる也」という理由で親族からの取り立てに反対している[80]。ここに言う「公法」を万国公法、国際法と解するならば、彼が親族の追徴に反対したのは、必ずしも朝鮮の法典の実施だけを目的としたためではなかったのかもしれない。李建昌の論理の揺れは、ソウルにおける華商の活動が活発化する中、取引におけるルールをめぐって争いが多発する市場の現実に直面し、担当官員として有効なルールを模索する様を反映したものではないだろうか[81]。

（3）買い手の資産の処分や差し押さえ

買い手が家屋などの資産を持つ場合はこれを売って債務の支払いに充てる場合があった。まず復新号・謹記号・献記号・興和長号・永泰号が連名で提出した、一八八九年の訴状25を見てみよう[82]。訴えの相手は朝鮮人の樸重植・全明載で、この両名は五つの商号と数年にわたり取引し、それぞれに対し未払いの債務があった。これにつき樸重植と全明載は、自分たちの家に加え樸の兄の家も売却して返済すると約束したが、約束の期日を過ぎても売却する様子が見えなかった。復新号らは、この訴状で、商務委員がこれらの家屋を封印した上、漢城府少尹に照会して家屋を販売させ、その代金を引き渡させるように求めている。

この例では債務者つまり商品の買い手が自ら家屋の売却を申し出たことになっているが、債務者が逃亡してしまった場合についても見てみよう。一八八八年の訴状10は、彤成号・双盛泰・和順号・蓋記号・永来盛・公源利が連名で龍山商務委員に提出したものである[83]。それによると、これらの六つの商号は、それぞれ別の仲買人を通じて、西大門外に住む洪鳳汝と取引していた。ところがある夜、洪鳳汝が逃亡し、翌日になって仲買人たちが六商号にそれを通知してきた。仲買人たちは六商号で洪鳳汝の家財を分配することを提案し、洪の家から運び出した品はひとまず会館

(不詳。もとの漢城華商公所もしくは幇の建物か)に保管した。龍山商務委員への訴状は、委員から漢城府に照会して洪の家屋も売却させるよう求めるものであった。

前者の例から分かるように、支払能力を失った債務者が、債権者と協議してその資産を売却し、支払いに充てることは随時行われていたのだろう。[84] そして債務者が協議の通り履行しなかったり、債務者が逃亡してしまったりした場合、債権者から龍山商務委員・漢城府少尹に訴えて、強制的に売却を執行するよう依頼したと考えられる。[85]

これらの例がいずれも連名の訴えだという点も注意される。訴えた華商たちは買い手の朝鮮人とそれぞれ別個に取引してきたと考えられるが、買い手の経営が行き詰まり、あるいは逃亡してしまった段階で協力して債権の処理を開始したのであろう。そうした手順につき商人間に一定の通念が存在したと見ることができる。さらに後者の例では、複数の仲買人たちが共同で買い手の資産処理を取り仕切ろうとしていた。[86] 前項で見たように仲買人の責任内容には曖昧な面があったが、仲買人たちの間では自分たちの役割について共通の認識があったのだろう。

以上のように、債務を履行できなくなった商人の資産をどう取り扱うかについて、当事者間には何らかのルールが形成されつつあったように思われる。[87] 最終的な売却の段階では官が関与することもあったが、それは官から積極的に介入したという性格のものではなく、民間の手続きを補完するものに過ぎなかったといえよう。

本章では駐韓使館保存檔案に含まれる華商の訴状を通じて、開港直後のソウルにおける彼らの朝鮮人商人の取引と紛争の形について検討した。その結果を簡単にまとめておこう。今回取り上げた訴状は、いずれもソウルの華商が朝鮮人商人に輸入品を売却する過程で生じた争いについて、官の介入を求めたものであった。それによれば、争いとなった取引の多くは朝鮮人の仲買人によって仲立ちされ、一〇日から一カ月程度の延べ払いの条件で行われていた。こうした取引の形態には、二者間の短期信用が仲買人を通じて前後に連鎖するという既存のソウル市場の特徴が反映されており、華商もそうした連鎖の末端に仲買人を通じて接続したということができる。

一方でそうした取引の方法は、華商と朝鮮人との紛争のきっかけとなった。例えば仲買人を介した延べ払いの連鎖は、取引の最終的な責任者を見えにくくした。華商の中には、手形様式をより詳細なものに切り替える等の方法で危険を減らそうとする者もいたが、朝鮮の在来の商慣習に馴染みにくいそうした試みが、逆に紛争を招くこともあった。また買い手が債務を履行できなくなった時に誰が保証責任を負うかも明確ではなく、仲買人の責任範囲の理解が華商と仲買人自身の間で食い違ったり、華商が買い手の親族から恣意的な取り立てを行ったりする事態を招いた。ただし逃亡した買い手の資産処理に売り手や仲買人が合同であたるなど、商人間で何らかのルールが共有されていたことを窺わせる事例もあった。官への訴えは、そうした市場内部での解決の試みが失敗した際に最後の手段として選択されるものであった。

このように当時のソウルでは、華商と朝鮮人商人との間の摩擦と妥協を通じて、新しい取引のルールが市場内部から模索されつつあった。日本人など他の外国人商人と朝鮮人の間でも同様の過程が見られたことだろう。この点については今後の検討に委ねたいが、現段階で筆者が意識している課題を二点挙げておきたい。

一点目は、日本の保護国・植民地支配の下で、二〇世紀初頭から実施された各種の慣習調査をどう取り扱うかという問題である。不動産法調査会等による慣習調査の結果は、朝鮮総督府『慣習調査報告書』をはじめ様々な形で公表された。それらは善生永助や朴元善などによって、伝統的な商業慣行に関する研究の基礎となり、現在までそれに関する理解の枠組みを提供している。だが注意しなければならないのは、それらの調査が実施されるまでに開港から既に数十年が経過しており、その間に外国人との接触を通じて、市場のあり方が相当に変化していた可能性があるということである。

また、それらの調査報告が慣習それ自体の叙述というより、慣習を近代法の枠組みの中にどう位置づけるかという視角から叙述されているということも看過できない。例えば本章で見た「仲買人」の活動は、それらの調査報告に見える「居間」の働きと概ね重なりながらも、取引に対する責任の有無など、重要な部分で理解の違いが見られる場合がある[88]。そうした食い違いがどのように生まれたか、時系列に沿って明らかにすることで、開港期における市場の変化についてより動態的にイメージできるようになるだろう。

二点目は、市場のルールに国家がどのように関わったかという点である。ここでは史料の制約もあり、訴状提出後の裁判過程や法源等についてはほとんど触れることができなかった。ただし債務者の資産処分について見たように、国家の裁きが市場内部での紛争処理プロセスを補完するものに過ぎなかったという点は示唆に富んでいる。漢城府少尹の李建昌が華商による「族徴」に抗議したのも、それを禁じる法が先に存在していたからとは言えない。むしろ彼は、市場の現実に背を押される形で適用可能な法を模索していたと言えよう。この人物は漢城府少尹に在任中、漢城府での通貨流通の混乱や外国人による家屋買得を制限するように求める上疏を国王に提出している[89]。現場の官僚たちは、その体験を通じて市場のルール構築への関心を高めていたのであり、そのことが国家の市場への態度にどう影響を与えてゆくのか――あるいは植民地化という事態によってどのような屈折を強いられるのか――という点は、朝鮮における市場経済の定着過程を内在的に捉える上で、重要な課題になると思われる[90]。

第Ⅱ部　朝鮮華商の貿易と多角的ネットワーク

——広東商号同順泰の事例分析

朝鮮への華商の進出において開港場を通じた自由貿易の開始が重要な契機となったのは確かだが、それがすべてだったわけではない。第I部の各章で見たように、固有の歴史的背景を持つ二国間関係、近代的な市場経済とは異質な朝鮮国内の商業体制、伝統的消費財への根強い需要など、「開港」によって直ちにはリセットされなかった多様な条件が重なり合って朝鮮での華商の活動に影響を与えていた。第II部では華商の経営史料を通じて、彼らが複合的な条件の中で事業を展開してゆく様子を復元したい。

ここで取り上げるのは一八八〇年代から一九二〇年代にかけて朝鮮で活動した譚傑生とその商号同順泰の事例である。広東省高要県出身の譚傑生は、一八八五年に朝鮮に渡航して同順泰を設立し貿易商として成功を収めた。清が日清戦争に敗北した後も譚傑生は植民地期まで多様な事業を展開し、一九二九年に死亡するまで華商随一の富豪として知られた。譚傑生の死後はその子が同順泰を引き継ぎ、一九三七年の日中開戦を期に閉店するまで営業を続けた。

譚傑生の事跡のうち最もよく知られているのは、日清戦争前の一八九二年、朝鮮政府に銀二〇万両の借款を供与したことであろう。これは朝鮮支配の強化を図った袁世凱の意をうけて名義を貸したもので、見返りとして朝鮮政府から沿岸航行権を獲得した同順泰は、短期間ではあったが漢江での汽船運航を実現した(1)。こうした例からイメージされるのは清の朝鮮政策に従った「政商」としての譚傑生の姿である。一方でその人物や商業活動の実態についてはほとんど知られていない。第II部では、韓国に残された同順泰の経営史料を利用してこれを明らかにしたい。

同順泰の経営史料(以下では同順泰文書とする)は現在ソウル大学校に保存されており、一八八〇年代末から一九〇〇年代半ばまで、三千件弱の書簡と計算書類で構成されている(詳細は第5章および第II部補論)。残念ながら帳簿類を含まず、体系的な経営分析には困難を伴うが、朝鮮華商の経営史料としては現在のところ知られている唯一の例である。

この文書の存在は従来から知られていたが、華人・華商への関心自体が低い中でほとんど注目されず、本格的な分析の対象となったのは二〇〇〇年代以後のことである[2]。韓国でこれを先駆的に取り上げた姜抮亞は[3]、譚傑生を取り巻く広東出身者の人的ネットワークに注目し、右の借款供与についてもその商界・官界に広がる人的関係から説明した[4]。このことは朝鮮華商の政治的と見える活動も、清の「国家的」利害に従属したものとは即断できないことを示唆している[5]。また商業活動については、砂糖や彩票（宝くじ）などの特徴的な商品に注目し、中国における取引慣行や決済通貨との関係に注意しながらそれらの広域的な流通機構を復元した。姜抮亞のアプローチには、国境を越えて広がる華人社会の中で譚傑生の行動を理解しようとする点に特徴がある[6]。

筆者は譚傑生の活動の広域性に注目する点で姜抮亞と関心を共有するが、中国だけでなく朝鮮国内の商業機構や日朝関係にも目を向けたい。当時の朝鮮市場をめぐって形成されていた様々な条件に個別の華商がどう対峙したかという視点から、近代アジア市場における朝鮮の位相を把握してみたい[7]。

第5章　同順泰の創設とネットワーク形成

同順泰文書は現在、ソウル大学校に六タイトル、六六冊が保存されている（表5-1）。第II部の導論で述べたように、この中に帳簿などの記録物は含まれず、いずれも書簡やその控え、計算書類を貼りつないで冊子体としたものである。本論に入る前に、これらの文書の構成と特色について簡単に見ておこう。

表5-1　同順泰文書（ソウル大学校所蔵）の構成

タイトル名	請求記号	冊数
進口各貨艙口単	奎 27581	8
甲午年各準来貨置本単	奎 27582	2
乙未来貨置本	奎 27583	1
同泰来信	奎 27584	19
同順泰宝号記：光緒丁未年四月中	6100-110	1
同順泰往復文書	6100-61	35
合　計		66

注）請求記号が「奎」字で始まる4タイトルはソウル大学校奎章閣韓国学研究院に，他の2タイトルはソウル大学校中央図書館に所蔵されている（2015年5月現在）。奎章閣韓国学研究院所蔵分の請求記号・タイトル名は『奎章閣図書韓国本綜合目録』（修正版，ソウル大学校奎章閣編，1994年），中央図書館所蔵分については同館の電子版目録（http://library.snu.ac.kr/index.ax，2015年5月7日閲覧）による。

現存する文書は合計して三千件弱で、年代は一八八〇年代末から一九〇〇年代半ばまでである。いずれもソウルの同順泰本号（以下では史料上の呼び方に従って漢城本号とする）が、各地に分散する自号の店員や取引先華商との間でやり取りしたものである。

中でも多数を占めるのは商業書簡で、『同順泰往復文書』と『同泰来信』の二つのタイトルに二四〇〇件弱が収められている。書簡は受信書簡の原本と発信書簡の控えに分かれる。それぞれについて相手先別に分類したのが表5-2、表5-3である。書簡の受発信者は個人名だが、ここでは所属の商号や所在地によって分類した。両

表 5-2 漢城本号発信書簡の宛て先別件数（1890～99 年）

宛て先 ＼ 発信年(干支／西暦)		庚寅 (1890)	辛卯 (1891)	壬辰 (1892)	癸巳 (1893)	甲午 (1894)	乙未 (1895)	丙申 (1896)	丁酉 (1897)	戊戌 (1898)	己亥 (1899)	合計
同順泰内	開城	36	59	85	38					13	3	234
〃	海州	19	16	4								39
〃	全州・栗浦				30	15		3	41	27	23	139
〃	江景									15	5	20
〃	不明					3					3	6
仁川	義生盛									1		1
元山	同豊泰	3	3	1		1			16	16	2	42
上海	同泰号	55	36	39	33	52	48	10	32	28	31	364
〃	瑞草堂									1	1	2
〃	老悦生									6	3	9
香港	安和泰		15	30	17	13	21	5	6	6	6	119
〃	茂和祥	17	3									20
広州	永安泰	1	12	17	11	2	3					46
煙台	公裕	12	2									14
〃	同記	5	4	1			6					16
〃	履泰謙		10	4								14
〃	栄豊								1			1
〃	同順成								4			4
神戸	祥隆号	24	17	19	17	25	29	1	14	12	5	163
横浜	福和号	10	6		2	15	21	1	7	2	1	65
長崎	万昌和	1	3	3		3	3		2	4	1	20
〃	宏昌号						2		2			4
ウラジオストク	福泰隆			1	2							3
不明			3	4	1	7	2		6	6	2	31
合計		183	189	208	151	136	135	20	131	137	86	1,376

出所）『同順泰往復文書』（6100-61）第 10～35 冊。
注）宛て先は原史料では個人名だがここでは所属商号・所在地を基準に分類した。発信者は基本的に譚傑生本人だが，帰省等で本号に不在の場合はその限りでない。

表の相手先の欄で最も上の行に「同順泰内」とあるのは、ソウル以外の開港場に設置された同順泰の分号や、開港場外のいわゆる内地に派遣された店員との間で往来した書簡を指している。それ以外の相手先は取引先の華商であり、朝鮮国内の開港場にもいくつか確認できるものの、大半は中国と日本の沿海諸港に分布している。中でも上海、香港、神戸などとのやり取りが多い。

『同順泰往復文書』と『同泰来信』を除く四タイトルには漢城本号の受信した計算書類が収められている（表5-4）。発信元（送り主）は書簡と大きくは変わらない。種類別に見ると、同順泰から輸出した商品の売却状況を報告した売上計算書、同順泰に向けて発送した商品についての発送計算書と包装明細書、その他に

表 5-3　漢城本号受信書簡の差出人別件数（1889～1906 年）

差出人 ＼ 発信年(干支/西暦)		己丑 (1889)	庚寅 (1890)	壬辰 (1892)	癸巳 (1893)	甲午（1894）(A)	甲午（1894）(B)	癸卯 (1903)	甲辰 (1904)	乙巳 (1905)	丙午 (1906)	不明	合計
同順泰内	仁川	219				140	15	152		76	22	44	668
〃	全州・栗浦				3	33		2	2	7		1	48
〃	群山							2		39			41
〃	不明						16	1		6		1	24
仁川	義生盛					1		1					2
〃	怡生号					9	2						11
〃	同意楼										1		1
元山	同豊泰	1	1				1		1	5		2	11
上海	同泰号	2	6	1			41			21			71
香港	安和泰						7			7			14
広州	永安堂						2						2
神戸	祥隆号		3				33			4		3	43
横浜	福和号		1		1		14					3	19
長崎	万昌和						3			2			5
清国領事館（在朝鮮）										9		1	10
不明	巨昌泰										2		2
〃	商号不詳	2				6	5	17		7	1	5	43
合　計		224	11	1	4	189	139	175	3	183	26	60	1,015

出所)『同泰来信』(奎 27584) 第 1～19 冊,『同順泰往復文書』(6100-61) 第 1～10 冊。
注) 甲午年について (A) は『同泰来信』所収, (B) は『同順泰往復文書』所収。その他はすべて『同泰来信』所収。年や差出人の基準については表 5-2 に準拠する。

分けられる（分類名は筆者が便宜的に付したもの、詳細は第6章および補論を参照）。

　このような文書の構成を見るだけでも、同順泰が東アジア沿海部に広く取引先を持ち、活発な商業活動を展開していたことが窺われる。本章では、まず同順泰の創設過程について経営者である譚傑生の生い立ちや人脈から明らかにし、ついで文書の相手先として現れる人々や商店を手がかりとして、同順泰のネットワークの広がりや特色について明らかにしたい。

　なお本章の本文に現れる日付は特記しない限り新暦に換算したものである。文書の引用方法については注（1）を参照されたい[1]。

一　譚傑生の朝鮮渡航と同順泰の設立

（1）朝鮮渡航以前の譚傑生

　譚傑生の経歴を伝える史料は少ない。その中で六男の譚廷澤が一九七〇年代に著した『先父譚公傑生伝記』は、傑生の肉親による貴重な記録である[2]。三〇頁に満た

表 5-4　計算書類の発信者別／種別件数（1888〜1907 年）

	発信年（干支／西暦）	戊子（1888）	辛卯（1891）	甲午（1894）	乙未（1895）	丙申（1896）	丁酉（1897）	戊戌（1898）	己亥（1899）	庚子（1900）	癸卯（1903）	丁未（1907）	合計
発信者別内訳	同順泰（仁川）			7	53					22	30		112
	同豊泰（元山）						1		1				2
	安和泰（香港）		13	3	24	1	1		2			4	48
	茂和祥（〃）		2										2
	万祥堂（〃）				2								2
	永安泰（広州）			2	4								6
	瑞草堂（〃）								2			1	3
	同泰号（上海）	14	39	27	39	3	18	1	29			48	218
	老悦坐興記（〃）								1				1
	華彰号（〃）								1				1
	発記（鎮江）			11	26	2	13		12				64
	万慶源（煙台）		2										2
	履泰謙（〃）		4										4
	万昌和（長崎）			1	3								4
	祥隆号（神戸）		8	3	6								17
	福和号（横浜）		1	1									2
	（以下所在不明）												
	源春昌			2									2
	陳恒頗号								1			1	2
	蔡雪喬			1									1
	協和号											1	1
	正恒隆											1	1
	生源											2	2
	（不明）											4	4
種別内訳	売上計算書		59										59
	発送計算書	13	2	35	105				1			51	207
	その他計算書		8	8	9				1	22	30	10	88
	包装明細書	1		15	43	6	33	1	47			1	147
計		14	69	58	157	6	33	1	49	22	30		501

出所）『進口各貨艙口単』（奎 27581-1〜8），『甲午年各準来貨置本単』（奎 27582-1〜2），『乙未来貨置本』（奎 27583），『同順泰宝号記』（6100-110）。

注）受信者は一部例外を除き譚傑生ないし同順泰漢城本号である。発信年は文書各件の記載に従っており，各冊子表題の発信年と食い違う場合がある。種別内訳については第 6 章および補論参照。

ない小冊子の過半は一九二九年に死去した譚傑生の遺産処理の記述で占められ、特に著者廷澤が韓国当局との交渉を通じてソウル所在の不動産の権利を回収するまでの過程が詳しく綴られている。一方で著者の出生前に属する譚傑生の来韓当時についての記述は乏しく、記憶違いと思われる箇所も少なくない。同順泰設立の経緯は譚傑生の子の世代には既に曖昧になっていたのであり、この間に譚家および朝鮮華僑の経験した時代の変化がいかに激しいものであったかを窺わせる。

ひとまずこの『伝記』に従って譚傑生の来韓までの経歴を追ってみよう。譚傑生は咸豊三年一一月二八日すなわち一八五三年一二月二八日、広東省肇慶府高要県の墨岡郷に五人兄弟の三男として生まれた。傑生は通称にあたる字(あざな)であり、本名にあたる諱(いみな)は以時である。墨岡郷の属する金利村は、珠江最大の支流である西江の右岸に面し、広州府城から西に五〇キロメートルほどの所にある。(3) 地勢的には山間部を流れてきた西江が平地に出、北江と合流して広大な珠江デルタを形成する起点に近い。譚傑生の少年期である一八六〇年代から七〇年代は、珠江デルタから米国等への移民が急増した時期にあたる。ただし譚傑生の身近にそうした人物がいたかは確認できない。

『伝記』によれば、譚傑生は郷里の私塾に学び、一度読んだものは忘れない聡明な少年であったという。その両親や家業についての情報は皆無に近い。『伝記』は傑生が幼時に村芝居の火災で父を喪ったといい、(4) 家勢の衰える中、郷里に守株すべきではないと考えた譚傑生は、「二十余歳」のある日に姉婿の梁綸卿を頼って上海に出た。それまでに譚傑生は最初の妻と死別して二番目の妻梁氏を迎えており、彼が上海に発った後は、梁氏が長男の廷瑚を育てながら郷里の田地家屋を守ったという。『伝記』の別の箇所では廷瑚の出生を一八七九年としているから、その記述を信じるならば、譚傑生が郷里を離れたのは、彼の二〇代も終わりに近い一八八〇年代初めということになる。

一八四二年の南京条約に基づいて開港された上海は、その頃、広州に代わって中国最大の対外貿易港となっていた。後述するように上海には西洋人との接触経験が豊富な広東商人が多数移住し、寧波商人に次ぐ勢力を誇っていた。(5) 譚傑生の姉婿である梁綸卿がいつ上海に来たかは分からない。しかし譚傑生が上海に出てきた頃、梁綸卿は同泰号という商号を経営し、上海の広東人中の有力者の一人に数えられていた（次節(2)参照）。『伝記』によれば、同泰号で商売の見習いをすることになった譚傑生は、月に洋銀二ドルを給され、海関の手続きや埠頭での荷卸しの業務を手伝ったという。そこで譚傑生が学んだ開港場貿易のノウハウは、彼が朝鮮に渡航し、同順泰を経営するにあたり重要な意味を持ったことだろう。

(2) 朝鮮渡航とソウルへの進出

上海で働いていた譚傑生が朝鮮に移った経緯は不詳だが、『伝記』によれば、一八八二年、三〇歳の時に仁川に渡航したという。一八八二年は朝中商民水陸貿易章程が制定された年であり、仁川の開港自体が八三年一月であったことを考えれば、この年の渡航はいささか早すぎる。一八八二年の壬午軍乱に際し、ソウルに進駐した清軍に四〇名ほどの商人が随行していたというが[6]、譚傑生がこれに関わった形跡もない。『清季中日韓関係史料』は、光緒九年から同一二年分（一八八三〜八六年）まで、商務委員が作成したソウルおよび三開港場の華人名簿を収録しているが、譚傑生の名前はそのうち光緒一一・一二年の仁川の名簿に現れる[7]。ここから考えれば、譚傑生の渡航は早くても一八八五年となる。

これを裏付ける史料は、ほぼ二〇年後の韓国保護国期に見出される。一九〇六年五月、譚傑生が朝鮮人孫允弼らからソウルの土地家屋の明け渡しを求められるという事件が起きた。この訴訟に際して、譚傑生が清国総領事に提出した上申書二通によると[8]、譚が朝鮮に渡航したのは光緒一一年七月すなわち一八八五年八月頃であり、当初は仁川に滞在して孫景文という朝鮮人の商店と取引をしていた。翌一二年九月、景文の弟である孫允弼が玄聖一と共同でソウルに家屋を購入して店舗とし、譚傑生にもソウルに来るよう誘ったので、譚はこれに応じて孫・玄のもとに寓居することになったという。ところが三年後の光緒一五年一一月二八日（一八八九年一二月二〇日）、事業に失敗した孫允弼・玄聖一が逃亡してしまったため、彼らに貸金のあった譚傑生がその建物を自らの店舗とした。この経緯は孫允弼の提出した訴状とも大きくは食い違わず、事実と見てよい[9]。また光緒一一年と一二年の華人名簿が譚傑生を仁川滞在としていることとも符合する。日清戦争以前の華人名簿は、他に光緒一五年のものが第4章で見た駐韓使館保存檔案に残っているが、そこではソウルの同順泰に譚傑生を含め三名の広東出身者がいたとする[10]。譚傑生がこの年までにソウルに移り、同順泰の商号を用いて商業を営んでいたことが確認できる。

一九〇六年に孫允弼が返還を求めたのは、自身が一八八九年に逃亡して同順泰の手に移った建物であった。孫允弼の訴状はその場所を大坪洞（大平洞）銅峴と記す。訴状の付属文書によれば同順泰が孫允弼らから引き継いだ建物は四棟で、注記されている周囲の建物などから見て、解放後の乙支路二街一〇番地の近辺と見られる[11]。これは都城正門の崇礼門から城内中心部の鐘楼に向かう大道（現在の南大門路）と、そこから東側に分かれ光熙門に至る道（現在の乙支路）の分岐点に近い。現在の南大門路一帯が華商らの集住地区となったことは、第4章でも述べた通りである。以後も同順泰は、一九二九年の譚傑生の死を経て、三七年に閉店するまでこの場所を本拠とした。

なお譚傑生は、自身が一八八六年にソウルに移ってからも仁川に店員を置いて同順泰の分号（支店）とした。ソウルは事実上の開市場ではあったが海関がなく、輸出入の手続きをすべて仁川で行う必要があったためだろう。『同泰来信』には己丑年（一八八九）正月から六月末まで、仁川分号から漢城本号に宛てた二一九件の書簡が収録されている（一～三、一五、一六冊）。平均して一日一通以上の書簡がやり取りされたことになり、密接な連絡により本分号間の情報共有を図っていたことが分かる[12]。

この仁川分号は当初、漢城本号と経営上とくに区別されていなかったと考えられるが、庚寅年（一八九〇）正月から、譚傑生の表現によれば「門戸を分開」することになった[13]。両店は同順泰の商号名を共有しつつ資本金を分割し[14]、海外への商品発注も別に行うようになった[15]。漢城本号の商品を仁川港で積み下ろす際には仁川分号が業務を代行したが、その費用は定期的に本号に請求された[16]。譚傑生は取引先に対し、仁川分号は事業を独自に管理しており、自分もその経営に介入できないと説明している[17]。後述のように両店の人的関係が絶たれたわけではなく、必要に応じて共同取引も行われたが、基本的には会計上も意思決定上も独立したものと見られる。[18] これ以後の同順泰文書を用いた分析は、(仁川分号とは独立した) 漢城本号を対象とすることになる。

二　譚傑生をめぐる人脈と同順泰の取引関係、組織

(1) 同順泰の資本関係

一八九〇年に漢城本号と仁川分号が分離した際、両店の「底子」はそれぞれ銀一万一千両ずつに分割されたという。[19] 時期を下って一八九六年の書簡は、漢城本号の「資本」は三二股で合計銀四万八千両と説明していることから、同順泰が中国の伝統的な合資形態である合股によって資本金を調達していたことが分かる。[20]

同順泰の股東（出資者）が誰かを明示した史料はない。だが右の一八九六年の史料は、その年に配当される「本利」を一股につき二〇〇両とし、三二股に対して合計六四〇〇両を分配するうち、譚傑生に属する分は一二〇〇両だとする。譚傑生の持ち分は三二股のうち六股に過ぎなかったことになり、譚は同順泰の経営者ではあったが、所有の割合は決して高くなかったと言える。他の股分については、譚傑生の朝鮮への進出経緯を考えると、上海の梁綸卿・同泰号が相当部分を出資していたと見るのが自然だろう。実際に譚傑生は、書簡の中で梁綸卿・同泰号をしばしば「東家」つまり出資者と呼んでいる。[21] さらに譚傑生自身の持ち分についても、少なくとも一八九〇年頃までは、梁綸卿から購入資金を借り入れていた。[22]

このような事実から考えると、同順泰の設立そのものが梁綸卿の発意によった可能性があり、そうであるとすれば譚傑生は梁が送り込んだ「雇われ経営者」であったことになる。姜抮亞は初期の同順泰においては梁綸卿の発言力が強く、譚傑生は朝鮮での活動が長くなるにつれ徐々に経営上の主導権を握っていったと推測している。[23]

なお梁綸卿が朝鮮で出資したと見られる商号として、同順泰の他に、東海岸の開港場元山の同豊泰がある。同豊泰は同港でも最も早い時期に設立された有力商号であり、経営者である広東出身の羅耀箴と羅聘臣は一八八六年頃に渡航した[24]。譚傑生は同豊泰と継続的に書簡をやり取りしていたが、その一つに同豊泰と同順泰は「東家」を同じくするとの文言が見られる[25]。同順泰の「東家」は梁綸卿の同泰号であるから、同豊泰も同泰号の出資を受けたと見てよい。商号名も同字と泰字を共有しており、三者はいわゆる聯号（資本上・経営上の系列店）関係にあった可能性が高い。上海の広東商人が東アジア・東南アジアに広く聯号のネットワークを構築する中で[26]、梁綸卿は新市場の朝鮮に強い関心を持ち、積極的に聯号の設立を図ったのだろう[27]。

このように同順泰の創設には梁綸卿・同泰号が深く関わっていた。その後も同順泰が同泰号との緊密な関係を保っていたことは、先の表5-2、表5-3において、同泰号との間でやり取りされた文書が他の取引先に比べ圧倒的に多かったこと、その往来が全時期を通じて見られたことから窺われる。同泰号が同順泰に宛てた書簡には連番が付されているが、そのうち最も遅い時期のものである乙巳年（一九〇五）六月二四日付の書簡は六二三号とされている[28]。約一五年前の己丑年（一八八九）一二月二三日付のものに一号とあるのを連番の起点だとすると[29]、この間に年間四〇通を超える書簡が発信されたことになる。

(2) 上海における梁綸卿の活動と人脈

ここでは譚傑生の姉婿であり、同順泰の設立に深く関わった梁綸卿について、当時の上海における広東人の位相を念頭に置きながら検討しよう。梁綸卿の生い立ちは不明だが、『易言』『盛世危言』の著者として知られる鄭観応（広東省香山県出身、一八四二～一九二二年）と青年期から親交があったことを姜抮亞が明らかにしている[30]。鄭観応が晩年に著した『香山鄭慎餘堂待鶴老人嘱書』（一九一四年）によれば、鄭が一八五八年に出郷し、新徳洋行の買辦であった叔父に従って上海で商売を学びはじめた時、「高要梁君綸卿」と連れだってイギリス人傅蘭雅（John Fryer）の英華書館で二年間夜学したという[31]。

「高要梁君綸卿」とあることから、梁綸卿が譚傑生と同じ高要県出身だったことが分かる。梁綸卿がいつ頃上海に来たかは明らかでないが、一八七〇年代半ばには既に同泰号の商号を用いていたようである[32]。また一八八四年には上海の輸入綿織物商が組織した振華堂洋布公所の会員であったことが確認できる[33]。日清戦争前の同泰号は上海県城の大東門内にあったようだが[34]、黄浦江に面した大東門外には華人の輸入綿布商が集まっていたといい[35]、同泰号もそれに関連した商店の一つだったのかもしれない。ただし次章で見る同順泰との取引内容から分かるように、同泰号は綿織物だけでなく、絹織物や麻織物、各種雑貨など多様な商品を取り扱っていた。後年になるが『上海商業名録』（一九二二年版）は進出口類・広州幇に属する商店の一つとして同泰号を挙げている[36]。

同泰号の組織等は不明だが、譚傑生が同泰号に宛てた書簡では梁綸卿と連名で、時には単独で羅柱臣という人物が受け手となっており、同泰号はこの両人に共同経営されたと見られる[37]。しかし一九〇五年までに羅柱臣は死亡し、以後は梁綸卿の単独経営となった[38]。

さて上海では、一八四三年の開港以後、広州・香港に本拠地を置いていた西洋人商館が進出し、広東商人もその買辦として移動してきた。一八五〇～六〇年代になると寧波商人が急成長するものの、広東商人もそれに次ぐ勢力を保持し続けた。商人以外にも、船舶の修理工や機械工など、様々な階層の広東人が上海に流入し、一八八五年にはその数が公共租界だけで二万人を超えたという[39]。広東省の中でも、香山県は先述の鄭観応をはじめ多くの有力な買辦を輩出し、同県を含む広州府・肇慶府の商人が一八七二年に創設した広肇公所は、上海で最も有力な同郷団体の一つとなった[40]。梁綸卿は遅くとも一八九〇年代初頭から同公所の董事の一人に名を連ねるようになり[41]、少なくとも一九一八年まで最年長の董事として在任していた[42]。一九二四年三月には上海の粤僑商業聯合会の副会長に選出されたという[43]。梁綸卿は同じ年の九月に死亡したが、その追悼会には同聯合会ほか上海の広東人各団体から五〇〇人余が出席した[44]。

有力な広東商人であった梁綸卿が各方面に人脈を持っていたことは想像に難くない。早くから西洋人との接触があった広東人は、いわゆる洋務を通じて清末の官界にも広く浸透した。その代表格が鄭観応であり、梁綸卿は鄭との親交を通じて、商界のみならず官界とも密接な関係を構築していたであろう。姜珍亞は、こうした梁綸卿の人脈が、朝鮮での譚傑生の活動においても強い支えとなったと推測する。[45] 序章でも述べたように、一八八二年の朝中商民水陸貿易章程の制定を前後して朝鮮に関わった清朝側の人物には、唐廷枢や陳樹棠、唐紹儀など広東人が目立って多かったが、[46] 彼らも梁綸卿を通じて譚傑生と接点を持っていた可能性は高い。

実際に同順泰文書には、一八八三年の朝鮮海関設立時に翻訳官として渡韓し、一八八九年からは龍山商務委員として袁世凱を補佐した唐紹儀の名前がしばしば現れる。[47] 唐紹儀は上海の広肇公所と関係が深かったから、[48] 梁綸卿とも互いに知っていたと考えられる。譚傑生が唐紹儀の知遇を得たのも、梁綸卿の紹介によるものだろう。

同順泰が一八九二年に清の対朝鮮借款の名義上の貸し主となり、見返りとして仁川・ソウル間の小蒸気船の運航権を獲得したことは第II部の導論で述べた通りである。また同順泰は袁世凱の依頼により朝鮮で支出される清朝の公金を保管し、その回送も請け負っていた。[49] 三〇代の初めで渡韓した譚傑生が、短期間のうちに財務に関わる業務を官から委ねられるようになった理由は、梁綸卿を通じた官界との人脈を考えなければ想像しにくい。一八八八年にソウルに広東出身者の団体として広幇が成立した際には、譚傑生が推されてその董事となった。[50] こうした華人社会での輿望も彼の豊かな人脈を窺わせる。

(3) 取引先華商の広がり

同順泰は同泰号、同豊泰のほか香港からウラジオストクに至る沿海の各地に取引先の華商を有していた。これらのうち関連史料から情報が得られるのは次の五つである。

永安泰（広州）　譚傑生が発した書簡四六件のほか、[51] 永安泰から受け取った計算書類が六件残っている。店舗は広州市街の晏公街にあった。[52] 構成員についての情報は得られないが、[53] 譚傑生から同商号に宛てた書簡の中に、彼の実家への仕送りを立て替えるよう依頼したものが見られる。[54] 表5-2、表5-3に現れる取引先の中では最も譚傑生の郷里に近く、譚の家族との交流があったとしても不自然ではない。

安和泰（香港）　譚傑生からの書簡一一九件と安和泰からの書簡一四件のほか、安和泰発の計算書類四八件が残る。書簡の受発信者となっているのは主に羅遜卿・羅子明の二人だが、彼らが譚傑生とどういう関係にあったかは詳らかでない。設立は同順泰より遅かったようで、譚傑生は一八九一年に同泰号から安和泰の創設を聞いている。[55] 店印は所在地を「香港上環」とする。[56] また一八九二年の日本領事報告によれば、香港の南北行街に店舗を持ち、主に神戸・横浜から海産物を輸入していたという。[57]

万昌和（長崎）　譚傑生からの書簡二〇件と万昌和からの書簡五件、計算書類四件が残る。一八八九年に仁川分号が漢城本号に宛てた書簡で既に万昌和に言及しており、[58] 早くから関係のあったことが分かる。書簡の受発信者となっている潘達初は、一九一五年に長崎聖福寺に建立された「重建広東会所碑記」に会所の正董事かつ八名の建碑発起人のうちの一人として名前が見える。それによれば原籍地は広東省広州府の南海県であった。

祥隆号（神戸）　譚傑生からの書簡一六三件、祥隆号からの書簡四三件と計算書類一七件が残る。書簡の受発信者の陳達生についてはある程度の経歴が分かる。陳達生は一八五三年広東省広州府順徳県に生まれ、七〇年に実父と来日した。一八八二年頃から大阪で海産物輸出やマッチ製造を手がけていたが、九四年に神戸に移動し、広東人の組織した広業公所の理事を務めたという。[59] 祥隆号の文書を見ると、一八九一年の計算書には「阪庄」とある一方、日清戦争後のものには「日本神戸」「神戸海岸六十五番」とあり、[60] この間に神戸に移転したことが確認できる。関西の広東商人の多くは、当初神戸と大阪の双方に店舗を持っていたが、外国航路の多くが神戸発着であるため、一八九七年に一斉に神戸に本拠を移したとされる。[61] 陳達生はそれより一足早く神戸移転を選んだのだろう。なお祥隆号は香港にも店舗を持っていたようだが、詳しくは分からない。[62]

福和号（横浜）　譚傑生からの書簡六五件、福和号からの書簡一九件と計算書類二件がある。譚傑生からの書簡で受け手となっているのは譚沛霖と譚玉階の二名で、譚傑生は両者いずれにも「宗兄大人」「宗叔大人」等の敬称を付していることから、親族の関係にあったと見られる。うち譚玉階は一八九九年の日本側の記録に横浜の「重もなる清商人」の一人として現れている[63]。明治初期の横浜華僑の多くは広州・肇慶両府の出身だったと言われ[64]、譚沛霖・譚玉階もそうだったと考えてよいだろう。

同順泰が広州・香港のほか、日本の三つの開港場でも有力な広東商号を取引先としていたことが注意される。これらのうち譚傑生との親族関係が確認できるのは横浜の福和号だけだが、表5-2、表5-3を見る限り、同順泰は各港について一つの取引先と持続的に取引を続ける傾向があり[65]、その背景として譚傑生との何らかの個人的な結び付きがあった可能性は高い。さらにこれらの取引先は、次章で見るように、上海の同泰号ともそれぞれに取引関係を結んでいた。同順泰・同泰号とこれら取引先の間に結ばれた多角的・越境的なネットワークの背後には、梁綸卿を中心とする人的な紐帯があったと見てよいだろう。

(4) 同順泰の人員構成

同順泰の組織内部に目を移し、その構成員の特徴について見ることにしよう。清の商務委員および領事が作成した華人名簿のうち、光緒一五年(一八八九)・同二五年(一八九八)のソウルについての名簿では姓名に加え所属の商号名を注記しており、漢城本号の人員構成が明らかになる(表5-5)。

先述のように漢城本号は一八八六年、朝鮮人孫允弼・玄聖一が新たに設けた店舗に間借りする形で活動を開始した。一八八九年末に孫允弼・玄聖一が事業に失敗して逃亡し、九〇年初からは漢城本号と仁川分号が経営を分離することになったが、表の上側の欄(光緒一五年)は、その直前の状況を反映したものである[66]。譚傑生は諱の「以時」で現れている。譚傑生を除いた構成員は二名で、いずれも広東省出身であり、うち譚以経は出身地と輩行字(以)から傑生の同世代の親族と見られる。

表 5-5　華人名簿に見える同順泰（漢城本号）の構成員（1889/99 年）

年	姓名	年齢	籍貫地	備　考
光緒 15 (1889)	譚以時	37	広東省肇慶府高要県	
	羅章佩	26	〃　鶴山県	
	譚以経	41	〃　高要県	
光緒 25 (1899)	譚傑生	47	広東省肇慶府高要県	妻子あり（男児 2，女児 1）
	何梃生	53	〃　高要県	妻子あり（女児 2）
	譚秀枝	46	〃　香山県	住全州
	譚梃昌	36	〃　高要県	
	譚其玉	25	〃　高要県	
	譚其燊	23	〃　高要県	
	黄泰芬	23	〃　高要県	
	李静波	29	〃　高要県	住全州
	麦羣抜	25	〃　鶴山県	住江鏡
	古穂興	26	〃　香山県	住栗浦

出所）光緒 15 年については『華商人数清冊』（使館檔案 1-41-40-19），光緒 25 年は『華商人数清冊』（同 1-41-56-4）。

表の下側に示した光緒二五年の成員は譚傑生を除いて九名で、この間の漢城本号の発展を窺わせる。譚傑生ほか一名は妻子と共に生活していたようであり、彼らの滞在が長期化していたことが分かる。譚傑生と他の成員の関係は表だけでは分からないが、譚姓かつ高要県出身の三名については譚傑生の親族であった可能性があるだろう。それ以外の者も高要県ないし鶴山県・香山県の出身で、互いに近い所から来ていた。なお備考欄に示したように、九名のうち四名は実際にはソウルにおらず、全州・江鏡（江景）・栗浦にいたとされる。これらの地名は表5-2、表5-3とも符合しており、開港場外のいわゆる「内地」に派遣されて商業活動にあたっていたものと見てよい。

光緒一五年にいた羅章佩・譚以経の二名は、二五年にはもう漢城本号を離れており、成員の入れ替わりがかなり頻繁だったことが推測される。構成員の変化を通時的に把握できるような史料は得られないが、漢城本号が仁川分号や内地出張者とやり取りした書簡（表5-2、表5-3で「同順泰内」に分類したもの）の差出人・受取人名から、一端を知ることができる。それらを整理したのが表5-6であり、表5-5が含まない仁川分号の成員も含んでいる。継続的に漢城本号にいて書簡をやり取りする必要のなかった者はここに含まれないので、成員の全体を網羅したものではない

表 5-6　書簡受発信者として現れる同順泰の構成員

姓名	受信数	発信数	現れる期間	備　　考
譚晴湖		61	［日清戦前］1894～1905 年	譚傑生への呼称は**三弟**。名簿（釜山・仁川・漢城 1886 年，仁川 89 年），**広東省高要県**
［譚］廷賡	3	33	1894～1906 年	譚傑生への呼称は**叔台大人**，自称は**侄**。姓は何介眉の象喬宛書簡（癸卯 11.9,『来信』10 巻）による
［譚］以荘		2	1889～94 年	譚傑生への呼称は**三兄大人**。名簿（釜山・仁川 1886 年，仁川 89 年），**広東省高要県**
譚配南		［43］	1891 年	譚沛霖（横浜福和号）への呼称は**宗兄大人**
廷章		3	1894 年	譚傑生への呼称は**叔台大人**，自称は**姪**
廷彰		1	1894 年	譚傑生への呼称は**叔台大人**，自称は**侄**
廷鋭		21	［日清戦前］	譚傑生への呼称は**叔台大人**，自称は**侄**
［譚］廷瑚		3	1906 年	譚傑生への呼称は**尊親大人**，自称は**不肖**。名簿（仁川 1907 年），**広東省高要県**。『伝記』によれば譚傑生の**長男**（1879 年生）
譚象喬	［92］	61	1903～06 年	譚傑生への呼称は**三叔大人**，自称は**侄**。梁綸卿からの呼称は**内侄**，譚廷瑚からの呼称は**二兄大人**
［譚］其燊	［11］		1905 年	譚象喬からの呼称は**賢侄**。名簿（漢城 1899 年），**広東省高要県**
其新	［2］		1905 年	譚象喬からの呼称は**賢侄**
邵蘭圃	205［19］	8	1890～99 年	名簿（漢城 1907 年），**広東省広州**。蘭甫とするものを含む
何梃生	92	13	1892～1904 年	名簿（漢城 1899 年），**広東省高要県**
何麗堂		8	1889 年	名簿（仁川 1886 年，仁川 89 年），**広東省高要県**
［邵］松芝	40		1890～91 年	名簿（仁川 1886 年），**広東省番禺県**。内地護照（1893 年），**広幇**
［何］英傑	1		1892 年	内地護照（1892,93,94 年），**広幇**
羅明階	8	13	1893～94 年	
［羅］章佩	3		1890～91 年	名簿（釜山 1886 年，漢城 86 年，漢城 89 年），**広東省鶴山県**
［羅］聘三	45		1890～91 年	姓は譚傑生の蘭圃宛書簡（庚寅 11.22,『往復』33 巻）による
劉時高	30	12	1893～94 年	
李泉亨	［26］	14	1894 年	内地護照（1892,93,94 年），**広幇**
蔡炳龢		12	1894 年	譚傑生への呼称は**叔台大人**
［譚］秀枝	28		1898～99 年	名簿（漢城 1899 年），**広東省香山県**。秀芝とするものを含む
李偉初		6	1905 年	譚傑生への呼称は**叔台大人**，自称は**侄**
李益卿		128	1903 年	内地護照（1892 年），**広幇**
李静波	34	31	1898～1905 年	譚傑生への呼称は**叔台大人**，自称は**侄**
李瑞雲		16	1905～06 年	譚傑生への呼称は**叔台大人**。名簿（漢城 1899 年），**広東省高要県**
［李］永祥		1	1905 年	譚傑生への呼称は**叔台大人**。名簿（仁川 1907 年），**広東省鶴山県**
何介眉		11	1903 年	譚傑生への呼称は**叔台大人**
古達庭	1	1	1898～1905 年	
［古］穂興	51		1897～99 年	名簿（漢城 1899 年），**広東省香山県**

姓名	受信数	発信数	現れる期間		備　　考
[古]渭卿	1			1897年	姓は譚傑生の梃生宛書簡（丁酉5.21,『往復』31巻）による
[麦]羣抜	21	9		1898～1905年	譚傑生への呼称は**叔台大人**。名簿（漢城1899年），**広東省鶴山県**
[黄]泰芬	8	1		1898～1903年	名簿（漢城1899年），**広東省高要県**
秋明	[5]			1905年	譚象喬からの呼称は**賢侄**
常鍇		1		1905年	
[王]鼎三	4			1897年	姓は譚傑生の梃生宛書簡（丙申12.23,『往復』31巻）による
[鄭]徳潤	3			1898年	姓は譚傑生の秀芝宛書簡（戊戌10.18,『往復』32巻）による。譚傑生の羣抜宛書簡（戊戌7.25，同前）によれば**朝鮮人**
溢槎	3			1899年	

出所）本表は同順泰文書に含まれる書簡のうち，同順泰の分号ないし内地出張者を相手先とするものについて，その受発信者を整理したものである（例外もあることは本表の注2）参照）。

注1）姓名について。書簡の宛名・差出人から抽出したが，それらは必ずしも姓・名の両方を明記しているとは限らない。特に譚傑生の発信書簡は，ほとんどが宛名の姓を記さない。逆方向の書簡の差出人と対照させる等して姓の同定を試みたが，なお不明なものは名のみを記している。また書簡本文や他の史料（名簿など。本表の注4）参照）から姓が推測されるものは［　］に記した。

2）受信数と発信数について。それぞれ（漢城本号から見た受信書簡／発信書簡の）発信者または受信者となった回数を指す。受信者・発信者が連名の場合はそれぞれ1回と数えており，書簡自体の件数とは一致しない。なお漢城本号の側では基本的に譚傑生が書簡の発受信の主体となったが，彼の不在時などに他の人物が代理となることがあった。そのような立場で書簡を受発信した数は［　］に別記している。この場合の相手先は同順泰の分号・内地出張者とは限らない。

3）現れる期間について。その人物が書簡の受信者・発信者となった最初の年と最後の年を示している。便宜的に西暦紀年で示したが実際は旧暦による書簡の日付をそのまま採っており，換算していない。欄を左右に分け，日清戦争の勃発年である1894年（甲午）以前にのみ見える場合が左側，以後にのみ見える場合は右側に記し，この年をまたいで前後に名が現れる場合は中央に記した。なお［日清戦前］とするのは『同泰来信』17冊に所収の書簡である。この巻の書簡には発信年が明記されていないが，内容から日清戦前であることが明らかである（本書補論参照）。

4）備考について。ここには主に3つの事項について判明する限りの情報を示した。①書簡の宛名と差出人に付された尊称・卑称のうち，譚傑生との親族関係を窺わせるもの。なおここに注記のない者の大半は，譚傑生に対する／からの尊称を「仁兄（大人）」としている。②清商務委員および領事の作成した華人名簿への掲載有無，またそこに記された出身地。引用した名簿の出所は次の通りである。なお名簿は委員／領事の任地別に作成された。1886年（光緒12）:『清季中日韓関係史料』（文書番号1208）。1889年（光緒15）:（仁川）『華商人数清冊』（使館檔案1-41-21-7），（漢城）『華商人数清冊』（使館檔案1-41-40-19）。1899年（光緒25）:『華商人数清冊』（使館檔案1-41-56-4）。1907年（光緒33）:『華商人数清冊』（使館檔案2-35-56-15）。③内地護照は華商の内地旅行に際して商務委員が発給する許可証を言う。ここでは光緒18～20年（1892～94）分の龍山商務委員による発給者リストに現れる者に注記した。出所は『華商請領護照入内地採辦土貨』（使館檔案1-41-46-5），同じ史料を用いた表7-1をあわせて参照。なおこの欄の史料略称は『来信』=『同泰来信』，『往復』=『同順泰往復文書』，『伝記』=『先父譚公傑生伝記』を指す。また親族関係や出身地に関する重要な情報を太字としている。

が、一応の傾向を知るには足りる。

　この表に含まれる人物は三九名である。書簡の差出人ないし受取人として現れる期間を見ると、日清戦争の前後をまたいで現れる人物は四名で、残りは戦前・戦後のいずれかに短期間だけ現れる。この表だけで各人の同順泰での活動期間を判断できるわけではないが、表5-5とあわせて考えれば、やはり成員の入れ替わりはかなり頻繁だったと見てよいだろう。

　三九名のうち譚姓で、かつ譚傑生の親族と考えられる者は表の上半部にまとめており、その数は一一名である。中でも譚晴湖と譚以荘の二人が早い時期から現れているが、晴湖は傑生を「三弟」と呼び、以荘は「三兄」と呼んでいることから、それぞれ傑生の兄・弟と考えられる。(67) 備考欄に示したように、この二人は商務委員が作成した光緒一二年分（一八八六）の名簿に既に名前が見え、譚傑生の渡航後ほどなく来韓したことが分かる。(68) 譚傑生がソウルに移り、事業を拡大するために呼び寄せた可能性もある。二人とも仁川分号で活動したが、(69) 特に晴湖は一八八七年に仁川の広帮董事、九三年には同地の南北広三帮董事の任にあり、譚傑生と同じく早くから華人社会の枢要な地位を占めていた。(70) 譚以荘の書簡は二件しか残っておらず、それも甲午年（一八九四）までしか確認できないが、譚晴湖の書簡は乙巳年（一九〇五）まで見られ、譚傑生と共に朝鮮で長く活動したことが分かる。

　譚廷瑚は譚傑生の子である。第一節で紹介したように、『先父譚公傑生伝記』によれば廷瑚は一八七九年に高要県で生まれ、傑生が上海に出た後も郷里で母と暮らしたとされる。廷瑚の書簡が同順泰文書に現れるのは丙午年（一九〇六）であり、成長後に父を頼って来たのだろう。(71) 譚廷賡は廷瑚と輩行字「廷」を共有するが、傑生を叔台大人の尊称で呼ぶことから子ではなく、甥と見られる。「廷」を名に含み譚傑生を叔台と呼ぶ者は他に廷章・廷彰・廷鋭がいる。姓を確認できないが、廷賡と同世代の親族と見ておく。

　譚象喬は譚傑生を三叔大人と呼ぶ一方、廷瑚からは二兄と呼ばれている。「廷」字を共有していないが、譚傑生の甥の一人と見てよいだろう。この人物は一九〇三年に譚傑生が故郷に一時帰った際に漢城本号を預かっており、(72) また一九〇五年から〇六年にかけては仁川分号を代表して譚に書簡を送っている。譚傑生の信頼の厚い人物であったことが分かるのと同時に、経営上は独立していた仁川分号と本号の間で人事上の交流があったことが確認できる。

譚配南・譚其欒・其新については、呼び方や出身地などから譚傑生の親族であった可能性があるが、譚傑生との関係について、それ以上の情報はない(73)。

このように同順泰では、譚傑生の親族が、入れ替わりながら常に複数名働いていた。『先父譚公傑生伝記』によれば譚傑生は複数の妻を持ち、一九〇〇年頃には、広東の原籍地に梁氏、ソウルに何氏、仁川に胡氏を同時に住まわせていた(74)。譚傑生の親族は、こうした家族と同居しつつ、同順泰の中核メンバーとして活動していたと見られる。

譚姓の親族を除く二八名についてては手がかりに乏しい。だが一名だけ朝鮮人と思われる人物を含むほかは、華人名簿などで明らかになる限りすべて広東省の出身で、それも譚傑生の出身地である高要県のほか、鶴山県、番禺県、香山県など、互いに近接した範囲から来ていた。うち七名は譚傑生を「叔台」と呼んでおり、近い関係にあったことが推測される。

また羅明階については、同泰号の共同経営者である羅柱臣の甥であったことが確認でき、従業員の人事においても同泰号と同順泰の間に交流のあったことが推測できる(75)。譚傑生は店員の働きぶり等をしばしば梁綸卿に相談し、時には新しい店員を斡旋してくれるよう依頼することもあった(76)。ある書簡では、紅蔘の密貿易の秘密を守るためにも人事には慎重を期さなければならないとしており(密貿易については次章を参照(77))、情報の管理という面からも、個人的なネットワークを通じた閉鎖的な採用方法が必要とされたことが窺われる。

一方で個々の成員の勤続年数が必ずしも長くなかったことは先に見た通りである。中にはしばらく働いた後で自分の店を持って独立してゆく者もいた(78)。先行する知人を頼って故郷を離れ、移動を繰り返しつつ上昇を図ってゆくという、譚傑生自身もたどったパターンが繰り返されていたことが分かる。

三　設立当初の朝鮮人商人との関係

譚傑生の渡韓と同順泰の設立にあたり、梁綸卿および彼を介した広東人の人的ネットワークが寄与したことは疑いない。しかし朝鮮に定着して商業を営む上では、何らかの形で朝鮮人商人とも関係を結ばなければならなかった。ここでは、設立当初の朝鮮人商人との関係について、先にも名前を挙げた孫景文と孫允弼、玄聖一との関わりを手がかりとして考えたい。

譚傑生が仁川への渡航当初に関係を持ったのは孫景文だったが、先に引いた譚の上申書では、[79] これを「孫景文桟」と表現している。中国で桟は一般に旅館を指すが、同時に商品の取引斡旋や保管にも応じ、客商の活動拠点となった。[80] 第4章でも触れたように、朝鮮においてこれに相当する機能を持った商人は客主である。客主は一八世紀以後、ソウル南郊の漢江辺をはじめ全国の港町に叢生したとされ、開港後は開港場にも外商と朝鮮人商人を仲介する客主が現れた。[81] 孫景文もそうした開港場客主の一人だったと考えられる。ちなみに右の上申書では孫景文を開城人とする。京畿道北部にある開城は高麗の旧都で、朝鮮時代には商業都市として知られた。一八八三年に仁川が開港されると、開城のほか釜山や海州、ソウルなど各地の伝統的な商業都市から商人が流入し、客主業に従事したという。[82]

一八八六年に孫景文の弟孫允弼が玄聖一と共同でソウルに出した店についても、譚傑生の上申書は「桟」と表現する。孫允弼らの訴状はこれを「客主」としており、桟が客主にあたることが確認できる。譚傑生の上申書によれば、ここに寄寓する際、家賃を支払わない代わりすべての取引をその斡旋に委ねることを約したという。一八八八年に譚傑生が孫允弼・玄聖一と交わした契約書の写しとされる文書も残されているが、それによれば同順泰はすべての取引を孫・玄に委託する一方、孫側は斡旋した取引に責任を持ち、もし相手側の事情で不履行となれば賠償の責に応じること、また仁川の孫景文も連帯責任に応じることになっていた。[83] 後年の慣習調査によれば、斡旋した取引に保証責任を持つことは客主の重要な機能であったというが[84]、孫允弼・玄聖一もその例に違わなかったと言える。現地の情報に疎い華商にとって、客主が取引相手を斡旋し、かつその履行に責任を持ってくれるのは有り難いことだったに違いない。ソウルに進出した華商にとって、こうした客主との関係が一般的に見られるものだったかは分からない。しかし第4章で既に触れたように[85]、他に例がなかったわけではない。

ところが一八八九年末に至り、同順泰はこのような活動の形を大きく変えることになった。孫允弼と玄聖一が事業に行き詰まり、逃亡したためである。譚傑生の上申書によれば、彼らが各方面に負った債務は合計で銭四万～五万吊に上ったが（一吊＝一千文）、そのうち同順泰への債務が最も大口で、一万二六七七吊に上ったという。逃亡した孫允弼らは、一カ月後に朝鮮人官吏の金宗源を介して債務の整理を申し入れて来たため、譚傑生もこれに応じて孫らの所有する家屋四棟と銭若干を手に入れ、またそれと差し引きした残債七千吊余は、後日返済させることとした[86]。

孫允弼らが破綻に至る経緯について見てみよう。譚傑生が梁綸卿に宛てた書簡によれば、孫允弼らは輸入品をソウルや各地に販売するほか、「銭局」の委託により鋳銭材料の仕入れにあたっていたという[87]。朝鮮政府は開化政策の財源の一つとして、一八八三年から当五銭と呼ばれる五文銭の鋳造に着手したが、その原料は主に日本ほか外国から輸入されたものであった[88]。譚傑生によれば、孫允弼らの債務整理を仲介した金宗源も「鋳銭局総辦」の職にある人物だった[89]。金宗源については不詳で、鋳銭事業を担当した典圜局の責任者にもその名は見えない。だが当五銭の鋳造所は複数あり、さらに志願する者は納税と引き換えに独自の鋳造を認められていた[90]。金宗源もおそらく何らかの形で鋳銭に関与した下級の官吏であり、孫允弼はこうした人物を通じて鋳銭材料の納入権を得たのだろう[91]。

鋳銭材料の調達には同順泰も関与していた。同順泰の主な輸入品は綿織物や絹織物などで、朝中貿易全体の傾向に概ね沿ったものだったが（次章参照）、この時期の『同泰来信』から、日本・香港から銅や鉛も仕入れていたことが分かる[92]。これらは孫允弼を通じて鋳銭用に売却したと見てよい。さらに同順泰は一八八八年末、紅蔘三五〇〇斤と引き換えに鋳銭用の銅鉛二千担を納入するよう提案された[93]。この商談を持ち込んだのは第3章で登場した玄興宅（玄興澤）と呉慶然で、同順泰に提供を約束した紅蔘も国王から請け負ったものと説明していることから、国王が輸出権を持つ別付蔘だったと考えられる。この提案は実行直前になって価格条件が折り合わず霧散したが、こうした官との関係も、孫允弼らを通じて構築されたものと考えられる。

このように孫允弼らは必ずしも徒手空拳の新興商人だったわけではなく、朝鮮側の公権力と結び付き、それを武器の一つとして外国人相手の客主業に進出したと見てよい。だが結局はそれが彼らを破綻に追い込むことになった。譚傑生が梁綸卿に経緯を説明した書簡によれば、孫允弼らは破綻に至るまで既にいくつかの損失に重ねて見舞われていた。具体的には銭三千吊の盗難に遭ったこと、銭の鋳造が一時停止されたこと、それにより銭相場が一時的に上がり、手持ちの銀地金を売却する際に七千～八千吊の損を見たこと、米の取引の失敗でさらに五千～六千吊を失ったこと等が列記されている。さらに「銭局」に納入した材料代が常に三万～四万吊の貸しとなっており、それにもかかわらず仕入れ元の日本人商人には銀で支払うことになっていたのも大きな負担だった。そうした状況の中で、振り出した手形の決済に応じきれなくなったのを直接の契機として逃亡に至ったという[94]。

右で損失を生んだ原因の一つに鋳銭の停止が言及されている。一八八三年に発行を開始された当五銭は、八八年頃から濫鋳に拍車が掛かり急速にその価値を下げていた。一八八九年六月には議政府が国王に鋳造停止を提起して認められた[95]。鋳造は三カ月ほどで再開されたものの、同順泰に紅蔘を紹介した呉慶然は、典圜局委員として当五銭濫発の責を問われ流罪に処されている[96]。「銭局」の支払いが滞ったことに加え、こうした政治的な動揺も孫允弼にとって大きな負担になったと考えられる。

既に見たように、孫允弼らが逃亡した後、譚傑生はその店舗を自らのものとして用いた。この後の漢城本号では、孫允弼との間でそうしたように、特定の客主と結んですべての取引をその斡旋に委ねるということはなかった。孫允弼との関係は、譚傑生にとって利便性の高いものだったと考えられるが、一方で取引の自由を拘束するものでもあったから、それを嫌ったのかもしれない。しかし第7章で改めて見るように、朝鮮人の客主や仲買人のサービスは引き続き利用せざるを得なかった。また商業特権に関与することの危険は孫允弼の事件で認識されていたにもかかわらず、[97]譚傑生は以後も度々これに便乗しようとした。同順泰の朝鮮での活動において在来の商業システムとの結び付きは切り離せないものだったのである。

本章で明らかにしたように、譚傑生の朝鮮渡航と同順泰の創設は、姉婿である梁綸卿の後押しによって実現した。梁綸卿は上海の有力な広東商人の一人であり、同順泰は梁が経営する同泰号の聯号の一つとして設立された。梁綸卿は新たに開港した朝鮮の市場に強い期待と関心を持ち、自身の下で開港場商業のノウハウを学んできた譚傑生を送り出したのであろう。こうした進出の過程は、神戸の広東華商から独立し、その出資を得て釜山に渡航した鄭渭生・鄭翼之の場合とも共通するものがある（第1章）。そして譚傑生は、梁綸卿が商界と官界に築いていた幅広い人脈を背景として、短時間のうちに朝鮮を代表する華商の一人となり、華人社会を主導するに至った。

ところで譚傑生および同順泰の活動は、こうした広東商人の広域的なネットワークに支えられていたのと同時に、現地の朝鮮人商人との関係を抜きにしては成り立たなかった。一八八五年に仁川に設立された同順泰は、翌年ソウルに進出し、同地の客主孫允弼と玄聖一を通じて取引を行った。これによって同順泰は、取引相手の仲介と保証を得、また鋳銭材料の納入など商業特権と結び付いた事業も展開することになった。孫允弼・玄聖一との関係は彼らの事業の破綻によって終わったが、その後も朝鮮の伝統的な市場や商業のあり方は同順泰の活動に大きな影響を与えたと考えられる。このような広東人の広域的なネットワークと、現地の朝鮮人商人との合間にあって、同順泰の活動がどのような特徴を帯びることになったかは、次章以下で具体的に明らかにされるであろう。

第6章　同順泰の対上海貿易と決済システム
――日清戦争前を中心に

譚傑生の渡韓と同順泰の設立にあたり、後援者として大きな役割を果したのは姉婿の梁綸卿であり、その経営する上海の同泰号は、その後も同順泰にとって最も重要な取引先であり続けた。仁川を拠点とした開港期の対中国貿易において、上海が最も重要な相手港であったことは序章で見た通りである。同順泰と同泰号の関係に注目することで、そうした貿易構造が個々の華商によってどのように支えられていたか、ミクロ的に裏付けることができよう。

こうした視点から、本章では、同順泰の対上海貿易について検討する。その際、商品の取引に加えて、その決済がどのように行われたかについても注意したい。個々の商人の立場から考えると、商品の取引は、それに対応した決済が行われて初めて完結する。朝鮮の対中国（上海）貿易は、これも序章で見たように、朝鮮側の大幅な輸入超過であった。マクロに見た場合、朝鮮・中国間（あるいは仁川・上海間）の貿易は、二国間（二港間）で完結しない資金の動きを引き起こしていたことになるが、個別の華商のレベルではどうだったのだろうか。

結論の一部を先取りすれば、同順泰の同泰号との取引は、上海以外の諸港の華商を引き込み、様々な経路で送金を中継させることによって成り立っていた。こうした各地華商のサポートは決済だけでなく、通信や交通など様々な面に及んでいた。朝鮮華商の対上海貿易が広域的・多角的なネットワークを前提として成立していたという事実は、マクロ的に見た時にも、東アジアの地域内貿易が二国間／二港間関係の単なる集積ではなく、相互に連動した有機的なシステムとして成り立っていたことを示唆している。

本章では同順泰文書に含まれる各種の計算書類を整理し、商業書簡に現れる記述と対照しながら解釈を試みる。表5-4に示したように、現存する計算書類はいくつかに分類できるが、ここで主に用いるのは商品の発送に伴って作成された発送計算書、委託貨物の売却に関して作成された売上計算書と、相手方との貸借状況を整理した貸借計算書の三種類である（貸借計算書は表5-4では「その他計算書」に分類されている。詳しくは第II部補論を参照）。いずれも同泰号ほか取引関係にある華商から同順泰に宛てられたもので、同順泰から見れば、それぞれ輸入貿易、輸出貿易およびそれらに主として起因する貸借関係を反映したものとなる。以下ではこれらを順に分析してゆこう。対象時期はひとまず日清戦争以前とし、日清戦争以後の変化については第8章で改めて検討する。

なお本章では、文書との対照の便宜から、日付は原則として本文中でも新暦に換算せず、原史料に見える旧暦をそのまま引用する。

一　同順泰の輸入貿易——発送計算書から

(1) 発送計算書について

発送計算書は、商品の送り手がその内訳や諸掛を整理して同順泰に通知するため作成したと考えられるものであり、同順泰から見れば輸入貿易に伴って受け取った文書ということになる。

その書式を事例に従って見ることにしよう。左の史料は甲午年（一八九四）末に上海の同泰号が作成した同順泰宛ての発送計算書である。アラビア数字はいわゆる蘇州号碼（中国で商業用に用いられた数字）を指す。［　］内は印影、（　）内は別筆の箇所である。

拾陸帮　由法公司沙麦南火船付崎転上（乙元月十五日乃到撥入乙年冊）
ＨＣＴ　紗綾　壹箱　計開
　天青芝素紗　計24疋　5.3両　127.2両
　花徐綾　又116疋　2.25両　261両
　　支　税紗85斤　12　1118　11.404両
　　支　木箱　1寸／捆纂　12　1.12両
　　支　安泰保漬500両　1寸　5折　2.5両
　　支　叨行佣　1寸　3.88両
　　支　水脚　洋1.5元　75　1.125両
（覆）［過］　共計銀四百另八両弐銭二九　［同泰図章］
同順泰宝号　台照　甲臘月廿八日［甲午］［上海北頭同泰号］結単[1]

右の史料の構成は次のように整理できる。

①冒頭の行は荷便の情報を示す。荷便には年初を起点とする通し番号が付されており、この例では甲午年の第一六便ということになる（以下では出荷番号と呼ぶ）。出荷番号の他に利用船名の記されることが多く、途中経由地があればそれも記される。なお（　）内は同順泰への到着後に書き込まれたメモであろう[2]。

②二行目以下に商品内容が列記される。右の史料の場合は「紗綾」一箱で（ＨＣＴは箱の荷印）、その中に「天青芝素紗」「花徐綾」の二種類の絹織物が梱包されていたことが分かる。商品名の後ろには数量と単価、合計代金が記される。史料の「天青芝素紗」についていえば、数量が二四疋、一疋あたり銀五・三両で、合計代金が一二七・二両であったことが分かる。

③続いて「支〜」として発送に要した諸掛費用が列記される。史料では上海の輸出税、梱包材（木箱）の代金、海上保険料（安泰保漬）、手数料（叨行佣）、海上運賃（水脚）の順に記されている。

④「共計」として商品代金と諸掛の合計が示される。史料では商品代金が銀三八八・二両、諸掛の合計が銀二〇・〇二九両で、合わせて銀四〇八・二二九両となる。なお［同泰図章］印は原史料では額面の上に押印されている。改竄を防ぐためであろう。

⑤最後に宛先と日付、発信店名（ここでは店印）が記される。(3)

右に整理した書式は、他の取引先が作成したものでも概ね共通している。同順泰の取引先は、このような形式の計算書を発送の度に作成して同順泰に送ったと見られる。(4)なお書式の中で④に示された金額は、取引先から同順泰への請求額と考えてよいが、ほとんどの発送計算書ではここに②の商品代金と③の諸掛を合計した金額を示すに対し、一部だが商品代金を記さず、運賃などの諸掛だけを請求しているものもある。後者の場合、自号の輸出品ではなく、他商号が輸出した貨物について航路間の積み替え手続きを代行した際、その所要費用を請求するために作成したものと考えられる。(5)

前章の表5-4から分かるように発送計算書は全部で二〇七件が残っているが、ここでは比較的まとまった数量が残っている甲午・乙未年（一八九四・九五）のものを用いる。(6)そのうち仁川での荷役費用などを記した仁川分号発の計算書を除き、取引先の華商が発行した八一件を整理したのが表6-1である。(7)上海同泰号の作成によるものが四一件で最も多く、他に安和泰（香港）、永安泰（広州）、福和号（横浜）、祥隆号（神戸）、宏昌号（長崎）、万昌和（長崎）の作成したものがある。また商品代金の記載がなく、積み替えに要する費用だけを記したものは一三件である（うち七件については、もとの輸出者の発送計算書があわせて残る。表の備考欄を参照(8)）。なお以下、個別の文書に言及する時は表6-1の「番号」欄の番号による。

表 6-1　発送計算書一覧（甲午・乙未年〔1894・95〕）

番号	発信者	発信日	商品代金	諸掛	（手数料）	単位	出荷番号	利用船名	経由地	備　考
a1	同泰号（上海）	甲午 01.12	3,641.9	85.6	（1％）	両	元幇	鎮東火船		
a2	〃	02.02	1,896.9	249.3	（2％）	〃	第弐幇	〃		
a3	〃	02.20	148.6	7.1	（1％）	〃	第参水	三菱公司□之哦火船		
a4	〃	〃		20.0		〃		〃		「代安和泰」，転送対象不明
a5	〃	02.23	1,287.8	70.7	（2％）	〃	第四幇	鎮東火船		
a6	〃	03.09	1,428.6	65.2	（2％）	〃	第五幇	〃		
a7	〃	03.18	258.0	11.9	（1％）	〃	六幇	煙之哥火船		
a8	〃	03.23	475.1	24.4	（1％）	〃	第七幇	鎮東火船		
a9	〃	04.11	678.9	31.6	（1％）	〃	第八幇	〃		
a10	〃	04.26	658.3	29.2	（1％）	〃	第九幇	〃		
a11	〃	05.09	603.7	21.0	（1％）	〃	第拾幇	〃		
a12	〃	〃	4,108.4	31.0		〃		〃		現銀の送付
a13	〃	09.22	710.4	29.1	（1％）	〃	拾壱幇	法公司	神戸	
a14	〃	10.24	12,422.9	636.8	（1％）	〃	拾弐幇	加大公司	長崎	
a15	〃	11.10	4,093.7	188.5	（1％）	〃	拾参幇	〃	〃	
a16	〃	11	3,296.3	125.6	（1％）	〃	拾四水	加大火船	〃	
a17	〃	12.24	14,620.0	752.7	（1％）	〃	拾五幇	三菱加大火船	〃	
a18	〃	〃	212.8	6.1		〃		〃	〃	「浼沽」と注記
a19	〃	12.28	388.2	20.0	（1％）	〃	拾陸幇	法公司沙麦南火船	〃	
a20	〃	乙未 01.09	2,474.1	100.4	（1％）	〃	元幇	三菱加大火船	□□	
a21	〃	01.17	1,685.1	88.6	（1％）	〃	弐幇	法公司火船	長崎	
a22	〃	01.31	2,353.9	141.7	（1％）	〃	参幇	三菱加大火船	〃	
a23	〃	02.17	6,655.2	323.5	（1％）	〃	第四幇	三菱亜夫更火船	〃	
a24	〃	03.01	14,825.1	918.0	（1％）	〃	第五幇	三菱加希火船		
a25	〃	03.22	30,365.9	1761.5	（1％）	〃	第陸幇	三菱阿地来地火船		
a26	〃	04.02		9.4		〃	第捌幇	三菱阿夫更火船	長崎	「代安和泰」，転送，b8 に対応
a27	〃	04.12	7,325.9	490.1	（1％）	〃	第九幇	三菱加希火船		
a28	〃	05.01	4,113.8	177.1	（1％）	〃	第拾幇	三菱阿地累低火船		
a29	〃	05.25	7,675.0	466.3	（1％）	〃	第拾壱幇	三菱加希火船		
a30	〃	閏 05.17	10,895.6	452.9	（1％）	〃	拾弐幇	三菱阿夫更火船		
a31	〃	06.10	9,959.0	549.5	（1％）	〃	拾参幇	三菱加希火船		
a32	〃	〃		4.7		〃		加希火船		「代友」と注記
a33	〃	07.20	12,179.7	599.0	（1％）	〃	拾四幇	三菱阿夫更火船		
a34	〃	07.29	9,827.3	368.6	（1％）	〃	拾五幇	三菱山城丸火船		
a35	〃	08.17	10,328.8	419.1	（1％）	〃	拾六幇	三菱加希火船		
a36	〃	09.10	3,930.4	176.5	（1％）	〃	拾七幇	三菱薩加米火船		
a37	〃	09.30	3,107.0	189.8	（1％）	〃	拾八幇	三菱山城丸火船		
a38	〃	10.20	4,847.1	286.2	（1％）	〃	拾九幇	三菱薩加米火船		
a39	〃	11.10	932.6	32.6	（1％）	〃	念幇	三菱雅馬希魯麦魯火船		

番号	発信者	発信日	商品代金	諸掛	(手数料)	単位	出荷番号	利用船名	経由地	備考
a40	〃	11.29	1,140.3	106.6	(1%)	両	念壱幇	三菱拿加多麦魯火船		
a41	〃	12.27	1,968.9	150.2	(1%)	〃	念弐幇	〃		
b1	安和泰(香港)	甲午 02.13	761.1	28.4	(1%)	元	首幇	招商局富順船	上海	
b2	〃	02.27	902.8	37.2	(1%)	〃	弐幇	招商局図南船	〃	
b3	〃	04.03	109.7	3.2	(1%)	〃	参幇	招商局富順船	〃	
b4	〃	乙未 02.13	566.8	30.2	(1%)	〃	漢城元幇	禅臣鯉門輪船	上海	
b5	〃	03.11	607.3	45.4	(1%)	〃	漢城第弐幇	鯉門輪船	〃	
b6	〃	03.17	42.0	0.6	(1%)	〃	第三幇	招商局山東船	〃	
b7	〃	〃		16.2		〃		招商局	〃	「付申駁返」，積戻しか
b8	〃	03.22	245.8	14.5	(1%)	〃	第四幇	招商局致遠輪船	〃	
b9	〃	03.28	640.3	40.0	(1%)	〃	漢城第五幇	富順火船	〃	
b10	〃	03.29	282.8	16.5	(1%)	〃	漢城続五幇	〃	〃	
b11	〃	04.20	575.9	41.1	(1%)	〃	漢城第六幇	招商局致遠船	〃	
b12	〃	05.06	424.7	20.0	(1%)	〃	第七幇	天祥船名昔	神戸	
b13	〃	05.22		12.0		〃		□行火船名辺厘地	神戸	「代永安」，転送，c04・e06に対応
b14	〃	閏 05.09	569.5	43.8	(1%)	〃	第八幇	三菱公司阿富汗		
b15	〃	閏 05.12	188.8	18.8	(1%)	両	漢城第九幇	晏干拿	長崎	
b16	〃	閏 05.22	36.6	12.1	(1%)	〃	第拾幇	□行船了厘	神戸	
b17	〃	06.01	687.5	74.1	(1%)	〃	第拾壱幇	三菱公司船加思	仁川	
b18	〃	06.16	574.2	27.1	(1%)	〃	第拾弐幇	禅臣鯉門輪船	上海	
b19	〃	06.18	494.7	24.9	(1%)	〃	第拾参幇	招商局富順輪船	〃	
b20	〃	07.20	75.0	5.2	(1%)	〃	第拾四幇	三菱公司加侍火船	仁川	
b21	〃	09.04	238.5	4.7	(1%)	〃	第拾五幇	三菱任馬思□路船	〃	
b22	〃	09.22	263.0	4.1	(1%)	元	第拾五幇	三菱船沙甘美	〃	出荷番号は第16便の誤りか
c1	永安泰(広州)	甲午 02.14	135.3	38.4	(1%)	両	漢首幇	寧波火船	上海	
c2	〃	〃	135.3	33.1	(1%)	〃	漢首幇	〃	〃	c1の訂正版
c3	〃	乙未 03.05	175.9	37.0	(1%)	〃	漢城首幇	南洋火船	上海	
c4	〃	05.16	203.0	12.0	(1%)	〃		□行火船	香港・神戸	
d1	福和号(横浜)	乙未 06.24	505.6	82.1	(1%)	元	首幇			
e1	祥隆号(神戸)	甲午 01.02	105.0	11.1	(2%)	元	首幇	木曽川丸		
e2	〃	04.19	66.4	7.4	(2%)	〃	首幇	伊勢丸輪船		出荷番号は第2便の誤りか
e3	〃	05.02	207.0	58.9		〃	弐幇	木曽川輪船		手数料は「免用」
e4	〃	乙未 02.10	73.3	16.6	(1%)	〃				
e5	〃	03.29	72.4	16.3	(1%)	〃	漢城第弐幇	三海丸火船		

（つづく）

番号	発信者	発信日	商品代金	諸掛	(手数料)	単位	出荷番号	利用船名	経由地	備　考
e6	〃	乙未 05.04		6.3		元		酔河丸		「代安和泰」，転送，c4・b13 に対応
e7	〃	05.17		3.6		〃		駿河丸		「代安和泰」，転送，b12 に対応
e8	〃	06.06		4.6		〃		湯龍丸		「代安和泰」，転送，b16 に対応
e9	〃	07.02		98.9		〃		英公司晏千拿船		「付港安和泰」，輸出か
f1	宏昌号（長崎）	閏 05.24		3.2		元		駿河丸火船		「安和泰来」，転送，b15 に対応
g1	万昌和（長崎）	甲午 11.14		55.3		元				「付香港安和泰上海同泰号収」，輸出か
g2	〃	乙未 01.15		6.1		〃			上海	「代支」，転送対象不明
g3	〃	01.29		1.5		〃		肥後丸輪船		「代支」，転送，a21 に対応

出所）『甲午年各準来貨置本単』（奎 27581-1〜2）。
注）出所冊子の収録文書中，表 5-4 で発送計算書に分類した文書を発信者ごと発信日順に配列。ただし仁川同順泰発の文書を除いた。受信者はすべて同順泰本号である。発信日は原史料に従ったが干支等が省略されている場合は適宜補った。諸掛の欄は各種の費目（本文参照）の合計であり，手数料のみ料率を示した。金額は小数点以下第 2 位を四捨五入。空欄は該当項目の記載がないことを示す。

（2）計算書に現れた取引条件

発送計算書には諸掛の項目などが詳細に書き上げられており、それを通じて取引がどのような条件で行われたかも知ることができる。ここでは同泰号の発信した四一件を中心として取引条件を検討する。先述のように発送計算書は、自号の輸出に関するものと、他号の商品の転送に関するものとに分けられる。ただし同泰号の発信したものについていえば、後者は三件（a4、26、32）に過ぎない。

同泰号自身の輸出に関する三八件の計算書から見ることにしよう。それらに列記されている諸掛費用は、輸出税（「税」）、荷役費用（「出桟」「下力」「駁艇」等）、包装費用（「箱」「捆纂」等）、海上保険料（「安泰保漬」等）、海上運賃（「水脚」「載脚」等）、手数料（「叨光行佣」「叨佣」「叨行佣」など）の六種類に分類できる。うち荷役費用・海上運賃・海上保険料の三種類はいずれの計算書にも計上されている。

また手数料にあたる項目は三八件中三六件に計上されている。表6-1に示したように、手数料率はおおむね商品代金の一パーセント相当で、三件のみが二パーセントとする。手数料が諸掛に含まれない計算書は二件あるが、うち一つは一般商品ではなく銀地金の輸出に関する計算書であり（a12）[9]、もう一つには「浼沽」、すなわち同泰号側から売却を委託する商品である旨が記されている（a18）。これらから発送計算書に計上されている手数料は、同順泰からの委託によって（貴金属を除く）商品を買い付けたことについて、同泰号自身が取得するものであったと考えられる。

ほとんどの発送計算書にこの手数料が計上されていることは、現存する文書による限り、同泰号から同順泰への輸出が基本的に同順泰の委託による買い付けの形で行われた可能性が高いことを示している。他の取引華商が作成した発送計算書でも、転送に関するものを除くほぼすべてに、商品代金の一～二パーセントに相当する手数料が計上されている（例外は「免用」と明記されているe3）。同泰号からの輸出だけに限らず、他の各地取引先からの輸出についても、輸入者つまり同順泰の委託によって行われたことになる。

転送に関する計算書については三件が残っているが、そのうち、乙未年四月初二日付のa26文書を例にとって見よう。この文書には乳香・木香や砂米などの商品名が列記されているものの、それらの価額は記されず、荷役費用や保険料、輸出税などの諸掛だけが請求金額として挙げられている。また「代安和泰」「川費単」との文言が文書中に見え（川費は交通費）、香港安和泰の発送商品を転送したことについての計算書であることが分かる。

この文書には、対応する発送元の文書として、安和泰発のb8（三月二二日付）があり、a26と同一の商品が価額込みで掲げられている。これらの商品は香港からいったん上海に送られ、そこで他船に積み替えられたのだろう。二つの文書を比較すると海上保険料と運賃は香港・上海両港でそれぞれ支出されている。香港から利用した船が「招商局致遠輪船」、上海から利用した船は「三菱阿夫更火船」であることから（表6-1「利用船名」の欄を参照）、途中で利用する会社が変わる等の理由で、最終目的地まで通しの運送契約を結ぶことが困難な場合に、中継地の華商に積み替えの手続きを依頼したのではないかと思われる。他の取引先による転送に関する計算書も同様であろう。[10]

（3）発送の頻度と経路、輸送手段

発送計算書からは発送の経路や手段に関する情報も得られる。ここでも上海同泰号の発送計算書四一件を中心として、それらの問題を検討したい。

計算書の冒頭にある出荷番号から見てみよう。表6-1によれば、同泰号の発送計算書四一件のうち三七件に出荷番号が見える。番号は毎年最初の発送を「元帮」つまり第一便とし、甲午年は一二月二八日付の「拾陸〔一六〕帮」まで、乙未年は一二月二七日付の「念弐〔二二〕帮」まで確認できる。いずれの年も文書が年末まで残っていることと、出荷番号が乙未年の七帮を除いて連続していることから、この両年については、現存する計算書によって実際の出荷の大半を把握できると見てよい。なお安和泰の輸出品を転送したa26にも出荷番号が付されていることから（乙未年第八便）、同泰号は、自号の輸出品か否かを問わず、発送に関与した便に一元的に番号を付したと考えられる。[11]

出荷番号のない四件の計算書については、別に同日同船の発送計算書が存在し、それらには出荷番号が付されているから、その一部として扱われたのだろう。同便の発送でも取引条件が異なる場合に発送計算書が分けて作成されたものと考えられる。[12]

このように同泰号の出荷番号が原則として発送の都度付されたとすれば、これによって発送の頻度も知ることができる。甲午・乙未の両年については先述の通り年末までに各々第一六便、第二二便まで確認できる。他の年についても、部分的に残った発送計算書や包装明細書（発送明細書と同じく荷便ごと作成されたと思われる。補論参照）から、その年の最も遅い出荷番号を抽出すると次のようになる。[13]

戊子年（一八八八）　一一月一〇日付　第一六便
丙申年（一八九六）　一二月二一日付　第七便
丁酉年（一八九七）　八月二七日付　第二一便

戊戌年（一八九八）　一二月二九日付　第二六便
己亥年（一八九九）　一二月二三日付　第二九便
丁未年（一九〇七）　一二月一九日付　第二一便（船便）・第二六便（郵送）

比較してみると、丙申年を除いて、二〇～三〇回程度の発送があったことが分かる（文書が八月までしか残っていない丁酉年はさらに多かった可能性がある）。

次に輸送手段と経路について、表６-１の「利用船名」「経由地」から見よう。同泰号の発送分について見れば、ほぼすべての荷便が汽船（火船）で発送されていたことが確認できる。これは他の商号からの発送についても同様と考えられる。この時期の朝中間の交通では山東半島の在来帆船も活発に活動していたことを見逃すべきではないが[14]、同順泰の場合には開港場間を結ぶ汽船航路にほぼ全面的に依存していたと言える。

ただしその経路は常に安定していたわけではない。特にここで扱う甲午・乙未年には、日清戦争の影響により大きな変化を経験した。これについてやや詳しく見てみよう。

甲午年初から五月九日のａ12までの一二件（発送は一〇回）には経由地の記載がないことから、貨物の発送には、上海から仁川への直行航路が利用されたと考えられる。うち八回には輪船招商局の鎮東船が用いられた。同順泰の設立された一八八五年当時は上海と仁川を結ぶ直行航路がなく、中継地の長崎で積み替えを要したため、同泰号の発送品も長崎経由で送られたと見られるが（同順泰が長崎の万昌和と早くから関係を持っていたのもそのためと思われる）[15]、一八八八年に招商局が上海・仁川間に事実上最初の定期航路を開設すると[16]、以後は同泰号からの発送も多くはこれを利用するようになった[17]。甲午年前半の状況もこれを反映している[18]。

甲午年の発送は五月九日の第一〇便からしばらく中断するが、これは日清開戦を控えた朝鮮情勢の緊迫化によるものであろう。招商局の航路自体も五月一八日（新暦六月二一日）の仁川出港を最後に途絶した[19]。開戦は六月二三日

（新暦七月二五日）で、譚傑生もその前に一部の店員に留守を任せて煙台に避難した（第8章）。同泰号の発送が再開されたのは開戦から三カ月後の九月二二日だが、戦争はまだ継続しており、戦線がようやく朝鮮北部から満洲に移ろうとしている頃であった。朝中間の航路も途絶したままであり、この第一一便も直行路ではなく神戸経由で発送された。以後は翌年春まで長崎経由で九回の発送が行われている。上海からの発送が再び直行便によるようになるのは、日清講和の直前、乙未年三月一日の第五便からである。[20] ただし招商局の上海・仁川航路はこの後も再開されず、同泰号は主に「三菱」すなわち日本郵船の航路を利用するようになった。

このように戦争中も同泰号から同順泰への輸出が続けられたのは、日清・日朝間の汽船運航が途絶しなかったためであるが、[21] 同時に日本開港場に華商が残留し、[22] 航路間の積み替え等を代行できた点が重要であろう。同順泰の取引先である長崎の万昌和、神戸の祥隆号と横浜の福和号にもそれぞれ店員が残留していた。[23] 戦争中における同泰号・同泰号間の商品輸送は、これらの取引先が中継したものと考えられる。

なお戦争中は同順泰・同泰号間の電信も日本経由でやり取りされた。清が一八八五年に義州経由でソウルまで架設していた電信は、航路と同様、日清戦争に伴って不通となった。梁綸卿は朝鮮貿易の再開にあたり、電信を利用する場合は日本電報局を使うよう譚傑生に提案し、[24] 実際に翌年まで両者間の電信は神戸の祥隆号が中継した。[25] 朝鮮と中国を結ぶインフラストラクチャーは、その構築の経緯から国家間関係の変動に影響を受けやすかったが、華商のネットワークはそうしたインフラの脆弱性を補完し、安定的な貿易を実現する上で重要な役割を果たしたと言える。

（4）発送額と商品構成

表6-2は各取引先の発送計算書に現れる商品と金額を分類・整理したものである（転送品を除く）。合計額から見ると、同泰号は甲午年に約五万二千両、乙未年に約一四万八千両（単位は上海両）の商品を同順泰に発送していた。相対的に甲午年が少ないのは日清戦争の勃発で発送の停止した時期があったためと考えられる。逆に乙未年について

は戦争中の軍費散布が朝鮮人の消費を一時的に刺激したことを考慮する必要がある。ただし第三節で見るように、辛卯年（一八九一）の同泰号からの輸出も九万二千両に上ったから、甲午・乙未年の金額が平時と大きくかけ離れたものであったとまでは言えない。

同泰号以外の取引先のうち、香港の安和泰については、現存する文書の出荷番号から見て（表6-1）、乙未年の冬（一〇～一二月）にさらに発送があった可能性は否定できないものの、実際に行われた輸出の大方を捕捉できると考えられる。安和泰の輸出は両年合わせて二〇回分が確認できるが、金額の合計は同泰号の五パーセントに満たない。発送計算書以外に残る文書の件数から（表5-2～表5-4）、安和泰は同順泰にとって特に関係の緊密な商号の一つで

表6-2　各取引先から同順泰への発送（甲午・乙未年）

輸出者	品目（単位）		金額 甲午年	金額 乙未年
同泰号（上海）	絹織物	（両）	29,892.1	70,344.5
	綿織物	（〃）	6,163.9	41,407.2
	麻織物	（〃）	220.0	19,464.7
	銀地金	（〃）	6,026.5	
	食品・薬材	（〃）	5,611.6	7,409.6
	雑貨	（〃）	3,160.9	2,873.7
	その他	（〃）	880.7	6,039.1
	合　計	（〃）	51,955.7	147,538.9
安和泰（香港）	絹織物	（両）		188.8
	食品・薬材	（元）	947.4	920.9
	〃	（両）		287.8
	雑貨	（元）	64.8	3,546.4
	その他	（〃）	771.4	1,609.6
	合　計	（〃）	1,783.6	6,076.9
		（両）		476.6
永安泰（広州）	薬材	（両）	135.2	318.4
	その他	（〃）		60.5
	合　計	（〃）	135.2	378.9
祥隆号（神戸）	薬材	（元）	66.4	145.7
	雑貨	（〃）	105.0	
	その他	（〃）	207.0	
	合　計	（〃）	378.4	145.7
福和号（横浜）	食品	（元）		505.6

出所）表6-1に同じ。ただし転送に関する文書を除く。
注）品目は原史料上の商品名をもとに筆者が分類した。空欄は当該品目の発送がないことを意味する。安和泰発の文書では金額が両建ての場合と元建ての場合とがあるため併記したが，両方の換算額が示されている場合には両建ての金額を採用した。いずれも小数点以下2位を四捨五入したため，内訳と合計に若干の齟齬を生じた箇所がある。

表 6-3　同泰号から同順泰への発送商品内訳（戊子年〔1888〕，部分）

品　目	金額（両）	比率（%）
絹織物	18,493.2	49
綿織物	14,704.7	39
麻織物	1,626.5	4
薬材・食品	734.0	2
雑貨	485.0	1
金属	1,225.0	3
不詳	781.6	2
合　計	38,049.9	100

出所）『進口各貨艙口単』第 5 冊所収の 14 件の文書のうち，判読可能な 7 件の文書による。

注）出所の 7 件はいずれも同泰号から同順泰に宛てた発送計算書だが，店印がなく，後日の写しと思われる。7 件の出荷番号と日付は次の通り：第 5 幇（3 月 21 日），第 6 幇（4 月 17 日），第 7 幇（5 月 7 日着），第 8〜10 幇，第 13 幇（いずれも日付不明）。日付不明の 4 件については，同じ冊子所収で内容判読困難な第 16 幇の発送計算書が 11 月 10 日付であるため，少なくともそれ以前となる。これらを戊子年（1888）に比定する理由は本文注 17 を参照。内訳と合計の齟齬については表 6-2 の注を参照。

あったと考えられるが、それでも輸入元としての安和泰のウエイトは、同泰号のそれに遠く及ばなかった。他の取引先についても同様であろう。

次に商品構成を見ると、同泰号からの発送商品では両年ともに絹織物の占める比率が高く、総額のそれぞれ五八パーセントと四八パーセントを占めている。これに綿織物が次ぎ、また乙未年には麻織物も多く輸出されている。全体に繊維製品の発送が多く、これに食材や雑貨、漢薬材などを加えた構成であった。これがこの両年だけの現象ではなかったことを確認するために、戊子年（一八八八）の状況について見てみたい（表6-3）。これによれば、判明する輸出額三万八〇四九両のうち、絹織物が四九パーセント、綿織物が三九パーセント、麻織物が四パーセントを占めていた。この表に示した数値は、史料の制約から実際の輸出の一部分をカバーしているに過ぎないが[26]、商品の構成は甲午・乙未年と大きく変わらない。このような商品構成は、序章で見た朝中貿易の全体的傾向とも一致する。

さて、発送計算書に現れる商品は、同泰号だけでなくすべての取引先について、大半が消費財だった。その中には機械製綿織物や洋雑貨などの西洋製品もあるが、絹織物や薬材、食品など、伝統的な商品の占める比率がむしろ高かった。その内容が多岐にわたっていたことは、同泰号からの発送品をより細かく分類した表6-4から窺われる。このように多様で、一点あたりの取引量も大きくない消費財を取引する上で、消費地・供給地双方の情報交換は極めて重要であった。同順泰文書に含まれる商業書簡の大半は、そうした商品に関する情報交換を目的としたものであった。

表 6-4　同泰号から同順泰への発送商品内訳（甲午・乙未年）

①甲午年

品　目（大分類／小分類）	金額(両)	比率(%)
絹織物	29,892.1	58
紗（紗，芝紗，素紗，府紗，如意紗，八吉紗，匀条紗ほか）	14,766.5	
緞（緞，庫緞，府緞，南京緞，摹本緞）	2,943.2	
綢（綢，鎮綢，寧綢，縐綢）	7,260.5	
羅（生杭羅，熟羅）	390.0	
綾（綾，徐綾，羽綾）	1,774.1	
縐（鎮江線縐）	2,757.9	
綿織物　（羽布，回布，紅布，市布，斜布，洋寧，套布，漂布）	6,163.9	12
麻織物　（夏布）	220.0	0
銀地金　（元宝銀）	6,026.5	12
食品・薬材	5,611.6	11
砂糖（車糖）	2,353.3	
薬材（黄連，胡椒，全蝎，丹参，麦参，附子，蓰蓉，全虫，象貝，姜蚕）	1,720.2	
穀物（糯米，朴米）	1,327.8	
食材（桔餅，牛肉汁，生油，糖姜）	210.4	
雑貨	3,160.9	6
雑貨（洋紅，洋紫，洋緑，硃紅，洋燭，貢紙，面盆）	1,383.9	
綿糸（原綿線）	1,587.0	
毛織物（哈喇絨）	190.0	
その他	880.7	2
金属（元鉄条，馬甲鉄）	606.8	
綿花（崧棉花）	273.9	
甲午年合計	51,955.7	100

②乙未年

品　目（大分類／小分類）	金額(両)	比率(%)
絹織物	70,344.5	48
紗（紗，官紗，花紗，素紗，吉祥紗，龍紗，如意紗，八吉紗，匀条紗ほか）	26,272.4	
緞（緞，府緞，元緞，庫緞，累緞）	8,729.6	
綢（綢，温綢，濮綢，川綢，生綢，鎮江綢，鎮綢，万花綢，甌綢）	27,222.6	
羅（銀羅，生杭羅，生絲羅）	735.0	
綾（徐綾，羽綾，素綾）	6,685.0	
縐（杭線縐，杭龍線縐）	700.0	
綿織物（回布，原・漂潮羅，細原布，市布，套布，漂洋布，洋元緞，洋羅，洋摹本，洋紗，洋寧綢）	41,407.2	28
麻織物（夏布）	19,464.7	13
食品・薬材	7,409.6	5
砂糖（車糖）	5,014.7	
薬材（桂円肉，月石，山枝子，尺桂，象貝，朱苓，川君子，川附子，全虫，提尖，鬱金，麝香，茉苓，姜蚕，防己，洋尖砂）	1,632.2	
食材（甜杏仁，糖姜，紅茶，芝麻肉）	762.8	
雑貨	2,873.7	2
雑貨（塊緑，紙，銀硃，麻縄，黒料，洋緑，洋朱，洋燭，秼帯，褲帯ほか）	1,893.0	
綿糸（原綿線）	980.8	
その他	6,039.1	4
金属（元鉄枝，電線鉄，水銀）	1,974.9	
不詳（机白花，白鬆花）	4,064.2	
乙未年合計	147,538.9	100

出所と注）表 6-2 に同じ。商品の大分類は表 6-2 に対応している。小分類の金額は大分類の分訳である。年合計は大分類の金額を足し合わせたもの。内訳と合計の齟齬については表 6-2 の注を参照。

以下では、それらの書簡を参照しながら、同泰号からの発送品の中心を占めた絹織物と綿織物について、具体的な取引の過程を復元してみよう。

絹織物は、開港以前から代表的な対中国輸入品であった。朝鮮国内でも絹織物は生産されたが、高級品の大半は中国からの輸入に依存した[27]。絹織物は織り方や模様、色などが極めて多様で、表6-4を見ても、優に二〇種を超える品目が発送されていたことが分かる。色を含めて考えれば品目数はさらに増える。

そのうち甲午・乙未両年の発送額が合わせて五千両を超えた品目を順に挙げると、鎮江綢・鎮綢（一万九四七四両）、素紗（二万五一六三両）、濮綢（九二八九両）、庫緞（六七一八両）、徐綾（六三四八両）の五種類である。これらの合計は絹織物の発送額全体の約六割を占めており、朝鮮での人気商品だったのだろう。ただし常に同じ品物が売れたわけではなく、季節や流行によって売れ筋は変化したから、同順泰ではそれに応じて迅速に仕入れを調整する必要があった。同泰号の輸出が基本的に同順泰側からの買い付け委託によっていたのも、一つには、細分化された伝統消費財の市場では見込み輸出の危険が大きすぎたからかもしれない。

次の史料は一八九三年に譚傑生が梁綸卿に宛てたもので、電信も併用しながら、仕入商品の調整を行っていたことが分かる[28]。

> 六両〔重量〕白綢の売れ行きは良好です。送ってくれた二〇〇疋については八・四吊〔一吊は銅銭一千文〕で売れており、利益があります。電信で三〇〇疋を追加注文したのはそのためです。急ぎ直近の船で発送してくだされば商機に応じられます。もし遅れれば他店の発送増加で市況が反転するでしょう。迅速な発送を願います。
>
> 品月油緑直地九雲漢府紗。元来それほど売れるものではありません。また他店が多く仕入れた模様ですから、利益は上がらないでしょう。正月に発注書で依頼したのを半減できませんか。それが無理でも、多くは仕入れなくて結構です。

天青芝地直地漢府紗。昨年末に予約を受けた六〇〇疋は三月末引渡の約束ですが、期日までに入手が困難なら、客に日延べを求めるしかありません。拒まれたとしても、それで押し通しましょう。朝鮮人は約束の期日をごり押しすることはないと思います。ただ、信頼を失えば後日の予約販売に差し支えるのが心配です。

同泰号の発送する絹織物の産地は、先の品目中で鎮江綢・鎮綢が最も多かったことから推測されるように、上海周辺の江南諸産地が中心だったと見てよい。これらの産地にとっても朝鮮は一九二〇年代まで重要な輸出市場であった[29]。同泰号は機房（織元）に注文生産させており、譚傑生が同泰号に宛てた書簡では、機房への注文を早めにし、需要の季節変動に応じて品切れなく商品を調達するよう促している[30]。

また同泰号は鎮江の発記という綢緞荘（産地問屋）と年間契約を結び、市況の変化に関わらず安定した調達が可能になるよう図っていた[31]。発記は上海にも店員を駐在させ、産地からの輸送費なども発記側で負担して同泰号に商品を供給していた[32]。発記が同順泰の注文品を他に横流しするという事件も起こっており[33]、関係が常に円滑だったわけではないようである。だが同順泰・同泰号が生産者や産地商人とも協調しながら朝鮮の複雑な絹織物市場に対応を図っていたことは興味深い。

次に綿織物について見よう。綿布にも多くの種類があったが、絹織物に比べれば特定の品目に集中していた。同泰号が同順泰に輸出した綿織物は甲午・乙未年あわせて四万八千両弱であったが、そのうち二万一千両が「市布」、九千両が「洋羅」であった。いずれも西洋からの輸入綿織物と見てよい。市布は日本で言う生金巾（shirting）で[34]、開港期朝鮮における輸入品の大宗であった。同泰号の発送計算書には商標名も記されているが、市布の大半は上海の義源洋行（Brand Brothers & Co. Merchants）、豊裕洋行（China & Japan trading Co. Ltd.）の商品であった[35]。当時の日本人の記録によれば、義源の売り出すマンチェスター製金巾は、各種金巾のうち、朝鮮人間で最も人気の高いものだったという[36]。同泰号による綿布の調達方法は明らかでないが、前章で見たように同泰号自身が輸入綿布を扱う華商（洋布店）の組織した振華堂洋布公所の会員であり、自身で右のような外国人商社から仕入れた綿布を再輸出したと考えられる。

ところで同順泰にとって綿織物は、取扱い規模の大きい商品の一つでありながら、必ずしも利益の上がるものとは認識されていなかった。例えば漢城本号では庚寅年（一八九〇）に合計して八千両余りの利益を得たが、その大半は絹織物と麻織物、銅鉛類から生じたもので、「洋布」ではむしろ損を出していたという[37]。譚傑生は聯号である元山の同豊泰に対し、朝鮮への洋布輸入はますます増しているが、利益がないため今後は取扱いを手控えたいと漏らしている[38]。その背景として譚傑生は、朝鮮政府が銅銭の発行を増し、急速な銅銭相場の下落を引き起こしたこと（これは朝鮮人間で用いられる銅銭建ての輸入品価格の上昇を意味する）[39]、朝鮮に進出する山東商人が増え、競争が激化したこと等を挙げている[40]。さらに譚傑生は、国際的な金高銀安の進行についても、上海での欧米品の銀建て原価の上昇につながるものとして注視していた[41]。

これに比べ中国産の絹織物は少なくとも金銀比価の影響は受けにくかったであろうし、生産者とも協調して細分化した市場に柔軟に対応することで、少品種の機械製綿織物に比べ、利益の確保がまだしも容易だったのではないだろうか。同順泰の同泰号からの輸入が綿織物よりも絹織物に重きを置いた構成となっていたのも、そうした方針の現れだと思われる。

二　同順泰の輸出貿易——売上計算書から

（1）売上計算書について

この節では表5-4で売上計算書に分類した文書を用いて、同順泰からの輸出貿易について考えたい。これも、前節で見た発送計算書と同様に各地の取引先から同順泰に宛てられたものであるが、発送計算書とは反対に、取引先が同順泰から受け取った商品について、その売上状況を通知するため作成されたと考えられる文書である。現存するのは表6-5に挙げた五九件で、すべて辛卯年（一八九一）に作成され、『進口各貨艙口単』（第一巻）に収録されている。そのうち上海の同泰号の発信したものが三一件で、他に香港、煙台、大阪(42)の取引先を発信元とするものが含まれている。

これらの書式上の特徴について、左の史料（表6-5のi1）を例に取って整理しよう。表記の原則は先の発送計算書の例と同じである。

代售　又十六幇　庚□□□初一来
牛黄　浄2.26両　47両　106.22両
　　文叨用　1寸　1.062両
除支即找98元壱百〇五両銭六分　［同泰図章］　（2月20）
　尚存虎皮一只沽出再結（過貨幇・過来往）
漢城同順泰宝号台照　二月初十日［辛卯］［上海北頭同泰号］結単(43)

①冒頭の「代售」（代わりに售《う》る）という文言は、この文書が商品の代理（委託）販売に関わることを示している。同じ文言は同泰号発の売上計算書に共通して見られ、他の取引先のものにも「代沽出」「一売」など、同じ趣旨の文言が見られる（表6-5「冒頭行の記載」）。

②「又十六幇　庚□□□〔十二月か〕初一来」は、売却の対象となった荷便を指す。「十六幇」は同順泰側で出荷する際に付された出荷番号であろう。なお、同泰号からの輸出の場合、原則として一回の発送につき一件の発送計算書が作成されたが、売上計算書はそうではない。例えばi2（三月一日付）とi4（三月二九日付）は、いずれも二月二三日着の第二便（二幇）の商品について作成されている。同便で到着した貨物が一時に売れるとは限らないので、

表 6-5　売上計算書一覧（辛卯年〔1891〕）

番号	発信者	発信日	商品代金	諸掛	（手数料）	単位	冒頭行の記載	備　考
i1	同泰号（上海）	辛卯 02.10	106.2	1.1	（1％）	両	代售　又十六幇庚□□□初一来	
i2	〃	03.01	3,457.1	0.4		〃	代售　二幇　二月廿三来	諸掛に「炭工估力」を含む
i3	〃	03.06	21.9	0.2	（1％）	〃	代售　庚十二月初一日来	
i4	〃	03.29	77.4	0.8	〃	〃	代售　又二幇　二月廿三広済来	
i5	〃	03.29	6,764.6	0.8		〃	代售　三月廿広済来	諸掛に「炭工估力」を含む
i6	〃	04.30	1,203.6	0.2		〃	代售　四幇　四月廿一広済船来	〃
i7	〃	07.07	295.0	4.0	（1％）	〃	代售　四幇　四月廿一広済火船来	
i8	〃	05.27	4,568.8	0.5		〃	代售　五幇　五月十八来	諸掛に「炭工估力」を含む
i9	〃	06.18	6,890.0	2.0		〃	代售　又六幇　六月十六来	諸掛に「估力」を含む
i10	〃	06.18	5,362.3	0.7		〃	代售　六幇　六月十六日由日新火船来	諸掛に「炭工估力」を含む
i11	〃	06.18	2,126.4	241.7	（1％）	〃	代售　五月廿六煙台転来	「港沽」の注記あり（一部），j4 に対応
i12	〃	07.01	686.3	39.8	（不詳）	〃	代售　六月初二由神戸転来	「港沽」の注記あり，j5 に対応
i13	〃	07.01	1,826.3	0.3		〃	代售　七幇　六月廿四日由三菱来	諸掛に「炭工估力」を含む
i14	〃	07.07	1,151.9	0.2		〃	代售　七月初四日来　又九水	〃
i15	〃	07.26	321.2	16.0	（1％）	〃	代售　七月初四由船工人帯来	
i16	〃	07.07	1,045.3	0.3		〃	代售　七月初四帯来	諸掛に「公估銭」を含む
i17	〃	07.26	1,467.0	0.2		〃	代售　十幇　七月廿四由日新火船来	諸掛に「炭工估力」を含む
i18	〃	〔不詳〕	701.9	58.4		〃	代售　七月初九由煙来	「港沽結之」の注記あり
i19	〃	08.18	5,130.9	0.6		〃	代售　十一幇　八月十六日新来	諸掛に「炭工估力」を含む
i20	〃	09.20	56.0	0.6	（1％）	〃	代售　十弐幇　九月初三日日新火船来	
i21	〃	09.20	6,373.8	0.8		〃	代售　十弐幇　九月初三日由日新来	諸掛に「炭工估力」を含む
i22	〃	09.22	3,479.8	0.5		〃	代售　十三幇　九月廿由日新火船来	〃
i23	〃	10.11	1,067.5	0.2		〃	代售　十月初九日来　14幇	〃
i24	〃	11.02	2,016.6	0.3		〃	代售　15 幇　十一月初一来	〃
i25	〃	11.19	3,732.4	0.5		〃	代售　十六幇　十一月十七来	〃
i26	〃	11.19	214.9	0.1		〃	代售　又十六幇　十一月十七来	諸掛に「估力」を含む
i27	〃	12.08	241.7	0.5		〃	代售　又十七幇　十二月初六日新船来	諸掛に「估力炭工」を含む
i28	〃	12.15	180.7	9.7	（1％）	〃	代售　又十一幇　八月十六由日新船来	
i29	〃	12.20	100.4	1.0	〃	〃	代售　又十七幇　十二月□来	
i30	〃	12.20	822.8	25.5	〃	〃	代售　十二月初四由港来	
i31	〃	12.30	4.1	0.2	〃	〃	代售　又十七幇　十二月初六日新船来	
j1	安和泰（香港）	辛卯 04.01	537.1	1.2		元	弐幇　茲代沽出	

番号	発信者	発信日	商品代金	諸掛	(手数料)	単位	冒頭行の記載	備　考
j2	〃	04.15	360.0	0.9		両	茲沽出　三月十四日由広済船来	
j3	〃	05.12	502.7	1.1		〃	来四幇　茲代沽出	
j4	〃	06.12	35.2	0.2		〃	茲代沽出六月初六広利船到由信局来麗参弐包	文書宛先は「同泰大宝号」,i11に対応
j5	〃	06.21	687.7	1.4		〃	茲代沽出六月初日由同泰付富順火船付来	i12に対応
j6	〃	07.16	150.0	0.3		〃	第五幇　今代沽六月初七日由招商局日新船由申転来	
j7	〃	09	284.1	0.7		〃	第六幇　茲沽出八月初九日由日新船来	
j8	〃	10	660.8	1.5		〃	第七幇　茲代沽出九月廿五由日新火船来白葠弐箱售列	
j9	〃	12	446.9	5.8	(1%)	元	又九幇　十一月念日由寧波船来参鬚参件售訖	
j10	〃	12	102.3	2.2	〃	〃	第九幇　十一月念日由寧波船来栗子22.5包售訖	
j11	〃	12.30	241.9	0.8		両	玖幇　十一月廿六日由富順船転到白参参箱沽列	
j12	〃	12.30	579.3	1.7		〃	第十幇　十二月初九日由日新船載到参鬚七件沽訖	
j13	〃	12.30	325.1	1.1		〃	第八幇　十一月初九日由図南船転来白参鬚共六箱沽列	
k1	茂和祥(香港)	辛卯03.10	409.5	5.3	(1%)	両	代售　庚弐幇存下	
k2	〃	03.20	423.2	6.0	〃	〃	代售　元月十二日由招商局火船駁到	
l1	履泰謙(煙台)	辛卯02.09	145.0	4.8		両	一売　日新輪船卸	
l2	〃	02.28	45.8	0.7		〃	一売　広済船卸	
l3	〃	03.29	349.3	13.8		〃	一売　広済輪船卸	
m1	万慶源(煙台)	辛卯05.05	215.3	10.0		両	売　十六年由和記行起来	
m2	〃	06.09	10.0			〃	一売　装紅糧例下	
n1	祥隆号(大阪)	辛卯04.28	451.6	13.1	(1%)	元	代沽出　三月廿五同順泰由日船到　／漢城首幇	文書宛先は「同泰宝号」
n2	〃	04.28	2,044.7	52.4	〃	〃	代沽出　四月十一同順泰由□鷗丸来　／漢城第弐幇	〃
n3	〃	05.04	2,660.3	68.0	〃	〃	代沽出　四月廿三同順泰尾張丸到　／漢城第三幇	〃
n4	〃	06.01	930.3	23.5	〃	〃	代沽出　五月廿四日漢城同順泰付到／漢庄第四幇	〃
n5	〃	06.18	887.3	19.1	〃	〃	代沽出　六月初三日同順泰付豊島丸／漢城第五幇	〃
n6	〃	09.28	542.4	17.0	〃	〃	代沽出　九月十六日同順泰由伊勢丸到／漢城第六幇	〃
n7	〃	10.04	183.6	7.3	〃	〃	代沽出　九月廿日同順泰由豊島丸到／漢城第七幇	〃
n8	〃	09.28	451.8	13.9	〃	〃	代沽出　九月廿日同順泰付豊島丸到／漢城第八幇	〃

出所)『進口各貨艙口単』(奎27581-1)。

注) 出所冊子中,表5-4で売上計算書に分類した文書を発信者ごと発信日順に配列した。受信者の大半は同順泰本号だが一部に同泰号宛てとするものがあり,備考欄に注記した。「冒頭行の記載」欄のアラビア数字は蘇州号碼。他は表6-1に同じ。

売却の都度、計算書を作成したものと考えられる。

③二行目以下で具体的な品目と売却金額が示される。この史料では薬材の「牛黄」一品目だけで、その重量（二・二六両）と単価（牛黄一両あたり銀四七両）、合計金額（銀一〇六・二二両）が示されている。

④商品の売却金額の次に「支～」として諸掛費用が示される。この史料では同泰号の取得する販売手数料（叨用）として、商品代金の一パーセントにあたる額が計上されている（表6-5「諸掛」）。発送計算書と比べて手数料の記載のない例が多いが、その理由については次項で検討する。なお諸掛として計上される他の項目としては「炭工估力」（後述）、「艇金」（はしけ代）、「上下力金」（荷役費）、「税」（海関税）、「馬頭費」（港湾使用料）、「火険栈担」（保険）などがある。

⑤「除支即找～」として示される金額は、②の商品代金から③の諸掛を差し引いたものである。これが同泰号から同順泰に支払われる清算額と考えてよい。発送計算書では商品代金に諸掛を足し合わせたものが同順泰への請求額となったが、それとは逆である。

⑥「尚存虎皮一只沽出再結（他に虎皮一只があり売却後に再度清算）」との注記はこの史料だけに見られるもので、同じ「十六幇」で到着した貨物のうち、売れ残った商品（虎皮）は後日の売却時に清算することを通知した文言と思われる。なおこの虎皮については、約二〇日後に作成されたi3が「庚十二月一日来」の「虎皮一只」が売れたことを通知しており、この史料に対応すると思われる。

⑦最終行に宛名、日付と同泰号の店印が見えることは発送計算書と同様である。他に別筆で「二月二〇」「過貨幇・過来往」との注記があるが、これらは同順泰に文書が到着した後、到着日や帳簿転記についての覚えとして書き込まれたものだろう。

さて右の②で述べたように、売上計算書は取引先側で貨物売却の都度作られたため、同順泰からの商品発送と必ずしも対応していない。そこで表6-6で、同泰号の売上計算書だけを対象として、同順泰からの商品発送がどのように行われたかを整理した。これによれば発送は庚寅年の第一六便（十六幇）から辛卯年の第一七便まで、出荷番号が確認できないものも含めれば二〇回行われている。出荷番号が確認できないのは、三月二〇日着荷分（i５）を除けば、すべて他港を経由して転送されてきた分であり、原則としては同順泰からの直行便について年初を起点とする出荷番号が付されたようである。なお船名が明らかになるのは一一便で、すべて経由地のない直行便であり、「三菱」すなわち日本郵船が一例見られるのを除けば、輪船招商局の広済号と日新号が用いられている。発送計算書で確認されるのと同様、同局の仁川・上海航路が基本的に用いられたことが分かる。

以上のように売上計算書で把握されるのは、同順泰から相手先へ委託販売の形で行われた輸出である。これとは別に取引先からの注文による輸出があった可能性もある。ただし議論を先取りする形となるが、同泰号との間に限っていえば、これらの売上計算書はこの年の同順泰からの輸出のほぼすべて（具体的には第一便を除いたすべて）を捕捉している。そのことは第三節で、この年の同順泰・同泰号間の貸借関係を検討する中で明らか

表6-6　同順泰から同泰号への出荷便構成（辛卯年）

出荷番号	着荷日	船　名	経由地	対　応
(庚寅年) 十六幇	庚寅 12. 1			i1, i3
(辛卯年) 二　幇	辛卯 2.23	広済		i2, i4
	3.20	〃		i5
(〃) 四　幇	4.21	〃		i6, i7
(〃) 五　幇	5.18			i8
	5.26		煙台	i11
	6. 2		神戸	i12
(〃) 六　幇	6.18	日新		i9, i10
(〃) 七　幇	6.24	三菱		i13
(〃) 九　水	7. 4			i14, i15, i16
	7. 9		煙台	i18
(〃) 十　幇	7.24	日新		i17
(〃) 十一幇	8.16	〃		i19, i28
(〃) 十二幇	9. 3	〃		i20, i21
(〃) 十三幇	9.20	〃		i22
(〃) 十四幇	10.11			i23
(〃) 十五幇	11. 1			i24
(〃) 十六幇	11.17	〃		i25, i26
	12. 4		香港	i30
(〃) 十七幇	12. 6	〃		i27, i29, i31

出所）表6-5のうち同泰号発の売上計算書。
注）売上計算書の冒頭行に記載された荷便に関する情報から再構成した。記載事項は文書により異なるが，着荷日が同じ場合には同便とみなした。空欄は原史料に該当事項の記載がないことを示す。「対応」欄は各荷便に対応する売上計算書の番号を示す（表6-5）。

表 6-7　同順泰からの委託商品売上高（辛卯年）

売却者	品目（単位）		金　額
同泰号（上海）	金地金	（両）	47,841.21
	銀地金	（〃）	8,154.48
	薬材（人蔘ほか）	（〃）	4,998.54
	その他	（〃）	501.72
	合　計	（〃）	61,495.95
安和泰（香港）	薬材（人蔘）	（両）	2,994.783
	〃	（元）	983.91
	その他	（〃）	102.3
	合　計	（両）	2,994.783
		（元）	1,086.21
茂和祥（香港）	薬材（人蔘）	（両）	832.643
履泰謙（煙台）	穀物（高粱）	（両）	487.76
	その他	（〃）	69.62
	合　計	（〃）	557.38
万慶源（煙台）	穀物（高粱）	（両）	215.25
	その他	（〃）	10.026
	合　計	（〃）	225.276
祥隆号（大阪）	穀物（大豆ほか）	（元）	8,151.87

出所）表 6-5 に同じ。ただし安和泰発 j4, j5 は同泰号発 i11, i12 と重複するため除いた（本文の注 48 参照）。
注）品目は原史料上の商品名をもとに筆者が分類した。

となる。

（2）商品構成と取引条件

表6-7は売上計算書に記載された売却商品を整理したものである。発送計算書の場合と同様、最も多くの商品を売却したのは上海の同泰号である。ただし、同泰号で売却された商品の九割以上は一般の商品ではなく、金・銀の地金で占められていたことが注意される。特に多かったのは金で全体の七七・八パーセントに達していた。それを除いた残りの大半は人蔘などの薬材であった。同泰号以外の取引先では、金銀地金の売却は見られず、香港では薬材、日本と煙台では穀物が主に売却された。

以下では同泰号の売上計算書三一件を中心に、金と薬材に焦点を絞って取引条件などを検討したい。まず金は、序章で見たように、マクロ的にも朝鮮の（開港場を通じた）対中国輸出における最大の品目となっていた。朝鮮において近代的な金鉱業が本格的に開始されるのは日清戦争後のことだが、砂金の採取を中心とする金の生産自体はそれ以前から全土で行われていた。農民が副業として従事することもあったが、主要な産地では、徳大と呼ばれる経営者が数十名から数百名の専業の労働者を組織し、大掛かりな採取を行っていたようである[44]。

同泰号の売上計算書でも金の多くは「金砂」等と表記されており、朝鮮人が採取した砂金と見てよい。同順泰が砂金をどのように入手したかは不明だが、同泰号への書簡では頻繁にソウルでの銅銭建て金相場を通知しており、ソウルでも砂金売買が日常的に行われていたことが分かる。日本人の記録によれば、朝鮮各地で採取された砂金は、朝鮮人の手でソウルや開港場に持ち込まれた。華商はこれを輸入織物類の決済手段として利用するため、日本人よりやや高値を付けても積極的に買い取ったという(45)。

同泰号の売上計算書を見ると、金・銀以外の商品では諸掛に商品代金の一パーセントに相当する「叩用」が計上されており、委託販売に対する手数料と見てよい。しかし金・銀の場合はこれがなく、代わりに「炭工估力」「公估銭」など、地金の鑑定や改鋳に関する費用と思われる費目が挙げられている(表6-5、備考欄(46))。金・銀に関する諸掛費用に販売手数料が挙げられていないことは、右の日本人の記録にもあるように、それらが一般商品と区別される、決済手段としての性格の強いものだったことを窺わせる。

ただし同順泰・同泰号間の勘定は上海両建てで、金銀間の比価に加え、各種の銀貨・銀錠間の比価も随時変動したから、金・銀の地金は決済手段として決して中立的だったわけではない。譚傑生は同泰号からしばしば電信で上海の金相場の情報を取り寄せ、競合する買い手であった山東商人の動静をにらみながら金を買い入れた(47)。ソウルの金相場との相違によっては、砂金の現送自体が利益を生むこともあった(48)。金・銀は輸入商品に対する決済手段であるのと同時に、それ自体が利益とリスクを生む「商品」だったと言える。

次に薬材は、表6-7からも分かるように、そのほぼすべてが人蔘であった。同泰号では約五千両の薬材が売却されたが、そのほとんどは「麗参」「高麗参」および人蔘のひげ根と思われる「而参」で、それ以外の薬材としては(先の史料に見える)牛黄が二回に分けて三四〇両で売却されたに過ぎない(49)。また香港の安和泰・茂和祥で売却された薬材もすべて白蔘とそのひげ根である白蔘髭(朝鮮語では白尾蔘)、「麗参」のいずれかであった(50)。

朝鮮人蔘は一七世紀以後の栽培技術の確立とともに生産が急増し、一八世紀末からは中国への主要な輸出品となった(第3章を参照)。ただし人蔘の製品には大別して煮製した白蔘と蒸製した紅蔘とがあり、中国向けの輸出品となったのは後者だった。同順泰が一八九〇年に広州に白蔘輸出を試みた際も、委託先の永安泰に、白蔘は朝鮮人間で広く用いられるもので、滋養も紅蔘と変わらないとわざわざ断っており、中国向け輸出品としては新しい商品であった[51]。これに対して、売上計算書で白蔘と区別されている「高麗参」「麗参」は紅蔘と見てよいだろう。単位あたりの売価が白蔘よりはるかに高価だったのもそれを傍証している[52]。

ところで諸外国と朝鮮の通商条約および朝中商民水陸貿易章程では、外国人の紅蔘輸出を禁じていた。日清戦争以前において朝鮮政府が認めた紅蔘の輸出方法は、輸出権を分与された朝鮮人による義州経由の陸路輸出しかなかったから、華商が合法的に紅蔘を扱おうとするならば、そのような朝鮮人と結んで請け負う形を取るしかなかった。譚傑生も一八八九年に玄興宅（玄興澤）・呉慶然と結託してこれに参入を図って失敗したことは前章で見た通りである。その後も譚傑生のもとには何度か朝鮮側から引き合いがあったことが確認できる[53]。

しかし売上計算書に現れる「高麗参」「麗参」は海路で運ばれており、それら合法的な輸出とは異なる、密貿易に属するものだったと見られる。華商や日本人商人が紅蔘の密輸出に関与したことを指摘する記録は多いが[54]、その実態を当事者の立場で書き残した史料は極めて少ない。ここでは同順泰の密輸出についてやや詳しく見ておこう。

表6-5のi18（同泰号発、発信日不詳）は「高麗参」四三包が七〇一・八九四両で売れたことを通知するものだが、この文書の冒頭行ではこの紅蔘が七月九日に煙台経由で上海に到着したものであることが記されている。同年の七月七日付で、煙台の履泰謙から同順泰宛てに、「高力〔麗と音通〕参」四三包を汽船「通州」で発送したことについての転送費用が請求されており[55]、同一の紅蔘に関するものと考えられる。つまりこの紅蔘は、煙台の取引先である履泰謙を通じて同泰号に転送されたものであった。

その約一カ月前、譚傑生から同泰号の梁綸卿らに、紅蔘の密輸出について次のような書簡が送られている。

紅蔘は再度、生字三〇枝のものを四三斤、煙台に送って履泰謙に託して受け取らせ、同記の関聘農を通じて直ちに上海に転送させるように手配しました。さらに四三斤の在庫があり、これは「船友」に依頼して神戸に持参させ、祥隆号で代収のうえ上海に送る手配をさせるつもりです。ただし昨年は「私貨」の生産が少なく、良品の調達は極めて困難です。今送るものには上等、中等、下等品が混在しています。下等品は少ないですが、選り分けて売り出してください（六月六日付）[56]。

ここに言う「生字三〇枚（生は千字文による番号、三〇枚は等級）」の紅蔘四三斤が、七月七日に履泰謙から転送された先述の紅蔘と同じかどうかは、数量単位が異なる（売上計算書は四三包とする）ことから断言できないが、いずれにせよ、履泰謙が煙台で紅蔘の転送を請け負っていたことは確認できる（同記は煙台の中間商人あるいは運送業者と見られるが不詳）。「私貨」は官許のない密造品を指すと思われ、これらを輸出すれば密輸出ということになる。対比されるのは「官貨」だが、これについては同じ書簡で、陸路一千里余りを運ぶ必要があり（義州を経由する正規の輸出ルートを指すと思われる）、その分の費用や道中の安全に不安があるだけでなく、国王の課税（輸出を官許された紅蔘＝包蔘に課された包蔘税か）も重く、容易ではないと付け加えている[57]。

右の史料では別の紅蔘を神戸の祥隆号経由で輸出する予定だとも述べている。「船友」が何者かは不明だが、密輸出を手引きする者が船員にいたのだろう。六月一二日付の書簡では、実際に四三斤の紅蔘が「船友」に託されて祥隆号に送られたことが分かる[58]。同じ書簡では、八月以後に新物が出回るようになれば、さらに一千斤以上を「船友」に頼んで煙台・神戸に携行させ、上海・香港に分けて輸出したいとしている。それが実行されたか否かは不明だが、ここでも紅蔘を上海に直行させるのではなく、煙台か神戸経由での輸出が想定されていたことが注意される。売却品に紅蔘の含まれる同泰号の売上計算書は五件だが、そのうちの四件も煙台や神戸、香港を経由していたことが確認できる（残りの一件は直行便だが、「船工人（船員）」に託す形で運ばれている）[59]。

紅蔘の密輸出がこのように迂回的な経路で行われた理由は明らかでなく、また常に迂回路が用いられたわけでもない。譚傑生が一八九二年初めに梁綸卿に宛てた書簡では、広東順徳人の「買辦」である「鄧桂庭翁」に紅蔘四六包を持たせて招商局の鎮東号に乗せたと伝えている。この場合は同局が運営する上海・仁川間の直行航路を利用したことになる[60]。だが、これが煙台の「関鬼」（海関職員か）に摘発され、商品の半分を没収されたという知らせを受けて、譚傑生は梁綸卿に、日本の税関の取り締りの方が緩やかだから、残りの紅蔘は日本経由で送るようにすると改めて伝えている[61]。運搬を依頼できる人物の存在や海関の取り締り体制などの諸条件を背景に、時々で異なる経路を使って密輸出を行ったのだろう。

外国人による紅蔘の密輸出は当時にあっても公然の秘密であった。譚傑生の書簡にも、「私参〔密造品〕」が多く出回って「山東幇」や「京幇（直隷＝河北省）」が在来船で煙台に運ぶ一方、日本人は長崎に盛んに持ち出しているというような叙述がしばしば現れる[62]。それでも露見すれば海関に没収されて大きな損失を被るのであり、譚傑生は秘密の保持には神経を使っていた。譚傑生が店員の雇い入れに際して、紅蔘の密貿易に関する秘密の漏洩を恐れていたのは、前章で見た通りである。また上海の梁綸卿や香港の羅遜卿（安和泰）、煙台での転送を手伝った関聘農などには、紅蔘の海路輸出は「走私（密輸）」であって「非係正路」、また「偏門之事」であるから、兄の譚晴湖がいる仁川分号には伝えてくれるなと念を押している[63]。神戸の祥隆号や煙台の履泰謙など中継地の取引先には、それだけ重大な秘密を共有させた上で協力を仰いでいたということでもあり、同順泰の取引先とのつながりの深さが窺われると同時に、その上海貿易が各地との多角的ネットワークを前提として初めて成立するものであったことが改めて確認できる。

三　同泰号・同順泰間の決済と貸借関係

（1）貸借計算書について

ここまで同順泰の取引先、特に同泰号との貿易について発送計算書と売上計算書を用いて分析してきたが、それらの文書からは、個々の取引がどのように決済されたか直接には分からない。同時代の調査報告などでは、華商が相互の取引をその度に清算するのでなく、節季払いのような形で期間ごとに取りまとめて清算したという記述がしばしば見られるが[64]、それは同順泰の場合にもあてはまったのだろうか。

前章の表5-4で「その他の計算書」に分類した文書の中に、同泰号が同順泰との間で生じた貸借事項を列記した文書があり、この問いに手がかりを提供している。そのような文書を貸借計算書と呼ぼう。これまで見てきたように、同泰号が同順泰からの注文に基づいて商品を買い付けて発送すれば、同泰号にとっては貸し（債権）が発生することになるし、逆に同順泰から委託された商品を上海で売却すれば、その売上げは同順泰に支払うべき借り（債務）となる。貸借計算書は、そうした経常的な取引に伴う債権・債務を、ある期間内について書き上げたものである。同泰号の作成したその種の文書は、辛卯年（一八九一）に作成された五件が残っている。それらが対象とする期間は連続しており、つなぎ合わせることで同年中に生じた貸借関係を全体的に把握できる[65]。

貸借計算書の書式について、五件のうち最も早いものを例にとって見よう。表記の原則は発送計算書と同様である。

接庚年結欠98元16198両08分

二月初一収　沽元水　二月初三　11378両6銭4分5［対］

二月初六付　十一号票　868両8銭［対］

初十収　沽牛黄　二月廿　105両1銭6分［対］　元月十一付　元水　9302両1銭2分5［対］
三月初一収　沽二水　二月卅　3456両7銭4分8［対］　二月初十付　二水　8558両7銭9分［対］
〔中略〕　〔中略〕
共　41374.23両　共　64013.48両
六月初五止　截除収分欠98元参万捌千八百参拾七両参銭三　［同泰図章］
漢城　同順泰宝号　台照　辛六月初六日　［辛卯］　［上海北頭同泰号］　抄(66)

①冒頭行では「庚年結」、つまり文書の作成前年にあたる庚寅年（一八九〇）末時点での貸借残高が示されている。その金額は一万六一九八両〇八（単位は九八規元銀＝上海両）の「欠」、すなわち同泰号側の貸しであった。

②二行目以下は上下二段に分けられており、上段には「収」つまり同泰号にとって借りの発生となる項目を、下段には「付」つまり貸しの発生となる項目を、それぞれ日付順に書き上げている。右の例では「収」「付」とも初めの三項目を示すに止めたが、実際には全部で「収」に二〇項目、「付」に二一項目が記載されている。(67)例に掲げた三項目のうち、例えば「収」の二つ目は、同順泰から委託された牛黄の売却代金一〇五両一三を同泰号の借り、つまり同順泰に支払うべき債務の発生として計上したものと解釈できる。なおこの項目は、先に売上計算書の例として紹介したi4文書と対応している。

③「収」「付」の各項目を列記した後、それぞれの合計額を掲げる。ここでは「収」が四万二三七四両二三、「付」が六万四〇一三両四八となる。そして行を改め、「収」「付」それぞれの合計額を冒頭行の前期末残高に足し引きした、当期末の未清算残高を示す。例の場合、期末である六月五日時点での残高は三万八八三七両三三の欠つまり貸越しであり、期初（つまり辛卯年初）から見て二万両余り同泰号側の貸しが増えた形である。

④最終行に宛先と日付、発信者の店印が捺されているのは発送計算書、売上計算書の場合と同様である。ここでは

末尾に「抄」とのみあるが、辛卯一二月三〇日付の貸借計算書には「往来単」とあり、当時この種の文書をそのように呼んでいたものと思われる。

このような書式の文書が作成されたこと自体、同泰号と同順泰の取引が一回ごとには清算されず、長期的に貸し借りを足し引きしてゆく形を取っていたことを示している。また、現在残る辛卯年の五件の貸借計算書は前後連続しており、その間に貸借の残高を一度に清算した形跡はないことから、清算期を定めたいわゆる節季払いでもなかった。両商号間の貸借は、期日の定めがない相互清算方式（オープン・アカウント）によって処理されていたと見てよい。なお辛卯年全体で見た場合、五件の貸借計算書から計算した通年の「収」方の合計は一〇万三八七七両四、「付」方の合計は一一万五三九九両五である。これを足し引きした、辛卯年末における貸借残高は二万七八二三両四の「欠」すなわち同泰号側の貸しであった。右の例に見える庚寅年末の残高と対照すれば、この一年を通じて、同泰号側の貸しが一万両以上増えたことになる。

右の④で触れたように、この形式の文書は当時「往来単」と呼ばれたと考えられるが、同泰号から譚傑生に宛てた書簡中にも、某年の「往来数」を通知する、「往来賬正単」を送る等の文言が散見される[68]。右のような貸借勘定それ自体を往来数や往来賬と呼んだのだろう。書簡史料からはさらに、同順泰が「往来賬」による相互清算を行っていたのは同泰号との間だけではなく、それ以外の取引先に対してもそれぞれ「往来賬」を作成し、相互清算を行っていたことが分かる[69]。前章で触れたように、同順泰には特定の華商と長期的な関係を持つ傾向があったが、そのようなネットワークのあり方が、このような清算方式を可能にしていたと言える。

(2)「収」=同泰号の借方

貸借計算書の各項目は貸借の発生日順に配列されているが、その中には様々な性格の取引が混在している。表6-8はこれらの項目を分類整理したものである。まず貸借計算書の上段に列記された「収」、つまり同泰号から見て同順

表 6-8　同泰号の貸借計算書の内訳（辛卯年）

「収」＝同泰号の借方　計 103,877.4 両（100 %）

①輸入品の売却（同泰号による）　計　72567.4 両　（70 %）

2 . 1 「沽元水 二月初二」11378.6 両	7 .26「沽十水　七月廿七」1466.8 両【i17】
2 .10「沽牛黄 二月廿」105.2 両【i1】	7 .26「沽□麗参　七月卅」305.2 両【i15】
3 . 1 「沽二水 二月卅」3456.7 両【i2】	8 .18「又〔人参〕 八月初九」643.4 両【i18】
3 . 6 「沽虎皮　三月十三」21.7 両【i3】	8 .18「沽 11 水　八月廿三」5130.3 両【i19】
3 .29「沽牛黄　四月初八」76.6 両【i4】	9 .20「沽 12 水　九月初九」6373.0 両【i21】
3 .29「沽金　三月廿九」6763.8 両【i5】	9 .28「沽 12 水　九月卅」55.4 両【i20】
4 .30「沽四水　四月廿七」1203.4 両【i6】	9 .22「沽 13 水　九月廿六」3480.3 両【i22】
5 . 7 「沽四水　五月十日」291.0 両【i7】	10.11「沽 14 水　十月十五」1067.5 両【i23】
5 .27「沽五水　五月廿八」4568.3 両【i8】	11. 2 「沽 15 水　11 月初 7」2016.3 両【i24】
6 .17「六水金　六月廿二」5361.4 両【i10】	11.15「沽 16 水　11 月 22」3731.9 両【i25】
6 .17「元宝」6888.0 両【i9】	11.19「沽元宝　11 月 17」214.8 両【i26】
6 .17「沽麗参　七月初十」1884.7 両【i11】	12. 8 「沽 17 水　12 月 12」241.7 両【i27】
7 . 1 「沽麗参　六月廿」646.5 両【i12】	12.15「沽 11 水　10 月 13」171.0 両【i28】
7 . 1 「沽七水　六月卅」1826.0 両【i13】	12.30「沽洋参　12 月底」797.2 両【i30】
7 . 7 「沽九水　元宝　初四」1145.0 両【i16】	12.30「沽又 17 水　12 月底」99.4 両【i29】
7 . 7 「沽又九水　金　七月初十」1152.1 両【i14】	12.30「沽栗子二已　12 月 30」3.9 両【i31】

②輸入品の売却（他商号による）　計　11215.6 両　（11 %）

香港・安和泰	煙台・履泰謙
3 .26「安和泰　沽二水」385.8 両【j1】	2 . 9 「煙沽庚存高粱」140.2 両【l1】
4 .15「港沽三水　白参」359.2 両【j2】	2 .28「煙沽魚肚元水」45.1 両【l2】
5 .12「安和泰　沽四水」501.6 両【j3】	3 .29「煙沽高粱」354.5 両【l3】
7 .13「港沽五水」149.6 両【j6】	**煙台・万慶源**
9 . 7 「港沽六水」283.4 両【j7】	5 . 1 「煙沽高粱 205.28 両　45 水」214.5 両【m1】
10.18「港沽七水」659.2 両【j8】	6 . 9 「万慶源沽□□」10.7 両【m2】
12.20「港沽八水」324.0 両【j13】	**大阪・祥隆号**
12.13「港沽九水」72.1 両【j10】	4 .28「祥隆沽元水　438.56 元　72」315.8 両【n1】
12.13「港沽又九水」317.6 両【j9】	4 .28「祥隆沽　1992.25 元　弐水　72」1434.4 両【n2】
12.20「港沽九水」241.1 両【j11】	5 . 4 「祥隆沽三水　2592.31 元　7225」1873.0 両【n3】
12.24「港沽十水」577.6 両【j12】	6 . 1 「祥隆沽四水　906.81 元　7325」664.2 両【n4】
香港・茂和祥	6 .18「祥隆沽 5 水　868.21 元　7325」636.0 両【n5】
3 .20「又〔茂和祥〕 沽元水」417.1 両【k2】	9 .28「坂沽 7 水　176.28 元　7325」129.1 両【n7】
3 .10「茂和祥沽庚二水」404.2 両【k1】	9 .28「坂沽 8 水　437.84 元　7325」320.7 両【n8】
	10. 4 「坂沽 6 水　525.34 元　7325」384.8 両【n6】

③送金の受け取り　計　18740.8 両　（18 %）

横浜・福和号	大阪・祥隆号
8 . 4 「劃濱二千元　7325」1465.0 両	6 . 2 「坂来　10350 元　7325」7581.4 両
9 .13「劃濱四千元　733125」2932.5 両	**発送者不明**
9 .12「劃濱二千元　733125」1466.3 両	10.10「357 元　728」289.0 両
11.13「劃濱 3.6 千元　7328」2638.1 両	12.28「匯豊票 1248 元 725」903.6 両
12. 1 「劃濱 2 千元　7325」1465.0 両	

④その他　計　1353.7 両　（1 %）

3 . 1 「代同豊泰交総署卅元　73」21.9 両	9 . 3 「以荘支永安□」97.9 両
3 . 3 「代元山交葛氏 32.94 元」23.9 両	9 . 4 「以荘支安和泰錯入」72.9 両
5 .28「□水□□□□」32.8 両	11.11「代元山交葛氏」46.5 両
6 . 2 「煙沽貨項匯水 45 寸」24.3 両	12. 8 「存票」853.9 両
6 .10「錯付□一単　五月初一」149.6 両	12.30「16 号票 3 千両匯水」30.0 両

「付」＝同泰号の貸方　　計 115,399.5 両（100 %）

①商品の輸出　　計　92,294.9 両　（80 %）

1.11「元水」9302.1 両	7.7「八水」4366.6 両
2.10「二水」8558.8 両	8.1「九水」6753.3 両
3.7「三水」16182.6 両	8.19「十水」3792.3 両
4.5「四水」8514.0 両	9.6「十一水」3333.0 両
4.5「又四水」185.5 両	9.22「十二水」741.9 両
5.4「五水」7628.5 両	10.11「13 水」1473.2 両
5.4「又五水」4523.8 両	11.4「14 水」361.5 両
5.28「六水」6739.9 両	11.19「16 水」613.5 両
6.19「七水」7693.6 両	12.8「17 水」1531.0 両

②他号からの買い付け・他号への支払い　　計　4,785.5 両　（4 %）

香港・安和泰	大阪・祥隆号
6.8「安和泰代白鉛電」1.5 両	3.1「祥隆代元水」223.9 両
6.9「転港参費」7.7 両	5.20「祥隆代参費 24.1 元」17.6 両
6.12「安和泰代白鉛電」1.5 両	**長崎・万昌和**
6.28「安和泰代辦白鉛」1268.7 両	7.10「万昌和代白鉛川費 45.31 元 72.25」33.9 両
8.5「港代辦白鉛 7 月 25」887.3 両	7.25「万昌和代鉛費 19.61 元 73.25」14.4 両
8.5「又〔港代辦白鉛〕8 月初 2」871.7 両	**横浜・福和号**
8.24「安和泰代 14 水川費」3.5 両	12.25「福和代印票欠找 54.86 元 73」40.0 両
9.4「安和泰代以荘交永安」97.9 両	**その他**
9.4「劃支安和泰以荘手」72.9 両	1.1「去年同記代西甘□ 149.2 両 45 水」114.0 両
10.17「安和泰代串炮」11.0 両	2.11「同記代辦甘□ 71.54 両 45 水」74.7 両
11.4「港代辦洋参」824.0 両	3.2「李金廿元　732　李六手」14.6 両
11.12「代転港白参費」14.7 両	12.6「交栄記 50 元 73」36.5 両
広州・永安泰	
11.21「配南支永安」14.4 両	
12.30「永安代五水」120.4 両	
12.30「永安代六水」18.5 両	

③滙票の払い出し　　計　4,704.6 両　（4 %）

2.6「11 号票」868.8 両	4.2「13 号」72.4 両
3.4「12 号」362.0 両	12.30「16 号　庫平 3 千両　申」3300.0 両
4.1「14 号」101.4 両	

④仁川分号に振替　　計　7,983.4 両　（7 %）

2.10「仁川二水撥入」348.5 両	6.2「調入仁川」7581.4 両
2.10「二水漏抄」53.5 両	

⑤その他　　計　5631.1 両　（5 %）

(庚) 12.30「綸卿交杰生家用」53.0 両	10.11「配南衣服一単」16.3 両
2.12「杰傑匯省」36.0 両	10.11「代唐紹儀合物川費」2.2 両
3.7「另賬」77.5 両	10.11「另賬一単」31.2 両
3.22「代元山交総署□□」21.9 両	11.4「交物」11.1 両
5.4「另賬」92.8 両	11.19「另物」29.8 両
5.4「又〔另賬〕」127.2 両	12.5「另賬」12.2 両
6.12「英杰□泰友」22.3 両	12.8「另賬」25.9 両
6.19「另賬」35.1 両	12.30「電報費 40.04 元 73」29.2 両
7.15「眼鏡補単」92.2 両	12.30「由申発電去港 5.89 元」4.3 両
7.25「杰生□娃　19.5 元 73」14.2 両	12.30「往来息」4762.9 両
8.24「眼鏡川費」2.0 両	〔破損〕「另薬川費」1.7 両
9.27「杰生交積厚堂田款」130.0 両	

出所）『進口各貨艙口単』（奎 27581-1）所収の貸借計算書（本章第三節（1）参照）。

注）5 件の収支計算書の内容を一括整理したものである。各項目はそれぞれ日付・事項・金額を示している。また「付」方の項目中には，対応する売上計算書の存在するものがある。その場合，対応する売上計算書の各件番号（表 6-5 参照）を【　】に入れて示した。他は表 6-1 の注に従う。

泰からの借りとなる諸項目——同順泰から見れば逆となる——を見ることにしよう。ここではそれらを四つに分類し、それぞれについて書簡や他の計算書と対照しながら性格を検討する。

①輸入品の売却（同泰号による）　前節で見たように、同泰号は同順泰から販売を委託される形で商品を輸入し、その売上げから諸掛を引いた金額が同順泰に支払うべき借りとなった。そのような取引は貸借計算書上では「沽〜」の形で記されており、辛卯年全体で三二項目が数えられる。その合計金額は「収」全体の七〇パーセントを占める。

貸借計算書では委託された商品の内訳をごく簡単にしか書いていないが、金額を含めて対照すると、①の三二項目のうち三一項目が前節で見た同年の売上計算書と対応している。逆に、同泰号発の売上計算書三一件はすべて貸借計算書の①に対応する項目を持っている。表6-8の各項では表6-5に示した売上計算書との対応関係を【　】の中に示した。その大半が金銀地金、特に砂金だったことは既に見た通りである。

このような売上計算書との対応関係から、同泰号の同順泰からの輸入は、基本的にすべて同順泰側からの販売委託によって行われたと考えられ、他の形（例えば同泰号からの買い付け注文）によって行われた可能性は低い。また現存する売上計算書が、この年の同泰号からの輸入を（貸借計算書に見える二月一日付の「沽元水」＝第一便を除いて）ほぼすべてカバーしていることも同時に分かる。

②輸入品の売却（他商号による）　貸借計算書の項目の中には、同泰号以外の商号による売上計算書と対応する項目もある。例えば売上計算書のうち、安和泰発のj1（四月一日付）は、「弍幇」の白尾蔘四五〇斤余を売却し、手数料を差し引いた清算予定額が五三五元八九であることを同順泰に通知しているが、その余白に「72 計銀参捌拾五両捌銭四分／入三月廿六日起期」という別筆の書き込みがある。これは貸借計算書の、三月二六日「安和泰沽二水」三八五・八両に相当すると見てよい。これ以外にも、各地取引先による売上計算書は、すべて同泰号の貸借計算書上に対応する項目がある（逆も同じ）[70]。

これらは各地の取引先が同順泰から販売を委託された商品の売上げであるから、本来は当該の取引先の借りとなるべきものである。それが同泰号の「収」に計上されているのは、各地取引先と同泰号、同順泰の三者間で、債権と債務の振替が行われたからだと考えるほかない。

このことについて、書簡の記述から裏付けてみよう。売上計算書のｍ１（辛卯年五月五日付）は、煙台の万慶源が同順泰から委託された高粱一七一包を売却し、手数料など諸掛を控除した清算金額が二〇五・二八両であることを通知したものである。これについて譚傑生は、煙台の関聘農に宛てた書簡の中で、その金額を「同泰往来賬」に加えるよう依頼しており、これは同泰号が煙台から「赤豆」を購入する資金に充てると説明している[71]。つまり万慶源の同順泰に対する借りが、同泰号の購入する商品の代金と相殺されたことになる。そして同泰号はこれを自号の同順泰からの借りに計上した。貸借計算書の万慶源の欄に「煙沽高粱二〇五・二八両」とあるのがそれである（ただしこれは煙台で用いられる銀両単位（煙曹平銀）建ての金額と見られ、貸借計算書ではこれを上海両で二一四・五両に換算している）。

同順泰と同泰号の間だけでなく、同順泰とその他の取引先の間でも相互清算が行われていたことは前述したが、右の例からさらに、各地の取引先と同泰号の間にも「往来」つまり貸借勘定があり、相互清算が行われたことが分かる。こうした多角的な関係を基礎として、同順泰が各地の取引先に送った商品の代価が、同泰号の同順泰に対する借りとして付け替えられていたのである。なお、こうした形で生じた同泰号の借りは辛卯年全体で一万一二一六両に達し、「収」つまり同泰号の借方全体の一一パーセントに相当した。

③**送金の受け取り**　「収」には商品取引の形をとらずに送金の受け取りによって発生したと思われる項目もある。朝鮮の開港場には開港早々から第一国立銀行（本店東京）、第十八国立銀行（本店長崎）などの日系銀行が進出していた。貸借計算書が作成された一八九一年当時、これらが提供していた送金サービスは日本向けだけであったが、これを利用して中国に迂回的に送金することは可能だった。ただしそのためには日本の取引先に送金を仲介させる必要があった。これについて貸借計算書を同順泰の書簡と突き合わせて確認したい。

貸借計算書には「劃濱（金額）」の形をとる項目が五件あるが、このうち最初のもの（八月四日付、二千元）に対応する記述は、同順泰（譚配南）から梁綸卿らに宛てた七月一五日付の書簡に見出すことができる。

仁川分号に依頼して横浜に「札金」で二千元を送金しました。福和号に受け取らせ、転送させますので、到着したら漢城本号の「来往」に入れてください。[72]

ここから横浜の福和号経由で同泰号への送金が行われたこと、それが同泰号の同順泰に対する来往、すなわち貸借勘定に加えられたことが分かる。史料上の「札金」は、当時の朝鮮の通貨状況から見て日本紙幣と見てよい（後述）。貸借計算書ではこの二千元（二千円）に〇・七三二五を乗じた一四六五両を「収」として計上しているが、その時の横浜か上海での上海両相場で換算したものだろう。

貸借計算書に「劃濱（金額）」の形で現れる他の四つの項目についても、同順泰の書簡からすべて福和号を経由した迂回送金であったことが確認できる。これらによれば、朝鮮から横浜への送金には第一国立銀行が利用された。[73]そして横浜からは、同泰号が上海で福和号宛ての滙票（在来の送金手形）を売却する形で資金を取り寄せる場合と、[74]福和号が横浜の香港上海銀行支店で送金為替を取り組んで送る場合とがあったようである。[75]右の史料では単に転送とあるので、後者の方法によったのだろう。

大阪についても、貸借計算書の項目に直接対応するものではないが、同順泰が第一国立銀行を通じて取引先の祥隆号に送金し、これを香港上海銀行経由で同泰号に転送させた事例のあることが書簡から確認できる。[76]貸借計算書の六月二日付「坂来」一万三五〇元（七五八一・四両）も、同様に祥隆号を経由した送金と考えてよいだろう。[77]なお同順泰は、一八九〇年頃まで長崎の万昌和にも送金の中継を依頼することがあったが、日本における朝鮮貿易の中心が長崎から大阪に移るにしたがって、日朝間の為替も大阪向けの方が安価となり、長崎を経由することは減ったという。[78]種々の経路のうち有利なものが選択されたのである。[79]

④その他　貸借計算書には、右に挙げた以外にも分類が困難な項目や内容の不明瞭な項目がいくつか見られる。こ

こではそのうち、三月一日付の「代同豊泰交総署卅元」二一・九両だけを検討する。前章で見たように、同豊泰は元山にある広東商号で、同順泰と同じく同泰号の聯号として設立された。また総署はこの場合、ソウルに駐在していた袁世凱（総理交渉通商事宜）を指すと思われる。譚傑生が同泰号に宛てた辛卯年三月二一日の書簡では、同順泰が元山の同豊泰に代わって総署に銀三〇元を納付したことにつき（事由は不明）、「収本号来数・出元号支数」つまり同順泰からの借りとすると同時に同豊泰への貸しとしてほしいと要請している[80]。貸借計算書の「代同豊泰交総署卅元」は恐らくこれに対応するもので、同豊泰に対する貸借計算書でも同じ金額を貸しとして計上したのだろう。同順泰・同豊泰間の貸借を、同泰号の両商号に対する貸借に振り替えることで処理したわけであり、ネットワークの多角的な働きがここからも窺われる。

（3）「付」＝同泰号の貸方

貸借計算書の下段に列記された「付」つまり同泰号の貸方となる諸項目は次の五つに分類される。

①商品の輸出　商品の出荷番号を「〜水」の形で示した項目は、同泰号自身の商品輸出に伴って生じた貸しを示していると思われる。第一節で見た発送計算書から推測されるように、同泰号からの輸出は基本的に同順泰からの注文に基づいて行われたとすれば、輸出時の元価がそのまま同順泰への貸しに計上されたと考えられる。辛卯年の貸借計算書には「元水」から「一七水」まで一七便（「又四水」「又五水」を別便と考えれば一九便）が挙げられており、その合計金額は九万二千両余であった。これは「付」合計の八〇パーセントに相当する。

②他号からの買い付け・他号への支払い　他の取引先の商号名を挙げて「代〜」「交〜」とする諸項目は、同泰号が同順泰からの委託によって他商号から商品を買い付けたり、同順泰に代わって支払ったりしたことを示す。

例えば香港安和泰に関する項目の中に、「港代辧白鉛」「又〔港代辧白鉛〕」と説明された八月五日付の二つの項目がある（〔　〕は筆者の補足）。「白鉛」つまり亜鉛は銅銭鋳造の材料として朝鮮に輸入されており、同じ年の書簡から、同泰号が譚傑生の依頼を受けて安和泰から買い付けていたことが確認できる。[81] 右の二項目（八八七・二六二両、八七一・六六両）については、それぞれ香港での輸出元価（八八二・八五二両、八六七・三三両）に同泰号の仲介手数料（四・四五両、四・三三両）を加算したものであった。[82] 同泰号が白鉛の代金を安和泰に立て替え払いし、それに自号の手数料を加算して同順泰への貸しとしたものだろう。六月二八日付の「安和泰代辦白鉛」一二六八・七両も同様と考えられるし、また「安和泰代白鉛電」とある六月八日・一二日の二項目は、その買い付けに関して安和泰との間でやり取りした電信の費用を同順泰に請求したものであろう。

ただし各地の商号から同順泰への輸出が、すべて同泰号を通じて清算されていたわけではないようである。例えば表6-8では、広州の永安泰に関する項目として「永安代五水」「永安代六水」が見えるが、それら（第五・六便）に先立つ第一便から第四便までについての記載はない。それらについては同順泰・永安泰の二者間で処理されたのだろう。同泰号以外の取引先との貸借をどのように清算するかは、それぞれの貸借の状況などに応じて選択されたものと思われる。[83]

③滙票（送金手形）の払い出し　当時の朝鮮には上海への送金サービスを提供する銀行がなかった。しかし一般に華人の送金は近代的な金融機関だけに依存せず、多様な在来送金の手段を用いて行われたことが知られている。東南アジアではそうした送金業を貿易商が兼業していたことが知られるが、[84] 同順泰の取引先も同様で、前項③で見たように同泰号は上海で横浜向けの送金手形を売り出して福和号から資金を取り寄せることがあったし、長崎の万昌和も上海への輸出代金を送金手形の売り出しによって回収していた。[85]

同順泰でも同じように、同泰号と協力して上海向けの送金手形を売り出すことがあった。辛卯年二月に譚傑生が梁綸卿に宛てた書簡では、ソウルで売った上海向けの「滙票」つまり送金手形について、次のように知らせている。

今発行した十弐号滙票一枚は、上海両で三六二両、一覧後一〇日の期限で〔上海〕虹口の茂泰に払い出し、滙票は証拠として保存してください。〔ソウルで振り出す際に〕一元あたり〔上海両〕七・二四銭で計算し、他に手数料（滙水）として一・三元を受け取りました。(86)

同順泰はソウルで「元」つまり洋銀もしくは日本紙幣を受け取り、上海両建ての送金手形を売ったのであり、これらの滙票に対して上海で支払いを行った同泰号には同順泰への貸しが生じることになる。貸借計算書（表6-8）にはそれに対応する項目が五件現れる。例えば右の史料に見える「十弐号滙票」三六二両は、貸借計算書に三月四日付で現れる「12号」と対応すると見られ、金額も一致する。他の四件つまり「11号票」「14号」「13号」「16号」についても、それぞれ同順泰から同泰号への書簡の中に対応する記述がある。(87)

④仁川分号に振替　同順泰の漢城本号と仁川分号は、経営の分離に伴って同泰号との取引も別個に計算するようになった。貸借計算書にはこの三者間での貸借振替を反映したと思われる項目が三件見られる。そのうち二月一〇日付の二件は、同泰号から仁川分号に輸出された第二便（二水）の代金を、何らかの理由で漢城本号への貸しに振り替えたものと見られる。また六月二日付の項目は、逆に仁川分号への借りが誤って漢城本号への借りに計上されたのを相殺するための項目である。(88)

⑤その他　①〜④に分類できない各種の項目を「その他」にまとめて掲げている。この中では最後の一二月三〇日に計上された「往来息」四七六二・九両が注意される。譚傑生の書簡によれば、同順泰と同泰号の間の往来、つまり貸借勘定の残高には月あたり一・二パーセントの利息が課されたという。(89)その正確な計算方法は不詳だが、仮に辛卯年の貸借計算書から毎月末の貸借残高を計算し、それぞれ一・二パーセントを乗じて合算すると四六二八・三両となる。一二月三〇日の「往来息」の金額はこれと大きくは乖離しておらず、貸借残高に対する各月の利息が年末にまとめて計上されたと見てよいだろう。なお同順泰・同泰号の貸借は、この計算書で把握できる限り継続して同泰号側の貸越しであり、そのため利息も同泰号側の貸しとなっている。

これ以外では八つの項目に「另賬」という語が見える。同順泰文書の中には、貸借計算書とは別に、同泰号の作成した「另賬抄呈」「零賬抄呈」と題する一〇件の計算書が残っているが、[90] これらには墨や紙など、同順泰・譚傑生が自家用の目的で取り寄せたと見られる品が列記されている。貸借計算書の「另賬」もその種の請求と見てよい。「綸卿交杰〔傑〕生家用」「配南衣服一単」等の項目も同様と考えられる。こうした項目が貸借計算書上に見えることから、商号の経営と家計とが完全には分離していなかったことが窺われる。

(4) 貸借関係の特徴と上海送金

辛卯年の貸借計算書において、貸借双方を通じて最も金額の大きかった項目は、同泰号から同順泰への商品発送であった(「付」方①)。対して同順泰からの輸入——正確には委託された商品の売上げ(「収」方①)はその八割に満たなかったし、金銀地金を除いた一般商品だけで見ればその差はさらに大きかった。両商号の貸借関係が同泰号側の貸越し基調で推移したのも、このような商品貿易の傾向を反映したものと言える。

このような商品の流れの極端な偏りは、同順泰・同泰号の双方にとって望ましいものではなかったと考えられる。同順泰の側から見た場合、同泰号との決済に期日の定めはなかったから、借りが累積しても短期的に資金繰りに窮することはなかった。しかし貸借残高に付される月一・二パーセントの利息は経営の負担となった。[91] また同泰号の側でも、上海での仕入れ資金を潤沢に確保していたわけではなく、上海の金融が引き締まって銭荘の貸付けを思うように受けられない時は、借りの清算を同順泰に督促せざるを得なかった。[92]

このように同順泰は、上海への輸出品が十分に確保できない中で、ソウルでの輸入品の売上げをできるだけ早く上海に回送する必要に迫られていた。貸借計算書に現れた多様な資金移動のうち、日系銀行を介した迂回送金がそれにあたることはもちろんだが、他商号への商品輸出も、それ自体の利益だけを目的に行われたのではなく、その代金をもって同泰号からの借りを相殺することが念頭に置かれていたと言ってよい。例えば譚傑生は、一八九二年の香港安和泰への書簡で、発送済みの紅蔘について次のように伝えている。

現在当号〔同順泰〕は、同泰号に四万両余りの借りがあります。さらに年末で上海の金融が逼迫しているため、輸入貨物はすべて手配を中止し、取引が停止した状態となっています。どうか当号から送った在庫商品について、早くに売上計算書を送って下さるとともに、その代金は直ちに同泰号に送金し、年末の急に応じられるようにして下さることを望みます。[93]

譚傑生はこの書簡とほぼ同時に、同泰号の梁綸卿に対しても「貴号からの借り〔の決済〕は香港での売上げに依存している」とし、安和泰に資金回送を促していることを伝えた。[94] 続く一八九三年の冬にも、譚傑生は梁綸卿に宛てた書簡で、借りに対して直接送金するのは困難だと伝え、安和泰に委託した商品の売上金を取り寄せてほしいと求めている。[95] 同順泰の安和泰への輸出は、同泰号からの輸入代金と相殺することを念頭に行われたもので、それぞれ切り離しては論じられないことが分かる。

このように同順泰は、同泰号との貸借差額を埋めるため、日本経由の迂回送金と各地取引先への輸出代金の振替、また（一般商品とは区別されるという意味で）金銀地金の現送も加えるとすれば、都合三種類の経路を利用して上海送金を行っていたことになる。経由地を考えれば選択肢の数はさらに多かったと言える。その選択に影響を与えた条件は様々だったと考えられるが、ここではその一つとして、朝鮮および東アジアの通貨環境を指摘したい。

一九世紀末の東アジア開港場では、いわゆるメキシコドルとそれに範を取った洋銀――日本円銀も含む――が広く流通していた。ただし朝鮮の場合、日朝修好条規の締結された一八七六年からしばらくは日本が開港場貿易を独占しており、メキシコドルの大規模な流入は見られなかった。日朝修好条規附録では開港場での「日本国の諸貨幣」の流通を認めており（第七款）、日本円銀とともに、日本で発行された諸紙幣（政府紙幣など）も相当額が流入したと考えられる。[96] 一八八二年以後、諸外国との通商が開始されるとメキシコドル等の流入も見られたが多数を占めるに至らず、開港場では日本通貨、特に日本紙幣（一八八〇年代後半からは日銀兌換券と見てよい）の流通がさらに拡大した。例えば一八九一年の仁川日本領事報告は「平常の取引は銀貨を以てする事甚稀にして一般に紙幣を以てするに至れり」と言い、同じ年のソウルでは概算で「銀貨〔円銀〕」七千円、「〔円銀以外の〕洋銀」一千円が流通していたのに対し「紙幣各種」の流通高は九万円に上っていたという(97)。

ただしメキシコドルや円銀、日本紙幣の流通は外国人間に止まっており、朝鮮人は朝鮮政府の鋳造する小額通貨を専ら利用し続けた。華商による輸入品売却も銅銭で行われたのは第4章で見た通りであり、本章でも先に輸入綿織物の売れ行きに影響を与えた条件としてこれに言及した。ソウルを中心とする中部地方では一八八三年から発行された当五銭が、それ以外の地域では一七世紀から一九世紀にかけて鋳造された常平通宝が専ら流通していた(98)。

同順泰の立場からすると、朝鮮人に輸入品を販売して得られる銅銭を、そのまま上海に送ることはできない。人蔘や穀物などの商品を購入して各地取引先に販売を委託し、その代金を同泰号に振り替えてもらうか、砂金や銀貨、日本紙幣に交換して送金することになる。そのうち砂金や銀貨は上海に現送できるが、同泰号との勘定は上海両建てであるから、上海でさらに換算を要する。また日本紙幣は上海では通用しないから、いったん日系銀行を通じて日本開港場の取引先に送金し、そこから欧米系銀行の在日支店で送金為替を購入するか、華商の送金手形（滙票）を利用して上海に送金しなければならない。右に挙げた全段階で通貨間の交換率は固定されておらず、時と場所によって変動したから、同順泰はそれらを勘案し、輸出商品の価格条件とも比較した上で、最も有利な送金方法を選択しなければならなかったのである。

譚傑生は梁綸卿への書簡の中で、ソウルの砂金相場や通貨相場を頻繁に伝えるほか、送金経路の選択の理由を詳細に説明した。

銭相場はやや上昇しました。鎮口銀錠が三六〇吊〔一吊＝銅銭一千文〕、紙幣は一九七吊、純度の高い砂金が五〇吊です。上海の〔金〕相場が二三両まで下落してもやはり砂金の購入が有利ですし、上昇するならさらに利益が見込めます。現在すでに二〇〇両分〔砂金を〕購入しており、市価でさらに多く買い入れるつもりです。五、六〇〇両買い入れたら上海に送ります。もし〔上海金相場の〕騰落があれば、それによって買い進めるかどうかを決めますので、電信でお知らせ下さい。現在紙幣の相場は高く、また日本の〔上海〕為替相場は低めのため、〔日本経由は〕採算に合わないようです(99)。

この例で譚傑生は、まずソウルでの銅銭による砂金価格と上海における上海両建てのそれとを比べている。さらに日系銀行を通じて迂回送金する場合に必要となる日本紙幣の相場と、日本での上海為替相場も考えあわせ、その上で砂金現送の方が日本経由の銀行送金より有利であるという判断を下したことになる。

実際の送金過程だけでなく、こうした情報の収集のためにも各地の取引先の協力は必須であった。例えば横浜経由で銀行送金する際、横浜から上海へは直接に送るほか香港経由で送金することもでき、後者の方が有利な場合もあったため、いずれによるかは横浜の福和号の選択に任せられた(100)。福和号には単なる送金の仲介だけでなく、為替相場の収集とそれに基づく判断までもが委ねられたことになる。同順泰の対上海貿易は、決済の点でも、こうした取引先間の強固なネットワークを前提にして成立していたと言うことができる。

四　華商間競争におけるネットワークの機能

(1) 上海送金の経路選択

ここまでの検討から、同順泰の対上海貿易が、日本や香港・広州、煙台など各地の取引先華商によって支えられていたことが明らかとなった。このような活動のあり方は、他の朝鮮華商にもあてはまるものだったのだろうか。

ここでは、前節で注目した決済の問題を取り上げて検討したい。開港期の朝中貿易の構造を想起すると、輸出入間の偏りに起因する対上海送金の必要は、多くの朝鮮華商の共有する問題であったと考えられる。同順泰が行っていたような、各地の取引先と連携した迂回的な資金移動は外から窺うことが容易でない。それでも、同順泰のやり方が決して特異なものでなかったことは、断片的な記録から推測される。例えば一八九一年の仁川日本領事の報告によれば、「清商は其輸入品を韓商に売り附け得たる所の韓銭〔朝鮮銅銭〕を以て常に銀貨若くは紙幣と交換せん事を希望したという。このうち、円銀が大半を占めたであろう銀貨については、「清商は之を我日本若くは其本国へ現送するの場合少しとせず」とあり、現送手段として用いられたようである。一方で「紙幣」すなわち日銀兌換券の場合は「多くは我銀行の手を経て本邦長崎・神戸若くは横浜へ対し為替を取組むを常とす」とされている。[101]日本経由の迂回送金が広く行われていたことが分かる。

また同じく仁川領事の一八九五年の報告は、日系銀行を通じた横浜への為替送金の背景について、「商業上の関係に出づる取引に非ずして、清商の其本国へ送金するが為め為替取組に出づるの関係なり。蓋し当港にて上海為替を買ふは頗る不利にして、且つ其数も饒多なるを得ず、寧ろ横浜に送金し同所に於て更に上海為替を買入るゝの便且利なるに若かざるを以てなり」と説明している。[102]

先述のように、朝鮮の日系銀行支店は当初上海送金を取り扱っていなかったが、一八九三年五月に横浜正金銀行が上海支店を設置するとこれとコルレス契約を結び、形の上では直接送金が可能になった。しかし実際には両地間の貿易不均衡から為替出合が取れなかったという。[103]右の史料は、そうした状況の下で、華商が依然として日本経由での迂回送金を継続していたことを示している。

ところで同順泰は、こうした迂回送金の手段を利用する一方、自身でも上海向けの滙票すなわち在来の送金手形を売り出していた。漢城本号は庚寅年（一八九〇）初めに一号の番号を付した送金手形を売却しており、[104]翌辛卯年に発行したのは前節で見た通り一一号から一六号までだったから、この両年にはそれほど多くの枚数が売り出されたわけではない。だが譚傑生は、壬辰年（一八九二）初めに一七号票を振り出すにあたり、今後は儲け口の一つとしてより積極的に送金手形を売るつもりだと梁綸卿に言明し[105]、実際に年末までに売却した送金手形は七六号に達した[106]。癸巳年（一八九三）末にはさらに一〇九号に達している[107]。

このような送金手形の買い手について、譚傑生は庚寅年（一八九〇）の梁綸卿への書簡で次のように説明している。

いま仁川・ソウルにはともに紙幣が多く、洋銀は甚だ少ない状態です。山東幇と寧波幇は日本に店舗がないため、紙幣を入手した場合は当店の漢城本号か仁川分号を通じてこれを送金します。仁川・ソウルでは、紙幣が日本・イギリスの洋銀に比べ一〇〇元あたり二元低くなっています。今〔同順泰が滙票を売る際には〕紙幣一〇〇元に対し上海で七二・四両を払い出すこととし、別に手数料一・五元を受け取ります。……もし紙幣を受け取ってすぐに日本行きの船があり、銀行送金の手数料が一〇〇元あたり〇・四〜〇・五パーセントほどであれば、あいまって利益が生じます[108]。

先に仁川日本領事の報告を引用したように、銀貨と違って上海で通用しない日本紙幣は日系銀行を通じた迂回送金に利用されたが、この方法をとるためには日本で送金を中継してくれる協力者が必要であり、すべての華商がその条件を備えていたわけではなかった。同順泰はそうした条件に恵まれていない華商に送金手形を売る一方、獲得した日本紙幣は日本経由で上海に送金し、手数料や銀貨・紙幣間の打歩などに起因する差益を得たことが分かる。

右の史料では、日本に送金の中継者を持たない華商として「山東幇」「寧波幇」を挙げている。序章で見たように華商の進出範囲は出身地によって違っていた。例えば山東華商は、満洲やロシア領には早く進出し、朝鮮でも開港当初から最大のグループを形成していたが、日本への進出は遅かった。山東華商が大阪を拠点として華北・満洲へ綿製品や雑貨の輸出を盛んに行うようになるのは日清戦争以後のことである[109]。右の史料の時期には、朝鮮の山東華商が日本に信頼できる取引先を持つことは難しかったのだろう。また（史料に寧波幇と表現されている）浙江出身の華商は日本にも早くから進出していたが、朝鮮から上海への迂回送金が主な中継地とした横浜では広東出身の華商が圧倒的に多く、朝鮮と取引のある浙江出身者は少なかったのかもしれない。

いずれにせよこの史料からは、朝鮮で対上海貿易に従事する華商の間でも、出身地によって取引先のネットワークの及ぶ範囲が異なっており、そのことが上海への送金経路の選択にも影響を与えたことが分かる。そのような中、日本の有力な広東商人と取引関係を持つ同順泰は、これを自身の送金に利用するだけでなく、そのような便宜を持たない他の華商に送金手形を売り出して利益を得ようとしたのである。

（2）華商間競争に与えた影響

それぞれの華商が持つネットワークの違いが、競合する華商間の関係にどのような影響を与えたか、情報や輸送の手段などにも視野を広げて見てみたい。

ここで例として取り上げるのは、一八九四年前半に生じた中国米の輸入問題である。[110] 清朝は米穀の海外輸出を禁じていたが、飢饉を救済する等の目的で特例を認めることがあった。この年も一八九三年の朝鮮凶作を受けて米の輸出が認められ、華商が上海から仁川への輸出に従事した。日本領事報告によれば、これに上海側で従事したのは「同泰号及広利生号」、仁川側では「広東商同順泰」のほか「山東商永順福、恒順昌、双盛泰、錦生、瑞盛泰、及永来盛等数商」であったという。[111] 同泰号・同順泰が主な担い手に数えられていることが確認できると同時に、朝鮮側の輸入者が同順泰を除いては山東商人であったことが分かる。

この中国米は朝鮮の飢饉救済を名目に輸出されたにもかかわらず、相当部分が仁川から大阪に再輸出された。再輸出の担い手は主に日本人商人であり、山東商人は輸入した米を仁川で彼らに売却したが、同順泰は自ら日本への再輸出に参加した。中国米の輸入と再輸出は漢城本号と仁川分号の共同事業の形で行われ、[112] 再輸出された中国米を大阪で販売したのは取引先の祥隆号であった[113]。

この年の大阪米価は乱高下し、四月末（新暦）には急落して仁川の日本人商人が山東商人からの買い予約を一斉に破棄するといった事態も生じた。だが五月に入ると大阪の米価は徐々に盛り返した。そのことを祥隆号から知らされた仁川分号の譚晴湖は、同泰号にさらに米を買い進めるよう求める一方[114]、仁川では次のような行動をとった。

今日、日本人が山東人の瑞盛号から一千包、公和順から一千包、恒順昌から二八〇〇包を買いました。単価は日本枡で一斗あたり六・二毛でした。これは梱包込みの価格ですから、原価ぎりぎりといったところです。彼ら〔山東商人〕は仁川以外の相場を知らないのですから、売り急ぐのも無理はありません。〔荷役業者の？〕周鶴雲が運送品の有無を尋ねてきたので、私はわざと大阪市況が良くないと伝えました。彼から山東人に伝えさせ、さらに売り急がせるためです[115]。

譚晴湖自身は大阪市場が既に回復基調にあることを知っており、それに基づいて上海に商品を発注しているのにもかかわらず、日本に有力な取引先を持たない山東商人に対しては事実と異なる風聞を流し、山東商人を出し抜いて利益を得ようとしたのである。コミュニケーションの手段が限られていた当時、取引先のネットワークが及ぶ範囲の相違は直ちに接触できる情報の相違に結果し、華商間の競争にも影響を与えたことが理解できる。

さて、ここまでは専ら開港場を拠点とする華商のネットワークについて取り上げてきたが、この時期の朝鮮は、開港場を通じてのみ中国市場と接続していたわけではない。第3章で見たように伝統的な陸路貿易の経路は衰退しながらも機能していたし、序章で触れたように山東半島の在来船も朝鮮沿海で活動するようになっていた。開港場間を結ぶ汽船航路に専ら依存する同順泰にとって、こうした経路へのアクセスは困難だったと考えられる。このことは同順泰の山東商人との競争にどのような影響を与えただろうか。

在来船の輸送能力は汽船に及ばなかったが、環境に応じて柔軟な輸送が実現できる点にメリットがあったと考えられる。その顕著な例はいわゆる密貿易であろう。第二節で触れたように華商は紅蔘の密輸出にしばしば手を染め、同順泰もその例に漏れなかった。だがそれは海関に摘発される危険と隣り合わせであった。譚傑生によれば、汽船で紅蔘を持ち出そうとする者には寧波商人が多く、一八九三年に仁川海関が一〇〇余斤を一度に摘発した際も、その持ち主は全員が寧波人であった[116]。譚傑生は香港安和泰への書簡でこの騒ぎに触れ、寧波商人と対比して山東商人のやり方を次のように説明している。

山東幇の密輸は帆船を使います。仁川と煙台は遠くないため地の利があり、常に多数の船が往来しています。海関がこれを検査するのは困難で、捕まる前に外洋に出てしまいます。または夜間に小舟で密かに積み込み、帆を揚げて去ってしまうという具合で、ほとんど失敗することがありません[117]。

仁川に来航する在来船は、漢江を遡行してソウルに向かうものも含め、汽船と同様に通関を要する建前であった[118]。しかし右の史料から、その厳密な捕捉は困難であり、密輸出に従事する山東商人にとって恰好の手段となっていたことが窺われる。

さらにこれらの在来船は仁川だけでなく、朝鮮西海岸一帯の非開港地にも往来していた。特に一八八九年頃には、凶作に見舞われた山東半島から在来船が非開港地に来航し、穀物を買い付けて持ち出したり、被災農民が上陸するといった事件が急増した[119]。山東半島と遼東半島、満洲の間ではこうした沿岸交易と人間の往来が日常的に見られたのであり、朝鮮への渡航もその延長線上に過ぎなかったと言えるが、外国貿易として見れば密貿易にほかならない。仁川の日本人商人および日本政府はこれを非難し、朝鮮政府に対して日本人にも非開港地への入港を認めるか、もしくは(山東からの在来船が集中する)平壌を開港せよと迫った[120]。このような在来船の活動について同順泰の仁川分号は、漢城本号への書簡の中で次のように述べている。

今年の洋布各種、織物類は到底好況の望みがありません。山東人が在来船を用いて黄海道・平安道に持ち込み、穀物に換えて煙台に持ち帰り、少なからぬ関税を免れています。そのため仁川では全般に商売が不景気で、大豆の回着も少ないのです。もし〔在来船の密貿易を〕禁止できなければ、将来の仁川の商売は次第に衰えてしまうでしょう。[121]

山東商人の在来船による密貿易は、日本人だけでなく、同順泰のように開港場制度を前提に活動する華商の目にも脅威と映ったのである。これは華商のネットワークが依拠するインフラストラクチャーや制度にも個々に違いがあり、そのことが華商間の競合関係に反映していたことを示している。

本章では日清戦争以前の同順泰の海外貿易を検討した。同順泰の貿易活動の主軸は、聯号関係にある上海の同泰号との取引、特に絹織物・綿織物等の輸入に置かれていた。対する同泰号への輸出は、一般商品だけを見れば輸入よりも圧倒的に少なく、砂金などの現送も輸入を相殺するには至らなかった。このような同泰号との取引は、朝中間のマクロな貿易構造を概ね反映している。しかし重要なことは、この二者間の取引が、その他の取引先を含む多角的なネットワークによって支えられていたということである。

朝鮮と中国を結ぶインフラストラクチャーや貿易関連の諸サービスは未だ成熟しておらず、政治的変動の影響にも常にさらされていた。こうした中で安定的に上海との取引を維持するには、各地の取引先の支えが不可欠であった。そのことは両商号間の決済の仕組みに最も顕著に表れたほか、不安定な航路網や通信網を補完したり、各地の市場情報を収集して意思決定に供したりと、様々な側面から同順泰の対上海貿易を支えた。

このような同順泰の貿易活動は、この時期に萌芽した東アジアの地域内貿易が、二国間また二港間の関係の単なる集積ではなく、相互に連動した有機的なシステムとして成立していたことをミクロレベルで示している。日本郵船による日朝航路や、日系銀行の支店などは、本来は日本人商人の対朝鮮貿易を支援することを目的に整備されたものと言えるが、同順泰の多角的なネットワークを通じて、これらも朝中貿易の一環に組み込まれたことが注意される。日本が提供した幼弱な近代的サービスが、東アジアの地域内貿易の中で、華商のネットワークと結び付くことで意図せざる機能を与えられたのである。このことは、この時期の日朝関係を東アジアの中でどう位置づけるかという問題を考える上でも示唆的であろう。

第7章　同順泰の内地通商活動とその背景

同順泰は東アジア各地の華商と取引する一方、朝鮮国内での活動も拡大していった。前掲の表5-2、表5-3を見ると、譚傑生および漢城本号が、海外貿易の窓口となった仁川分号のほか、国内各地に派遣した店員との間で書簡をやり取りしていたことが分かる。日清戦争以前の相手先地は開城、海州、全州の三カ所であった。注目されるのは、これらがいずれも開港場・開市場ではない地域、いわゆる「内地」に属していたことである。

朝鮮の開港後、外国人は内地に定住することは認められなかったものの、領事・商務委員と朝鮮地方官が連署した護照すなわち許可証を得れば、輸入品の販売、土産品の購入いずれの目的でも内地に入ることができた(1)。これは、朝鮮と同様に居留地貿易の体制を取った日本が、外国人の商用による内地旅行を認めなかったことと大きく異なっていた。実際に内地での商業活動——以下では内地通商と呼ぶ——に従事したのは主に日本人と華人である。李炳天の計算によれば、一八八五年から九三年までに発行された内地護照の件数は、日本人の申請によるもの一二二九件、華人によるもの四四二件であったという(2)。

ソウルの華商を管掌した龍山商務委員に限ると、光緒一七年(一八九一)一〇月から二〇年三月までの二年五カ月間にちょうど一〇〇件の護照を発給している(3)。そのうち七八件は「北幇(山東)」の成員に発給されたもので、「広幇(広東)」一二件、「南幇(江蘇・浙江)」九件と続く(他に不明一件)。またそれらの旅行予定地(道別)は延べ一九二カ

表 7-1　同順泰店員の内地護照受給（1891～94 年）

発給年月	護照番号	姓　名	旅行地方
光緒 17 年 10 月	月字 171 号	李益卿，羅章瀛	全羅，忠清
〃	〃 172 号	李流然，金正璘（通事）	〃，〃
〃	日字 180 号	何英傑，李泉亨	松都，黄海
光緒 18 年 12 月	盈字 115 号	〃，劉珣	全羅，忠清
〃	〃 116 号	邵松芝，李泉亨	松都，黄海
光緒 19 年 11 月	荒字 291 号	〃，〃	〃，〃，平安
〃	〃 292 号	何英傑，劉珣	全羅，忠清

出所と注）龍山商務委員の護照発給記録のうち同順泰を「保」とすることが確認できる者を挙げた（本文注 3 参照）。李益卿が 1892 年当時は仁川分号に属したこと等を考えると（第 5 章の注 69），この表に見える人物がすべてが漢城本号の店員であるとは断言できない。発給年月は商務委員が統理衙門から空白護照の用紙を受け取った時点。

所が挙げられている。多いものから順に挙げると、忠清六九、全羅四〇、京畿三九（松都＝開城五を含む）、黄海一九、平安一三となり、慶尚・江原・咸鏡は合わせて一五に過ぎない。朝鮮半島の中西部、西南部が主な通商地となっていたことが分かる。日清戦争以前に同順泰の店員が活動した三つの都市（開城、海州、全州）もこの範囲に含まれており、この発給記録からも、同順泰の店員が連年申請を繰り返していたことが確認できる（表7-1）。

ところで従来の研究は、外国人商人の内地通商について、主に朝鮮人商人に与えた影響という視角からアプローチしてきた。具体的には、居留地貿易の枠組みを飛び越えた内地通商の増加によって、開港場で活動する朝鮮人商人の流通支配力が低下する一方、内地の朝鮮人商人は商品代金の前貸し、延べ払い等を通じて外国人商人に金融的に従属していったことが指摘されている[4]。これらの研究はいずれも重要な論点を提起しているが、外国人商人の側から見た内地通商の実態はほとんど明らかになっておらず、そのため朝鮮人商人との関係についても、一面的な分析に止まっている感が拭えない。

こうした研究状況の背後には、外国人の内地通商について、「不平等条約」に起因する国家間関係の問題とみなす傾きがあったのではないだろうか。外国人たちは内地でいわゆる条約特権、例えば領事裁判権の保護を受け、朝鮮人が従わなければならない内地課税や流通規制を免除される等の権利を享受しており、それが彼らの内地進出を促したことは疑いない。また著名な防穀令事件が内地通商に端を発したことからも分かるように、内地通商における外国人と朝鮮人の紛争が、しばしば国家間の外交問題に発展したことも事実である。しかし外国人商人の立場から見て、条約特権が内地通商の必要条件だったとしても、自身の経営上「なぜ」内地通商を必要としたかは、国家間関係とは異なる次元で解明を要する。そのことは実際に行われた内地通商の形態や、朝鮮人との接触面にも影響を与えたはずである。

このような観点から本章では、日清戦争以前における同順泰の内地通商について、その経営上の位置づけに注意して検討する。特に前章で見た対上海輸入を主軸とする貿易活動との関係に重点を置くことにしたい。また同順泰が内地通商にあたり朝鮮人商人とどのような関係を結んだかにも注意したい。内地通商についての従来の研究では、朝鮮側の記録に残った紛争事例を素材としてきたため、内外商間の通常の取引関係については十分に接近することができなかった。同順泰文書に含まれる各地の派遣店員の書簡は、その点でも貴重な題材を提供している。なお前章に続き、史料と対照する便宜から本文中の日付も原則として旧暦を用いる。

一　内地への店員派遣と輸出品の買い付け

譚傑生・漢城本号は内地に派遣された店員と頻繁に書簡をやり取りしていたが、現在残っているのはほとんどが本号側からの発信控えで、内地側からの来信は癸巳年（一八九三）末から甲午年（一八九四）初にかけて少数が残るだけである。表5-2、表5-3に示した件数を、受発信の日付と書簡番号、受発信者名を含めて整理したのが表7-2である。開城と海州は庚寅年（一八九〇）秋から、全州・栗浦は癸巳年夏から確認できる。

三カ所のうち最も長期間にわたり店員の活動が確認できるのは開城で、漢城本号からの書簡は庚寅年から四年間にわたり二一八件が残っている。書簡の発信番号にほとんど脱漏はなく、実際に発信された書簡の多くが残っていると見られる。その番号が庚寅年は八月、続く三カ年は四〜五月に始まり、一一月末ないし一二月初に終わっていること

表 7-2　内地通商関係の書簡（日清戦争以前）

（上段：件数，中段：年内最初／最後の書簡，下段：受け手／送り手）

年	開　城（漢城本号より発信）	海　州（漢城本号より発信）
庚寅（1890）	36 件	19 件
	8/ 22（5 号）～11/ 25（38 号）	10/ 15（1 号）～12/ 28（29 号）
	邵松芝 30，邵蘭圃 5，不明 1	羅章佩 2，羅聘三 17
辛卯（1891）	59 件	16 件
	5/ 12（1 号）～12/ 5（52 号）	1/ 11（1 号）～4/ ？（15 号）
	邵松芝 10，邵蘭圃 49，羅章佩 1，羅聘三 12	羅聘三 16
壬辰（1892）	85 件	4 件
	4/ 21（1 号）～12/ 02（83 号）	1/ ？（無番）～3/ 10（無番）
	邵蘭圃 85，何梃生 18	何梃生 3，何英傑 1
癸巳（1893）	38 件	
	5/ 22（3 号）～11/ 28（41 号）	
	邵蘭圃 38，李泉享 1	

年	全州・栗浦	
	（漢城本号より発信）	（漢城本号へ来信）
癸巳（1893）	30 件	3 件
	5/ 23（1 号）～12/ 29（25 号）	12/ 19（無番）～？（無番）
	何梃生 26，劉時高 20，不明 1	何梃生 1，羅明階 1，劉時高 1
甲午（1894）	15 件	33 件
	1/ 9（26 号）～5/ 4（38 号）	1/ 4（無番）～4/ 16（無番）
	何梃生 5，劉時高 10，羅明階 8，譚廷賡 1	羅明階 10，劉時高 11，邵蘭圃 1，不明 2

出所と注）同順泰文書に含まれる内地派遣店員を相手として受発信された日清戦争以前の書簡を整理したものである。「開城」「海州」「全州・栗浦」はそれぞれ店員の駐在地。全州と栗浦は両地の間を店員が頻繁に往来しており区別困難なためまとめた。各欄の**上段**について，①「漢城本号より発信」の出所は『同順泰往復文書』で，件数は表 5-2 に対応している。②「漢城本号へ来信」の出所は『同泰来信』で，件数は表 5-3 に対応している。**中段**は，現存する書簡のうち各年の最初の書簡と最後の書簡を日付と発信番号で示している。日付は原史料通り。**下段**は当該の書簡の受け手（本号からの発信の場合），送り手（本号への来信の場合）である。原史料では名だけで記されることが多いが，姓を補った（表 5-6 参照）。姓名の次の数字は，その人物が受け手／送り手となった書簡の件数を示す。連名で作成された書簡は各人について 1 件と数えている。

から、店員が現地に一年を通して滞在したのではなく、年末にはいったんソウルに帰り、翌年の夏に戻るというパターンを繰り返したことが分かる。

同順泰にとって最初の内地通商となったのはこの開城での活動である。その初期の様子を詳しく見ながら、同順泰の内地通商の目的がどこに置かれていたかを見ることにしよう。

譚傑生が梁綸卿に宛てた書簡によれば、譚が開城での内地通商に関心を持ったのは庚寅年の閏二月頃で、大阪の祥隆号から大豆価格の上昇を聞いたのをきっかけとして、店員を派遣して大豆を買い付けさせたいと告げている。[5] 高麗の旧都開城は、ソウルから六〇キロメートルほど北にあり、朝鮮時代を通じ商業都市として繁栄していた。譚傑生は、既に日本人や山東商人がこの方面で内地通商を盛んに行っていることに危機感を募らせていたようである。譚傑生が送ろうとしていたのは朝鮮語に堪能な邵松芝で、中国語のできる朝鮮人商人金石年と協力して大豆買い付けにあたらせようと考えていた。[6]

この時に派遣が実施されたかは不明だが、七月になり朝鮮大豆の豊作が明らかになると、譚傑生は再び大阪市場の景況を祥隆号に問い合わせ、[7] 八月には開城に邵松芝を派遣した。その月の終わりには前年物の大豆一千包を開城から仁川に回送させ、祥隆号に輸出している。[8] 一〇月になると満洲大豆の輸出港である営口が朝鮮西海岸より先に結氷したため、譚傑生は大阪に加え香港でも大豆が売れると見て、新物の買い付けを邵松芝に命じた。日本・香港向けの小麦、煙台から好況との知らせを得た高粱についても、あわせて積極的に買い入れるよう命じた。[9]

これら各種穀物のほか、開城では人蔘製品の買い入れも積極的に行われた。第3章で触れたように開城は一八世紀から栽培人蔘の最大の産地となっていた。人蔘製品の中でも、譚傑生は白蔘のひげ根（白尾蔘）にかねて注目しており、[10] 現地に着いた邵松芝から九月初には出荷が開始されるとの知らせを受けると、[11] 出回りの全量を買い入れるよう指示した。[12] 譚傑生は白尾蔘の主な市場を香港・広州と想定し、歳末までに五千～六千斤を輸出したいと考えていたが、[13] 一〇月初には二五〇〇斤、一一月末には三八〇〇斤と順調に買い付けを進め、香港の茂和祥に販売を委託した。[14]

また、ひげ根ではない白蔘本体も広州に輸出した[15]。

また邵松芝は開城に来てすぐ、朝鮮人金永奎から「国王の紅蔘」一万五千斤の輸出を請け負って欲しいと提案された[16]。同順泰が戊子年（一八八八）に玄興宅・呉慶然から国王のものと称する紅蔘の輸出を依頼され、値段の折り合いがつかずに破談となったことは第5章で触れたが、金永奎が持ち込んだのも同種の紅蔘（別付蔘）であろう。

金永奎の提案について譚傑生は、山東人の裕増祥がやはり国王の紅蔘に関わって破綻した――この事件については第3章で詳しく述べた――ことから慎重な態度を見せたが[17]、国王とのつながりを持つことで宮中への絹織物の納入が可能になることを期待し[18]、即座には断らなかった。だが自身で開城に出て実物を検分したところ、品質が不良で失望したといい[19]、以後史料に現れなくなる。一方で一一月末に密造蔘（私蔘）百斤の引き合いがあった時には、上海価格の上昇を見込んで購入した[20]。譚傑生は、同泰号に対し合法的な「蔘廠」が作るので品質は官許を得て作られた紅蔘（官蔘）と変わらないと説明し、年が変わったら船で送ると告げた[21]。同順泰が紅蔘の密輸出に従事していたことは前章で見た通りだが、それが内地通商とも関係していたことが分かる。

この年には海州にも店員が派遣された。海州は黄海道南側の京畿湾に面した港市で、朝鮮時代には水軍の基地が置かれたほか、この地方の商業拠点でもあった。開城の西側にあり、邵松芝も開城に派遣された当初、ここまで足を延ばして穀物類の価格などを調べている[22]。畑作の卓越した黄海道は豆・雑穀類の産地であり、大阪への大豆輸出に関心を持っていた譚傑生が調査を命じたのだろう。

邵松芝はその後開城に戻ったが、一〇月に改めて羅章佩が海州に派遣され[23]、譚傑生から大豆二千～三千包、高粱八〇〇～一千包を調達するよう指示された[24]。一一月になると、譚傑生はさらに内陸の黄州・鳳山・載寧にも出張して大豆・粟を買い付けるよう指示している[25]。特に重点を置いた大豆については、翌年の春に営口港が解氷して満洲大豆が出回る前に、日本ないし香港に売り出そうと考えたようである[26]。羅章佩は歳末まで活発に大豆の買い付けを行ったが、誤算だったのは海州近辺の河川も結氷してしまったことであり、同順泰は内陸で買い付けた一九八〇包に上る大豆を運び出せないまま、翌春の解氷を待つことになった[27]。譚傑生は結氷期についてては朝鮮人を通じて確認したのに騙されたと嘆いており[28]、内地市場の環境について正確な情報の入手が困難であったことが窺われる。

このように開城と海州での内地通商は、輸出向けの現地産品を買い付けることを目的として開始されたと見てよい。輸入品の売り込みは副次的なものでしかなかったようであり、ほとんど史料に現れない。開城での内地通商は癸巳年（一八九三）まで、海州では壬辰年（一八九二）まで確認できるが、継続して人蔘製品および大豆・雑穀の買い付けに活動の主軸が置かれた。開城では香港向けを意識した白蔘・白尾蔘や紅蔘の買い付けが行われたほか[29]、壬辰年には朝鮮人安弼祚から蔘圃（人蔘畑）三千間の「合買」を提案された。譚傑生はこれに参加し、翌年には収穫した人蔘を密かにソウルに運んで紅蔘に加工しようとしたが、安との関係がこじれて成功しなかった[30]。結果はともかく、譚傑生が開城での紅蔘調達に強い関心を持っていたことが分かる。その他、日本向けの大豆[31]や山東向け高粱[32]、上海・香港向けの粟[33]なども引き続き買い付けられた。また海州でも大豆のほか、日本向けの小麦の買い付けや[34]、山東省煙台向けの高粱や粟の買い付けが確認される[35]。

さて、畑作の卓越した朝鮮中西部に属する開城や海州と違って、朝鮮南部の水田地帯に位置する全州では米が主に買い付けられた。譚傑生は、既に庚寅年の九月、広東が凶作だとの情報をもとに、開城の邵松芝を一時全州に送って輸出用の米を購入させようとしたことがある[36]。これは実現せず、代わりに何英傑が派遣されたものの失敗に終わっていた[37]。

表7-2からも分かるように全州への長期派遣が実現したのは癸巳年（一八九三）五月のことで、その前年に開城・海州に派遣されていた何梃生が送られた[38]。全州は全羅道北部のやや内陸に位置するが、そこから西北に約二〇キロメートルの栗浦にも店員の劉時高が滞在した[39]。栗浦は万頃江左岸の河港で、劉時高は全州の何梃生と連絡しつつ米の買い付けと積み出しを行った。

全州では、米の買い付けと同時に輸入品の売り出しも見られた。譚傑生は何梃生の派遣当初から、漢城本号で滞貨となっている綿織物などを全州で売却するように指示していた。[40] また上海の同泰号に対しても、全州は豊かな場所であり絹織物の売れ行きが期待できると伝えている。[41] この年には同順泰以外にも多くの山東商人が不景気の仁川やソウルを離れて全州に下っていたといい、[42] 朝鮮の穀倉と呼ぶべきこの地域がソウルと並ぶ輸入品の消費地となっていたことが窺われる。

ソウル・仁川と全州との貨物の往来には、朝鮮の在来船による海路が利用された。甲午年（一八九四）の前半については、譚傑生からの発信控えだけでなく、全州・栗浦からの来信も残っており、その中で発送品と着荷品がかなり詳細に報告されている。それらを整理した表7-3によれば、癸巳年一二月から甲午年三月まで、全州・栗浦からの発送が一四回、着荷が五回確認できる。全州・栗浦から発送された商品のほとんどは現地で買い付けたと見られる米穀である。一部に銅銭も見えるが、書簡によればこれらは米の買い入れ資金として準備されたもので、米の出回りが予想より少なかったため、やむなく仁川に回送したという。[43] また漢城本号からの着荷品には絹織物などの輸入品が多かったことも分かる。

在来船に積まれた米はいったん仁川に送られ、そこから日本に輸出されるか――同順泰自身が輸出する場合と日本人に転売される場合があった――、またはそのまま漢江を遡ってソウル南郊の麻浦まで送られた。どこで売却するかは譚傑生が各地の相場を見て決め、現地に指示した。例えば譚傑生は、癸巳年九月に日本が豊作の見込みなのでソウルで売却するほうがよいとし、船を直接麻浦まで送れと現地の店員に指示しているが、[44] 一一月になると考えが変わったようで、神戸への輸出が最善だが、船便の予約が取れないので仁川で売却する方針だと伝えている。[45]

なお甲午年には米穀輸出を禁じるいわゆる防穀令が全国的に施行される一方、中国からの米輸入も始まったので（第6章第四節）、現地の店員も米価の動向を懸念したが、[46] 影響のほどは明らかでない。いずれにせよその頃の全羅道では甲午農民戦争の戦火が拡大し、四月二七日（新暦五月三一日）には全州も農民軍の攻撃によって開城した。その際に同順泰でも数千元分の商品を焼失したという。[47] 店員はなお現地に踏みとゞまっていたようだが、譚傑生は五月初

表 7-3　漢城本号と全州・栗浦間の商品輸送　(癸巳年12月～甲午年3月)

①全州・栗浦より漢城本号へ

発送日	船　名	出荷番号	貨　物　内　容	出　所 (発信日)
癸巳 (1893) 12月22日	高仁善船	(不明)	米110包・大豆20包	甲午 1.6
甲午 (1894) 1月6日	金万善船	元幇	米355石	1.6
20日	高万西船	(不明)	朴米270包・当五銭1500吊，毛皮，魚肚	1.17
21日	崔良祚船	(〃)	葉銭210吊	1.20
22日	(不明)	(〃)	米240包，銅銭300吊	1.27
2月6日	黄千甫	(〃)	朴米252石，牛皮24枚，魚肚1包	2.7
(不明)	金洛連	四幇	朴米129包	2.24
(〃)	崔用凡	(不明)	米100石　※発送予定	2.30
(〃)	金成表	(〃)	朴米28石，牛皮8枚	3.7
3月7日	崔順才	第五幇	朴米223包・牛皮8枚	3.10
23日	梁正順	第七幇	米141包	3.23
(不明)	鄭明信	第八幇	米108包・牛皮30枚	4.1
(〃)	崔良祚船	第九幇	米151石・葉銭300吊	4.8
(〃)	崔景春船	第十幇	米121石・葉銭200吊	4.8

②漢城本号より全州・栗浦へ

発送日	船　名	出荷番号	貨　物　内　容	出　所 (発信日)
癸巳 (1893) 12月23日	(不明)	七幇	絹織物など	甲午 1.4
甲午 (1894) 1月24日	金万善船	二幇	貨物60件 (内容品不詳)	1.24
2月25日	(陸路)	(不明)	天青直地府紗37疋，南松連元庫緞3疋	2.25
(不明)	高万西舡	(〃)	洋布　※中途で引き返す	3.7
6日	(陸路)	三幇	(不明)	2.6
3月25日	崔良祚船	第六幇	綢緞4箱，洋貢綾2包，洋布20包，鉄皮1札，水銀2缶，3絲白洋羅12包，川連紙1件	4.1

出所と注)『同泰来信』第4冊所収の文書より整理した。「出所（発信日）」の項は当該の記事が現れる書簡をその発信日で示したものである。

に撤収を命じ、全州・栗浦に残る在庫を仁川に積み戻させた[48]。事態はそのまま日清戦争へと拡大し、同順泰の内地通商もいったん終わりを告げた。

このように開城・海州と全州に派遣された店員は、それぞれ現地の特産品を買い付けた。前章の第二節では辛卯年(一八九一)の海外各地への輸出品を検討したが、そこで現れた商品すなわち人蔘製品と大豆、雑穀類は、いずれも開城・海州での買い付け商品と一致している。譚傑生はそれらの消費地での市況について、取引先から積極的に情報を入手しながら、現地に買い付けを指示していた。内地において山東商人は手ごわい競争相手であったが、譚傑生は海外に「四通八達」の取引先を持っていることが自分たちの強みだと誇っている[49]。前章で見たような海外取引先のネットワークが、内地通商における判断にも影響を与えていたことが分かる。

市場についての情報を有効に活用するため、内地の派遣店員と密接な連絡を保つ必要があったことはもちろんである。譚傑生が開城に宛てた書簡を月ごとに見ると、最も多かったのは辛卯年(一八九一)一一月で一七件が発信されており、次いで庚寅年(一八九〇)一〇月と壬辰年(一八九二)七月にはそれぞれ一六件が発信された。これらの月には二日に一回以上のペースで書簡が往来したことになる。また全州とソウルの間では一八八八年に朝鮮政府が架設した電信(南路電線)も利用された[50]。譚傑生は現地の店員に、海外各地の情報が得られしだい買い付けの内容を指示するので、勝手に行動して齟齬を来さないようにと注意している[51]。譚傑生の強いコントロールの下で、海外市況に即応した買い付けを行おうとしていたことが分かる[52]。

二　輸出品買い付けの経営上の意義

(1) 同順泰の経営構造と輸出の必要性

譚傑生が海州の羅聘三に送った書簡では、内地通商は「綸卿兄」の「主意」ではなく、「家兄晴湖」の「主意」でもないのだから、問題を起こさぬよう細心の注意を払ってほしいと求めている。[53] つまり内地通商は、出資者である梁綸卿も兄の譚晴湖も慎重であったのを、譚傑生が押し切って始めたものであった。それが庚寅年に始まったこと自体、同年から譚晴湖の属する仁川分号が漢城本号と分離されたことに関係するかもしれない。それだけ内地通商は危険の高い事業だと思われていたということであり、それを押して実行に移した譚傑生には強い動機があったということになろう。

本節では同順泰の内地通商の背景について、その経営全体における位置づけから考えてみたい。帳簿や決算書に類する史料が発見されていない現況では、この問題についての手がかりは限られているが、幸いに辛卯年(一八九一)の「総結」すなわち決算の結果について譚傑生が梁綸卿に報告した書簡が残されている。それを整理した表7-4をもとに、[54] 当時の同順泰の経営構造と、譚傑生が何を問題だと考えていたかを検討しよう。

譚傑生はその書簡の中で、貿易業による損益と、それ以外の経費・損失とを分け、両者を差し引きする形で全体の損益を説明している。貿易業について見ると輸入で一万一千両(上海両)の利益、輸出で四千～五千両の利益があり(いずれも売り値から仕入れ値を引いた粗利か)、合計して一万五千～六千両の利益が得られた。対して貿易業以外の項目では同泰号と総署(袁世凱)に支払う利息、店員給与・諸費用と公課(四厘捐=貿易額に応じた総署への納付金)、銅銭下落による損失が列挙され、それらの合計は一万三七七〇～一万四七七〇両であった。これを貿易業による利益から差し引いた利益は約一千両であった。

表 7-4　漢城本号の損益（辛卯年〔1891〕）

（上海両）

貿易業による利益		
輸入による利益	11,000 両	（A）
輸出による利益	4,000〜5,000 両	（B）
貿易業以外の経費・損失		
同泰号と総署への利息支払い	5,770 両	
店員給与ほか，四厘捐	2,000 両	
銭相場下落による損失	6,000〜7,000 両	
（以上の合計）	13,770〜14,770 両	（C）
全体の損益（A＋B－C）	1,000 両	

出所）譚傑生の梁綸卿あて書簡，辛卯二月か，『同順泰往復文書』第 34 冊。詳しい説明は本文の注 54。

譚傑生は決算前には少なくとも二千〜三千両の利益が得られるものと見積もっており、それでも例年よりは厳しいと考えていたから、利益が一千両に止まったことは不本意であった(55)。前章で見た海外取引先との取引規模——例えば辛卯年の同泰号からの輸入九万二千両余——と比較しても、最終的な利益は意外なほど小さかったといえる(56)。

その理由として譚傑生が最も深刻に考えていたのは、輸入品からの利益の縮小である。譚傑生によれば、辛卯年の「輸入品については漸く一割二分の利益に過ぎず、幸いに輸出で四千〜五千両の利益が出て補うことができたが、もしそれがなければ〔全体で〕三千両余りの損失になっていた」という(57)。譚傑生が通貨環境や他の華商との競合から、特に綿織物輸入について悲観的な見通しを持っていたことは前章で見た通りだが、絹織物も含め他の商品でも必ずしも利益が上がっていなかったのであろう。対上海輸入に活動の主軸を置く同順泰にとって、これは極めて深刻な事態であった。そうした輸入からの利益の縮小を補ったのが輸出であり、その商品は内地通商によって調達されたものであった。これが同順泰の経営という観点から見た内地通商の第一の意義と言えよう。

さて譚傑生は、辛卯年の利益が少なかった理由として、輸入による利益の薄さに加え、利息の支払いの重さも指摘している(58)。表7-4に見えるように、辛卯年の場合、同泰号に対して支払う利息と総署（袁世凱）に支払う利息とが合わせて六千両近くに上った。

同泰号に対する利息とは、相互清算した貸借の残高に対して月一・二パーセントの割合で課されたもので、前章で見た辛卯年の貸借計算書に「往来息」四七六二・九両として見えるものを指すと考えてよい。この支払いが同順泰にとって負担になっていたことも既に指摘したが、表7-4に見える輸出入の利益と対比して見れば、それが経営上無視できない大きさであったことが改めて確認できる。また同順泰は袁世凱の依頼により清朝の公金を預かっており、壬辰年（一八九二）の夏にはその金額が一万四千両に達していた(59)。これは同順泰にとっても資金繰り上の利点がなかったわけではないが(60)、預かり高に対しては一定の利息を支払わなければならず、主業である貿易の利益が縮小している状況では、同泰号に対する利息と同様、小さくない負担と感じられていた(61)。

同順泰が日本や中国各地に輸出した商品の売上げが最終的には同泰号に付け替えられ、同順泰への貸しと相殺されたことは、前章で見た通りである。同順泰にとって輸出の拡大は、先述したようなそれ自体の収益に対する期待に加え、同泰号への利息支払いの軽減という意味からも実現しなければならないものだったのであり、内地通商もそのような意図の下で進められたことは、譚傑生の次の書簡から窺われる。

貴下が駐在する開城での活動は、もともと輸出品の調達に重点を置いている。土地の産物は中国市場への適否を問わず見本を送付し、価格がいくらであるかも列記して、売り先を探すため転送できるようにしてほしい。もし売れ行きがよければ、買い付ける輸出品が一つ増やせる。多くの利益を上げることができればもちろんよいが、そうでなくても〔輸入品の〕代金を送り返す必要がある。思うに今年、わが号は昨年よりもさらに多くを輸入し、上海に送る資金を調達するのに悩んでいる。金銀は出回りが少ないため高騰し〔一字不明〕、損失が巨額に上っている。そのため輸出品によって補わなければならないのだ。了解しておいてほしい(62)。

ここから譚傑生が輸出を上海への資金回送の手段と捉えており、その意味で金銀地金の現送と代替的なものと考えていたことが分かる。また譚傑生が新しい輸出品の開拓に積極的だったことも興味深い。前節で挙げた例でいえば白蔘がそれにあたる。当初から中国向けの輸出品として製造されてきた紅蔘と違い、白蔘は元来朝鮮国内向けの商品だった。譚傑生は広州の取引先に白蔘を送る際、それが紅蔘と「同じ品であり、滋養もまた同一である」ことを強調し、販路の拡大を依頼している[63]。このように輸出の拡大は譚傑生にとって重要な課題であり、それだけ内地通商への期待も大きかったのである。

(2) 銅銭下落への対応

内地通商による商品買い付けについては、必ずしも輸出と直接には結び付かない動機も存在した。次に引用する史料は、内地通商が開始された庚寅年（一八九〇）末、譚傑生が開城の邵松芝に宛てた書簡の一部である。

高粱と粟の価格が二・三吊か、それよりも安いようなら、すべて買い占めてほしい。そうでなければ前の価格で二〇〇～三〇〇包を購入し仁川に送れ。……この品の利益は大きくはないが、金銀が騰貴して購入が難しいから、銅銭を使ってしまいたい。もし別に手配できる商品があるか、あるいは海州で大豆が手に入るようなら、この品に限らない[64]。

金銀の代わりに輸出向け商品を購入するという点は先の史料と同じだが[65]、ここでは輸出そのものよりも手持ちの銅銭の処分に重点があったように見える。譚傑生のこのような考えは、辛卯年（一八九一）三月に海州に宛てた書簡にも現れている。

今年は輸入が多く、砂金や紙幣の上昇を考えると、銅銭の在庫が増えることが心配される。輸出品の買い付けを行えば銅銭を消化する助けとなるから、大きな利益が見込めなくてもしてほしい。……〔海州では〕輸入品の取扱いも順調ではなく売れ行きが悪い。ソウルの銭を大いに消化することにならないから、輸入品を取り扱うのは宜しくない[66]。

この史料から内地通商の目的の一つが銅銭の消化にあったことが確認されるとともに――輸入品の売り込みが積極

的には行われなかったのもそのためであろう――、それらの銅銭が輸入の増加に伴って漢城本号に蓄積されたものであることが分かる。これらの銅銭は朝鮮人から受け取った輸入品の代金と見てよいが、上海への回送のためには別の形に換える必要があった。その選択肢の一つが輸出品の購入であり、特に「金銀の騰貴」「砂金や紙幣の上昇」が認められる際にはこちらが有利だと判断されたのだろう。

ところで「金銀の騰貴」が一時的な現象だという見込みが立つならば、銅銭のままソウルで持ち抱えて時機を待つことも可能であったかもしれない。だがそうした見通しは次第に立たなくなっていた。その原因は金銀の需要自体というより、銅銭の側にあった。譚傑生は壬辰年（一八九二）八月の梁綸卿への書簡で次のように説明している。

今年の〔絹織物の〕売り上げは、平均すると仕入れ値を割り込むでしょう。……以前は九～一〇月に銅銭の需要がすこぶる多く、〔その相場が〕高騰する見込みがあったので、七～八月に安く在庫貨物を売却して、その時はたとえ仕入れ値を割ったとしても、期限通りに銭を受け取って銭価の上昇を待てば、その利益で欠損を埋めることができました。今は平壌で鋳造された粗悪な銭がソウルに運ばれてきて、当五銭として絶えず流通に投じられています。この様子を見るに〔銅銭は〕大きく下落はしても上昇はしないでしょう。実のところ損害を避ける方法はありません。小さな利益〔で我慢するの〕が長続きする上策なのです。もしくは内地に入って土産品に注意〔して調達〕するのが、わずかながら頼みになるに過ぎません。[67]

史料の前半部に言うように、銅銭の需要にはもともと季節的なサイクルがあったと見られる。農村での穀物の買い付けには大量の銅銭が必要となるから、それに従って銅銭の価値も穀物の出荷期に最も高くなったと考えられるし、逆に穀物取引の閑散期である夏には銅銭の価値も下落したはずである。こうした見通しが立つならば同順泰もあわてて銅銭を手放す必要はない。相場の具合によってはむしろ利益になることもあっただろう。

しかし銅銭の濫発はそうした自然なサイクルを打ち消す勢いでその価値を下落させた。前章の第三節(4)で触れた

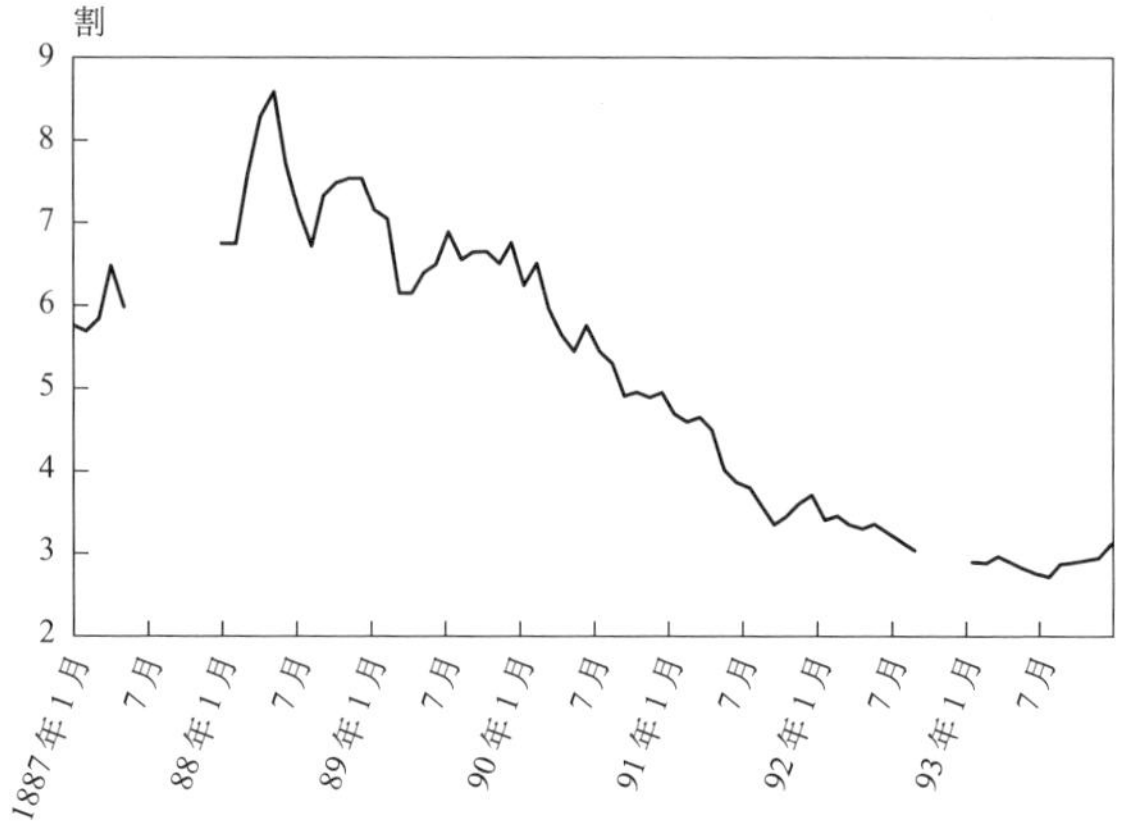

図7-1　仁川「韓銭相場」の推移（各月平均）（1887〜93年）

出所）1887〜92年は『仁川府史』1933年，1221-1222頁。1893年は「明治二十六年中仁川港商況年報」『通商彙纂』第7号附録，1894年，116頁。各月平均相場だが，月内で複数の値が得られる場合は単純平均した。作表にあたり波形昭一（1985）図1-1を参照し再計算した。

注）「割」は開港場の日本人が「韓銭相場」すなわち朝鮮銅銭と日本円の比価を計算する際に利用した単位で，銅銭1,000文（仁川に流通していた当五銭では200枚）の日本円建ての相場を指す。例えば10割なら1,000文＝1円，5割なら1,000文＝50銭で，値が小さくなるほど銅銭安となる。

ように、この時期のソウル・仁川周辺では一八八三年から鋳造が開始された当五銭と呼ばれる銅銭が流通していた。名前のように五文の額面を持つにもかかわらず、地金価値では在来の一文銭（常平通宝）の二倍に満たなかった当五銭は、発行開始直後から市中では一文銭相当にしか受け取られなかった。だが一八八七年頃までは発行が抑制され、それなりに安定した価値をもって流通していたようである。しかし一八八八年から品質の低劣な悪貨が増え、さらに一定の税を上納した民間人に独自鋳造を認めたりしたことから、急速にその価値は低落し始めた。第5章で触れたように一八八九年には一時鋳造を停止する等の措置も採られたが、根本的な対策は図られなかった(68)。

図7-1に示した仁川の「韓銭相場」（この場合は当五銭と日本円の比価）を見ると、一八九〇年に入って当五銭の価値がほぼ直線的に下落していったことが分かる。右の史料にも言及されているが、同じ年に平壌に設置された典圜局分所が従来よりもさらに粗悪な当五銭を鋳造するようになったことが価値の下落に拍車を掛けた。一般の当五銭と区別して平壌銭と呼ばれたこれは青銅ではなく真鍮製で、大量の砂を含んでいたという(69)。

こうした状況で銅銭を持ち続ければ、上海両＝銀建てで最終的な決算を行う同順泰にとって、それだけ損失が生じることになる。実際に表7-4では、銅銭の下落による年間の損失が六千〜七千両に上ったとしている。譚傑生としては、手持ちの銅銭をできるだけ早期に商品や他の通貨に交換したいと考えたはずであり、内地での商品買い付けにはそのための便法という意味もあったと見てよいだろう。

三　朝鮮の在来商業体制と内地通商

（1）現地での取引と朝鮮人客主の利用

内地に派遣された同順泰の店員は、どのような形で現地に滞在したのだろうか。表7-2からは開城に派遣された店員が毎年末にいったん活動を止め、翌年夏から再開するというサイクルを繰り返していたことが分かる。開城をはじめ各地に派遣された店員は、現地に独立した店舗を設けることなく、朝鮮人商人のもとに止宿して活動したようである。庚寅年（一八九〇）に開城に派遣された邵松芝は、到着当初、孫允教という商人の店に滞在したが[70]、同年のうちに尹董三方に移った[71]。辛卯年（一八九一）には劉敬良[72]、壬辰年（一八九二）には安弼柱が宿とされている[73]。また海州では高能銓[74]、全州では韓松房が利用された[75]。

譚傑生の書簡ではこのような滞在先の朝鮮人商人を「孫允教桟」「尹董三桟」等と表現している。譚傑生が漢城本号を設けるにあたって滞在した孫允弼・玄聖一を「桟」と呼び、これが朝鮮の伝統的な商人の一つである客主を指していたことは、既に第5章で見た通りである。客主は交通の要衝に店舗を構え、売買の斡旋仲介にあたると同時に利用者に宿食を提供し、さらに貨物の保管、金融など様々なサービスも提供するものであった。内地で同順泰の店員らが滞在した「桟」もそうした客主と見てよい。

同順泰が内地に店舗を設けなかった直接の理由は、朝中商民水陸貿易章程が華商の内地定住を認めていなかったことにある。壬辰年（一八九二）に開城の邵蘭圃は現地で店舗を購入するよう譚傑生に進言したが、譚はこれを却下した。未開港地の開城では「搭桟」つまり客主での滞在は可能だが、建物を自ら所有することはできないというのがその理由であった。[76] しかし同順泰が客主を利用したのは、そうした消極的な理由だけではなかった。そのことを現地での取引方法から確認してみよう。

先述のように客主は単なる宿屋ではなく、取引を仲介する商人であった。同順泰の店員も基本的には滞在先の客主に売買を委託したと見てよい。開城の孫允教・尹董三がどのような条件で取引を仲介したかについて、譚傑生は次のように説明している。

> いま邵松芝が開城で孫允教桟に滞在している。この桟主はたいへん欲心が深い。輸入品について西洋綿布、中国綿布、絹織物はすべて手数料二パーセントを取り、滙票〔送金手形〕には一〇吊ごとに手数料一〇〇文を取る。買い付けの場合、穀物は手数料三パーセント、粟やその他の商品では二パーセントを取る。……〔松芝は〕尹董三桟に移動を計画しており、手数料はもう話がついた。西洋綿布と各種綿布は手数料一パーセント、絹織物と薬材は一・五パーセント、米大豆その他穀物は一パーセント、そのほか皮革なども一・五パーセントである。公正な手数料と言えよう。[77]

ここから孫允教・尹董三とも、手数料率の違いこそあれ、輸出品・輸入品の双方について手数料をとって仲介していたことが分かる。

ソウルの孫允弼・玄聖一は、譚傑生らの宿泊費を免じる代わり、すべての商品を彼らの仲介で取引するという条件を課していた。[78] 地方客主も同様であったかは確認できない。[79] だが仮に契約上の条件がなかったとしても、客主を通じて取引する利点は同順泰の側にもあった。そのことは譚傑生が全州に派遣中の何梃生に宛てた書簡から窺われる。

本号は全州で「桟」に滞在して取引するが、商品の売却の際も前貸しによる買い付けの際も、桟主が手数料を取る以上はその取引を保証してもらわなければならない。相手が倒産して逃げることがあれば桟主が賠償しなければならない。以前に本号が仁川から独立してソウルに来ることになり「孫桟」に滞在した時も同様のやり方をした。もし取引を保証しないなら、客を二〜三間の茅屋に住まわせて高い手数料を取るのは「手柄もないのに禄を得る」というもので道理が通らない。ましてや貴下は初めての地方で人にも土地にも不慣れなのだから、どうして現地人の優劣・貧富を判別できようか。[80]

ソウルの「孫桟」は言うまでもなく孫允弼を指す。第5章で触れたように、同順泰と孫允弼の契約では、もし仲介した取引が実施されなかった場合、孫がその損害を補償することになっていた。こうした保証機能は多くの客主が提供していたものと見られ、[81]譚傑生もこれを重視していたことが分かる。譚傑生にとって客主の仲介手数料は決して安いものとは思われず、客主の利用を中止することも考えていた。取引相手を斡旋するだけであれば、客主以外にも中間商人は存在したからである。[82]それでも結局は客主を使わざるを得なかったのは、取引先についての情報がほとんど得られない内地で、何らかの保証を得ないで取引することの危険に堪えられなかったからであろう。[83]

ところで同順泰は、取引の仲介の他にも客主のサービスに頼ることがあった。通信つまり書簡の送達はその一つである。第一節で見たように譚傑生は、内地での店員の活動を管理し、海外市場の変化に即応した買い付けを行おうとした。そのためにはソウルと現地の間で密接な情報交換が必要となり、実際にかなりの頻度で書簡が往来したことは既に確認した通りである。しかし当時の朝鮮では、ソウルや開港場では海関郵便や外国郵便局などを利用できたものの、国内都市間の公的な郵便サービスはまだ存在しなかった。

譚傑生が内地の店員に宛てた書簡を見ると、その冒頭行に発送の方法が記されている。庚寅年（一八九〇）に開城の店員に宛てた三六件について整理した表7-5を見ると、そのうち二四件が「金徳修桟」に託して送られていたことが確認できる。金徳修については不詳だが、「桟」とあるところから客主と考えられ、ソウルの客主のうち開城と関係が深かった者ではないかと思われる。また同年に海州に宛てた一九件のうち八件は「崔鳳植桟」に託して送られている。崔鳳植は譚傑生の依頼により海州で小麦を買い付けたこともあり[84]、また海州とソウルの間の送金業にも従事している等[85]、海州と関係の深い客主であったと考えられる。こうしてソウルの客主に託された書簡は、商用等で往来する者を通じて、同順泰の店員の滞在している客主に届けられたものと考えられる[86]。

また漢城本号から内地への資金移動にも客主が関わったと考えられる。まず資金移動がどのような手段で行われたかを見てみよう。先述のように同順泰の内地通商の目的の一つは、漢城本号に蓄積された銅銭を商品と交換することだったが、額面に比し重量の大きい銅銭を実際に運搬するには多額の費用を要する。そこで内地に派遣された店員

表 7-5　開城宛て書簡冒頭行に見える送達手段（庚寅年〔1890〕中）

第六号	八月廿二日交崔学中或**金徳修桟**帯上
第七号	八月廿五早交崔学中桟帯都松転付上
第八号	八月廿八日交崔学中或**金徳修桟**帯上
第九号	九月初一日交**金徳修桟**帯上
十号	九月初三日交**金徳修桟**帯上
拾壱号	九月初三日交**金徳修桟**帯上
十二号	九月初六日交**金徳修桟**帯上
十三号	九月初九日交**金徳修桟**帯上
十四号	九月十一早交**金徳修桟**帯上
十五号	九月十四日交**金徳修桟**帯上
十六号	九月十七日托**金徳修桟**帯上
拾七号	九月廿日交**金徳修桟**帯上本号姑厘帯上
拾八号	九月廿三日交姑厘帯上
拾九号	十月初一日托**金徳修桟**帯上
弐拾号	十月初四日托**金徳修桟**帯上
弐拾壱号	十月初六日交**金徳修桟**帯上
念弐号	拾月初六日交原姑厘帯上
念参号	拾月初九日交**金徳修桟**帯上
念四号	拾月十二日交章佩帯上
念五号	拾月十五早交**金徳修桟**帯上
念六号	拾月廿日交**金徳修桟**帯上
念七号	十月廿一日交金允鮮托人帯上
続弐拾七号	十月廿二日交黄在明桟下人帯上
念八号	十月廿四日交**金徳修桟**帯上
念九号	十月廿五早交七星帯上
参拾号	十月廿六早交**金徳修桟**帯上
参拾壱号	十月廿七日托**金徳修**帯上
参拾弐号	十月廿九日托**金徳修**帯上
続参拾弐号	十月三十日付上
参拾参号	十一月初三日交**金徳修桟**帯上
参拾四号	十一月初五早交**金徳修桟**帯上
参拾五号	十一月初八日交劉敬良帯上
参拾五号	十一月十三日交劉敬良帯上
参拾六号	十一月十九早交七星帯上
参拾七号	十一月廿二日交**金徳修桟**帯上
続弐拾七号	十一月廿二日交黄在明桟下人帯上

出所）譚傑生の邵松芝あて書簡控,『同順泰往復文書』第33冊所収。

注）太字は「金徳修桟」に委託したことを示す（本文参照）。

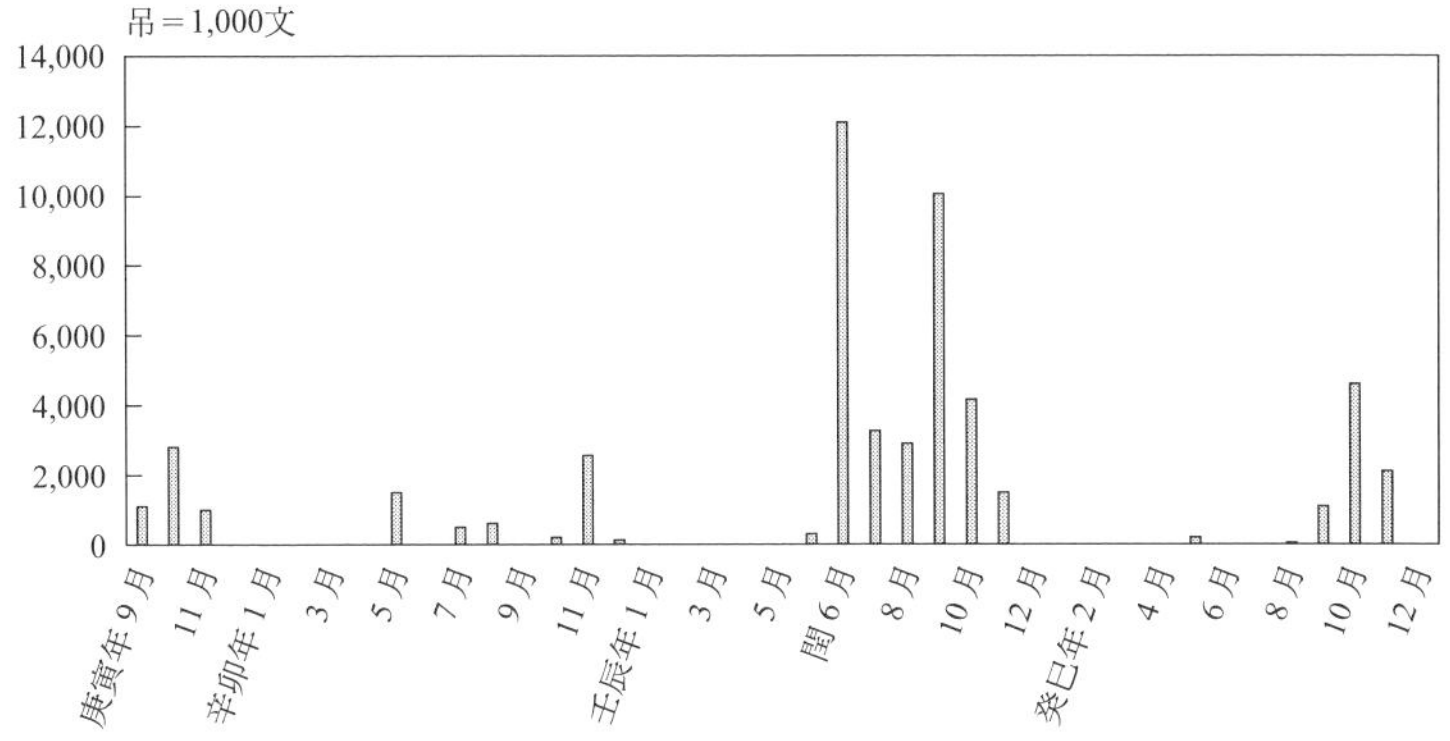

図 7-2　開城からの漢城宛て「滙票」発行額（月別）（庚寅～癸巳年〔1890～93〕）

注）『同順泰往復文書』第 33～35 冊所収の譚傑生発書簡控から確認できる開城での「滙票」発行額を月別に集計。日付は原史料に従う。

は、現地で漢城本号宛の滙票、つまり送金手形を売って銅銭を入手した。送金依頼者は漢城本号にそれを提示して銅銭を受け取ることになる。これによって同順泰は地方への銅銭の移動を実現し、同時にいくらかの手数料も得た。[87] 図7-2は開城でのソウル宛て「滙票」発行額を書簡上に現れる限り集計したものである。特定の時期に発行が集中しているが、毎年晩秋をピークとする人蔘と穀物の買い付けを反映したものと見られる。

一八八九年六月から七月にかけて黄海道・平安道地方を踏査した仁川商法会議所の江南哲夫らは、各地で雑穀の買い付けを行う華商に遭遇しているが、黄海道の黄州で見聞したところによると、華商による「雑穀の買入資本は馬足銀、現銭又物品にあらざれば仁川京城支払為替にして、其中為替其最も多きを占む」とする。同順泰と同じような送金手形を利用して、穀物の買入資金を調達する華商が他にも少なくなかったことが窺われる。[88]

さて、先に引いた史料にもあるように、[89] 店員の滞在する客主は送金手形（滙票）の発行についても手数料を取得していた。これは同順泰の店員が送金依頼者に対して直に手形を振り出すのではなく、客主が間に立つ形を取ったためと考えられる。[90] 朝鮮では開港以前から「換」などと呼ばれる送金手形が利用されていた。[91] 同順泰が銅銭の移動に用いた手形もそのような朝鮮の在来手形の形を取ったのではないかと思われる。それを客主の名義で発行させることで、万一の場合の保証の責任を客主に負わせ、また朝鮮人の送金依頼者から信頼を取り付けたのだろう[92]。

このように内地に派遣された同順泰の店員は、滞在先の客主に取引を斡旋させただけでなく、ソウルとの通信や送金などにあたっても、これらの客主に依存していた。さらに同順泰の内地通商を支えた朝鮮人商人は客主だけではなかった。内地に派遣される店員には朝鮮人が随行し、現地での客主その他との交渉や通訳にあたったが、こうした朝鮮人も居間と呼ばれる独立した仲買人で、取引が成立すると同順泰と相手方の双方から手数料を取った[93]。同順泰の内地通商は、客主や居間のような朝鮮人商人が構築していた、在来の国内商業の仕組みを前提として実現したと言うことができる。

（2）特権商業への対抗と利用

多くの前近代社会においてそうだったように、朝鮮時代の商業は政治権力と密接に結び付いていた。特に朝鮮後期に地税収入の硬直化が進むと、中央・地方の官庁や軍営、宮房など各種の権力機関がそれぞれに商業税を創出して財源化するという現象が見られるようになり、それに伴って商人の中にも取引の独占権などの特権を与えられて徴税業務を請け負う者が見られるようになった[94]。こうした体制は開港後も引き継がれたが、条約によって貿易品の内地非課税を認められた外国人商人との間でしばしば摩擦の原因となり、外交紛争に発展することもあった[95]。こうした商業体制に同順泰はどのように向かい合ったのだろうか。

同順泰についても商業税の徴収をめぐるトラブルの例はいくつか確認できる。その一つとして辛卯年（一八九一）の海州での例を見てみよう。その前年、海州に派遣された羅章佩らは黄海道の各地で大豆を買い付けた。しかし歳末になって河川が結氷してしまったため、それらの大豆が仁川に運び出せないという事態に陥ったことは第一節で触れた。これらの大豆はやむなく、海州よりもさらに奥地に散在する買い付け地で保管され、譚傑生は年末年始も羅聘三を海州に止め、解氷したらすぐ仁川に送るよう指示していた[96]。黄海道周辺の氷が融けたのは辛卯年の一月二〇日頃で、羅聘三は滞在先の客主に保管中の大豆を引き取りに行くよう依頼した。ところが客主はこれを渋り、二月になっても大豆は買い付け地に置かれたままであった。客主が恐れたのは、各地の商業税を支払わずに引き取ることで自身が「官罰」を被ることだった。貿易品の内地非課税を盾に、羅聘三も税の支払いを肯じなかったのだろう。既に満洲の営口も解氷期を迎え、神戸の大豆相場も下がり始めていたため、焦った譚傑生は羅聘三が自ら現地で大豆を引き取ってくるよう命じた[97]。

結局これらの大豆は、三月に入ってからいったん商業税を支払ってようやく引き取った。譚傑生は直ちに龍山商務委員の唐紹儀に訴え出て、朝鮮側による徴税の不当を鳴らした。訴えの稟には同順泰宛ての税の領収書三枚が添付されている。これらは黄海道長淵府の三カ所の浦口（古今浦、南倉浦、苔湖蘆花浦）でそれぞれ発行されたもので、前二者には親軍営分税監と浦主人の連署が、最後のものについては分税監だけの署名が見られる。これらの浦口では親軍営に収税権が認められていたのだろう。唐紹儀からこの件について上申された袁世凱は、統理衙門に補償を要求し、朝鮮側もこれを受け入れた[98]。最終的に補償が実行されたかについては確認できない。

右の例では親軍営の分税監が直に収税したようだが、客主を介して徴税が行われた例も見られる。癸巳年（一八九三）に全州に下った何梃生と劉時高は、粟浦とその周辺の客主七～八家から米を買い付けた[99]。現地には他の華商も来て米の買い付けにあたっていたようである。これら華商からの徴税について、劉時高は譚傑生に宛てた書簡で次のように説明している。

しきりに「営門」の伝令が粟浦に来て、各客主から税銭を取り立てようと責め立てています。もし「大国人」〔華商〕が納税しないなら彼らに米を売ってはいけないと言い、また、売った者は捉えて打ち懲らすと言っているようです。……もし客主に税を収めなければ、きっと華商にあえて米を売ってくれる者はいなくなるでしょう。どうすればよいでしょうか〔不明字あり〕、商務委員の唐大人〔唐紹儀〕と相談してください。[100]

営門は全州所在の全羅監営（観察使）であろう。これが米の取引を仲介する客主に収税を請け負わせているため、もし納税を拒否すれば米の購入自体が困難な状況だったことが分かる。

劉時高による後の報告によれば、栗浦の客主らは百一税と営納税、趙判税という三種の税につき、米一包あたり七文をまとめて支払うよう華商側に求め、劉は他の華商とも相談してこれを受け入れた。拒否しても客主が米の代価に税額を加えるだけであろうし、悪くすれば税額を超えて上乗せされる可能性があると判断したためであった。[101]

官から徴税を請け負った客主が、それを自身の手数料とあわせて顧客から徴収していたことは、日本人の記録からも確認できる。[102]そうした形の徴税について、顧客の側からは、何がどのような名分で徴収されているかを確認すること自体が困難であった。華人を含む外国人は条約上、内地での商業税の納付を免除されており、先の海州の例から分かるように同順泰は可能な限りその権利を主張した。だが客主の取引が徴税と一体化しているような状況では、納税から逃れる術は事実上なかったのである。

さてこのように官から徴税を請け負った朝鮮人商人は、見返りとして、特定の場所あるいは商品についての取引の仲介を独占する特権を認められることがあった。同順泰がこれと関わった例として、第一節で見た開城での白尾蔘の買い付けを挙げることができる。この例は、ここまでの二つの例とは逆に、同順泰が特権と結託して超過利潤を得ようとしたものである点も興味深い。以下この例についてやや詳しく追うことにしよう。

譚傑生が開城に邵松芝を派遣した際（庚寅年（一八九〇）八月）、大豆などの穀物と同時に白蔘のひげ根である白尾蔘に注目し、これをできるだけ多く買い集めるよう指示したことは既に見た。客主の孫允教を滞在先に定め、白尾蔘を調達しようとした邵松芝の前に劉敬良という人物が現れ、白尾蔘の買い付けのため銅銭一千吊を貸してほしいと持ち掛けた。[103]

劉敬良は邵松芝に対し自身が白尾蔘の「度沽」であると主張した[104]。朝鮮後期には特権や財力を背景に買い占めを行う商人を都賈と称したが[105]、度沽はこれと朝鮮語で音通となる。劉敬良によれば、開城では年に七千斤の白尾蔘が出回るが、自分に依頼してくれればそのすべてを同順泰に取り次ぎ、他に渡らないようにすることができるとのことであった。関心を持った譚傑生は、邵松芝に命じて、二カ月後までに一五〇〇斤を納入する条件で劉敬良に資金を前貸しさせることにした[106]。これが恐らく上首尾だったのであろう、譚傑生は予約高を三八〇〇斤に拡大して白尾蔘の輸出を一手に収めようとした[107]。

このように取引が深まってゆく過程で、劉敬良は、邵松芝に滞在先も自身のところに移すよう提案した。判断を仰がれた譚傑生は、白尾蔘の斡旋に加え、綿織物・絹織物の販売や穀物その他の買い付けについていずれも一～一・五パーセントの手数料で仲介するという条件でこれを受け入れた[108]。このことから、劉敬良もまた客主であったと見られる。劉敬良は店舗に加えて自前の蔘圃（人蔘畑）も所有していたと言い[109]、相当の資産を持つ有力客主だったと推測される。彼が白尾蔘の流通過程でどれほどの権限を持っていたか確認することはできないが、少なくともその年の同順泰との取引で大きなトラブルはなく、何らかの形で白尾蔘の集散に影響力を持っていたことは事実だと考えられる。

庚寅年の同順泰の活動は年末でいったん切り上げられ、店員もソウルに引き揚げたが、翌年五月に活動を再開するにあたり、譚傑生は店員を劉敬良のもとに滞在させた[110]。譚傑生はこの年の白尾蔘について、一一月末までに三五〇〇斤を引き渡す約束で、劉敬良に購入資金を前渡しした[111]。ところが劉敬良は、約束の期限が近づいてもその三分の一の白尾蔘しか納入することができず[112]、壬辰年（一八九二）になっても全量を整えることはできなかった。そうした状態の中、譚傑生は、朝鮮人商人の一人から、劉敬良の「度沽」の身分つまり白尾蔘の仲介を独占する権利が取り上げられ、他の人に替えられるらしいとの噂を聞かされた[113]。譚傑生がその背景を調べると、次のようなことが明らかになったという。

劉敬良は「度沽」といっても有名無実である。彼が入手したのは生産量の三分の一に過ぎず、残りの三分の二は朝鮮人が密かに日本人に売ったり、仁川に運び出して当店の分号や東興隆に売ったりしているようだ。劉敬良の値付けが極めて低く、それゆえ皆、彼には売らないのだ。時に商品を摘発して官に没収し、売り手を拷問にかけても、〔抜け売りを〕禁じることができなかった。(114)

これが正しいとすれば、劉敬良は官との関係を盾に強引な買い叩きを通じて商品を調達していたことになる。劉敬良が同順泰に提示する価格も市場での相場より相当に低いもので、例えば辛卯年（一八九一）九月の値付け一斤一一〇〇文は、仁川での価格二五〇〇文に比して運賃を考慮しても安価に過ぎ、譚傑生は本当にこれで仕入れ可能なのか危ぶむほどであった。(115)同順泰との契約獲得を優先した劉敬良が、無理な価格設定を図ったことで、生産者側が他の華商への抜け売りに走ったのだろう。なお右の史料では抜け売りの対象として同順泰の仁川分号が挙がっているが、経営が分離した漢城本号と仁川分号はこの頃白尾蔘の買い付けをめぐって競合関係にあり、(116)譚傑生は仁川分号に商品が流れることを強く警戒していた。

譚傑生は白尾蔘の仲介独占権の行方をさらに調べた。譚傑生が知り得たのは、その権利はもともと金鍾佑という人物から、劉敬良が年間五〇〇吊を支払って請け負ったものらしいということであった。(117)さらに金鍾佑も権利の本来の保有者ではなく、庇護者である「閔兵判」の権利をわがもののように扱っているに過ぎないということも知った。(118)こうした情報の真偽を朝鮮側の史料に基づいて確認することは困難だが、商業特権の請負が重層的に行われ、外部者、特に外国人である華商にとってその全貌が見えにくかったことは確かだろう。

さてこうした調べを通じて、譚傑生は、劉敬良に代わって安弼柱という人物が白尾蔘の仲介権を得たことを知り、安から一斤一五〇〇文の価格で二千斤購入することに決めた。(119)開城に派遣された店員邵蘭圃も安のもとに滞在するようになった。(120)ところが譚傑生は、壬辰年（一八九二）七月、ソウルまで訪ねてきた劉敬良から驚くべき情報を聞かされた。国王が開城府留守（長官）に命じ、尾蔘の独占権を廃止させたというのである。[121] 譚傑生は邵蘭圃にこれを知らせ、安弼柱から急ぎ在庫を引き取るよう命じた。[122] 譚傑生の説明によれば、これは尾蔘だけの措置でなく、あらゆる商品についての独占がこの時に一斉に廃止されたという。[123] これを直接に裏付ける朝鮮側の史料は見当たらないが、同じ時期に全国的に「無名雑税」つまり非法定的な商業税の調査が実施されたことは事実で、[124] これに関連して都賈（独占）についても何らかの措置が取られた可能性がある。

少なくとも開城の白尾参の独占が解体したのは事実だったようで、その年の暮れ、譚傑生は邵蘭圃に宛てた書簡で次のように述べている。

尾蔘の独占は成立しなかったという。各家がばらばらに売っているので、自然の勢いとして相場も騰貴している。今売り手の言い値は〔一斤〕三千文で、送金料や手数料などを含めて考えると実際にはそれを超える。いくらも利益がなく、購入してもしなくてもいいが、少しでも安価に入手できれば望ましいから、相場と時期を見て手配せよ。[125]

これ以前の劉敬良からの買値は一一〇〇文、安弼柱からの買値は一五〇〇文であったから、その二倍以上に価格が上昇したことになる。独占の廃止で価格が上昇したというのが事実だとすれば、それ以前の価格は権力的に押さえ付けられた、需給関係から見れば不自然に低いものだったことが裏付けられよう。

このような白尾蔘の例は、同順泰が朝鮮在来の商業特権と必ずしも敵対していたわけではなく、利用できる場合はむしろ積極的に結託していたことを窺わせる。[126] だがこうした商業特権には、重層的な請負関係の下にあって、いつでも一方的に変更されうるという、外部者には不透明かつ不安定な側面もあった。朝鮮の国内市場がこうした特権的な商業機構の下にあったことは、同順泰のような外国人商人にとって、乗ずべきチャンスを提供していたという面もあるとはいえ、やはり大きなリスクとなっていたと言えよう。

同順泰の内地通商は庚寅年（一八九〇）に始まり、日清戦争までに開城、海州と全州の三カ所に店員が派遣された。内地通商の重点は輸出品の買い付けにあり、香港向けの白蔘や紅蔘、煙台向けの雑穀、日本向けの米穀など様々な商品の買い付けが試みられた。

こうした内地通商の内容は、一見したところ、上海からの絹・綿織物の輸入に重点を置いていた海外貿易と直接の関わりがなかったように思われる。しかし華商間の過当競争などによって輸入貿易の利益が減退してゆく中、輸出はそれを補う重要な収益源となったし、加えて上海以外の各地への輸出による売上げは、取引先間の振替を通じて上海の同泰号に集中され、両店間の貸借差額を埋める役割も果たした。さらにソウルでの輸入品の販売で獲得された銅銭を輸出品に置き換えることで、銅銭価値の下落による資産の目減りを防ぐことも内地通商の目的の一つとなっていた。

このように内地通商は、同順泰の経営全体の中で、上海からの輸入貿易と様々な形で連動していた。この事例は、外国人の内地通商について、海外を含めた広域的な市場のつながりの中で考える必要があることを示唆している。

また本章では同順泰の内地通商と国内商業体制との関係についても検討した。外国人の内地通商は伝統的な商業体制に大きな打撃を与えたとされることが多いが、客主の保証機能や通信・送金業務、さらに商業特権にも依存する同順泰の姿は、外国人の内地通商が既存の商業体制を前提に成立したという一面を持つことを示している。内地通商が朝鮮の商業体制に大きな変化を促したことは事実だとしても、それは外国人商人の要求に従って一方的に改変されたわけではなく、在来の商業体制を基盤とした変化であったという点を見失うべきではないだろう。

第8章　深化する日朝関係への対応

――日清戦争後の同順泰

譚傑生と同順泰の活動は、取引先華商の広域的かつ多角的なネットワークによって支えられていたが、一方でそれは清朝の対朝鮮政策を背景として初めて実現したものでもあった。朝鮮における華商の活動はそもそも朝中商民水陸貿易章程によって法的な根拠を与えられたものであったし、朝中間の電信敷設や輪船招商局による仁川・上海航路の運航などが朝鮮華商の活動を刺激したことは間違いない。譚傑生個人が梁綸卿を通じて官界の広東出身者と結び付いていたことも、事業の展開に有利に働いたであろう。

一八九四年七月の日清戦争勃発は、そうした朝清関係を大きく変化させる契機となった。日本軍の占領下で朝鮮政府が声明した宗属関係の廃棄は一八九五年の下関条約で確定し、九九年に締結された韓清通商条約は、相互に領事裁判権を認めるなどいささか変則的な形ではあるが、両国の対等な関係を規定した(1)。日清戦争に勝利した日本も必ずしも朝鮮での政治的覇権を確保できたわけではなく、特に公使三浦梧楼が王后閔氏の殺害事件を引き起こしてからは(一八九五年一〇月)、急速に影響力を後退させた。しかし朝鮮に在留する日本人数は日清戦争を境に著増し、日朝間の貿易額も急伸して朝中貿易を引き離した。政治面とは別に、経済面での日朝間の結び付きは日清戦争後一段と深まったのである。

清朝の勢力後退は朝鮮国内にも大きな影響を与えた。日清戦争下で行われた内政改革、いわゆる甲午改革は、開港後も大きく変化していなかった伝統的な財政経済体制に一定の「近代化」をもたらした。一八九七年には朝鮮の国号が大韓帝国と改められ、国王も皇帝を称したが、これを契機として国制の再度の変革が図られ、皇室財政が劇的に膨張して経済の各方面に影響を与えることになった。また官民のナショナリズムが高揚する一方、華人には侮蔑的なまなざしが投げかけられることになった(2)。

こうした環境の変化の中でも同順泰はソウルを拠点として活動を継続した。本章では日清戦争の勃発から日露戦争までの時期を対象として譚傑生・同順泰の活動を検討し、第6章・第7章で見た日清戦争前における活動と対比しつつ、どのような変化が起こったのかを明らかにしたい。特に日朝間の経済関係の深化が、華商の活動にどのような条件を与えたかに注目する。なお本文での暦は基本的に西暦によることとし、必要に応じて旧暦も併用する。

一　日清戦争への対応と模索

一八九四年五月、東学教徒を中心とする農民軍が全羅道で蜂起し、道の首府全州を陥落させた（甲午農民戦争）。翌月にはその鎮圧を名目に日清両軍が朝鮮に上陸した。同順泰では農民軍の全州入城後、同地で活動していた店員がソウルに撤収したが（第7章第一節）、日清間の緊張に伴ってソウルでも中国に引き揚げる華商が増加し、譚傑生の家族と兄晴湖も六月二〇日の船で仁川から上海に帰った。譚傑生自身も、二万五千元相当の絹織物の在庫の保管を海関倉庫に依頼した上で、甥の廷賡らを仁川分号に残して煙台に引き揚げた(3)。

日清両軍は七月末に朝鮮中部の忠清道で衝突した。九月の平壌会戦を経て戦線が北上してゆくと、一時上海に仮寓していた譚傑生は、朝鮮に戻る機会を窺って煙台に戻った。そこで仁川の廷賡らから在庫品の売れ行き好調との知らせを受けると(4)、さっそく梁綸卿に新たな商品の出荷を要請する一方(5)、仁川・上海間の直行航路が戦争で途絶していたことから、日本経由での輸出を計画し、神戸の祥隆号に転送を依頼した。(6) 上海からの輸出が一〇月下旬に再開されたのは第6章で見た通りである。

譚傑生自身はイギリス軍艦に便乗する機会を捉え、日本軍が鴨緑江を渡り満洲に入ったのと同じ一〇月二四日に仁川に上陸した。(7) 仁川では営業中の店こそ少なかったものの、買い物客が引きも切らない状態であった。華商の中では広東商人にいち早く帰還している者が多かったという。(8) 日本軍の散布した軍費が朝鮮人の購買力を一時的に拡大し、日本商人の活動を刺激したことが知られているが、(9) その「恩恵」は敵国民たる華商にも及んだのである。後に譚傑生はこの当時を振り返り、街が日本兵であふれる中、「やいばの上で食を求めるように（如在刀口求食）」危険を顧みず利益を貪ったと述懐している。(10)

中国に引き揚げていた他の店員も一二月頃には朝鮮に帰還してきた。(11) ただし同順泰が活動を再開したのはソウルと仁川だけで、内地には当面立ち入れなかった。全州では二千元分の売掛金が未回収となっていたが、農民軍の鎮圧を名目として日本軍が内地各所に展開している状況では、譚傑生も情勢が落ち着くのを待つほかなかった。(12)

この時期の朝鮮華商はどのような立場に置かれていたのだろうか。袁世凱が開戦を前に帰国した後、華商らを保護すべき清の代表者は不在となった。清は華商の保護をイギリスに依頼したが、朝鮮政府も一八九四年一二月に保護清商規則を定めて華商を管理下に置いた。(13) 日清戦争が終わると、清は改めてイギリスに在朝華人の保護を依頼し、朝鮮側もこれを認めたようである。(14) 一八九五年一二月にはかつて龍山商務委員であった唐紹儀が総商董としてソウルに戻ったものの（一八九六年一一月に総領事）、正式な国交回復にはなお時間を要した。(15)

このように不安定な政治環境の下でも華商の流入は続いた。日本領事の調べによれば、一八九七年にソウルに居留する日本人の数は二〇六三人、華人は一二七三人であったという。(16) 一八九三年のソウルには一二五四人の華人がいたとされるから（表序-6）、韓清条約の締結に先立って、既に開戦前を上回る数の華人がソウルにいたことになる。

このように華商の活動は順調に再開されたように見えるが、彼らが清の敗北で前途に不安を感じていたことは想像に難くない。譚傑生の書簡には、日清戦争以前ほとんど見られなかった時事への言及がにわかに現れるようになる。三国干渉が戦争に発展することへの懸念[17]、台湾民主国の抵抗運動に対する称賛[18]など様々な問題への関心が示されており興味深いが、当然のことながら、戦後の日朝関係も重大な関心事の一つであった。四月一七日に下関条約が締結された直後、四月二〇日に梁綸卿に宛てた書簡では、条約は「国家の大事であって庶民には関係がない」としながらも、「海外で商業を営んでいると、国勢が弱ければよろずに他人の侮りを受ける。朝鮮にこれからも住むことができるかどうかは分からない」とする[19]。具体的に懸念されることとしては、次のような点を挙げている。

いま日本は朝鮮に鉄道を敷設し、また平壌と全羅道に開港場を設けて通商しようとしています。日本商人四〇～五〇人が現地を調査し、税務司も出張して海関の場所を探しているとのことで、きっと実現すると思います。もしこの二港が増設されれば、仁川とソウルの商売も沈滞することになるでしょう[20]。

日本は清軍との開戦直前の七月二三日に朝鮮王宮を武力で制圧し、八月二〇日には暫定合同条款によって朝鮮政府に戦争協力と経済利権の提供を約束させていた。京仁・京釜鉄道の敷設と、全羅道における開港場の新設はその中に含まれていた事項である。さらに日本は、同年一二月に平壌を流れる大同江の流域にも開港場の設置を求めた[21]。譚傑生は日本がこうした要求を朝鮮側に突き付けたことを知っていたのだろう。ただし譚傑生の見通しとは異なり、閔氏殺害によって日本の政治的影響力が失墜する中、こうした利権要求は直ちには実現しなかった。

さて譚傑生は一八九五年一二月にいったん故郷の広東に帰った。当初は年が明けたら朝鮮へ戻るつもりだったようだが、病気のため故郷での滞在が長引き、ようやくソウルに戻ったのは約一年後の一八九六年一一月であった[22]。ソウルに戻った譚傑生は、本号の抱える大量の在庫を見て衝撃を受けている[23]。同順泰に限らず、戦争景気を当て込んで多くの商品を持ち込んだ華商たちは、一八九六年になると売れ行きの低下に悩むようになった[24]。譚傑生はこの年の一二月初めに梁綸卿に宛てた書簡で、昨年（乙未年〔一八九五〕）の決算は帳簿上では三万両の「余利」を上げたことに

なっているが、これは在庫を操作したせいであり、今年の成績は相当な不振となるだろうと伝えている。(25)

同じ書簡の中で譚傑生は今後の事業方針についても触れている。譚傑生は、先に実現しなかった二港の開港が一八九七年春には実現し、平壌および全羅南道の木浦が開港されるという噂を聞き込んでおり、もしそうなれば貿易も各地に分散し、同順泰もソウルに止まっていたのでは立ち行かなくなるとの懸念を示した。そして次のような形で対応することを梁綸卿に提案した。

私の考えでは、ソウルを「総庄」として〔他は〕そこから枝分かれさせ、貨物は漢号が主に輸入して仁川に蓄えておき、木浦でよく売れれば木浦に送り、平壌の価格が高くよく売れれば平壌に送るようにする、そのようにすれば〔運転資金の〕負担が重くはならないのではないでしょうか。〔しかし〕四万八千両の資本を三つの店舗に分割するのでは不十分で、利息もかさむでしょうから、実行は難しいと思います。昨年末の議に照らして資本を六万四千両とし、他の資本はあまり入れないようにすれば、商売が困難になっても乗り切りやすいでしょう。当否はご判断に待ちます。(26)

実際に新開港場が設置されたのは一八九七年一〇月で、木浦および（平壌から見て大同江の下流にあたる）鎮南浦が開港された。譚傑生が提案したのは、それら新開港場への店舗の増設であった。具体的には漢城本号が上海から商品を一手に輸入して仁川に保管しておき、需要の動きを見ながら木浦・平壌に分けて販売するという方法を採ること、資本については従来の四万八千両を六万四千両に増額し、これを漢城本号と木浦・平壌の三カ所に割り当てることが提案されている。「昨年末の議」とあるから、譚傑生は広東への帰郷の途中で上海に立ち寄り、梁綸卿らと増資について相談していたのだろう。

この構想の中で譚傑生は、木浦について輸入品の販売だけでなく輸出の拠点としても活用することを構想し、次のように説明している。

木浦は全羅・忠清の米産地に位置し、日本側がその開港を主張したのは、もっぱら食糧に目をつけ、日本に供給するためです。もし木浦に精米機械を設置すれば、日ごとに二百～三百担の米を処理できます。この地方の米は品質が良くて安価です。うまく精米してウラジオストクやサンフランシスコなどに運べば大きな取引になり、必ず容易に利益が得られ、他に投資するより有利でしょう。……各港に送った米の代金はすべて上海に送金する一方、仁川とソウルで上海向けの滙票（送金手形）を売って資金を調達し米穀を買い入れれば、滙票の手数料が儲けとなり〔同順泰が同泰号に負う輸入代金の〕利息も節約できますから、一挙両得です。[27]

朝鮮半島南西部の穀倉地帯に位置する木浦が米穀の対日輸出拠点となることは明らかで、譚傑生もそれに乗じて米穀輸出への関与を深めようとしたことが分かる。[28] 第6章・第7章での検討を踏まえて見れば、輸出米の売上げを上海に回送することは、同泰号からの輸入代金との相殺を意図したものと見てよいだろう。[29] またソウルでの上海向け送金手形の売却というのも、日清戦争前から既に行っていたことであった。つまりこの計画は、内地通商と上海に対する輸入決済を、日清戦争以前にやっていたよりも大規模な形で連動させようというものであった。

このような譚傑生の提案に同泰号がどのように回答したか、同泰号側の書簡が残っていないため詳しくは分からないが、どうやら却下したようである。一八九七年一月に譚傑生は同泰号の羅柱臣に宛てた書簡の中で、資本を四万八千両に据え置くという同泰号の決定は受け入れるとしながらも、同順泰がこのまま新しい開港場に進出せず「一隅を守って」いるだけでは、大きな商いができず、各所に進出している山東商人にも後れを取るだろうと不満をぶつけている。[30] 挫折したとはいえこの構想は、日清戦争後の譚傑生が、対上海輸入を中心とする戦前からの活動を大枠で引き継ぎながら、日朝貿易の拡大やインフラストラクチャーの変化に対応した、新しい事業を模索していたことを示している。このことを念頭に置きながら、戦後の商業活動の実態について検討してみよう。

二　日清戦後の貿易活動

同順泰の日清戦争後の貿易活動については、第6章で利用したような取引先からの計算書類がまとまって残っておらず[31]、全体像を把握するのが困難である。その中で庚子年（一九〇一）、癸卯年（一九〇三）の両年については概要を知ることができる。漢城本号の商品は基本的に仁川を通じて輸出入され、同地での通関作業は仁川分号が代行した。本号から経営上独立していた仁川分号は、立て替えた関税や荷役・梱包費その他を定期的に本号に請求した。その請求書には関税の基準となった商品数量と価格が簡略な形で併記されており、それを整理することで貿易の内容もある程度知ることができる[32]。金銀などの免税品は現れないし、相当規模に上ったと推測される紅蔘等の密輸出も当然ながら把握できないが、他に代わる史料がない中では貴重な手がかりとなる。

表8-1はそのような記録から復元した相手先別・商品別の貿易額を整理したものである。一見して分かるように、両年とも輸入が輸出を大幅に上回っている。先述のようにこの数値は金銀の現送や密輸出を反映していないが、それらを除いた一般商品の貿易が大きく均衡を欠いていたのを確認できる。輸入のほとんどは上海からのもので、特に絹織物と綿織物の割合が大きい。相手先は地名でしか記されていないが、書簡の往来状況とあわせて見れば（表5-2、表5-3）、上海での取引先は日清戦争後も主に同泰号だったと見てよい。つまりこの時期の同順泰の貿易構造は、同泰号からの織物類輸入を中心としていた点で、日清戦争以前と大きく変わっていなかった。マクロレベルの貿易統計を見ても、中国の対朝鮮輸出がほぼすべて上海から行われる状況は、日清戦争後も変わっていない（表序-3）。

ただし華商が利用できる中国・朝鮮間のインフラストラクチャーや貿易関連のサービスは、日清戦前と戦後で大きな変化が生じていた。例として上海・仁川航路について見てみよう。一八八八年に開設された輪船招商局の上海・仁川線は朝鮮華商の重要な輸送手段となっていたが、日清戦争で中断された後は復活しなかった。同じ区間に一八八九

表 8-1　日清戦後における同順泰の貿易額構成（庚子・癸卯年〔1901・03〕）

①庚子年（1901）　（円）

輸出	上海	牛皮	6,283
		海産物	157
	神戸	米	20,368
	合計		26,808
輸入	上海	麻織物	268
		絹織物	51,923
		綿織物	14,273
		雑貨	2,795
		その他	3,240
	神戸	絹織物	300
		雑貨	178
		その他	902
	長崎	海産物	89
	香港	薬材	394
		雑貨	1,112
	合計		75,474

②癸卯年（1903）　（円）

輸出	上海	海産物	124
		牛皮	11,265
		雑貨	233
	合計		11,622
輸入	上海	麻織物	3,078
		絹織物	42,015
		綿織物	18,312
		毛織物	576
		雑貨	2,131
		穀物	2,217
		その他	240
	香港	薬材	3,213
		雑貨	673
		毛織物	221
	横浜	雑貨	875
	煙台	〃	14
	神戸	薬材	106
	不明	雑貨	322
	合計		73,992

出所）『進口各貨艙口単』（奎 27581）のうち第 7 冊，第 8 冊の関係文書を集計したもの。

注）両年とも 12 月分を欠く。癸卯年は閏 5 月を含む。仁川分号が海関で関税を納付した商品のみを対象とする。原史料の単位は「元」で，当時の朝鮮開港場で広く流通していた日本円を指すと考えられる。

年に参入した日本郵船は戦後も運航を続けたが、一九〇〇年の義和団事件を契機に撤退した(33)。その間隙を埋めたのは一八九〇年代から急速に東北アジアでの活動を拡大したロシア汽船であった。ウラジオストクのシェヴェリョフ社による上海・ウラジオストク線（一八九一年開設）が一八九六年から仁川にも寄港するようになり、同社の航路が一八九九年末から東清鉄道の子会社である東清鉄道汽船会社に引き継がれた後も、仁川・上海間の航路は維持された(34)。表8-2は仁川の汽船入港トン数を船籍国別に集計したものである。一貫して日本船の比率が最も高いが、第二位の国を見ると日清戦争を境として清国船からロシア船への劇的な転換が生じていたことが分かる。

　これに対応して同順泰の利用する汽船も変わった。表8-3は、仁川分号の漢城本号宛て書簡から、癸卯年（一九〇三）中の仁川における上海航路船の入港状況を抽出したものである。ここに現れる船の大半は東清鉄道汽船の所属であり(35)、同順泰もこれらを利用して同泰号との貿易を続けたと見てよい。また同泰号との書簡の往復もこれらに委託

表 8-2　仁川入港汽船の推移（船籍国別）（1888～1905 年）

（トン）

年	日本	清	ロシア	その他	外国船計	朝鮮船
1888	35,687	4,355	0	9,620	49,662	4,542
1889	52,956	12,278	0	6,706	71,940	1,923
1890	70,394	7,660	0	14,115	92,169	4,720
1891	81,987	10,841	0	6,851	99,679	5,217
1892	85,377	14,243	258	15,369	115,247	3,692
1893	73,305	14,011	0	4,776	92,092	24,186
1894	58,769	10,172	258	18,295	87,494	21,523
1895	47,780	0	0	38,089	85,869	22,452
1896	118,145	0	2,202	5,271	125,618	10,375
1897	122,155	0	9,133	24,163	155,451	25,931
1898	111,981	0	10,643	18,143	140,766	19,969
1899	115,478	0	15,348	2,388	133,214	14,301
1900	146,134	0	14,998	4,902	166,034	22,788
1901	169,774	0	17,635	6,852	194,261	25,792
1902	186,050	0	58,332	8,592	252,975	34,877
1903	279,594	241	57,253	20,309	357,397	28,883
1904	184,378	9,045	6,256	178,526	378,205	55,186
1905	344,878	12,270	0	155,233	512,381	38,752

出所）1888～94 年：英国 *Commercial Reprots*, each year. 1895～1900，1902 年：『通商彙纂』所掲の仁川貿易年報（各年），ただし 1899・1900 年は四半季報の数値を合算（『通商彙纂』55 号号外，93 号号外，110 号，155 号，173 号，180 号，181 号，189 号，明治 36 年臨時増刊 7 号）。1901，1903～05 年：Korea Imperial Maritime Customs, *Returns of Trade and Trade Repors*, each year.
注）各国分と合計との齟齬は原史料通り。

して行っていた[36]。貿易の傾向から片荷となりやすい仁川・上海間は、汽船会社の経営的には効率の悪い区間であったと考えられ、それだけに政治環境の変化によって頻繁に改廃された[37]。同順泰をはじめとする朝鮮華商の対上海貿易はこうした変化の上に維持されたものであった。

表8-1に戻り、同順泰の輸出貿易についても見てみよう。輸入品に比べ品目・金額とも限られている中で、庚子・癸卯の両年にわたり上海向けの最大の輸出品となっていたのは牛皮である。朝鮮産の牛皮は開港当初から日本向けに輸出されていたが[38]、華商による中国向けの輸出は、少なくとも日清戦争以前には目立たなかった。日本領事報告によれば、一九〇三年初めから急激に上海方面の相場が上昇し、それに伴って華商による仁川からの輸出が増えたという[39]。また同じ年の仁川分号の書簡では、営口方面での牛皮の値上がりが著しく、それを好機と見た山東商人が仁川にも買い付けに訪れたと説明している[40]。満洲情勢の緊張により軍装用の牛皮需要が増したものとすれば、それは一九〇三年に突然生じたものではなく、一八九八年のロシアの関東州占領の時から兆候はあったで

表 8-3　仁川分号書簡に現れる上海航路船の仁川入港（癸卯年中）

入港日（新暦換算）	船名（○は東清鉄道汽船の所属）		出航地	出所（書簡発信日）
1/19（1903/ 2/16）	阿根船，亜根船（Argun）	○	上海	1/17, 1/19, 1/20
1/24（〃 / 2/21）	亜根輪船（Argun）	○	旅順	1/24
2/ 4（〃 / 3/ 2）	亜根船（Argun）	○	上海	2/3, 2/4 (2), 2/5
2/ 9（〃 / 3/ 7）	亜根船（Argun）or 寧古塔船（Ninguta）	○	旅順	2/9, 2/10
2/22（〃 / 3/20）	寧古塔船（Ninguta）	○	上海	2/22
3/ 3（〃 / 3/31）	亜根船（Argun）	○	〃	3/1, 3/4, 3/5
4/ 8（〃 / 5/ 4）	〃	○	〃	4/8
5/10（〃 / 6/ 5）	〃	○	〃	5/10
5/14（〃 / 6/ 9）	〃	○	旅順	5/13
5/24（〃 / 6/19）	〃	○	上海	5/25
閏 5/24（〃 / 7/18）	黒龍江船（Amur）	○	〃	閏5/25, 閏5/27, 閏5/29 (2), 6/1
7/ 4（〃 / 8/26）	〃	○	旅順	7/5
7/15（〃 / 9/ 6）	〃	○	上海	7/15
8/10（〃 / 9/30）	西爪船（Silka）	○	旅順	8/10 (2)
8/18（〃 /10/ 8）	布倫杜船（Pronto）		上海	8/18
8/28（〃 /10/18）	斉々哈尓船（Tsitsikar）	○	旅順	8/24, 8/28
9/ 7（〃 /10/27）	蘇路北船（Sullberg）		上海	9/8
9/ 8（〃 /10/28）	西爪船（Silka）	○	〃	9/8
9/13（〃 /11/ 2）	〃	○	旅順	9/14
9/27?（〃 /11/16）	〃	○	〃	9/27
10/ 5（〃 /11/23）	〃	○	上海	10/6, 10/9
10/14?（〃 /12/ 2）	〃	○	旅順	10/14
10/20（〃 /12/ 8）	蘇路北船（Sullberg）		上海	10/16, 10/17, 10/20
10/22（〃 /12/10）	鉄路公司船	○	〃	10/19, 10/23
11/ 9（〃 /12/27）	桑吉利船（Sungari）	○	〃	11/9, 11/10, 11/12, 11/13
11/17（1904/ 1/ 4）	西加船（Silka），俄船	○	旅順	11/16, 11/17 (2)
12/ 1（〃 / 1/18）	桑吉利船（Sungari）	○	〃	12/1
12/ 9（〃 / 1/26）	松花江船（Sungari）	○	上海	12/9
12/16（〃 / 2/ 2）	桑吉利船（Sungari）	○	旅順	12/17
12/17（〃 / 2/ 3）	普安渡船（Pronto）		上海	12/15, 12/17 (2)

出所）『同泰来信』癸卯上・中・下冊（奎 27584－8, 9, 10）。
注 1）「入港日」は書簡に表れる旧暦の日付で，括弧内に新暦に換算したものを示した。書簡から入港日が曖昧なものは？を付している。
2）「船名」は書簡に見える漢字音写の船名と，英語表記の原船名を併記した。原船名の比定については本文の注 35 を参照されたい。
3）「出所（書簡発信日）」は当該の記事を含む書簡の発信日である。受発信者は省略したが，すべて同順泰仁川分号の漢城本号宛て書簡である。同日付書簡が 2 通ある場合は (2) と付記している。

あろう。同順泰による牛皮の輸出も、そうした情勢の変化に対応したものと考えられる。

これより先の一八九六年には、譚傑生がウラジオストクの取引先である福泰隆と謀り、共同で黒河（現黒龍江省黒河市）への穀物輸出を計画したことがあった[41]。黒河はアムール川を挟んでロシアのブラゴヴェシチェンスクと相対し、金の採掘と関わって一九世紀後半から多くの華人労働者を引き付けていた。譚傑生が計画したのはロシアの鉄道建設に従事する労働者向けに食糧を供給するというもので[42]、シベリア鉄道もしくは東清鉄道の建設に関わる試みだったと見られる。結局、譚傑生は危険が大きいとして計画の段階で断念したが[43]、梁綸卿が乗り気となって参加し、現地との連絡不足から大きな損失を出した[44]。失敗に終わったとはいえ、この例からは、同順泰・同泰号が日清戦争後の国際環境の変化に積極的に対応し、新しい機会を模索していたことが窺われる。

再び表8-1に戻ると、牛皮以外の輸出品として、庚子年（一九〇一）にかなりの金額の米が神戸に仕向けられていたことが注目される。具体的には、この年の旧暦七月から九月にかけて、玄米白米あわせて五七一四・六六担が輸出されていた。神戸での受け手は日清戦前から取引のあった祥隆号と見てよい。第7章で見たように、同順泰は一八九三年から全州で米の買い付けを始めていたが、甲午農民戦争の勃発により短期間で中断せざるを得なかった。この表から同順泰が、日清戦争後に朝鮮米の取扱いを再開していたことが分かる。これらの米がどのように調達されたかについては、次節で改めて検討する。

最後にこの表に現れない紅蔘の輸出についても見ておきたい。紅蔘は開港後も包蔘制による陸路輸出だけが認められていたが、日清戦争中の甲午改革によって包蔘制を運営してきた司訳院が廃止され、新設の度支衙門の管理下で、一定の税金を納入した商人らに仁川からの海路輸出を認めるようになった[45]。

譚傑生は早くも一八九五年から仁川経由での紅蔘輸出に参加した。その多くは「官蔘」とされ[46]、輸出権を持つ朝鮮人に名義を借りるか、請け負う形で輸出したものであろう。一八九七年には山東商人の同順成と協力して煙台経由で官蔘を輸出したほか[47]、九九年の初めには邵蘭圃を開城に派遣し、かつて白尾蔘の調達を仲介した劉敬良（第7章参照）

を引き込んで官蔘を買い付けようとした[48]。梁綸卿にも共同事業での官蔘輸出を提案している[49]。

しかしそうした形での紅蔘輸出は長くは続かなかった。皇室財政の拡大を図る高宗の意を受け、皇室財産を管理する内蔵院が一八九九年から紅蔘を管理下に置き、専売制を実施した。輸出は特定の商社が一手に請け負うこととなり[50]、同順泰の参加は困難となった。なお若干の密輸出は続けていたが[51]、譚傑生は日清戦争直後から危険の大きい密輸出に消極的となっており[52]、紅蔘の専売化後は取り締りの厳格化を懸念してさらに慎重となった[53]。表8-1は史料の性格から密貿易を捕捉していないが、実態としても、同順泰による紅蔘の輸出は減少していたのではないかと思われる。

以上のように日清戦争後における同順泰の対外貿易は、上海から仁川への輸入を軸とした点で日清戦前と変わりがなかったものの、それを支えるインフラストラクチャーは大きく再編されていた。また紅蔘の輸出が困難になる一方、米穀や牛皮が新たに重要な輸出品として浮上していた。鉄道の敷設や開港場の新設でソウル・仁川の貿易が急速に減退するという、戦争終結後の譚傑生の悲観的な見通しは必ずしも現実とならなかったが（実際に仁川の貿易が大きな危機に直面するのは一九〇五年の京釜鉄道開通後である）、それでも戦後の国際環境の変化は、様々な面から同順泰の貿易活動に影響を与えたのである。

三　内地通商の展開と米の買い付け

（1）内地通商の再開と拠点拡大

甲午農民戦争および日清戦争の影響で中断した内地通商は一八九六年末に再開された。表8-4は、前章の表7-2と同様、内地店員と漢城本号の間で往復した現存の書簡を整理したものである。この表に現れる活動地のうち、日清

表 8-4　内地通商関係の書簡（日清戦争以後）

（上段：件数，中段：年内最初／最後の書簡と発信番号，下段：受け手もしくは送り手）

①漢城本号より発信

年	全州・栗浦	江　景	開　城
丙申 (1896)	3 件		
	12/21（1 号）〜12/26（2 号）		
	何梃生 3		
丁酉 (1897)	41 件		
	1/3（3 号）〜8/12（39 号）		
	何梃生 37，古穂興 12，王鼎三 4，古渭卿 1		
戊戌 (1898)	27 件	15 件	13 件
	6/15（92 号）〜12/29（117 号）	6/14（33 号）〜7/25（36 号），9/24（1 号）〜12/29（12 号）	11/24（無番）〜12/28（無番）
	李静波 27，古穂興 27	麦羣拔 8，譚秀枝 8，鄭徳潤 3	邵蘭圃 13
己亥 (1899)	23 件	5 件	3 件
	1/9（118 号）〜8/6（140 号）	1/9（13 号）〜2/24（17 号）	1/2（無番）〜1/13（無番）
	李静波 7，古穂興 12，麦羣拔 13，譚秀枝 15，黄泰芬 8	譚秀枝 5	邵蘭圃 3

②漢城本号へ来信

年	全州・栗浦	群　山
癸卯 (1903)	2 件	2 件
	1/8（15 号），2/5（無番）	1/6（166 号），1/10（無番）
	麦羣拔 2	李静波 2
甲辰 (1904)	2 件	
	4/1（無番，2 件）	
	何梃生 2	
乙巳 (1905)	7 件	39 件
	1/11（18 号）〜2/23（24 号），9/9（5 号）	1/7（無番），1/11（304 号）〜12/14（360 号）
	麦羣拔 6，常錯 1	李静波 29，李偉初 7，麦羣拔 1，不明 2
不詳	1 件	
	4/24（無番）	
	羅明階 1	

注）同順泰文書に含まれる内地派遣店員を相手として受発信された日清戦争以後の書簡を整理したもので，表 7-2 に続く。各欄の詳細は表 7-2 と同じ。

戦争前から内地通商が行われていたのは全州・栗浦と開城で、江景（忠清南道）と群山（全羅北道）は戦後になって新たに店員が派遣された場所である。なお群山は一八九九年に開港場となっており、そこでの活動を内地通商とするのは適切でないが、この表には便宜的に含めている。

戦後最初に店員が派遣されたのは全州である。先述のように譚傑生は戦争終結の直後から全州に放置していた債権の回収に関心を持っていたものの、すぐには内地に入れず、一八九六年に帰省を終えてソウルに戻った後、漸く全州に何梃生を派遣した。何梃生は日清戦争前にも全州に派遣されていた人物である。何梃生はその年の一二月一五日（旧一一月一一日）に朝鮮人の在来船で仁川を出発し[54]、全州に到着後は客主を探して滞在した[55]。また万頃江の河港であり全州への荷揚地となる栗浦には、何梃生に同行した王鼎三が滞在した[56]。

この頃、朝鮮と清は国交をまだ回復しておらず、華商は一八九五年九月からイギリスの保護下にあった（先述）。この状態の下で華商の内地通商がどのように扱われたかはよく分からない。一八九四年に朝鮮政府が制定した保護清商規則によれば、「産業貨物」を内地に残している者に限り、朝鮮政府から護照（許可証）を受けて回収に行くことができるとされた（第五条）。しかし一八九六年八月に総商董唐紹儀が起案した「暁諭華商条規」では内地に物産を買い付けるため出向く場合は大商号の保証がなければ護照を発給しないとしており[57]、唐紹儀の権限で内地通商が認められるようになっていた可能性が高い。ともあれ譚傑生が何梃生を派遣した直接の目的は戦前の売掛金の回収であったが、同時に戦争景気の過熱時に持ち抱えた輸入品在庫の売却も目論んでいた[58]。その代金で米穀を購入したいという思惑もあり[59]、当初から内地通商の本格的な展開を意図していたことは明らかである。

全州にはこの後も継続して店員が滞在し、譚傑生と連絡を取り合って活動を続けた。表8-4によれば、漢城本号から全州への発信書簡は一八九九年まで残っているが、その最後のものは旧八月六日（一八九九年九月一〇日）付の一四〇号信である[60]。この発信番号は何梃生の派遣直後である丙申一二月二一日付の一号信から連続しているから[61]、平均すればこの間に毎月四～五回の発信があったことになる。また全州からの来信は乙巳年（一九〇五）の分まで残っており、[62]少なくとも日露戦争期までは全州での内地通商が続いたことが分かる。日清戦争後の内地通商において全州が最も重要な拠点となったことが窺われる。[63]

全州に次いで店員が派遣されたのは忠清南道の江景である。江景は黄海に注ぐ錦江中流の河港で、朝鮮後期から全国有数の商業都市として発展していた。表8-4に示したように漢城本号から江景に宛てた書簡は一八九八年の三三号信からしか残っていないが、実際にはその前年から麦羣抜が朝鮮人の鄭徳潤を伴って江景に下り、米穀の買い付けに従事していた。[64]麦羣抜は一八九八年夏に後述するような朝鮮人との紛争を起こしてソウルに召喚され、[65]譚秀枝が改めて派遣されて米の買い付けにあたった。[66]だが譚秀枝も翌年四月頃にソウルに召喚され、その後は江景に店員が派遣された形跡はない。[67]

さて譚秀枝は江景滞在中の一八九八年末、全羅南道の木浦に一時派遣されている。日清戦争直後から開港の噂があった木浦は一八九七年一〇月に漸く開港された。譚傑生が譚秀枝を派遣したのは、木浦の各国居留地に土地を購入するためであった。[68]その背景には各国居留地が日本人に占拠されるのを嫌った「総署」つまり総領事唐紹儀の働きかけがあったというが、[69]譚傑生自身も全州や江景で買い付けた米を積み出すため木浦に拠点を確保したいと考えていた。[70]譚傑生は既に一八九六年に木浦への分号新設を同泰号に提案して却下されていたから、居留地での土地取得により、三年越しでその足がかりを得たことになる。[71]

ただし木浦ではその後も分号が設置された形跡はなく、一九〇三年には空き店舗を日本人向けに貸し出そうとしていたことが確認できる。[72]木浦での活動が本格化しなかった理由は不明だが、一八九九年五月に錦江河口にある全羅北道群山が開港され、譚傑生の関心もそちらに移ったためではないかと思われる。全州・江景からの距離でいえば、群山の方が格段に近かった。譚傑生は一八九八年には群山の開港説を聞きつけ、店舗の設置候補地として関心を示していた。[73]一八九九年には新開港場への派遣要員として、香港の安和泰に店員の斡旋を依頼しており、[74]群山での開店計画を具体化させていたと考えられる。

同順泰が実際に群山に進出した時期は確認できない。表8-4に示したように、群山に関わって残る書簡のうち最も古いのは、一九〇三年の旧一月に群山から漢城本号に宛てた一六六号信である。[75] 残っている最後の書簡は一九〇五年の旧一二月に発信された三六〇号信で、[76] この間の書簡番号から一年間に五〇ないし六〇通のペースで書簡が作成されていたとすれば、群山には開港後それほど遅くない時期に店員が派遣されたと見てよい。[77]

このように日清戦後の同順泰は、新たな開港場である木浦と群山を含め、朝鮮南西部で活発な活動を展開した。一方で日清戦争前に内地通商の中心となっていた開城での活動は振るわなかった。表8-4から分かるように、開城には一八九九年の初め、旧暦では戊戌年の一一月から己亥年の一月にかけて三カ月ほど邵蘭圃が派遣されていたのが確認できるだけで、その前後には活動の形跡がない。また木浦と同じく一八九七年に開港された平安南道の鎮南浦では、九九年に各国居留地の土地を購入しているが、[78] 同港を拠点として商業活動を展開した形跡はやはり見られない。[79]

（2）内地通商における商品と取引方法

内地での商業活動の内容を網羅的に記録した史料は残されていないが、譚傑生が内地の店員に宛てた書簡の中で内地に向けて送り出した商品、また受け取った商品についてしばしば言及している。表8-5は特に多くの記事が現れる全州・栗浦宛ての書簡を整理したものである。[80] それらの書簡は己亥年（一八九九）八月までほぼ連続して残っており、この表では丁酉年の春から一年ずつ、書簡の発信日順に整理した。[81] ただし丁酉年（一八九七）八月から翌戊戌年（一八九八）六月までは出所の『同順泰往復文書』自体が欠落しているので、それを差し引いた約一年半がこの表の対象とする期間である。

ここに挙げられた貨物の多くは、ソウル側では仁川もしくは麻浦を、全州側では万頃江の河港である栗浦を発着地として船便で運ばれた。陸路による輸送は丁酉年の全州・栗浦からの着荷（①）に二件見られるに過ぎない。表の出荷番号の欄を見ると、脱け落ちている番号が目立ち、実際の商品の動きはこれより多かったことが推測される。

表8-5　漢城本号の全州向け商品発送・着荷（丁酉〜己亥年〔1897〜99〕）

①全州・栗浦より着荷

書簡日付	商品内容	輸送手段	出荷番号	出所その他
丁酉年（1897）正月〜八月の書簡より				
3月 8日	玄米50石	徐百完米船		何梃生宛11号信。仁川着荷3/4
〃	玄米277石	敬信船		〃　仁川着荷3/6
4月 9日	米400包	高仁善船	三幇貨	何梃生宛16号信，同17号信。仁川着荷3/7
4月27日	砂金重44.79両・紗紙100張	陸路		何梃生宛21号信
5月 2日	玄米280石	敬信船	四幇貨	何梃生宛22号信，同23号信
5月25日	砂金	陸路		何梃生宛26号信
6月23日	米23包	高仁善船		何梃生宛28号信
戊戌年（1898）六月〜十二月の書簡より				
10月17日	玄米480包・五倍子46包	張吉三船	十三幇貨	李静波宛108号信，同109号信
〃	米112包	金喜宝船	十四幇貨	〃
11月 3日	米400包	高仁善船		李静波宛110号信
〃	米草包145包	高学賢船		〃
11月30日	米麻袋53包・草包107包	崔良祚船		李静波114号信
〃	玄米300袋	火船		〃
己亥年（1899）正月〜八月の書簡より				
1月 9日	玄米300袋	火船	二十三幇貨	李静波宛118号信，同119号信
1月14日	米162石	崔良祚船	壱幇貨	李静波宛119号信
1月27日	（内容不明）	火船	二幇貨	李静波宛120号信
〃	米草包160包	高仁善船	三幇貨	〃
2月 7日	米（数量不明）	火船	四幇貨	李静波宛121号信
2月23日	白米144包	火船	五幇貨	李静波宛123号信
〃	玄米麻袋144包・同草包10包・白米草包8包	高学賢船	（不明）	〃
3月16日	玄米120包・葉銭562包	慶済火船		秀枝宛125号信，仁川着荷3/9
3月24日	米（数量不明）	崔良祚船	九幇貨	秀枝宛126号信

②全州・栗浦へ発送

書簡日付	商品内容	輸送手段	出荷番号	出所その他
丁酉年（1897）正月〜八月の書簡より				
3月15日	79件（内容不明）	高仁善船	二幇貨	何梃生宛12号信
〃	93件（内容不明）	敬信船	三幇貨	〃
4月 9日	50件（綢緞7箱・三S洋布100疋・明太魚20包・原色潮羅3箱，顔料など）	高仁善船		何梃生宛16号信
5月10日	70件（綢緞・顔料・潮羅・洋綿紗・火柴など）	張徳順船	五幇貨	何梃生宛23号信
5月11日	39件（火油30箱，2号洋線1箱，3号洋線1箱，糖姜6桶）	敬信船		何梃生宛24号信，28号信
6月23日	126件（洋布・洋紗・潮羅など）	張吉西船	八幇貨	何梃生宛28号信

（つづく）

書簡日付	商品内容	輸送手段	出荷番号	出所その他
8月12日	117件（洋羅200疋・明太魚30包）	海龍火船	十幇貨	何梃生宛39号信，同38号信，羅耀箴宛7/23付信。仁川発送8/10
戊戌年（1898）六月～十二月の書簡より				
8月 6日	27件（洋布など）	寿丸	八幇貨	李静波宛98号信，仁川発送8/8
8月10日	249件（灯油など）	褒成順船	九幇貨	李静波宛100号信
8月21日	26件（綿紗・布など）	蒼龍火船		静波宛102号信，仁川発送8/19
10月24日	（内容不明）	金喜宝船	十四幇貨	静波宛109号信，仁川発送10/21
12月 9日	絹織物120疋	明洋丸汽船		譚秀枝宛9号信　＊在江景
己亥年（1899）正月～八月の書簡より				
1月 9日	絹3箱	慶済火船	元幇貨	李静波宛118号信，同119号信
3月 6日	日本綿紗・絹織物など	高学賢船	七幇貨	李静波宛124号信
5月30日	洋燭・花布	慶済火船	八幇貨	譚秀枝宛132号信，同133号信

注）『同順泰往復文書』第31，32冊に収録される譚傑生から各地出張員あて書簡のうち，商品の発送・着荷に言及する記事を抽出した。戊戌年12月9日付9号信（②）を除き，他はすべて全州・栗浦との間で発送／着荷した商品である（本章の注80参照）。なお別送の送り状が漢城本号に到着したことだけが確認される場合も含む。記事は出所書簡の発信日によって整序し，「出所その他」欄に出所を宛先人と書簡番号によって示した。なお出所書簡が2件以上ある場合は，そのうち早い方の日付を示している。宛先人が連名の場合は筆頭者だけを示し，実際の着荷・発送日が明らかになる場合はあわせて注記している。

ただし史料の脱漏を考慮しても、商品構成の傾向は明らかで、全州・栗浦から到着した商品のほとんどが米穀であった一方、これらに向けて送り出されたのは絹織物や綿織物、各種雑貨など上海からの輸入品と見られる商品であった。全州での内地通商の重点が米の買い付けにあったことが確認されるとともに、輸入品の販売も盛んに行われていたことが注意される。前章で見たように、日清戦争前の内地通商では輸入品をあまり持ち込まず（特に開城・海州）、ソウルから銅銭を回送して買い付けに用いていた。

このような違いは現地通貨の流通状況によると見られる。一八九四年の新式貨幣発行章程によって朝鮮政府は銀本位制を採用したが、実際には本位貨をほとんど発行せず、二銭五分白銅貨を中心とする補助貨だけを大量に発行した。政府が小額通貨だけを供給するという開港以前からの状況が結果的に続いたことになる。ただし白銅貨は、ソウルを中心とする中部・西北部一帯では在来の銅銭に代わって広く流通した一方、その他の地域にはほとんど普及しなかった。南部から東部、東北部では依然として在来の銅銭（「葉銭」と呼ばれた）が主要通貨として流通し続けたのである(82)。全州・栗浦をはじめ、同順泰が日清戦争後に店員を派遣した地域は、概ね銅銭の流通地域に含まれていたから、米穀の買い付けには銅銭が必要となった。

一方で同順泰がソウルで輸入品を売って入手するのは白銅貨であった。これらの白銅貨で朝鮮人の送金手形を取り組み、現地で銅銭と換えることも不可能ではなかった[83]。しかしそのような操作には、小額通貨一般の需給状況に加え、白銅貨と銅銭の間の需給の差もあって、相当のリスクを伴ったと考えられる。同順泰が輸入品を現地まで持ち込んで売却したのは、米の買い付けに要する銅銭を確保する上で、それが最も確実な方法だったからであろう[84]。

さて貨物の輸送に基本的に船が利用されたのは先述の通りである。表8-5の輸送手段の欄において、船主と思われる人物の名を取って某々船としているものは、朝鮮人の在来船を利用したものと考えられる。中には「崔良祚船」のように日清戦前の表7-3に現れているものもある。一方で表8-5には、表7-3には見られなかった「火船」すなわち汽船も見られる。朝鮮西海岸の沿岸汽船航路が初めて開設されたのは一八九三年であったが[85]、同順泰が日清戦前にこれを商品輸送に使った形跡はない[86]。表8-5②では丁酉年（一八九七）の「十幇貨」発送に「海龍火船」が利用されている。譚傑生の書簡によれば、同順泰が国内の汽船航路を利用したのはこれが最初のようである[87]。海龍号は一八九四年に仁川の堀久太郎が朝鮮人禹慶善の名義で設立した広通社の汽船であり、仁川・群山・木浦の間を月五回の頻度で往復した[88]。譚傑生は汽船の利用について、運賃が相対的に高い上、群山で在来船に積み替えを要すること、また群山で回漕業者の「火船桟主」にも手数料を支払わなければならないこと等を懸念していた[89]。しかし表から分かるように、己亥年（一八九九）にはかなりの頻度で汽船を利用するようになっていた。

付け加えれば、ソウルと内地間の書簡の送達方法にも日清戦争の前後で変化が生じていた。全州との間を例に見てみよう。日清戦争前においては書簡を客主や在来船に委託するほか、急ぎの場合には人を雇って運ばせる等の方法が取られていた。所要日数が明らかになる一二件の書簡を見ると、平均して一四日間を要していたが、最短で四日、最長では二六日とばらつきが大きかった[90]。対して日清戦争後に全州での活動を再開した時には、ソウルとの通信に郵便が利用できるようになっていた[91]。朝鮮政府の郵便事業は、一八九五年の地方制度改正と並行して整備が始まり、九六年七月までに全国の主要都市二二カ所に郵逓司・郵逓支司が設置された[92]。一八九六年から九九年にかけて譚傑生が全州・栗浦に宛てた書簡八八件のうち八二件が郵便を利用している。郵便の開始によりソウルと全州の通信は往復で一〇日に短縮されたという。[93] 沿岸汽船航路の例とあわせ、日清戦後の朝鮮国内におけるインフラストラクチャーの整備が華商の内地通商にも便宜を与えたことが確認できる。

次に内地における朝鮮人商人との取引方法を検討しよう。一八九六年に全州に派遣された何梃生がまずしたのは、客主を探して携行した商品を預けることであった。[94] また栗浦の王鼎三は「米桟」すなわち米穀専門の客主であった崔正華の店舗に滞在した。[95] 客主に滞在して取引を斡旋させるという形は日清戦前と変わっていなかった。

栗浦で王鼎三が滞在した崔正華は、日清戦争前にも同順泰から資金を前借りして米の買い付けにあたったことがあった。[96] しかし戦後の崔正華と同順泰の関係は円滑でなく、トラブルが続発した。まず一八九七年になって旧年末時点での棚卸しを実施したところ、早くも預けた貨物の一部が行方不明になっていた。崔正華は賠償に応じたが、譚傑生は不信を払拭できなかった。[97] さらに旧四月末には、米の買い付けのため前貸ししていた銅銭六〇〇吊について、崔正華が別の用途に流用していたことが発覚し、譚傑生は崔との取引を中止するよう何梃生に指示した。[98] その後も崔正華は返済に応じず、譚傑生は一八九九年に官に訴えたようだが、その結果は明らかでない。[99]

また一八九七年には江景に派遣していた麦羣抜が、やはり米買い付けのための前貸し金を客主に流用されるという事件が起きた。[100] これも少なくとも一八九九年まで回収できず、焦げ付いたままとなっていた。[101] 内地に農産物等を買い付けに入った外国人商人が朝鮮人商人に資金を前貸しする例は多く、それが朝鮮人商人の従属化を招いたという指摘もある。[102] だが外国人商人の側にとっても、焦げ付いた前貸し金の回収は難事であった。

崔正華の事件を契機に、栗浦に滞在していた王鼎三は客主の利用を止め、自前の建物を購入した。[103] さらに譚傑生は全州でも客主の利用を止めたいと考えるようになった。譚傑生が客主に期待した機能の一つは、仲介した取引の履行に保証責任を負うということであった（第7章）。だが崔正華の事件を受け、譚傑生は、全州の客主が本当にその責任を果たしてくれるのか疑念を持つようになった。客主に保証の意思がなく、手数料だけを目当てとして無責任な取引の斡旋に走るならば、同順泰側の危険は増すばかりとなる[104]。加えて、先に見た郵便制度の普及や国内沿岸航路の開設なども、客主の付帯的なサービスの必要性を低下させたと見られる[105]。何らかの形で朝鮮人の仲介者を利用する必要はあったとしても、特定の客主に依存しなければならない状況ではないと譚傑生は認識したのだろう。

譚傑生は全州の店員に建物を購入するよう指示する一方[106]、外国人の内地居住禁止に抵触するのを避けるため、ソウルで取引のあった朝鮮人白大永の弟から名義を借りる段取りを整えた[107]。しかし結局、少なくとも一八九九年までに全州で店舗を購入することはなく、譚傑生としては不本意ながら客主の利用を続けることになった[108]。

店舗を購入できなかった直接の理由は明らかでないが、日清戦争後における朝鮮人の経済ナショナリズムが一定の影響を与えたように思われる。一八九六年に創刊された純ハングル紙の独立新聞には、政治的な問題のほか、外国人からの商権守護を訴える記事がしばしば掲載された[109]。一八九八年夏にはソウルの商人を中心とする皇国中央総商会が成立し、開化派官僚を中心とする独立協会と連携して街頭運動を展開し、朝鮮商人の保護と同時に、条約に反して内地定着する外国人を排除するよう朝鮮政府に要請した。一八九八年一〇月には朝鮮政府も、内地に定着する外国人を居留地に引き戻すよう地方官に指示した[110]。

こうした情勢には譚傑生も注意せざるを得なかった。一八九八年一二月に全州の店員に宛てた書簡の中で[111]、譚傑生はソウルの「独立会（独立協会のことか）」が内地からの外国人排除を唱えていることを伝え、客主に滞在していれば法には触れないとする一方、清と朝鮮の国交がまだ回復していない中で（韓清通商条約の締結は一八九九年九月）、揉め事を起こしてはならないと戒めている。同じ書簡では、木浦の各国居留地に土地を購入しておくのは（本節(1)参照）、万一朝鮮側に全州からの退去を求められた場合に備えるためだとも説明している。こうした緊迫した状況では、譚傑生も、あえて脱法的な手段で店舗を取得することは困難だっただろう。戦後の国際情勢の変化は、朝鮮人の華人に対する姿勢の変化という形でも同順泰に影響を与えたのである。

（3）米穀の売却と売上金の処理

何梃生を全州に派遣したのとほぼ同時期である丙申年（一八九六）末、譚傑生は神戸の祥隆号に宛てた書簡の中で、年が明ければ漢城本号と仁川分号の共同事業として神戸に米を輸出したいと伝えている[112]。内地通商の再開直後から、内地で買い付けた米の日本市場への輸出を計画していたことが分かる。実際に同順泰は、一八九七年四月に内地で購入した玄米五〇七包を仁川から神戸に送り、祥隆号に販売を委託した[113]。続けて同年の六月には玄米三二六包[114]、八月には玄米八九包を[115]、いずれも祥隆号に輸出したことが確認できる。一九〇一年に神戸に輸出された米も（表8-1）、内地通商を通じて買い付けられたものと見てよいだろう。

このように内地での米の買い付けは、もっぱら日本市場――特に阪神地方――への輸出を念頭に開始された。日本における朝鮮米の輸入量は一八九〇年から著増していた。一八九三年から九五年にかけてはやや減じたものの、一八九六年には三七万八千石、九七年には七一万八千石と二年連続でそれまでの記録を塗り替えた[116]。譚傑生が日本向けの米を買い入れるにあたり、こうした米貿易の動向は当然念頭に置かれていたことだろう。

ただし日本向けの米の輸出にあたっては先行する日本人商人との競合が問題となった[117]。加えて当時の日本における朝鮮米市場は成長しつつあったとはいえまだ不安定であり、その需要は日本米の豊凶に影響されるのはもちろん、競合品である東南アジア米の輸入状況によっても左右された[118]。このような状況で、日本の米市場に馴染みのない同順泰が、取引先の華商の助けを借りるとはいえ、日本向け輸出に参加するのには相当の危険を伴ったであろう[119]。実際に内地で買い付けられた米の全部が日本に輸出されたわけではなく、仁川で売却されることもあった。譚傑生は丁酉年（一八九七）の同泰号への書簡で次のように説明している。

内地で売り出した貨物の代金で米を買って仁川に送り、仁川の相場が良好なら仁川でこれを売り、大阪の相場が良いようなら送って祥隆号に委託し代わりに売ってもらいます。先日、祥隆号が本号に代わって貴号（同泰号）

に送った一千元も米の売上金です。[120]

さらに米をソウルまで回送して売ることもあった。[121] 譚傑生は内地の店員に対し、米の運搬のため在来船を利用する際には、仁川に到着してからそこで荷卸しするか、さらにソウル（麻浦）まで直接回送するかを指示する予定であると伝えている。[122] 米価その他の事情によって、米をどこで売却するか譚傑生がその都度決定していたことが分かる。また右に引用した史料では米の売上金が上海の同泰号に送られていたことも注意される。このことは他の史料からも確認できる。例えば譚傑生は全州の店員に宛てた書簡で次のように指示している。

米は一包あたり銅銭二・二吊まで価格が下がれば、市価によってできるだけ多く買い付けること。汽船でも帆船でもよいので、直ちに仁川に運んで売却するか、あるいは神戸に転送して売り出せるようにしてほしい。上海の金融が引き締まって利息が上昇しており、速やかに資金を調達して上海に送り、対応しなければならないためである。[123]

米を仁川で売るにせよ神戸で祥隆号に委託して売るにせよ、その代金は最終的に上海に送られたことが推測される。特に年末に近づいて上海の金融が切迫し、銭荘が貸し付けた資金の引き揚げに掛かると、同泰号は頻りに同順泰に送金を促した。そうなると譚傑生も、手持ちの米を不本意な価格であっても放売して同泰号に送金しなければならなかった。[124] 日清戦争後も同泰号からの輸入を活動の中心とし、同泰号に対して常に借りを持つ状態であった同順泰にとって、上海への送金は相変わらず重要な課題であり、内地通商による米の買い付けも、それに応じるための手段という性格を持っていたのである。この点において日清戦争の前後で内地通商の目的に変わりはなかった。

四　同順泰の上海送金と日朝関係

(1) 日清戦争後の上海送金経路

前節で見たように、同順泰にとって同泰号への送金は日清戦争後にも重要な課題であり続けた。これがどのように行われたか、全体像を示す史料は見出せないが、次善の方法として、譚傑生の発信書簡の中から同泰号への送金に関係する記事を抽出した（表8-6）。すべての送金が書簡に記載されたとは限らないが、大まかな傾向を窺うことはできよう。

表で示した送金の方法はさらに三つに整理できる。一つ目は金銀地金を仁川から上海に現送する場合であり（表の「金地金」「洋銀」）、二つ目は欧米系銀行ないし華商を通じて上海に為替送金する場合（「欧米系銀行」「華商滙票」）、三つ目はいったん日本の各港を迂回して上海に送金する場合（「迂回送金」）である。以下この順に、書簡の叙述を補いながら検討しよう。

①金地金および洋銀　金地金、特に砂金の現送は、日清戦争前の上海送金における最も重要な手段であった。表8-6でも金地金の現送が確認できるが、その頻度は高いとは言えない。譚傑生自身も一八九八年の書簡の中で、日清戦争後は砂金の買い入れが極めて少なくなったと言っており[125]、実際に同順泰の砂金現送は減退していたと思われる。

譚傑生は必ずしも砂金の購入を放棄したわけではない。全州に派遣した店員にもしばしば砂金の買い入れを命じており[126]、購入された砂金がソウルまで運ばれることがあったのも先の表8-5から確認できる。ただし砂金の買い入れをめぐっては華商間の競争が激しかった。譚傑生によれば、山東商人にとっても砂金は重要な上海への送金手段であり[127]、二〇日から一カ月の延べ払いをする代わり、市価より一～二元高い価格を付けて買い取っていたという[128]。上海送金の必要に迫られた華商が相場よりも高値で砂金を買い入れていたことは、当時の日本人側の記録にもしばしば現れ

表8-6　譚傑生発信書簡に見える同泰号への送金（乙未～己亥〔1895～99〕）

日付	金地金	洋銀	欧米系銀行	華商滙票	迂回送金	経由地	備考
乙 3/15					5,000元	神戸	第一銀行
4/ 5					6,000元	横浜	〃
5/18					5,000元	〃	〃
5/26					10,500元	〃	
閏 5/24	207両	1,000元					英洋
閏 5/26					6,000元	〃	
6/17	177両						
6/19		300元					
6/26					9,000元	神戸	第一銀行
7/15		（金額不明）					
8/ 5	17.7両	5,990元					
8/22	40両						
丁 1/20				3,600元			同順成票
2/ 2				5,000元			〃
2/19			3,000両				麦加利銀行
4/10				5,110両			同順成票
5/ 8			1,000両				麦加利銀行
5/ 8					1,000元	神戸	
5/ 8					5,000元	〃	
5/18	3条						
7/15	103.3両						
8/ 4				2,000元			洪泰東滙票
戊 6/18					3,000元	長崎	第一銀行
6/20	（数量不明）	36元	5元				英洋・滙豊「銀紙」
7/14					5,900元	神戸	第一銀行
7/22					3,500元	〃	〃
7/24	（数量不明）						
8/21					1,500元	〃	〃
9/18					4,000元	〃	
10/12					16,000元	〃	〃
11/ 5					1,000元	〃	〃
12/ 9					4,400元	長崎	
12/17			6,300元				滙豊銀行電滙
己 1/ 4					6,000元	神戸	第一銀行
1/ ?					6,500元	〃	〃
1/20		2,000元					英洋
5/ 3					980元	〃	第一銀行
6/24			450元				道勝銀行「銀測」300元，滙豊銀行「銀測」150元

出所）『同順泰往復文書』第31，32冊所収の譚傑生発信書簡控え。
注）乙：乙未年（1895），丁：丁酉年（1897），戊：戊戌年（1898），己：己亥年（1899）。日付は出所となる書簡控えの発信日，原史料の通り。

る。譚傑生は、こうした競争に加わって現送用の砂金を調達するよりも、神戸・横浜経由で銀行の送金為替を利用する方が有利だとの認識を示している[130]。

次に洋銀すなわちメキシコドル系の銀貨は、当時の朝鮮での通貨状況を考えると、多くが日本円銀であったと見てよい。表8-6では乙未年（一八九五）に集中して洋銀の現送が見られるが、これは日清戦争中に日本軍の軍費として多くの円銀が散布されたことを反映したものと思われる[131]。この年の譚傑生の書簡によれば、同順泰は一万元を超える「日洋」を手許に抱えており、同泰号への現送を予定していたという[132]。戦時景気の下で輸入品の販売を通じて多額の円銀を入手したのだろう。ただし丁酉年（一八九七）以後の洋銀の現送は二回しか確認できず、次第に重要な送金手段ではなくなっていったと考えられる。

なお表8-6より後の時期も含めて見れば、一八九七年に日本が金本位制に移行したことが、華商による金銀の現送に大きな影響を与えたと考えられる。これについては本節(2)で改めて検討する。

②欧米系銀行・華商による送金サービス　一八九七年八月、朝鮮最初の欧米系銀行として香港上海銀行が仁川各国居留地のホーム・リンガー商会（Holme Ringer & Co.）を代理店として開業した。その目的は「清韓間の為替業を営むこと」であったという。ほどなくしてチャータード銀行も仁川の世昌洋行（Meyer & Co.）を代理店に開業した[133]。

表8-6によれば、同順泰はチャータード（麦加利）銀行の送金為替を二回、香港上海（滙豊）銀行の電信為替を一回利用している。利用の回数自体は多くないが、譚傑生は同泰号への書簡でしばしば両行の上海両為替相場を知らせており、上海への送金手段の一つとして関心を持っていたことが分かる。表では他に香港上海銀行の「銀紙」五元・「銀測」一五〇元、露清（道勝）銀行の「銀測」三〇〇元が見えるが、いずれも少額であり、銀行券や第三者の振り出した小切手を用いたものと思われる（露清銀行については朝鮮での店舗開設が確認できない）。なおこの頃、日系の第一銀行で中国向け為替を取り組むことも可能になっていたが、実際はほとんど機能していなかった[134]。

また同順泰は華商の売り出す在来の送金手形（滙票）を利用して上海に送金することもあった。表8-6によれば、同順成・洪泰東の手形がそれぞれ三回と一回利用されている。譚傑生によれば、同順成は山東省煙台に店舗を持ち、仁川から持ち船で紅蔘を輸出していた[135]。先述のように紅蔘は甲午改革により海路輸出が解禁されており、一八九九年に皇室の専売となるまでは、朝鮮政府に一定額の税を納付した商人に輸出が認められていた。譚傑生によれば、同順成は朝鮮人商人の輸出する官蔘、つまり合法的に輸出の認められた紅蔘の大半を「代買」しており[136]、送金手形を販売したのも紅蔘の買い付け資金を調達するためだったという[137]。同順泰自身も同順成との共同事業として煙台への官蔘輸出を手がけたことがあった[138]。また洪泰東の滙票については、譚傑生が同泰号に宛てた書簡に次のような説明がある。

日本円銀や紙幣による送金手数料は大幅に上昇しています。山東幇の商人もまた滙票を売り出しており、手に入れた紙幣は日本経由で上海に転送したり、仁川・ソウルで運用したりしています。昨日は洪泰東から二千元〔円〕の滙票を買いました。一元あたり〇・七一上海両のレートで、合わせて一六二〇両となります。一覧後一〇日払いとなっていますから、期限が来たら〔払い出して〕当商号からの借方に含めてください[139]。

興味深いのは、山東商人も日本経由の上海送金を行っており、送金手形を売って得た日本紙幣をそれに利用していたということである。第6章で見たように、日清戦争以前の山東商人は同順泰の売り出す送金手形の主な買い手となっており、譚傑生の説明によれば、それは山東商人が日本に同郷の取引先を持たないためであった（第6章）。右の史料は、日清戦争後に山東商人の日本（特に大阪）への進出が本格化し、それに伴って朝鮮の山東商人のネットワークも拡大したことを反映している[140]。

③日系銀行による迂回送金　この時期の上海送金の方法として、最も頻繁に現れるのが朝鮮所在の日系銀行、特に第一銀行を利用した迂回送金である。中継地は神戸・横浜・長崎の三カ所であり、取引先である祥隆号・福和号・万昌和が一度払い出した後、現地の香港上海銀行などで上海向けの送金為替を取り組んだと見られる。

譚傑生は、このような迂回送金の費用を、仁川の英系銀行で直接に上海為替を取り組んだ場合としばしば比較している。例えば表8-6によれば己亥年（一八九九）一月に六五〇〇元が神戸経由で送金されているが、これについて譚傑生は、香港上海銀行の売る上海両為替が仁川では一円あたり〇・七五七五両なのに対し、神戸では〇・七七両なので、神戸経由の方が仁川から直接送るより有利だと同泰号に説明している[141]。日系銀行で神戸や長崎に送金する際に〇・八〜〇・九パーセントの手数料を課されるため、結果としてそれほど大きな違いはないとも述べているが[142]、表8-6から分かるように多くの送金が日本経由で行われていたことを見れば、やはり仁川の英系銀行による送金サービスは相対的に高コストであったことが推測される。

一九〇〇年頃の日本人官僚の報告では、香港上海銀行等の為替について「支那為替は片為替なるが故に日本経由の相場に依らざるべからざるも、今日にありては銀行の支那又は内地の外国為替取組銀行に連絡に薄きため、敏活に支那両の相場を知ることを得ず。為めに銀行者に危険多くして両の相場割合に高し」と述べており、上海向けの為替が割高であったという右の推測を裏付けている。そして「[中国向け]為替の大部分は日本を経由し、横浜神戸長崎と上海芝罘との間に決済せらるゝを常とす」とも説明しており、同順泰だけでなく、全体的に日本経由での為替取組を利用していたことが窺われる[143]。

右に整理した三つの送金方法に加えて、各地への輸出代金の同泰号への振替も継続して行われたと考えられる。上海への砂金現送が減少し、紅蔘輸出も減った一方[144]、神戸への米の輸出が増えたことを考えると、同順泰の同泰号への送金において、日系銀行を通じた迂回送金と神戸への輸出米代金の振り替えという、いずれも日本を経由する経路が重みを増しつつあったことが注意される。

(2) 上海送金における通貨問題

一九世紀後半の東アジアではメキシコドルとそれをモデルとした各種の銀貨が流通していた。日本は一八九七年の金本位制移行によってそうしたメキシコドル系の銀貨流通圏から離脱し、イギリスを中心とする国際金本位制の下に組み込まれることになった。ここで注目したいのは、日本の幣制改革が朝鮮開港場をめぐる通貨や貴金属の流通にも大きな変化をもたらしたということである。先に検討を保留したこの問題について、同順泰の上海送金との関係から考えてみたい。

朝鮮開港後の通貨状況について再度整理しておこう。朝鮮王朝の供給する通貨が国際的な決済性のない小額通貨に限られており、また一八八二年までの貿易相手国が日本に限られていたこともあって、開港場では当初から日本通貨が使用された。第6章で見たように日清戦争以前には円銀よりもむしろ日銀兌換券が多数を占めていたようだが、日清戦争中に日本軍によって内地にまで日本円銀が散布された。高嶋雅明の推計によれば、一八九七年当時、朝鮮国内に流通する日本通貨は約五八〇万円で、うち三〇〇万円が円銀であったという[145]。

一八九七年一〇月の金本位制移行後、日本政府は九八年四月一日限り円銀の通貨としての通用を禁じ、七月末を期に円銀と新貨の交換も停止した。この間に朝鮮からも相当の円銀が日本に還流したと思われるが、日本政府が朝鮮での継続的な円銀流通を画策したこともあって、なお相当量が残留したと考えられる。だが一八九九年から一九〇〇年にかけ、義和団事件を契機とする銀騰貴や台湾における円銀需要などがあいまって朝鮮に残った円銀の多くが流出し、一九〇三年頃には都市部で円銀を見ることはまれになった[146]。代わって朝鮮には、金本位制に基づく新しい日銀兌換券が流入したほか、一九〇一年からは金円を単位とする第一銀行券が同行の在韓各支店から発行されるようになった[147]。一九〇三年頃の朝鮮では、日銀兌換券が九〇万円から二〇〇万円、第一銀行券が六〇万円程度流通していたとされる[148]。

こうした金円額面の銀行券（以下で日本紙幣という時にはこれを指す）は必ずしも順調に普及したわけではなかった。一九〇二年と〇三年には、朝鮮政府によって朝鮮人の第一銀行券授受が禁止され（ただし日本の圧力によってすぐ撤回された）、朝鮮人商人の間でも第一銀行券の排斥運動が盛り上がった[149]。しかし少なくとも開港場内での取引では、新しい日本紙幣の利用が急速に浸透していったようである[150]。

一方で日本政府は金準備確保政策の一環として朝鮮産金の買い入れを進めた。一八九九年から一九〇〇年にかけて、日本銀行は朝鮮に店舗を持つ第一銀行、第五十八銀行、十八銀行に無利子の特別融資を行い、これをもって朝鮮産金を買収させた[151]。一八九八年に約一一九万円だった日本への金輸出は、九九年に二〇五万円、一九〇〇年に三〇七万円と急増し、〇一年以後は連年五〇〇万円前後で推移した。対して中国への金輸出は一八九八年の一一八万円をピークに急減し、一九〇三年にはほぼ皆無となった（表序-1）。

こうした一連の変化は同順泰の上海送金の方法にも影響を与えた。先に見たように、同順泰は日清戦争直後から山東商人との過当競争を嫌って砂金の買い入れから後退していたが、日系銀行の買い入れ増加による金価の上昇は、砂金の現送を一層困難としたはずである。円銀についても、日本からの追加供給が途絶えた後、次第に買い入れをめぐる競争が激化したと考えられる。一八九九年の譚傑生の書簡は、ソウル・仁川の華商が争って円銀を煙台に送っているため、その価値が高騰し、入手が困難になっていると説明している[152]。

同順泰が日系銀行を通じた日本経由送金の頻度を増していったのは、こうした金銀現送の困難化を背景にしたものと考えられる。同時に日本紙幣の調達が同順泰にとって重要な課題となった。譚傑生は一八九八年八月二日（旧六月一五日）の書簡で次のように説明している。

> 日本が今後はすべて金を用いて銀を用いないこととしたので、日本円銀によっては送金手形を買うことができなくなり、日系銀行と香港上海銀行はいずれも日本紙幣でもって取引するようになった。最近は日本紙幣の出回りが減り交換が大変難しい[153]。

直前の七月三一日に日本政府は円銀の新金円との交換を終了していた。右の史料から、これによって日系銀行だけでなく英系銀行も送金為替の取組に日本紙幣での払い込みを要求するようになったことが分かる。同順泰から見れば、上海送金の多くが日本紙幣を媒介として行われるようになったわけである。

同順泰が日本紙幣を確保するためには、輸入品の販売によって入手した朝鮮の小額通貨を交換する必要があった。日清戦争後のソウルについていえば、一八九四年の新式貨幣発行章程に基づく二銭五分白銅貨が朝鮮人間の支配的な通貨となっていた。この白銅貨は本来補助貨であったが、本位貨の銀貨がほとんど発行されなかったために裏付けを失い、市場の需給に応じて価値が変動した。白銅貨の対円相場は全体として低落傾向にあり、特に一九〇〇年頃を境に急落した。それが日本人居留民の不満を呼び、日本政府の朝鮮政府に対する抗議や介入を招いたことはよく知られている[154]。白銅貨相場の低落をもたらした直接の契機は、一八九九年に鋳造を担当する典圜局が皇室財政を管理する内蔵院の傘下に置かれ、同時に発行高を急増させたことにあった。しかし白銅貨相場は短期的にも大きく変動しており、それは発行高というよりは貿易収支の変化に影響を受けた[155]。

譚傑生が白銅貨相場に影響を与える要因として特に注意したのは日本向け米輸出の景況であった。一八九九年春の同泰号宛て書簡では、前年の米輸出の不振が与えた影響を次のように説明している。

朝鮮の産物の大宗は米で、すべて日本を販路としています。以前は日本の米市況が良好だったので輸出も甚だ多かったのですが、昨年は日本が豊作で市況が沈滞し、望みが少ない状態です。日本人が買い付けを中止したことで、開港場外から来る〔朝鮮人の〕客商も、仁川・ソウルの売れ行き低下を見て米をわずかしか持ち込みません。そのため〔輸入した〕貨物も在庫となって売れません。紙幣と洋銀は、いずれも日本人が米を買うのに放出するものですが、今は米の取引がないため出て行くばかりで入ってこず、次第に出回らなくなり、耐え難いほど高値になっています。現在では日本紙幣一〇〇円あたり白銅貨で一一一・五元となっています。……損を覚悟しなくては交換できません[156]。（傍線は引用者による）

米の対日輸出の不振が朝鮮人の購買力を低下させ、輸入品の売れ行きをも減退させたことは理解しやすい。しかし米の輸出不振の影響はそれだけではなかった。傍線部で説明されているように、日本人商人が紙幣や円銀を放出するのは米の買い付けに必要な白銅貨を入手するためであり、米の買い付けが沈滞すればその必要も減退する。それが紙幣や円銀の価値の上昇＝白銅貨の価値の相対的な下落という結果を招いたのである。日本向け米輸出が傾向的に増加する中で、その振幅が白銅貨相場に与える影響も大きくなっていったことだろう。

数日後に譚傑生が再び同泰号に宛てた書簡では、米輸出の不振が上海送金に与えた影響をさらに直接的に描写している。

ソウルの市況ははなはだ沈滞しています。開港場外からの米の入荷が少ないので、客足も乏しい状態です。各商号の在庫貨物は売れず、売れても支払いはすべて白銅貨によります。市中に出回る砂金と日本紙幣、円銀は極めて少なく、それらも山東人が〔中国に〕送り返すため買い漁っているので、白銅貨相場は急落しています。……思うに春・夏の商売は、〔売れ行きが悪いので〕するほど損が出るだけでなく、手許の白銅貨を交換して資金を調達し、上海に送り返すこともできないため、〔同泰号に負う輸入代金の〕利息もいつの間にかかさむという弊があって、二重の損となります。[157]

日本人商人による紙幣・円銀の放出が少ない上に、送金手段としてそれらを求める華商が白銅貨を手放したため、急速に白銅貨相場が下落していたことが分かる。同順泰としては、手許の白銅貨を日本紙幣と交換すると損が出るが、上海送金が滞れば同泰号への借りに対する利息がかさむという板挟みの状況に置かれていた。日本人による米輸出の動向が、白銅貨の交換率を通じて同順泰の上海送金に影響を与えていたことが分かる。

日清戦争以前の同順泰は、ソウルに蓄積された銅銭を開城・海州に送って人蔘等の買い付け資金としていたが（第7章）、日清戦争後に内地通商の拠点となった全州は在来の銅銭の流通圏に止まっていたため、全州での米の買い付けにソウルで得た白銅貨を使うことはできなかった。第三節で見たように、全州でもソウルと並行して輸入品を売却し、それによって得た銅銭を米の買い付けに利用しなければならなかったのである。全州での米の買い付けが進んでも、漢

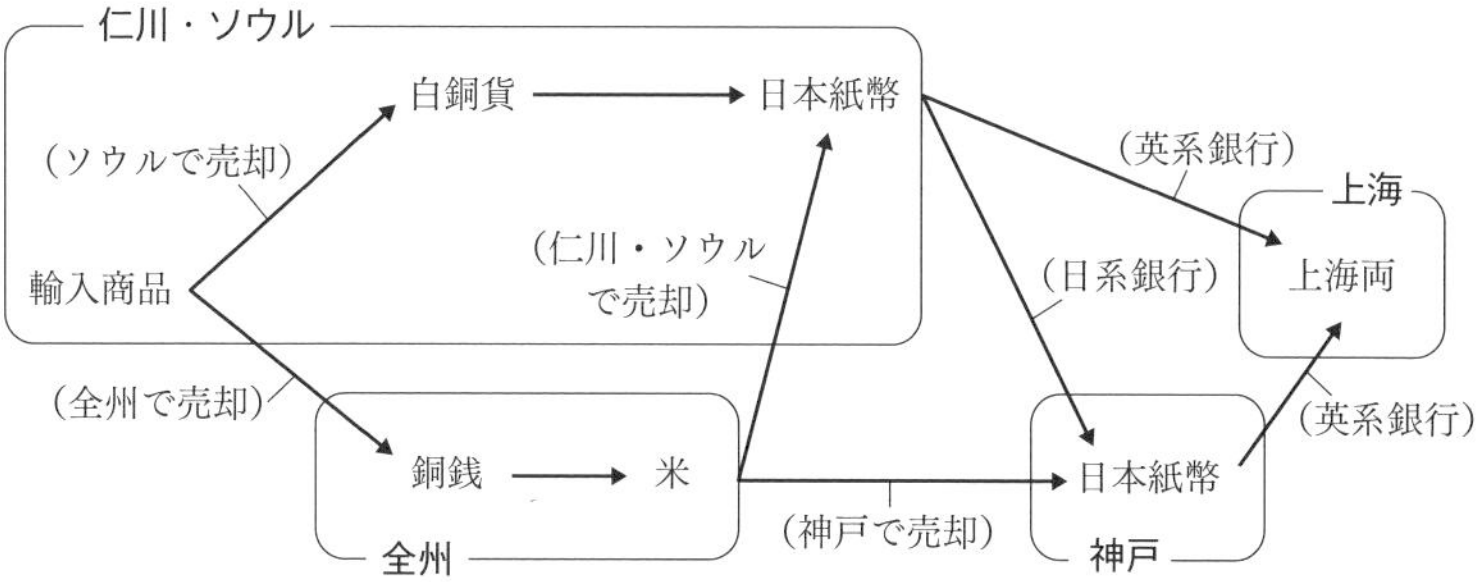

図8-1　同泰号からの輸入貿易に伴う資金の流れ（日清戦争後）

城本号での白銅貨の手持ちは減少せず、輸入品の売却に従って増える一方であったために、白銅貨相場の変動が同順泰の経営に与える影響もいっそう深刻となったと言える。

以上の検討を踏まえて、日清戦争後における同泰号からの輸入貿易に伴う資金の流れを示すと図8-1のようになるであろう。仁川から輸入された商品はソウルと全州に分けて売却される。ソウルで売られた場合、代金として受け取る白銅貨は日本紙幣に交換され、仁川の英系銀行を通じて直に上海に送られるか、日系銀行により日本を経由する形で上海に送金される。また全州で輸入品を売却して得られた銅銭は米の買い付けに利用され、米は仁川・ソウルあるいは神戸で売却されて日本紙幣に換えられ、最終的には同じく上海に送金される。

資金がいずれの経路をたどるとしても、最終的には日本紙幣の形をとって上海送金に充てられたということ、その過程で朝鮮米の対日輸出の景況から影響を被らざるを得なかったということが注意される。全州での米の買い入れが米の市況に直接の影響を受けたのは当然だが、漢城本号で白銅貨を日本紙幣に換える際にも、朝鮮における日本紙幣の供給高が日本向けの米輸出によって決定され、それによって白銅貨相場も変動したために、間接的に米市況からの影響を免れることができなかったのである。

その結果、同泰号からの輸入貿易そのものが米市況の影響を受けるようになった。先に引いた一八九九年春の同泰号宛て書簡は次のように続いている。

いま当商号では商いを精選したいと思っています。こちらから求めていない商品は絶対に送らないでください。お願いした商品も、手紙と注文書の分だけ送ってくれればよく、勝手に増やさないようにしてください。……思うに朝鮮での商いの繁閑は、全く〔朝鮮が〕豊作となり、日本が不作となることにかかっており、そうなれば華人の商務はおおいに盛り上がります。……そうなれば貨物も売れ行き、白銅貨も需要が見つかって上昇に転じることになります。日本人は円銀と紙幣を放出して米を買いますので、それらが市場に出回って〔白銅貨との〕交換が容易になり、〔われわれ華商も〕商品の代金を調達して上海に送り返しやすくなります。六～七月まで待ち、日本と朝鮮の米況を見てから〔輸入〕貨物の多寡を決めるようにすれば見通しが立ちます。そうすべき時になったらお知らせして相談します[158]。

米の輸出が盛んになれば日本人商人が市中に放出する円銀・紙幣が増加する。それによって華商も手持ちの白銅貨の交換が容易となり、上海送金も円滑となる。このような連関が存在したことは、これまでの検討から容易に理解できる。興味深いのは、このことが同泰号からの輸入に関する譚傑生の判断にも影響を与えたということである。対日米輸出の拡大が、農民の購買力を高めるという意味で輸入の好条件となったのは言うまでもないが、それだけではなく、市中での日本紙幣の出回りが増えることが譚傑生にとって重要であった。同順泰は同泰号に対して恒常的に負債を持ち、月々の利息を支払うだけでなく、上海市場の様子によっては急な返済を要求されることもあった。そうした立場に置かれた譚傑生にとって、上海への送金手段が安定的に確保されるかどうかということが、追加的な輸入に踏み切るかどうかの判断材料となったのである[159]。

譚傑生は日清戦争の初期に朝鮮から一時退避したものの、一八九四年秋には朝鮮に戻って貿易活動を再開し、九六年末には内地通商も再開した。日清戦争後の同順泰の活動は、上海同泰号からの織物類の輸入を中心とし、その円滑な運営を意図して組み立てられていた点において、日清戦争前と根本的に変わるものではなかった。

　朝鮮の開港場貿易を支える制度やインフラストラクチャー、貿易関連サービスなどもこの時期に大きく再編された。本章で見た例でいえば、日清戦争までの数年間、政府の支援の下で激しい競争を展開した輪船招商局と日本郵船の上海・仁川航路が相次いで停止され、代わってロシアの東清鉄道汽船が同じ区間を結ぶようになった。このことは、朝鮮の開港場貿易が国際情勢に強く規定されていたことを象徴的に示している。こうした変化にもかかわらず、同順泰は取引先のネットワークを利用して対上海貿易を中心とする活動を維持した。

　同じことは同泰号への送金問題についても言える。朝鮮華商間の過当競争と、日本の政策的な朝鮮産金吸収によって上海への砂金現送が困難となる中、同順泰は日本の取引先の協力を得つつ、朝鮮米の対日輸出の増加という機会を捉えて自身の上海送金に活用した。

　こうした同順泰の対応は、広域的・多角的なネットワークを背景とする華商の柔軟さ、あるいは国家からの自立性の高さを示すものと見ることも可能であろう。だがこうした対応の結果、同順泰の上海送金は最終的に日本紙幣を媒介として行われるようになった。朝鮮での日本紙幣の供給は日本への米輸出の景況に大きく規定されたため、同順泰の上海送金、ひいては上海からの輸入自体が対日米輸出に影響を受けた。華商の対上海貿易も深化する日朝関係から独立したものではあり得なくなっていたのである。

補論　同順泰文書について

ここでは第II部で主史料として用いた同順泰文書について、書誌的な情報を中心として整理する。同順泰文書は現在、ソウル大学校の中央図書館および奎章閣韓国学研究院に六タイトル、六六冊が保存されている（表5-1参照）。現在は冊子体となっているが、いずれも元来は独立した文書を貼り継いだものである。収録されている文書は商業書簡と計算書類で、いずれも同順泰の漢城本号ないし譚傑生が一八八〇年代から一九〇〇年代にかけて受信・発信したものである（発信したものについては控え）。タイトルごとに見ると『同泰来信』一九冊と『同順泰往復文書』三五冊に商業書簡が収められ、その他の四タイトル（『進口各貨艙口単』八冊、『甲午年各準来貨置本単』二冊、『乙未来貨置本』一冊、『同順泰宝号記』一冊）には計算書類が収められている。

これらがソウル大学校の所蔵に帰した年代と経緯は不明だが、「京城帝国大学図書章」の印があることから一九四五年以前の収書に属することは明らかである。かつ一九二四年の京城帝国大学創設にあたり朝鮮総督府から引き継がれた文献に見られる総督府蔵書印が見えないことから、京城帝国大学が入手したものと見てよい。同順泰は一九三七年の秋に閉店され、経営者である譚傑生の子孫（本人は一九二七年に既に死亡）は中国に引き揚げたことを考えると、その際に流出した経営文書の一部と見るのが妥当であろう。

以下ではタイトルごとに収録文書の特徴を解説する。

表補-1　『同泰来信』の構成

請求記号	外　題	件数	書簡の配列と期間（発信日）
奎 27584-1	同泰来信　上　／己丑元月	20	発信日順（光緒 15.1.3〜1.15）
奎 27584-2	同泰来信　中　／己丑元月至二月	37	〃　（〃　15.1.17〜2.13, 5.9）
奎 27584-3	同泰来信　下　／己丑五月至六月	65	〃　（〃　15.5.9〜6.29）
奎 27584-4	同泰来信　単　／甲午元月至四月	43	〃　（〃　19.12.19〜20.4.16）
奎 27584-5	同泰来信　上　／甲午元月至三月	59	〃　（〃　20.1.18〜3.11）
奎 27584-6	同泰来信　中　／甲午三月至五月	61	〃　（〃　20.3.12〜5.15）
奎 27584-7	同泰来信　下　／甲午五月至六月	30	〃　（〃　20.5.17〜6.5）
奎 27584-8	同泰来信　上　／癸卯元月至三月	52	〃　（〃　29.1.13〜3.20）
奎 27584-9	同泰来信　中　／癸卯四月至十月	56	〃　（〃　29.4.2〜10.8）
奎 27584-10	同泰来信　下　／癸卯十月至十二月	65	〃　（〃　29.10.9〜12.28）
奎 27584-11	同泰来信　単　／乙巳正月至七月	38	〃　（〃　31.1.5〜7.9）
奎 27584-12	同泰来信　乾　／乙巳元月至二月	38	〃　（〃　31.1.4〜2.18）
奎 27584-13	同泰来信　坤　／乙巳二月至四月	48	〃　（〃　31.2.11〜4.7）
奎 27584-14	同泰来信　単　／乙巳丙午	51	順序不定
奎 27584-15	同泰来信　乾　／一月至三月	52	発信日順（光緒 15.2.10〜3.18）
奎 27584-16	同泰来信　坤　／三月	55	〃　（〃　15.3.19〜5.6）
奎 27584-17	同泰来信　単　／仁川来信	44	〃　（年不明 1.7〜2.17）
奎 27584-18	同泰来信　単　／同泰来信	40	前半部は発信日順（光緒 15.12.23〜16.2.11），後半部は不定
奎 27584-19	同泰来信　単　／乙巳正月至五月	35	順序不定

注）すべて受信書簡の原本。外題の／は改行を示す。原史料では発信年を干支で示すか，もしくは示さない（月日のみ）が，ここでは便宜的に光緒年号で示した。月日は原史料の通り。

一　『同泰来信』について

『同泰来信』全一九冊はソウル大学校奎章閣韓国学研究院に所蔵される（請求記号：奎二七五八四）（表補-1参照）。体裁は書簡原紙を横方向に張り継いでから折本としたもので、各冊に平均して五〇件程度の書簡が収められている。製本後の大きさは縦三〇センチメートル、横二五センチメートル程度である。

収録書簡はいずれも譚傑生もしくは同順泰漢城本号に宛てた来信の原本である。発信者は仁川分号が最も多く、朝鮮国内の各地に派遣された同順泰の店員や、上海その他の取引先華商がこれに次ぎ、清国領事館も若干含まれる。朝鮮人や日本人と思われるものはない（発信者の構成は表5-3を参照）。発信日は己丑年（光緒一五／一八八九）、甲午年（光緒二〇／一八九四）、癸卯年（光緒二九／一九〇三）、乙巳年（光緒三一／一九〇五）の四カ年に集中しており、各年内では概ね発信日順に配列されている。ただし第一四冊、一八冊、一九冊（請求記号による、以下同じ）は配列の順序が錯綜しており、発信年を明記していない書簡（月日だけを記すもの）については年代が推測できない。また第一七冊の収録書簡は発信日により整序されているが、すべて発信年を記していない。ただし仁川に入港した輪船招商局の船名が記されていること等から、日清戦争以前のものと見てよい。

各冊子の外題には目録上のタイトルとなっている「同泰来信」のほか、副題として発信年月等が記されている。これらは概ね収録書簡の内容に対応しているが、食い違っている場合もある。例えば第一五冊と第一六冊の外題にはそれぞれ「乾／一月至三月」「坤／三月」とのみあり発信年を記さないが、収録書簡の発信日を見ると、本来は第二冊「中／己丑元月至二月」の中途に繰り込まれるべきものだったことが明らかである。また「乙巳／丙午」という外題の第一四冊に収録される書簡は大半が実際にその年（一九〇五、〇六年）に作成されたものだが、己丑年（一八八九年）作成の書簡が混入している(1)。

こうした例から考えると、現存の『同泰来信』は書簡そのものの生成から相当の時間を経た後、内容について十分に理解しない者の手によって整理され、現在のような形になったと考えられる。なお『同泰来信』の成立過程については石川（二〇〇四b）でより詳しい考察を加えており、収録書簡の一覧も掲載している。

二　『同順泰往復文書』について

『同順泰往復文書』全三五冊はソウル大学校中央図書館古文献室に所蔵されている（請求記号：六一〇〇-六一）（表補-2参照）。体裁は第一〜三〇冊と第三一〜三五冊とで異なっている。前者は書簡の原紙を厚手の紙に貼ってから折本の形にしたもので、表紙には「交貨尺牘（巻次・年月）」と記した題簽が貼られている。収録書簡は各冊一〇件程度

表補-2 『同順泰往復文書』の構成

請求記号	外　題	件数	収録書簡の日付	備　考
6100-61-1	交貨尺牘　一　／自甲午正月至同二月	25	光緒 20.1.2～2.7	受信原本
6100-61-2	交貨尺牘　二　／自甲午二月至同三月	20	〃 20.2.21～3.2	〃
6100-61-3	交貨尺牘　三　／自甲午三月至同四月	11	〃 20.3.12～3.28	〃
6100-61-4	交貨尺牘　四　／自甲午四月至同五月	11	〃 20.4.7～4.24	〃
6100-61-5	交貨尺牘　五　／自甲午五月至同八月	15	〃 20.4.24～7.7	〃
6100-61-6	交貨尺牘　六　／自甲午七月至同八月	11	〃 20.7.15～9.10	〃
6100-61-7	交貨尺牘　七　／自甲午八月至同九月	14	〃 20.8.22～9.6	〃
6100-61-8	交貨尺牘　八　／自甲午十月至同十月	13	〃 20.9.6～10.22	〃
6100-61-9	交貨尺牘　九　／自甲午十月至同十一月	9	〃 20.6.5/ 10.13～11.26	〃
6100-61-10	交貨尺牘　十　／自甲午十月至同十一月乙未十一月	14	〃 20.10.15～12.13/ 19.11.18	受信原本／発信控え
6100-61-11	交貨尺牘　十一　／自乙未十一月至同十一月	10	〃 19.11.20～12.10	発信控え
6100-61-12	交貨尺牘　十二　／自乙未十二月至同十二月	9	〃 19.12.10～12.26	〃
6100-61-13	交貨尺牘　十三　／自乙未十二月至丙申正月	10	〃 19.12.26～20.1.19	〃
6100-61-14	交貨尺牘　十四　／自丙申正至同二月	7	〃 20.1.19～2.10	〃
6100-61-15	交貨尺牘　十五　／自丙申二月至同三月	9	〃 20.2.10～3.10	〃
6100-61-16	交貨尺牘　十六　／自丙申三月至同三月	7	〃 20.3.2～3.17	〃
6100-61-17	交貨尺牘　十七　／自丙申三月至同四月	11	〃 20.3.16～4.12	〃
6100-61-18	交貨尺牘　十八　／自丙申四月至同四月	12	〃 20.3.14～4.24	〃
6100-61-19	交貨尺牘　十九　／自丙申五月至同五月	11	〃 20.5.2～6.5	〃
6100-61-20	交貨尺牘　二十　／自丙申六月至同六月	9	〃 20.6.5-6.7/ 20.9.3～10.1	〃
6100-61-21	交貨尺牘　二十一　／自丙申九月至同十月	11	〃 20.9.12～10.6	〃
6100-61-22	交貨尺牘　二十二　／自丙申十月至同十月	8	〃 20.10.5～10.13	〃
6100-61-23	交貨尺牘　二十三　／自丙申十月至同十月	10	〃 20.10.18～11.2	〃
6100-61-24	交貨尺牘　二十四　／自丙申十一月至同十一月	10	〃 20.11.5～11.11	〃
6100-61-25	交貨尺牘　二十五　／自丙申十一月至同十二月	11	〃 20.11.14～12.2	〃
6100-61-26	交貨尺牘　二十六　／自丙申十二月至同十二月	9	〃 20.12.2～12.15	〃
6100-61-27	交貨尺牘　二十七　／自丙申十二月至丁酉正月	10	〃 20.12.19～21.1.12	〃
6100-61-28	交貨尺牘　二十八　／自丁酉正月至同正月	11	〃 21.1.12～1.30	〃
6100-61-29	交貨尺牘　二十九　／自丁酉二月至同二月	14	〃 21.1.30～2.25	〃
6100-61-30	交貨尺牘　三十　／自丁酉二月至同三月	8	〃 21.2.25～3.11	〃
6100-61-31	(なし)	247	〃 21.3.15～10.17/ 22.10.11～23.8.14	〃
6100-61-32	(なし)	222	〃 24.6.13～25.8.6	〃
6100-61-33	(なし)	211	〃 16.1.3～17.2.19	〃
6100-61-34	(なし)	274	〃 17.2.22～18.7.17	〃
6100-61-35	(なし)	220	〃 18.7.18～19.11.10	〃

注）外題のスラッシュ（／）は改行を示す。書簡の配列はすべて発信日順。発信年については表補-1 の原則に従う。

である。後者は裏打ちしない原紙をそのまま皮表紙の洋装本としたもので表題はない。各冊の収録書簡は二〇〇件以上である。このように体裁は異なるものの、以下で見るように内容は連続しており、もともと一続きのものとして保管されていた書簡を装丁する作業の途中で方針が変更されたものと考えられる。

収録されている書簡を見ると、第一冊から第一〇冊前半までは譚傑生または同順泰の漢城本号が受信した書簡の原本であり、第一〇冊後半から第三五冊までは逆に譚傑生およびその代理人が発信した書簡の控えである。いずれも相手先は朝鮮国内に派遣された同順泰の店員と東アジア各地の取引先華商である。ただし『同泰来信』では多数を占めた仁川分号に関係する書簡はほとんど見られない（相手先の構成は表5-2・表5-3参照）。

各冊子内では書簡は概ね発信日順に配列され大きな錯綜はない。受信書簡つまり第一冊から第一〇冊前半までに収録される書簡は甲午年（光緒二〇／一八九四）正月初から同年一二月末までに作成されたもので連続している。

一方で第一〇冊後半以後に収められた発信書簡の配列には目録上の請求記号の順と食い違いがあり、また途中に欠落した期間もある。具体的に言うと発信書簡は、発信日の順に見て、次の四つのグループに分けられる。①第三三冊から第三五冊まで、続いて第一〇冊後半から第二〇冊前半まで。この一四冊に収録される書簡は庚寅年（光緒一六／一八九〇）正月から甲午年（光緒二〇／一八九四）六月まで連続している。②第二〇冊後半から第三一冊前半まで。この一二冊の書簡日付は甲午年九月から乙未年（光緒二一／一八九五）一〇月まで連続している。③第三一冊の後半。丙申年（光緒二二／一八九六）一〇月から丁酉年（光緒二三／一八九七）八月まで連続している。④第三二冊。戊戌年（光緒二四／一八九八）六月から己亥年（光緒二五／一八九九）八月まで連続している。

このうち①と②の間、すなわち甲午年の六月から九月までの書簡が欠落しているのは日清戦争の影響と見てよい。この時期に譚傑生と家族が中国に避難していたことを考えると、漢城本号では書簡自体が作成されなかったのかもしれない（ただし仁川には留守店員がおり、同時期の受信書簡の中には譚傑生が避難先から仁川に宛てたものが見られる）。また②と③の間、乙未年一〇月から丙申年一〇月までの一年間は、書簡の内容から譚傑生が病気療養のため広東に帰郷していた時期にあたる。その間に同順泰が閉鎖されていた形跡はなく、留守店員がいたと考えられるが[2]、なぜこの間の書簡が残されていないかは分からない[3]。③と④の間の欠落についても理由は明らかでない。

このように何度かの断絶を挟むものの、約一〇年分の発信控えが時系列的に整序されて残っているのは貴重である。ただしこの間の書簡が脱漏なく残っているわけではないと思われる。例えば頻繁に情報交換していたはずの仁川分号に宛てた書簡が含まれないことは注意される。どのような基準で選別が行われたかは明らかでない。

なお『同順泰往復文書』と『同泰来信』を比較すると、『同泰来信』の収録書簡はすべて来信であるのに対し、『同順泰往復文書』の収録書簡は大半が発信書簡の控えである。ただし両者の対応関係は薄い。例えば『同泰来信』には仁川分号からの来信が多いのに対して、『同順泰往復文書』には仁川分号に関係する書簡はほとんど含まれない。書簡の日付についても『同泰来信』と『同順泰往復文書』が重なり合うのは甲午年の前半だけである。『同泰来信』と『同順泰往復文書』を対照しても、同じ相手と同じ時期にやり取りされた書簡を見るのは難しいということになる。

なお『同順泰往復文書』の書誌的な情報は、姜抮亞も第一冊から第三〇冊までについて紹介しており、あわせて参照されたい（강진아〔二〇〇七〕）。

三　『進口各貨艙口単』『甲午年各準来貨置本単』『乙未来貨置本』『同順泰宝号記』について

これらの四タイトルには、各地の取引先および同順泰の仁川分号から同順泰漢城本号に宛てた計算書類が収められている（表補-3参照）。『同順泰宝号記』は文書を台紙に貼ってから折本としたものだが、その他は文書を直接横に貼り継いで折本としている。表補-3に示した文書の種別構成は第5章の表5-4と対応している。種別構成のうち「発送計算書」は相手先が同順泰漢城本号に宛てて発送した商品とその諸掛を通知したもの、「売上計算書」は逆に漢城

表補-3　『進口各貨艙口単』『甲午年各準来貨置本単』『乙未来貨置本』『同順泰宝号記』の構成

タイトル	請求記号	外　題	収録文書の種別構成	収録文書の日付
進口各貨艙口単	奎 27581-1	進口各貨艙口単／辛卯年	売上計算書 59，その他 11	光緒 17.2.10〜12.30
〃	奎 27581-2	進口各貨艙口単／乙未年	包装明細書 35（艙口単 18・選奉単 15），その他 3	〃　20.12.24〜21.6.9
〃	奎 27581-3	進口各貨艙口単／丙申年	包装明細書 28（艙口単 16・選奉単 12）	〃　22.11.20〜23.4.25
〃	奎 27581-4	進口各貨艙口単／丁酉年	包装明細書 12（艙口単 8・選奉単 4），その他 1	〃　23.5.12〜8.27 ＊「その他」は 29.11.1
〃	奎 27581-5	進口各貨艙口単／戊戌年	発送計算書 13，包装明細書 1（艙口単 1）	〃　14.3.2〜11.10
〃	奎 27581-6	進口各貨艙口単／己亥年	包装明細書 48（艙口単 35・選奉単 13），発送計算書 1，その他 1	〃　25.1.16〜12.23
〃	奎 27581-7	進口各貨艙口単／庚子年	その他 22	〃　26.1.30〜12.15?
〃	奎 27581-8	進口各貨艙口単／癸卯年	その他 29	〃　29.1.19〜11.30
甲午年各準来貨置本単	奎 27582-1	各埠来貨置本単／甲午年	発送計算書 32，包装明細書 19（艙口単 1・選奉単 13），その他 10	〃　20.1.12〜12.24
〃	奎 27582-2	各埠来貨置本単／乙未年	発送計算書 44，包装明細書 11（選奉単 11），その他 17	〃　21.1.9〜12.27
乙未来貨置本	奎 27583	乙未来貨置本	発送計算書 53	〃　21.1.6〜6.25
同順泰宝号記	6100-110	同順泰宝号記只此一巻／光緒丁未年四月中	発送計算書 51，包装明細書 1（選奉単 1），その他 11	〃　33.1.28〜12.19

注）外題の／は改行を示す。文書の配列は日付順。発信年については表補-1 の原則に従う。

本号から販売を委託された商品について現地での売上げ状況を通知したものである（それぞれ表6-1、表6-5を参照）。

「包装明細書」は相手先が発送した商品の明細を通知するもので、二種類に分けられる。一つは右の発送計算書とほぼ同じ書式で荷便ごとに作成され、金額の記載だけがないもので、多くは末尾に「艙口単」の文言があるため、表補-3でも艙口単の名称で示している[4]。もう一つは絹織物について色柄や斤量などの細目を記したものであり、「選奉〜幇」という文言で始まるものが多いため、表補-3では仮に選奉単という名称で分類した。六九件が残るが、うち六五件が「鎮江発記字号綢緞抄荘」から発信されたものである（他に

「陳恒顒号綢緞抄荘」から二件、「源春昌」から二件）。第6章で述べたように発記は鎮江の綢緞荘（産地問屋）であり、同順泰はこれと年間契約を結んで絹織物を確保していた。これらの明細書も、そうした契約に基づいて発記が出荷した絹織物の内容を示すものであろう。ただし商品そのものは同泰号を通じて同順泰に輸出されたため、同順泰の勘定の上では同泰号からの輸入に含まれたと考えられる。

「その他」には多様な計算書が含まれる。そのうち貸借計算書は相手先との貸借の相互清算の状況を通知するもので、第6章では『進口各貨艙口単』第一冊所収の上海同泰号の作成分を（表6-8）、第8章では同じく第七、八冊所収の同順泰仁川分号の作成分を利用した（表8-1）[5]。他に「その他」に含まれる計算書として、商品転送の際の諸掛を通知するもの、売れ残った商品の積み戻しについて通知するもの、仁川に漢城本号が持っていた貸店舗の家賃収納状況について通知するもの等がある。

以下ではタイトルごとに特徴を述べておく。

『進口各貨艙口単』　全八冊、ソウル大学校奎章閣韓国学研究院（請求記号：奎二七五八一）。外題には目録上のタイトル名と同じ「進口各貨艙口単」のほか干支が記されている。干支は概ね収録されている文書の年代と一致しているが、第五冊について外題の「戊戌年」は誤りで、戊子年（光緒一四／一八八八）が正しいと考えられる[6]。またタイトル名となっている「艙口単」は先述のように包装明細書の一形態を指すが、このタイトルの八冊のうち実際に包装明細書が多くを占めているのは第二～四冊、第六冊の四冊のみである。このような問題から文書を現在の形に整理したのは（少なくとも外題を記入したのは）内容について知悉していない者であった可能性が高い。

『甲午年各準来貨置本単』　全二冊、所蔵機関は同前（請求記号：奎二七五八二）。目録上のタイトル名には「各準」とあるが、外題から「各埠」の誤りと思われる。またタイトルでは二冊を一括して「甲午年」とするが、実際は甲午年、乙未年の一冊ずつである。「置本単」は発送計算書を指すと考えられ、収録文書と対応している。主に海外各地取引先からの発送計算書が収録されている。これについては第6章で主史料の一つとして利用した。

『乙未来貨置本』全一冊、所蔵機関は同前（請求記号：奎二七五八三）。収録されているのはタイトル通り乙未年の発送計算書だが、右の『甲午年各準来貨置本単』の発送計算書が各地取引先の作成に関わるのと違い、仁川分号から発信されたものである。これらの商品がどのような理由で仁川分号から漢城本号に移され、勘定の上でどう処理されたかは分からない。

『同順泰宝号記』全一冊、ソウル大学校中央図書館古文献室（請求記号：六一〇〇-一一〇）。四タイトルの中で唯一日露戦争後の丁未年（光緒三三／一九〇七）の文書を収めたものである。その多くは上海同泰号からの発送計算書である。これについては姜抮亞が分析している（강진아（二〇一一b）第四章）。

第III部　帝国への包摂・帝国からの漏出

——日露通貨の広域流通と華商

日朝両国民間の取引において日本通貨の自由使用を認めた日朝修好条規の下[1]、ソウルや開港場には日本通貨が流入し、広く流通するようになった。一八九七年に日本が金本位制に移行すると、朝鮮に流入する日本通貨も銀から切り離された日銀兌換券となり、残った旧円銀は中国に流出して姿を消した。さらに一九〇二年からは日本円（金円）を額面の単位とする第一銀行券が同行の朝鮮各店で発行され、日銀兌換券と並んで流通した。

ただし日露戦争以前における日本通貨の流通（特に朝鮮人間の流通）は、何らかの法的な裏付けを持っていたわけではない[2]。その意味で日露戦争中の一九〇四年に開始された貨幣整理事業は、朝鮮の幣制自体を事実上日本円の下に統合し、金円額面の第一銀行券に強制通用力を与えた点で、朝鮮における日本の通貨政策上、大きな画期となった。

同じく日露戦争中、日本軍は南満洲の占領地に銀円額面の軍票を散布し、戦後の日本政府はこれを引き継ぐ形で横浜正金銀行券による幣制統一を図ることになる。満洲の場合、外国通貨が大規模に持ち込まれたのはこれが最初ではなかった。一八九六年に東清鉄道の敷設権を得、九八年に旅順・大連を租借したロシアが自国の国立銀行券（ルーブル紙幣）を既に散布しており、義和団事件を契機とするロシア軍の満洲占領後、その流通もさらに拡大した。日露戦争後も北満洲ではロシア革命までルーブル紙幣が流通し続ける。

このように朝鮮および満洲では、一九〇〇年前後を境に、日本・ロシア両帝国の膨張を背景とする大規模な通貨再編が見られたのであるが、その結果は必ずしも両国の政策を忠実に反映したものではなかった。それは満洲の場合に顕著であり、日本の通貨政策は一九三五年に満洲国幣と円のパー・リンクを達成するまで三〇年にわたり試行錯誤を繰り返した。日本の政策を攪乱した最大の要因は、中国本土との密接な経済関係に伴う資金移動であった。同様の問題は朝鮮や台湾でも多かれ少なかれ見られたのであり、植民地幣制が（日本から見て）順調に確立されるかどうかは、日本がこれら諸地域と中国本土との経済的紐帯を「いかに有効に切断しえたかあるいはしえなかったかの関数」（山本有造）であった[3]。

第8章で見たように、日本の金本位制移行は朝鮮華商の対上海決済に少なくない影響を与えた。それに続く広範な通貨流通の再編がさらなる影響を及ぼしたことは間違いない。だが華商が国家の政策から一方的に影響を被る存在でなかったことは、右の経緯からも明らかだろう。日露の帝国の境界を越え、中国本土と各地を結んで行われた華商の活動は、通貨流通においても散布する側の意図していなかった影響を及ぼし、政策を逆に規定することもあったと考えられる。

このような考えから、第III部では、これまで見てきた朝鮮に加えて満洲も視野に入れ、日露両国がこの地域にもたらした諸通貨の流通実態について、一九〇〇～一〇年代を中心に検討する。特に注意したいのは中国本土とりわけ上海と結び付いた華商の行動が通貨流通に与えた影響であり、第II部で見たようなミクロレベルの華商の行動が、マクロ的な通貨の流通システムにどのように反映したのかという問題として考えたい。具体的には一九〇〇年代の朝鮮東北部（咸鏡地方）に流入したルーブル紙幣、日露戦争時に南満洲に散布された日本軍票（以下日露戦争軍票）、朝鮮における植民地幣制の中核とされ一九一〇年代には満洲へも流通範囲を拡大していった朝鮮銀行券の三種類の通貨を取り上げて論じることにする。

第9章　近代アジア市場の中の朝鮮地方経済
――ルーブル紙幣の広域流通を通じて

ロシアは一九世紀の半ばからアムール河流域への進出を本格化し、一八六〇年の北京条約によって沿海州を領有した。ヨーロッパから遠く離れ人口も希薄なこの地方を、ロシアが自国の資源と労働力だけで開発することは不可能であった。ロシア政府はこの地方に自由港制を導入して近隣からの物資輸入を促し、外国人の出稼ぎ労働者や農業移民にも当初寛容な政策を採った。折しも東アジアでは開港場を拠点とする地域内交易が急速に成長しており、沿海州もその一端に組み込まれた。一八六〇年に開基されたウラジオストクが交易と移動の拠点となり、華人や朝鮮人、日本人などが多方面で活動することになった。(1) ロシアの沿海州領有は、東アジアの国家間関係に緊張をもたらした一方、現地においては国境を越えた活発な経済交流を生んだと言える。

一八六〇年以後、豆満江の河口部を挟んでロシアと相対することになった朝鮮の東北部でも、沿海州に向かう商品や労働力の流れが生じた。(2) また朝鮮の東北部は清とも境界を接しており、ロシアの南下を警戒した清が一八八〇年代から満洲北部への入植を奨励するようになると、それに刺激されて満洲に移り住む朝鮮人が増えた。(3) 朝鮮の東北部は、ロシアの進出を契機として、一八七六年の開港場貿易の開始よりも早く、それとは異なる形で国際経済との接触を経験することになったのである。

そうした交流の中で朝鮮東北部の通貨状況にも国内他地方に見られない変化が生じた。ロシアは日本と同じ一八九七年に金本位制に移行したが[4]、ちょうどその頃から、ロシア国立銀行の金兌換券（以下ルーブル紙幣と呼ぶ）がこの地方に流入するようになった。この現象についてはつとに梶村秀樹が注目している[5]。梶村はその背景にロシア領との活発な交易や出稼ぎがあったことを指摘し、朝鮮の植民地化が進行する中、この地方には日本の影響力が及ばない「地域経済圏」がなお維持されていたとする。

朝鮮東北部へのルーブル紙幣流入が、現地住民の活発な経済活動を反映したものであったことに異論はない。ただしそれが辺境限りの局地的な条件によって成立したわけでないことに注意したい。ルーブル紙幣は金兌換を約束した銀行券であったが、朝鮮国内にその兌換に応じる機関はなかった。そうだとすれば、朝鮮人はなぜルーブル紙幣の形で資金を故郷に持ち帰り、その信用はどのように担保されていたのだろうか。そのように考えれば、朝鮮東北部におけるルーブル紙幣の流通が、沿海州との二地点間で完結していたわけではないことは明らかだろう。

こうした視点から本章では、朝鮮東北部をめぐるルーブル紙幣の流通構造を通じて、朝鮮の地方経済が広域的な東アジア市場とどのような回路でつながっていたのかを考えてみたい。対象とするのはルーブル紙幣の流入が増加した一九〇〇年代から、最終的に消滅していった第一次大戦前後までの十数年間である。長いとは言えない時間だが、この間に朝鮮は日露戦争を経て日本による保護国、植民地支配を受けるに至った。こうした政治的環境の変化が地方経済に与えた影響に注意しつつ分析を進めよう。

一　咸鏡地方の地理条件と対ロシア関係

ここで対象とする朝鮮東北部は、朝鮮時代に長く咸鏡道と呼ばれ、日清戦争後に咸鏡南道・咸鏡北道に分けられた地域にあたる[6]。以下ではこれを咸鏡地方と呼ぼう。一九一〇年末時点の咸鏡地方の人口は約一三〇万人とされ、これは全朝鮮の九・七パーセントにあたる。[7] 気候は寒冷で地勢は山がち、平野は海岸に沿って点在するに過ぎない。

このような厳しい自然環境にもかかわらず、朝鮮後期の咸鏡地方は他地方よりもむしろ高い人口増加率を経験したようである。[8] 度重なる禁令に背いて山間地での野生人蔘の採掘や採鉱、焼畑農業が拡大したが、それによる自然破壊も顕著であった。例えば道の首府咸興は、市街を流れる河川の上流域で焼畑が拡大したため、一八世紀半ばから頻繁に洪水に襲われるようになった。[9] また一九世紀になると国境近辺でも木材不足が深刻化し、薪炭木を得るため豆満江を「犯越」する人の流れが絶えないようになった。[10]

こうした状況を背景に、一八六〇年代後半の水害と飢饉を直接の契機として、農民の沿海州への移住が始まった。[11] 移住者数には諸説あるが、短期間に六五〇〇〜八千人が移動したという。[12] 朝鮮人の移住と農地開発について、ロシア当局は当初好意的な態度を取った。例えば一八六一年のアムール州・沿海州移民規定では、自費入植者に国籍を問わず約一〇〇ヘクタール相当の土地用益権と二〇年間の地租免除を認めた。[13] 朝鮮人農民の増加により、それまで清領の琿春から穀物を輸入していた国境地帯のロシア軍は、一八七四年までにすべての穀物を地元で調達できるようになったという。[14]

また港湾・要塞の建設を背景に労働者としてウラジオストクに流入する者もおり、その人口は一八八六年時点で一〇五〇人に達していた。ウラジオストクの朝鮮人住民は一八八六年と一九一一年の二度にわたり「衛生」政策の一環として市中心部から排除され、郊外に新韓村と呼ばれる集住地域を形成した。[15]

移民増加の一方で交易も拡大した。もともと咸鏡地方では遠隔地交易が盛んに行われていた。低い農業生産性にもかかわらず膨張した人口を支えるには地域外との交易が不可欠であり、麻織物や明太（スケトウダラ）などの特産物と交換に朝鮮南部から米穀や綿製品などが移入された。また清との間では会寧・慶源の二カ所で国境交易が行われた（辺境開市）。これはもともと清朝が軍事的な要請から実施させたものであったが、時代が下るにつれ商業的な性格が強くなった。この交易は朝鮮政府に重い財政負担を強いる一方で、商人の中にはこれに乗じて蓄財する者も現れ、地域全体に奢侈の風が指摘されるようにさえなった[16]。

このような咸鏡地方の商人にとって、沿海州の開発進展は新たな事業機会の出現を意味していた。咸鏡地方と沿海州の交易経路には、慶興から豆満江を越える陸路と、沿岸づたいの海路とがあった。陸路での交易は早くから行われていたと考えられるが、一八八八年の朝露陸路通商章程によって公認された。海路については開港場の元山（一八八〇年開港）や城津（一八九九年）、清津（一九〇八年）とウラジオストクを結ぶ定期汽船航路が次第に整備されていったほか、未開港地を含む沿岸諸港から毎年数百隻に上る在来船がウラジオストクとの間を往来した。これらは旅客や商品の輸送にあたるほか、一部は春から秋の間ウラジオストクに止まって港内の荷役や沿海地方の沿岸輸送に従事した。朝鮮人に加えて華人も在来船を持ち込んでおり、これらは沿海地方南部の重要な交通手段となった[17]。

朝鮮からの輸出品として特に重要だったのは牛と穀物である。朝鮮では役畜として牛を広く用いるが、これをロシア領では軍人をはじめとするヨーロッパ系住民の食料として利用した。牛は陸路および海路を生きた状態で運ばれた。その正確な数量は不明だが、一九〇一年頃の推計では年に二万五千頭程度だったという[18]。穀物については軍馬の飼料となる燕麦が重要であった[19]。慶興近辺ではロシア領への輸出を目的として広く燕麦が栽培されるようになり、「畑圃山野至る所悉く燕麦を植付」ける状態であったという[20]。農民も含む咸鏡地方の住民がロシア側の需要を敏感に捉えて対応していたことが窺われる。

日清戦争後の調査によれば、両地域間を往来する朝鮮人商人のうち特に規模が大きかったのは牛商で、一人で六〇～七〇頭、時には一〇〇頭以上の牛を連れて陸路国境を越える姿が見られたという[21]。中小商人たちも資金を出し合って在来船を借り切ったり、五～六人で組合を作って資産家の出資を仰いだりして交易に参加した[22]。一八九七年には咸鏡道鏡城を本拠地とする商人らが天一会社を設立し汽船による牛の輸出を試みた[23]。ロシアに移住した朝鮮人の側にも、ロシア当局への牛肉納入を通じて富を蓄え、在露朝鮮人の指導層となる者が現れた。例えば沿海州最初の朝鮮語新聞『海朝新聞』を創刊した崔鳳俊、日露戦争後に独立運動を指揮し日本のシベリア出兵軍に殺害された崔才亨などが知られている。[24]

商人のほか出稼ぎ労働者として沿海州との間を往来する者も少なくなかった。日本人の観察者は、咸鏡地方北部の民衆が厳しい自然環境にもかかわらず一定の生活水準を保っている理由をウラジオストクでの所得に求め、北米や南洋華人の家郷送金になぞらえている。[25]咸鏡地方の最北端にあたる慶興では男性の八割がロシアへの出稼ぎを経験していたとされ、会話の中にはロシア語の単語が入りこみ、ウラジオストクに行った経験がない者は田舎者扱いされたともいう。[26]また咸鏡地方中部の端川でも「男女を論ぜず春夏秋の間浦潮に出稼すること追年多きを加へ」、「朝鮮人にして洋服を着するもの不少、就中漁業農業者中に於て洋服を着するものあるは奇観なり」という光景が展開していた。[27]この地域の朝鮮人にとって沿海州は生活圏の一部といってもよい場所だったのである。

二　ルーブル紙幣の流入と元山華商

このように一八六〇年代から咸鏡地方は沿海州との関係を深めていったが、それが直ちにロシア通貨の流入につながったわけではない。一八九六年の日本人の現地踏査によれば、国境に近接する地帯ではロシアの銀貨・紙幣ともに流入して「地方の大商豪家の類、亦皆軽便として之を珍重せざるは莫し」という状態であったものの、南下するに従ってその価値は低く評価されるようになり、「吉州・端川の前後」すなわち咸鏡南道・北道の境界より南では「日本銀」の方が広く通用する状態であったという。[28]

ところが二〇世紀に入ると咸鏡地方の南部でもルーブル紙幣が見られるようになった。元山は咸鏡地方の南端に位置し、朝鮮で二番目の開港場として一八八〇年に開かれたが、元山海関年報によれば、ここでルーブル紙幣が見られるようになったのは一九〇二年以後のことであった。その背景について年報はこう説明している。

これらは移民の稼ぎの一部である。彼らは従来それをウラジオストク（これまで香港以北の極東における唯一の自由港であった）で使ってしまっていたが、〔同港で〕保護主義的な関税が施行されてからというもの、顧客はより安い市場に逃げてしまった。一九〇一年に関税が施行された時点では、砂金は政府の専売品であったが、密かに安価で買うことができた。それらは密輸されて国境を越え、元山で商品と交換された。金にも通常の関税が課されるようになり、その結果金の価格が正常な水準まで上昇すると、賃金を紙幣の形で持ち帰る方が便利となった[29]。（〔 〕内は原史料の通り）

これによれば、ルーブル紙幣は朝鮮人がウラジオストク方面で稼得したものであったが、従来は現地で消費され、朝鮮には持ち帰られなかった。ところが一九〇一年にウラジオストクの自由港制が廃止され、さらに砂金の持ち出しにも関税が課されるようになると、朝鮮人は稼ぎをルーブル紙幣の形で持ち帰るようになったという。

先にも述べたように沿海州では開発に必要な物資の輸入を促すため自由港制が導入され、ウラジオストクでも一八六二年一二月二五日付（露暦）でその適用を受けた[30]。そのため、機械製綿織物をはじめとする工業製品は朝鮮の開港場よりもウラジオストクで購入するほうが安価であった[31]。右の史料において、朝鮮人が稼得したルーブル紙幣を現地で「使ってしまっていた」というのは、具体的にはこうした工業製品を購入し、咸鏡地方に持ち帰ったことを指すと思われる。しかしロシア政府は自由港制が極東領内の国産品市場拡大を阻害していると考えるようになり、一九〇一年にこれを撤廃して高率の関税を賦課するようになった[32]。後背地の生産が十分でないなか、この措置は現地の物価を大幅に上昇させたと考えられ、朝鮮人商人や労働者は稼ぎを商品に換えて持ち帰ることを忌避するようになったのだろう。

これらの朝鮮人が咸鏡地方に戻った後の行動を追ってみよう。一九〇一年の元山日本領事報告は次のように伝えている。

従来咸鏡道〔重に北関〔咸鏡北道〕地方〕の韓人が、生牛其他の国産を浦潮〔ウラジオストク〕に輸送し、其代金として金巾・洋反物並に支那絹織物類を持帰る事となり居りし為、此等の物品の当港〔元山〕に於ける販路は咸鏡道南方一部にして誠に僅々の数なりしが、〔ウラジオストクの〕該関税実施後は当港にて買収することの却て廉なるを以て、北関人までも一旦必ず元山に帰航し、其等の物品を買ひ取り、沿岸小汽船にて郷里へ輸送することゝなれり。去れば浦潮港の支那人が韓人を得意とせし点は、渾《すべ》て当港支那人の手に移りたる姿なり。随て近来当港支那商の手に依り輸入せらるゝもの益々増進するに至り、其著しき兆候を顕はしたるは本年〔一九〇一年〕四、五、六の三ヶ月にて明かなり。(33)

この史料から、まず、朝鮮人が自由港制下のウラジオストクから「金巾・洋反物並に支那絹織物」を持ち帰っていたことが確認できる。これらの商品について咸鏡地方はウラジオストクの商圏に含まれ、元山からの供給は僅かに止まっていた。ところがウラジオストクの自由港制廃止後、同地から帰る朝鮮人はわざわざ咸鏡地方南端の元山でこれらの商品を購入するようになった。その資金としては当然、ウラジオストクから持ち帰ったルーブル紙幣が利用されたはずであり、この頃から元山にルーブル紙幣が現れたのも、こうした状況を反映するものと考えてよい。

この史料から明らかになるもう一つのことは、これらの工業製品の供給者はウラジオストク・元山ともに華商であったということである。「海蔘〔ナマコ〕崴」という中国名を持つウラジオストクでは、中国向け海産物に着目した華人がロシア人より早く進出していた。一八七〇年代には既に山東省煙台との間で活発な交易と人の移動が見られたことが確認され、一八九〇年代には東清鉄道の建設に伴ってハルビンほか北満洲へ進出する華商の足がかりにもなった。一九一〇年頃には約五万人の華人がいたとされる。(34) また元山の華人は仁川やソウルに比べ少なく、日清戦争以前には一〇〇名を超えない程度だったが（表序-6）、上海・長崎からウラジオストクに向かう汽船航路の寄港地であったため、一八八〇年代半ばから華人の往来は活発で、(35)「商機に敏なる支那商人は早や既に商権を拡張し当時金巾類の取引の如きは我〔日本〕商人を凌駕せんとする勢い」を示していたという[36]。咸鏡地方へのルーブル紙幣流入は、これら両港華商の商圏がウラジオストクの自由港制廃止を契機に再編成されたことを反映した現象であった。

本書のこれまでの検討から、華商による商品の輸入元は中国、具体的には上海と見て間違いあるまい。この時期の元山における対中国貿易について図9-1を見てみよう。一九〇一年から輸入超過幅が急拡大したことが分かる。先の史料と考えあわせれば、ウラジオストクの自由港制廃止に伴う「金巾・洋反物並に支那絹織物」の輸入増加を反映したもの見てよい。ルーブル紙幣はこれらと引き換えに元山に持ち込まれ、華商の手に渡ったのである。

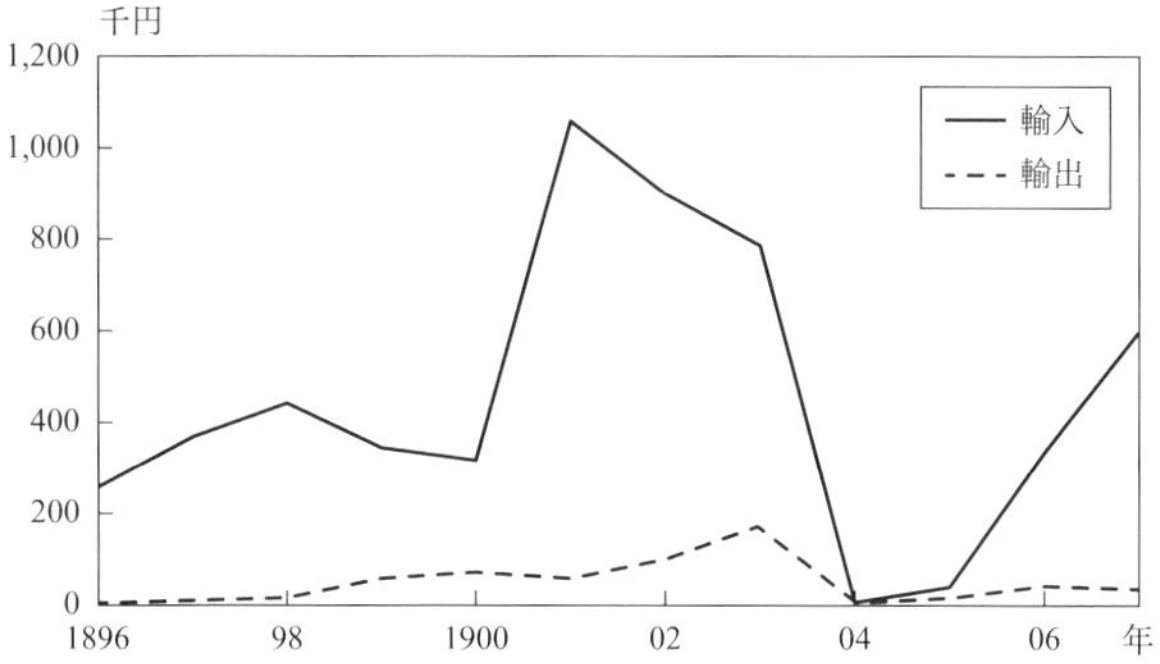

図9-1　元山の対中国貿易（1896～1907年）

出所）1896～99，1902，1904年：『通商彙纂』所載の各年元山商況報告。1901，1903，1905，1906年：Korea Imperial Maritime Customs, *Returns of Trade and Trade Reports*, each year. 1907年：『韓国外国貿易概覧』（韓国度支部）隆熙元年版。

注）商品貿易のみであり貴金属を含まない。また朝鮮海関の相手先別分類の基準は1907年まで最終の積出地／最初の荷揚地により，原産地／消費地によらない。例えば中国の港から積み出された商品は，原産国がどこであろうと対中国輸入となる。

それでは、元山華商は朝鮮人から受け取ったルーブル紙幣をどう処理したのだろうか。先に引いた一九〇三年の元山海関報告では、持ち込まれたルーブル紙幣の行方について「少なくとも六二万七千ルーブルが輸入品の支払いのため海外に持ち出された。その三分の二が中国へ、残りが日本へ送られた」とする[37]。これによればルーブル紙幣の多くは中国に現送されたことになる。日露戦争の直前、元山日本領事はより詳しく次のように報告している。

当地方出稼人が彼地〔ウラジオストク〕に於て収得する所の労働賃金及輸出生牛代金の多くは従来金巾類の貨物を購買し来りしが、往年同港の関税率引揚後は商業上の局面を一変したるを以て、爾来其携帯に便なりし砂金又は紙幣を輸入するに至りたり。然るに曽て清商等の為めに吸収せられたる砂金の輸出は、既に報告したるが如く先年来本邦商の独占に帰し、彼等は殆ど顔色なき有様なりしが、現下専ら該紙幣の買収に努め之を上海に輸送し、而して更に北清地方へ転送せらるゝもの〔の〕如し。又日本へ輸出する者は僅かに本邦商一二名の少数なりしが、主に長崎に輸送せり(38)。

出稼ぎ朝鮮人がウラジオストクの自由港制廃止後、ルーブル紙幣を持ち帰るようになったという叙述はこれまで見てきたところと一致する。注目されるのは、華商のルーブル紙幣を現送した先がもっぱら上海であったことと、それが砂金の現送を代替するものであったということである。

本書でも繰り返し触れてきたように、上海からの輸入に見合う輸出品を確保できなかった朝鮮華商にとって、朝鮮産の砂金は重要な輸入決済の手段となっていた。しかし日本政府が一八九七年に金本位制を実施し、準備政策の一環として日系銀行を通じてこれを積極的に買い入れたため、華商による中国への砂金現送は一八九九年頃をピークに急減した（第8章）。元山華商の場合、折しもウラジオストク方面から元山に持ち込まれるようになったルーブル紙幣を、砂金の代わりに上海への送金手段として利用するようになったのである。

このことはルーブル紙幣を上海でさらに受け取る者がいたことを示している。日露戦争後となるが、一九〇九年の史料は次のように説明している。

流入したる露国紙幣は、従来大部分は元山津に集り同地に於て日本及支那より輸入する代価の支払いに用ひられ、こゝに日清の貿易商はこれを取りて主に長崎上海に送り、露清銀行に提供し、夫々その地の通貨に引替へらると云ふ。ルーブル紙幣は一時我兌換券と同額に授受せられ、日露役前には壱円壱銭五厘位を唱へたりき(39)。

ここから上海でも長崎でも、ルーブル紙幣が主に露清銀行の支店によって買い取られていたことが分かる。露清銀行は一八九六年一月、露仏合弁の形でサンクトペテルブルクに設立された。その創設時の目的は清政府に日清戦争賠償金の原資を貸し付けるというものだったが、同時に中露間の貿易金融も重視し、同年二月の上海支店開設を皮切りに、漢口や天津など中国本土・満洲の主要都市、そして長崎・神戸・横浜にも店舗を展開した。(40)

右の史料は日露戦争前の元山におけるルーブル紙幣相場を一ルーブル＝一・〇一五円としているが、金平価で比較すれば一ルーブルは約一・〇三二円に相当したから、(41)現送費等を考えれば大体平価通りに交換されていたと見てよい。このことから、上海や長崎の露清銀行はルーブル紙幣を割り引かずに受け取っていたと考えられる。(42)そうした裏付けがあったからこそ、華商は上海への送金手段にルーブル紙幣を用いたのであり、また朝鮮人は沿海州での収入をルーブル紙幣の形で持ち帰ったと言える。

こうしたルーブル紙幣の動きについて朝鮮側の統計から確認しておこう。咸境地方の各開港場からの流出額について海関統計等から数値が得られる（表9-1）。携帯が容易な紙幣のことであり、正確な数値が得られた保証はないが、(43)一応の目安となるだろう。元山について見ると、日露戦争中の一九〇四年から〇六年にかけて日本への流出が増え、また一一年にロシアへの流出が増えているが、それ以外の年では中国への流出が最も多かったことが分かる。

この表から中国へのルーブル紙幣の流出を抜き出し、同時期の金・銀の中国向け流出と合わせてグラフとしたのが図9-2である。金の中国への流出が一八九八年を境に減少してゆき、一九〇一年以後は皆無に近くなったことが分かる。図に示していないが同じ頃から日本への金流出は急増しており、(44)これが日本の金吸収政策を反映した動きであることは明らかである。ルーブル紙幣の中国への流出はこの金流出の減少と入れ替わるように増加しており、砂金に代わる中国への送金手段としてルーブル紙幣が用いられたことが確認できる。

表 9-1　咸鏡地方三港におけるルーブル紙幣の送出高（1902～12 年）

（ルーブル）

年	元山				城津	清津
	中国へ	日本へ	ロシアへ	合計	合計	合計
1902	218,764	11,302		230,066		
1903	464,416	161,884		596,300		
1904	68,820	278,509		347,329		
1905	537,936	632,304		1,170,240		
1906	658,527	1,300,361		1,958,888		
1907	441,883	79,276	14,501	535,660		
1908	231,975	12,696	44,350	289,021	56,470	8,700
1909	199,205	29,012	94,365	322,582	63,179	5,419
1910	98,744	39,424	96,002	220,558	26,691	7,790
1911	17,510		271,823	289,332	28,907	93,362
1912					48,016	281,355

出所）元山については，1902～03 年：『通商彙纂』明治 37 年 9 号。1904 年：『通商彙纂』明治 37 年 41 号，明治 39 年 16 号，明治 40 年 36 号。1905 年：『通商彙纂』明治 38 年 64 号，明治 39 年 12 号，明治 40 年 36 号。1906～07 年：『韓国外国貿易概況』（韓国度支部）隆熙元年（1907）版。1908 年：『元山港貿易一斑』（元山日本商業会議所）明治 42 年版。1909 年：『韓国外国貿易概況』（韓国度支部）隆熙 3 年（1909）版。1910～11 年：『朝鮮貿易要覧』（朝鮮総督府）各年版。城津・清津については，朝鮮銀行『咸鏡北道ニ於ケル経済状況』1913 年，21 頁。

注）空欄はデータが得られなかったことを示す。ただし城津の開港は 1899 年，清津は 1908 年。また以下のような問題点がある。①1904～09 年はもと円表記であるのを，1 円＝1 ルーブルとして換算した。②1904 年は第 2 四半期を欠く数値である。③1906 年，07 年分の流出額には日本紙幣を含む可能性がある。

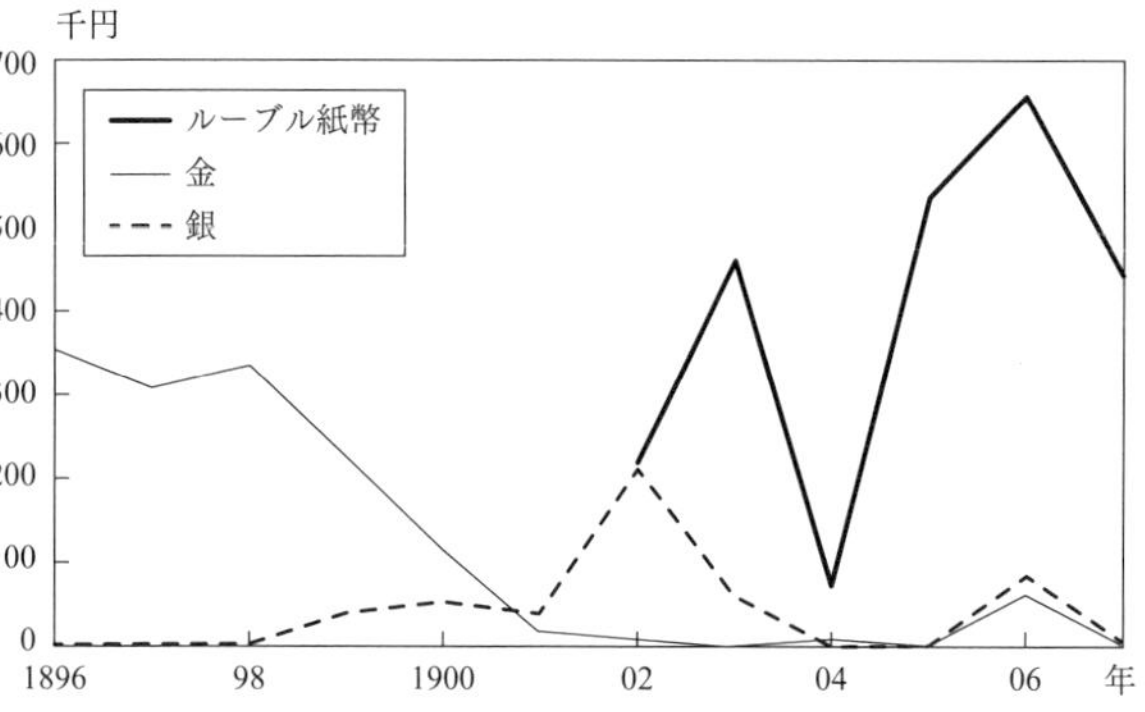

図 9-2　元山の中国向け貨幣・貴金属流出（1896～1907 年）

出所）表 9-1 に同じ

三　満洲におけるルーブル紙幣の流通

一九〇〇年代の咸鏡地方におけるルーブル紙幣の流通は、局地的条件の下で発生した特異な現象のようにも思われる。だが、ロシア領外におけるルーブル紙幣の流通は咸鏡地方だけで見られたわけではない。ほぼ同じ時期、隣接する満洲においては、旅順・大連の租借と東清鉄道の建設、義和団鎮圧を名目とした軍事占領などの条件が重なって広くルーブル紙幣の流通が見られるようになり、南満洲では日露戦争時、北満洲では第一次大戦期までそのような状況が続いた。ここでは主に南満洲でのルーブル紙幣流通について検討し、咸鏡地方でのそれと比較してみたい。

満洲にルーブル紙幣が持ち込まれた契機自体は、右に述べたように政治的なもので、咸鏡地方の場合とは大いに異なる。(45)東清鉄道は一八九八年の建設開始時は賃金や資材の支払いに洋銀を用いていたのが、ルーブル紙幣の安定が現地住民に評価され広く使われるようになったため、一九〇三年の開通時には旅客・貨物運賃ともにルーブル建てを採ったという。(46)またロシア政府は、初め露清銀行の満洲各店にルーブル紙幣の金兌換を命じ、一定の信認を得たところでこれを停止させたという。(47)流通を強制したかどうかはともかく、政策的に普及を図ったことは間違いない。

しかしロシア当局の意図がどうあれ、それが現地の住民にとって必要な機能を果たしていなければ、定着することはなかったであろう。一九〇三年頃の日本外務省の調査によると、ルーブル紙幣は「金幣兌換券なれども之れが兌換を請求するには露の本国に於てせざる可らず」、事実上の不換紙幣であるにもかかわらず、当時南満洲唯一の開港場であった営口では「本位貨幣」として流通していたという。(48)金銀と直接には交換できないルーブル紙幣が、華人の間で信用を得た理由として、同時期の日本銀行による調査は、露清銀行が「支那各地は論なく、日本に於ける各開港場及欧米重要の各市に向け、便宜に且つ手軽に為替取組の方法を設け」ていたことを挙げる。安価な手数料でどのような通貨との為替も組めるため、華商はあえてルーブル紙幣の交換を求めなかったという。(49)取組先の内訳は明らかでないが、上海が特に重要な取組先だったようであり、日露戦争中の一九〇四年九月頃にも露清銀行の満洲各店から月平均一三〇万両以上の為替を組んでいたという[50]。

こうした為替取組がルーブル紙幣の信認維持に意味を持ったのは、当時の満洲経済のあり方と無関係でない[51]。もともと原野と森林に覆われていた満洲は、一八世紀以来の華人農民の流入によって、一九世紀末にはほぼ全域で耕地化が進んでいた。その労働力や消費財は中国本土から供給される一方、満洲の農産物も相当部分が中国本土に移出されていた。日露戦争当時の満洲は、中国本土に依存した商業的農業地帯として成長の途上にあったと言える。中でも上海との関係は深く、開港以前から満洲産大豆粕は上海を中継地として華南に移出されており、開港後には機械製綿織物などの消費財も上海を通じて満洲に移入されるようになった[52]。こうした状況において、露清銀行がルーブル紙幣によって満洲域外、特に上海への為替取組に応じたことは、現地住民がルーブル紙幣を受領する上で大きな意味を持っていたと考えられる[53]。

ところで満洲のルーブル紙幣は、上海為替の購入に用いられただけでなく、直に上海に現送されることもあった。同じく上海への現送が見られた咸鏡地方の場合と比較するため、やや詳しく見ておこう。一九〇二年の牛荘（営口）海関報告は、「当地からのルーブル紙幣の移出は六五万八〇二九海関両相当であり、移入は一万一六〇〇海関両に過ぎなかった。さらに少なくとも同額が海関を経ることなく移出されたと考えられる。当地での平均相場は一ルーブルが〇・九〇五海関両だが、上海では〇・九五海関両で売却することができるため、三〜四パーセントの利益を生んだ」としている[54]。また一九〇三年にも同港からは七四万七七二三海関両相当のルーブル紙幣が移出され、うち半分が上海に、半分が旅順口に向かったという[55]。

日露戦争が始まって南満洲に戦線が及んでもしばらくこうした状態は続いた。一九〇四年一〇月に横浜正金銀行の上海支店が本店に宛てた報告書によれば、上海には「本年八月頃よりは毎月弐百万ルーブル位の輸入」がある状態で、これらは煙台または営口から山東商人の手で持ち込まれたものだという[56]。右の海関報告で一九〇二〜〇三年に営口から移出されたという金額（年に一〇〇万ルーブル弱と換算される）[57]より桁違いに大きな額となっているが、同支店が煙台商人から聴取したという情報によれば、「露国はルーブル紙幣を以て軍糧等を買入れ、一時に何千又は何万の巨額なる買物をなす」といい[58]、戦争勃発後に軍費として特に多額が散布された可能性がある。ただし正金銀行の報告書では「露国が満洲経営以来、ルーブル紙幣の満洲地方より上海に来るものは実に夥敷もの」としており[59]、こうしたルーブル紙幣の流れは開戦前から継続しているものと認識されていた。

一九〇四年九月頃に煙台に派遣された同行の行員も、満洲から上海に向かうルーブル紙幣の動きを目撃している。

芝罘〔煙台〕に於ける露貨は、支那人が対岸又は営口よりジャンク又は汽船便に依り輸入し来る者にして、近来稍々其数量を減ぜしと雖も尚ほ一日平均参四万円に達し、芝罘に於ける順泰・謙益豊・泉宝通・瑞盛等の大銭荘に始め四五十軒の小銭荘は悉く是等の露貨を買入れ、又洋貨店・雑貨店等にして品物売揚代金に露貨を受領することあり。而して其収受せし露貨は悉く上海に現送し、銭荘に在ては交換上の差益を収め、他店に在ては物品仕入資金に充用す。故に芝罘に於ける露貨相庭は上海露清銀行露貨買入相庭を基礎とし、之を上海芝罘間の為替相庭を斟酌して算出するものなり[60]。

遼東半島の先端と向かい合う煙台は、古くから沿岸交易の拠点として成長し、営口と同じく一八五八年の天津条約に基づいて一八六二年に開港された。右の史料から、煙台には、営口だけでなく対岸すなわち遼東半島の各地から、汽船・在来船双方の手段でルーブル紙幣が持ち込まれていたことが窺われる。また山東半島の各県城には銭舗・当舗と呼ばれる金融業者が多数あり、満洲への出稼ぎ者の持ち帰る各種通貨を交換して煙台に送っていたという[61]。煙台に持ち込まれたルーブル紙幣の中には、そのように出稼ぎ者の持ち帰ったものも含まれていただろう。

そして煙台に集まったルーブル紙幣は商品代金として、また銭荘の投機対象としてすべて上海に送られたということだが、もともと煙台と上海の関係は深く、上海からの移入品を扱う商店（「上海荘」と呼ばれた）が多数あった一方、上海には煙台商人が寄留して商品の買い付けに従事していた[62]。そうした黄海・渤海を挟んだヒトとモノ、カネの動きの一環に組み込まれる形で、ルーブル紙幣の上海への現送が発生していたのである。

満洲現地の日本軍も同様の状況を確認していた。遼東半島の付け根にあたる蓋平に置かれた遼東守備軍経理部では一九〇四年一一月に次のように報告している。

露国占拠時代に在ては……通常は円銀壱円拾銭以上拾五銭位にて通用し、ルーブル紙幣と金貨とは常に同一価格にて渋滞なく通用せられしと云ふ。本年二月開戦以来に於ても露貨は常に壱円以上の価格を以て通用せられ、其敗退後に於ける今日に於ても商人に依りて続々天津又は上海へ吸収せらるるを以て、今尚壱円八銭乃至拾銭位の価格を保ち居れりと云ふ。然れども蓋平地方に於ては最早露貨の流通極めて稀にして已に其跡を絶つに近からんとす[63]。

旅順を除く遼東半島のほぼ全域が日本軍の手に落ちたのは一九〇四年六月末のことである（六月三〇日営口占領）。右の報告がなされた一一月には、さすがにルーブル紙幣の出回りはほとんど見られなくなっていたということだが、それでも市中での価値は開戦前に比してほとんど下がっていなかったという。その理由について「商人に依りて続々天津又は上海へ吸収せらるるを以て」と説明していることは関心を引く。現地におけるルーブル紙幣への信認を最終的に担保していたのは、ロシア軍の存在ではなく、それが上海をはじめ中国本土に対する支払いの手段になるという事実であった。

最後に上海に持ち込まれたルーブル紙幣がどう処理されたかを見ておこう。先に引いた煙台からの横浜正金銀行出張員の報告によれば、同地のルーブル紙幣相場は上海の露清銀行の買入相場を基準に算出されたとのことだが[64]、同行の調べによれば、上海では露清銀行だけでなく他の欧米系の外国銀行もルーブル紙幣の買い取りに応じていた。具体的な数字を示すと、一九〇四年一月から八月までに上海の外国銀行が買い取ったルーブル紙幣は一五一八万ルーブルに上ったが、そのうち露清銀行の買取額は四割弱の五八六万ルーブルに止まり、香港上海銀行（五四八万ルーブル）や独亜銀行（二九八万ルーブル）、米系のインターナショナル銀行などが他の一半を買い取っていた[65]。これら外国銀行は、上海・ロンドン間の為替相場とロンドン・ロシア間の為替相場とを勘案してルーブル紙幣の買取価格を決めたという。ルーブル紙幣は「要するに龍動《ロンドン》向買為替として買取現送せしものに有之候」と正金銀行は評しており[66]、外国銀行の立場からすれば、金建ての資産の一種としてこれを買い入れたことになる。

満洲から流出したルーブル紙幣の例から推して考えれば、咸鏡地方から持ち出されたルーブル紙幣も、上海で露清銀行をはじめとする欧米系銀行によって上海両と引き換えに買い取られたと見てよいだろう。一九〇〇年前後の満洲と咸鏡地方におけるルーブル紙幣は、流入の経緯こそ異なっていたが、いずれも現地では華商による上海への送金手段という役割を与えられ、そのことが両地域内でのルーブル紙幣の信認を支えていたのである。

四　露清銀行によるルーブル紙幣の買い取り

華商の手で咸鏡地方および満洲各地から上海に現送されたルーブル紙幣は、最終的には露清銀行等の外国銀行によって上海両と交換された。外国銀行の側からすれば、この取引はどのような意味を持っていたのだろうか。ここでは日本側の史料によって若干の推測を加えておきたい。

一つの手がかりは朝鮮・満洲におけるルーブル紙幣相場である。日露戦争前のルーブル紙幣相場を継続的に得ることはできないが、先に見たように咸鏡地方の元山では一ルーブル＝一・〇一五円程度だったという[67]。また日露戦争後の対円相場を判明する限り示した図9-3によれば、一九一四年の第一次大戦勃発以前の相場は、元山でも奉天・長春でも概ね一ルーブル＝一円強であった。円とルーブルの金平価は一ルーブル＝約一・〇三円だったから[68]、朝鮮・満

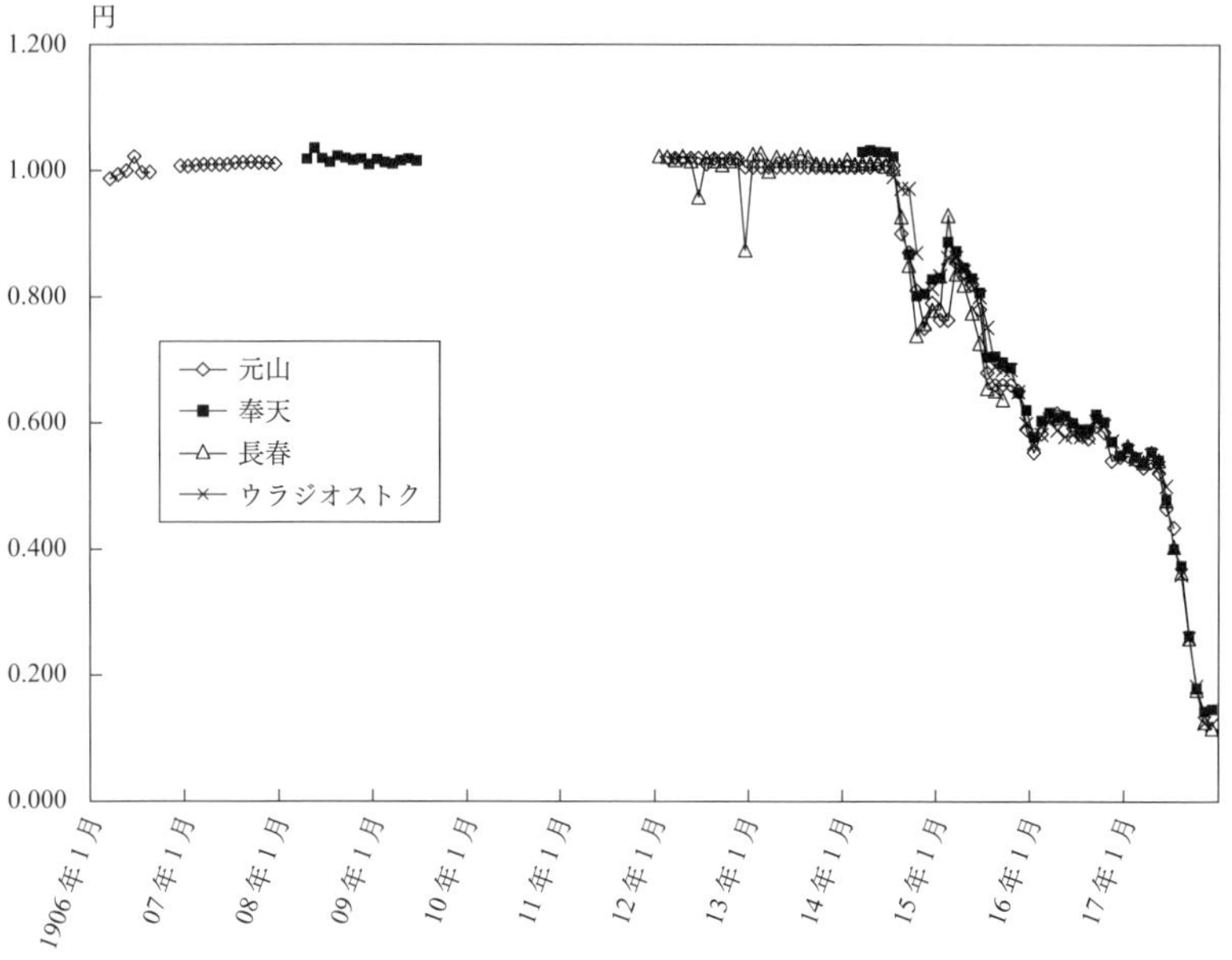

図 9-3　各地ルーブル紙幣相場　(1 ルーブルあたり円，各月)（1906〜17 年）

出所）元山：1906 年 3 月〜07 年 12 月『株式会社第一銀行韓国各支店出張所開業以来営業状況』(同行，1909 年)，1912 年 2〜6 月『朝鮮経済年鑑（大正六年)』(京城商業会議所，1917 年)，1912 年 7 月〜17 年 7 月『朝鮮銀行月報』各月。奉天：1908 年 8 月〜09 年 6 月『満州誌』(関東都督府，1911 年)，1914 年 3 月〜17 年 12 月『朝鮮銀行月報』(同行，各月版)。長春：1912 年 1 月〜15 年 9 月『満洲通貨一斑』(朝鮮銀行，1915 年)，1917 年 1〜12 月『朝鮮銀行月報』各月。ウラジオストク：1914 年 7 月〜17 年 12 月『露国革命と極東に於ける紙幣の変遷』(極東露日協会，1922 年)。

洲のルーブル紙幣相場は、日露戦争の前後を通じてそこから大きくは乖離していなかったと言える。朝鮮・満洲では基本的にルーブル紙幣の金兌換は行われなかったから、右のような相場の状況は、露清銀行ほか外国銀行によるルーブル紙幣の買い取りや為替の取組がルーブルの平価に準じて行われていたことを示している。

また前節で見た一九〇二年の牛荘(営口)海関報告では、牛荘での一ルーブル=〇・九〇五海関両に対し上海では一ルーブル=〇・九五海関両であり、現送すれば三〜四パーセントの利益を得られたとしている(69)。ここから上海でのルーブル紙幣の買い取り相場が、営口での相場に比べ、現送費以上に高い水準だったことが分かる。元山についても、日露戦争後の史料に、「清商は、本国特に上海の仕入先に送付するに当りて、テール〔銀両〕相場に依り益する処あるを以て、該〔ルーブル〕紙幣を日本人よりも参銭方高価に授受するか故に、韓人が喜んで清商と取引するは勢の免れざるところにして、之が為め清国より来る金巾類の販路活発なるに反し、日本人は大打撃を蒙ることあり」と記述するものがある。[70] この場合も、それだけ上海でのルーブル紙幣の買い取り相場が高かったと見てよいだろう。こうした相場の状況が華商によるルーブル紙幣を用いた送金を一層促していたと言える。

上海の外国銀行の中で、少なくとも露清銀行は、上海送金を誘導するような相場を意図的に設定していた形跡がある。例えば日露戦争中の一九〇四年八月頃、山東半島の煙台では華人間でルーブル紙幣を一〇〇ルーブル＝一〇五・八〇円で交換しており、これは「ミント・パリテー〔平価〕以上に差がある〔ルーブル紙幣が過高評価されている〕」状態であったという。横浜正金銀行の報告は、この現象を「上海に於ける露清銀行が極力之れ〔ルーブル紙幣〕が買入を努め居る結果」とした。[71] また日露戦争の終結後、吉林省長春ではルーブル紙幣の現地銀貨に対する相場が急落したが、その中で露清銀行は、ルーブル紙幣による上海両為替をルーブルの金平価に準じる相場で取り組み続けたため、華商の投機的な送金を招いたという。[72]

ロシア政府にとってアジアにおけるルーブル紙幣相場の安定が望ましかったことは言うまでもないが、加えてルーブル紙幣はロシア本国の中央銀行券そのものであったから、万一アジアに散布されたそれが大量に本国に還流すれば、国内金融に直接に影響を与えた可能性がある。ロシア政府としては散布したルーブル紙幣ができるだけ長く現地に止まることを望んだであろう。露清銀行が上海両に対する相場設定を通じて、ルーブル紙幣に上海への決済手段という地位を与えたことは、こうしたロシア政府の利害を反映した行動ではなかったかと思われる。

そうした本国還流の恐れが決して杞憂ではなかったことを示す事例を挙げておこう。日露戦争終結直後の満洲では、先述のようにルーブル紙幣の市中相場が一時的に下落し、これに乗じた華商の投機が活発化した。山西票号の採った投機の方法は極めて広い空間にわたるもので、シベリアやモスクワ、ロンドンにも出張員を置いて「金本位なる露貨の銀塊相場」を利用した投機を展開したという。例えば「独慎玉の如きは当地〔長春〕にて露清銀行と同じく露貨を以てする上海為換を売出し、其の裁定はこれを莫斯科経由にて上海為替によるが如き方法を始め居れり」という(73)。長春とモスクワにおけるルーブル紙幣対上海両相場の相違から差益を得たものと考えられる。ルーブル紙幣が本国と共通である限り、その満洲における対銀相場が本国でのそれを大きく下回ってルーブル安となれば——国際的な金銀比価を大きく下回ればと言ってもよい——、このような投機活動の生じることは避けられなかった。これを阻止するためにも、露清銀行の在満支店はルーブル紙幣による上海両為替の売相場を顧客有利に設定して（あるいは上海支店においてルーブル紙幣をより高く買い入れて）上海への送金需要を吸収する必要があったと思われる。

また露清銀行にとっては上海での他の外国銀行の動きも気になるものであっただろう。前節で見たように、露清銀行以外の外国銀行もルーブル紙幣を買い入れており、横浜正金銀行はこれを「龍動《ロンドン》向買為替」と解釈していた。上海の外国銀行では輸入為替の取扱いや清国政府の借款返済等によって銀両建ての資産が蓄積する傾向があり、金建て資産とのバランスを取るために、ポンド建て為替などを買い入れることがあったという(74)。ルーブル紙幣の買い入れもそのような持高調整の一環として行われたのだろう。しかし外国銀行が多額のルーブル紙幣を持てば、ロシア側にとっては金流出の恐れが高まることになる。露清銀行による積極的なルーブル紙幣買い入れは、これを防ぐための意味もあったのかもしれない。

以上のように露清銀行によるルーブル紙幣の買い入れ、また上海両為替の売却は、東アジアに散布されたルーブル紙幣がロシア本国の金融に与える影響を遮断する効果を持っていたのであり、またそれを意図して行われた可能性が高い。こうした露清銀行の活動は、華商の上海送金の需要を満たすと同時に、それを前提としたものでもあったと言える。

五　地方経済の中のルーブル紙幣

ここまでルーブル紙幣の広域流通を支えた条件について、空間的スケールを徐々に広げながら検討してきたが、ここで再び咸鏡地方に視点を戻し、ルーブル紙幣が地方経済の中で果たした役割について考えてみたい。

咸鏡地方の南端に位置する元山は、一八八〇年に開港する前から沿岸交易の拠点であった。寒冷な咸鏡地方では米や綿織物などの基礎的な消費財が自給できず、朝鮮南部から移入する必要があったが、それらは元山を経由して咸鏡地方沿岸の小浦口へと運ばれた(75)。開港後もそうした元山の役割は引き継がれ、地方内の沿岸交易を国内外の遠隔地流通と結び付ける拠点となった(76)。次の史料から、元山の客主を中心とする朝鮮人商人間のネットワークが、咸鏡地方内の交易に重要な役割を果たしたことが分かる(77)。

> 是等〔咸鏡地方沿岸〕の都邑に於ける店舗は、何れも元山港と取引関係を有せざるなし。況んや清津以南各地方への物資の供給は凡て元山本位にして、間間釜山より直接取引を為すもののなきにあらざるも、甚だ多からざる見込なり。……是等都邑に在る稍大なる商人にして商品の仕入を為さんとするや、書面又は電信にて元山客主に注文を為す。自ら出張し来るが如きは、多くは大豆、麻布、砂金其他各其土地の物産を携帯したる時なりとす（一九〇九年(78)）。

ウラジオストクが自由港制を廃止した後、元山が咸鏡地方への輸入品の窓口となった背景には、こうした地方流通の構造があった。ルーブル紙幣が元山に集中する過程についても同様であろう(79)。

ところで、この時期の咸鏡地方に流通していたのはルーブル紙幣だけではない。一九〇〇年前後についていえば、伝統的な銅銭である常平通宝が広く見られたほか、複数の日本通貨が流通していた。例えば一八九七年頃には元山だけで円銀約六万円、日本紙幣九万円が流通しており、うち紙幣が元山を離れることはほとんどなかったものの、円銀は特産物である大豆や明太、干鰯などの買い付けに伴って内地にも流入していたという(80)。

これまでも言及してきたように、開港期の朝鮮では本位制が確立されず——導入の試みは繰り返されたものの成功に至らず——、様々な通貨が並行して流通する状態が続いていた。諸通貨の間には固定した交換関係が成立しておらず、咸鏡地方に持ち込まれたルーブル紙幣についても同様だった。そのことは、ルーブル紙幣が他の通貨の需給関係から影響されずに移動するのを可能としたと同時に、その流通の空間的な広がりを制限したと考えられる。例えばロシア領からの帰来者が農村にルーブル紙幣を持ち込んだとしても、そこで一般に用いられる銅銭との交換が円滑でないことから、ルーブル紙幣は遅かれ早かれ商品と引き換えに元山に流出したであろう。さらにそれらは釜山など朝鮮の他開港場では受け取られる保証がなかったから、露清銀行の支店が存在し、満洲からのルーブル紙幣の流入も見られた上海に持ち出されて輸入品の決済手段となるのは自然な結果だったと考えられる(81)。

このように沿海州から咸鏡地方に持ち込まれたルーブル紙幣は、朝鮮国内での流通の広がりを持たない一方、咸鏡地方内での流通が同時に国際的な循環の一部を構成するという、特徴的な流通パターンを形成することになった。このことによって咸鏡地方は、沿海州で稼ぎ出した購買力を、朝鮮全体の国際収支とは関わりなく、上海からの輸入に振り向けることができたと言える。だが一方で、こうしたルーブル紙幣の流通は、咸鏡地方の経済にある種の脆弱性をもたらすことになった。日本領事報告は、日露戦争終結直後の元山市場の状況を次のように伝えている。

〔一九〇五年〕拾、拾一の両月中、北韓地方〔咸鏡北道〕の顧客は主に露紙幣を携へ来りて、輸入品中の打綿木綿金巾又米穀類の商談相応に行はれ、其取引上漸く活気を催し来りて、一時繁忙を極めんとする矢先き、十一月下旬中、上海に於ける露紙幣の換算相場下落の入電あり。随て当港相場も三、四銭方の低落を告げたれば、韓商等の猝《にわ》かに其態度を一変して容易に之を手放さず、商界為めに一大打撃を受けて一切の商品は捗々しき荷動きなく、就米穀類の如きは思惑的輸入も尠からざりしかば、一時多大の停滞を見るの止むなき悲境に陥りたり。[82]

他の史料によれば、この時の上海でのルーブル紙幣下落は、日露講和条約の批准を受けたものだったという。[83] 注目されるのは、上海でのルーブル紙幣の変調が元山に直ちに伝わり、さらに沿岸交易の繁閑にも影響を与えたという事実である。しかもその影響は金巾のような輸入品だけでなく、米穀のような国内移入品にも及んだのであった。

ルーブル紙幣の低落によって一時沈滞した元山の市況は、朝鮮南部に移出される明太魚が豊漁だったことで持ち直したという。[84] 咸鏡地方は複数の経路で外部市場と結び付いており、沿海州で稼得した購買力だけに依存していたわけではない。しかし国際的な支払いの手段であるルーブル紙幣が、同時に沿岸流通の手段でもあったことで、外部のショックが地方経済により直接に及ぶようになっていたことは確かだろう。本位制の欠如した通貨システムの下、咸鏡地方は、国境の緩衝効果に守られることなく、むき出しの形で国際市場の変動にさらされていたのである。

六　朝鮮の植民地化とルーブル紙幣の終焉

表9-1を見ると、元山では日露戦争中から終結直後（一九〇四〜〇六年）にかけて日本向けのルーブル紙幣流出が急増している。その理由について直接に示す史料はないが、図9-1から分かるように、戦争中の一九〇四〜〇五年には中国との貿易自体が急減している。一方で日露戦争初期には、ロシア軍が咸鏡地方の北部を占領下に置き、軍費としてルーブル紙幣を散布したため、朝鮮人商人の手で元山に回送されるルーブル紙幣は増加した。[85] こうした中、上海でのルーブル紙幣相場の変動や、後述する日系銀行による買い取りも影響して、日本に回送されるルーブル紙幣が増加したのではないかと思われる。

一九〇七年以後には元山から日本へのルーブル紙幣流出は減少に転じた。だがルーブル紙幣の流通パターンが戦前のそれに戻ったわけではない。この時期の朝鮮の通貨・金融システムには、日本による保護国支配を背景として不可逆的な変化が起きていた。その直接の契機となったのは貨幣整理事業と呼ばれる政策であり、その影響は咸鏡地方におけるルーブル紙幣の流通にも及んだ。

貨幣整理事業は、一九〇四年八月の第一次日韓協約に基づいて、韓国政府の財政顧問となった目賀田種太郎の主導下に進められた。その目的は朝鮮に流通する諸通貨を日本と同位同量の金本位制の下に統一することであった。その中心的な実施機関となったのは朝鮮の開港直後から活動していた第一銀行である。第一銀行はそれまで開港場での日本人向け商業金融を中心としていたが、一九〇五年一月から中央銀行業務を委託され――これが事実上、韓国における中央銀行の創始となった――、さらに同行が一九〇二年から発行していた日本円額面の第一銀行券は韓国の法貨として無制限通用が認められた。同行の中央銀行業務は一九〇九年に新設された韓国銀行（一九一一年に朝鮮銀行と改称）に引き継がれ、第一銀行券の後身である韓国銀行券・朝鮮銀行券は植民地期の幣制の中心に位置づけられた。また補助貨も日本の体系にならって新造され、旧来の白銅貨や銅銭に置き換えられた。[86]

保護国期には金融・財政制度の変革の一環として全国に近代的金融機関が新設されたが、それらも本来の業務と並行して旧貨回収と新貨の散布にあたり、貨幣整理事業の一翼を担った。咸鏡地方の場合、日露戦争以前には十八銀行（本店長崎）が元山に支店を置くのみであったが、日露戦争の勃発後に相次いで第一銀行の店舗が設置された（一九〇四年一一月：元山、〇五年六月：城津、〇六年二月：咸興、〇七年四月：鏡城）。[87]また一九〇六年八月には元山に咸鏡農工銀行が設置され、〇七年五月からは各地に地方金融組合が設置された。

これら咸鏡地方の金融機関は、在来の銅銭に加えてルーブル紙幣の買い取りにも従事した。保護国支配下の韓国政府がそれを正式に命じたのは一九〇八年三月だが、[88]実際にはその前から買い取りが行われていた。第一銀行の四店舗における買取高を表9-2から見てみると、一九〇六年には元山で五〇万ルーブル以上を買い取っているのが分かる。戦争中にロシア軍占領地域で散布され、元山に流入したルーブル紙幣を購入したものであろう。
ルーブル紙幣の買い取りについては朝鮮銀行元山支店長が次のように報告している。一九一四年七月の第一次大戦勃発直後に書かれたもので、開戦前の状況を反映したものと見てよい。

> 流入露貨の八九割は各銀行業者の手に入り、極小部分は支那商が借方決済の為め上海へ郵送するもの、及打歩収益の目的を以て満洲方面へ郵送をなすものあり。其銀行業者の交換に係るものは、交換価格・搬出諸掛の如何を打算し、浦塩若くは神戸・横浜・長崎方面へ郵送又は運送業者の手を経て輸送せり。(89)

表 9-2　第一銀行各店舗によるルーブル紙幣買取高（1906〜11 年）

（ルーブル）

年	咸鏡南道		咸鏡北道	
	元山	咸興	城津	羅南
1906	562,274	14,920	46,398	—
1907	66,315	941	165,567	—
…				
1910*	293	—	15,465	1,630
1911	1,862	—	73,027	13,989

出所）1906〜07 年：『株式会社第一銀行韓国各支店出張所開業以来営業状況』1908 年，付表。1910〜11 年『朝鮮銀行月報』各月。

注）＊は 8 月から 12 月までの値である。咸興店は 1910 年 6 月に店舗廃止（咸鏡農工銀行に譲渡），羅南店は 10 年 5 月に開業した。なお行名は 1909 年に韓国銀行，11 年に朝鮮銀行に改称されている。

ここから、一九一四年までには既に流入するルーブル紙幣のほとんどは「銀行業者」によって買い取られるようになっており、華商による上海・満洲への現送は「極小」となっていたことが分かる。銀行によって買い取られたものは各地相場や経費を比較してウラジオストクないしは日本に送られたということであり、表9-1に見える元山からの送出先の変化（一九〇六年の対日送出の急増、〇九年以後の対ロシア送出の漸増）も、右の史料に言うような銀行・金融機関の対応によると見てよいだろう。

さて表9-2によれば、一九一〇年以後の元山での買取高は一九〇六、〇七年に比して大きく減じた一方、咸鏡北道の二店舗での買取高が増加している。これについて、他の金融機関による買取高を含めた表9-3を見てみよう。合計の買取高は第一次大戦直前まで概ね増加傾向にあったが、咸鏡南道での買取高は停滞的で一九一二年以後はむ

表 9-3　咸鏡地方各金融機関によるルーブル紙幣買取高（1910〜14 年）

（ルーブル）

年	咸鏡南道	咸鏡北道	計
1910	220,558	247,736	468,294
1911	271,823	95,592	367,415
1912	60,443	333,306	393,749
1913	156,519	466,394	622,913
1914　上半期	58,416	319,318	377,734

出所）亀島豊治（調査）『時局ニ於ケル浦塩斯徳金融貿易並ニ一般概況』（朝鮮銀行，1914 年）20 頁。
注）韓国銀行（朝鮮銀行）以外の機関も含まれる。

しろ減少傾向にあったのに対し、咸鏡北道での買取高は第一次大戦の直前まで増加している。このことは、表9-1で韓国併合後に咸鏡北道とくに清津からの送出高が増えていることとも符合する。韓国併合の前後から、金融機関がロシア国境により近い場所でルーブル紙幣を買い取り、そこから域外に送り出す傾向が強まったと考えられる。

植民地化直後の国境地帯におけるルーブル紙幣の流通状況について、咸鏡北道長官は一九一一年九月、朝鮮総督府政務総監に宛てて次のように報告した。

> 露国貨紙幣の流通禁止に付ては既に明瞭なる処に有之候処、当管下に於ては今尚各地に渉り多少の流通せるを被認、就中豆満江沿岸地帯に於ては従来金融機関なかりし等の為め交換引上の機会なく、且つ国境貿易又は出稼人の関係上、多少の輸入絶へざるに依り、該紙幣に止まらず同補助貨を併せ流通甚しく、実に此地方流通総金額の大部分を占むる現状に有之候[90]。

国境地帯においては植民地化後もなお出稼ぎ等を通じてルーブル紙幣のみならずロシア補助貨も流入し、通貨流通の「大部分」を占める状況であった。咸鏡北道長官は、これを朝鮮通貨と交換する機関がないためと理解したのであり、史料の後段では、咸鏡北道でも最北の鍾城と慶源に新設した地方金融組合に資金を貸与し、ルーブル紙幣回収にあたらせることを建議している。政務総監もこれを認めた[91]。ルーブル紙幣の流入を国境の「水ぎわ」で食い止めることが意識的に追求されたと言える。

朝鮮総督府のこうした政策により、咸鏡地方に持ち込まれたルーブル紙幣が直ちに日本円に交換されるようになったということは、言い換えれば、域外で稼得された「購買力」が、朝鮮および日本帝国の領域内で一般的に通用する形に転換されるようになったということである。もはやそれは、特定の商品流通のルートに沿って国境を越えた循環を形成する必要がなくなり、従って咸鏡地方の経済が上海市場でのルーブル紙幣の動きから直接に影響を被るということもなくなった。地方経済と国際経済の関係がより間接的なものとなり、国境で区切られた領域経済への統合が進んだという意味で、咸鏡地方の「国民経済」への統合が進んだと表現してもよい。

ところで咸鏡地方と沿海州の関係は、朝鮮の植民地化を前後して、通貨以外の面でも変化していた。咸鏡地方から沿海州への最大の輸出品であった生牛を例にとって見よう。朝鮮銀行の調査によれば、咸鏡北道城津から海路輸出された生牛の頭数は、一九〇八年：三一三八頭、〇九年：二三二八頭だったのが、一〇年：九六七二頭、一一年：一万二六五四頭と急増した後、一二年に二七一四頭と急減した。(92) その理由は「城津より生牛輸出船主崔鳳俊破産の為め航海を中止したるに依る」と注記されている。第一節で触れたように、崔鳳俊はロシア軍への牛肉納入を通じて事業を急成長させた移住朝鮮人の商人であった。

これは崔鳳俊個人の問題ではなく、沿海州をめぐる生牛供給の構造自体の変化を反映していた。この頃、ウラジオストクでは山東省からの出稼ぎ労働者を運ぶ船で生牛や牛肉も輸入されるようになった。(93) 生牛は長時間輸送されると肉瘠せするが、汽船の運航時間の短縮等の理由で、山東からの輸送も可能となったのだろう。また小規模ながら米国や豪州からの冷蔵船による牛肉輸入も見られるようになったし、(94) 沿海州やシベリアでの牛の飼育頭数も増えていた。(95) 一九一〇年頃の推計によれば、ウラジオストクに搬入される生牛・牛肉は年五万頭内外であったが、そのうち朝鮮から来るのは一万六五〇〇頭で、他に山東省煙台から一万五千頭、満洲・モンゴルから一万八千頭、シベリアから一万六千頭が供給されていたという。(96) 交通手段の発展とロシア極東自体の開発とにより、咸鏡地方の近接性は絶対的な優位を保証するものではなくなっていたのである。

咸鏡地方の側から見ても、生牛輸出は必ずしも有利な事業ではなくなっていた。一九一五年の朝鮮銀行の調査では、沿海州への生牛輸出が減少した原因として、肉質の問題や、数年来の豊作で農家が牛の売却を望まなくなったことに加え、咸鏡北道で「政府諸事業が勃興」したため牛の役畜としての需要が増え、価格が上昇したことを挙げている[97]。保護国期以後の咸鏡北道では、露清両国と国境を接するという地政的な事情から、日本軍駐屯地の建設、清津の築港、道路修築などの土木事業が増加した[98]。これは役牛の需要を増しただけでなく、厖大な財政資金の投下を通じても、地方経済が沿海州で稼得される購買力に依存する度合いを減じたと考えられる[99]。こうした変化を捉え、本章の冒頭でも引用した梶村秀樹は、「より隷属的な性格の強い日帝本位の植民地的再生産構造への改編」と表現している[100]。帝国領域内での交換と再分配により深く依存するようになったという意味であるならば、当を得た評価と言えよう。

同じ頃、ロシア側の政策にも大きな変化が生じていた。日露戦争後の沿海州では、アジアへの依存を前提とした開放的な政策を転換し、ロシア国内の他地域との統合が図られるようになった[101]。例えばウラジオストクでは、日露戦争後の一九〇六年にいったん復活した自由港制が〇九年を最後に廃止され、国外から輸入される商品の多くに高率の関税が賦課されるようになった。咸鏡地方の諸港と沿海州を結ぶ朝鮮在来船の活動も、一九一一年一月から外国船の沿岸交易が禁止されたことによって急速に衰退した[102]。さらに一九〇六年に沿アムール総督となったウンテルベルゲル(П.Ф. Унтербергер)は黄禍論を唱え、朝鮮人農民の定着に強い警戒感を抱いていた。彼が提起した黄色人種の入国規制はそのまま実施されたわけではないが、朝鮮人の管理体制が以前よりも厳格化したのは間違いない[103]。

このように日露戦争後、日本・ロシアの両国は、咸鏡地方と沿海州をそれぞれの「国民経済」に取り込もうとした。その一環として咸鏡地方でのルーブル紙幣の買い取りが実施され、また両地方間の交易や人の移動自体も委縮させられていった[104]。最終的に東アジアのルーブル紙幣は、第一次大戦の開戦後、ロシアの金兌換停止を機に市場の信認を失い、さらにロシア革命を受けて退場してゆく(図9-3)。しかし咸鏡地方の場合、国境を越えた広域流通の条件はそれ以前に既に失われていたのである。

一九〇〇年代の咸鏡地方におけるルーブル紙幣流通は、直接には一九〇一年のウラジオストクの自由港制廃止を契機として流入を増したルーブル紙幣が、元山華商の対上海送金の手段となることで成立したものであった。咸鏡地方におけるルーブル紙幣は、同じ時期の満洲におけるそれと、流入の経緯こそ異なれ、上海を中心とした華商の流通システムに組み込まれることで信認を維持したという点で流通の基盤を共有していた。

もちろん咸鏡地方でのルーブル紙幣流通を支えた条件はこれだけではなく、住民の再生産を支えていた沿海州との日常的な交易・移動、また、咸鏡地方内部での沿岸交易がその背景にあったことは言うまでもない。一方でルーブル紙幣の広域的な循環が、上海の露清銀行を始めとする外国銀行が金建て資産の一種としてそれを買い取ることで完結していたという側面に注目すれば、その流通を最終的に支えていたのは、銀流通圏のアジアをサブシステムとする国際金本位制そのものであったと言うこともできる。

このように咸鏡地方のルーブル紙幣流通を支えた諸条件が、いずれも国家の領域とは必ずしも一致しない、広狭様々な空間を前提としていたことは注意に値する。越境的な経済活動をコントロールする国家の能力が限定（あるいは「不平等条約」によって制約）されている状況の下では、国境によって区切られた領域も、多様で重層的な経済活動の空間——機能的な意味での「地域」と呼んでもよい——の一層をなしていたに過ぎなかった。そのような条件の下、咸鏡地方の地方経済は国境という緩衝材を挟むことなく国際市場の中に投げ出されたのであり、この地方をめぐるルーブル紙幣の広域流通もその一つの現れであった。

日本による朝鮮の植民地支配は、領域的な経済制度の確立を通じてこうした地方経済の自立性を抑え込もうとする一面を持っていた。ロシアの側でも同様であり、日露戦争後、近代アジア市場の中で存立してきた沿海州の経済をそこから切り離す動きを加速させた。咸鏡地方をめぐるルーブル紙幣流通の終焉は、国境によって仕切られた領域的な経済統合——先に用いた表現をもう一度使えば「国民経済」——を志向する経済秩序の変化を反映したものと言える。

とはいえ国境に接した地方住民の生活が、それほど容易にコントロールされるものだったとも思われない。彼らが高くなった「国境」の壁にどのように向かい合い、それを自身の生活の中に取り込んでいったかは、改めて検討する必要がある問題と言えよう[105]。

第10章　日本の満洲通貨政策の形成と対上海関係
——日露戦争軍票の流通実態

朝鮮には開港直後から日本円系の通貨が流入していたが、日露戦争を契機として満洲でも日本円を額面とする各種の紙幣が散布されるようになった。ちょうどルーブル紙幣の後を追うように流通範囲を拡大したことになる。日露戦争後から「満洲国」の成立に至るまで、日本円を軸とした満洲幣制の統合は日本当局の重要な関心事の一つであった[(1)]。その過程で一貫して問題となり続けたのは次の二点であった。①満洲域内で流通する諸通貨との関係。満洲を含む当時の中国では、価値の標準となる本位貨が存在しておらず、多種類の通貨がそれぞれ独自の需給構造を持ち、相互に変動相場が建てられていた。こうした状況における通貨統合は、本位貨を置き換えれば済むというものではなく、変動する諸通貨間の関係をいかに安定させるかがまず問題となった。②通貨単位の基礎を金に置くか銀に置くか。日本は一八九七年に銀本位制から金本位制に移行していたが、中国本土では依然として銀が通貨素材として重要な位置を占めていた。満洲幣制の基礎を金銀いずれに置くかは、満洲の域外経済との関係を、日中いずれを指向したものとするかという方針に直結する問題であった。

こうした通貨統合の企図は、一九〇五年一二月に円銀を額面単位とする横浜正金銀行券（以下、正金銀行券）が満洲における幣制統一の手段として政策的に位置づけられたのをもって嚆矢とする[(2)]。しかし日本が満洲に政策的に投入した通貨はこれが初めてではない。日露戦争中、日本軍は戦地での支払いのため、やはり円銀を単位とする軍票を利用していた。正金銀行券はこの軍票を置き換えるという名目で、軍票の獲得した流通圏を引き継ぎ、まだ日本軍政下にあった満洲に投じられたのである。

この軍票の散布について、従来の研究は、正金銀行券の前史として簡単に触れるに止まっている。[3] 大蔵省『明治大正財政史』（一九三七〜四〇年）は日露戦争軍票についても相当の頁を割き、その制度が戦争中に目まぐるしく改変されたことを叙述している。[4] その経験は後の正金銀行券にも影響を与えており、日本の満洲通貨政策史において重要な画期をなしたと言ってよい。しかし、そのような試行錯誤の背景となった、現地での軍票の流通実態についてはほとんど知られてこなかった。

本章では、日本の満洲通貨政策において問題となった右の二つの問題、特に日本および中国本土との関係に注目しながら軍票の流通実態を復元し、それが制度にどのようにフィードバックされたかを考える。その際、第9章で取り上げたルーブル紙幣の事例とも重ね合わせて、華商の上海を指向した商業活動の中で軍票がどのように利用されたかという問題に特に注意されることにしたい。

史料としては『明治大正財政史』の軍票関係記事の底本になったと思われる大蔵省理財局『軍用切符ニ関スル調査』（一九〇八年）を主に用いる。ここには軍票の散布と回収に関わった諸機関、すなわち陸軍・外務省・正金銀行・第一銀行の現地報告が豊富に収録されており、制度改変の背景となった流通実態を窺わせる貴重な史料である。[5]

一　日露戦争軍票の制度的概観

日本政府は一九〇四年二月の開戦にあたり戦地での支払いに軍票（正式名称は軍用切符）を用いることを閣議決定した。対外戦争における軍票の使用は日清戦争に次ぐ二例目であった。閣議決定と同時に公布された「軍用切符取扱順序」によれば、軍票は政府自身の発行にかかり、券面は銀一〇円から銀一〇銭までの六種類、交換を請求された場合は円銀と交換するとしていた。用途としては占領地で雇い入れる労働者の賃金や物資徴発の代価、軍人軍属給与の支払いなどが想定されていた(6)。財政的に見ると軍票は、歳入に計上される政府紙幣ではなく、債権者に対し後日の支払いを約した代用証票に過ぎない。そのため政府は支払準備を持つ義務もなく、予算の範囲内で上限なく発行してよいことになっていた。

右の閣議決定は、軍票使用の目的を「正貨の使用を節減し得て更に之を軍事上正貨必要の用に転用し得べく」と説明する。これは日清戦争軍票についての閣議決定（一八九四年一月二七日）を踏襲した表現ではあるが、日本政府が外債募集によってようやく日露戦争を遂行し得たのは周知の通りであり、金正貨の節約という目的は極めて切実なものであったと言えよう。日銀兌換券を増発して戦地で用いれば、その兌換準備のため稀少な国庫保有の金を割かねばならず、かつ兌換を通じて金が国外に流出する恐れもあった。

軍票の額面が「銀円」すなわち一八九七年の金本位制移行に伴って日本国内では廃貨となった円銀とされたこともこれと関わると思われる。『軍用切符ニ関スル調査』は軍票発行の趣旨の一つを「軍用切符は……一国の貨幣制度とは別に独立せるものなるを以て、幣制の基礎に累を及ぼさざるの利益」に求めている(7)。軍票を銀円額面とした直接の理由は主戦場と想定される満洲が銀の流通圏だったことにあるだろう

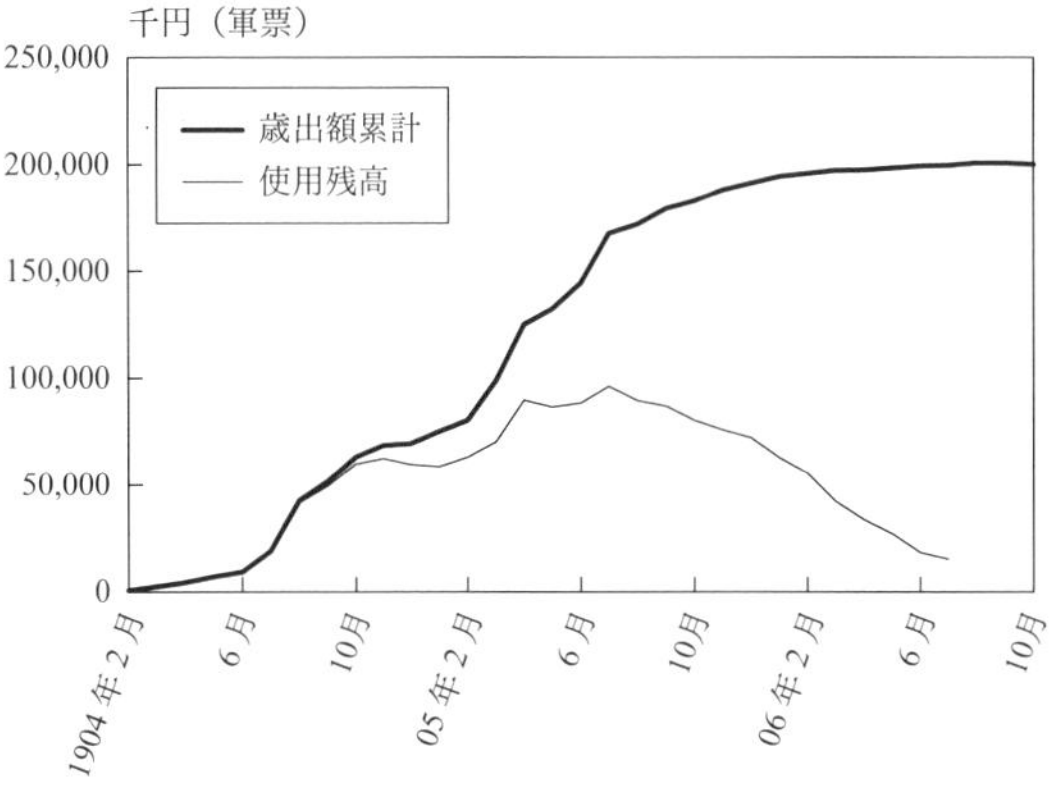

図 10-1　日露戦争軍票による歳出額累計と使用残高（各月末）（1904〜06 年）

出所）使用残高：『明治大正財政史』15 巻，360 頁。歳出額累計：『軍用切符ニ関スル調査』上，付表。

注）数値は中央金庫で記帳された時点を基準に計算されており現地で実際に支払いが行われた時点とは一致していない。

が、同時に、それによって日本の金本位制への影響を最小限に止めることが期待されたと考えてよい。

日本軍は一九〇四年二月の開戦直後に軍票の散布をはじめ、最終的には約二億円を支出した（図10-1）。これは日露戦争の臨時軍事費一七億円の一割以上にあたる。ただし一九〇五年に入ると回収も本格化したため、流通残高は最も多い時でも一億円程度であり、最終的には一九〇六年七月末時点で流通に残っていた一五〇〇万円余が横浜正金銀行の勘定に移され、政府としての軍票使用は終結した(8)。その直前までの交換状況は表10-1に示した。

軍票の回収について、右の「取扱順序」では原則として金庫で交換することとし、軍の金櫃部でも交換に応じるものとした(9)。金庫とは一九二二年以前の旧会計法下で国庫金の出納を担当した機関である。東京に中央金庫、各府県に本金庫・支金庫があり、実際の業務は日本銀行が受託していたが、戦線の拡大に伴って朝鮮では第一銀行の、満洲占領地では横浜正金銀行の各店が金庫派出所の資格を与えられ、軍票交換に従事した。

交換に際しては、額面の単位となっている円銀と等価交換するほか、当時の日本の法貨である円（以下これを「金円」として軍票額面の「銀円」と区別する）に対しても、「大蔵大臣の定むる一円銀貨の時価」で交換するとされた（「取扱順序」第一〇条、以下ではこの時価を「公定相場」とする）。この公定相場は月一回改定されることになっていた

表 10-1　軍票交換高累計（金庫所在地別，1906 年 4 月 18 日当時）

（円・軍票）

		交換受入高
韓国	京城	1,225,530
	仁川	8,221,183
	平壌	923,229
	鎮南浦	746,659
	元山	36,014
清国	安東県	14,227,942
	鉄嶺	402,801
	大連	3,555,558
	牛荘	73,284,100
	遼陽	348,491
	旅順口	249,344
	鳳凰城	20,000
	奉天	3,926,616
日本	東京	17,120,700
	横浜	565,043
	大阪	15,487,784
	長崎	2,153,379
	広島	1,770,620
	門司	2,403,457
	其他	322,191
合　計		146,991,032

出所）「軍用手票回収概況（明治三十九年四月十八日）」（『軍用切符発行並満洲ニ於テ横浜正金銀行一覧払手形発行一件』外交史料館蔵，本文の注 12 参照）より作成。金庫所在地別，地名は原史料による。

が、実際には一九〇四年六月に軍票一円＝金九〇銭とされた後、一九〇六年一月まで一年半にわたり改定されなかった。[10]銀円額面である軍票が金円に対しても事実上固定されたことは、後の軍票流通にも大きな影響を与えることになった。

二　満洲での軍票散布と営口への集中

日露戦争は一九〇四年二月八日、仁川での日露軍艦の交戦によって始まった。同日、仁川に上陸した日本軍は直ちに軍票の使用を開始した。しかし交換体制の十分でない中、「突然威力を以て」軍票を強制された朝鮮人は争ってこれを手放し、軍票の信認は急速に低下した。[11]朝鮮では既に金円単位の日銀兌換券、第一銀行券が相当に流通していたために、銀円額面の軍票使用には仁川、ソウルの日本領事も否定的であった。[12]二月下旬に大蔵省は朝鮮での軍費支払いに軍票を用いるのを断念し、主に日銀兌換券を用いることとした。[13]その後、朝鮮には巨額の日銀兌換券が持ち込まれ、同時にそれを準備とする第一銀行券の発行も拡大し、[14]あいまって金円を本位とする通貨改革（貨幣整理事業、第9章第六節参照）の地ならしをした。

その結果、軍票は満洲で主に散布されることになった。日本の第一軍が鴨緑江会戦を経て満洲に入ったのは一九〇四年五月一日であり、第二軍が遼東半島の塩大澳に上陸したのは五月五日であった。日本軍は一九〇四年九月までに現在の遼寧省の南部を占領するに至ったが、軍票の使用額もこの時期から急速に増えたことが図10-1から分かる。

満洲進出後の陸軍各部隊からの報告によれば、満洲での軍票流通の状況は概ね良好だったようである。一九〇四年六月の安東県では第一軍の兵站金櫃部が四日に一回の頻度で軍票と円銀の交換に応じていたが、その甲斐あってか軍票の流通は「非常に好況を呈し、我軍隊の屯在しある所は土民間の百貨売買は勿論、清国両替店に於ける交換使用を為す等、大に清民の信用を博し流通頻繁なり」との状況であった[15]。軍との受け払いに止まらず、民間でも軍票が「通貨」として利用されていたことが分かる。

ここで当時の中国および満洲の幣制の特徴について概観しながら、その中で軍票が占めた地位を考えてみたい。先述のように当時の中国では、各種通貨の標準となる本位貨が確立していなかった。清朝政府が供給した銅銭は農村を含め零細額面の取引に広範に利用されていたが、大きな取引や遠隔地交易では各種の秤量銀が使用され、さらに開港場など都市部を中心に円銀やメキシコドルなどの銀貨も見られた。これら諸通貨は機能と流通空間をそれぞれ異にする「立体モザイク」の態をなし、相互の需給に応じて変動相場で交換された[16]。

満洲の幣制も大まかには同様だったが、地域経済の特徴に規定されて中国本土とは異なる特徴を帯びていた[17]。前章で触れたように、日露戦争当時の満洲は、商業的農業地帯として成長の途上にあった。商業化を伴う農業開発は通貨需要を大いに高めたと推測されるが、銅銭や秤量銀などの金属通貨は十分に供給されず、慢性的な欠乏状態にあった。農産物商人や在来金融業者は盛んに自己宛手形（私帖）を発行し、これが地方的な通貨として流通した。日清戦争以後には各省の官帖局・官銀号が官帖と呼ばれる不換紙幣を発行するようになったが、地方によっては私帖も長く生き残った[18]。こうした通貨状況の中で、円銀という裏付けがあり、少なくとも日本軍の占領地の範囲では交換の約束された軍票は、局地的にしか流通しない私帖に比べ華人にとっても利用しやすいものだったと考えられる[19]。

さて占領地に散布された軍票は、次第に渤海湾奥の営口（牛荘）に集中した。営口は一八六一年に開港され、南満洲の域外交易の拠点として発展した。消費財の供給と農産物市場の両面で中国本土に依存した満洲の商品流通は、営口を頂点に、南満洲を貫流する遼河を通じて内陸の主要都市へ、さらに県城クラスの地方都市を通じて農村へという形で樹枝状に組織されていた[20]。軍票の動きも基本的にこれを反映したもので、中国本土からの移入品の代金や出稼ぎ者の賃金などが軍票の形を取って営口に集まったと見てよい。

営口に向かう軍票の動きは日露戦争下の満洲の域外交易が帯びた特殊な条件によって助長された。もともと満洲では、金属通貨の不足から、在来金融業者の預金振替による決済の仕組みが各地で発達していた。例えば営口では銀炉という金融業者の預金（過炉銀）を振り替えて大半の商取引が決済され、さらに上海両為替の売買も行われた(21)。ただしこうした振替決済の仕組みは、右のような樹枝状の流通機構を前提に、商品の双方向の流れから生じる債権債務を相殺することで成り立っていたから、商品の流れが過度に一方に偏れば機能しなくなる。

一九〇四年の秋以後、戦線が遼陽の北で膠着する状況で、奥地からの農産物出荷が停滞したことは容易に想像できる。一方で営口には上海や煙台、天津からの軍需品の移入が急増し、移出品はその「十が一に当らざる」状況となった。営口から移出品代金を為替送金しようとしても出合を取ることができず、実質的に利用できなくなったという(22)。こうした状況で、営口の「市場には貨幣払底し墨銀の需要額極めて大なり、加之軍票は日々戦地より流出し〔営口に流入〕、目下営口に現存する高は大約参四百万円に上るべし」という様相を呈した(23)。

こうした軍票の集中は、営口での円銀への交換請求を急増させた。当初営口では日本軍の金櫃部が円銀もしくはメキシコドルとの交換に従事していたが、軍の北進に伴い一九〇四年九月末でこれを停止し、一カ月後の一〇月三一日から正金銀行牛荘（営口）支店がこれを引き継いだ。季節が冬に向かい、山東、直隷（河北）からの出稼ぎ者が故郷に引き揚げる時期にあたっていたこともあって交換請求者が殺到し、「毎朝午前六時頃より正金銀行門前に輻輳し、其雑沓名状すべからず」、「不得已憲兵及兵士の力を以て常に銀行門前に麕集〔群れなすこと〕する所の清人を威圧制止」する有様であったという(24)。

三　軍票による上海送金と金銀関係

（1）上海への軍票現送と買取問題

右のように満洲における軍票の流通は、中国本土への送金需要と密接に結び付いていた。その影響や日本側の対応について、視野を満洲の外にも広げながら検討してみたい。

早い時期から表面化したのは上海への軍票の現送である。上海総領事の小田切万寿之助によれば、上海に初めて軍票が現れたのは一九〇四年六月初旬で、その後も「多きは一口壱万弐参千円、普通は一口五六百円づゝ引続き輸入」された。上海で軍票を買い入れたのは正金銀行上海支店であり、その規模は一九〇四年九月までに約一〇万円分に上った[25]。

同行の上海支店が初めて軍票に接した際、本店に宛てた報告では、「或る芝罘〔煙台〕商人」から「我政府の発行せる軍用手票なる銀壱円に相当する紙幣」を提示されたものの、事前に本店からは何の通知も受けておらず、「果して我政府発行のものなるや存じ不申候」としている[26]。この時期まだ遼東半島での作戦が進行中で、日本軍は営口にも至っていなかった。こうした段階で軍票が上海まで流出することを本店では想定していなかったことが窺われる。

ただし右の上海支店の報告では、「現に露国が満洲を占領せし以来ルーブル紙幣の上海に流入するもの夥々敷の例」から、満洲で日本軍の散布する通貨もその種類によっては上海と関係を持つはずであり、「我政府に於て右の紙幣を円滑に満洲地方にて通用せしめんとするには、満洲と商業上重大の関係を有する上海に於ける同紙幣の売買如何に注意すること最も緊要」と指摘している[27]。満洲に散布した軍票が上海と関係を持つことは、これまでの例に照らして、現地の店員には容易に予想できることだったのだろう。

右でルーブル紙幣が引き合いに出されていることは興味深い。この後も上海支店の報告では、満洲に散布された外国紙幣の前例としてルーブル紙幣にしばしば言及している。例えば一九〇四年一〇月の報告では軍票の上海への流入経路について次のように述べている[28]。

当店〔正金銀行上海支店〕にて取扱たる軍用切符の如きも、其大部分は芝罘より上海に現送されたるものに御座候。山東商人は遼東半島にて商品代金として軍用切符を受取るも、之れを現金に引換へて芝罘に現送するよりも、軍用切符其侭にて現送する方危険の憂ひ少く且つ便利にして、更に之を中央市場たる上海に送れば為替の出合にも相成り候事に御座候。

日本軍の占領する遼東半島から山東半島を経て軍票が上海に流入しており、それが華商の交易決済のために利用されていたことが分かる。報告は次のように続く。

露国が満洲経営以来、ルーブル紙幣の満洲地方より上海に来るものは実に夥敷ものにて、本年八月頃よりは毎月弐百万ルーブル位の輸入有之、而して其ルーブル紙幣を牛荘又は芝罘より上海に現送したるものは実に山東商人に御座候。故に彼等が我軍用切符を見る事亦ルーブル紙幣の如く、甲乙丙丁と転々としたる結果は自然に芝罘に集り、踵ひて又上海に現送せらるゝものに有之候。我軍の未だ牛荘を占領せざる以前より我軍用切符の牛荘より当地へ現送されたるもの有之候。是れは軍用切符が支那人の間を転々として牛荘に出で更らに当地に来りたるものに御座候。

満洲に散布されたルーブル紙幣が、華商の支払いの手段として、煙台を経由して上海に持ち込まれていたことは既に前章で見た。「毎月弐百万ルーブル」とされるルーブル紙幣よりは遥かに小額ながら、華商が軍票をこれと同じように利用していたことが窺われる。先述のように軍票が上海に初めて持ち込まれたのは一九〇四年六月初めだから、開戦からしばらくの間は、日露両国が満洲に散布した通貨が並行して上海に持ち込まれていたことになる。

さて正金銀行上海支店が軍票の買い入れにあたって苦慮したのは、買取価格の設定であった。占領地外での軍票交換は制度上想定されていなかったから、買取価格の基準も定まっていなかった。また買い取るとしても、政府と関わりのない正金銀行独自の活動ということになり、その損益も銀行自身で負担しなければならなかった。

上海支店では当初、軍票の買い取りは「銀を銀に引換へ候ものにて」、満洲での信認を維持する見地から「市上にて流通する弗銀と同価（パー）にて引換」えた上で手数料を政府から補助してもらってはどうか、と本店に提案している。(29)メキシコドル（弗銀）と円銀をひとまず同等のものと考えれば（実際には相場に若干の差異が見られたが）、軍票が銀円額面であることを重視し、上海でも額面通りの価格で引き換えるべきだと考えたことになる。だが期待した日本政府の補助金は得られず、上海支店ではやむなく、大蔵省の公定相場である軍票一円＝金九〇銭を基準として、上海での日本向買為替相場と掛け合わせて買取価格を算出することとした。(30)正金銀行では買い取った軍票を日本に回送し、国庫金を扱う金庫（日本銀行）で公定相場によって交換を求めることになるから、政府の補助がない以上、買取価格を右のように算出するのは営業上当然のことであった。一九〇四年夏の段階では軍票一円をメキシコドルで九五〜九六セント程度に引き換えていたという。(31)

しかし八月下旬、正金銀行本店は軍票をメキシコドルと等価で引き換えるよう上海支店に指示した。その場合、上海でのメキシコドルの相場が日本への現送費込みで金九〇銭と等しいかそれ以下でなければ、正金銀行が損失を被ることになる。だがこの時期、銀の金に対する相場は下がるどころか上昇し続けていた。上海支店は、もし損失のない範囲で買い取るとすれば、現下の状況では実質的に買い取りを中止せざるを得ないとし、満洲における軍票の信認を維持するためにも買取価格を見直すよう本店に訴えている。(32)

問題の根源が軍票の公定相場にあったことは明らかである。第一節で述べた通り、公定相場は月一回変更される建前だったが、実際は一九〇四年六月から一年半にわたり金九〇銭で据え置かれた。円銀一円に対して金九〇銭という交換率は、金銀比価で言うとほぼ一対三五・八となる。図10-2はロンドン標準銀塊相場から算出した金銀比価であるが、これで見ると一九〇四年六月の金銀比価は三六・一から三七・三の間で、軍票の公定相場よりもむしろ銀安であった。ところがこの後、金銀比価は継続して銀高となり（比価の値が小さいほど銀高となる）、公定相場の水準を超えた。正金銀行上海支店が軍票をメキシコドルと等価で購入すれば、その差額の分（＋現送費）だけ損失が出る状態となっていたのである。

その後の経緯は不明だが、芝罘在勤の水野幸吉領事は一九〇五年一月、「上海正金銀行に於ても非常なる割引をなすに非らざれば交換を肯んぜず」と本省に報告している(33)。上海支店は軍票と円銀の等価交換を断念し、軍票一円＝金九〇銭の公定相場を基準に、額面と比較すれば割り引いた形で交換していたと考えられる。

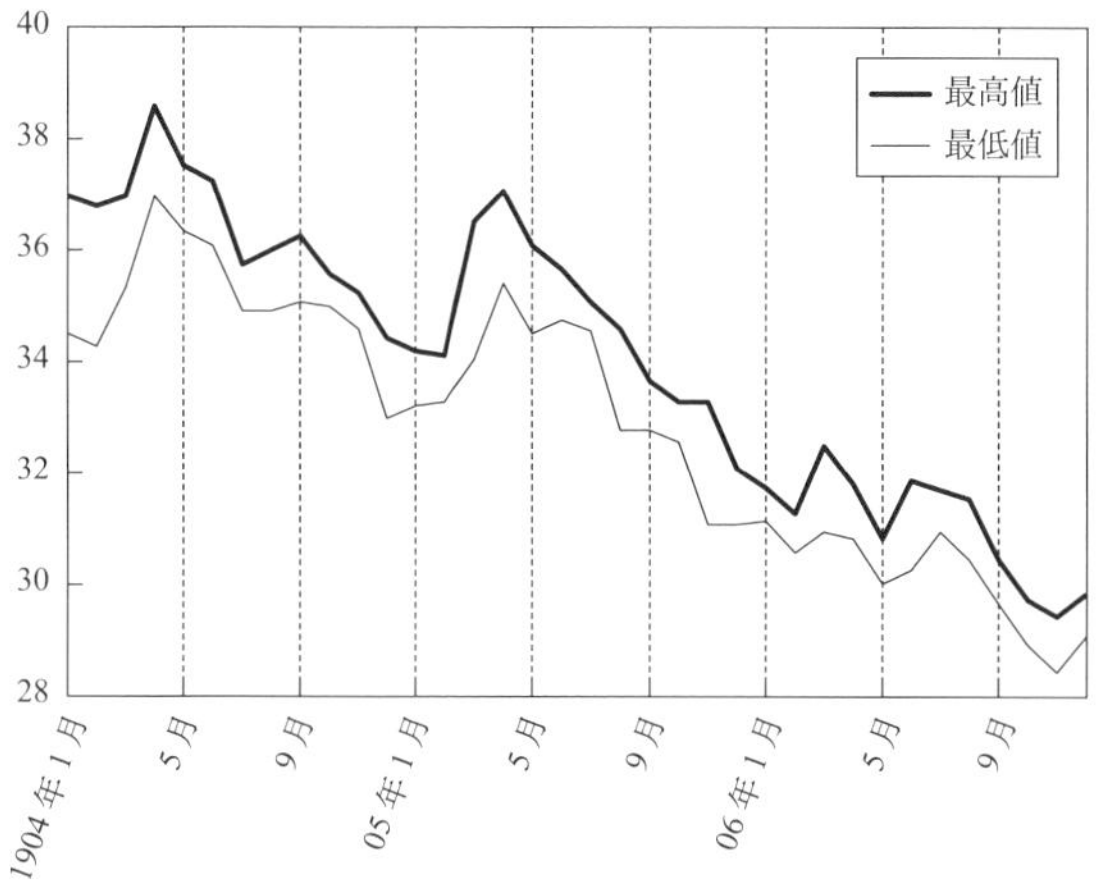

図 10-2　金銀比価の推移（金 1 に対する銀の比率，各月）（1904〜06 年）

注）ロンドン標準銀塊相場で定数 943 を除して計算。

(2) 営口の軍票相場と日本向け為替の取組

第二節で見たように、日本軍の占領地拡大とともに、各地で散布された軍票は営口に集まる傾向を見せた。それらは中国本土への商品代金や労賃の送金需要を反映したものであったが、散布開始から日の浅い軍票は中国本土でほとんど知られていなかったと考えられるし、上海の正金銀行でも額面通りには交換していなかったとすれば、営口でこれを円銀と等価に交換したいという需要の高まったのは当然であろう。

しかし営口でも軍票と円銀の交換は円滑でなく、そのことは市中での軍票の評価に直結した。先述のように、交換を当初担当していた軍金櫃部は部隊の北上により九月末に業務を

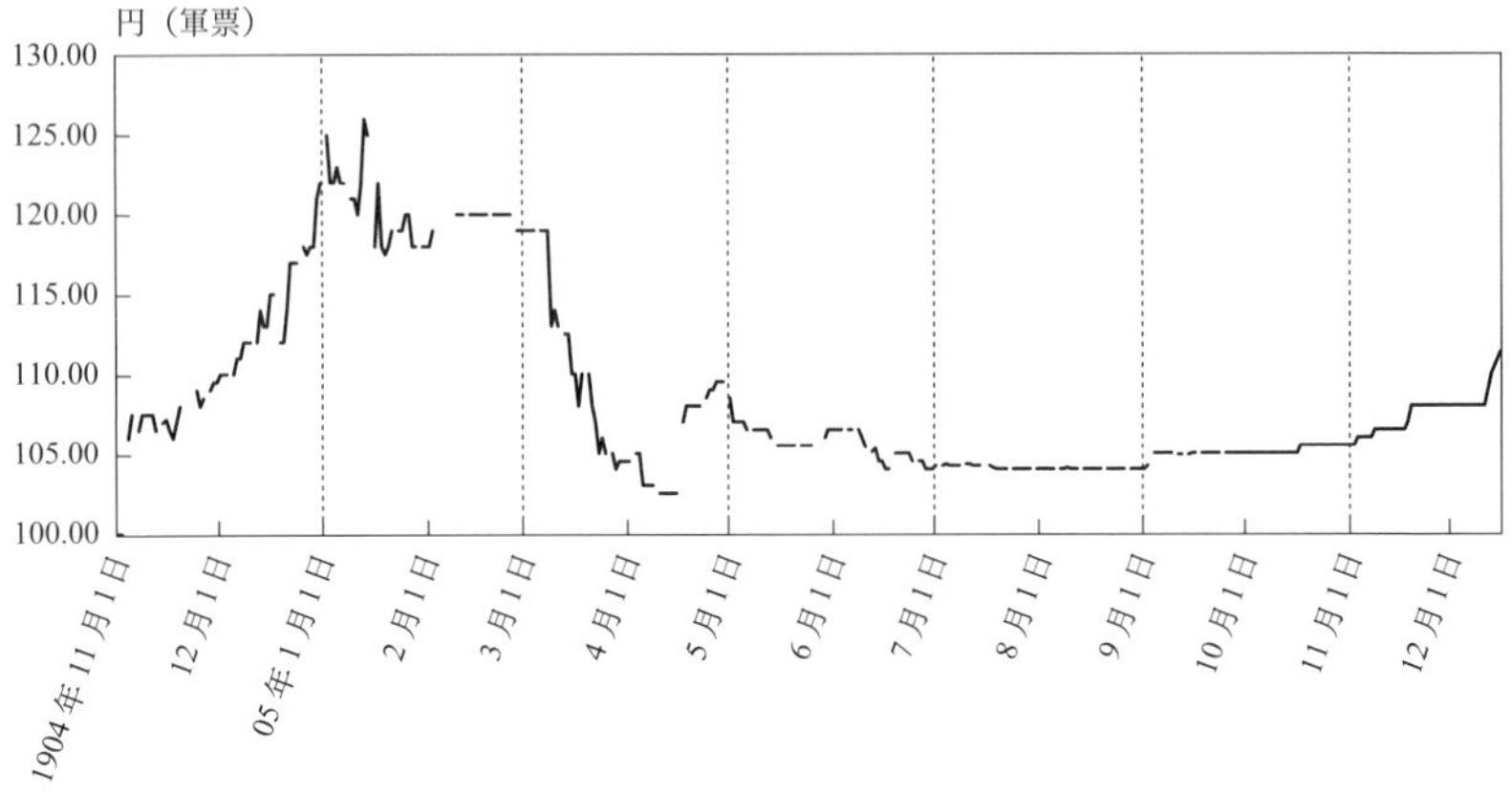

図 10-3　営口市場の軍票相場（円銀 100 円あたり，各日）（1904〜05 年）

出所）『軍用切符ニ関スル調査』上，202-219 頁。横浜正金銀行調べ。

停止したが、それと同時に市中の軍票は円銀に対し一割程度割り引かれるようになった。一〇月末に正金銀行牛荘支店が交換を再開すると軍票相場も直ちに円銀と等価に戻ったが、引換額が一日目に一二万九千円、二日目に一四万三千円と多額に上り、三日目から交換を一日一〇〇人に制限すると、軍票相場は再び下落し始めた[34]。

図10-3は営口市中の円銀に対する軍票相場を示すが、一九〇四年一一月初からほぼ直線的に下落し、〇五年一月二日には円銀一〇〇円＝軍票一二五円を記録している。一九〇四年一二月の牛荘支店の報告は、軍票交換の渋滞と相場の関係を次のように説明する。

軍用手票の買取を請求する者益々多く、出稼苦力の帰省する者も亦日に多きを加へ、毎朝門前に蝟集し来る者千二三百名を超ゆると雖とも、悉く彼等の希望を満す能はず、当店にて買取るものは僅かに該十の一に過ぎざるを以て、買入れに漏れたる者は矢の如き帰心に駆られ、両替店の切換へ相庭如何を問ふに遑あらず持たる軍票を円銀に交換せんとし、両替店は機乗ずべしと為し法外なる利益を貪り、口に任せ突飛なる相庭を称へ、外来人をして一驚を喫せしむ……[35]

続く部分では、出稼ぎ者の帰郷季節に通貨の価値が変動するのは毎年のことで、軍票の信用が失われたとまでは言えないとする。そうであるにせよ、正金銀行による円銀の供給が需要に見合わず、市中の軍票相場を決定する力を失っていたことは事実であろう。

正金銀行牛荘支店は円銀のほか、国庫金を扱う金庫派出所の資格で軍票を金円と交換することもできた。実際に営口の華商には、軍票を日銀兌換券に交換して上海や天津、煙台に現送する者もいた(36)。しかし金円発行を抑制するという軍票の本来の発行意図から考えて、正金銀行牛荘支店が、日銀兌換券との交換にどれほど多く応じていたかは疑問である。交換額には一定の制限が加えられた形跡もある(37)。

こうした中、大蔵省は一九〇四年一一月から「軍用切符価格維持を以て目的」として、正金銀行牛荘支店で日本向け為替を軍票で取り組ませることにした。その代金は国庫から支出されるものとされ、事実上、政府の軍票回収事業の一環であった。為替は金円建てで、相場は公定相場すなわち軍票一円＝金九〇銭が採用された(38)。図10‐4の面グラフは、この日本向け為替の取組高を示しているが、開始の翌月である一九〇四年一二月に早くも三〇〇万円（金円）近くに達している。注目されるのはその大半が華人による取組だったことである。一九〇四年一二

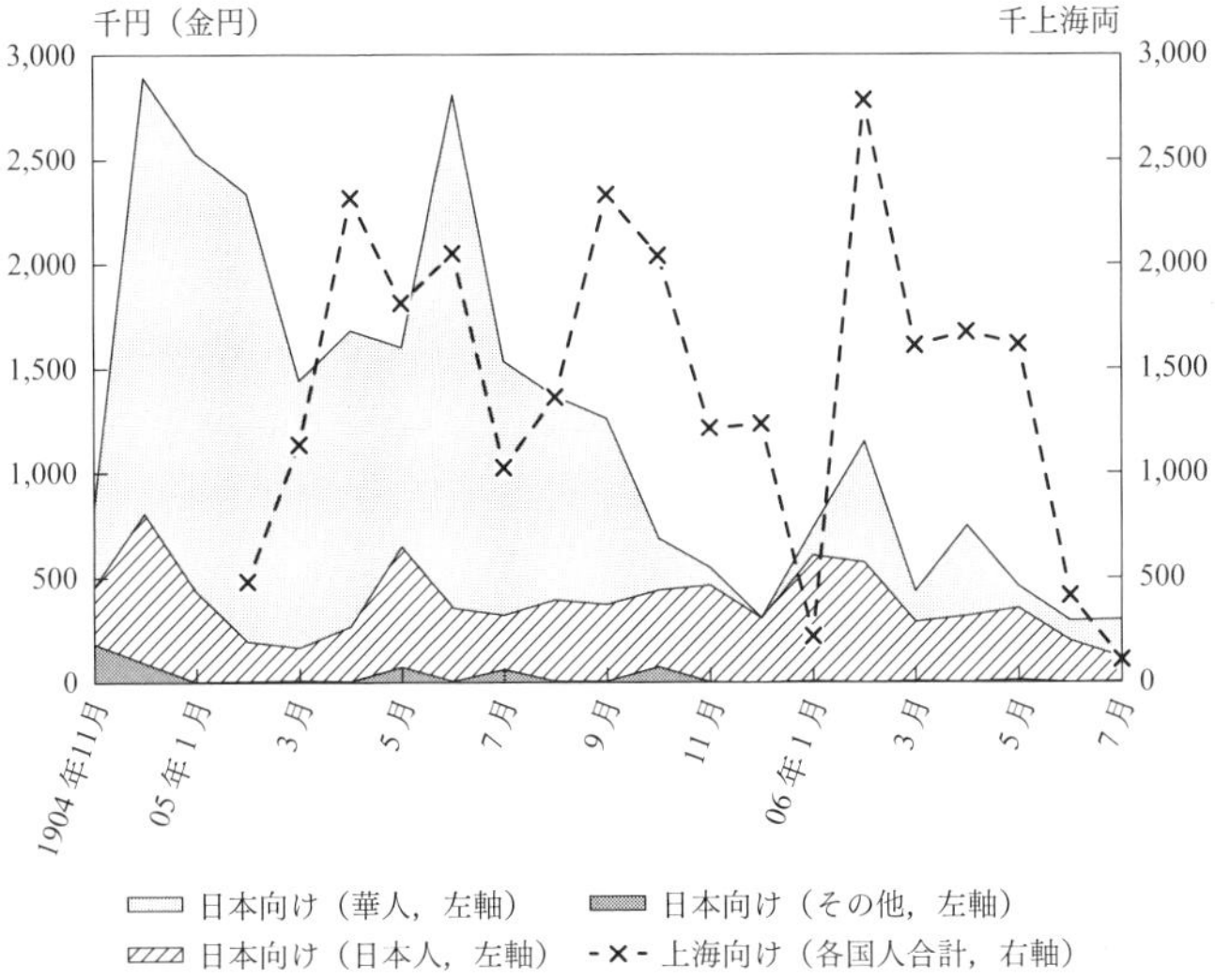

図 10-4　正金銀行牛荘支店の軍票による日本向け・上海向け為替取組額（各月）（1904～06 年）

出所）正金牛荘支店の毎旬為替取組状況報告（『軍用切符ニ関スル調査』下巻所収）。
注）左軸単位の「円」は軍票額面の銀円ではなく為替額面の金円である。日本向け為替のグラフは積み上げ式で「華人」の外延が日本向け取組総額と一致する。

月七日の牛荘支店の報告によれば、取組の多くは営口との貿易関係の深い神戸に対するものだが、必ずしもそれと関連した送金ではないとして、次のように言う。

細思熟慮せば、目下上海・天津・芝罘等への送金困難なるより、機敏にして商業の道行を熟知せる商人等は、本邦向け為換を買取り本邦に資金を備へ、之に対し上海・天津・芝罘等の地に於て為換を売出し、該地に買入れたる貨物の支払に供する資金を得る一法と為すものある亦推知するを得べし。(39)

これによれば、華商による日本向け為替利用の実態は、上海など中国本土向けの送金であったことになる。以後の正金銀行牛荘支店の報告も、日本向け為替の多くは華商による上海への迂回送金であったことを繰り返し指摘している。また一九〇五年四月に同行の神戸支店が牛荘支店からの軍票為替について調べたところ、その受取人または依頼者となっている華商の多くは神戸に店舗を持たず、また神戸の対営口貿易とも関わりのない者たちであった。これをもとに神戸支店でも「牛荘よりの送金は其最終目的は上海よりの輸送商品代金の返済にあり、単に当地を経由するに過ぎざるなり」という結論を下している。(40)

このように正金銀行牛荘支店の日本向け為替取組は、結果的に中国本土への送金手段を提供することになった。軍票の交換請求の背後にあった、中国本土向け送金需要のいくらかはこれによって満たされたはずである。しかし軍票の対円銀相場は、為替取組の急増した一九〇四年一二月にむしろ急落した。為替取組は、少なくとも短期的には、目的とする「軍票価格維持」につながらなかったのである。先に挙げた一九〇四年一二月の牛荘支店報告は、(41)円銀供給の不足を強調すると共に、軍票下落には別の原因もあるとする。

銀塊騰貴の甚しき今日、依然軍票壱円を金貨兌換券九拾銭の割合にて交換するは、却て軍票の円銀に対する価格を下落せしむる者なるを信ず。何にとなれば、今日の銀塊又は上海に於ける相庭よりすれば、円銀と金兌換券と

人をして軍票は円銀の九拾仙に及ばざるものとの誤解を起さしむるに至らん。[42]
は殆んど併価にして、軍票は円銀に交換さるゝに拘はらず其実〔銀円〕九拾仙より以上に通ぜざる場合を生じ、

ここで言う金円との交換には、現金通貨（日銀兌換券）との交換だけでなく、日本向けの金円建て為替の取組を含むと見てよい。その交換および取組に公定相場である軍票一円＝金九〇銭が用いられたことは既に見た通りである。対して一九〇四年後半の金銀比価は金安銀高の傾向を維持し、公定相場との乖離は広がるばかりだった。右の史料は「円銀と金兌換券とは殆んど併価」とするが[43]、そのような状態で軍票と金円を公定相場によって交換すれば、軍票を円銀に対して一割ほど割り引いたのと同じこととなる。これだけが軍票の減価の原因とは言えないだろうが、円銀の供給が不十分な状況下で、軍票の評価はむしろ金円に対する公定相場に引きずられた可能性が高い。

さて、これは軍票相場の下落局面だけでなく、逆方向の動きについてもあてはまる。営口の軍票相場は一九〇五年一月に下げ止まり、三月から急激に上昇しはじめたが、金銀比価も同じ頃から金高に反転した。一九〇五年三月の正金銀行牛荘支店の報告は、その関係を次のように説明する。

為換取組は上海向き取組日尚ほ浅きも、本邦向け為換を上海にて転売したる者多く、而して本邦向け為換は銀塊の下落したるより上海にて高価に売ることを得たるにより、当地にて支払ひたる軍票額と上海にて得たる売揚金とを対照し、当地に於ける軍票の価格を高むる一源因となりたる如し。[44]

この史料が注目するのは「本邦向け為換」つまり日本向け為替の取組拡大であり、急激な金高銀安の進展により、公定相場で日本向け為替を取り組むことが（依頼者側から見て）有利になったことを示唆している。そして、これに乗じた投機的な日本迂回送金の増加が、営口における軍票相場の上昇をもたらす一因となったというのである。

これは軍票相場の上昇という点だけを取れば日本側にも望ましい結果だったかもしれない。だが日本向け為替の取

組増加は日本での日銀兌換券の発行増加につながり、それが上海送金の需要と結び付いていたことを考えれば、兌換を通じた金流出に結果する恐れもなしとしない。そもそも軍票を銀円建てで発行した目的の一つは金準備の流出を防ぐことにあったのだから、公定相場による日本向け為替の取組にはそれと相容れない面があったと言える。次節を先取りして言えば、右の史料に「日尚ほ浅き」と言及されている上海向け為替の取組（一九〇五年二月開始）は、この矛盾を解消し、金円を経由させない形で上海送金の需要を満たすことを目的とするものであった。

四　上海向け為替取組の開始

当初の制度は、日本国内および朝鮮・満洲の占領地でのみ軍票の交換を想定していた。それが不十分であることは、営口における軍票相場の下落や、日本向け為替が迂回送金に利用されている状況を見れば明らかであった。

先にも名前を挙げた煙台の水野幸吉領事は、一九〇五年一月、軍票相場下落の原因について「当局者が軍隊所要の物資及労力の最後の債権者の内、重なるものは営口、天津、芝罘、上海等の開港場に在ることを思はざりし為め、施設其宜きを得ざりしに在り」と評した。その解決法としては、日本の在外郵便局で軍票を額面通りに受け入れること、軍票現送の中継地である煙台に正金銀行の店舗を設けて回収させることのほか、正金銀行の各店で「本邦向けの為替のみならず在清該支店出張所相互間に弗為替の取組に応ぜしめ、之に軍票を墨銀同様の価格を以て受入れしむること」を提案した[45]。軍票によって中国本土向けの為替を組めるようにするということであり、満洲現地の陸軍も既に同様の提案をしていた[46]。

大蔵省は一九〇五年一月二四日、正金銀行牛荘支店において上海向け為替を軍票で取り組ませることを決定した。正金銀行の名義によるものの、政府が資金を交付して政府勘定の下で行わせるという点で、実質的に政府の軍票回収の一環であったことは日本向け為替の場合と同じである。為替相場は「牛荘市場における軍用手票の流通価格」、すなわち時価を標準として現地で決定し、一〇日ごとに大蔵大臣の認可を受けるものとした[47]。牛荘支店が実際に取組を開始したのは二月二一日である[48]。上海両建て、墨銀建ての双方が取り組めることになっていたが、実際に取り組まれたのはほとんどが前者であった。前節に示した図10-4の破線部はその毎月の取組高を示している[49]。取組依頼者はほぼすべて華人であった。日本政府は以後、占領地における他の主要都市からも日本向け・上海向け為替の取組を開始させた[50]。

　為替相場の建て方が軍票の現地の時価によるとされ、水野の提案のように軍票が円銀（≒墨銀）と等価であることを前提としなかったことは興味深い。大蔵省の正金銀行に対する指示には、「相場は銀紙〔円銀と軍票〕の間に劇変なき様相定め、漸次公定価格に達せしむるを以て目的とすべし」という条件が課されていた[51]。

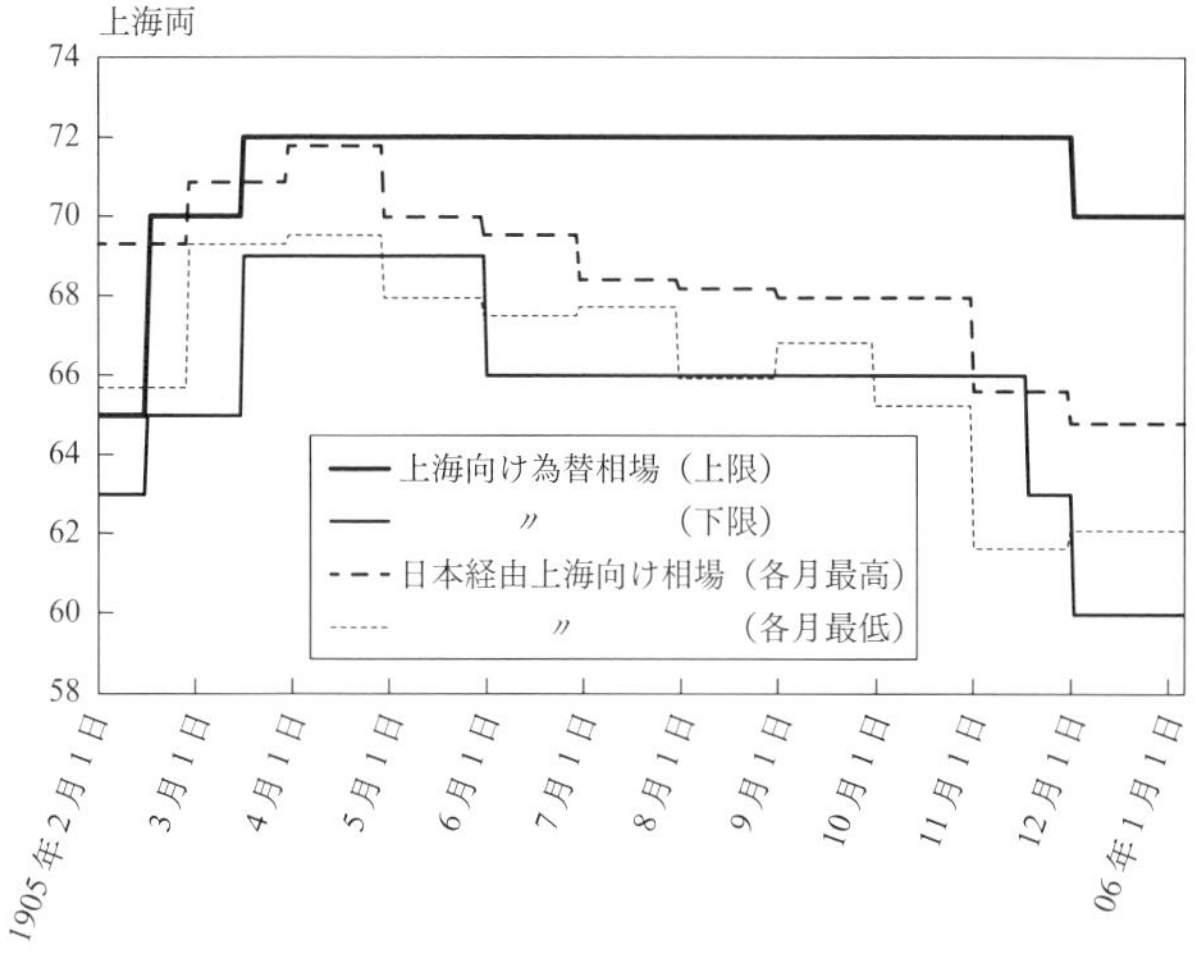

図10-5　正金銀行牛荘支店における軍票為替相場（軍票100円あたり上海両）（1905～06年）

出所と注）「上海向為替相場」は正金銀行牛荘支店における上海両建て上海向け為替相場（軍票100円あたり）。ただし大蔵省の認可を受けた上限と下限。『明治大正財政史』15巻，377-378頁による。「日本経由上海向け相場」は正金銀行牛荘支店における金円建て日本向為替相場（軍票100円あたり金90円の公定相場で事実上固定）と日本の上海向け参着為替相場より算出。ただし各月最高相場と最低相場。日本の上海向け参着相場は大蔵省『自明治三十二年一月至明治四十二年三月金融事項参考書』1909年，815-816頁。

　上海向け為替の相場について、牛荘支店の申請に基づいて大蔵大臣が認可した上限と下限が明らかになる（図10-5の実線、軍票一〇〇円に対する上海両の相場）。これによれば、相場の上限と下限はいずれも一九〇四年四月まで急速に引き上げられた後、上限は七二両で〇五年末まで固定された一方、下限は順次引き下げられていったことが分かる。銀純分で見た円銀一〇〇円に対する上海両の平価は七二・二〇〇六両であったから[52]、軍票による上海向け為替相場の上限は、この平価よりやや上海両高（図では下方）の水準に置かれたことになる。

一方の下限はどのように定められたのだろうか。正金銀行牛荘支店によれば、上海向け相場は営口における軍票の市価、過炉銀による上海為替相場とともに、「上海に於ける金塊相庭」および「上海本邦間の為換相庭」を勘案して算出するといい[53]、日本向け為替を利用した迂回送金の相場が意識されていたことが分かる。迂回送金の相場は、日本向け為替の公定相場である軍票一円＝金〇・九円に、日本における上海向け為替相場を掛け合わせて計算される。図10-5に破線で示したその相場の下限は、正金銀行の申請した上海向け為替相場の下限と概ね重なる。

つまり正金銀行の定めた上海向け為替相場の上下限は、「銀紙〔軍票と円銀〕の間に劇変なき様相定め、漸次公定価格に達せしむる」という大蔵省の指示を反映したものと言える。この上下限の中で建てられた日々の相場は明らかでないが、どのような方針が採られたかについては市中での軍票相場からある程度推測される。前節で見たように、一九〇四年一一月以来の軍票相場の動きには金銀比価が影響を与えており、〇五年三月からの軍票相場の急騰も同時期の金高傾向を反映したものと思われる。しかし金銀比価は五月までに再度反転し、前年を上回る銀高となっていったにもかかわらず、もはや軍票相場はそれと連動せず、一九〇五年四月以後は円銀一〇〇円＝軍票一〇五円前後で概ね安定した。その背景については営口での円銀需給など、複数の要因を考える必要があるが、同じ頃から上海向け為替相場の上限が軍票一〇〇円＝上海両七二両に固定されたこととも無関係ではないだろう。先述のようにこれは円銀対上海両の平価とほぼ等しかった。実際の為替相場はこの上限寄りに建てられたものと見てよいだろう。

またそのように建てられた相場は、自動的に日本迂回時の相場よりも上海両安となる。上海送金の希望者から見れば、日本向け為替を利用して迂回送金するよりも、上海向け為替を利用したほうが有利となる。このことによって軍票の円銀に対する相場を安定させるのと同時に、迂回送金を抑制する効果を上げることもできたと考えられる。前節で述べたように、日本向け為替が上海送金に利用されることは、金流出のきっかけとなりうるという意味で日本政府にとって望ましいことではなかった。前節の図10-4から、上海向け為替の取組が増えるに従って、華人による日本向け為替の取組が減少していったことが確認できる。これは偶然というより、正金銀行牛荘支店による意識的な相場設定の結果と見るべきだろう。

このように上海向け為替の取組は、営口での軍票の信認を維持すると同時に上海送金の需要を吸収することを目的としたものであり、それはかなりの程度成功したと言えよう。しかし人為的な上海両安の相場設定は別の面で副作用を引き起こすことになった。第二節で見たように、営口では在来金融機関である銀炉の振替預金（過炉銀）が一種の通貨として広く利用されており、上海向けの在来為替もこれによって取引されていた。過炉銀は日露開戦と営口占領を経てしばらく混乱に陥り、日本軍政署からも廃止するよう圧力を掛けられたものの、次第に機能を取り戻したようである。過炉銀と上海向け為替との関係について、正金銀行牛荘支店は次のように報告している。

当地の重なる取引即ち大豆、豆餅、豆油、綿糸、綿布等の売買は過炉銀によって行はれ居るを以て、過炉銀を得る最も早途なる上海為換を売出す資金を上海に備へん為め軍票を当店に持参し、先づ当店の為換を買取り上海へ送金し、後市場にて為換を売出し過炉銀を収納し、而して前記貨物の取引に充つる如し。[54]

ここで描かれているのは、華人が営口で軍票を用いて正金銀行の上海両為替を買い、それで得た上海両を引き当てとして、過炉銀による上海両為替を売り出すという操作である。過炉銀による上海両為替の相場は明らかでないが、正金銀行の為替の方が上海両を安く買えるのでなければ、このような操作は起きなかったはずである。右の史料では商品取引上の過炉銀需要と結び付けて理解しているが、純粋に投機を目的として、軍票→上海両→過炉銀→軍票の順で取引を繰り返す者も少なくなかったという。[55]

このような投機による上海向け為替の取組は時に正金銀行の対応能力を超えた。先述のように金銀比価は一九〇五年五月頃から急速に銀高傾向を強めたが、これと並行して牛荘支店には上海向け為替の申し込みが殺到した。その原因として同店は、上海での現銀不足と並んで、在来金融機関である「銀炉が過炉銀を利用し軍票を買入れ、不正の利を貪らんとする悪策」を挙げている[56]。上海の銀不足によって過炉銀による上海向け為替が騰貴し（つまり上海両高となり）、政策的に上海両安の水準に抑えられた正金銀行の相場との乖離が大きくなったため、投機の余地が生じたと考えられる。一九〇五年六月の下半期、華人による上海向け為替の取組依頼は三八九万一三〇〇両余に達したが、そのうち牛荘支店が応じ得たのは一〇一万五九〇〇両余に過ぎなかった[57]。

七月になると上海での現銀不足が解消され、牛荘支店での上海向け為替の取組依頼も減ったという[58]。しかし問題の根底は、牛荘支店の建てる人為的な上海両安の相場であったから、金銀比価および過炉銀相場の動向によっては、同じような投機の再現される恐れは十分にあった。それ自体は公定相場と切り離された上海向け為替も、日本向け為替の抑制という任務を帯びる限り、間接的に公定相場のもたらす歪みから自由でなかったのである。

五　軍票をめぐる広域的投機と朝鮮

第二節で見たように、日本軍が最初に軍票を使用したのは朝鮮だったが、交換体制の不備もあってほとんど流通しなかった。しかしその後の朝鮮が軍票の流通から全く無縁だったわけではない。本節では、これまで見てきたような華商による軍票の広域的な投機活動の中に朝鮮も組み込まれていたことを確認しておきたい。

開戦当初に戻るが、一九〇四年二月二四日に外相小村寿太郎は駐韓公使の林権助に通知して、以後仁川・ソウルでは軍票の新規発行を行わないこと、また、これまでに発行した軍票については第一銀行の各支店に委託して「大蔵大臣の定むる時価」すなわち公定相場によって日銀兌換券と交換させることを伝えている[59]。

先の表10-1によれば、一九〇六年四月までに仁川で八二二万円、京城（ソウル）で一二二万円の軍票が回収されている。特に仁川の回収高は、日本国外の回収拠点の中では牛荘（営口）、安東県に次ぐ三番目の大きさである。右の小村の通知に従えば、一九〇四年二月末からこの地方で新規発行された軍票はなかったはずだが、回収された軍票が開戦直後に散布されたものだけとは思えない。京城・仁川・鎮南浦・平壌の第一銀行各店について、一九〇五年五月までの月次回収高を整理した表10-2を見ると、いずれでも回収は途切れることなく続いている。仁川支店の回収高は一九〇四年五月からいったん減少するものの秋から再び増加しており、京城支店でも同様の傾向を見せている。これらの軍票は朝鮮以外の地域から、軍以外の経路を通じて流入したものと考えざるを得ない。

表10-2　第一銀行在韓支店における軍票交換高（1904～05年）

（円・軍票）

年　月	京　城	仁　川	鎮南浦	平　壌
1904年2月	1,473	44,545		
3月	413	117,309	2,082	
4月	22,895	291,315	65,222	
5月	29,258	2,197	81,320	
6月	11,192	55,772	32,910	23,428
7月	19,720	120,978	24,566	14,300
8月	19,402	74,719	28,946	24,608
9月	13,493	141,545	41,013	21,444
10月	53,617	197,073	91,885	31,579
11月	27,786	376,318	61,672	30,207
12月	11,368	337,379	32,177	65,623
1905年1月	16,783	246,318	7,315	70,382
2月	8,896	137,769	7,245	27,189
3月	17,205	1,172,088	28,932	49,749
4月	291,607	1,512,995	46,760	19,650
5月	480,399	1,954,198	27,018	25,257
累　計	1,025,505	6,782,516	579,063	403,416

出所と注）日本銀行（梶原仲治調査）『満洲北清及韓国ニ於ケル調査復命書』1905年，272頁，273頁，275頁，280頁。ただし仁川の1904年2～4月は大蔵省『軍用切符ニ関スル調査』下，523頁。各店が中央金庫派出所の資格によって回収したもの。

仁川では鴨緑江河口に近い安東県との間に定期航路が運航され、これを通じて軍需物資が輸出されていた[60]。第一銀行仁川支店では当初、軍票もこれに伴って日本人の従軍商人が持ち帰ったものと見ていた[61]。ところが一九〇四年末に安東県が結氷し航路が停止した後も軍票は仁川に流入し続けた。仁川支店はこれらが「為替券の代用として戦地より芝罘に集りたるものを、更に芝罘清商の手を経て仁川に来り交換せるもの」であることを発見した[62]。

第一銀行仁川支店はこれについて、「韓国にても多少軍票が流通力を有する証拠と見做す時は大なる謬なり」とし、朝鮮人の需要に応じたものではなかったとする。銀を好まない朝鮮人は当初から軍票を全く授受せず、「日本軍隊が韓国より満洲に露軍を長駆し露兵をして韓国内より引上げしめたる速度よりも尚ほ早く軍票は韓国内より満洲に駆逐」された。煙台から流入した軍票は市場で「一度たりとも」流通せず、ただちに銀行で交換されたという。[63]

仁川支店によれば、これらの軍票は、一九〇四年末から満洲で日銀兌換券への交換が一定額までに抑制されたのを受け、交換のためだけに持ち込まれたものという。[64] 満洲での軍票と日銀兌換券の交換は一九〇五年三月から公式に制限された。[65] 対して朝鮮には開戦当初から大量の日銀兌換券が持ち込まれ、一九〇四年一〇月からは金円を事実上の本位とする通貨制度改革＝貨幣整理事業が進行していた。[66] 第一銀行は貨幣整理の担当機関でもあり、日銀兌換券の払い出しを制限するのは困難な立場にあったと思われる。

表10-2によれば、仁川での軍票交換が急増したのは一九〇五年三月からのことである。第一銀行仁川支店が一九〇五年五月に作成した「仁川港に於ける軍票引換の現況」という報告によれば、[67] 煙台から仁川に軍票を持ち込むのは日韓の商人でもなければ一般の華商でもなく、「芝罘に於ける百有余の小資本銀行家が、軍票売買を一営業として熾んに牛荘営口其他に人を派し、軍票を買占め、之を芝罘に送り、自己の番頭手代に軍票を携帯せしめ、仁川まで態々交換の為めに持込むもの」であった。仁川清国居留地の「支那旅館」では投宿者二四名のうち二〇名が軍票を持参した「芝罘銀行員」であった。彼らは「一人にして数千円若くは数万円の軍票を襤褸又は粟殻に包み、可成他の同業者に知れざる如くし、支那ジャンクに乗り込み芝罘より仁川に来るもの」であった。海上保険を付さなかったのみならず、「軍票を売買すること其れ自体一の賭博なり」と言って生命の危険も顧みない様子だったという。

前章で触れたように沿岸交易の拠点であった煙台には銭荘など多数の在来金融業者があり、ルーブル紙幣を満洲から上海に中継する役割を果たしたのも彼らであった。同じ経路をたどって煙台に流入した軍票の一部が、彼らの投機の対象となって仁川に持ち込まれたと考えられる。第一銀行仁川支店が華商から聞き取ったところによると、煙台では「大阪神戸等に支店又は代理店を有する」大商人は直接日本に軍票を現送して交換しており、仁川に持ち込まれるのは、そうした便宜のない小商人がやむなく煙台の金融業者に売却したものだったという。(68) 商人や金融業者がそれぞれのネットワークの範囲内で軍票投機に参加していたことが窺われる。

仁川でどのような形の投機が行われていたか具体的に見てみよう。引き続き「仁川港に於ける軍票引換の現況」によれば、その頃の煙台では軍票一円が金八五銭相当であったという。煙台には正金銀行をはじめ軍票の買収に応じる機関がなかったため、こうした減価が生じたのだろう。一方で仁川では第一銀行が公定相場の金九〇銭で交換していたから、それだけで五銭分の利益が得られる。加えて煙台の金融業者は、一九〇五年三月からの急激な銀安金高の進行という条件を利用して（図10-2）、左のような行動に出た。

利に敏き支那人が生命と財産とを危険なるジャンクに託し尚此の軍票現送に従事する理由は、実に芝罘より仁川に来る途中、上海両為替相場低落することを予想し来るものなれば、果して芝罘を発する時よりも仁川に到達したる際上海相場低落したるときは、彼等は兌換券との交換によりて壱万円毎に五百円を利し、之を仁川の香上〔香港上海〕銀行又は査打〔チャータード〕銀行にて上海為替を買取り、其為替相場により利益を占むるの便利あるを以てなり。

この通りとすれば数日間の銀安の進行に期待した極めて短期的な投機が行われていたことになる。同じ史料によれば、この時期の仁川の上海両相場は営口・煙台に比べても安かったといい、(69) それも相まって仁川で軍票→金円→上海両の操作を行うのが有利だったのだろう。彼らは電信で仁川の上海両相場を問い合わせた上で時機を図って出帆し、仁川到着後に思ったような相場に会えなければ、交換した日銀兌換券はそのまま煙台に持ち帰ったという。

右の史料で上海送金に利用されたという香港上海銀行、チャータード銀行は、いずれも一八九七年、仁川各国居留地の欧米系商会を代理店として開設された。第8章では広東系華商同順泰の例を挙げ、この両行の為替が一八九〇年代末に上海送金の手段の一つとして利用されていたことを見た。その頃、これら英系銀行による送金は必ずしも顧客に有利でなかったとされ、従って実際の取組も多くなかったと見られるが、一九〇五年頃になると「毎年両行に於て取組む上海宛ての送金為替は少なくとも壱千万円を下らず」、対して「在仁川我〔日系〕銀行」は全く関与できていなかったという。(70) 仁川の対中輸入額が一九〇三年に四五一万円、〇四年に五一六万円だったことを考えると、(71) 上海為替の取組が一千万円を超えたという史料の叙述はいささか過大と思われるが、二つの英系銀行は短期間のうちに仁川華商の重要な対上海送金の経路となっていたのであり、煙台から来た金融業者にも利用しやすかったのだろう。

さて、このような投機に直面した第一銀行が特に憂慮したのは、軍票と交換に払い出された日銀兌換券が煙台に流出することであった。(72) 兌換券の流出は、金正貨の流出につながるという意味で日本の通貨政策上の問題であったのと同時に、第一銀行の経営上の立場から見ても、第一銀行券の発行準備が減少することを意味した。第一銀行は、煙台・満洲での軍票の信認に関わるとして交換の全面停止には否定的だったが、一定の制限はやむを得ないという意見を大蔵省に提出している。(73) 一方で「芝罘より帰仁せし商人並に軍票交換の代辦を為すコンパラドル〔買辦〕」を呼び出し、「可成兌換券を請求する事をせず大阪、神戸、上海の為替にて送金」するよう説得した。(74)

一九〇五年九月の日本銀行の調査では、仁川での軍票交換はまだ続いており、払い出された日銀兌換券は煙台や上海に現送されるほか、半分ほどが神戸・大阪に為替送金され、そこから上海へ為替相場を見計らって再度送金されたという。(75) ただし煙台に正金銀行の店舗が設置されたため（〇五年六月、後述）、今後は仁川への現送は減るだろうという見通しも示している。(76) また一九〇五年三月からの投機は金銀比価の急激な銀安を背景としたものだったから、五月にそれが反転した後は自然と収束したものと思われる。表10-1、表10-2を比較すると、一九〇五年五月までに朝鮮各店の回収の八割以上は終わっており、一九〇五年夏以後、仁川への軍票流入は減少したと見てよい。

このように仁川への軍票流入は商品の裏付けを持たない投機的なものであった。とはいえそれが、煙台・上海と仁川を結ぶ華商の緊密なネットワークの上に成り立っていたことは間違いない。日本が朝鮮と南満洲にそれぞれ金と銀をベースとした異なる通貨を散布し、しかも両通貨の間を事実上の固定相場で結んだことが、二つの地域に跨って広がる華商のネットワークを通じた投機を誘発したのである。

六　軍票政策の終局――中国本土への流出容認と金円リンク放棄

（1）煙台・上海における軍票回収

一九〇五年の春になると日本政府の内部で戦後の通貨政策を見据えた動きが始動する。軍用切符委員会の立ち上げはその一つであり（三月一日に第一回委員会を開催）、大蔵次官以下、関係各省や金融機関の幹部職員が軍票整理の方針を合議した[77]。六月一五日の第一五回委員会では、大蔵次官の阪谷芳郎が、正金銀行に一覧払手形を発行させて法貨とし、軍票回収の手段とする案を報告している[78]。この方向がその後も維持され、同年一二月に正金銀行券による満洲幣制の統一が政府方針として示されたことは本章冒頭で触れた通りである。

この委員会では、それまでの軍票政策における問題点も議論され、関係各機関の調整を経て打開案が策定されていった。こうした経験の整理は、戦後の満洲通貨政策にも影響を与えたと考えられる。本節では、ここまでに触れた二つの問題について、日本政府がそれぞれどのような形で決着させたかを検討する。

一つ目は、中国本土への軍票流出にどう対処するかという問題である。満洲での軍票流通が中国本土への送金需要と結び付いていたことは早い段階から明らかになっており、第四節で見た営口における上海向け為替の取組は、それに直接応じようとした試みであった。しかし日本政府は、軍票を日本・朝鮮および満洲占領地の範囲内で回収するという原則を崩さず、流出先の中国本土での回収には関与しようとしなかった。そうした姿勢が変化するのは一九〇五年半ばのことであり、次のように煙台と上海でそれぞれ政府の負担によって軍票回収が行われることになった。

一九〇五年一月の段階で在芝罘領事の水野幸吉が煙台での軍票回収を提案していたことは第四節で触れた通りである。この時点で煙台には正金銀行ほか軍票回収にあたるべき日本側の機関は存在しなかった。これを軍用切符委員会が初めて取り上げたのは三月八日の第二回委員会で、陸軍省経理局長（外松孫太郎）が営口、天津、上海、煙台の相互間で軍票による為替取組を提案した(79)。続いて三月一五日の第三回で日銀総裁（松尾臣善）が正金銀行の見解として出張所開設の意思があることを紹介した(80)。外松は煙台のほか天津でも軍票による為替取組を主張し、軍票をできるだけ広範囲で流通させることは満洲でその信認を維持する上でも有益だとした(81)。

正金銀行の芝罘出張所が実際に営業を開始したのは六月一五日であった(82)。そこでは軍票の交換自体は行われなかったものの、軍票により日本および上海向け為替を取り組むことが認められた。その運用方法は営口での例に準拠すると定められており、政府の損益負担で行われたことになる(83)。その際、上海向け為替だけでなく日本向け為替についても、公定相場では投機を招く恐れありとして現地の時価で相場を定めることが認められた(84)。

なお軍用切符委員会での議論で興味深いのは、大蔵次官の阪谷芳郎が二度にわたり煙台での軍票回収に否定的な姿勢を示したことである。正金銀行の出張所開設が表明された第三回委員会では「芝罘の市場を大連に移して」、「同地をして北方の香港たらしむるの大計上より見るときは芝罘へは為替の便を絶ちなるべく大連に就かしむる方得策ならん」とし(85)、第一五回委員会（六月七日）でも「今日の政策上芝罘の地位を大連に奪ふ為め成るへく芝罘を不便ならしむるに利あり」と述べている(86)。阪谷はいずれの場合も当面は出張所の設置やむなしとし、積極的に反対したわけではない。だが煙台を拠点とする在来の沿岸流通を克服の対象とし、大連を中心として再編すべきだという阪谷の意見は、日本政府が戦後採ることになる方針を先取りしたものであった(87)。

次に上海については、第三節で見たように、既に一九〇四年六月から正金銀行上海支店が流入軍票を買い取っていた。しかしそれは政府の関わらない銀行の独自業務に過ぎず、買取価格設定の問題から、正金銀行もあまり積極的に行っていたようではない。同年一〇月頃には米国系のインターナショナル銀行も上海で軍票を買い取っていたというが[88]、これもそれほど大規模に行われた形跡はない。

ところが翌一九〇五年六月頃から突然、インターナショナル銀行が上海から東京の中央金庫（日銀本店）へ軍票を持ち込んで交換を請求するようになり、その累計は六月二一日から七月二一日までの一カ月間に二〇七万円余に上った。日銀が正金銀行に調査させたところ、これらは上海に山東商人が持ち込む軍票をインターナショナル銀行が買い取ったものであった。五月二六日から八月一一日まで、インターナショナル銀行のほか香港上海銀行など欧米系の五行が買い取った軍票は、推計で六三五万五千円に上ったという[89]。表10-1の各地交換高と比較すれば、短期間で極めて大規模な買い取りが行われたのが分かる。

これについて八月一六日の第二四回軍用切符委員会では、正金銀行副頭取の三崎亀之助が次のように報告した。

香上銀行、花旗〔インターナショナル〕銀行、徳華銀行、麦加利〔チャータード〕銀行、和蘭銀行等が六月二日より八月四日に至る軍用切符購入高は五百五拾万円にして、其買入相庭は軍用切符壱円に付平均八拾八銭余なり。彼等は此の如く購入して以て輸入為替資金の過剰を処理し得るのみならず、上海より日本向為替に於て壱円に付壱銭有余の利益を得、且本邦より倫敦へ送金する為替は日本銀行が建相場よりも十六分の一だけ割安に取扱ふが故、之れにて百円に付弐拾五銭の利益を得るなり[90]。

右によれば上海の外国銀行は軍票を一円につき金八八銭相当で購入し（実際は銀両ないしメキシコドルを支払ったと見てよい）、日本でこれを金九〇銭と交換することで利益を得、さらにそれをロンドンに送金する際、日本銀行が売却する割安（円高ポンド安）の為替を利用することによって再び利益を得た[91]。外国銀行が上海の余剰銀資金を金資金としてロンドンに移し替えるにあたり、有利となっていた〈軍票→金円→日銀のポンド為替〉の経路が利用されたのであり[92]、そうした外国銀行の軍票買い取りが、山東商人による営口方面からの現送をさらに刺激したと考えられる。前章で見た上海の外国銀行によるルーブル紙幣買い入れと同様のパターンが軍票をめぐって再現されたことになる。

これについて軍用切符委員会は、正金銀行上海支店にも軍票買い入れに参加させることでまとまり、軍票の公定相場に上海のロンドン向け為替相場を考え合わせた時価で軍票を買い取らせることとした（命令は八月一九日）[93]。その資金は、政府勘定によるロンドン向け為替の売出しで調達するものとされ、差し当たり一〇万ポンドが準備された[94]。

この措置の目的は欧米系外国銀行の軍票買い取りを抑制することにあったと言ってよいが、加えて「軍用切符は何時にても東洋の大市場たる上海にて売買し得るものなりとの観念を一般に及ぼすときは、軍用切符に対する信用増加し、無形の利益も亦大なるべし」という趣旨の込められたことが注目される[95]。軍票の流通が日本・朝鮮および占領地の範囲に止まらないことを政府自身が公認し、東アジアの金融センターとしての上海の地位を利用してその信認を維持しようとする試みであったと言える。その後の買入状況は明らかでないが、一九〇六年七月の軍票回収終了までの上海での買入高は二一五万円余であった[96]。

(2) 公定相場制の廃止

中国本土への送金需要と並び、金円との公定相場制が満洲での軍票流通を攪乱していたのは既に繰り返し指摘してきた通りである。一九〇四年九月、正金銀行牛荘支店の中村錠太郎は、公定相場制の下で軍票は「銀にして金の性質」を帯びており、円銀と等価で流通するのは困難だと指摘している[97]。

一九〇五年四月二六日の第九回軍用切符委員会では、金銀比価がちょうど銀一円＝金九〇銭の水準に近づいている折から、日本向け為替の取組だけでも時価で行うように改めてはどうかという意見が出た[98]。だが五月一七日の第一二回では、軍人軍属の給与として軍用切符を用いていることから、その金円建ての価値を変動させかねない時価制には反対するとの陸軍経理長官部の意見が提出された[99]。以後も日本向け為替の時価取組は度々議題に上ったが、常に陸軍が異議を唱えたため決定に至らなかった[100]。先述のように、正金銀行芝罘出張所の日本向け為替が時価取組とされたのが唯一の例外であり、これは煙台が日本軍の占領地ではなかったために可能だったのだろう。

こうして軍票一円＝金九〇銭の公定相場は維持されたが、一九〇五年五月以後の銀高傾向は収束の気配なく、公定相場との乖離はますます大きくなった。一九〇五年一一月三〇日の第三二回軍用切符委員会では、公定相場の改定について軍人給与への影響からなお反対する陸軍省経理局長に対し、臨席した井上馨が「軍用切符の価は世界の銀相場に従はざるを得ず、人為的相場を定め其相場を以て俸給を強ゆるを得ず」と発言し、協議の結果、公定相場の廃止が決定された。ただしその実行時期は調査の結果によるものとされた[101]。

一九〇六年一月一日からは、恐らく当面の措置として公定相場が一年半ぶりに改定され、軍票一円が金九〇銭から金九六銭となった。ところがその結果、営口から日本向け為替を利用した上海送金が再び活発となり、これを通じた金流出が憂慮される状態となった。詳細は不明だが、金九六銭という設定に誤り（過度の金安）があったのだろう。一月一九日の第三五回軍用切符委員会ではこれを議題とし、次のように決定した。

当分の内、上海向及日本向為替相場は、在牛荘正金銀行支店に於て日本牛荘間、日本上海間及上海牛荘間の為替関係を考量し、必要あるときは上海倫敦間の為替にも注意して之を定め、日本を経由する方は直接に上海向為替を取組より幾分か不利益となし、以て日本より金貨の流出せざる様に為すこと[102]。

同日のうちにほぼ同趣旨の「牛荘に於ける軍票為替に関する方針」が理財局長から日銀・正金銀行に示され、現地に電文で訓令された[103]。これにより営口での日本向け為替相場は公定相場から完全に離れ、日本迂回送金の抑制と上海向け為替への誘導を目標として、現地で随時定めることになった。現金通貨と交換する際の公定相場は以後も残されたが、頻繁に改定されるようになり、また一九〇六年二月から朝鮮での公定相場は日本のそれと別に決定されることになった[104]。ここに至って日本政府は軍票を公定相場によって金円につなぎ止めることを完全に放棄したのである。

軍票が現地住民の意思とは関わりなく、占領下で権力的に散布されたものであることは言うまでもない。しかしそれが軍との関係を離れて民間で「通貨」として流通したならば、人々がそれをどのように受容し、どのような役割を与えたかについて考えてみる必要がある。日露戦争軍票は、各種通貨が重層的に循環する満洲幣制の中で、相対的に遠隔地間の支払い手段に位置づけられ、商品や労働力の流れを反映して営口に集中した。軍票政策が終局に近づいた一九〇六年四月の時点で、累計回収高のうち実に四九・九パーセントが牛荘（営口）でのものだったことは（表10-1）、これを如実に示している。

こうした営口への軍票の集中は、最終的には中国本土への送金需要に裏付けられたものであった。軍票の一部は煙台や上海へ直接持ち出されたが、多くは営口で円銀に交換請求された。それに全面的に応じる能力を持たなかった日本当局は、営口で満洲域外への為替を売って軍票を回収しようとし、そうした試みは占領地内の他の都市にも拡大された。日本政府による軍票回収は一九〇六年七月末日に終了したが、それまでに回収された一億九三一五万円のうち、軍票の額面単位である円銀によって交換されたのは四七九万円（三パーセント）に過ぎず[105]、金円通貨すなわち日銀兌換券によって交換されたのも五六一二万円（二九パーセント）に止まった[106]。対して一億〇三六七万円（五四パーセント）が為替取組による回収であり、うち日本向けが三三四八万円、中国本土向けが六七八六万円であった[107]。日本向け為替の多くも上海方面への迂回送金に利用されたことを考えると、満洲の軍票流通が中国本土への送金需要といかに深く結び付いていたかが窺われる。

さて軍票は円銀を額面とした一方、金円とも公定相場によって結び付けられ、しかもそれは軍票が利用された大半の期間において事実上固定されていた。それが単なる計算の便宜上のことだったのか、それとも占領地の通貨を日本の金本位制の下に包含しようとする政策的な含意によるものだったのかは詳らかでない。だが満洲の軍票流通が中国本土との関係に規定されていることを無視した措置であったことに変わりはなく、公定相場による軍票と金円のリンクは主に営口・上海間の送金を通じて様々な形の投機を誘発した上、日本からの金正貨流出の恐れさえ引き起こした。軍票の発行はそもそも本国の金本位制への負荷を減らすためのものであり、その趣旨と相反する事態に直面した日本政府は、最終的に軍票と金円のリンクを切断し、満洲―中国本土間の送金に金円が巻き込まれるのを回避しようとした。

このような軍票の経験は、その後継者とされた正金銀行券の運用にも当然参照されたことだろう。正金銀行券は軍票と同じく円銀額面であったが、金円との固定リンクは採用されなかった。また円銀建ての形を取ったものの実際に現銀と兌換されることはほとんどなく、正金銀行はその信認を上海向け為替の売却によって維持しようとした。さらにその相場の建て方についても、上海両を安価に売却して日本迂回送金を抑制するという、軍票為替で採られたのと同じ方針が踏襲された(108)。満洲の中国本土への送金需要を前提として流通・信認を維持する一方、そこに日本が巻き込まれることを極力回避するという点で、軍票の流通回収方針が概ねそのまま採用されていたことが確認できる。

ただし正金銀行券による満洲幣制の統一方針は、早くも一九〇六年九月から満鉄運賃の金円建て併用を契機として崩れはじめる。以後の日本側の満洲通貨政策が、金建て・銀建てのいずれを採用するかをめぐって迷走を続けたことはよく知られている通りである(109)。そのような中、正金銀行券に代わるものとして散布された朝鮮銀行券についても、上海送金をめぐる華商の投機の対象となり、それは朝鮮銀行券の額面である日本円そのものの対外価値にも影響を及ぼしたことが明らかにされている(110)。華商による上海との金融関係は、一貫して日本の満洲通貨政策を制約し、さらに日本円そのものの負担であり続けたのである。

第11章　植民地化前後の朝鮮華商と上海送金
――朝鮮銀行券の循環に与えた影響

日本は日露戦争を機に大韓帝国を保護国とし、一九一〇年に正式に植民地とした。それ以前にも朝鮮の主要都市では日本人の進出が見られたほか、各方面で日本との関係は深まっていた。しかし保護国・植民地化は、「帝国」の一部として領域的な支配の対象となるという点で、やはりそれまでの日朝関係とは質の異なるものであった。

その一つの例は通貨制度の変化である。日本通貨は一八七六年の開港以来、開港場やソウルにおいて貿易関連の取引に広く利用されていたが、朝鮮政府の発行した各種の小額通貨や他の外国通貨と並行流通していたに過ぎず、強制通用力がなかったのはもちろんのこと、他の通貨との関係も固定されたものではなかった。こうした状況が変わるのは一九〇四年一〇月から実施された貨幣整理事業によってであり、日本円を事実上の本位とする通貨制度の導入によって、国内幣制の統一が図られると同時に日本との通貨統合も図られた。それは当然ながら在来の通貨システムとの摩擦を生じたが、結果的に見れば短期間のうちに、朝鮮銀行を頂点とする植民地金融制度の形成と連動する形で通貨制度の改革を実現したのである(1)。

こうした制度的な変化に朝鮮華商はどのように対応したのだろうか。第II部では同順泰の事例を通じて、日露戦争以前の朝鮮華商が一貫して上海からの輸入貿易に活動の中心を置きながらも、日朝間の貿易やサービス、インフラストラクチャーに依存する度合いを高めていったことを明らかにした。このことを念頭に、本章では、朝鮮の植民地化の過程で華商の対上海関係がどのように維持され、あるいは変化したかを検討する。

まず第一節と第二節では日露戦争後の朝鮮における華人社会の構成とその中での華商の地位、彼らの貿易取引や決済の仕組みについて、第Ⅰ部でも利用した駐韓使館保存檔案や、この時期に刊行されるようになった清国の領事報告（『商務官報』）、華商の決済に関係した香港上海銀行の記録などを通じて明らかにする。序章で見た日露戦争以前の状況と比較することで、この時期の朝鮮華商の特徴が明らかになるだろう。

次いで第三節と第四節では、一九一一年の辛亥革命をきっかけとする上海の金融梗塞に注目し、対上海貿易の窓口であった仁川の華商がそれにどう対応したか、また日本側が華商の行動をどう理解したかを明らかにする。危機に際しての行動を通じて華商の取引、決済システムの機能をできるだけ動態的に理解してみたい。ここでは仁川の日本語紙『朝鮮新聞』や朝鮮総督府の調査資料（『清国暴動ノ朝鮮貿易経済ニ及ホス影響』[2]）、朝鮮銀行の刊行物など日本側の文献を主に利用する。

一　日露戦争後の華人社会と華商

朝鮮において華人が法的に居住を認められるのは、日清戦争後もソウルおよび開港場の居留地（正確にはその周辺一〇朝鮮里以内）に限られていた[3]。開港場の数は一八九七年以後増加していったが、華人の居住地としてソウルと仁川の比重が高いことに変わりはなかった。ただし保護国期になると、鉱山や土木工事、塩田などの労働者として集団的に内地に居住する例が増えてゆく[4]。居留地が最終的に一九一四年に撤廃された後も労働者の旧居留地外への進入は規制されたが、一八九九年から既に同様の規制が実施されていた日本に比べると緩やかに運用され、山東省を主な出身地とする出稼ぎ労働者が増加した[5]。こうした中、ソウル・仁川に住む華人の割合も減少していった。日本側の人口

表11-1　保護国，植民地期の華人人口（1906～23年）

（人）

年	朝鮮	（男）	（女）	京城	仁川
1906	3,661	n.a.	n.a.	1,363	714
1907	8,102	7,939	163	2,120	1,373
1908	9,978	9,600	378	1,975	2,255
1909	9,568	9,163	405	1,728	2,069
1910	11,818	10,729	1,089	1,828	2,886
1911	11,837	11,145	692	2,102	1,582
1912	15,517	14,593	924	2,310	1,549
1913	16,222	15,235	987	1,839	1,503
…					
1923	33,654	29,947	3,707	4,130	1,579

出所）『統監府統計年報』『朝鮮総督府統計年報』各年。

統計を整理した表11-1を見ると、一九〇七年に全朝鮮の華人の四三パーセントを占めていた京城（ソウル）・仁川の居住者は一九一三年には二〇パーセントに低下し、居住者の絶対数も横ばいか減少傾向にあった。ソウル・仁川を中心とした開港以来の朝鮮華人のあり方が変化しつつあったことが分かる。

次にソウル・仁川における華人社会の構成について見よう。表11-2（仁川）、表11-3（ソウル）は清国領事の作成した一九〇七年の名簿を整理したものである。[6] 出身地で見ると、ソウル・仁川ともに山東出身者が九〇パーセントを超えている（ソウルは判明する者の中での割合）。広東・浙江がそれに次ぐ点は日清戦争前と変わらないものの、山東出身者の比率はずっと大きくなっていた（表序-7参照）。

職業は大きく三つのカテゴリーに分けることができる。一つ目は「雑貨」「綢緞庄」「洋貨」など、軽工業品の輸入・販売に携わっていた商人たちである。二つ目は都市的な雑業やサービス業、建設業等に従事する人びとである。ソウルの西洋人の間では、建築や洋服縫製などの分野で日本人よりも華人の職人が人気を集めており、それを目当てとした「小民」の渡航が増加していたという。[7] 商人だけでなく様々な技能職を持つ人々が中国の開港場から流入していたのである。三つ目は「菜園」である。仁川では一八八〇年代から山東華人の野菜栽培が始まっていたといい、この後も植民地期を通じて朝鮮華人の特徴的な職種となった。仁川やソウル、平壌など都市部で消費される野菜の多くを華人が供給していたという。[8]

出身地と職業の対応関係は仁川についてだけ明らかになる。人数の多い山東出身者は幅広い職業に分布する一方、

表 11-2　光緒 33 年（1907）の仁川華人構成

（人）

	山東	広東	浙江	湖北	安徽	江蘇	福建	（職業計）
菜園	364							364
小販	141	7	1					149
綢緞	111							111
雑貨	98	3				2		103
袋房	60							60
洋行	11	28			4	1	1	45
客桟	39							39
洋貨	29	2						31
作房	26							26
船店	18							18
洋服店			15					15
報関行	15							15
酒館	12							12
成衣店		2	8					10
木廠	9							9
剃頭舗				6				6
洋布	5							5
薬局	2							2
（籍貫計）	940	42	24	6	4	3	1	1,020

出所）「〔表題なし〕（光緒三三年十一月日仁川正領事唐恩桐謹呈）」『華商人数清冊——清査旅韓商民案巻』（使館檔案 2-35-56-15）。日付は記されていない。

広東出身者には「洋行」（貿易業を指すか）、浙江出身者には洋服業が多いなどの偏りがあった。同じ時期の仁川清国領事の報告によると、華人のうち最も人数の多い山東出身者（北帮）は「綢緞布疋」をはじめ各種の商品を輸入・販売していた一方、広東出身者（広帮）の人数はやや少なく、各種雑貨や工業製品を輸入する「洋貨店」を経営していた。また江西・浙江・江蘇出身者（南帮）は、「綢緞布疋」のほか薬材の輸入も行っていた、という[9]。出身地ごとに特徴のある商品を輸入していたことが窺われる。

同じ報告によれば、商人のほかには「造屋・縫衣・焼磚・鑿石、及其他手藝傭工」に従事する「華工」がおり、大半は春に山東沿海から来て秋に帰る季節的な出稼ぎ労働者であった[10]。山東や奉天（遼寧）には朝鮮への出稼ぎ者のため簡単な読み書きを教える「韓語講習会」があったといい[11]、これらの地方で朝鮮への出稼ぎが日常化していたことが見て取れる。一九〇九年の日本語の雑誌記事ではソウルの華人について「大商人は矢張広東

表 11-3　光緒 33 年（1907）のソウル華人構成

①籍　貫

省	人　数
山東	1,022
広東	30
浙江	27
直隷	23
湖北	11
福建	6
江蘇	5
河南	3
奉天	2
江西	1
順天	1
陝西	1
山西	1
記載なし	577
合　計	1,710

②職　業

職　種	戸　数	口　数
雑貨	145	702
窑廠　〔煉瓦〕	7	147
洋貨　〔輸入品〕	8	95
酒館	12	95
菜園	25	95
石匠	8	90
木廠　〔製材〕	6	82
瓦匠	9	71
飯店	20	63
木匠	11	60
菓品店	4	58
洋服店	4	42
綢緞庄	10	31
鉄舗	4	30
醤園	1	30
傢私　〔家具〕	3	27
磨房　〔製粉〕	8	25
理髪店	6	20
薬店	6	16
肉舗	5	16
酒店	4	12
成衣店	3	11
花生店	5	10
油漆　〔ペンキ〕	1	6
客桟	3	9
澡塘　〔浴場〕	2	8
皮靴店	1	6
挑水　〔水汲み〕	1	6
米店	1	4
住家	73	231
合　計	396	2,094〔うち女口 203〕

出所）①は「三十三年春夏両季漢城商業戸口情形冊」『各口商務情形——各口商務情形（二）』（使館檔案 2-35-56-2）。②は「光緒三十三年調査漢城商戸人数表」『華商人数清冊——清査旅韓商民案巻』（使館檔案 2-35-56-15）。

の者に限らる。……由来広東人は丁度我が近江商人の如く、非常な勤勉家で到る所に手を延ばして居る」、「石工大工其他の人夫は山東人が多い。此等は毎年三四月に渡来して一二月上旬には皆帰国する」としている。[12] 流動性が高く階層の裾野が広い山東出身者に対して、広東出身者が商業に集中するというイメージは、中国側の史料に表れている特徴と一致している。

華人の社会団体については、ソウルの場合、出身地ごとの「幇」が中心的な組織となっており、一八九九年までに北・京・広・南の四幇が成立していた（第4章）。これらは自治団体であるのと同時に、居留民を管理する公的な性格が強い組織であった。董事は各幇から推挙されて公使（一九〇六年の公使館撤退後は総領事）が任命した。[13] 共同で処理すべき案件は四幇の董事が随時合議して対応したといい、[14] 一九〇二年には四幇董事が共同で運営する華商会館が設置された。[15] 仁川でも出身地に基づいて南・北・広の三幇が組織されており、[16] 一八九五年には三幇董事が「公所」の設立を清国領事に請願し認められている。[17] これは中華会館と呼ばれ、少なくとも一九一一年頃までは三幇董事による運営が続いていた。[18] 他の都市でも同じように華人の中から董事が選任されていたようである。[19]

さて一九〇三年に清朝政府が公布した簡明商会章程に基づき、ソウルでも〇七年までに商務総会が設立された。[20] これは上述の華商会館を母体としたもので、当初は従来通り四幇商董が主導していたようだが、[21] 辛亥革命に際して改組され、役員は選挙制となった。

この京城商務総会の役員について、一九一二年の第一期と一三年の第二期の構成が明らかとなる（表11-4）。ここに名を連ねた三二名のうち一九名は職業を「綢緞襍〔雑〕貨」「洋広襍貨」としており、中国からの輸入商ないし輸入品を扱う商人であったと見てよい。出身地の構成を見ると山東は一五人で半分に満たず、他は広東八、江蘇三、浙江五という構成であった（広東出身者のうちに第II部で取り上げた譚傑生の名も挙がっている）。この時期の華人の九〇パーセント以上が山東出身者であったことを考えれば、これは必ずしも全体の構成を反映していない。華人社会の指導層には山東以外の出身者が相対的に多かったことが分かると同時に、山東出身者の相当部分は流動的で、華人社会

表 11-4　京城商務総会の役員（第 1 期：1912 年，第 2 期：1913 年）

役職（1 期）	役職（2 期）	姓名	籍　貫	渡航時期	居住地	商号	営業内容
正会長	議員	張時英	山東省登州府蓬莱県	光緒 14（1888）年	南部会賢坊小公洞	傅利号	綢緞雑貨
−	正会長	宋金銘	登州府黄県	18（1892）年	〃	瑞盛泰	〃
副会長	議員	盧恩封	登州府蓬莱県	17（1891）年	中部長通坊大笠洞	義順興	〃
会董	−	周常賀	広東省肇慶府開平県	11（1885）年	中部長通坊笠洞	源源号	洋広雑貨
〃	議員	李書蓂	山東省登州府蓬莱県	33（1907）年	中部長通坊大笠洞	裕豊徳	綢緞雑貨
〃	〃	諸葛子明	江蘇省常州府宜興県	宣統元（1909）年	南部南大門外通	南洋運木公司	木材
〃	〃	王連三	山東省登州府寧海州	光緒 18（1892）年	南部会賢坊松峴洞	徳順福	綢緞雑貨
議員	〃	袁敬之	広東省広州府香山県	14（1888）年	南部会賢坊太平洞	安昌号	洋広雑貨
〃	副会長	林蘊珊	広州府新寧県	24（1898）年	南部会賢坊石井洞	麗興号	木行建築
〃	議員	林宏久	山東省登州府黄県	23（1897）年	中部長通坊大笠洞	裕泰春	雑貨
〃	〃	譚傑生	広東省肇慶府高要県	14（1888）年	南部大坪坊銅峴洞	同順泰	洋広雑貨
〃	〃	黄月亭	江蘇省太倉州宝山県	14（1888）年	南部大坪坊大犂洞	工程局	建築
〃	−	鄭以賢	広東省広州府香山県	20（1894）年	南部大坪坊大広橋	徳興号	洋広雑貨
〃	−	孫仙舫	山東省登州府寧海県	16（1890）年	北部慶幸坊鉄物橋	豊盛永	鉄器及雑貨
〃	−	于鴻南	登州府福山県	23（1897）年	中部長通坊大笠洞	錦成東	雑貨
〃	−	宋志菴	登州府黄県	18（1892）年	南部会賢坊小公洞	瑞盛泰	綢緞雑貨
〃	−	王受益	登州府福山県	24（1898）年	南部養生房太平洞	元春茂	〃
〃	議員	曲紹処	登州府寧海州	21（1895）年	南部大坪坊銅峴洞	広和順	〃
〃	〃	王善卿	登州府寧海州	26（1900）年	南部会賢坊小公洞	傅利号	〃
〃	〃	欒子功	登州府蓬莱県	17（1891）年	南部会賢坊小龍洞	洪順福	〃
〃	−	載益三	浙江省寧波府奉化県	20（1894）年	西部養生坊大貞洞	源泰昌	洋服荘
〃	議員	張鴻海	寧波府奉化県	21（1895）年	南部会賢坊石井洞	祥興号	〃
〃	−	陸慶安	寧波府慈谿県	民国元（1912）年	南部水標橋	栄大号	葯材
−	議員	殷鳴岡	江蘇省呉県	宣統元（1909）年	南部長谷川町石井洞	南洋運木公司	−
−	〃	盧家柄	浙江省鎮海県	光緒 18（1892）年	南部水標橋統笠洞	栄大号	薬材
−	〃	楼元栄	寧波府奉化県	34（1908）年	南部貞洞	源泰昌	洋服荘
−	〃	鄧受茲	（記載なし）	13（1887）年	中部長通坊大笠洞	錦成東	綢緞雑貨
−	〃	宋鴻山	山東省登州府寧海州	20（1894）年	南部養生房太平洞	元春茂	〃
−	〃	林有成	広東省広州府新寧県	20（1894）年	南部貞洞	栄興号	木廠
−	〃	周鶴山	肇慶府開平県	34（1908）年	南部会賢坊小龍洞	義生盛	洋広雑貨
−	〃	周常賀	肇慶府開平県	11（1885）年	中部長通坊笠洞	源源号	〃
−	〃	孫信卿	山東省登州府寧海州	21（1895）年	南部会賢坊小公洞	同和東	綢緞雑貨

出所）「朝鮮京城華商総会謹将選定中華商務総会正副会長及会董議員（民国二年月日）」「同（民国三年三月日）」『各口商務情形――商務報告（二）』（使館檔案 2-35-56-18）。

注）「役職（1 期）」「役職（2 期）」の−は，その期の役員として現れないことを示す。

の運営に影響を与えられない人々であったと推測される。また渡航時期は一八九九年の韓清通商条約締結以前が二五名で、うち一八名は九四年以前の渡航者であった。朝鮮の華人社会のあり方は日露戦争後かなりの変化を経験しつつあったが、それにもかかわらず、華人社会の中枢は一九世紀末に渡航し基盤を形成した、対中国輸入に関係する商人によって占められていたのである。

二　対中国貿易と華商の取引・決済方法

（1）仁川の対中国貿易

華商による対中国貿易の拠点であった仁川に焦点を当て、韓国併合前後の貿易状況について見てみよう。表11-5は一九一〇年代初の仁川における貿易を相手国別に整理したものである。朝鮮の貿易統計は、一九〇六年まで最終積荷地と最初の荷揚地を基準に相手国を分類していたが、一九〇七年以後は現在と同様に原産国、消費国を基準とするようになった（その意味で本表は表序-1と直接は接続できない）。貿易相手国として中国は、輸移出で日本に次ぎ、輸移入では日本・イギリスに次ぐ（一九一三年についてはイギリスを抜いて日本に次ぐ）地位にあった[22]。

朝鮮最大の消費都市ソウルを控えた仁川の貿易は全体に輸移入超過の傾向にあり、対中国貿易でも同様だった。中国からの輸入品の中心は織物類であり、特に絹織物と麻織物が大宗をなしていた。この両品目が仁川の対中輸入額に占める割合は、保護国期の一九〇七〜一〇年の平均で六一パーセントであり[23]、併合後も高い比率を維持していた（一九一二年に五八パーセント、一三年に四一パーセント）[24]。一方で中国への輸出品の中心は人蔘（特に蒸製した紅蔘）と米であった[25]。人蔘は日清戦争後の一時期、仁川の対中輸出額の八割内外を占めていたが[26]、第8章で触れたように一八九九年以後は専売事業化されたため、一般商人との関わりは薄かった。米の対中輸出が増えたのは日露戦争後で、仕向

表 11-5　仁川の貿易額（1910〜13 年）

輸移出・相手国別　（千円）

年	日本	中国	イギリス	ドイツ	米国	その他	合計
1910	3,064	951	6	13	18	3	4,055
1911	2,321	760	1	16	801	9	3,908
1912	2,475	1,256	1	2	54	0	3,788
1913	4,100	1,643	2	1	72	1	5,818

輸移入・相手国別　（千円）

年	日本	中国	イギリス	ドイツ	米国	その他	合計
1910	4,586	2,380	3,755	247	1,440	258	12,667
1911	5,968	2,853	4,583	815	1,962	345	16,526
1912	6,985	3,462	4,312	711	2,618	401	18,489
1913	5,709	4,064	3,372	1,049	2,537	859	17,589

出所）朝鮮総督府『朝鮮貿易年表』各年。

け先は関東州や満洲であった。

さて先述のように表11-5は貿易相手国を商品の原産国／消費国を基準に分類したものだが、朝鮮の中国からの輸入において欧米製品の再輸入が大きな比重を占めていたことは、繰り返し述べてきた通りである。その傾向はこの時期にも続いていた。表11-6は、仁川における日本以外の諸国からの輸入について、原産地である輸出元の国と、朝鮮への輸入直前の積出地との対応関係を示したものである（一九一一〜一三年平均）。原産国にかかわらず、最終積出地で見れば、この時期の朝鮮への輸入は八割以上が日中いずれかを経由して行われていたことが分かる。中国原産品の大半が中国各港から積み出されているのは当然として、イギリスやドイツ、アメリカ原産品についても相当部分が日中両国を経由して輸入されていた[27]。

このような経路で輸入された商品の代表はイギリス製の綿織物である。開港当初の朝鮮における最大の輸入品であったイギリス製綿織物は、日清戦争後になると日本製綿織物に次第に圧倒されていったが、綿織物の中でも生金巾などの薄手品については依然イギリス製品が競争力を維持しており、中国経由で仁川に輸入され続けた[28]。朝鮮の植民地化後は、表11-6が示すように、欧米製品のかなりの部分が中国ではなく日本経由で輸入されるようになっていたが、イギリス製品については依然として中国経由と日本経由が拮抗している。これは上海における綿織物の集散機能が早くから確立しており、簡単には揺らがなかったことを反映している。一九一三年に仁川に輸入された（日本産を除く）機械製綿織物一二四万円のうち七五パーセントは中国経由であり、日本経由は一〇パーセント、直接輸入は一五パーセントに過ぎなかった[29]。

表 11-6　仁川輸入品の最終積出地（輸出元別）（1911～13 年平均）

（千円）

		輸出元（原産国）				
		中国	イギリス	ドイツ	米国	合計（含その他）
最終積出地	日本	313	1,763	589	1,179	4,305
	神戸	14	1,117	494	812	2,751
	長崎	144	123	7	21	334
	横浜	0	53	4	50	110
	中国	3,068	1,740	78	38	4,971
	上海	445	476	13	17	971
	芝罘	1,668	1,037	28	2	2,751
	大連	642	223	37	19	928
	石島	203	0	0	0	206
	その他	79	586	191	1,155	2,038
合計		3,460	4,089	858	2,372	11,314

出所）朝鮮総督府『朝鮮貿易年表』各年。

なお表11-6では最終積出地として上海よりも芝罘（煙台）の方が大きくなっている。これは仁川・ソウルに煙台と取引関係を持つ山東華商が多かったことに加え[30]、航路の事情にもよるものであった。第8章で見たように日清戦争後はロシア船により上海・仁川航路が運航されていたが、これは日露戦争の勃発によって廃絶した。一九〇五年七月には仁川・ソウル華商が仁漢輪船有限公司を設立し、チャーター船によって上海・仁川間航路の復活を図ったが短期間で挫折している[31]。日露戦争が終結すると、かつて東清鉄道汽船が運営した航路をロシア東亜汽船会社が引き継いで運航を再開したが、これも一九〇七年春頃には中断したため[32]、以後の上海・仁川間の貿易は煙台を経由せざるを得なくなった。なお上海・仁川間の直行航路が朝鮮郵船によって復活したのは一九二四年のことである[33]。

(2)　華商による取引方法

仁川の対中国貿易のうち、輸出については華商との関わりは少なかった。輸出品の大宗である人蔘は専売制の下で独占的に輸出されていたし、米は主に満洲方面の居留日本人の需要に応じるため日本人業者が輸出するものであった。一方で輸入の中心である織物・雑貨類については華商の取扱いによったと考えてよい。一九〇九年の『朝鮮新聞』では「当港へ輸入される生金巾は悉く英国産なるが、其取扱は殆んど清商独占の姿にて、昨四十一年〔一九〇八年〕に於ては英商僅に二十五分の一を占めたるに過ぎず」とし、華商の多くはこれを上海から輸入していたとする。[34] その輸入方法については、仁川についての韓国関税局の調査記録（一九一〇年）に次のような記述が見られる。

本品〔生金巾〕の輸入は殆んど清商に依り行はる。清商の之を輸入するや、上海に常住する自店代理人を介して外商の「コンプラドール〔買辦〕」と商談取引し以て輸入す。即ち代理人は当港〔仁川〕支店より注文に接すれば直ちに「コンプラドール」と商談して貨物を買収し以て当港に向け荷送す。[35]

ここから上海に朝鮮華商の「代理店」となる華商がおり、西欧の輸入商からの仕入れを担当していたことが分かる。上海には「鮮幇」と称される華商のグループが形成されており、朝鮮向けの絹織物輸出に関与していた。一九二〇年に朝鮮総督府が絹織物の輸入税を引き上げた際には彼らが反対運動の一角を担った。[36] こうした華商が朝鮮の取引先と連携して貨物の調達にあたったのだろう。また表11-7は一九一一年頃にソウルの清国総領事館が作成したと見られる華商の主要商号の一覧である。資本金額の大きい商号には煙台・上海に「本店」を持つ例が多く（聯号と見てよいだろう）、資本関係から見ても朝鮮華商の中国本土との関係は深かったことが分かる。

こうした中国本土との関係は貿易の決済方法にも反映した。本書第II部では同順泰の対上海貿易が長期的な相互清算によって決済されていたことを示したが、他の華商の場合にも、やり方に若干の差異はあったとしても、長期的な信用によって決済するのは同様であったと見られる。一九〇〇年頃に朝鮮を視察した大蔵省の宮尾舜治は、華商が上海から貨物を輸入する際に銀行で荷為替を組んで決済することはなく、「各地の商店及資本の聯絡充分に整へ居るが為め」年二回の節季払いでよいとし、華商は朝鮮で売上金を回収した後に上海への支払いを行えばよいため、一時に

表 11-7　ソウルの主な華人商店（1911年頃）

舗　名	目　的	資本（元）	本店所在	本店創立年月
裕豊徳	雑貨	100,000	**清国芝罘**	光緒23年
徳順福	〃	80,000	〃　**（徳順和）**	20年正月
同和東	〃	60,000	〃　**（公晋和）**	2年3月
聚成号	〃	60,000	〃　**（同聚恒）**	17年正月
豊盛永	鉄行	60,000	〃　**（豊盛永）**	3年
南洋運木公司	木業	50,000	**清国上海**	宣統元年5月
栄大号	雑貨	50,000	〃	（記入なし）
廣和順	〃	50,000	**清国芝罘**	光緒30年9月
錦成号	〃	40,000	〃	4年
傅利号	〃	35,000	京城	26年2月
同順泰	洋広雑貨	35,000	〃	12年11月
麗興号	木廠	30,000	〃	19年2月
義生盛	洋雑貨	30,000	仁川	8年
洪順福	雑貨	20,000	京城	23年
元春茂	〃	20,000	〃	25年6月

出所）「華商舗名資本等項表」『各口商務情形：商務報告（二）』（使館檔案 2-35-56-18）。
注）原史料に作成者・作成日の記載なし。同じ綴りに含まれる前後の史料から1911年頃に作成されたものと考えられる。原史料は47の商号を掲げるがここでは資本金額の上位15を抽出した。本表で省略した分を含め原史料の全体は김희신（2014）310-312頁に掲載されている。太字は本店所在を清国とするもの。なお「本店」は原史料上の表現である。

多額の輸入が可能であったとする。[37]

また宮尾によれば、輸出商から延べ払いを認められた華商は、「貨物を売捌く上に於ても大に余裕あり、即ち対手にして信用を置くに足らんには掛売りの法によりて貨物を売捌き得」たという。[38]「対手」は輸入品の買い手すなわち朝鮮人と見てよい。日清戦争以前のソウルで華商の朝鮮人商人に対する輸入品販売が一カ月程度の約束手形によって行われる例であったことは第4章で見た通りである。同様の方法がこの時期にもとられていたのだろう。

仁川の清国領事によれば、手形を利用した朝鮮人仲買人の詐欺事件がしばしば生じたため、一九〇九年に華商の朝鮮人に対する延べ払い取引を禁止したところ、かえって取引が滞る結果となった。[39]『朝鮮新聞』によれば延べ払いに関する紛争の多発は前年来の不況を背景としており、華商が朝鮮人からの延べ払いを認めなかったところ朝鮮人の倒産が相次ぎ、将来を悲観した仁川華商の多くが一時煙台に引き揚げるという騒ぎになったという。[40] 銀行などの商業金融が不十分な状況で、華商は朝鮮人の買い手に延べ払いの形で個別に信用を与えていたのであり、その信用は、さかのぼれば上海の輸出商から与えられたものにほかならなかった。そうした連鎖的な二者間の信用の上に華商の活動は成立していたと言える。

(3) 華商の対中国送金とその経路

右のような貿易構造と取引方法から、朝鮮華商の多くは中国の取引先に対して慢性的に債務を負う状態にあったと見てよい。長期の延べ払いもしくは相互清算の慣行は、華商の資金繰りをある程度助けたであろうが、朝鮮からの輸出品が十分に確保できない以上、最終的には何らかの形で送金しなければならなかった。対中国送金の方法が確立されていなかった開港期において、華商が様々な経路や手段でこれを解決しようと図っていたことは、第II部で同順泰の例を通じて詳しく論じた通りである。

日清戦後の送金方法について、最も大きな影響を与えたのは、金本位制移行に伴う日系銀行の政策的な金の買い入れであろう。第8章で見たように、これにより華商は中国への砂金現送が困難となり、やはり現送の対象となっていた円銀の減少と相まって重要な送金手段を失うことになった。先に挙げた一九〇〇年頃の宮尾舜治の調査は、「本邦貨幣制度改正〔金本位制移行〕以来、本邦人の漸く金地買収に手を拡めしより、彼等清商は狼狽措く所を知らず」、「また円銀は漸く韓国現在高を減少し来り、一両年の後には跡を絶つに至るべく」とする。(41)

第8章で見た同順泰は、砂金や円銀の出回り減少に対して、日本通貨（銀行券）による銀行送金を多用するようになっていたが、これも他の華商に共通する対応だったと考えられる。宮尾の調査では華商による「〔中国向け〕為替の大部分は日本を経由し、横浜・神戸・長崎と上海・芝罘との間に決済せらるゝを常とす」とも説明している。(42) 日本を迂回した為替送金自体は日清戦前から見られたところだが（第6章）、日清戦後の状況の変化を受けて、華商間でより広く利用されるようになったと推測される。

さらに一八九七年に香港上海銀行とチャータード銀行の代理店が仁川に設置されると、華商はこれらを通じて上海向けの送金為替を直に購入できるようになった。初期には利用者が必ずしも多くなかったようで、右の宮尾の調査でも香港上海銀行仁川代理店の送金手形取組は一年で五〇万円程度と見積もっている。[43]しかし、前章で触れたように、日露戦争前後には華商による両行の送金為替の利用がかなり増えていたようである。一九〇八年の日本人の調査によれば、華商は輸入にあたり荷為替を一切利用せず、英系両行の電信為替によって送金したが、その送金料は「頗る高く」、銀行はそれだけで他の業務を行わなくても成り立つほどであったという。[44]一九〇九年の清国領事報告によれば、仁川華商のうち送金を急ぐ者は英系両行の電信為替により、そうでなければ日本経由で上海に送金したといい、前者による送金は年間で一〇〇万円、後者は二〇〇万円ほどであった。[45]英系銀行の提供する上海向け為替の利用は、費用が多少嵩んでも、迅速に送金して為替リスクを回避したいという華商の需要を反映したものと思われる。

ところで、仁川の二つの英系銀行のうち、香港上海銀行については一九〇八年・一二年の検査報告書と一〇年の営業規程等が残っている。[46]残念ながら営業状況を全面的に復元できる史料ではないが、華商への上海向け為替の取組がどのように行われていたかを銀行側からの視点で知ることができる。以下、やや詳しく見てみよう。

一九〇八年の報告書によれば、[47]仁川では綿織物や機械、食品などが上海から華商によって輸入されており、「華商は上海に多額の送金をしなければならず、一般には香港上海銀行とチャータード銀行によって送金している」という。「ある華人のブローカー（a Chinese Broker）」が銀行よりも顧客有利の相場で上海為替を売っており競争が懸念されるという記述もあり、華商による在来の送金手形もまだ利用されていたようだが、その規模は不明である。

次に一九一二年の報告書を見てみよう。[48]この間に当初からの代理店であったホームリンガー商会（Holme Ringer & Co.）が仁川から撤退したため、一九一〇年一一月からタウンセンド商会（Townsend & Co.）が新たな代理店となっていた。[49]代理店の最も重要な業務は華人への中国向け電信為替の売却であり、これは香港上海銀行とチャータード銀行によって独占されていたという。代理店の為替取引の状況が一九一一年から一二年上半期にかけて判明するが（表11-8）、欧米企業や宣教会を顧客とした金建ての為替も売買されているものの、それほど大規模とは言えない。圧倒的

表 11-8　香港上海銀行仁川代理店の為替取引（1911～12 年）

	1911 年上半期	1911 年下半期	1912 年上半期	備　考
買為替（金建て）				
Missionary & Consular Drafts	9,677	8,999	9,944	ポンド
Consular	6,816	5,525	14,795	フラン
Missionary	207,397	191,956	199,604	ドル（金）
売為替（金建て）				
British American Tobacco Co. ; Nobels Explosives ; Brand Bros.	59,870	45,359	38,098	ポンド
Townsend & Co's Drafts	18,212	2,452	19,581	フラン
Oriental Consolidated	10,348	6,323	13,084	ドル（金）
売為替（銀建て）				
All Chinese	20,570	12,206	19,955	香港，ドル（銀）
	1,113,865	1,312,654	1,339,148	上海，両
	6,860	8,066	10,115	上海，ドル（銀）

出所）"Report on the Business of Chemulpo, and General Remarks on Korea", Oct. 1912, HSBC H190/ 00, HSBC Archives in London.

に多いのは上海両為替の売却であり，すべて華人の取り組んだものであった。なお銀建ての買為替（例えば荷為替の取組）については数字がないが，「無視できる（very insignificant）」との注記があり，中国に対しては仁川からの送金一方であったことが分かる。

同じ報告書によれば，一九一二年の一月から八月までの間，朝鮮の対中国輸入が四八二万〇四七二円であったのに対し，代理店が華人に取り組んだ為替は一四七万六九六五両であった。これを一〇〇円＝七二両で日本円に換算すると二〇五万一三四〇円となる。さらにチャータード銀行では一九一二年七～九月までの三カ月だけで九三万六二〇〇両の為替を取り組んでいたといい，香港上海銀行と同等かそれ以上の取組があったようである。後述のように一九一一年末から一二年初にかけては辛亥革命によって中国への送金が増加した時期であったが，表 11-8 から分かるように一九一一年上半期にもかなりの送金があり，革命による一時的増加の影響をそれほど大きく見積もることはできない。華商の対上海送金の相当部分が日常的に英系両行を通じて行われるようになっていたと見てよいだろう。

ところで華商らが上海向け為替を取り組むにあたり，二つの英系銀行のうちいずれに依頼するかを決める方法が興味深い。やや長文となるが引用しておきたい。

〔上海為替の〕レートが決定される仕組みは、不適当なトラブルを避ける上で、全く公平なもののように思われる。その運営方法は次のように合意されている――レートは封印された封筒に入れ、両行の買辦によって中華会館（Chinese Club）に持参される。午後になり関わりのある華人たちがすべて集まると、封筒は清国領事の立会いの下で開封され、より高いレートを提示した銀行がその日の為替の申し込みを総取りすることになる。レートが同じならば、〔代理店である〕タウンセンド商会の買辦に人望があるため、普通はわれわれの取組の方が多い。ただしタウンセンド氏によれば、チャータード銀行の代理店は取組に上限を設けていないようである。当方は一日三万両に上限を定めているので、応じきれない分は彼らが取り組むことになる。(50)

例えば一九一二年九月一六日の香港上海銀行のレートは一〇〇円に対し上海両で七二両と八分の一であったのに対し、チャータード銀行では七二両と四分の三であったため、この日に申し込まれた一一万二千両の為替はすべて後者が取り組んだという。両行が同じレートを提示したときの華商の対応を見ると、個々の華商の選択権自体が制約されていたわけではないようであり、銀行が華商に提示するレートを公開することで、銀行と個々の華商が交渉するコストの節約を目的とした慣行であったと考えられる。英系銀行の最も重要な顧客として華商が強い立場にあったことが窺われる。

ところで、このような上海向け為替の取組を通じて、仁川の英系銀行の手元には華商から払い込まれた日本円（金円）の資金が蓄積されることになる。銀行側はこれをどう処理したのだろうか。一九一〇年の香港上海銀行の営業規程では、現金（cash）の取扱いを次のように定める。

本行の名義で韓国銀行の仁川支店に口座を開設し、すべての〔現金の〕受け払いはこれを通じて行われなければならない。……その残高はできる限り五万円に維持されねばならず、〔仁川代理店を監督する〕長崎代理店から特段の指示がない限り、それを上回る金額はすべて韓国銀行を通じて横浜に送金されなければならない。[51]

韓国銀行は、一九〇九年に第一銀行に委託されていた韓国の中央銀行業務を引き継いで設立された（一九一一年に朝鮮銀行に改称）。右の史料によれば、香港上海銀行は仁川で得た金円資金を朝鮮で運用することはほとんどなく、受け入れるに従って韓国銀行を通じ横浜（恐らく同行の横浜支店）に回送していたことになる。一九〇九年の日本人の調査によれば、チャータード銀行の仁川代理店も、華商から上海送金のため受け入れた資金は「之を貸付けず、一切第一銀行の手を経之を上海に送附」していたという。[52] 香港上海銀行の場合と同様、第一銀行を通じていったん日本の自行支店に送った後、上海に回送したのだろう。

このように両行が仁川の資金を日本に回送した理由は、仁川の代理店がそれぞれの在日支店の監督下にあったという事情もあるだろうが、[53] 先に見たような上海への送金一方に偏る為替の取組状況から、朝鮮に資金を置いておいても運用の見通しが立たなかったということがより重要だろう。欧米系の外国銀行の業務は日本においても輸入為替の取扱いに偏っており、手元に余剰の金円資金が蓄積しがちであったが、それを金兌換して上海に現送することがあった。[54] 朝鮮からの資金もそうした操作を通じてそれぞれの上海支店に回送されたと見てよいだろう。

このような英系銀行の操作を念頭に置きながら、仁川の日系銀行による送金サービスの状況を見てみよう（表11-9）。仁川の日系銀行には、一八八三年に進出した第一国立銀行（一八九七年より第一銀行、のち韓国銀行を経て朝鮮銀行）のほか、九〇年進出の第十八国立銀行（一八九七年より十八銀行）、九二年進出の第五十八国立銀行（一八九七年より第五十八銀行、一九〇九年より百三十銀行）があった。

本章の対象とする時代よりやや遡り、日清戦争前の一八九二年から見てみよう。仁川からの送金先として横浜が大阪に次いで大きかったこと、一方で横浜から仁川への送金は皆無に近かったことが注意される。一八九五年の日本領

表11-9　仁川における日系銀行を通じた送金（1892/1912年）

①1892年中

（千円）

仁川より各地へ				各地より仁川へ		
送金為替	割引手形＋荷為替	合計		送金為替	割引手形＋荷為替	合計
62	1	63	東京	50	0	50
260	0	260	横浜	1	0	1
125	635	759	大阪	23	365	388
69	9	78	神戸	5	0	5
19	34	53	馬関	10	1	11
115	16	130	長崎	12	57	69

②1912年中

（千円）

仁川より各地へ				各地より仁川へ		
送金為替	割引手形＋荷為替	合計		送金為替	割引手形＋荷為替	合計
166	72	238	東京	83	754	837
8,012	28	8,040	横浜	81	101	182
1,068	1,915	2,983	大阪	172	1,251	1,423
487	285	773	神戸	20	461	481
44	284	328	門司	9	15	24
79	60	139	長崎	11	46	57

出所）①は「明治二十六年中仁川港商況年報」『通商彙纂』8号附録，1894年，108-109頁。②は日本銀行『要地各銀行金銀移動高表』明治45年上半季，明治45年大正元年下半季，1913年。

事報告は、こうした横浜送金について「商業上の関係に出づる取引に非ずして清商の其本国へ送金するが為め為替取組に出づるの関係」と評している(55)。第6章で既に見たように、日系銀行を利用した華商の迂回送金で横浜は重要な中継地となっており、表11-9に見える横浜への送金も、それを反映するものと見てよい。

次に二〇年後の一九一二年の状況について見てみよう。この年の仁川からの最大の送金先は、大阪を大きく引き離して横浜となっていた。横浜への送金のほとんどが送金為替によっていたこと、横浜の対朝鮮貿易の規模は大阪の数分の一に過ぎなかったことを考えると(56)、これも商品貿易を反映したものとは考えにくい。先に引用した香港上海銀行の営業規程を考え合わせると、この横浜への送金は、個々の華商による迂回送金に加え、仁川の二つの英系銀行による資金回送を反映したものと見てよいだろう。

つまり華商の上海送金は、英系銀行の上海向け為替を利用したものであっても、銀行内部の資金循環まで視野に入れて考えれば、最終的には第一銀行（→韓国銀行・朝鮮銀行）をはじめとした日系銀行の対日送金サービスを前提として成り立っていたことが分かる。第8章では日清戦争後、一八九〇年代後半の同順泰の史料を用いて、その上海送金が朝鮮の対日関係に深く条件付けられるようになっていたことを示したが、そうした構造は、英系銀行の上海向け為替が広く利用されるようになってからも変化していなかったと言える。

三　辛亥革命への朝鮮華商の対応

（1）上海の金融梗塞と仁川貿易の変調

辛亥革命に朝鮮の華人がどのような態度を取ったかはほとんど知られていない。だが、当時仁川で刊行されていた日本語紙『朝鮮新聞』は、華人の動向について比較的よく追っている。一九一一年一〇月一〇日の武昌蜂起をきっかけに革命が勃発した後、一一月二六日の記事「清人と募金――京仁在住の清国商人」では、仁川・ソウルの有力華商が赤十字義捐金という名目で革命軍への資金援助を計画していると伝える。一一月二八日の「清人と募金――京城の断髪者続出」では、日本から潜入した革命派の華人留学生の扇動により、募金に応じるだけでなく辮髪を切って反清を明らかにする華人が日々増加しているとする。一方で華人らが不安に揺れる様が垣間見られる記事もある。例えば一二月七日の「在鮮清人と越年」によれば、山東で官革両軍の勝敗が決しないため、冬季になっても帰国できない出稼ぎ労働者が多く、家族呼び寄せを図る者もいたとする。

これらがすべて実態を伝えるものとは言えないだろうが、少なくとも大きな混乱を窺わせる記事は見当たらない。華人らは全般に平静のうちに革命を受け入れたと見てよいだろう。一九一一年一二月末にはソウルの清国総領事が断髪と陽暦使用の自由を告示して自らも断髪したといい[57]、翌年二月には宣統帝退位の情報を受けて領事館が新国旗を掲揚し、華人もこれに倣って新国旗を掲げ旧正月を祝ったという[58]。

ただし辛亥革命が華人に与えた影響は政治的なものだけではない。革命をきっかけに発生した上海の金融梗塞は、上海との貿易を中心とする朝鮮華商にも大きな衝撃を与えた。以下では、前節で見たような日露戦争後の華商の貿易・決済の仕組みを念頭に、上海の金融問題が朝鮮華商に及ぼした影響について考えたい。

まず上海の状況を簡単に見ておこう[59]。武昌蜂起の報にまず影響を受けたのは、銭荘と呼ばれる在来金融機関であった。銭荘は預金や外国銀行からの短期融資、自己宛て手形（荘票）の発行などによって調達した資金を貸し出すことで現地の華商の間に大きな影響力を持っていた。二〇世紀初頭には貿易や企業活動の活発化を背景に銭荘の活動も拡大したが、それは必ずしも裏付けがない信用の膨張につながり、上海市場は潜在する金融危機への不安を日増しに高めていた。一九一〇年にもゴム関係株式への投機をきっかけとする金融危機が発生している。

こうした状況での武昌蜂起の知らせは、長江上流域からの資金流入が途絶するのではないかという危惧を通じて金融市場の機能不全を引き起こした。銭荘の発行する荘票は信頼を失って現銀でなければ取引ができなくなり、一方で外国銀行は銭荘への融資を急遽回収しようとしたため、銭荘の倒産が多発した。これは上海の流通機構を麻痺させる一方、現銀不足から銀相場の急騰をもたらした。世界有数の銀需要地である上海の動向は国際的に大きな影響力を持ち、ロンドン銀塊相場もこれを契機に上昇に転じたという[60]。

上海市場の混乱は、商品貿易と金融の双方から朝鮮に影響を与えた。前者から見てみよう。朝鮮総督府の調査『清国暴動ノ朝鮮貿易経済ニ及ホス影響』によれば、汽船蒼龍号は仁川と煙台（芝罘）の間を月に四回往復して「芝罘仲継の上海貨物」を仁川に運んでおり、革命の勃発まで順調な運航を続けていた。八月末頃からは冬物の仕入れを受けて貨物が増えはじめ、九月の仁川陸揚げ貨物は前年の五割増である三三三一個、一〇月上半期には前年の七割増である二二八三個に達していた。ところが武昌蜂起後、一〇月下半期の陸揚げは一転して前年の五割減である二二六六個となった。調査担当者は「次便迄は到底多数の貨物なかるべき見込にて、騒乱久しきに亘らば本航路は折角の旺盛季節を逸するを免れざるべし」としている。[61] このような輸入貨物の減少は少なくとも翌一九一二年初まで続いた。[62]

ただし中国製品である絹織物と麻織物の輸入は相対的に早い時期に復調した。まず絹織物の輸入は一九一一年一一月下旬から上海の秩序回復に伴って増加しはじめ、[63] 一二月中の輸入額は前年同月より二割増の二万六三〇四円に達した（郵便利用を含む）。一九一二年一月頃には、革命の影響で生産地に滞貨が生じ価格が低落しているのに乗じて見越買いに走る華商も現れていたという。[64] また麻織物については製造ピークの冬季に産地の蘇州や汕頭方面が戦乱に巻き込まれたため、価格が上昇し輸入も停滞したが、[65] もともと夏季の需要品であったこともあり、一九一二年四月頃から煙台経由で輸入が増加しはじめた。「十二日仁川入港の上岡回漕店扱汽船万盛源号の如き弐千八百余個を積載し、其他の諸雑貨及び山東苦力弐百余名の乗客にて船腹を埋め来れる盛況」を呈したという。[66]

一方でイギリス製の綿織物については、もともと日本製品と競合関係にあったこともあり、ついに革命前の状態には戻らなかった。朝鮮銀行仁川支店の調査によれば、革命後の銀価高騰は、中国から朝鮮への輸入全般に不利に働いたものの、麻織物や絹織物のようにほぼ独占的に中国から供給されている商品の場合は価格が上昇しても「幾分売れ渋る」程度で済んでいた。一方、「日本品を以て代用せらるゝ生金巾の如きに至りては、従来に於ても漸次其声価を失墜しつゝありし事とて、全々日本品の為めに其販路を蚕食せられつゝあるの狂態なるは清商に取りては一大打撃」となった。銀価騰貴のため上海からの輸入価格が上昇する一方、イギリス本国からの輸入には数カ月前からの予約が必要であり、行き詰まった華商の中には日本製品の輸入を企図する者も現れたという。[67] イギリス製生金巾の輸入額はこの後も減少し、一九一三年には日本製品に逆転された。その根本的な背景としては日本製品の競争力上昇、すなわち技術革新による価格低下を挙げなければならないだろうが、[68] 革命による華商の苦境が日本商の乗じるべき機会を提供したことは間違いないであろう。[69]

(2) 華商による本国送金の増加

辛亥革命の勃発後、対中国輸入の減少と並行して華商による上海送金が増加した。武昌蜂起から一〇日余りを経た一〇月二一日、『朝鮮新聞』の記事「動乱の影響来る」は、革命の影響はまだ顕著でないとしながらも、次のように述べている。

仁川在住清商間には既に金融緊縮の嘆を漏らすものあるのみならず、上海方面よりは一般延取引を拒絶し従来の売掛金に対し頻りに回収方を迫り来れるものあり。夫れかあらぬか、在仁川清商は四五日前より上海へ向け為替送金を試むもの多く、既に約二十万円に達せりと伝へらる。銀貨の騰貴・金巾の強含み・シーチングの売急ぎ等、彼此考へ来れば彼等が表面平穏を装へるに拘らす、如何に動乱の為めに影響を被りつゝあるかを□□〔揣摩か〕するに足るべし。[70]

上海の輸出商は、自身も商品仕入れのため銭荘の金融に依存しており、[71] 革命後の金融梗塞から直接に打撃を被ったと考えられる。右の史料にあるように、輸出商はこれまでの売掛金を急遽返送するよう求めるだけでなく、新規の延べ払いも認めなくなった。[72] 前項で見たような仁川貿易の縮減も、こうした事情によるところが大きいと思われる。翌一〇月二二日の同紙でも、仁川華商が「上海方面よりの急劇なる資金の回収に応ずるため」種々苦慮しているとし、取り急ぎ手持ちの織物類を担保として朝鮮銀行から臨時に借り入れた資金を上海に送るなど、「在仁清商が金融の緊縮を歎ずる」こと頻りであったという。[73] さらに朝鮮華商の中には、上海の取引先から合股の出資金まで払い戻しを迫られる者も現れたといい、[74] 深刻な金融梗塞が仁川にも波及していたことが窺われる。

こうした中、香港上海銀行とチャータード銀行における上海向け為替の取組は急増し、一一月上旬までの一カ月足らずの間に八〇~九〇万円分に達したという。[75] 日系銀行を通じた迂回送金も増加した。仁川の三支店（朝鮮、十八、百三十）を通じた華商の送金額は、当初一日二万円程度に過ぎなかったものが一〇月中旬から急速に増え、同月一五日から二〇日までの五日間に三〇万九五〇〇円に達した。以後はやや落ち着いたものの、一一月末になっても一日二万五千円程度の送金が続いていたという[76]。

また一一月四日には、英系銀行に上海向け為替の取組依頼が集中して相場が立たず、ついに売り止めとなったため、華商が手持ちの朝鮮銀行券を日銀兌換券に交換しようとし、朝鮮銀行仁川支店では一万九二七五円が引き出された[77]。日系銀行から為替送金するなら日銀兌換券に交換する必要はないから、これは日銀兌換券そのものを現送しようとしたものと考えてよい。朝鮮銀行券の前身である第一銀行券（一九〇二年発行開始）の時代、朝鮮の華商の間には既にこれを日銀兌換券に換えて日本に送り、さらに金兌換して上海に現送するという動きが見られた[78]。ここでも同様の操作が見られたと考えられるほか、一九一二年三月頃には日銀兌換券を煙台に現送する動きも発生した[79]。日銀兌換券は、ルーブル紙幣や日露戦争軍票と同様、金への交換が保証された通貨として広域的に流通する可能性を持っており、辛亥革命による金融梗塞がこれを刺激したのである。

さてこのような送金増加が、直接には、先述したような上海輸出商側の要求に促されたものであったことは間違いない。こうした状況は仁川やソウルだけで見られたわけではない。やはり上海から多くの商品を移入していた煙台でも上海からの債務取り立てが激しくなり、一一月半ばには「当地〔煙台〕商人は現金を得れば直に上海に送金致居候様の次第にて、新規商業は金融工面つかざるため皆見送り居候」という状況に陥っていた[80]。上海を中心とする流通圏全体がその金融梗塞から大きな影響を受けていたと考えられる。

ただし朝鮮の場合、銀を基礎とした通貨を使っていないという意味で、上海と異なる通貨圏に属していたことが問題をより複雑にしていた。先述のように辛亥革命の勃発直後より金銀比価は急激な銀高傾向を見せており、それを受けて金本位国から上海に向けて取り組む為替相場も上海両高となった。仁川の場合、革命前は千円あたり八五二両一二五前後であった香港上海銀行の上海向け送金為替相場は、革命の第一報が入電した直後に一〇両以上の両高を呈し、一一月一〇日頃には八二七両七五に達したという[81]。図11-1から分かるように、仁川の上海向け為替相場はその後も両高傾向を続けており、それは同じ金円圏に属する横浜での上海向け為替相場とほぼ同調していた。朝鮮華商の上海送金は、輸出商側の清算要求に加えて、こうした為替相場の動向によっていっそう助長された。このことを指摘する『朝鮮新聞』の記事を見てみよう。

上海為替相場低落〔＝銀両高〕する時は、銀勘定を以て仕入をなす清商人、〔朝鮮で〕掛売をなしたる商品の代金が金勘定の債権〔に〕変じ、他方に於て銀勘定の債務を有するに付、売掛金回収迄相場低落に対し危険を負担せざるべからず。従つて為替相場が低落の傾向あると認めたる時は、一方商品の売掛あるに不拘、事情許す限り銀勘定の債務を辨済するを最も安全なりとす[82]。

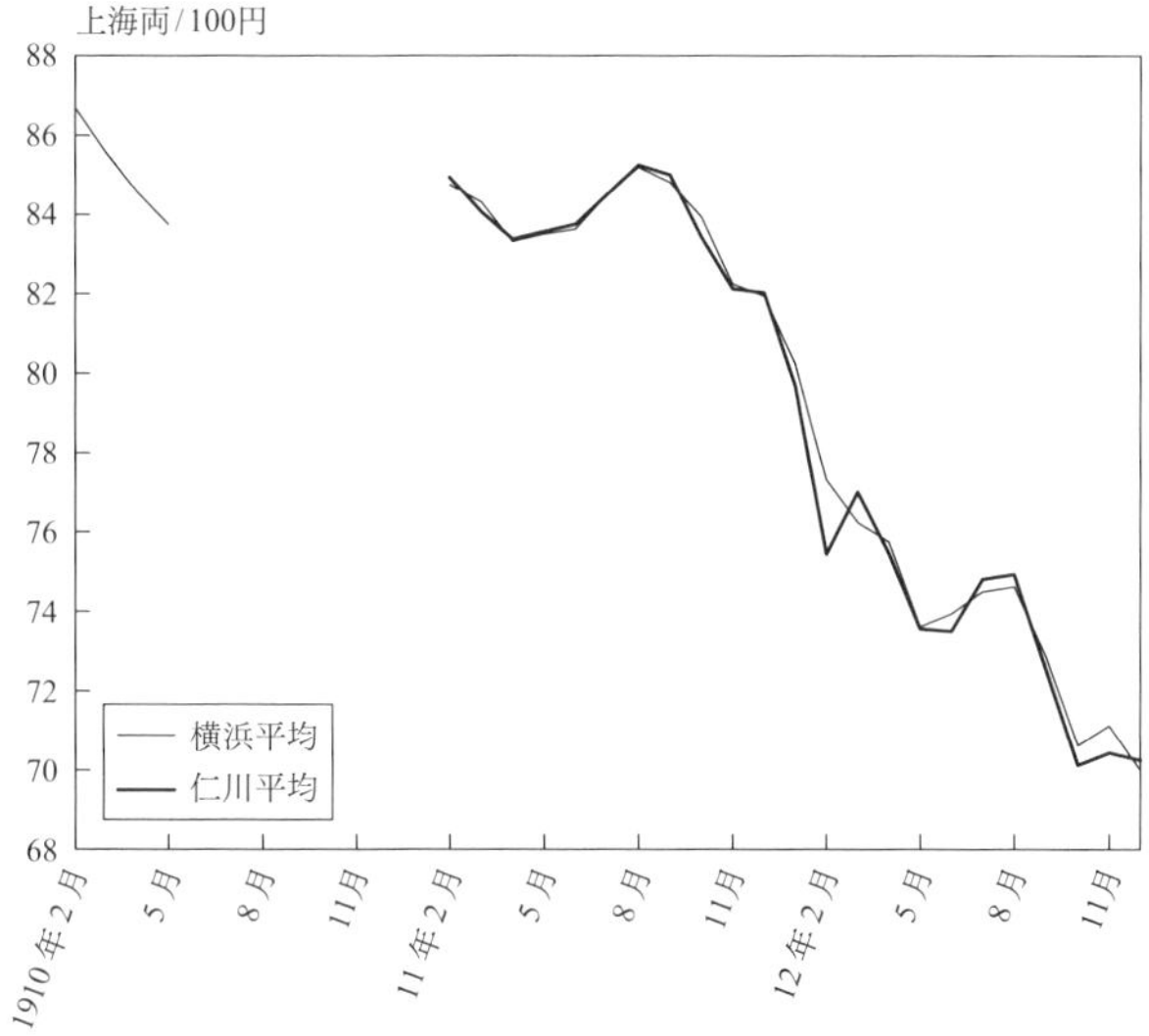

図 11-1　上海向け為替相場の推移（月平均）（1910〜12 年）

出所）『朝鮮銀行月報』各月。
注）いずれも上海向参着為替売相場，仁川は香港上海銀行仁川代理店，横浜は横浜正金銀行による。

華商は輸出商から長期間の支払猶予を与えられる一方、買い手の朝鮮人商人にも延べ払いを認めていた。ただし輸出商に対する債務は上海両建て、朝鮮人商人に対する債権は金円建てであったから、金銀比価の変動によって貸借のバランスも変わる。急速な銀高傾向が見込まれる状況では、円建ての債権が目減りして両建ての債務が膨らむことになるから、華商としては早めに債権を回収して債務の解消に充てるのが理にかなっていたのである。

ある観察者は、華商が本国への送金を急ぐ理由について、単に「期日に至り上海へ送金する時の予想と、其時期の上海渡り送金相場とを打算して、結局利益と見れば当地銀行より借入れ送金しつゝある」に過ぎず、「一時返金したりとて清商金融逼迫と言ふが如きは早計にも亦甚しと言ふべし」と評価している(83)。華商の間に金融逼迫と呼べる状況が事実なかったとは即断できないが、朝鮮華商の送金が輸出商の要求に応じるだけの受け身の行動であったとは言えず、主体的な利害計算の結果という側面もあったことは注意される。

四　朝鮮の流通・金融に及ぼした影響

上海の金融梗塞の影響は朝鮮華商を介して朝鮮人間にも波及した。ソウルでは一九一一年の末、華商が朝鮮人から売掛金を回収する一方、新たな取引にあたって支払いまでの期間を著しく短縮したために、「鮮商の蒙れる影響尠からず、為に一二の破産者を生ずるに至」ったという。また仁川でも華商が朝鮮人商人に延べ払いを認めず現金取引を要求したため「鮮商資金缺乏の声漸く昂」まり、「鮮商運転資金の利子は普通月二分乃至二分五厘なりしも昨今は三分五厘にして、……如此高利を以てするも、尚ほ潤沢の資金を得ること能はざる状態」に陥った(84)。

影響は内陸部にも広がった。一九一一年一二月末の『朝鮮新聞』によれば、この年の朝鮮産米の集荷が全般に低調であったのは、気候の変調によるところが大きいものの、辛亥革命の影響も少なくなかった。

中清動乱の為めに京仁居住清人が上海・芝罘等の商品仕入地に於て一切の延取引を中止するに至りし為め、已むなく鮮商に対する懸け売を廃するに至りしのみならず、多少にしても資金の貸出を為し利足の収入を計りしもの総て回収を試むるに至りし為め、京仁の所謂客主の如き問屋連は従来の如く清商より懸けにて買入れ、金巾其他

の商品を地方鮮農に貸出し秋穫を以て其回収を為すの方法を営む能はず、大に融通に苦しみ……[85]

本書の他の箇所でも触れたように、客主は委託売買に応じる朝鮮人の仲介商人を言う。右の史料によれば、これら客主は華商から掛売りで購入した輸入品類を農民に「貸出し」すなわち後払いの約束で売り、収穫期に米穀で回収していた。そのため華商から客主への掛売りが中止されると、米穀そのものが農村に存在していても、客主はこれを購入できなくなってしまったというのである。

米穀の買い付け方法は地域や時期によって様々であり、この事例を一般化することはできない。しかし上海・煙台の輸出商から延べ払いを認める形で朝鮮華商に与えられた信用が、朝鮮人商人に止まらず消費者である朝鮮人農民にまで連鎖していくという状況は、当時の輸入品流通を考える上で示唆的である。銀行による商業信用の提供が限定的な状況では、こうした二者間の信用関係の連鎖が華商の輸入貿易を支えていた可能性が高いと言える。一方でそうした流通のあり方は、この事例が示すように、信用関係の起点である上海での金融市場の変調が直ちに国境を越えて波及するというリスクを抱えたものでもあった。

さて華商の取扱商品は主に朝鮮人向けの消費財であり、日本人商人との取引は少なかった。一〇月二二日の『朝鮮新聞』では、華商の売掛金回収の動きについて、「京城若しくは平壌等に於ける鮮商筋には平素〔華商と〕密接なる取引関係を有するもの多ければ、従って運転資金の上に多大の打撃を受くるを免かれざる向あるべし」としながら、「直接我商〔日本人商人〕側に何等の影響之無し」と断じている[86]。二者間の信用関係に基づく金融は、その連鎖から外れた者には影響を及ぼしにくいという面もあった。

それにもかかわらず朝鮮銀行は華商の上海送金に無関心ではいられなかった。一九一二年二月二〇日に東京で開かれた朝鮮銀行の株主総会では、総裁の市原盛宏が前年の金融状況を説明する中で、この問題に言及している。

九月に入りては綿糸布類の売行良く、其他冬物仕入亦盛にして、加ふるに新穀に対する放資を見るに至れるを以て……金融は寧ろ小繁を呈せり。其後内地に於て財政方針変更の議伝へられ、又日本銀行の金利引上げあり、次で中清動乱〔辛亥革命〕に伴ひ在鮮清商の対清取引の決済を急ぐあり、是等の事情は朝鮮金融の緊縮を招致し、金利亦弐厘方の昂騰を示すに至れり。（傍線は引用者による）[87]

朝鮮銀行自身も一九一一年一一月一日から貸出標準金利を二厘引き上げた。[88] これは一九〇九年の韓国銀行創設時から取られてきた金利の引下げによる「開発」資金の安定供給という方針を転換したもので、朝鮮銀行はこの後も一九一二年中に三回、さらに一四年に一回と金利引上げを重ねてゆく。その起点となった一一年一一月の金利引上げは、直接には同年九月の日本銀行の金利引上げを受けたものであったと言われる。[89] だが右の史料は、それに加えて、辛亥革命に伴う華商の本国送金も銀行当局の判断に影響を与えていたことを示している。

朝鮮銀行当局がこの問題を重視した背景には、当時の朝鮮銀行が直面していた朝鮮の対日移入超過とそれに伴う為替送金の問題があったと考えられる。草創期の同行が負わされた役割の一つに朝鮮総督府への貸上げ等を通じて財政資金を調達することがあり、その多くは朝鮮銀行券の増発によって賄われた。朝鮮銀行券の発行高は一九〇八年一一月を一〇〇とすると一一年一二月には二〇九にまで膨張している。このような通貨膨張は輸移入の増加を促した。特に日本からの移入が急増した結果、一九一一年には日本への移出一三三四万円に対し移入三四〇六万円という著しい移入超過状態が現出した。

移入品の代金の多くは朝鮮銀行を通じて為替決済されたが、これを朝鮮銀行の立場から見れば、朝鮮で朝鮮銀行券を受け入れ、日本で日銀兌換券を払い出すという取引にほかならない。移入超過幅が大きくなるほど日銀兌換券の純払出高も増えるが、日銀兌換券は朝鮮銀行券の発行準備通貨であったから、一方で朝鮮銀行券の発行が膨張し続けている中、他方で朝鮮銀行の手持ちの日銀兌換券が減少してゆけば、朝鮮銀行券への信頼そのものが崩壊しかねなかった。[90] 第二節で見たように最終的には日本を経由して行われる華商の上海送金は、朝鮮銀行にとって、右のような状況を助長する動きと捉えられたはずである。

先述のように第一銀行券の時代から、華商がこれを日銀兌換券に換えて上海送金に利用する動きはあり[91]、ここで起きていたこともその変形であった。それは日本から金正貨を流出させる可能性があるという意味で日本本国の金本位制にとって警戒すべき現象であったことはもちろんだが、それだけでなく、朝鮮銀行の経営（および朝鮮銀行券を中軸とする植民地幣制）にとっても憂慮しなければならない事態だったと言える。

朝鮮銀行のそのような認識を直接示す史料はないが、在朝日本人の眼から見た史料の中に傍証が得られる。当時の朝鮮で発行される日本語メディアは、対日移入増加に伴う朝鮮銀行の経営危機にしばしば論及している[92]。その中で、『朝鮮新聞』が一九一一年一一月に掲載した「朝鮮銀行の正貨準備充実（動乱に対する影響なりとの巷説に就て）」という記事に華商の本国送金が言及されており注目される。

> 近来朝鮮銀行が頻りに正貨の蓄積を計りつゝある形跡ありとて、是れ清商が盛んに本国へ送金するが為め正貨の不足を感ずるに至りし結果なるべしとか、或は朝鮮全般の輸移出入著しく均衡を失するが為め正貨の流出夥しきが為めならんなど、揣摩臆測の世評紛々たるものあるが、聞く所に拠れば両説とも強ち牽強付会の説に非らず。朝鮮銀行が正貨の蓄積に腐心しつゝあるは事実にして、畢竟其兌換券の根底を堅からしめんとする当然の処置にして、其計画は必ずしも今日に始まれりといふべからざるも、一般貿易状態は累月輸移入の超過甚だしきを示し、加ふるに時勢の為め清商の正貨の搬出は往々其額を殖やすべく予想せらるゝが故に、同銀行が平素の計画を進捗するの必要に日を経るに従って勢ひ益々緊切ならざるを得ざるに至りしが如し。（傍線は引用者による）[93]

この記事では朝鮮銀行が銀行券の発行準備としての正貨（具体的には日銀兌換券と見てよい）不足に悩んでいることを述べ、その原因として、貿易における輸移入の超過と並んで華商の本国送金を挙げている。傍線部の「時勢の為め」とはここまで見てきた辛亥革命を指すものと見て間違いないだろう。

右の記事が言うように、朝鮮銀行は一九一一年下半期に日本銀行から二〇〇万円を借り入れ、不足する為替決済資金を補おうとした。同じ時期に採られた金利の引上げと貸し出しの抑制策もまた、輸移入超過を減らし朝鮮銀行券の発行高を抑えようとする意図からするものであった[94]。そうした状況の下、辛亥革命勃発に応じて突発的に増加した華商の本国送金は、朝鮮銀行の当局者にとって無視できない事件だったと見てよい。この時の華商の送金がどの程度の規模に達したかは確認できないが、上海の混乱が収まると共に結果的には短期で収束した可能性が高く、第二節で見た香港上海銀行の同時期の記録にも言及されていない。そうだとしても、この事例は、成立当初の植民地幣制が帝国内で完結しておらず、華商の上海送金という形で東アジア市場の圧力にさらされていたことを示唆している。

朝鮮の保護国化後に朝鮮の華人の構成は多様化していったが、織物などの対中国輸入に従事する貿易商は、依然として華人社会の中枢を占めていた。彼らの貿易が、上海や煙台の輸出商との緊密なネットワークを前提に、長期の延べ払いや相互清算によって行われていたこともそれまでと変わりない。こうして輸出商から与えられた信用をもとに、華商は朝鮮人の買い手に対しても延べ払いによる取引を行っていた。二者間の信用関係を連鎖させてゆく取引方法は、銀行による金融が十分に成熟していない状況では、華商の円滑な輸入を可能とした一方で、その起点である上海市場の動揺を国境を越えて直接に伝えかねないという点で脆弱性も抱えていた。辛亥革命時の上海の金融梗塞が朝鮮農村にまで及び、米穀の出荷状況にまで影響を与えたという事例は、そのことを端的に示している。

さて朝鮮華商の対中国貿易は、長期の信用に基づいて行われたとはいえ、輸入と輸出の不均衡から、最終的には何らかの形での送金を要した。日本が金本位制に移行した後、華商の上海送金は、日系銀行を利用して迂回的に行われることが増えた。仁川の英系銀行代理店が取り組む上海向けの送金為替も、華商の送金需要のかなりの部分を取り込むようになっていたが、それら英系銀行が吸収した金円の資金も結局は（第一銀行・韓国銀行を引き継いだ）朝鮮銀行によって日本に回送された。朝鮮華商の貿易活動は、日本の提供する制度やインフラストラクチャーから自立しては存在し得なくなっていたと言ってよい。

一方でこうした華商の本国送金は、日本本国からの金流出を促す可能性があっただけでなく、朝鮮銀行からの日銀兌換券の流出によって、朝鮮銀行券の発行制度に対する潜在的な脅威となりうるものであった。辛亥革命を受けて突発的に増加した華商の対上海送金は、結果的にはそれほど大きな影響を残さずに収束したとしても、そうした危険性を改めて表面化させることで、ただでさえ朝鮮の移入超過による対日送金拡大に悩んでいた朝鮮銀行の当局者に一定の危機感を与えたと推測される。

朝鮮銀行は一九一三年以後、満洲への店舗設置と朝鮮銀行券の散布を進めた。朝鮮銀行の経営上の立場から見ると、それは満洲から日本への輸出金融を通じて日本で日銀兌換券を受け入れ、朝鮮から日本への送金と相殺することに目的があったとされる。そのような朝鮮銀行の満洲進出の過程で、上海・煙台と結び付いた朝鮮華商の活動がどのように意識されていたかは、今後さらに検討すべき課題と言えるだろう。

第12章　一九一〇年代の間島における通貨流通システム

――朝鮮銀行券の満洲散布と地方経済の論理

植民地朝鮮の発券銀行である朝鮮銀行の店舗網は、一九一一年の設立当初ほぼ朝鮮半島内に限られていたが、一九一三年に奉天・大連・長春の三支店が設置されたのを皮切りに、一九一〇年代後半にかけて満洲から一時は東部シベリアにも広がった。それとともに朝鮮銀行券の流通範囲も朝鮮半島を越えて拡大した。朝鮮銀行の満洲進出と銀行券散布は、前章の末尾で触れたように、対日為替資金の調達に悩む同行自身の経営上の必要から行われたのと同時に、日本政府の満洲通貨政策の一環という性格も帯びていた。日本政府の満洲通貨政策は、第10章で見た日露戦争軍票とその回収を名目に散布された横浜正金銀行券を嚆矢とする。しかし正金銀行券の流通は想定されたほど拡大せず、日本側の内部不統一もあって、銀円による満洲幣制統一方針は早くに骨抜きにされた。一方で朝鮮銀行券は寺内正毅内閣による「鮮満一体化」政策の手段とされ、一九一七年一一月から関東州および満鉄附属地における強制通用力が認められた(1)。

朝鮮銀行券を用いた満洲幣制の金円統一策そのものは、一九二〇年の恐慌によって朝鮮銀行自身が甚大な損失を被ったことに加え、依然たる日本側の内部不統一、張作霖政権による幣制掌握の試み等が障壁となって事実上放棄される。朝鮮銀行券の満洲での発行高も一九一九年をピークに漸減したと考えられる(2)。とはいえ満洲の主要都市においては、「満洲国」による一九三〇年代の通貨整理に至るまで、多種の通貨の一つとして朝鮮銀行券が流通し続けた。

このように、満洲での朝鮮銀行券流通について考える際、日本側の通貨政策だけを取り上げるのでは不十分であり、朝鮮銀行券が満洲の「雑種幣制」の一部として独自の機能を担いつつ、政治的な領域から相対的に自立した循環を持つようになったという側面に目を向けなければならない。石田興平は、一九二〇年代の満洲における階層的な貨幣流通構造をモデル化し、その中で朝鮮銀行券が遠隔地間の決済手段という機能を担っていたことを示している(3)。本章では一九一〇年代に焦点を当て、朝鮮銀行券を内に含んだ新たな通貨流通システムが満洲で生成してゆく過程について、先行する条件にも注目しつつ検討することにしたい。

具体的な事例として取り上げるのは、吉林省の東部、朝鮮・ロシアとの国境地帯である。以下ではこの地域を当時の日本人・朝鮮人の呼称に従って「間島」と呼ぼう。現在の延辺朝鮮族自治州の一部にあたる。間島は一八世紀以来、清・朝鮮双方が領有権を主張し、一九〇九年の日清協約（間島協約）で清への帰属が確定された後も、政治的な紛争の焦点となり続けた。その背景には、この地域の開発が朝鮮人によって主導されたという事実があった。開発の過程では朝鮮・ロシアとの陸路貿易を含む域外流通が成長し、それと並行して発行主体を異にする多様な通貨が流通するようになった。朝鮮銀行券もそれら多種類の通貨の中の一つであった。

間島に朝鮮銀行券が流入してゆく過程については、すでに金周溶が取り上げている。金周溶は第一次大戦の後半期に朝鮮銀行券の流入が増加したことを明らかにし、その背景として日本による流通拡大政策に注目した(4)。そうした側面を無視することはできないが、ここでは視点を間島現地の商人側に移し、彼らが流入する朝鮮銀行券を既存の通貨流通システムと関係づけ、定着させていく過程を明らかにしたい。朝鮮銀行券の国境を越えた循環が形成されていく過程を、流通の末端に位置する地方経済の論理に即して捉え返す試みと言ってもよい。以下、第一節では第一次大戦勃発前の間島をめぐる通貨流通の状況を明らかにし、第二節で第一次大戦期に朝鮮銀行券の流通が増加してゆく過程について、大戦前の状況と比較しながら検討する。

一　第一次大戦前の間島における通貨流通

(1) 間島の開発と域外流通の成長

間島は吉林省東端の山間盆地で、東北方向でロシア領と接し、東南方向では図們江（朝鮮名は豆満江）を挟んで朝鮮と接している。通貨流通の検討に先立って、この地域の開発過程とそれに伴って形成された域外流通の構造について見ておきたい。

清朝は一七四〇年の封禁政策によって満洲への民間人の移住を禁じ、間島もその例外ではなかった。ところが一九世紀後半から禁をおかして間島に移住する朝鮮人農民が増加し、一八八〇年代にはロシアへの対抗を図る清朝の政策転換により華人の移住も公認された[5]。その後も移住民は増加し続け、一九一〇年に一四万人であった人口は、二一年には三八万人となった[6]。人口増加に伴って耕地も拡大し、一九一〇年の推計で五万町歩余であった作付面積は、二五年には三・五倍に増加した[7]。

こうした開発の過程から間島の人口構成も朝鮮人を中心としており、一九一〇年の人口の七九パーセント、一九二一年の人口の八二パーセントは朝鮮人であった[8]。一方で華人は少数派であったが、有力者は朝鮮人を小作とした地主経営や商業、醸造や大豆粕製造などの農産物加工業に従事し、地方経済を主導していた[9]。地方官の置かれた局子街は華商の集住地でもあったが、主だった者は省都吉林の華商と本支店（聯号）関係を結んでおり[10]、そのネットワークを利用して満洲各都市との交易に従事していた。

またウラジオストクとの交易も見られた。ウラジオストクが咸鏡地方への消費財の輸入拠点となっていたことは第9章で見た通りであるが、間島でも同様に上海からウラジオストク経由で綿織物などを輸入していた[11]。その主な担い手は、ロシア国境の近くに位置する琿春の華商であり、彼らは取引先である上海やウラジオストクの華商と聯号関

表 12-1　間島の陸路貿易額（5 年平均）（1910〜29 年）

（千円）

年	対朝鮮			対ロシア		
	輸出	輸入	総額	輸出	輸入	総額
1910〜14	149	780	930	349	166	515
1915〜19	1,665	3,198	4,863	516	176	693
1920〜24	2,952	5,888	8,840	170	166	336
1925〜29	5,226	7,538	12,804	1	18	19

出所）1910〜14 年：*Returns of Trade and Trade Reports*, Hunchun〔琿春〕and Lungchintsun〔龍井村〕, each year. 1915〜29 年：満鉄調査課『北支那貿易年報』1919 年以後の各年版。

注）原史料の単位は海関両。各年ごと円に換算した後に 5 年単純平均値を算出した。海関両から円への換算率は，Hsiao Liang-lin, *China's Foreign Trade Statistics, 1864–1949*, Cambridge University Press, 1974. なお 1910〜14 年の琿春については総額のみが判明するため，相手先別価格は以下の方法で推計・配分した。輸出：1915 年の相手先比率に従って配分。輸入：1911 年と 14 年は出所資料の記述に従って配分。1912 年と 13 年は『通商公報』107 号所掲の数値に従って配分。1910 年は 11 年の相手先比率に従って配分。

係を結んでいたという。(12)

一方で朝鮮との間では、交通路上に図們江と険しい山地が存在することから、当初は朝鮮人の移住民が零細な必需品交換を行うに止まっていた。(13) ところが、ウラジオストク交易の誘因となっていた同港の自由港制が一九〇九年に停止された一方、一〇年には咸鏡地方北部の清津（一九〇八年開港）を経由して行われる間島との貿易について朝鮮側の関税が免除された（通過貿易免税制度）。その結果、綿織物などの工業製品を輸入する場合、清津を経由する方がかえって有利となった。(14) 表12-1で一九一〇年以後の間島（琿春、龍井村の両海関）の陸路貿易額を見ると、一〇年代前半には既に朝鮮からの輸入がロシアからの輸入を凌駕している。ただし輸出は依然ロシア向けの方が多かった。この時期の間島の輸出品は粟や大豆粕などの農産物を主としており、かつ朝鮮向け・ロシア向けとも（他所に仕向けられる通過貿易ではなく）現地消費を主な目的としていたために、ウラジオストクと清津の制度変化に関わらず、ロシアへの輸出が継続したものと考えられる。(15)

このような間島の対朝鮮貿易には華商も参加したが、主導したのは日本人・朝鮮人商人であった。(16) 間島では日露戦争を契機として日本人商人が見られるようになり、(17) 一九〇六年から〇九年にかけて外国人に開放された五カ所の商埠地(18)を中心に活動した。

このように間島の域外交易は主に吉林・ウラジオストク・清津の三方向を相手先として行われていた。そして一九一〇年頃からは、

表 12-2　間島における通貨の内訳（1912 年頃）

	流通額
官帖	20〜30 万円
日本貨	12〜13 万円
露貨	13〜15 万円
清国銀銅貨	5〜8 万円
その他	5 万円内外
合　計	55〜65 万円

出所）朝鮮銀行『間嶋及琿春地方経済状況』1912 年，39 頁。
注）貨幣種類の名称は原史料に従う。

三ルートのうち、対ウラジオストク貿易よりも対清津貿易の方が大きくなりつつあった。

（2）通貨の流通空間と機能

表12-2は一九一二年頃の間島における通貨流通額である。根拠は明らかでなく印象に近いものと思われるが、前項で見たような域外交易の構成と対応して、発行主体を異にする多様な通貨が流通していたことが分かる。ここでは表の上位に現れる三種類の通貨について、それぞれの流通した空間と機能について検討する。

①吉林官帖　第10章で触れたように、日清戦争後の満洲では各省で官帖と呼ばれる紙幣が発行された[19]。一八九八年から官帖局（一九〇九年に永衡官銀銭号に改組）によって発行された吉林官帖もその一つであり、「満洲国」期の幣制改革に至るまで流通し続けた。

吉林官帖の額面は清朝の銅銭（制銭）建てを基本としたが（単位「吊」、一吊＝銅銭一千文）、一九〇〇年代末には既に不換紙幣化し、他の通貨との間に変動相場が立つようになった[20]。流通範囲は概ね吉林省の領域内に限られていた。満鉄の終着地として遠隔地交易の拠点となっていた長春では、一九一〇年頃、省内の取引は吉林官帖で行い、吉林省外との取引は銀錠や外国紙幣を用いていたという[21]。

間島では一九〇五年頃から官吏の俸給の支払いや租税収納に吉林官帖が用いられるようになり、次第に一般にも流通するようになった[22]。さらに一九〇九年には、吉林官帖の発行元である官銀銭号の分号（支店）も間島の局子街に設置された。分号は公金の出納にあたるほか、有力な華商、地主に吉林官帖を貸し付けたり、官銀銭号の店舗間で吉林官帖建ての為替を取り組んだりし、それに伴って吉林官帖の民間流通も拡大した[23]。

吉林官帖が流入する以前の間島では、地主や農産物商など在地の有力者が発行する自己宛て手形（私帖）が、通貨と同様に流通していた[24]。官銀銭号がこれら華人の有力者に吉林官帖を供給することによって、私帖が排除される一方、農民層まで吉林官帖の循環の中に組み込まれていったものと推測される。華商の農産物買取価格も一九一〇年代初頭には吉林官帖建てとなっていた[25]。

②金円系の諸紙幣　表12-2の根拠となった朝鮮銀行の調査によれば、間島に流通する「日貨」には朝鮮銀行券と日銀兌換券の二種類が含まれていた[26]。間島でこれらが本格的に流通するようになったのは日露戦争後の一九〇七年頃からであるという[27]。この年、日本は韓清の領土紛争に介入して統監府の派出所を龍井村に設置していた。

朝鮮銀行券（また前身である第一銀行券、韓国銀行券）は日本人・朝鮮人商人による対朝鮮貿易を通じて流入したものと考えられる[28]。一方で日銀兌換券の流入元は朝鮮ではなく、主にウラジオストクであった[29]。一九〇六年の調査によれば、間島東部の琿春においてロシア領との貿易に従事する華商は、ルーブル紙幣と日銀兌換券は額面通り受け取る一方、ウラジオストクで流通していない第一銀行券は二割以上割り引かなければ受け取らなかったという[30]。

このような格差は一九一〇年代に入って朝鮮との貿易が増加すると見られなくなり、朝鮮銀行券はルーブル紙幣や日銀兌換券とほぼ等価で交換されるようになった[31]。ただし吉林との交易に従事する華商の間では依然として朝鮮銀行券は忌避され、日銀兌換券が好まれていたという[32]。先述のように朝鮮銀行は一九一三年から満洲に店舗を開設しはじめたが、それが本格化するのは第一次大戦後半期であり、一〇年代前半の時点で同行券は満洲にそれほど普及していなかったと見てよい。一方で日銀兌換券は、日露戦争後の正金銀行券による満洲幣制統一方針に関わらず、一九〇六年九月には満鉄が受け払いに利用を開始し、日本政府もこれを追認して、〇九年一〇月には満洲への日銀兌換券流入を自由化した[33]。こうした状況を背景に満鉄沿線の主要都市では日銀兌換券が一定程度流通したと考えられる。間島の華商の通貨に対する選好が、交易相手先の地方におけるその流通状況によって決定されていたことが窺われる。

③ルーブル紙幣　表12-2では「露貨」とされている。間島では、ロシア軍が義和団事件を契機に満洲全域を占領した一九〇〇年頃からルーブル紙幣が見られるようになった[34]。一九一〇年代半ばの史料によれば、年々「数十万」

表 12-3　間島日本郵便局のルーブル紙幣現送額（1910～13 年）

年	現送額（ルーブル）	うち華人による割合（%）
1911	130,809	73
1912	149,613	76
1913	189,333	98

出所）朝鮮銀行『間島ノ貿易及金融状況』1915 年，40–48 頁。
注）龍井村局・局子街局の取扱額の合計。

ルーブルがロシア領から間島に流入していたとされる[35]。

これら流入したルーブル紙幣の一部は、間島の内部に留まって流通したようだが[36]、再び流出してゆく部分も無視できなかった。表12-3によれば、日本郵便局を通じた分だけでも、年々一〇～二〇万ルーブルが流出していたことが分かる。また表12-4は、一九一一年一〇月中に日本郵便局を通じて現送されたルーブル紙幣の相手先別内訳である。間島の交易相手先である吉林と清津を筆頭に、上海ほか中国本土にもルーブル紙幣が現送されていたのが分かる。再び表12-3によれば、間島からの現送の七割以上は華人の手によるものであった。間島の域外交易を多方面にわたって担う華商が、決済手段としてルーブル紙幣を利用していたことが推測される。

表12-4で最大の流出先となっているのは清津である。一九〇八年に開港された清津は、先述の通過貿易免税制度によってウラジオストクに代わる間島への輸入拠点となっていた。表12-1から分かるように、間島の対朝鮮貿易は圧倒的な輸入超過であったが、その多くは清津を通じた綿織物などの輸入に由来すると考えてよい。一九一二年の朝鮮銀行の調査によれば、間島から清津へと流出するルーブル紙幣は、清津からの輸入貿易の決済にあてられており、その規模は一九一一年において二〇万ルーブル程度であった[37]。同年の間島の対朝鮮入超額は約七〇万円だったから[38]、一ルーブル＝一円として概算すれば、入超額の三割弱がルーブル紙幣によって決済されていたことになる。

第9章の表9-3を見ると、咸鏡地方の北部（咸鏡北道）における金融機関のルーブル紙幣買取額は、第一次大戦直前まで増加傾向にあった。この中にはウラジオストク方面から流入したものだけでなく、清津を通じた対間島貿易を通じて流入する分も相当含まれていた。清津日本人商業会議所の一九一三年の記録によれば、清津の「間島取引は従来日貨を主としルーブル之に次ぎ……ルーブル取引を増しつつあり」という状態で、清津から流入するルーブル紙幣は元山やウラジオストクに回送のうえ交換されたり、現地の咸鏡農工銀行支店において交換された(39)。

表 12-4　間島日本郵便局のルーブル紙幣現送額（1911年10月分）

（ルーブル）

送り先		現送額
満洲	吉林	3,400
	奉天	113
中国本土	山海関	90
	芝罘	836
	北京	95
	上海	1,150
	漢口	100
朝鮮	清津	3,600
	元山	500
その他		53
合　計		9,937

出所）朝鮮銀行『間嶋及琿春地方経済状況』1912年，37頁。
注）龍井村局・局子街局の取扱額の合計。

表12-4において清津と並んで大きな比率を占めるのは吉林への現送であり、上海がそれに次ぐ。第9章で見たように、一九〇〇年代前半の満洲と咸鏡地方では、華商の上海に対する決済手段としてルーブル紙幣が広く利用されていた。日露戦争後になると、朝鮮では貨幣整理事業の影響でそのような形での利用は見られなくなったものの、満洲の都市部では引き続き上海送金の手段としてルーブル紙幣が利用された。例えば営口や長春では、一九一〇年頃になっても露清銀行支店での上海両為替の取組にルーブル紙幣が利用されていたという(40)。間島から吉林・上海へのルーブル紙幣の現送も、最終的には満洲の対上海決済の必要によって裏付けられていたと見てよいだろう。

（3）間島における通貨間の需給調整

一九一〇年代前半の間島で見られた諸通貨は、それぞれ異なる空間の中で循環していた。それは機能の相違とも連動したもので、吉林省内に流通する吉林官帖が生産者・消費者に近い層で利用される一方、金円系の紙幣やルーブル紙幣は吉林官帖の流通範囲を越え、相対的に広域の決済にも利用された。

これら諸通貨の交換相場は、華商が組織する局子街の商務会によって、吉林・長春など省内大都市の相場を基準に決定されていた(41)。大戦勃発後の一九一六年には商務会の中に取引所が設置され、吉林官帖に対するルーブル紙幣と朝鮮銀行券、大小銀元の相場が立てられるようになった(42)。間島での通貨相場の特徴について一九一三年の日本領事報告は次のように述べている。

局子街地方に於ける支那通貨たる吉林官帖は、毎年十二月頃より翌年四五月に至る五六ヶ月間は流通価格騰貴し、以後五六ヶ月間は漸次低落するを例とす。是れ毎年十二月より翌年四五月に至る期間は大豆粟其他農産物盛に輸出せられ、外国貨幣の流入夥しく、輸入外国品に対し外国貨幣を以て代金の決済を為し、尚十分の余りあるが故、随て官帖市価の騰貴を来す所以なり。(43)

先述のように局子街は間島における中国側の中心地である。この史料から、農産物の取引が盛んとなる収穫期から翌年春までの間、その国境を越えた輸出が「外国貨幣」つまりルーブル紙幣や朝鮮銀行券・日銀兌換券の流入をもたらし、それによって吉林官帖の相対的な需要がさらに高まるという関係にあったことが分かる。農産物取引のサイクルに従って通貨需要も変動すること自体は農業社会で一般的に見られた現象と言えるが、間島の場合、国境地帯に位置するという地理的な特徴が、通貨間の需給変動の波をより大きなものにしていたのである。

このような間島での通貨相場の特徴を、吉林官帖の流通圏にある他都市のそれと比較してみよう。図12-1は一九一二〜一三年の間島（龍井村）および長春、吉林における吉林官帖の相場を示している。間島・長春については金円一円に対する、吉林については一ルーブルに対する吉林官帖の相場（吊）である。金円の具体的な幣種は明記されていないが、先述のように満洲での朝鮮銀行券の散布がまだ本格化していなかったことからひとまず日本銀行券と考えておく。

吉林官帖の価値は辛亥革命前後から濫発のため継続的に下落していたとされ、(44)図に示した三つの系列もすべて吉林官帖の長期的な下落を示している。しかし月単位の短期的な変動に注目すれば、その様子には都市間で違いがあった。まず間島における吉林官帖の対円相場を長春のそれと比べると、六月から九月にかけての夏季は長春の相場の方が高く（長春の系列が間島のそれよりも下方にあり）、それ以外の時期には間島の相場の方が高くなっている。先に引いた一九一三年の日本領事報告(45)を念頭に置けば、農産物取引の繁忙期である秋から春にかけて、間島での吉林官帖需要

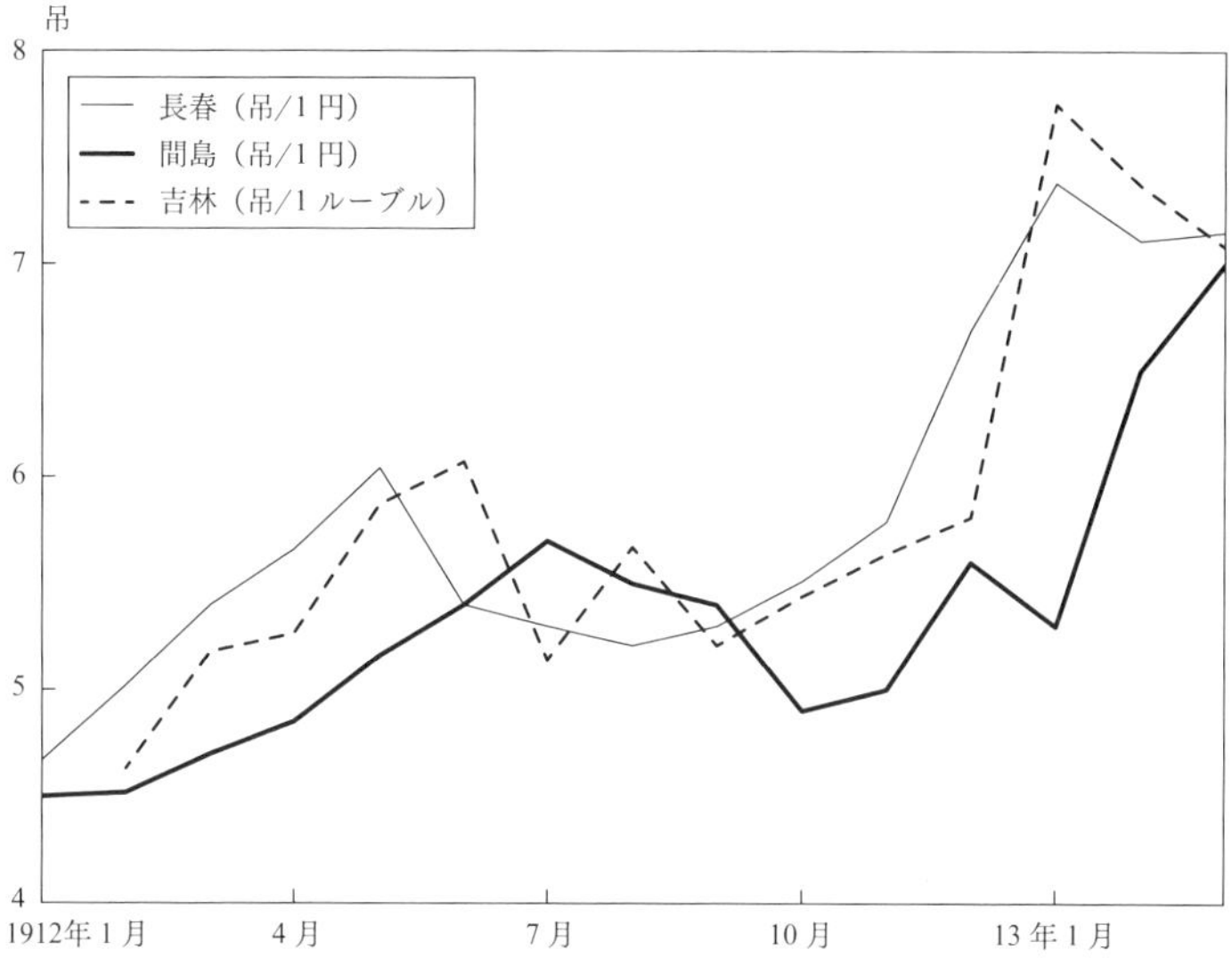

図 12-1　吉林官帖相場の動向（1912～13年）

出所）間島：『通商彙纂』明治45年15，24，25，29，31，34，39，41号，大正元年5，26号，『通商公報』12，15号。ただし1カ月内に複数の値が得られる場合はその平均値。長春：『満洲貨幣相場集成　其三』（満鉄調査課，1929年）20頁。吉林：『満洲ニ於ケル通貨事情』（外務省通商局，1919年）190頁。

注）間島相場は龍井村における値。「吊」は吉林官帖の単位。

が相対的に高くなっていたと見ることができる。ルーブル紙幣に対する吉林官帖の相場については吉林の値しか得られないが、前項で見たように一九一〇年代にはルーブル紙幣と金円が概ね等価であったと考えれば、金円に対する相場と同様の地方差が生じていたと考えてよいだろう。

一九〇九年に永衡官銀銭号の分号が間島に設置された際には、吉林官帖の貸し付けによって通貨需給の季節的な変動を緩和することが期待されていたようである[46]。しかし一九一一年頃から吉林官帖の下落が加速するにつれて、分号の民間向けの業務は滞りがちになった[47]。発行者である官銀銭号自身が吉林官帖の流通量を制御できない状況の下、間島の華商の一部は、次のような操作を行っていたという。

当地支那商人の一部は日々吉林城市の官帖相場を電報照合し、益々下落の返電を得るに於ては一切之れを秘し……官帖を以て日露貨の交換に力め、当地相場以上に下落しつゝある吉林城に向つて、当地日本郵便局を経、価格表記にて之れを送付し、再び官帖換として返送せしむ……（一九一三年）[48]

華商たちが間島から「日露貨」、つまりルーブル紙幣と日本円（日銀兌換券か）を吉林に現送し、吉林官帖を取り寄せていたことが分かる。図12-1で確認したように、間島の吉林官帖の需要は、農産物の出回り期に吉林・長春を上回る傾向にあった。右の史料に表れているのはそうした地方差を利用した裁定取引であった。先にも述べたように間島の華商には吉林と聯号関係を結ぶものが多かったとされ[49]、そうしたネットワークがこうした迅速な情報交換と秘密を要する取引を可能にしたと思われる。なお吉林・長春方面での吉林官帖相場が間島を上回るような場合には、逆に間島から吉林官帖が流出し、かわってルーブル紙幣が流入するという現象も見られた[50]。

このような華商の裁定取引について、間島の地方経済という視点から見れば、現地の事情に即した通貨需給の自律的な調整システムが機能していたと表現してよい。これは吉林官帖やルーブル紙幣、日銀兌換券それぞれの広域的循環を前提として成立したものと言えるが、同時に、そうした地域ごとの自律的な調整が各通貨の広域的な循環を支えてもいたことを示唆する。

二　第一次大戦期の朝鮮銀行券流入と地方経済

日露戦争後もルーブル紙幣は広い範囲で流通していたが、一九一四年八月に第一次大戦が勃発し、ロシアが金兌換を停止すると、満洲・朝鮮におけるルーブル紙幣相場は下落しはじめた。ロシア革命が起きると下落はいっそう加速した（第9章）。

ルーブル紙幣の金兌換が停止されると、間島でも日本郵便局がルーブル紙幣による払い込みを拒否するようになった[51]。また、清津の日本人商人もルーブル紙幣の受け取りを忌避するようになったため[52]、ルーブル紙幣を朝鮮貿易の決済手段として用いることは困難となり、従来ルーブル紙幣を利用してきた間島の華商の間にも、ルーブル紙幣の退蔵や受け取り拒否の傾向が生じた。ルーブル紙幣は流通から引き揚げられてゆき、金融梗塞のため閉店を余儀なくされる商人も続出した[53]。

またこの時期には間島の陸路国境貿易にも変化が現れた。表12-1を見ると、一九一〇年代の前半から後半にかけて、ロシアとの貿易が微増に止まっているのと対照的に（この時期の物価上昇を考えれば実質減少と見てよい）、朝鮮との貿易は増加していることが分かる。特に朝鮮への輸出は、一九一六年から一八年までの間、年率一〇〇パーセントを超える伸び率で拡大した。その直接のきっかけは、第一次大戦の影響で米欧においてインゲンマメなど豆類の需要が急増したことであった。間島産の豆類の輸出は一九一六年頃から拡大し[54]、間島から清津を経ていったん神戸へ輸出された後、北海道や大連など他産地の豆類とともに再輸出された[55]。輸出にあたっては、まず神戸の鈴木商店・三井物産等から清津の日本人貿易商に発注があり、そこからさらに間島商埠地の日本人・朝鮮人商人に注文されたという[56]。

さて第一次大戦期、朝鮮銀行が満洲における店舗網を急速に拡大したことは既に述べた通りであり、一九一三〜一八年の間に一七店舗が新設された[57]。間島の龍井村にも一九一七年三月に朝鮮銀行出張所が設けられ、日本人貿易商の豆類輸出に資金を貸し出した[58]。清津の貿易商も間島商人への豆類発注とともに買い付け資金を前貸ししていたといい[59]、あいまって間島に流入する朝鮮銀行券は急速に増加したと見られる。金周溶はこの時期に間島が「円ブロック」化したと表現しているが[60]、間島において朝鮮銀行券は何らかの権力によって強制通用力を認められていたわけではない。それが地方経済の中で定着する過程については、前節で見たような多種類の通貨間の関係の中で、どのような機能を与えられたかに注目する必要があろう。

豆類輸出に伴う資金の流れを追いながら朝鮮銀行券の利用状況を見てみよう。清津から注文を受けた商埠地の日本

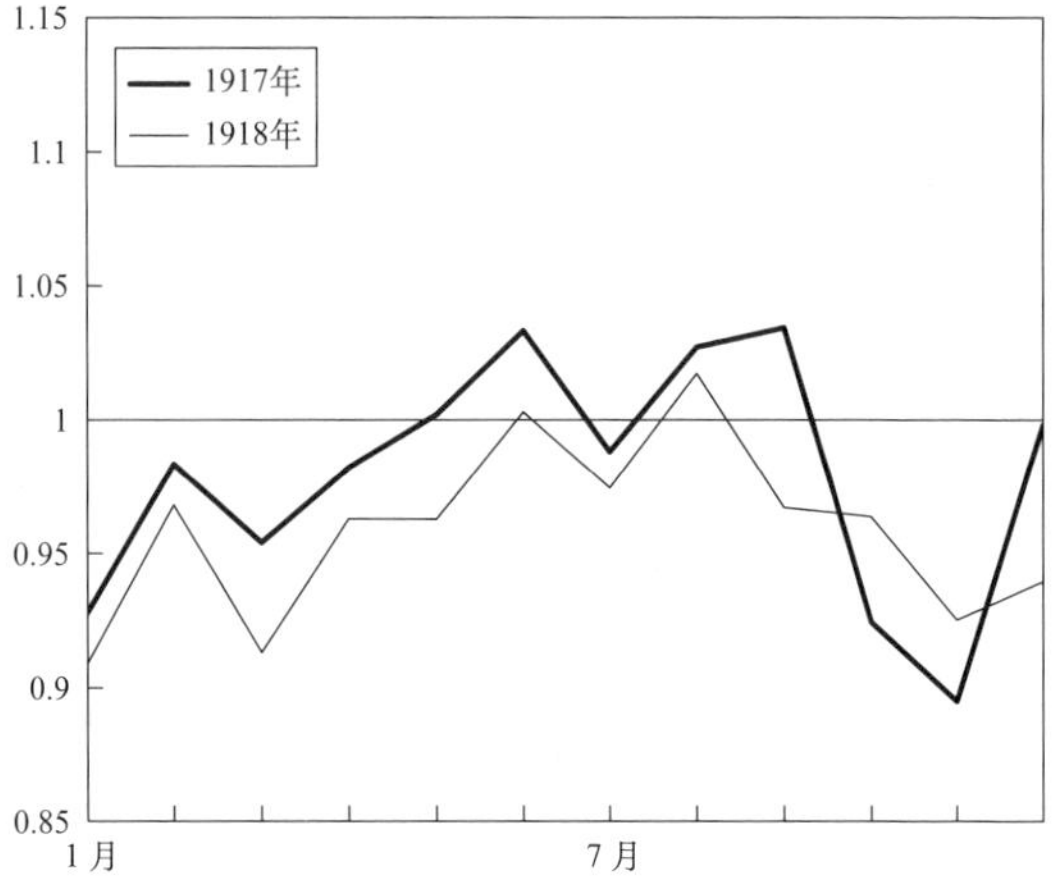

図 12-2　吉林官帖相場の都市間比較（間島・龍井村／長春）（1917 / 18 年）

出所）間島：1912 年分は図 12-1 に同じ。1917 年 1〜3 月は『通商公報』560 号。1917 年 4 月〜1918 年 12 月は『朝鮮銀行月報』各月版。長春：図 12-1 に同じ。
注）間島の吉林官帖対円相場（吊/1 円）を長春の吉林官帖対円相場（吊/1 円）で除した値を示す。

人商人は、商埠地内で買い付けるほか、朝鮮人・華人の小商人に資金を前貸しし、商埠地外での買い付けを委託することも多かった(61)。このころ商埠地近郊の朝鮮人農民間では既に朝鮮銀行券の使用も拡大していたといい(62)、彼らからの買い付けにおいては朝鮮銀行券が用いられた可能性がある。しかし豆類を買い付ける範囲は輸出の増加とともに拡大し、従来は間島商埠地の商圏に含まれていなかった奥地農村にまで及ぶようになった(63)。それらの地方では吉林官帖がもっぱら流通しており、朝鮮銀行券は割り引かれて授受されるような状況であったために、農民からの買い付けは吉林官帖によって行われた(64)。

　つまり豆類輸出に伴って朝鮮銀行券の流入が増えれば増えるほど、農民からの買い付けに用いられる吉林官帖の需要も増加するという関係が存在したことになる。このような関係を吉林官帖の対金円相場を通じて確認してみよう。図12-2は、一九一七〜一八年各月の間島での相場（吊／一円）を長春相場で除した値を示している。値が一より下方になると間島の方が「官帖高」ということになる。両年とも農産物出荷期にあたる秋から春にかけて、間島の吉林官帖需要が長春のそれを上回っていたことが読み取れる。

　それでは、朝鮮銀行券の流入が増加するほど吉林官帖の需要が高まるという現象に対し、現地の商人たちはどのように対応していたのだろうか。次の史料は一九一七年一二月における朝鮮銀行吉林支店（同年六月開設）の営業景況を報告したものである。

著しく増加したるは間島方面よりの電信送金にして、右は彼地に於ける穀物取引が金建にして、奥地買出には官吊を要する処より、当行〔朝鮮銀行〕龍井村出張所を通して当方〔吉林支店〕へ送金し、以て官吊に代へ再び間島方面へ現送せらるる次第にて……。[65]

史料の言う「金建て」とは金円建て、具体的には朝鮮銀行券での取引と解してよかろう。朝鮮銀行出張所の周辺では朝鮮銀行券が流通する一方、商埠地から離れた農村部での買い付けは吉林官帖で行われるという先述の状況がここからも確認できる。そして奥地買い付けに必要な吉林官帖を調達するため（あるいは吉林官帖相場の変化に乗じた鞘取りを目的としたものも含め）、間島の金円資金をいったん吉林に送り、代わりに吉林官帖を現送させるという操作が頻繁に見られたことも分かる。このような操作の担い手は主に間島の華商らであった。[66]このパターンは前節で見た、吉林官帖と日銀兌換券・ルーブル紙幣との裁定取引[67]とほとんど同一であり、変化したのは間島から吉林への送金が朝鮮銀行の為替送金によるようになった点だけであった。

朝鮮銀行龍井村出張所を通じて実際にどの程度の送金が行われていたのか、図12-3から見てみよう。この図は一九一七年三月の出張所開設以来、取り扱った各種為替の純受払高（資金の受入高（＝売為替）－払出高（＝買為替））を相手先別に示したものである。数値が正ならば出張所の受入超過であり、間島から資金が流出したことを意味する。負ならば逆に出張所の払出超過で、間島には資金が流入したことになる。受け払いのバランスが大きく崩れているのは一九一七年末から一八年五月頃までと、一八年末である（残念ながらこの種の数値は一八年末までしか得られない）。いずれの時期にも、対朝鮮為替の受入超過、すなわち朝鮮から間島への資金流入と、対満洲為替の払出超過、つまり間島から満洲への資金流出がほぼ同時に拡大していることが注意される。

この図では資金の流出先が満洲のどの地方であったかまでは明らかにならない。しかし日本領事報告によれば、一

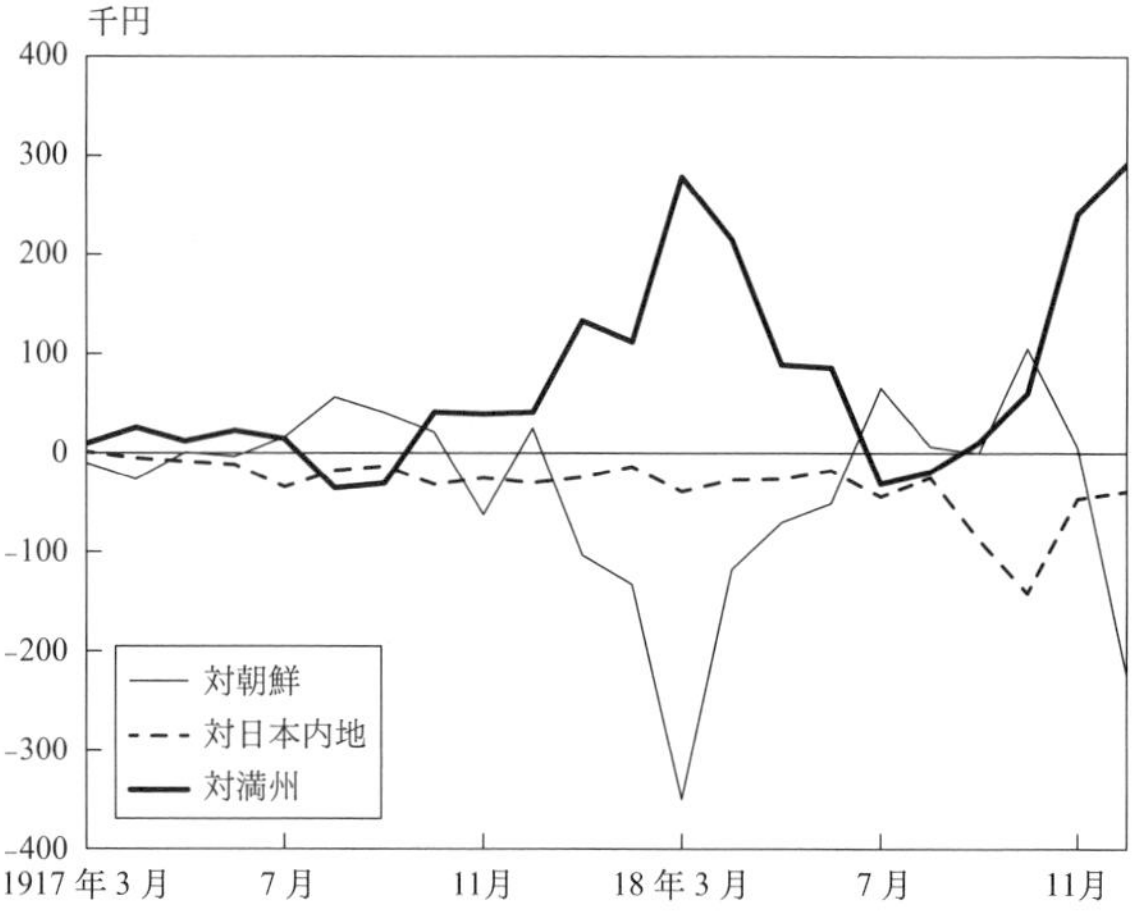

図12-3　朝鮮銀行龍井村出張所の為替純受払高（1917～18年）

出所）『朝鮮銀行月報』所載「各地為替受払高表」各号。
注）龍井村出張所における為替取引を通じた現金の受入高・払出高を相殺した残額。数値が正ならば間島からの送出の超過，負ならば間島への流入の超過と言える。なお「その他」宛ての値も得られるが少額のため省略。

九一八年一一月中における朝鮮銀行龍井村出張所からの送金高二〇万二八八〇円のうち、吉林向けが八万二九五〇円、長春向けが一〇万九八〇〇円を占めていた。[68]先に引いた一九一七年一二月の朝鮮銀行吉林支店の報告[69]とあわせて考えれば、図12-3に見える為替受払いの不均衡は、豆類の買い付け資金として朝鮮から流入した資金が、吉林・長春に向けて流出したことを反映すると見てよい。吉林・長春に流出した分は吉林官帖の形で間島に戻り、農村で実際に豆類を買い付けるための手段とされたのであろう。

奥地の農村ではまだ朝鮮銀行券が円滑に流通しなかったことを考えれば、朝鮮銀行券が間島にいくら潤沢に流入したとしても、それだけでは豆類の買い付けを拡大することはできなかったはずである。第一次大戦前から見られた、華商による通貨間の裁定取引が朝鮮銀行券をめぐって働くことによって初めて、必要な吉林官帖が間島流入し、ひいては間島からの豆類の輸出拡大を実現することになったと言えよう。

また朝鮮銀行券の流通拡大という面から見た場合、朝鮮銀行の店舗網の拡大が華商の裁定取引を可能にしたことは間違いないが、一方で華商がそのような操作を行うことによって、間島に流入した朝鮮銀行券が満洲内陸部の吉林・長春方面への回路を見つけ、流通圏の拡大に掉差したという面も看過できない。通貨の広域的な循環が、権力的な

「上からの」働きかけだけでなく、地方ごとの通貨需給の調整システムに下支えされて実現するという関係は、ルーブル紙幣や日銀兌換券、吉林官帖の場合と同じように、朝鮮銀行券の場合にも見られたのである。

付け加えれば、そうした通貨需給の調整システムは、間島からルーブル紙幣が退場する過程でも機能した。先述したように第一次大戦の勃発直後からルーブル紙幣相場は下落しはじめたが、ロシアに隣接しルーブル紙幣の流入が多かった間島の相場は、吉林や長春よりもいっそう急に下落した。間島の華商はこれに乗じ、間島のルーブル紙幣を買い集めて吉林方面に送り、吉林官帖を取り寄せることで差益を得ようとした。[70] ルーブル紙幣の現送には日本郵便局が利用されることが多く、一九一八年一一月中の現送高は吉林に一二万一七五〇ルーブル、長春に一八万五五〇〇ルーブルであった。[71] このような操作は一九一九年頃まで続いて破綻し、ルーブル紙幣そのものも二〇年頃には見られなくなったという。[72]

最後に第一次大戦後の展望を簡単に述べておこう。大戦終結とともに間島経済のブームを主導していたインゲンマメの輸出は減退し、さらに一九二〇年の恐慌が間島を襲った。同年には日本軍の間島出兵もあり、経済は一時沈滞を余儀なくされたと考えられる。しかしその後、間島の対朝鮮貿易は、輸出品の中心を大豆にかえて再び増加に転じた。[73]

一九二〇年代には、朝鮮銀行に加え、日本領事館の監督下で朝鮮人民会を通じた農民金融が拡大し、[74] 農村部でも朝鮮銀行券が支配的になっていったことが報告されている。[75] 貨幣流通の重層性を解消する試みが進行し、一定の成果を上げたものと思われる。だが一方、華商による吉林官帖の裁定取引は引き続き行われていた。[76] 表12-5によって朝鮮銀行龍井村出張所の為替受払高を見ると、朝鮮からの資金流入・満洲への資金流出という図12-3と同じパターンが一九二〇年代にも維持されていたことが分かる。日本の政治的・経済的関与が深まっていく中でも、華商によるこのような操作が依然として間島の大豆輸出経済の一端を支えていた可能性は否定できない。

一九一〇年代の間島をめぐっては、様々な通貨が重層的に循環していた。そのような状況の中で間島の華商は、通

表 12-5　朝鮮銀行龍井村出張所の為替受払高（1921～25 年）

（千円）

年	対日本内地	対朝鮮	対満洲	その他
1921	−33	181	1,001	75
1922	−267	−613	723	124
1923	−139	−1,070	2,016	262
1924	−145	−770	1,791	72
1925	−92	−689	1,529	44

出所）朝鮮総督府鉄道局営業課『豆満江流域経済事情』1927 年，81 頁。

注）「取立手形」「送金取組」の額を相殺した残額。値が正ならば銀行の受取超過＝間島から資金流出，負ならば銀行の払出超過＝間島への資金流入を示す（図 12-3 に同じ）。

貨需要の地方差を利用した裁定取引を繰り返していた。それは結果的にこの地方の通貨需給を調整すると同時に、通貨の広域的循環を下支えすることにもなった。

第一次大戦中に間島に流入する朝鮮銀行券が急増した際にも、間島の華商は基本的に右の枠組みの中で対処した。それによって間島の豆類輸出は急速に増加し、また間島に流入する朝鮮銀行券はさらに吉林・長春方面へと流出した。間島をめぐる朝鮮銀行券の循環は、朝鮮銀行の店舗網拡大によってのみ実現されたわけではなく、現地にそれ以前から存在した自律的な通貨需給の調整システムに支えられて形成されたという側面を看過してはならないであろう。

日露戦争から第一次大戦にかけての東北アジアでは、日本の国家的関与を通じ、物流・金融の制度的基盤が広域的に整備されはじめていた。朝鮮銀行券の流通拡大もその一つの現れということができる。そしてそのような基盤の上に、日本の工業化を軸とした新たな分業体制もその萌芽を見せつつあった。しかしそのような変化は、必ずしも日本側の利害に沿って一方的に決定されたものではなく、むしろ様々なレベルにおいて既に形成されていた現地の経済システムとの相互関係の結果として形成されたものと考えるべきではないか。そのような視点を取ることによって、日本の政治的・経済的な膨張が近代アジア市場の展開において持った意味を相対的に位置づけなおすことが可能になるだろう。

終　章　朝鮮開港期の歴史的位相

——華商ネットワークが作る「地域」

一九世紀後半の東アジアでは、中国・日本の各地に開港場が設置されたことに加え、ロシアの東漸にも刺激されて、華商を担い手とする地域内貿易が急速に活発化した。そのような中、朝鮮が自由貿易に開かれたことは、華商にとって新たなビジネスチャンスと映ったに違いない。一八八二年以後、朝鮮が日本以外の各国にも開港場貿易を開いていったのは清朝の働きかけの結果であって、華商の移動もその計画の中で想定済みのことであった。だが華商ら自身がそれぞれの主体的な判断に基づいて朝鮮に渡航したことは間違いなく、それはやはり東アジア全体で生じた華商の移動と広域商業の一部に位置づけるべきものと言えよう。

ただしその進出の過程や現地での活動は、朝鮮をめぐるインフラストラクチャーや金融サービスの整備状況、朝鮮の伝統的な商業体制などに規定されて、他の地域でのそれとは異なる特徴を帯びることになった。本書はそうした華商の活動についてミクロレベルで明らかにするとともに、それを基盤として形成された商品や通貨の流通システムにも注目し、この時期の朝鮮が向き合った国際市場の特徴を考えようとした。終章ではその結果を簡単に整理し、研究の展望を示すことにしたい。

華商の国際商業とネットワーク

本書ではいくつかの個別華商の事例を検討したが、そのうち第II部で取り上げた同順泰の例に基づいて、朝鮮華商の国際商業の特徴を整理してみよう。

同順泰は一八八五年、広東省高要県出身の譚傑生によって仁川に創設され、翌年ソウルに移った。これは上海の有力華商であり姉婿にあたる梁綸卿の支援によるもので、同順泰は梁の経営する同泰号の聯号として設立された。このような同順泰創設の経緯は、開港場華商のネットワークが朝鮮に延伸してゆく過程を具体的に示している。

同順泰の貿易活動は上海の同泰号からの絹織物や綿織物の輸入を中心とし、朝中間貿易のマクロ的な構造とも概ね符合するものであった。しかし決済も含めた同泰号との取引のメカニズムは決して単純なものではなかった。日清戦前の朝鮮には上海への適当な輸出品がないばかりでなく、銀行送金のサービスも開かれておらず、同順泰は輸入品の見返りとして朝鮮産の砂金を現送するほか、香港や神戸、煙台などへの輸出代金を同泰号に振り替えたり、早くに朝鮮に進出していた日系銀行を通じて迂回送金するなど、様々な経路を通じて輸入代金の決済を行わなければならなかった。

このような同泰号との取引は、各地の開港場華商との多角的なネットワークによって支えられていた。同順泰と同泰号およびこれら双方と取引関係を持つ各地の広東華商は、それぞれの間で債権債務を相殺し合い、ネットワークの中で全体として貸借の平衡を維持する仕組みを形成していた。右に述べたような同順泰の輸入代金の支払いも、そのような関係の中で一種の多角決済として行われたのである。このことは、近代的なインフラストラクチャーやサービスの未成熟にもかかわらず朝中間の開港場貿易が成長した背景として、ミクロレベルの華商ネットワークの役割が大きかったことを示唆している。

朝鮮国内での活動に目を移すと、同順泰はソウルの本号で輸入品を販売するのに加え、開港場外に店員を派遣し、いわゆる内地通商にも積極的に取り組んだ。内地通商の目的は、人蔘や穀物などを買い付けて各地に輸出し、右のような多角形決を通じて、同泰号への支払いに充てることにあった。さらにそうした内地での買い付けには、輸入品の売却によって得た現地通貨（銅銭）を早めに商品に換え、その価値の変動が同泰号への支払いに影響を及ぼすのを避けるという意味もあった。不平等条約体制の現れとして、政治的な文脈の中で理解されることの多い内地通商だが、華商の経営上の立場から、その広域的な商業活動の一環として行われた側面は見落とすことができない。

同順泰の対上海貿易でもう一つ注意されるのは、それが日本との関係を前提に成立していたことである。開港場の日系銀行が上海への迂回送金の手段として利用されていたのはその代表的な例であるが、日朝間の汽船航路や電信も同順泰の貿易に適宜利用された。こうした日本の影響は日清戦争後にさらに深まった。日本が金本位制に移行した後、開港場の主たる貿易通貨が金円額面の日銀兌換券と第一銀行券になり、しかもその供給が朝鮮の対日米輸出によって左右されるようになったためである。同順泰の例からは、日本が朝鮮に構築したインフラストラクチャーやサービスが、華商の多角的なネットワークを支えるものとしても機能していたことが読み取られ、日朝関係をより広域的な地域市場の一部として理解する必要のあることが分かる。

朝鮮人商人との関係

序章では、これまでの朝鮮史研究が開港期の内外商関係に関心を注ぎながらも、外国人商人の側の条件を十分考慮に入れてこなかったことに触れた。右のような華商の国際商業のあり方を念頭に置いて、その朝鮮人商人との関係を見直すと、どのような特徴が見えてくるだろうか。

華商の朝鮮市場での取引の事例を見て気が付くのは、朝鮮人の仲介商人が果たした役割の大きさである。再び同順泰の例を挙げると、同商号はソウルへの進出当初、特定の客主に滞在して売買の斡旋を依頼し、内地通商の際にも現地の客主を拠点に活動した。また、第4章で見たようにソウルでの輸入品販売には広く居間と呼ばれる仲買人が利用された。第3章で見た国境貿易の場合にも、それに特化した居間の活動が見られた。日本における売込商や中国における買辦の例を想起しても、外国人として情報を十分に得られない市場にアクセスする際、双方の事情に通じた仲介者を利用すること自体は珍しくない。ただし仲介者となる現地商人との関係には、それぞれの市場の環境に応じた特色があったはずである。朝鮮について差し当たり二つの特徴を挙げておきたい。

一つは信用（金融）との関わりである。本書で見た事例によれば、華商は仲介者やその先の売り手・買い手に対して、何らかの形で信用を与えることが多かった。例えば第4章によれば、華商の売った商品への支払いは、買い手自身あるいは仲買人が発行する、長ければ一カ月程度の期限の約束手形によって行われた。これは日本の開港初期における内外商間の輸入品取引が現金払いを主としていたのと異なり[1]、朝鮮人商人の従属性を示すようにも見えるが、朝鮮在来の市場慣行に沿った取引方法が採用されたという側面も看過できない。朝鮮の在来金融には不明な点が多いが、手形の利用が広く見られた一方で、それを割り引いたり集中決済する仕組みはほとんど形成されておらず、二者間の信用の連鎖によって市場が成立していた可能性が高い。華商もその末端に連なったことになる。

華商自身も上海からの商品の輸入に際して、輸入元から長期にわたる支払いの猶予という形で信用を与えられていたとすれば、朝鮮人による輸入品の購入は、最終的に上海から伸びる二者間信用の連鎖によって支えられていたことになる。つまり華商と朝鮮人の取引は、それぞれのネットワークを信用によって結び付けることで成り立っていたのであり、全体として一つのネットワークを形成していたと見ることも可能だろう。

これは日本人商人の活動が開港場に早くから進出した日系銀行の貿易金融に依存していたことと対照的である[2]。開港期の日本側の史料には、少なくとも輸入品の販売において、銀行荷為替の支払期日に制約される日本人商人よりも華商の方が有利だとする記述が見られる[3]。銀行信用に依存しない華商の輸入が一八八〇年代後半から急速に伸びた背景の一つに、彼らの金融のあり方が朝鮮人にとっても便利だったことを考えてよいだろう。ただしこうした二者間信用の連鎖は、一点に綻びが生じるとその影響がたちまち関係者全体に及ぶという点で、脆弱でもあった。華商の信用の起点である上海で発生した金融梗塞が朝鮮人間に直ちに伝播したことは第11章で見た通りである。

なお日清戦争後には朝鮮側の金融に変化が生じ、このモデルがそのまま適用できない状態となった可能性もある。甲午改革により租税が金納化されたことを一つの背景として、一八九六年に初の朝鮮人銀行として朝鮮銀行（一九一一年設立の植民地中央銀行とは別）と漢城銀行が設立され、九九年には大韓天一銀行も設立された。これらはいずれも官僚と有力商人層の主導によるもので、国庫金や皇室資産の一部を取り扱うほか、朝鮮人を主な対象として商業金融にも従事した。その規模は日系銀行に比べ小さく、外国為替も扱わなかったが、日系銀行の扱わない朝鮮の現地通貨を受け入れ、貿易に伴うその価値の変動に乗じて利益を上げたことが明らかにされている(4)。二者間信用に依存した市場のあり方に変化の兆しが見られたと言えるが、本書の扱った華商側の史料にこれらの銀行の姿は現れない。これらが市場にどの程度の影響力を持ったかは商人の立場から改めて考察する必要があろう(5)。

華商の朝鮮人商人との関係について、もう一つ考える必要があるのは商業特権との関係である。解放後の南北朝鮮では、資本主義の自生的発展を証明することで停滞的な朝鮮史像を打破しようとする内在的発展論の立場から経済史の研究が進められた。その中で一八世紀以後の商品経済の発展が強調されると共に、その担い手として権力から自立した商人＝「私商」の台頭が想定された。だが実証研究の進展により明らかになったのは、「私商」と目された新興商人を含む、商人と権力との密接な関係であった。個別財源を確保する必要のあった官署や宮房・軍門などが、特定の場所や商品についての独占権や徴税権を設定して縁故の商人に与え、商人は一定の上納金と引き換えにそれら権力機関の庇護を受け、自身の活動領域を確保したのである(6)。こうした特権によって特徴づけられる商業体制は開港期にも維持され、甲午改革でいったん解体されたものの、大韓帝国期に皇室財源の一環として復活され保護国期に及んだ(7)。

こうした商業体制は、貿易品に対する関税以外の賦課を禁じた条約上の規定と抵触しかねないものであり、実際に外国人との間でしばしば紛争を惹起した。先行研究はこの点に注目し、外国人の活動が朝鮮人商人の活動基盤である商業特権を掘り崩していった側面を強調してきた。だが華商自身の行動に即して見直すと、彼らが既存の商業特権と常に敵対的だったわけではないことが分かる。華商が取引する客主等の仲介者は、しばしば何らかの独占権や徴税権を権力から付与された存在であった。仲介が同時に徴税を伴うような取引システムの中で、華商が徴税だけを拒むのは現実的に困難だったと考えられるし、華商自身が積極的にそれらの特権を利用しようとすることもあった。

同順泰の場合、輸入品の売り込みや輸出品の調達において、当該の商品の独占権を持つ客主が利用された。同順泰は日露戦争後まで韓国皇室と結び付いた有力商人と提携して事業拡大を図っていた[8]。また第3章で見た山東華商による紅蔘輸出も、輸出権を持つ朝鮮人との関係を通じて行われたものであった。こうした例から考えれば、華商が特定の仲介者を選んで国内市場にアクセスしようとする際、それらの仲介者がどのような特権を持つか、権力とどのように結び付いているかは、重要な選択基準の一つになったと考えられる。

こうした特権的な商業体制は保護国期の皇室財政の整理に伴って解体され、それに依存した朝鮮人商人の多くも没落した。だが生き残った人々、特に金融業者の中から、今度は植民地権力と結び付いて資本家として成長する者が現れた[9]。こうした朝鮮国内での商業体制の変化の中で、華商のそれまでの人的関係やそれを通じた市場へのアクセスの仕方がどう変化したかは興味深い問題である。

商業特権の問題と関連して付け加えておきたいのは、朝鮮人側の中間組織の役割である。一九世紀末の日本や中国では、それぞれ現地商人や生産者の組織が外国人商人との取引条件や品質管理に相当の影響を与えたことが知られている。朝鮮の場合、王朝初期に遡る同業団体としてソウルの市廛があり、開港期には各地の客主が商会社などと呼ばれる団体を結成した。これらの団体が個々の取引内容に介入した形跡は乏しいが、官との関係の窓口となり、構成員に特権を保証する受け皿としての役割を果たした[10]。本書の扱った華商側の史料において、朝鮮人との取引は個別的で条件もそれぞれ異なり、このような団体が介入した形跡は認められない。ただし日清戦争後には客主団体が外国人商人と手数料率や商品授受のルールをめぐって交渉した例もあり[11]、市場全体を見た時、これらの団体が対外的な取引秩序の形成に果たした役割は慎重に検討される必要がある[12]。

帝国の膨張と華商――通貨流通の側面から

日清戦争を経て日露戦争の前後に生じた広域的な変化の一つとして、ロシア・日本通貨の流通拡大を挙げることができる。本書の第III部では朝鮮に加えて南満洲も視野に入れ、それらの流通実態を華商の広域商業との関係を手がかりに捉えようとした。これはミクロレベルの華商の活動がマクロな市場にどのように反映していたかを検証する試みであり、また帝国の膨張による市場環境の変化に華商がどう対応したかを考えるものでもあった。

第9章では一九〇〇年代から満洲で散布され、朝鮮の一部にも流入したルーブル紙幣を取り上げ、第10章では日露戦争時の日本軍票の例を見たが、いずれについても華商による上海向け送金の需要がそれらの流通に大きな影響を与えていた。日露両国の勢力圏を超えて広がる華商ネットワークの中で、二者間の支払いの連鎖をつなぐ手段としてこれらの通貨が利用されたのである。華商は通貨そのものを上海に現送することもあったが、露清銀行や横浜正金銀行の送金サービスを利用することもあった。この点は、朝鮮に進出した日系銀行の対日送金が華商の上海送金の経路として利用されたことと軌を一にしており、中国南部から東南アジアにかけてそうだったように、東アジアにおいても国際銀行が華商の広域的な送金網の一部として機能していたことを窺わせる。

ただしこれらの通貨の広域流通は、華商の送金需要だけによって成り立っていたわけではない。これらが上海まで現送される場合を考えると、一方に現地の地方経済における対外支払いの需要があり、もう一方には上海の欧米系国際銀行による金建て資金の需要があった。ルーブル紙幣や軍票は、そのような様々なレベルの資金循環をつなぐ役割を果たしたと言える。それまでもこの地域には各種各様の通貨が流通し、それらが資金循環の階層間を順次結び付けていたと考えられるが、日露の散布した金との交換性を有する通貨（軍票は銀円額面だが金円と事実上固定相場で結び付いていた）は、国際金本位制の下、従来の諸通貨より格段に「射程距離の長い」通貨としてローカル・レベルからグローバル・レベルに至る資金循環の階層間を一気に結び付けたのである。

さて右のような通貨の広域流通が、帝国の政策の中で予期されたものであったかは別の問題である。日本政府についていえば、満洲に散布した軍票が対上海送金の手段となったのは予想外の事態であった。それによって維持された軍票の信認を毀損することなく、同時に日本本国の金本位制に影響が及ばないよう当局は様々な手段を試み、最終的には金との固定的な関係を切断するに至った。朝鮮においては保護国支配下の貨幣整理事業によって通貨制度そのものが日本円の下に統合された。そこでは現地発行の第一銀行券（→韓国銀行券・朝鮮銀行券）を強制通用力を持つ法貨とし、その準備に日銀兌換券を充てる「円為替本位制」（山本有造）が採られ、植民地通貨の金との交換性を制限した[13]。あわせて各種の金融機関も整備され、通貨の需給を領域的にコントロールする体制が構築されていった。

ただし植民地朝鮮の通貨体制は、特にその初期において脆弱であった。朝鮮の対日移入超過により朝鮮銀行が為替決済資金の不足（準備通貨である日銀券の流出）に悩んだことはよく知られるが[14]、第11章で見たように、華商の上海向け送金が日本を経由したことはこの問題を増幅した。また朝鮮内において銀行券とその他の補助貨の関係は額面通りに固定されなければならなかったが、実際には一九一〇年代半ばまで、特に農村部において両者の関係は流動的であった[15]。ましてや本位制が実施されず、各種の通貨が並行流通する満洲に投入された朝鮮銀行券が、現地華商によるローカルな通貨需給システムの中に組み込まれてしか流通し得なかったことは、第12章で見た通りである。

その後の満洲の通貨流通が一貫して中国本土との関係に影響され、日本は遂に満洲事変後までそのコントロールに成功しなかったことは改めて繰り返す必要はないだろう。ここでは一八七〇年代から日本通貨が継続的に流通してきた朝鮮においても、領域的な通貨支配を確立するのはそれほど容易ではなく、その要因の少なくとも一つとして、これも一八八〇年代から続く華商の対上海決済の問題があったことを確認しておきたい。このことが植民地期の通貨当局の政策に与えた影響については別に検討しなければならない。

朝鮮開港と「地域」

最後に開港期の朝鮮を考える際の空間的な枠組み、言い換えれば研究視角としての「地域」設定の問題について考えてみたい。

序章で述べたように、一九八〇年代のアジア交易圏論は、一九世紀後半のアジアを一つの市場圏と見る視角を提起した。一九六〇年代の東アジア世界論では一国単位の歴史の「足し算」として東アジアを考える傾向が強かったのに対して、(16) アジア交易圏論では国境そのものを相対化し、国境を跨いで形成される広域的な市場のまとまり——濱下武志の言葉を借りれば近代アジア市場——に注目する点に大きな特徴があった。その議論の中でネットワークという概念が大きく取り上げられたのも、それが国家の領域を超えて形成される関係性の広がりを示すのに有効だったからである。

本書は全体として、近代アジア市場の中に開港期の朝鮮をどのように位置づけるかという問題を、華商のネットワークを手がかりに考えようとするものであった。この時期の対中国貿易は、マクロ的に見れば仁川・上海の二地点間に集中していたが、その担い手である華商のネットワークは日本を含む東アジアの沿海諸港に及んでおり、それが全体として仁川・上海間の貿易を支える形となっていた。このことは、朝鮮の開港場が東アジアの開港場間貿易のシステムに組み込まれていたという古田和子の所説を、ミクロな華商ネットワークのレベルで裏付けている。開港期の朝鮮を広域的・多角的な国際市場の一部として捉える必要が改めて確認されたと言ってよいだろう。

ところで、こうした華商の活動や、それを通じた商品や資金の動きを追ってゆくと、それが単に多国間にわたっていただけでなく、朝鮮自体の国境を飛び越える形で運動していたことが分かる。第9章で見たルーブル紙幣の流通がその典型であり、朝鮮で唯一ルーブル紙幣が流通した咸鏡地方の経済は、華商が上海に対する支払いの手段としてそれを利用したことにより、朝鮮というナショナルな枠を飛び越える形で東アジアのリージョナルな、あるいは国際金本位制の下にあるグローバルな市場の変動に結び付けられることになった。このことは朝鮮経済の領域的なまとまりが絶対的なものではなかったことを示唆している。

先に触れた内在的発展論の視角の下では、朝鮮後期における全国市場の形成が強調されてきた。ただし開港以前の朝鮮で国内の遠隔地商業が相当の規模で成立していたことは確かだとしても[17]、それは市場統合を直接に意味するものではない。開港期の咸鏡地方がロシアの沿海州と結び付いて成長したことを早くに指摘した梶村秀樹は、内在的発展論の立場を採りながらも、当時の朝鮮は「相対的に独自性をもった地域経済」が国民経済への統合を待つ段階にあったと注意深く表現している[18]。また近年の物価史研究は、米価動向から見て開港前の市場は統合された状態とは言えず、開港はむしろその分裂を深刻化したという見方を示している[19]。

こうした状況から、朝鮮をめぐるヒトやモノ、カネの動きはそれぞれに国境を跨ぐ形で「地域」を形成したと表現してもよいように思われる。言うまでもなく、ここでの「地域」とは何らかの固定した地理的・空間的範囲を示しているわけではない。それは人間の様々な活動を通じて立ち現れる空間、場の広がりを前景化するための分析概念であり、時の経過に応じて伸び縮みするだけでなく、分析する主体がどのような事柄に注目するかによって異なる形で現れる。人の移動や交易、コミュニケーションといった事象を取り上げるならば、それは容易に国境を越えて広がるであろう。

このような「地域」概念を用いた分析は、論理的にはいつの時代についても可能であるし、実際に前近代を対象とした「海域史」は、こうした考え方を通じて近代以降の国民国家の領域に捉われない豊かな歴史像を提起してきた[20]。ただし、このような概念の普及に大きな影響を与えた板垣雄三の「n地域論」は、もともと近代を念頭に置いたものであり、帝国主義／世界資本主義とそれに抗する民衆の運動、さらにそれを制御しようとする民族主義の対抗関係を、一つの「場」の中で捉えようとする工夫として提起されたことを想起したい[21]。これについて板垣は、やや一般化した形で次のように説明している。

近代世界の形成とは……「人々がおのずと安住していられた地域」を打ちこわし、再編成することであった。生活の場の拡がりは、いびつな重層構造につくり変えられていった。従属や収奪の世界的システムが形を整えるにつれて、世界全体が、あらゆる次元と局面で、入り組んだ幾段階もの重合性を帯びるようになった[22]。

先述した海域史の成果を踏まえれば、近代以前の生活世界を自己完結的な「おのずと安住していられた地域」と描くことには問題もあるだろう。だが近代以後の人々が、局面によって広狭様々な「地域」を同時に生きる傾向を強めたことは間違いない。本書で見てきた華商のネットワークや通貨、商品の流通は、そうした意味での「地域」のレイヤーの一つを示すものであり、いずれも一九世紀後半という特定の時代環境の下で形成されたものであった。

そのように考えると、本書の到達地点は、開港期の朝鮮をめぐる「地域」の多重的広がりを描き出し、その同時代的な条件のいくつかを明らかにしたという所に求められる。再び序章に立ち戻れば、開港期における「外圧」の実態を華商の活動から明らかにしようという問題意識から出発した本書は、結果として、華商の活動に体現されるような変化を朝鮮の「外」から与えられた刺激として捉えるのではなく、朝鮮の「内」も含む形で、国境を跨ぐ「地域」が立ち上がる過程として捉える視角を提示したことになる。その過程が、開港までに形成されてきた朝鮮社会の体制によってどのように条件付けられていたかを明らかにするとともに、保護国化から植民地化を経て、強固な領域化への志向によって特徴づけられる日本の植民地支配の下でどう変形されていったかを検討することによって、国際市場との関わり方における開港期の固有の位相をより明確に理解することができるであろう。

注

序章

(1) 岩井茂樹（一九九六）は「辺縁の経済ブーム」という語で表現している。
(2) 一七世紀の東アジア三国が構築した通交管理システムについて、その共通性と異質性をめぐる議論が展開されてきた。ただし朝鮮がその中でどう位置づけられるかはなお十分に論じられていないように思われる。渡辺美季・杉山清彦（二〇〇八）一二一頁。
(3) 朝鮮後期の外交貿易体制の概要について、糟谷憲一（一九九二）二二四〜二三一頁。
(4) 濱下武志の朝貢システム論とそれに対する批判を念頭に置いている。議論の要点を批判的な立場から整理したものとして岩井茂樹（二〇一〇）、岡本隆司（二〇一〇）。
(5) 糟谷憲一（一九九二）二三一〜二四三頁に開国過程の概略が整理されている。
(6) 順に列記すれば元山：一八八〇年五月、仁川：八三年一月、木浦・鎮南浦：九七年一〇月、群山・馬山・城津：九九年五月、龍巌浦：一九〇四年二月、清津：〇八年四月。朝鮮における開港場・居留地について奥平武彦（一九三七）、손정목（一九八二）、高秉雲（一九八七）が全体像を示している。釜山と元山、仁川の開港交渉については現在でも田保橋潔（一九四〇）が最も詳しい。
(7) 朝鮮開港期の貿易統計は作成機関と基準を異にした複数の系列があり簡単に接続できない。それらは十分に吟味されてこなかったが、堀和生・木越義則（二〇〇八）が基本的な整理を試みている。ここでは大まかな傾向がつかめればよいので、継続した系列として得られる朝鮮海関の数値だけを掲げた。
(8) 堀和生・木越義則（二〇〇八）が推計した開港期の実質貿易額によれば（一九一〇年基準、同論文の付表五）、朝鮮の粗輸出額は一八七七年を一〇〇として九三年に二三八七、一九〇三年には八六二五となった。粗輸入額の伸びはさらに大きく、一八七七年を一〇〇として九三年に四四二一、一九〇三年には一六五八八に達した。
(9) 開港期朝鮮の貿易構造を分析した堀和生（二〇一三）は、こうした日本の貿易上の優位をもたらした条件を「第一に開港を日本が主導しその後も強い政治的影響力を行使し続けたこと、第二に朝鮮は欧米が関心を持つ茶や生糸のような世界商品をもっていなかったこと、第三に日本が産業革命を遂げ工業品輸出国に急変貌していったこと」と整理している（一一一頁）。マクロ的な分業形成の背景として見るならば妥当な指摘であろう。
(10) 村上勝彦（一九七五）二四九〜二五〇頁。

(11) 石井寛治（一九八四）は、幕末開港期の日本が「外圧」にどう対応したかを考える際、（権力や民衆の対応に加えて）「外圧」と直接向き合う立場にあった商人の動向＝商人的対応を考えることに重要な意味があるとした。同時に「外圧」の側についても、当時の未成熟な国際市場においては、先進国での生産活動を考えるだけでは不十分で、それを媒介する貿易商人の独自の役割に注目する必要があるとした（二〜三頁）。朝鮮開港期の国際商業を取り上げる意義を考える上でも示唆に富む。

(12) 堀和生（二〇一三）一二六頁。

(13) 西海岸の開港場仁川の貿易額は開港期をほぼ通じて朝鮮最大であったが、海関報告による一八九三年末の商社（firm）の数は日本：一五、中国：一四、ドイツ：二、米国：一であり、一九〇三年末には日本：一〇三、中国：二五、英国：三、米国・フランス・ロシア：各二、ドイツ：一となっていた。人口で見ると、一八九三年末に日本：二五〇四、中国：六七八人に対し欧米各国が合わせて三一人、一九〇三年末に日本：六四三三、中国：八四五人に対し欧米各国の合計が一〇六人であった。China Imperial Maritime Customs, *Returns of Trade and Trade Reports for 1893*, Appendix 2, Corea ; Korea Imperial Maritime Customs, *Returns of Trade and Trade Reports for 1903*.

(14) 釜山・元山・仁川には日本専管居留地と清国専管居留地の双方が置かれ、仁川には各国居留地もあわせて置かれた。日清戦争以後に開かれた諸港では基本的に各国居留地だけが置かれたが、馬山には日本専管居留地も設置された。注(6)の文献参照。

(15) ソウル開放の由来については손정목（一九八二）第Ⅴ章、第Ⅵ章が詳しい。本書第4章の冒頭でもその経緯を簡単に説明する。なお一八九八年には平壌も雑居地として開市された。その経緯について박준형（二〇一三a）。

(16) 内地通商権の由来については注(104)に対応する本文を参照。正確に言えば、外国人は居留地から朝鮮里一〇里以内では土地家屋の購入が可能であり（一八八三年朝英条約第四款四）、また朝鮮里一〇〇里以内は自由に旅行が可能な間行里程であった（一八八二年日朝修好条規続約第一款、八四年に実施）。内地通商権はさらにその外で許可を得て商業活動ができる権利ということになる。朝鮮一里は約四〇〇メートルに相当する。

(17) もう一つの重要な研究史上の文脈は、開港期に現れた様々な商人の活動が、朝鮮後期までに形成された伝統的な商業体制の中ではどう理解されるかということである。これについては本書の終章で再び触れる。

(18) 이병천（一九八四）。홍순권（一九八五）、류승렬（一九九六）も客主を扱った代表的な研究で、いずれもその特権依存的な性格を強調する。

(19) 이병천（一九八五）、나애자（一九九一）。貿易品に対する内地課税の免除は一八八三年の朝英条約第五款四で定められた。

(20) 吉野誠（一九七八）（一九九三）、하원호（一九八五）（一九九七）。

(21) 関係の文献は本書第4章の注(5)参照。

(22) 梶村秀樹（一九八六）、その依拠した研究として신용하（一九七六）。梶村は日本における開港期経済史の第一人者であり、朝鮮経済の内在的発展が外圧によって制約される過程を理論化しようとした。洪宗郁［ほん・じょんうく］（二〇一〇）。

(23) 鵜飼政志（二〇〇二）は、幕末開港期の政治史研究について、国際環境の具体像を明らかにしないままで「外圧」への日本側の対応だけに関心を集中させてきたと批判している（序章）。注(11)に挙げた石井寛治の指摘と共に朝鮮史にも示唆が大きい。

(24) 開港期の内外商人の関係に焦点を当てた研究は、本文で紹介した一九八〇～九〇年代の諸論文をピークとするが、その後も김태웅（二〇〇六）や하지영（二〇〇七）、오미일（二〇〇八）などがそれぞれ新しい事実を指摘している。またこれまでほとんど明らかになってこなかった開港場商人の個別例についても이영호（二〇〇七）のような研究が現れている。都市研究との連携により、開港場を対立の場と捉えるのではなく、内外商間の秩序形成の場と捉える見方が強調されるようにもなった（인하대학교 한국학연구소編（二〇一〇）など）。ただしこのような新しい研究にしても、外国人商人の側の条件について広域的な視野から明らかにするという指向は薄く、解決されるべき問題点として残っている。そうした傾向の中での例外として、開港場金融を東アジア的な視野から明らかにしようとした김윤희（二〇一二）があり注目される（本書第8章の注(155)参照）。

(25) 初期の代表的研究として木村健二（一九八九）がある。木村は開港期の在朝日本人を「日本帝国主義の社会的基盤」と表現している（二〇九頁）。

(26) 在朝日本人に関する研究は多く、開港期に限ってもすべて挙げることはできない。本文に挙げたような傾向を代表する近年の論集の例として、조정민（二〇一三）、인하대학교 한국학연구소・중국 복단대학역사지리연구중심（二〇一五）。

(27) 山田昭次（一九七九）。

(28) 貴重な例外として高村直助（一九八四）があり、丁吟商店の内部史料から一九〇〇年代の朝鮮向け綿布輸出を論じた。他に木村健二（一九九九）は回想録に依拠して日本人商人の個別的なネットワークを明らかにした。

(29) 村上勝彦（一九七三a）（一九七三b）、高嶋雅明（一九七八）。

(30) 朝鮮での金融政策については前注の文献のほか、波形昭一（一九八五）。

(31) 村上勝彦（一九七五）。こうした立場を遡れば、山田盛太郎『日本資本主義分析』（初版一九三四年）が、綿業に代表される日本産業資本の確立にとって朝鮮・中国市場の確保が「基礎的条件」であったと論じたことに行き着く。

(32) 小風秀雅（一九九五）は東アジア海運市場の全体像の中に日本海運業を位置づけようとしており、重要な例外となっている。朝鮮での近代海運業についても多くの頁を割いて検討している（同書第五章）。

(33) 同時代の史料は概ねそのように認識しており（例えば塩川一太郎『朝鮮通商事情』一八九四年、五七～五八頁）、本書の以下の検討（特に第II部）もそれを支持する。

(34) 堀和生・木越義則（二〇〇八）二七～二九頁。

(35) 北川修（一九三二）七〇頁、村上勝彦（一九七五）二三六頁。いずれも日本側の統計から計算した値。

(36) 村上勝彦（一九七五）二三九頁。

(37) 日清商人の競合を初めて歴史研究の対象とした幼方直吉（北川修は筆名）は、日清戦争を前後した貿易構造の転換をもって「日本産業資本の清の商業資本に対する勝利」と表現しており、こうした関心のあり方を如実に示す。北川修（一九三二）七九頁。
(38) 彭澤周（一九六九）、林明徳（一九七〇）のような外交史、また楊昭全・孫玉梅（一九九一）などの朝鮮華僑史の叙述を念頭に置いている。
(39) 琉球処分が清の朝鮮政策の転機であったことを強調する見解として、岡本隆司（二〇〇四）三八頁。
(40) 古田和子（二〇〇〇）としてまとめられた。
(41) ただし古田の議論はあくまで上海の側に視点を置いたものであり、各地の側から見て上海との貿易がどのような意味を持ったかは、別に検討しなければならない。例えば高村直助（二〇〇二）は、日本から見て綿織物の輸入経路は必ずしも上海からの再輸入に一元化されていなかったことを指摘する。
(42) 一九九〇年代までのアジア交易圏論については古田和子（二〇〇〇）補章の整理を参照。
(43) 古田和子（二〇〇〇）八一頁。
(44) 古田和子（二〇〇〇）一八一〜一八三頁。
(45) これについては本書第II部の導論を参照。
(46) 村上衛（二〇一三）は、アジア交易圏論全般への批判として、海関統計が利用可能な一八六〇年以後に議論が集中したことから、前近代からの連続―断絶や、開港場体制の歴史的な意義について十分検討できていないことを挙げる（四頁）。
(47) 一九〇八年以前の朝鮮海関、また一九〇四年以前の中国海関では、統計上の価格を市場価格によっていた。これは現在一般的な輸入港到着価格（CIF）、本船積込渡価格（FOB）の基準に比べ、輸入を過大評価、輸出を過小評価していたことになる。堀和生・木越義則（二〇〇八）の計算によれば、朝鮮海関の純輸出入価格をCIFとFOBに換算すると、輸出は原統計の一一二・七パーセントに増え、輸入は原統計の八七パーセントに減るという（二四〜二五頁）。ただしその換算を適用したとしても、朝鮮の対中国貿易が一貫して赤字傾向であったことに変わりはない。本書では換算前の原統計の数値を掲げている。
(48) 日本の朝鮮産金の買い取り政策については村上勝彦（一九七三b）、小林英夫（一九七九）。なお小林は、金の対日買い取りの増加が華商の決済手段を奪ったため華商が衰退したと評価したが、実態として華商の活動はその後も続く。それを支えた決済システムの詳細については本書第8章、第11章で論じる。
(49) 濱下武志（一九九九）八七〜八八頁。濱下は二〇世紀初頭の神戸に山西票号の支店が存在したという事実を根拠に、それが仁川・上海間の決済を中継したと推論している。ただし濱下自身も断っているように、そのことを具体的に示す史料は提示されていない。
(50) 小風秀雅（一九九五）二三〇〜二三八頁。
(51) 李正煕「い・じょんひ」（二〇一二）第四章で朝鮮総督府の織物関税政策を詳しく論じている。植民地期の対中国貿易全般について

は송규진（二〇〇四）。
(52) 仁川日本人商業会議所『仁川港外国貿易内国貿易輸出入額七ヶ年間対照表（自明治二十九年至明治三十五年）』一九〇三年により筆者が計算した。
(53) 紅蔘貿易については本書第3章で取り上げる。また日清戦後の制度変化については本書第8章注(45)(50)参照。
(54) 韓国と中国で刊行されたものを列記すれば、박은경（一九八六）、楊昭全・孫玉梅（一九九一）、전우용（二〇〇三）、양필승・이정희（二〇〇四）、王淑玲（二〇一三）。また仁川華人の通史として이옥련（二〇〇八）、釜山について조세현（二〇一三）がある。
(55) 中央研究院近代史研究所檔案館に所蔵される駐韓使館保存檔案を活用した研究が二〇一〇年頃から韓国で多数発表されるようになった。本書第4章、特に注(11)参照。
(56) 植民地期について松田利彦（二〇〇三）、安井三吉（二〇〇五）、菊池一隆（二〇一一）、解放後の韓国について王恩美［わん・えんめい］（二〇〇八）。これらが華人の政治的な位相に重点を置くのに対し、植民地期の社会経済活動に重点を置いた著作として李正熙［い・じょんひ］（二〇一二）がある。なお開港期の華商の専論としては、後に第II部導論で触れる姜抮亞および筆者の研究のほか、담영성（一九七六）、河明生［は・みょんせん］（一九九四）などがあるが、いずれも華商の活動の国際的な広がりに注目したとは言えない。
(57) 岡義武（一九五三）。
(58) 籠谷直人（二〇〇〇）。
(59) ロシアの極東地方をアジア史の中で理解しようとする試みとして左近幸村（二〇〇八）所収の論考、特に原暉之（二〇〇八）。またアジア人の移動についての専論としてサヴェリエフ（二〇〇五）がある。
(60) 太田淳（二〇一三）八五～九三頁。
(61) 石田興平（一九六四）は満洲開発のこうした性格を「植民地経済」として描き、荒武達朗（二〇〇八）はミクロ的な家計の視点を織り込みながら移住の過程を跡づけた。
(62) 荒野泰典（一九八八）。また近世の北海道漁業やアイヌ支配を海産物の中国向け輸出と結び付けて論じたものとして田島佳也（二〇一四）第III部。
(63) 斯波義信（一九八一）（一九八三）は明治期華商の海産物輸出を函館の例から論じる。
(64) 籠谷直人は、このような現象に注目して日本の開港は西洋への開港であるのと同時に「アジアへの開港」でもあったとする。籠谷直人（二〇〇〇）三三頁。華人の海産物輸出に対抗した日本側の直輸出活動については黄栄光（二〇〇八）も参照。
(65) ウラジオストクの漢語表記「海蔘崴」がナマコに由来することはよく知られている。原暉之（一九九八）四二～五二頁。
(66) 神長英輔（二〇一一）（二〇一五）。

(67) 朴俊炯［ぱく・ちゅにょん］（二〇一四）は東アジア三国における居留地制度の相違を内外国人の居住空間という視点から指摘する。
(68) 一八七一年の日清修好条規は最恵国待遇を双方に認めておらず、九六年の日清通商航海条約に至って日本側にのみ認めた。一八七六年の日朝修好条規も最恵国待遇を双方に認めておらず、八三年の日本人民貿易規則によって日本側にのみ認めた。一八八二年の朝中商民水陸貿易章程は他の条約とは相互に連動しないという建前であったが、実際には清側だけが片務的な最恵国待遇を受ける形で運用された。一八九九年の韓清通商条約は第一条で双務的な最恵国待遇を定めており、これが東アジア三国間では唯一の例であった。
(69) 坂野正高（一九七三）は、中国における「条約港」設置の目的を何より安定した商業秩序の「場」を設けることにあったとし、西洋側にとって取引の反復性と計算可能性が恒常的に保障されることが大事であったとした（一八四頁）。開港場が「不平等条約」の所産であることを考えれば、それを侵略の象徴と捉えることも可能だが、一方でそれがアジア人の移動や取引にも開かれたという点は見逃せない。中国の場合、開港場に導入された西洋的な取引の秩序が華商たちにも取り入れられ、伝統的な商業秩序を内側から解体する契機となったことが指摘されている（本野英一（二〇〇四））。
(70) 「アジア交易圏論」の首唱者の一人である杉原薫は、「アジア間貿易」に西洋が与えた最大の刺激の一つにこれらの提供を挙げる。杉原薫（一九九六）三二～三三頁。
(71) 斯波義信（二〇〇二）一三五～一五〇頁。
(72) 広東商人の上海での活動については宋鉆友（二〇〇七）、Goodman（1995）など、浙江商人（寧波商人）については西里喜行（一九六七）、斯波義信（二〇〇二）一八三～二二四頁。また本書第5章でもこれについて触れる。
(73) 長崎について菱谷武平（一九六三）、横浜について伊藤泉美（一九九一）。
(74) 荒武達朗（二〇〇八）第三章、第四章。
(75) 「在日華僑史を彩る最大の特徴は、渡来華僑の大多数が、一貫して、上層に貿易商、貢付問屋、荷卸問屋、銀行、商社買弁らを配し、中下層に内地行商、雑貨業、加工職人らを含む、広義の商人集団群によって構成され、いわば商人型移住類型を性格の基本として荷ってきたこと」。斯波義信（一九八三）四五頁。
(76) 麻田雅文（二〇〇八）、上田貴子（二〇一一）（二〇一四）。
(77) 上田貴子（二〇一一）（二〇一四）のほか、本書第6章の注(109)を参照。
(78) 商務委員制度について権赫秀（二〇一三）九六～一〇九頁、青山治世（二〇一四）二〇九～二一四頁。
(79) 石川亮太（二〇〇九）一六八頁、김희신（二〇一〇c）。
(80) 秋月望（一九八五）一〇九～一一〇頁。
(81) 注(15)の文献を参照。
(82) 「華商各号花名清冊」（使館檔案、1-41-40-19）。

(83) 表序-6の出所史料のうち、一八八四〜八六年分の名簿（ソウル、仁川、釜山、元山）を合算したところ、山東省出身者は五四三名で、うち府以下のレベルで判明するのは四五五名であった（重複する人名は除いて計算）。その中で登州府が三二七名、萊州府が六〇名を占めた。石川亮太（二〇〇九）一七〇頁。
(84) 荒武達朗（二〇〇八）九三頁、一〇七頁、一二一頁。
(85)「拠辦理仁川商務委員李丞蔭梧稟称、竊照朝鮮仁川一口、密邇漢城、対岸登煙、為各国兵船商輪萃泊之区、亦為内地游民游勇出没之所、事務沓雑、日見繁鉅、比時来山東沿海地方荒歉、游民等数十相引前来謀生、而各処游勇亦夾雑混来、潜赴韓内地滋擾閭閻、迭奉憲台剳諭飭令厳密査禁、分別遣逐各在案、……毎於該各船進口時、華人民商輒有百数十人下岸分投店舎、或潜匿韓民家、或寄寓倭酒家、待卑職派一二差人前往遍査、已逾経日、早不知該游民游勇等匿赴何処」。李鴻章の総理衙門あて函、光緒一五年八月九日、『清季中日韓関係史料』（中央研究院近代史研究所、一九七二年）一四四七番。
(86) 注(79)の文献を参照。
(87) 李鴻章の総理衙門あて函、光緒一〇年三月三日、『清季中日韓関係史料』八三七番。
(88) 濱下武志（一九九九）七二頁、古田和子（二〇〇〇）九九頁。
(89) 庄維民（二〇〇〇）一二一頁。
(90) 李鴻章の総理衙門あて函、光緒一五年七月四日、『清季中日韓関係史料』一四四四番。
(91) 이철성（二〇〇五）。
(92) 注(82)に同じ。
(93) 李鴻章の総理衙門あて函、光緒一〇年二月一一日、『清季中日韓関係史料』八二六番。濱下武志（一九九四）（一九九九）七三頁。
(94) 注(83)と同様に一八八四〜八六年分の名簿を合算すると、広東省出身者二五八名中、府レベルの出身が判明するのは一二〇名で、うち広州府九五名、肇慶府二〇名だった。また浙江省二〇三名（府レベルまで判明するのは一四三名）のうち、寧波府一二五名、紹興府一一名だった。石川亮太（二〇〇九）一七〇頁。
(95) 손태현（一九九七）一一八〜一二六頁、나애자（一九九八）四八〜五一頁。
(96) 内訳を掲げると「海関」浙江二、江西一、広東一、「税務司名下」浙江一、浙蘇〔江蘇か〕二、「哈白羅名下」浙江一、「機匠人名下」浙江一であった。人名は記されていない。
(97) 岡本隆司（二〇〇四）一三二頁。そうした広東人官僚のうち陳樹棠・唐紹儀について権赫秀（二〇一三）九六〜一〇九頁、二一八〜二五二頁が詳しく検討している。
(98) 강진아（二〇一一b）一二四〜一二九頁。
(99) 森田吉彦（二〇〇九）五〇頁、鵜飼政志（二〇一四）二三〇〜二三一頁。

(100)清の駐日公使館員であった黄遵憲の『朝鮮策略』(一八八〇年)は朝鮮が日本以外への開港に転じる転機となった文書である。その中で朝鮮が今後取るべき方針の一つとして、華商を開港場に引き入れて活動させることで「日本商人の壟断を防ぐ」ことが挙げられ、朝鮮もそれを受け入れた。구선희(一九九九)二九頁、권혁수(二〇〇〇)五九頁。『朝鮮策略』には諸本があるが権赫秀(二〇〇八)一五三〜一五四頁を参照した。

(101)古田和子(二〇〇〇)は招商局航路の開設に非協力的な華商の存在から、清と華商の利害が常には一致しなかったことを強調する(一〇四頁)。

(102)茂木敏夫はこれを宗属関係の近代的再編と捉える。茂木敏夫(一九九七)ほか。

(103)岡本隆司(二〇〇四)(二〇一四)。

(104)陳樹棠の金炳始あて照会、光緒一〇年三月一八日、『旧韓国外交文書』清案一、文書番号九六。酒井裕美(二〇〇五)一三一頁。

(105)ソウルの開市過程については注(15)参照。

(106)Larsen(2008)。ただしラーセンが、清の朝鮮政策について、宗属関係に基づく優越的・排他的な地位を確保することは意図していなかったと評している点は、岡本隆司(注103)の議論とも隔たりが大きく議論の余地があろう。なお朝鮮政府にとっても、こうした多国間関係の連動は、清との宗属関係を維持しつつその圧力をかわし、政策の自律性を確保する上で重要な条件となった。この時期の朝鮮が結んだ条約、章程に関する酒井裕美の一連の研究を参照。酒井裕美(二〇〇八)(二〇一〇)(二〇一二)など。

(107)青山治世(二〇一四)二三一〜二三三頁。また清の在外使節派遣を華人の管理体制の構築という視角から論じたものに箱田恵子(二〇一二)。

(108)김희신(二〇一〇b)(二〇一一a)ほか。史料(駐韓使館保存檔案)について本章注(55)、本書第4章を参照。

(109)アメリカについて園田節子(二〇〇九)、日本について陳來幸(一九九六)など。

(110)日清戦争から一八九九年までの華人管理体制については本書第8章で言及する。

(111)Larsen(2008)p. 258.

(112)岡本隆司(二〇〇九)。

(113)青山治世(二〇一四)二三二頁、三二八〜三三一頁。

(114)朴俊炯[ぱく・ちゅにょん](二〇一二)一四六〜一五一頁。

(115)박준형(二〇一三b)、朴俊炯[ぱく・ちゅにょん](二〇一四)。

(116)ネットワークを組織と市場の中間領域として理解する経営学上の用語法に近い。ディシプリンによるネットワーク概念のズレについては、華人研究に即して、陳天璽(二〇〇一)五二〜五七頁が整理している。

(117)華人社会の内部に目を向ければ、これらは画然と区別できるものではなく、零細商人から貿易商への上昇(またその逆)といった交流が見られたはずである。ここでしたのは便宜的な区分に過ぎない。

(118) 秋田茂・水島司（二〇〇三）はそうした商人、金融業者を単純労働者の移動と区別して「ネットワーク集団」と呼んでいる（一三～一四頁）。またカースルズ・ミラー（二〇一一）は、一時的な労働移民でも永住移民でもなく、定期的に越境活動に関与し続ける人々を「トランスナショナルコミュニティ」と呼んでいる（四一頁）。

(119) 例えば濱下武志（二〇一三）第一章ではインド系と比較しながら華人ネットワークの特徴を考えている。人類学の立場から華人ネットワークの特色を考えたものとして陳天璽（二〇〇一）がある。

(120) 福井憲彦（二〇〇三）は「諸個人間に形成される、あるいは集団相互間を結ぶネットワーク」自体は普遍的に存在してきたとして、それが実際的な条件の下でどのような選択を行い、どのような内実を持ったかを歴史的に追究することが重要だとする（一四頁）。

(121) 濱下武志（一九九〇）九～一五頁。

(122) 吉田光男（二〇〇九）一五頁、三八頁。

第Ⅰ部導論

(1) 一九四八年に成立した大韓民国における定住華人は、朴正熙政権（一九六一～七九年）のナショナリズム的な経済政策の下で自由な活動を制約された。そうした状況は韓国が民主政治に移行した一九九〇年代後半から改善していった。王恩美［わん・えんめい］（二〇〇八）第二章、附章。

(2) 秦裕光「華僑（남기고 싶은 이야기들 第六六話）」『中央日報』一九七九年九月一七日～一二月一七日、全七五回。呉長慶についでは一九七九年九月二一日付「呉長慶提督」（第五回）。同じ著者の中国語による回想録として秦裕光（一九八三）。

(3) 李鴻章の総理衙門あて函、光緒一一年六月二八日、『清季中日韓関係史料』一〇三四番。담영성（一九七六）一五頁。

(4) 呉長慶の祠堂は高宗の命により一八八五年に靖武祠として建設され、日清戦争を経て一九〇八年まで宮内府がその祭祀を行った。保護国期の行政整理により一九〇九年に清国総領事館に移譲された。その後は呉武壮公祠の名称で維持され、一九七九年に漢城華僑中学の敷地に移されて現在に至っている（박현규（二〇一一））。華人が祭祀に携わるようになったのは、少なくとも一九〇九年の清国総領事館への移管以後であろう。

(5) 石井孝（一九八二）二九七～二九九頁。

(6) 田保橋潔（一九四〇）が条規の交渉過程を逐条的に検討している。なお日朝修好条規は両国の対等性を謳ったことの画期性が強調されるが、朝鮮側が嫌ったのは君主間の関係を明示することであり、政府間の対等性については問題としなかった。高橋秀直（一九九八）は、条規が朝鮮側の受け入れやすい「政府等対論」の線でまとめられたとする（九四頁）。

(7) 田保橋潔（一九四〇）は「此条約は三〇〇年の歴史を有する日韓国交を更新して、原則的に両国政府直接交渉としたに止まり、実

質的に何等の成果を挙げなかった」とする（上、五七九頁）。朝鮮政府の認識については明確に知り難いようだが、一八七八年に朝鮮側が貿易品に課税しようとした豆毛鎮課税問題への対応から、交隣体制の継続という朝鮮側の認識が窺われるとする見解がある。연갑수（一九九三）一〇六頁、同（二〇〇八）八一頁、구선희（二〇一一）一二四～一二六頁。

（8）注（6）、また諸洪一［じぇ・ほんいる］（二〇〇七）は交渉の実務担当者である宮本小一に焦点を当て、日本側が意図的に国際法と切り離す形で条約案を作成した可能性を指摘する。

（9）岡本隆司（二〇〇四）の所論を念頭に置いている。

（10）石井寛治（一九八四）は、日本について、内地通商権を否定した居留地貿易体制が外商の商権掌握を阻止する要因の一つとなったことを強調している（四二二頁）。朝鮮の場合、内地通商権の容認が直ちに在来商業体制の崩壊に結果したかどうか、「不平等」条約という認識そのものの妥当性（三谷博（二〇一〇）などの議論）とあわせて検討の余地がある。一方で、長期的に見れば開港場で導入された西洋的（あるいは日本的）な取引のルールが、朝鮮人間にも影響を与えることは避けられなかったと考えられる。この問題については、本書では十分に議論を展開できなかったが、第4章で簡略に言及する。なお近代中国の市場秩序について開港場商業の影響を軸に論じたものとして本野英一（二〇〇四）がある。本書序章注（69）を参照。

第1章

（1）代表的なものだけを挙げてもNoble（1929）、奥平武彦（一九三七）、藤村道生（一九六五）、이현종（一九七五）、손정목（一九八二）、高秉雲［こ・びょんうん］（一九八七）などがある。なお以下、開港場で外国人の居住に充てられた区画について、日本・朝鮮にあったものを「居留地」、清にあったものは「租界」と表現する（史料上の表現を除く）。これは便宜上のものであり、居留地と租界に質的な差異があるという理解に立つものではない。なお現在の韓国では「租界조계」の語を用いるのが一般的である。

（2）담영성（一九七六）四〇頁、손정목（一九八二）一〇八頁、酒井裕美（二〇〇九）七一～七五頁、Patterson（2012）p. 48. なお박준형（二〇一四）は日本居留地での外国人居住政策の変遷を日本側史料によって跡付けた研究で、徳興号事件についても検討している（一九～三二頁）。本章ではこの論文の内容を反映できなかったが、あわせて参照されたい。

（3）主な史料は次の二種類である。『華商徳興号控日本官（一）（二）』（駐韓使館保存檔案（以下使館檔案）、中央研究院近代史研究所檔案館、請求記号一-四一-二-二～三、以下『徳興号』（一）（二）と略称）、『朝鮮国釜山元山両港日本人居留地内ニ各国人雑居一件』（外交史料館、アジア歴史資料センター Ref. B12082508300、以下『雑居一件』と略称）。後者について、アジア歴史資料センターではNo.1～6に分割して閲覧に提供しており、以下でもこの分割番号に従って（一）～（六）として出所を示す。前者の使館檔案については本書第4章の注（11）。

（4）本項の叙述は特記しない限り田代和生（一九八一）と藤村道生（一九六五）による。

（5）藤村道生（一九六五）六八頁、연갑수（二〇〇八）八〇～八一頁。
（6）釜山領事館布達一五号「地所貸渡規則」明治一三年六月（不二出版復刻版『外務省警察史』第三巻、一九九六年、二三七頁）。
（7）日本にあった居留地はいずれも各国共同居留地で、特定の一国による専管居留地はなかった。また居留地用地の貸渡しは日本の地方官の名義によって行われ、外国領事の専権として行われることはなかった。行政権については居留地ごと事情が異なる。横浜や長崎では早期に外国人側の居留地自治制が解体され日本側に権限が移った。神戸では一八九九年の居留地制度撤廃まで警察権を含む行政権が外国人の側にあったが、日本政府は遅くとも一八七八年以来、その奪回を目指していた。大山梓（一九八八）一一五頁。
（8）Patterson（2012）pp. 20, 42. 朝鮮海関の設立経緯については고병익（一九六四）。
（9）奥平武彦（一九三七）七八頁。
（10）『善隣始末』巻六。ソウル大学校中央図書館蔵本。本史料の閲覧については酒井裕美氏（大阪大学）の協力を得た。
（11）前注に同じ。
（12）竹添進一郎（駐朝鮮公使）から井上馨（外務卿）へ、明治一六年三月五日、『雑居一件』（一）。
（13）壬午軍乱後における日本政府の朝鮮政策については高橋秀直（一九九五）一一三～一一九頁。
（14）注(12)に同じ。
（15）井上馨から竹添進一郎へ、明治一六年四月一〇日、『雑居一件』（一）。
（16）竹添進一郎から井上馨へ、明治一六年三月五日、『雑居一件』（四）。
（17）吉田清成（外務大輔）から竹添進一郎へ、明治一六年六月二七日、同前。
（18）上海の租界で華人の居住が認められた経緯については植田捷雄（一九四一）九六～九七頁、二四二頁。他港の租界の状況についても同書参照。また加藤雄三（二〇一一）は、鎮江の例を取り上げて、規程上は認められていなかった租界内の華人の居住・借地が、なし崩し的に認められてゆく過程について追っている。
（19）アストンが釜山に立ち寄ったのは、駐日公使パークスの命令によってソウルに赴き、一八八二年調印の朝英条約の内容について朝鮮政府と交渉した帰途であった（楠家重敏（二〇〇五）二八六～二九二頁）。この後アストンは、一八八四年三月から八六年五月までイギリスの駐朝鮮総領事を務めることになる。
（20）竹添進一郎から井上馨へ、明治一六年四月二七日、『雑居一件』（一）。
（21）前田献吉（駐釜山領事）から井上馨へ、明治一六年五月三〇日、同前。
（22）竹添進一郎から井上馨へ、明治一六年一一月一二日、同前。
（23）李鴻章（北洋大臣）から総理衙門へ、光緒九年九月二二日、『清季中日韓関係史料』（中央研究院近代史研究所、一九七二年）七六八番。以下これを『清季中日韓』と略称する。

(24) 鄭渭生・鄭翼之から陳樹棠（総辦商務委員）へ、光緒九年一〇月一一日、『徳興号』（一）。本文に挙げた一一月二〇日は陳樹棠のもとへの到着日である（旧暦一〇月二一日）。

(25) 前注に同じ。「詎料其日本理事官、……遂出拘商至衙門訊問、一味恃勢威迫、全不論理、硬要小店封閉、不准開設、謂『釜山港乃是其日本地基、其約不准中国人貿易于此、須要朝鮮国皇有諭、照会其日本官允准、然後方可中国在此地通商』、惟日本理事府実属志在鯨呑、蛮横已極、似此所為出於情理之外、毛不依万国公法之規」。

(26) 鄭渭生・鄭翼之から陳樹棠へ、光緒九年一一月九日、同前。

(27) 宮本羆（在釜山領事事務代理）から井上馨へ、明治一六年一二月二五日、『雑居一件』（五）。

(28) 宮本羆から伊藤博文（外務卿代理）へ、明治一七年一月一八日、同前。

(29) 注(26)、鄭翼之らの請願書。「切思開港通商之利朝野咸沾、敬維我大清天朝既与其日本国聯交、即該釜山之地、果属係其日本居留租界、猶応一視同仁、被初来無靠与国之商得棲寧宇、乃故行昧理逞勢肆虐、不顧和約之義、横暴已極、比較我大清皇朝江蘇省之上洋、其有租地者、与英法美耳、迄今海外万邦各商、鱗集如趨楽国、毛無阻碍、何其釜山港日本官志在鯨呑、不顧公法、壟断昧理、恃勢威迫商等、進退両難実如狼狽」。なおこの時期の上海にあったのは共同租界とフランス租界の二つであり鄭翼之の主張は事実と異なる。ただし共同租界は一八六三年にイギリス租界・アメリカ租界が合同して成立したものであった。

(30) 神戸の場合、一八六八年に居留地が設定され、西側に隣接する地区も雑居地として外国人の居住に開かれた。これらには一八六九〜七〇年の時点で既に数百人の華人がいた。ただし居留地内に華人が永代借地権を取得する例はなかったようである。一八八〇年代には雑居地の中に後の中華街となる華人の集住地（南京町）が形成された。中華会館（二〇一三）三二〜三五頁、五三〜五六頁。

(31) 付言すれば、鄭翼之らの請願書からは、彼らが宗主国民としての優越した地位や特権を期待した形跡は見られない。むしろ彼らは、宗属関係の存在じたいを知らなかったか無関心であったと考えられる。例えば最初の請願書（注25）では朝鮮国王を「国皇」とし、陳樹棠を「欽差大臣」とするが、こうした表現は朝鮮が清国の対等な条約締結国であることを前提としたものと言える。

(32) 黎汝謙（神戸理事官）から陳樹棠へ［抄録］、日時不明、『徳興号』（二）。

(33) 麦少彭（広東省三水県）は一八六三年生で一八七九年に来神し神阪中華会館理事や広業公所理事を務めた。藍万高（広東省香山県）は藍卓峰の別名で知られ、一八六七年に香港上海銀行横浜支店の買辦として来日した後、一八七〇年に神戸に移って同行買辦を続けた。また神戸の広東幇董事として各種の公職に就いた。中華会館（二〇一三）六六頁、藍玣（一九六六）、岸百艸（一九六六）、可児弘明ほか編『華僑・華人事典』（弘文堂、二〇〇二年）「麦少彭」「藍卓峰」項。黄曜東については町田實一『日清貿易参考表』（一八八九年序）「日本各開港市場在留清商開閉年月及営業種類」表に広東人としてその名が現れる。

(34) 陳樹棠から閔泳穆（統理交渉通商事務衙門督辦）へ、光緒九年一〇月二三日、『旧韓国外交文書』（高麗大学校亜細亜問題研究所、一九七三年）清案一、一五番。以下この史料集を『旧韓国』と略称する。

(35) 閔泳穆から竹添進一郎へ、癸未一〇月二四日、『旧韓国』日案一、一九三番。
(36) 竹添進一郎から閔泳穆へ、明治一六年一一月二四日、『旧韓国』日案一、一九四番。
(37) 注(22)に同じ。
(38) 竹添進一郎から井上馨へ、明治一六年一一月二九日、『雑居一件』(二)。
(39) 陳樹棠から閔泳穆へ、光緒九年一一月一四日、『旧韓国』清案一、二一番。
(40) 「如華商仍欲在日本租界内開店、則本国政府先応与日本政府商議、恐費日為多、本督辦窃意、為華商另択租界、速行開店、実属妥便」。閔泳穆から陳樹棠へ、光緒九年一一月一五日、『旧韓国』清案一、二三番。
(41) 陳樹棠から閔泳穆へ、光緒九年一一月一七日、『旧韓国』清案一、二四番、閔泳穆から陳樹棠、光緒九年一一月一八日、『旧韓国』清案一、二五番。
(42) 陳樹棠から李鴻章へ、光緒九年一二月一〇日、『徳興号』(一)。
(43) 陳樹棠から閔泳穆へ、光緒一〇年一二月一八日、『旧韓国』清案一、三六番。ただし陳樹棠の李鴻章への報告（次注）では仁川調査を一二月五日（西暦換算）とする。
(44) 陳樹棠から李鴻章へ、光緒九年一一月九日、『仁川華商地界』(使館檔案、一-四一-五-四)。
(45) 李鴻章から総理衙門へ、光緒九年六月二五日、『清季中日韓』七四一番。
(46) 注(44)に同じ。
(47) 李鴻章から総理衙門へ、光緒九年一二月五日、『清季中日韓』八〇〇番。
(48) 注(42)に同じ。唐紹儀について本書序章の注(97)参照。
(49) 李鴻章から総理衙門へ、光緒一〇年三月三日、『清季中日韓』八三四番。
(50) 前注に同じ。「三月初三日、署北洋大臣李鴻章文称、光緒十年二月二十七日、拠委辦朝鮮商務委員分省補用道陳樹棠稟称、職道去冬在釜山査有華人二十余名、内有由元山返至釜山者、面称有華人八十余名在元山、往来販貨及傭工、兼琿春華商往来多経元山、亟望華官到彼、保護開設行桟等称、査釜山一埠、土産山海各貨、価賤物多、元山産各種粗細毛皮張・沙金・雑貨、物価更賤、向為日本人壟断、運售香港・上海、而両港口所銷洋布・鉛鉄・雑貨等物極多、向皆日本人香港・上海販至日本運往、少銷日本土産貨物、故日本華商多欲到該両口貿易者」。なお陳樹棠の要請で元山商務委員に任じられた劉家驄も、赴任途中に寄港した長崎で、多くの華商が元山への渡航を希望するのを知ったと報告している（李鴻章から総理衙門へ、光緒一〇年六月二六日、『清季中日韓』八七七番）。
(51) 李鴻章から総理衙門へ、光緒一〇年閏五月一二日、『清季中日韓』八六二番。
(52) 黎庶昌から井上馨へ、光緒九年一一月四日、『雑居一件』(五)。
(53) 注(42)に同じ。

(54) 井上馨から黎庶昌、明治一六年一二月六日、『雑居一件』(五)。
(55) 次注参照。
(56) 吉田清成(外務大輔)から宮本羆(釜山領事事務代理)へ、明治一六年一二月三日、『雑居一件』(五)。井上馨から宮本羆へ、明治一六年一二月三日、同前。後者に事件を報じた『時事新報』の一一月二八日付記事の切り抜きが添付されている。なお事件について竹添進一郎公使の第一報が外務省に到着したのは一二月一〇日であり(竹添進一郎から井上馨へ、明治一六年一一月二九日、『雑居一件』(二))、宮本領事代理の報告が届いたのは翌一八八四年一月七日であった(宮本羆から井上馨へ、明治一六年一二月二五日、『雑居一件』(五))。
(57) 伊藤博文(外務卿代理)から黎庶昌へ、明治一七年一月一八日、『雑居一件』(五)。
(58) 李鴻章から総理衙門へ、光緒九年一二月一日、『清季中日韓』文書七九三。
(59) 黎庶昌が朝鮮・琉球問題をめぐる対日交渉に深く関わり、少なくとも一八八四年一一月の甲申事変まで対日強硬論の主唱者であったことは、西里喜行(一九九四)に詳しい。
(60) 一、二度目は注(24)(26)。三度目は、鄭翼之・鄭渭生から陳樹棠へ、発信日不明、『徳興号』(一)。内容は一、二度目と大きくは変わらない。
(61) 鄭翼之・鄭渭生から陳樹棠へ、光緒九年一二月二日、『徳興号』(一)。
(62) 陳樹棠から鄭翼之・鄭渭生へ、光緒九年一二月六日、同前。
(63) 陳樹棠から閔泳穆(統理衙門督辦)へ、光緒九年一二月一八日、『旧韓国』清案一、三五番。
(64) 鄭翼之・鄭渭生から陳樹棠へ、光緒一〇年四月一二日、『徳興号』(二)。
(65) 陳樹棠から金炳始(統理衙門督辦)へ、光緒一〇年三月二四日、『旧韓国』清案一、一〇六番。
(66) 黎庶昌から井上馨へ、光緒一〇年四月二六日、『雑居一件』(五)。
(67) 井上馨から黎庶昌へ、明治一七年六月五日、同前。
(68) 黎庶昌から陳樹棠へ、光緒一〇年五月二一日、『徳興号』(二)。
(69) 黎汝謙から陳樹棠へ[抄録]、日時不明、同前。
(70) 唐紹儀から陳樹棠へ[抄録]、日時不明(光緒一〇年一月一七日受)、同前。
(71) 陳為焜から陳樹棠へ、光緒一〇年閏五月二一日、同前。
(72) 李鴻章から総理衙門へ、光緒一〇年六月二六日、『清季中日韓』八七八番。なおこれによれば陳為焜が実際に釜山に到着したのはその年の閏五月六日であった。
(73) 一八八四~八六年分の華商名簿は『清季中日韓』九八三番、一一二七番、一二〇八番。

（74）鄭翼之・鄭乃昌から唐紹儀（龍山商務委員）へ、光緒一五年五月二八日、『三和興・徳興号被焚巻』（使館檔案、一-四一-四七-四一）。
（75）前注、また、袁世凱（総理交渉通商事宜）から趙秉稷（統理衙門督辦）へ、光緒一五年五月九日、『旧韓国』清案一、九四二番。
（76）「廿八年四月中京城商況」『通商彙纂』一九号、一八九五年。
（77）「華商舗名資本等項表」一九一一年頃か、『各口商務情形――商務報告』（二）（使館檔案、二-三五-五六-一八）。表11-7の注参照。また表11-4にも京城商務総会の役員として現れる（一九一二年）。
（78）注（69）に同じ。
（79）손정목（一九八二）一四七～一四八頁。
（80）陳樹棠から閔泳穆へ、光緒一〇年三月一六日、『仁川華商地界』（使館檔案、一-四一-五-四）。
（81）李乃栄から陳樹棠へ、光緒一〇年三月二七日、同前。
（82）李乃栄から陳樹棠へ、光緒一〇年三月二八日、同前。
（83）宮本羆から井上馨へ、明治一六年一二月二六日、『雑居一件』（二）。
（84）宮本羆から伊藤博文へ、明治一七年一月一〇日、同前。
（85）陳樹棠から李鴻章へ、光緒九年一二月一〇日、『徳興号』（一）。一八八三年の朝英条約により、イギリスは釜山の代わりに近傍の一港を開港場に選定する権利を得ていた。
（86）注（83）に同じ。
（87）宮本羆から竹添進一郎へ、明治一七年一月一〇日、『雑居一件』（二）。
（88）島村久から伊藤博文へ、明治一七年一月一四日、同前。
（89）伊藤博文から三条実美へ、明治一七年二月六日、同前。
（90）島村久代理公使へ訓令案、明治一七年二月七日、同前。これには本文で述べた二つの案につき居留地章程案も添付されている。それらには日本専管制を維持する案にのみ明治一六年一二月二二日起草との注記があり、陳樹棠の釜山調査より前に作成されていたことが分かる。逆により抜本的な全面返還案は、陳らの釜山調査を受けてはじめて浮上した可能性が高い。
（91）島村久臨時代理公使へ電文案、明治一七年二月一四日、『雑居一件』（二）。
（92）「朝鮮国釜山港我居留地を外国人雑居地となすの件」、明治一七年二月一九日、『公文別録』（国立公文書館、アジア歴史資料センター Ref. A03023614500）。
（93）注（89）に同じ。
（94）井上馨外務卿は一八八四年三月一一日に島村久あての追加訓令を発し、各国居留地が成立した後も各国領事が実際に着任するまではいずれの国民も日本領事の裁判権下に置かれることを各国公使に承諾させるよう命じた（井上馨から島村久へ、明治一七年三月一一日、『雑居一件』（二））。このことも外国人の法的管轄権をめぐる紛争を回避したいという意図によると言える。この追加訓令を受けて島村は、新しい居留地章程が成立したとしても、その発効は各国領事の着任後としたい旨を金炳始に伝えている（『旧韓国』日案一、二三四番）。

(95) 島村久から金炳始へ、明治一七年四月二五日、『旧韓国』日案一、二三三番。本文で述べたように日本側には、日本居留地に外国人居住を許す方式と、日本居留地を朝鮮政府に返還した上で各国居留地とする方式の両案があった。ソウル大学校奎章閣韓国学研究院に所蔵される朝鮮政府の行政文書にはこの二つの方式の居留地章程案が含まれており、島村が両方を朝鮮側に提示したことが推測される（『朝鮮国釜山日本租界内各国人羈住規則』奎二三〇三二、『朝鮮国釜山口各国人雑居租界約条』奎二三〇六〇）。なお本件の交渉開始が日本政府の方針決定から二カ月余りも遅くなったのは、陳樹棠を公使と同格に扱うかどうか日本側に疑義があったためで、結局島村は各国公使および陳樹棠と直接に交渉することを避け、朝鮮政府を通じて協議することとした（島村久から井上馨へ、明治一七年三月二〇日、『雑居一件』（二）。島村久から井上馨へ、明治一七年四月七日、同前）。

(96) 福徳（米公使）から金炳始へ、明治一七年五月二日、『旧韓国』美案一、六七番。

(97) 巴夏礼（英公使）から金炳始へ、明治一七年五月七日、『旧韓国』英案一、四二番。

(98) 島村久から井上馨へ、明治一七年五月一六日、『雑居一件』（二）。

(99) 金炳始から島村久へ、甲申四月一八日、『旧韓国』日案一、二三八番。

(100) 注(98)に同じ。

(101) 李鴻章から総理衙門へ、光緒一〇年五月一三日、『清季中日韓』八五二番。

(102) 前注に同じ。この意見が公式に朝鮮政府に伝えられたかは明らかでない。

(103) 井上馨から前田献吉へ、明治一七年七月一〇日、『雑居一件』（三）。井上馨から島村久へ、同日、同前。

(104) 島村久から井上馨へ、明治一七年七月三〇日、同前。

(105) 陳為焜から陳樹棠へ、光緒一〇年閏五月二一日（受信日）、『徳興号』（二）。

(106) 用地選定から章程締結まで二年以上の時間を要した理由は不明である。章程の締結日については次の史料による。馬廷亮（清国総領事）から鶴原定吉（統監府総務長官）へ、光緒三三年四月一一日、『在仁川釜山元山清国専管居留地ニ関スル日清交渉一件』（外務省外交史料館、アジア歴史資料センター Ref. B12082572400）。この中に「釜山華商地界章程」の写しも収録されている。

(107) 宮本羆から青木周蔵（外務次官）へ、明治一九年八月四日、『雑居一件』（五）。

(108) 注(106)の史料に同じ。元山日本居留地での華人居住については石川亮太（二〇〇九）一七六頁参照。

(109) 浅田の意見は注(107)の宮本の公信に添付されている。日付等は不明である。

(110) その過程は『朝鮮釜山港ニ於ケル各国居留地関係雑纂』（外務省外交史料館、アジア歴史資料センター Ref. B12082514700）所収の文書から知られる。詳細な検討は後日の課題としたい。

(111) 上海・仁川間航路の開設とそれによる物流の変化については本書序章、また小風秀雅（一九九五）二二九〜二三八頁。

(112) 奥平武彦（一九三七）七五〜七六頁。朴俊炯［ぱく・ちゅにょん］（二〇一二）一六三〜一六七頁。

(113) 幣原喜重郎（駐釜山領事）から小村寿太郎（外務大臣）へ、明治三六年一〇月一六日、『韓国各港居留地関係雑件』第一巻（外務省外交史料館、アジア歴史資料センター Ref. B12082515000）。

第2章

(1) 古田和子（二〇〇〇）八一頁。

(2) 廖赤陽（二〇〇〇）二三八〜二三九頁。

(3) 張存武（一九七八）一一五頁。

(4) 小川国治（一九七三）第三章二節によれば、一七六三年に対馬藩が朝鮮に輸出する水牛角の見返り品として煎海鼠が輸入されるようになったという。水牛角は長崎の唐船貿易を通じて入手されており、煎海鼠は反対に長崎からの輸出品となった。干鮑についても朝鮮からの買い付けが企図されたが、失敗に終わったという。

(5) 例えば一六五三年の『耽羅誌』には済州牧から司宰監に対し「灰鮑」の、同じく寿進坊に対し「大全鰒」の貢進規定が見られる。田川孝三（一九六四）四七頁。

(6) 韓国農商工部『韓国水産誌』（第一輯、一九〇八年、二六九頁）は、フカ漁業の従事者は日本人のみであるとする。

(7) 姜徳相［かん・とくさん］（一九六二）五頁。日清戦争前の釜山貿易について홍순권（二〇一〇）四六〜五九頁。

(8) 姜徳相［かん・とくさん］（一九六二）五頁。

(9) 吉田敬市（一九五四）一五九〜一六〇頁。また木部和昭（二〇一三）は一九世紀初以来対馬漁民が朝鮮近海に入漁していた可能性について論じている。

(10) *Commercial Reports by Her Majesty's Consuls in Japan*, Nagasaki, 1876. 以下、本章で用いる英国長崎領事報告（以下 C. R. Nagasaki）は、*Area Studies Series British Parliamentary Papers, Japan*, Irish University Press, 1971 の復刻による。

(11) 山田昭次（一九七九）六二頁。釜山の日本人社会の形成過程については、橋谷弘（一九九三）二四六〜二四八頁、高崎宗司（二〇〇二）三〜一六頁、三一〜三四頁。韓国では多くの研究があるが、代表的なものとして、居留地制度についての손정목（一九八二）八九〜一〇八頁、人口構成と自治組織についての김승（二〇一四）第一章がある。

(12) 伊丹正博（一九六一）二七〇頁、高嶋雅明（一九七一）四四頁、五二〜六五頁。

(13) 長崎の俵物貿易とその制度については、石井孝（一九四二）、小川国治（一九七三）、荒居英次（一九七五）を参照した。

(14) 秋谷重雄・黒沢一清（一九五八）一五頁、小川国治（一九七二）七五〜七七頁。小川は明治初年の各港別の輸出傾向を検討し、長崎については朝鮮沿海産の比重が高まることを既に指摘している。荒居英次（一九七五）第二部所掲の英国外務省 Foreign Office 文書の数値によれば、一八五九年に長崎から輸出された煎海鼠は二一三六担であった。これに対し一八六二年から六七年までの平均輸出高は六九四担に過ぎず、また明治以後の数値を見ても一八五九年を上回る輸出高がはじめて記録されるのは一八九五年のことである（三六四〇担）。一八五九年の値を正確なものとすれば、幕府の流通統制の解除は長崎の俵物輸出高を大きく減じたと見てよい。

(15) C. R. Nagasaki 1881.

(16) 一八八二年は長崎からの輸出三万六七八六ドルに対し、朝鮮から長崎への輸入が七万六一一三ドルに上った。また一八八三年は同じく輸出二万九四〇九ドルに対し朝鮮からの輸入は一万八六四六ドルであった。C. R. Nagasaki 1882, 1883.

(17) 「明治十五年度朝鮮国釜山港商況報告韓銭相場表」『明治十五年通商彙編』一八八三年。

(18) 荒居英次（一九七五）四〇五頁。

(19) 蒲地典子（一九七七）によれば、長崎開港後には唐館時代からの三江系・福建系に加え、近世には劣勢であった広東系華僑が新たに流入した。幕末開港期の長崎華商に関する研究として他に裁判記録を用いて紛争事例を分析した重藤威夫（一九六七）、居住人口数と居住地域の推移について考証を行った菱谷武平（一九六三）（一九七〇）、清国人籍牌を分析して移動様態を検証した布目潮渢（一九八三）等がある。

(20) 菱谷武平（一九六三）一〇〇頁の「一八六九年長崎貿易収支対照表」より再計算。

(21) 原康記（一九九一）六五頁。長崎から輸出される加工海産物は俵物だけではなく、最も大きな割合を占めていたのは、対馬近海や日本海で漁獲・加工される鯣《するめ》だった。一八九〇年代の数値では、長崎から輸出される加工海産物の二五〜三〇パーセント程度（金額比）が俵物で、残りの大半が鯣だった。長崎貿易商同業組合『組合史』一九三三年、巻末付表より計算。

(22) 古田和子（二〇〇〇）第三〜四章。

(23) 一八八七年に元山商務委員として赴任した劉家驄は、赴任途中に寄港した長崎で、「日本之華人多欲至元山者、佽卑職到後随往」と聞かされたという。李鴻章から総理衙門へ、光緒一〇年五月二四日、『清季中日韓』八七七番。本書第1章の注(50)参照。

(24) 日本人民貿易規則の第四一款で日本人は慶尚道・全羅道・江原道・咸鏡道で、朝鮮人は石見・出雲・対馬での操業が認められた（細則にあたる日本朝鮮両国通漁規則は一八八九年制定）。また一八八八年に西海岸の京畿沿岸が居留日本人の消費物に限るという条件付きで漁場に開放され、一九〇〇年に正式に通漁地域に加えられた。一九〇四年には朝鮮沿海全域で日本人の操業が認められ、〇八年の日韓漁業協定によって完全に自由化された。

(25) 木村健二（一九八九）四七〜五二頁。朝鮮通漁に関する先行研究は多いが、ここでは前掲の吉田敬市（一九五四）のほか、羽原又

吉（一九五七）、박구병（一九六七）、김옥경（一九八六）、金秀姫［きむ・すひ］（一九九四）、김수희（二〇一〇）を参考にした。
(26) 金秀姫（一九九四）一三二～一三四頁。
(27)「明治二十七年中釜山港商況」『通商彙纂』一七号、一八九五年。「朝鮮咸鏡江原両道の沿海に於ける本邦人漁業の景況」『通商彙纂』七号、一八九四年。
(28) 二野瓶徳夫（一九八一）二五一頁。
(29) 稲井秀左衛門（一九三七）六～一〇頁。
(30) 二野瓶徳夫（一九八一）二五一頁、稲井秀左衛門（一九三七）二一～二二頁。
(31) 大蔵省主税局『明治二十七年外国貿易要覧』一八九五年、二五九頁。「露領沿海州海参収穫景況」『官報』通商報告欄二八四〇号、一八九二年。
(32) 外務省通商局第二課『朝鮮近海漁業視察関沢明清氏報告』一八九四年、二八～二九頁。
(33) 稲井秀左衛門（一九三七）六頁。
(34) 一八九〇年代末の済州島では既に資源枯渇の傾向が顕在化していた。大蔵省主税局『明治三十一年外国貿易要覧』一八九九年、二二〇頁。朝鮮において潜水器漁業の規制策が取られるようになるのは保護国期の一九〇七年以後のことである。
(35) 金秀姫［きむ・すひ］（一九九四）一三三頁。また현계순（一九六四）、이원순（一九六七）。
(36) 吉田敬市（一九五四）二〇二頁。
(37) 葛生修亮『韓海通漁指針』黒龍会出版部、一九〇三年、三二〇頁。
(38)『朝鮮近海漁業視察関沢明清氏報告』（注32）四頁。
(39) 東邦協会『朝鮮彙報』一八九三年、三〇八頁。
(40) 村上勝彦（一九七五）二三五頁。
(41)「二十五年中釜山港貿易景況」『官報』通商報告欄二九六八号、一八九三年。
(42) 吉田敬市（一九五四）二〇二頁。
(43) 大蔵省主税局『明治二十五年外国貿易要覧』一八九三年、二〇一頁。なお表2-2では一八九二年における長崎の干鮑輸出量は前年より減少しており史料にそぐわないが、金額で見ると九一年の八万三九円から九二年に八万二二一六円となり若干増加している。
(44) 例えば「現今朝鮮海に出漁せる潜水器械の如きは百二十台許あり、其中二十余台は山口県より出たる者なるも其他は皆長崎県の者なり」という。関沢明清・竹中邦香『朝鮮通漁事情』団々舎出版、一八九三年、一〇八頁。
(45) 東京高等商業学校『長崎港海産物貿易調査報告書』一九〇一年、四～八頁、二四頁。売込商に委託して華商に海産物を販売する慣習は各地の開港場で長く残った。例えば大阪について籠谷直人（一九九〇）、函館について羽原又吉（一九四〇）、斯波義信（一九八一）（一九八三）、籠谷直人（一九九五）など。

(46)『長崎港海産物貿易調査報告書』（注45）二三頁。長崎港貿易商同業組合『組合史』一九三三年、一二頁。引用は後者による。売込問屋が一八八〇年に結成し、右組合の前身となった荷受問屋仲間聯合の盟約書には、荷主が随意に取引先の問屋を替えてはならず、問屋側も他店の荷主を引き入れてはならないとの規定がある（『組合史』六頁）。ここからも売込商と荷主との取引関係が固定的だったことが窺われる。

(47)「吉村は……明治の初年より朝鮮に通漁して南鮮近海の所安島、楸子島の附近で鱶漁に従事した。その漁獲物の鱶鰭販売の為め屢々長崎に往復した。当時長崎県下に於ては既に二十余台の潜水器業者があった（長崎県水産課の調査による）。吉村は其潜水器漁業の有利なるを見て之を朝鮮近海の鮑採取に使用せば最も有利ならんと考へ、時の長崎の取引問屋肥前屋某に謀り其資金を仰いだ、肥前屋某も其請を容れて快諾した」。稲井秀左衛門（一九三七）七〜八頁。

(48)『長崎港海産物貿易調査報告書』（注45）一八頁。

(49)『長崎港海産物貿易調査報告書』（注45）三二頁。市立長崎商業学校『長崎港鯣輸出貿易調査報告書』一九一三年、六四頁。日本華商が広く相互清算の方式をとったことは、農商務省商務局『対清貿易ノ趨勢及取引事情』一九一〇年、四五〜四六頁。ただし第一次大戦後には、中国からの輸入における日本人商人の勢力が強まったため華商の相互清算は困難になったという。農商務省商工局『上海々産物事情』一九一五年、二〇頁。なお開港後の長崎華商については泰益号の経営文書による多くの研究がある。これらが描く二〇世紀前半の状況では、海外取引先との相互清算は顕著でなく、銀行荷為替による逐次決済が一般的だったようである。本章の対象とする一九世紀の状況との違いは今後の検討課題であろう。市川信愛・戴一峰（一九九四）、山岡由佳（一九九五）、朱徳蘭（一九九七）、廖赤陽（二〇〇〇）、和田正広・翁其銀（二〇〇四）など。

(50)『長崎港海産物貿易調査報告書』（注49）三〇頁。『長崎港鯣輸出貿易調査報告書』（注49）六三頁。帝国水産会「長崎市魚市場状況調査」『魚市場ニ関スル研究』一九三六年、三〇一頁。

(51) 海産物売込商が華商と利害を共にし、華商に対して従属的な存在であったことは籠谷直人（一九九〇）を参照。また大日本水産会・大日本塩業協会『水産諮問会紀事』一八九七年、一二二〜一二五頁（『明治前期産業発達史資料』別冊四三Ⅱ、一九六九年復刻）。

(52) 鶴原定吉（天津領事）の大鳥圭介（駐清公使）あて機密諸一号、「朝鮮産物輸入税半減問題は条約改正交渉迄隠忍するを可とする旨意見具申の件」、明治二三年一月一一日、『日本外交文書』巻二三、文書番号二〇〇付記一付属、四六一頁。

(53)「長崎天津間定期航路開通の効果」『通商報告』一一四号、一八八九年。

(54)「在長崎清商たる……能く朝鮮地方の供給・需要とも其度を斟酌し、金巾の如き若し其需要多しと見れば上海に貨物の有無に関わらず其価を上下し、又海産の如き一時高価に引取り在朝鮮日本人商人の競て輸送し終るを見て其到着に先ち俄に価を下落せしむる等、毎々日本人商人の清国商人より制せらるゝこと不尠」。室田義文（釜山領事）の青木周蔵（外務次官）あて公八九号、「該航路は将来日清露領間における貿易上、最も進歩を与ふべしと信ずる旨申進の件」、明治二二年五月三〇日、『日本外交文書』二二巻、二五九番、五七七頁。長崎のみならず、各開港場の売込問屋は華商によって「自由に翻弄される弱い立場にあった」ことを小川国治（一九七二）八七～八八頁が指摘している。

(55) 一八八〇年代における北海道産昆布の直輸出運動について籠谷直人（一九九五）（二〇〇〇）第二章。また羽原又吉（一九四〇）、小川国治（一九七二）、黄栄光（二〇〇八）。黄栄光の研究は一八七六年に設立された広業商会を分析したものだが、その長崎支店が朝鮮産海産物の集荷・輸出にも携わった可能性を示唆している。ただし実際にどの程度の取り扱いがあったかは不明のようである（三七～三九頁、一二〇～一二一頁）。

(56) 室田義文（釜山領事）の青木周蔵（外務次官）あて公四四号、明治二二年三月一五日、『朝鮮国釜山港ニ於テ釜山水産会社設立及請願雑件』（外務省外交史料館、アジア歴史資料センター **Ref. B10074011400**）。青木周蔵の室田義文あて送四四号、一八八九年三月二七日、同前。ただしこの頃、日本国内でも会社に関する統一的な法律はまだ存在しておらず（一八九四年七月に旧商法会社篇施行）、外務省は「追而結社営業条例制定相成る迄は人民相互の契約に任す」と指示するよう室田に命じた。

(57) 発起人からの届出書（明治二二年二月二七日付）、定款および趣意書、いずれも室田義文の青木周蔵あて公四四号(注56)に写しが添付されている。

(58) 黒龍会『東亜先覚志士記伝』下、一九三六年、一三八～一三九頁。大池の事業・社会活動について전성현（二〇一三）、この中で釜山水産会社にも言及している（二四頁）。

(59) 釜山府『迫間房太郎翁略伝』一九四二年、年譜。

(60) 金秀姫［きむ・すひ］（一九九四）一二九～一三〇頁。一九〇九年の調査によれば、他地方の漁獲の少ない冬季には、朝鮮一円のみならず日本まで釜山魚市場から鮮魚が発送されたという。農商工部『韓国水産誌』第一輯、一九〇八年、三七九頁。なお김동철（二〇〇五）六三～六四頁は植民地期の釜山水産会社の経営陣について検討している。

(61) 注(57)参照。

(62) China Imperial Maritime Customs, *Returns of Trade and Trade Reports for 1889*, Appendix 2 Corea, Fusan より計算。

(63) 一八九二年に現地を視察した関沢明清は釜山水産会社が魚市場運営と鱶鰭輸出にしか関与していないとし、その理由の一つに「会社に水産のことを知れるもの其人に乏しき」ことを挙げている。『朝鮮近海漁業視察関沢明清氏報告』（注32）五頁。

(64) 注(53)に同じ。

(65) 『朝鮮通漁事情』（注44）一一九頁。

(66) 注(62)に同じ。

(67) 関沢明清によれば、一八九二年時点で五万円の資本金のうち払込済は二万円に過ぎなかった。関沢は金利が「年五割六割を普通」

とする居留地で株式に資金を固定させることを好む者は少ないと評している。『朝鮮近海漁業視察関沢明清氏報告』（注32）五頁。
(68) 注(44)参照。
(69) 「二十五年中釜山港貿易景況」『官報』通商報告欄二九六八、一八九三年。
(70) 付言すれば、もともと少ない朝鮮の対中国輸出の中で、俵物海産物は相当に大きな比重を占めることになった。一八九〇年の天津では「日本人商人の手にて当地に輸入せし朝鮮産海参及鱶鰭のみにても其合計三万九千五百十円の多きに達せり……当地に輸入せし同国産品は合計五万二千七百四十三円」とされている。「天津貿易概況二十三年中」『官報』通商報告欄二三三〇、一八九一年。
(71) 鶴原定吉の大鳥圭介あて機密諸一号（注52）。
(72) 農商務省水産局『清国水産販路調査報告』一九〇〇年、三三頁。長崎経由で輸入された朝鮮産がどう扱われたかが問題となるが、華北で朝鮮産というブランドが確立されたのは釜山からの直輸出以後で、それまでは朝鮮産も日本産に混じって扱われたというから（「芝罘に於ける海産物の状況」『通商彙纂』四七号、一八九六年）、長崎経由のものは日本産とみなされたのであろう。
(73) 「長崎天津間定期航路開通の効果」『通商報告』一一五号、一八八九年。
(74) 角山榮（一九八四）一八頁。
(75) 益田孝「物産会社営業実況報告并意見書」一八九一年（三井文庫『三井事業史』資料編三、一九七四年、二一〇～二二一頁）。
(76) 「芝罘商況昨年十月中」『官報』通商報告欄二五六八、一八九二年。
(77) 根岸佶『清国商業綜覧』六、丸善、一九〇八年、六二九頁。
(78) 東亜同文会『支那経済全書』（一九〇八年）によれば、天津に朝鮮産海産物を輸入するのは在留日本人商人だけであった（九巻、七三一頁）。
(79) 『清国水産販路調査報告』（注72）三三頁。
(80) 「日韓貿易拡張策に関する方案」『大阪商業会議所月報』一四号、一八九三年（渋沢青淵記念財団竜門社『渋沢栄一伝記資料』一六巻、一九五七年、四三頁）。
(81) 大阪の米穀商五百井清右衛門は一八七八年に西洋型帆船を購入して朝鮮貿易に着手した。一八九八年には大阪の有力な朝鮮貿易商一五名のうちに五百井清右衛門・五百井長兵衛の両名が数えられている。高嶋雅明（一九八六）六九～七三頁。
(82) 日本の対朝鮮貿易の拠点は当初対馬、長崎であったが、明治二〇年代から大阪に移り始めた。大阪商人は防穀令や日清戦争など朝鮮情勢に強い関心を示した。山田昭次（一九七九）六五～七〇頁。
(83) 「明治二十六年中仁川港商況年報」『通商彙纂』八号附録、一八九四年。
(84) 「天津商況四月中」『官報』通商報告欄三〇二六、一八九三年。
(85) 『長崎港海産物貿易調査報告書』（注45）一四八頁。

(86)「二十九年中釜山港貿易年報」『通商彙纂』号外（明治三〇年一二月三〇日付）、一八九七年。
(87)「二十八年中釜山港貿易年報」『通商彙纂』号外（明治二九年一二月二八日付）、一八九六年。
(88) 前注に同じ。
(89)『通商彙纂』所収の各年釜山貿易年報による（明治二九年：号外（明治三〇年一二月三〇日付）、明治三〇年：一〇〇号、明治三一年：一三四〜一三八号）。一八九九年以後は仕向け先別の数量が明記されておらず不明。
(90) 干鮑は長崎の総入荷量一四六〇担のうち八〇〇担が、鱶鰭は九二三担のうち三〇八担が朝鮮産であった。農商務省水産局『水産品貿易要覧』一九〇九年、一五三頁、一九二頁、二四八頁。
(91) 統監府『第三次統監府統計年報』一九一〇年、四一三頁。原史料の斤を担に換算。
(92) 本章では十分に検討できなかったが、一八九〇年代後半になると新しく漁場となった朝鮮東海岸産の煎海鼠が、漁場近くに定着した日本人潜水器漁民や、元山の華商・日本人商人によって華北・ウラジオストクに直輸出されるようになったという。葛生修亮『韓海通漁指針』黒龍会出版部、一九〇三年、三九九頁。
(93)「天津に直輸するものはアイノコ製と称する海参及び多少の鱶鰭と乾鮑とにして、主に之を釜山より出し、在釜山水産会社及び地引武右衛門等之に従事す、その品は多くは各自仕込の潜水器漁船及び其他の漁船より特約買収したるものにして、販売は之を在天津三井物産会社に委託す」。葛生修亮『韓海通漁指針』（前注）三九八頁。
(94) 大蔵省『明治三十五年外国貿易概覧』一九〇三年、一四四頁。
(95) 吉田敬市（一九五四）二〇九頁。
(96) 農商工部『韓国水産誌』一巻、一九〇八年、三〇〇頁。
(97)『韓国水産誌』（前注）一巻、二九七頁。「元山港に於ける水産物の状況」『通商彙纂』四六号、一八九六年。
(98) 長崎では、二〇世紀になると漁業全般において仲介流通業者の生産者への前貸しが減少していったという（帝国水産会『魚市場に関する研究』一九三六年、三三五頁）。売込商から前貸しを受ける出稼ぎ漁民の減少は、長崎の海産物流通機構の側からも考える必要があるが、ここでは検討が及ばなかった。
(99) 一九世紀末における直輸出の担い手は基本的に日本人商人だったと見てよいが（「三十年中釜山港貿易年報」『通商彙纂』一〇〇号、一〇一号、一八九八年）、朝鮮華商に参入の企図がなかったわけではない（同前、また注(92)も参照）。植民地期の一九二四年では、釜山から輸出された煎海鼠三五〇〇担余のうち、一一四〇担は釜山華商の手によるものであったという（朝鮮総督府『朝鮮に於ける支那人』一九二四年、一四四頁。吉田敬市（一九五四）四一九頁）。朝鮮華商がいつ頃から朝鮮開港場の海産物輸出に従事するようになったかは今後の課題である。

第3章

（1）一八八二年の朝米条約は紅蔘輸出の禁止を本文に明記している（第八条）。以後の列国との条約では付属の税則に禁制品として紅蔘を挙げている。

（2）朝中商民水陸貿易章程（第六条、一八八二年）、日本との海関税目（一八八三年）。

（3）人蔘に関する包括的な文献として、植民地期の調査による今村鞆（一九七一）が今なお参考になる（原刊一九三四〜四〇年の影印本）。また朝鮮後期の対中貿易については張存武（一九七八）、이철성（二〇〇〇）、유승주・이철성（二〇〇二）が代表的な研究と言える。いずれも紅蔘輸出を重視しているが、叙述の中心は政府の紅蔘収税制にあり、取引の実態については詳しくない。また開港後についての言及も乏しい。一方日清戦争後、大韓帝国期の紅蔘輸出管理については양상현（一九九六）、양정필（二〇〇一）がある。本章はその中間の過渡的段階に焦点を当てたものと言える。

（4）本章の中心史料は駐韓使館保存檔案（中央研究院近代史研究所檔案館）の関係文書である。この史料群（以下使館檔案）については本書第4章を参照（注11ほか）。特に頻繁に参照する次のフォルダについては、以下、括弧内に示した略号によって引用する。

『商人孫兆吉商局銀限期請繳巻（一）（二）』請求記号1-四一-四七-一二、一三（『商人孫兆吉（一）（二）』）

『裕増祥欠款案（一）（二）』1-四一-三〇-三九、四〇（『裕増祥（一）（二）』）

『照会遵催朝鮮欠招商局息銀巻』1-四一-三二-一（『照会遵催』）

『照催朝政府繳解招商局息銀並帯還本銀巻』1-四一-三二-二（『照催朝政府』）

『招商局息款巻』1-四一-三二-三（『招商局息款』）

『遵札伝裕増祥商人更換上海銀票巻』1-四一-四〇-二四（『遵札伝裕増祥』）

（5）권혁수（二〇〇〇）一二〇〜一二九頁、岡本隆司（二〇〇四）一二六頁。

（6）김정기（一九七六）四二八〜四三六頁、권혁수（二〇〇〇）一〇四〜一〇六頁。

（7）表向きの理由は委任状の不備であったが、招商局の唐廷枢は、借入目的が曖昧なうえ返済計画も不十分だと朝鮮側を批判し、再検討を勧告した。唐廷枢の穆麟徳・閔泳翊あて照会、光緒九年一月一六日、『招商局与政府往復公文』（ソウル大学校奎章閣韓国学研究院、奎二六六二八、以下『往復公文』と略称）。

（8）招商局総辦の議政府あて咨復、光緒一〇年三月二六日、『往復公文』。これによれば契約成立は一八八三年三月三一日（旧二月二三日）であった。五〇万両の借入れが不調に終わり、二〇万両だけが交付されたことは、Larsen（2008）p. 143で指摘されており、またPatterson（2012）pp. 19-20もメレンドルフ側の史料を用いて確認している。一方で김정기（一九七六）は前年の五〇万両の借款が成立したと見て、それとは別に二〇万両の借入れが行われたと誤認している（四三六〜四四一頁）。

（9）前注の咨復。合計の償還予定額は元金二一万両と利息一五万一二〇〇両、合計三六万一二〇〇両となる（単位は規元銀）。

(10) 注(7)に同じ。
(11) 領議政の招商局総辦あて咨稿、光緒一一年四月二九日、『往復公文』。総辦交渉通商公署収条、光緒一一年五月四日、同前。
(12) 辦理輪船招商総局の領議政あて咨写、光緒一二年三月九日、同前。
(13) 領議政の袁世凱あて照会、光緒一三年三月七日、『照会遵催』。
(14) 秋月望（一九八五）一二六頁、酒井裕美（二〇〇八）一三四頁。
(15) 袁世凱の領議政あて照会稿、光緒一三年閏四月四日、『照会遵催』。
(16) 招商局辦理の袁世凱あて咨、光緒一三年一二月三日、『照催朝政府』。
(17) 議政府の袁世凱あて照会、光緒一四年二月一七日、同前。
(18) 龍山商務委員の袁世凱あて稟、光緒一四年一二月九日（受信日）、『招商局息款』。
(19) 盛宣懐の袁世凱あて咨、光緒一五年四月二九日、『照催朝政府』。
(20) 袁世凱の朝鮮政府あて照会稿、光緒一四年一二月一五日、『招商局息款』。
(21) 議政府の袁世凱あて照会、光緒一五年一二月二七日、『照催朝政府』。袁世凱の龍山商務委員あて札、光緒一六年一月五日、同前。龍山商務委員の袁世凱あて稟、光緒一六年二月一七日、同前。
(22) 招商局会辦の袁世凱あて咨、光緒一七年九月、同前。
(23) 領議政の袁世凱あて照会、光緒一七年七月一三日、同前。
(24) 李鴻章の袁世凱あて札、光緒一六年四月、『商人孫兆吉（二）』。
(25) 李鴻章の袁世凱あて批、光緒一六年五月二一日、同前。
(26) 李鴻章の袁世凱あて札、光緒一六年八月初四日、『裕増祥（一）』。
(27) 孫兆吉の供招、光緒一六年四月一七日、『商人孫兆吉（二）』。ソウルでの華商の中には朝鮮在来の委託売買商人である「客主」に投宿し、その斡旋によって取引を行う例があった（第4章注(41)に対応する本文参照）。孫兆吉も同様だった可能性があるが、「朝鮮客店」について説明がなく、詳しくは分からない。
(28) 注(33)参照。
(29) 「[東辺道が]令将本城開設之裕増祥・裕増和・裕増永三号存項、約略估計、尚不及欠項之半、此外如開設鳳凰辺門之裕増桟、並安東県九連城之裕増祥、龍泉溝之裕増厚、沙河鎮之裕増福、栗子園之裕増長、又寛甸県太平川之裕増泰、永甸之裕増和七舗、均係鳳城裕増祥分号、存貨無多、間有一二焼鍋、資本又不甚厚、其九連城之裕増祥、雖非他舗可比、目前又成強弩之末〔勢力家も末には衰える意〕、且聞各該号開出憑帖甚多、並有該欠官商鉅款、拠孫兆祥声称、『朝鮮国歴年積欠該号銀二十三万餘両、以致資本空虚、請追抵各款』等情」。盛宣懐の袁世凱あて咨、光緒一六年九月一九日、『裕増祥（一）』。

(30) 前注に同じ。
(31) 注(26)に同じ。
(32) 石田興平（一九六四）第九章、第一〇章。
(33) もともとこの地域には民政にあたる地方官も設置されていなかった。人口の増加を追認する形で鳳凰直隷庁が設置されたのは一八七六年、分巡東辺兵備道と柵外の安東・寛甸・懐仁・通化の四県が置かれたのは七七年であった。秋月望（一九八三）一三〇〜一三一頁。
(34) 一八八二年一二月に柵門を訪れた町田実一は、同地の七〇戸から八〇戸の華商中、「屈指の商賈」一四戸の一つとして裕増祥を挙げている。「盛京省経歴紀行」『曽根、町田、清水ノ三名清国内地視察一件』（外務省外交史料館、アジア歴史資料センター Ref. B07090445000）。
(35) 唐紹儀（龍山商務委員）の袁世凱あて稟、光緒一六年二月一七日、『照催朝政府』。
(36) 「竊商於十四年九月、買到鮮人玄興宅紅参六仟斤、言明聴随市価毎斤十三両有零、伊在松都将貨交付商手、商発至義州、伊復将貨攔住、声言不随市価、必另作価、毎斤価銀十五両、勒商開給銀緋九万両、商当即与伊訂明、若照加価之数、必須速交参貨、以便先到上海售売、俾多獲利、不准韓人赴滬賤售、免得虧本、否則将原出銀緋収回作廃、仍照十三両有奇之価合算、另換銀緋、……彼時伊均已応允」。孫兆吉の唐紹儀あて稟、光緒一六年一月一五日、『遵札伝裕増祥』。
(37) 両者の供述内容については会審供単（光緒一六年一月二五日、同前）による。
(38) 「此参係国王之参、僅与経手、将参売与孫兆吉、照十五両一斤、共合価銀九万両、当収該号銀票、即呈交国王、并未図分文、再由仁川出口運至上海紅参二千六百斤、係国王派人去売的、不与我相干」。出所は前注に同じ。
(39) 唐紹儀の袁世凱あて稟、光緒一六年三月二九日、『商人孫兆吉（一）』。
(40) 裕増祥は五月一九日（旧四月一日）まで支払い猶予を延長されたが、結局支払えなかった。李鴻章の袁世凱あて札飭、光緒一六年四月一一日、『商人孫兆吉（二）』。
(41) 奎訓（東辺道）の袁世凱あて電、光緒一六年三月八日、同前。
(42) 袁世凱の奎訓あて電稿、光緒一六年三月一一日、同前。
(43) 唐紹儀の袁世凱あて稟、光緒一六年三月二九日、同前。
(44) 注(3)の先行研究を参照。
(45) 이철성（二〇〇〇）二三七頁。
(46) 유승주・이철성（二〇〇二）二二三〜二二九頁。
(47) 유승주・이철성（二〇〇二）二〇二頁によれば一八四一年の包蔘税定額一〇万両は穀物に換算して約三万三千石であった。当時の

戸曹の米歳入は九万～一〇万石だったという。

(48) 一八六七年の『六典条例』戸典版籍司条では包蔘定額を一万五千斤、包蔘税銭を二一万両とし、うち六万両を司訳院に、一五万両を戸曹経費に充てるとする。

(49) このことは従来も多くの研究が指摘している。이철성（二〇〇〇）二四三頁、유승주・이철성（二〇〇二）二四四～二四六頁、이항준（一九九九）二五～四〇頁、연갑수（二〇〇一）二三九頁、이철성（二〇〇五）二〇五～二一三頁。

(50) 今村鞆（一九七一）三巻、二三一～二三七頁、이항준（一九九九）四〇～四二頁。

(51) 張存武（一九七八）八〇頁。もともと貿易章程制定の際、清側は紅蔘の輸入税率を三〇パーセントにしようとしたが、魚允中の要求で一五パーセントに設定したという経緯があった（秋月望（一九八五）一一〇～一一三頁）。また駐津大員南廷哲は一八八五年に李鴻章と会談した際、清の課税により紅蔘貿易が減れば包蔘税収も減り「国計」に大いに関わると訴えた。「乙酉正月二十四日北洋大臣衙門筆談」（韓国学中央研究院蔵書閣）。

(52) 注(6)参照。

(53) 金澤榮『韶濩堂集』巻八、人参志（亜細亜文化社版『金澤榮全集』二巻、一五八頁）。金が編集に加わった『増補文献備考』巻一五一、田賦考一一にもほぼ同文が見える。

(54) 別付の存在を指摘する先行研究が根拠として明示するのは金澤榮の叙述のみである。今村鞆（一九七一）二巻、四二〇～四二一頁、七巻、五二四～五二五頁、최태호（一九八三）五三頁、양상현（一九九六）一二六頁。なお今村は別付の数量を「一万五千斤」としており、これは金澤榮の文章には見えないが、同順泰の書簡に言う国王属の重量と一致する。今村は数値の出所を示していないが、全く根拠のないものではないと思われる。

(55) 譚傑生の梁綸卿あて三七号信、庚寅九月九日、『同順泰往復文書』三三巻（ソウル大学校中央図書館）。同じく譚傑生の一八九二年の書簡でもほぼ同様の記述が繰り返され（譚傑生の梁綸卿あて九四号信、壬辰閏六月六日、『同順泰往復文書』三四巻）、国王が開城の紅蔘製造に二〇～三〇万両を投資しているという記述も見られる（譚傑生の梁綸卿あて書簡、壬辰（日付不明）、同前）。史料については本書第Ⅱ部、特に補論参照。また同順泰も別付蔘の輸出に参加しようとしたことについては本書第5章。

(56) 国王の紅蔘輸出直営は公にすべきではない事柄と見られた可能性が高い。そのことは裕増祥・玄興宅の紛争における会審判語からも窺われるし（注39）、朝鮮側の史料のうち別付に言及するのが金澤榮の記録のみで、政府の公的記録に現れないということ自体がそれを示唆している。なお李榮薫は、日清戦争前から儒教的規範を逸脱した王室財政の拡大が見られ、大韓帝国期の皇室財政拡大の前提をなしたとする。李榮薫［い・よんふん］（二〇一三）九六～九七頁。

(57)『統署日記』（『旧韓国外交関係附属文書』三巻）高宗二〇年一二月三日条では遣米使節の旅費として紅蔘・砂金を「玄興宅」に携帯させるとする。また李鑢永の『釜署集略』甲申年五月初八日条では、「玄興宅」について「聞昨年与閔参判同入美国、昨冬来留上海、今将還京」と記す（『敬窩集略』中巻、韓国史料叢書五三集）。これらが玄興澤を指すことは間違いない。また清側の記録で「玄興宅」を「玄興澤」と表記した例もある。東辺道の袁世凱あて電、光緒一六年三月か、『商人孫兆吉（二）』。

(58) 김원모（一九九五）五七四～五八八頁、양정필（二〇〇一）二六～二八頁。

(59) 서영희（二〇〇三）三五頁。

(60) 양정필（二〇〇一）二〇～二一頁。

(61) ソウル大学校奎章閣韓国学研究院蔵（奎九八六二）。そこでは玄興澤に割り当てられた紅蔘のうち一万五千斤に「貿銀穴」と注記している。これが別付蔘を意味する可能性もある。

(62) 양정필（二〇〇一）二六頁。

(63) 黄玹『梅泉野録』は玄興澤を閔泳翊の「古い手下（旧傔）」とする。韓国史料叢書版四〇八頁。

(64) 在韓日本公使は一八九七年に「閔泳翊嘗て上海にあるや、故閔妃の紅蔘売捌方を取扱ひ、其代価数十万円をヲリエンタル・バンクに預け入れ」と本省に報告している。「六国公使閔泳翊に対する仏国政府の故障」明治三〇年一〇月二九日『駐韓日本公使館文書』一二巻、国史編纂委員会翻刻本、一六五～一六六頁。

(65) 韓国警視総監の丸山重俊によれば、一九〇八年ごろ高宗は、上海滞在中の閔泳翊から紅蔘二万九八〇〇斤、砂金二千両と現銀一万両相当の代金を取り返そうと画策していた。それらは一八八八～九三年に上海に持ち出され閔泳翊に預託されたもので、それを運んだのは「玄興澤外数名」であった。「太皇帝紅蔘代金取立ノ為メ侍従遣外ノ件」明治四一年一月一四日『統監府記録』一〇巻、七九頁。서영희（二〇〇三）二四一～二四二頁、양정필（二〇〇一）二六頁。これについて高宗は、翌一九〇九年ソウルで閔泳翊を相手に訴訟を起こしたが、その時に高宗側の代理人となったのも玄興澤であった。この時は玄興澤が出廷しなかったため、閔泳翊の勝訴となった（隆熙三年民第四八七号、韓国法院図書館・旧韓末民事判決文データベース http://khd.scourt.go.kr/main/index.jsp、二〇一五年七月三〇日閲覧）。また高宗は上海でも同様の訴訟を起こした。김원모（一九九五）五八六～五八八頁。

(66) 「光緒十三年経呉慶然手買到別福参一万五千斤、毎斤作価十五両、合銀二十二万五千両、開具銀票、以当年九月季為期交票取銀、詎意期内即将銀如数支訖、及至帰算之時、只交銀票十九万五千両、短少銀票三万両未交、拠呉慶然声称、内務府遺失此票、並無藏匿等情」。孫兆吉の唐紹儀あて稟、光緒一七年一二月、『遵札伝裕増祥』。

(67) 一八八五年に新設された内務府は老論の驪興閔氏によって掌握され、後期閔氏政権の中枢の一つとなった。糟谷憲一（一九九五）一一八頁。内務府が王室財政を管理すると同時に開化政策の司令塔の役割を果たした点も、別付蔘の役割に関する本文の所論と関わって注目される。한철호（二〇〇九）二三四～二四九頁。

(68) 統理衙門督辦の袁世凱あて照会、光緒一三年三月八日、『旧韓国外交文書』清案一、五七五番。機器局は一八八三年に設置されたが、工場が竣工したのは八七年一二月である。金正起は一八八七年の紅蔘輸出がその経費準備の一環だったことを指摘している。な

お機器局は親軍各営の直接の管理下にあったわけではないが、営使が局の総辦を兼任するなど密接な関係にあった。김정기（一九七八）一一〇頁、一一六頁。

(69)『統署日記』一、高宗二四年六月三日条、『平安道関草』（『各司謄録』三八巻所収）同年六月三日条、七月三日条、八月二五日条。

(70) 呉慶錫について신용하（一九八五）。呉慶然と親族の科挙合格歴については韓国学中央研究院のデータベース「韓国歴代人物総合情報システム」を利用した（https://people.aks.ac.kr/index.aks、二〇一五年七月三〇日閲覧）。

(71) 金允植『陰晴史』高宗一八年一一月一八日条、『承政院日記』高宗一九年五月一五日条。

(72)『承政院日記』高宗一九年九月一〇日条。

(73) 陳樹棠の統理衙門督辦あて照会、光緒一〇年一月二二日、『旧韓国外交文書』清案一、五一番。

(74)『承政院日記』高宗二五年二月二一日条、同年八月二四日条。ただし典圜局の当五銭濫発は市場の混乱を招き、一八八九年五月にはいったん鋳造が停止された。そのあおりで呉慶然は罷免のうえ配流された（同前、高宗二六年五月九日条、同年六月八日条）。

(75) 閔泳翊は親軍営をその影響下に置くと共に繰り返し機器局の官職に任じられた。例えば一八八四年に機器局総辦となり、一八八七年には親軍右営使として機器局の有司堂上に任じられている（『承政院日記』高宗二一年一〇月二日条、二四年六月六日条）。また閔は一八八七年四月の礦務局創設時の総辦であり（同前、高宗二四年四月初七日条）、八六年から典圜局の管理事務も務めた（同前、高宗二三年七月五日条）。

(76) 須川英徳（一九九四）二一二頁。

(77) 注(37)参照。

(78) 孫兆吉の龍山商務委員あて稟、光緒一三年九月八日、『商人孫兆吉（一）』。これについては、裕増祥が同年に呉慶然から購入した別付蔘との関連が注意される。だが裕増祥によれば、その際に振り出して「紛失」された手形三万両分は一八九一年の時点で未返却であったという（注66）。もし朝鮮政府がこれを借款返済に用いていれば当然裕増祥に提示されているはずだから、別のものと考えざるを得ない。

(79) 柵門後市のほか、中江・琿春・会寧において辺境開市が定期的に催された。寺内威太郎（一九八六）（一九九八）。

(80) 柵門後市については注(3)(14)に挙げた文献のほか、寺内威太郎（一九九二a）（一九九二b）。

(81) 一八五〇年の史料には「湾上三門」の表現が見られる（『承政院日記』哲宗元年四月一五日条）。一八八三年に義州を訪れた海津三雄によれば、「柵門開市期は則先づ二月二十日を以て開き五月三十日を以て閉づ、是を冬至使帰朝市となす。其次は九月十日を以て開き十月三十日を以て閉づ、是を皇暦賫咨使となす。其次は十一月二十日を以て開き十二月三十日を以て閉づ、是を冬至使入朝市となす」（海津三雄「朝鮮北部内地の実況 義州行記」『東京地学協会報告』六巻二号、一八八四年、二一頁）。

(82) 寺内威太郎（一九九二a）三八三～三八四頁。

（83）清側の当局者に外交交渉の運動費や謝礼、賄賂として手渡すための資金を公用銀と呼んだ。非公式ながら重要な資金であり、その調達方法は繰り返し論議の的となった。寺内威太郎（一九九二a）、이철성（二〇〇〇）第二章ほか。

（84）이철성（二〇〇〇）二二六頁、유승주・이철성（二〇〇二）一九一頁。

（85）課税体制についての叙述は寺内威太郎（一九九二a）による。

（86）이철성（二〇〇〇）一九四頁。北京に持ち込まれた場合は蔘局で委託販売されたという。張存武（一九七八）一〇六頁。

（87）張存武（一九七八）一四三～一五四頁、연갑수（二〇〇一）二四六～二四八頁。

（88）張存武（一九七八）一三六～一四〇頁。

（89）「湾尹録紙」『龍湖閒録』（韓国史料叢書版）四巻、一六七頁。

（90）China Imperial Maritime Customs, *Trade Report for 1880*, Newchwang, p. 3. 姜徳相［かん・とくさん］（一九六二）九～一二頁。

（91）「乙酉正月二十四日北洋大臣衙門筆談」（韓国学中央研究院蔵書閣）。また義州商人も六五名の連名で南廷哲に窮状を訴えた。「義州商民訴状」（南廷哲『南李対談記』所収、国史編纂委員会）。南の派遣については森万佑子（二〇一三）。

（92）領議政の袁世凱あて函、光緒一七年三月一七日、『裕増祥（一）』。この書簡では「監税所」の裕増祥への負債は二万三八九三両で大半は返済済みとする。裕増祥の主張とは齟齬するが、貸借関係の存在は確認できる。

（93）唐紹儀の袁世凱あて稟、光緒一七年六月一四日、『裕増祥（一）』。

（94）洪徳祖は本貫南陽、一八三八年生まれで七四年の増広試に及第した（韓国歴代人物綜合情報システム）。一八七七年一二月に監税官に差下された（『承政院日記』高宗一四年一一月二一日条）。翌年九月には別人に代えられたが（同前、高宗一五年九月三日条）、八七年九月には再任されている（同前、高宗二四年八月七日条）。

（95）一八七一年には管税庁任掌の安邦賢が柵門税銭を横領した廉で告発されており、安が管税庁の実務担当者であったことが確認できる。『平安道関草』（『各司謄録』三八巻所収）高宗二七年六月一七日条。

（96）清の中江税務監督は「薬材小土」を「薬材蔘貨」と言い換えている。李鴻章の総理衙門あて函、光緒八年一〇月一三日、『清季中日韓関係史料』六二六番。

（97）礼部の総理衙門あて函、光緒八年一〇月一六日、『清季中日韓関係史料』六二九番。この史料が公用銀調達に関わることは酒井裕美（二〇〇八）一三二頁も指摘する。

（98）李裕元『橘山文稿』巻一四「龍湾紀事」所収の牒報（次の文言で始まる二件、いずれも日時不詳。「為牒報事、即節本府管税庁商民李享淡等～」「為牒報事、本府管税庁商民李碩煒等～」）。李の義州府尹在任中（一八四八～五〇年）の文書である。ソウル大学校奎章閣韓国学研究院蔵（古四二五四-三）。

（99）義州府尹報牒、領議政の袁世凱あて照覆（光緒一七年八月四日）の附録、『裕増祥（一）』。報告の対象は朴景禧、金鼎孝、禹昌謨、金応五、李致雲、李宝和（表3-1では李寛和）、鄭承祚、洪宇洛、金汝麟、金忖彦（表3-1では金志彦）、義州商会所、大官中の一二件。本文では表3-1の表記に従った。

(100) 孫兆吉も金応五から各種の建物証文や開城蔘圃その他の売却代金を受け取ったことを認めている（注102）。

(101)「壬辰十月二十五日平安道龍川居李景植原情」『各処所志謄録』（奎一八〇一五）、韓国商業史資料叢書版四二五頁。

(102) 会訊供単、光緒一八年六月一三日、『遵札伝裕増祥』。

(103) 堂断、日付不詳、『裕増祥（二）』。

(104) 孫兆吉の袁世凱あて稟、光緒一八年一〇月、『裕増祥（二）』。

(105) 統理衙門督辦の袁世凱あて照会、光緒一八年一一月二八日、『裕増祥（二）』。

(106) 華商同順泰の書簡には、「巨商」裕増祥も紅蔘のため破綻したとの叙述がある。譚傑生の邵松芝あて一四号信、庚寅九月一一日、『同順泰往復文書』三三巻。

(107) 朴景禧、金応五、大官中、崔錫栄、李致雲、商会所に対する六件の「賬単」が『遵札伝裕増祥』の末尾に添付されている。いずれも時系列を追って「収」「去」が列記され、相殺されてゆく形をとる（概ね光緒一二～一五年）。いずれも裕増祥側の貸越しで終わっており、その残額は表3-1と概ね一致している。ほとんどの貸借項目は金額だけを記しているため、取引品目の集計は困難だが、一部項目の注記から断片的に取引内容を窺うことができる。例えば「大官中」の光緒一四年分「去（＝貸方）」には「（九月一九日）齎咨官用」現銀六七五両、「（一二月一二日）大轎進京用」三月銀一万四四〇〇両が計上されており、暦咨行・冬至使行の公用銀を貸したものと見られる。また同年の「収（＝借方）」には「（三月三〇日）以定貨来、参九三五」一万三二七七両とあり、定貨すなわち予約品の紅蔘を受け入れたものと見られる。

(108) 注(102)に同じ。

(109) 李致雲は「十数年」、鄭承祚は父の代から「数十年」の関係があったとする（注102）。また李寛和は、義州府の調査の中で、裕増祥と「多年」の関係があったと証言している（注99）。

(110) 注(102)(103)参照。

(111) 統理衙門督辦の袁世凱あて照会、光緒一九年四月二四日、『裕増祥（二）』。

(112) 李鴻章の袁世凱あて札、光緒一六年一二月二二日、『裕増祥（一）』。積玉増については不詳だが、一八六六年頃に上海に紅蔘を売りに行ったという、積王増と同一の商号かもしれない（注89）。

(113)「商在九連城開設榛貨舗生理、謹遵通商章程、兌換貨物、因価動万千、事関匪細、執中無人、毎至両不相信、故遇交易、設有朝鮮経紀、両造貨物、均依該経紀估価交領、所辦華商貨殖、皆付伊承領過江分行変売、変売後即以官参銀項抵還貨款、如有舛錯、惟該経紀是問、歴経辦理有年、所以防拐騙帰信、実法至善也」。東来福の龍山商務委員あて稟、光緒一三年一二月一九日、『東来福請詳追義州経紀欠項案』(使館檔案、一-四一-四七-一七)。

(114) 注(34)参照。

(115) 帳単、光緒一三年一二月一九日、『東来福請詳』(注113)。

(116) 『九包乾蔘都録冊』(注61)に「官包蔘」六六〇斤の権利者として現れる。

(117) 「経略使与陳本植唔談草(一二月二十六日)」『経略使与中国委員唔談草』ソウル大学校奎章閣韓国学研究院蔵(奎二六一七一)。秋月望(一九八五)一二九頁。

(118) 一八八二年一〇月の中江税務監督の諭によれば、柵門の輸入貨物は「舗商」が起票・納税後に入門を許し、輸出も「舗戸」に数量を報告させるとする。中江監督諭、光緒八年九月一四日、『清季中日韓関係史料』六二六番附件。清代の常関において現地の舗戸・牙行による徴税請負が広く見られたことは、滝野正二郎(一九八八)。

(119) 張存武(一九七八)一〇〇頁。

(120) 国境貿易における信用取引がいつまで遡るかは不明だが、朝鮮商人の負債が外交問題化した一七二七年の「清債」事件などの前例がある。山本進(二〇一四)は一七三〇年の金楚瑞事件を手がかりに、両国商人間の信用取引が相当緊密かつ恒常的であったことを指摘する(二七二頁)。こうした慣行を成立させていた具体的な条件についてさらに検討する必要がある。

(121) 裕増祥の例は孤立したものではない。例えば一八九二年、ソウルの華商義興隆は九連城の華商集祥永から出資を受けており、ソウルの「燕商(対中国貿易商)」柳星根から集祥永の貸金を取り立てるべく、龍山商務委員に訴えを起こしている。義興隆の龍山商務委員あて稟、光緒一八年八月、『商民紛糾——龍山』(使館檔案一-四一-三〇-三五)。漢城府少尹の龍山商務委員あて照会、光緒一八年八月一七日、『華商蔡重里還交証案追索欠款案』(同一-四一-四七-六五)。

(122) 이병천(一九八四)、오미일(二〇〇八)五四~五九頁。

(123) 中国海関年報によれば柵門貿易の衰退により義州の influential Corean marchants の多くが開港場に移った。China Imperial Maritime Customs, *Trade Reports for 1881*, Newchwang, p. 13.

(124) 注(99)(102)参照。

(125) ソウルで華商の取引を仲介し通訳のサービスを提供する「経紀」に義州出身者がいたことは史料上も確認できる。本書の第4章注(50)(51)を参照。

第4章

(1) 손정목(一九八二)一七八~一八二頁。また朴俊炯［ぱく・ちゅにょん］(二〇一二)第四章、박준형(二〇一二)は漢城開桟の法的性格をめぐる論議を分析している。

（2）塩川一太郎『朝鮮通商事情』八尾書店、一八九五年、七六頁。ただし日清戦争後になると日本人数が急増し華人数を上回った。朴俊炯［ぱく・ちゅにょん］（二〇一二）一四一頁。

（3）秋月望（一九八五）一〇九〜一一〇頁。

（4）ソウルの開桟撤桟問題の経緯については손정목（一九八二）一八二〜一九三頁、김희신（二〇一〇a）。

（5）撤市事件の専論として김정기（一九八九）。また손정목（一九八二）、박경룡（一九九五）一四五〜一五六頁、朴俊炯［ぱく・ちゅにょん］（二〇一二）、박준형（二〇一二）も事件の概要を整理している。

（6）김경태（一九八五）二〇五〜二一二頁。

（7）고동환（二〇一三）一四〇頁。

（8）변광석（二〇〇一）一六六頁、고동환（二〇一三）一四九頁。

（9）例えば一八八八年には白木廛が日本人商人による全羅道産綿布販売に抗議し、統理衙門が日本公使に販売中止を求めた。一八九一年には魚物廛がやはり日本人のソウルにおける朝鮮産水産物の販売に抗議した。김경태（一九八五）二〇七頁。

（10）一八八六年には白木廛、青布廛、立廛が共同で統理衙門に訴え、「我国牟利之輩」が外国人に「籍托」して税を免れようとするのを禁じるよう求めた。統理衙門もこれに応じているが実効があったかは不明である。「六矣廛」『日韓通商協会報告』一、一八九五年、一一二頁。변광석（二〇〇一）二四三頁。

（11）この史料は一九九九年に台湾の外交部から中央研究院近代史研究所檔案館に移管されたが、そのうち清末期分は二〇〇四年にデジタル画像が公開され、〇六年からは第二次大戦終結前の民国期分も同様の形で公開されている。史料には檔案館の既存の分類法に従い「全宗―系列―宗―冊」の請求記号が与えられており、「駐韓使館保存檔案」はそのうちの系列名にあたる。全宗を基準として件数と収録年代を整理すると次のようである。

全　宗	宗（件数）	冊（件数）	年　代
総理各国事務衙門	七七	五六九	一八八二〜一九〇一年
外務部	二八九	二八九	一九〇一〜一二年
外交部	二三六	九三三	一九一二〜三三、四三年

右の件数は同館がかつてウェブサイト上で公開していた館蔵檔案目録清単（http://archives.sinica.edu.tw/main/directory.html、二〇〇六年一二月二八日閲覧）による。なお韓国では二〇一〇年頃からこの史料に着目した研究が増加した。すべてを挙げることはできないが、文書の生成過程と檔案の全体像については김희신（二〇一一b）が詳しく、またフォルダごとの解題として박정현ほか（二〇一

三）がある。また訴訟案件を扱った事例研究としては日清戦後についての이영옥（二〇〇七）、박정현（二〇一三）などがあり、また訴訟案件全体の傾向性を数量的に分析した송규진（二〇一四）がある。

(12) 李鴻章（北洋大臣）の総理衙門あて函、光緒九年六月二五日、『清季中日韓関係史料』巻三、七四一番。

(13) 袁世凱の赴任に伴う機関の編成替えについては林明徳（一九七〇）一三三〜一三五頁。

(14) 李鴻章の総理衙門あて函、光緒一二年一月一七日、『清季中日韓関係史料』巻四、一一一九番。

(15) 李鴻章の総理衙門あて函、光緒一二年五月一五日、同前巻四、一一四八番。

(16) 一八八六年五月に李蔭梧（李鴻章の総理衙門あて函、光緒一二年四月一一日、同前巻四、一一四二番）、同年一一月に陳同書（同じく光緒一三年二月一九日、同前巻四、一二〇三番）、八八年五月に洪子彬（同じく光緒一四年四月一〇日、同前巻五、一三四七番）。

(17) 李鴻章の総理衙門あて函、光緒一五年一〇月九日、同前巻五、一四六二番。

(18) 筆者の確認した範囲でいえば、史料は、元来の檔案袋に収められた状態で保存されているようである。また一件ごとの文書は、おおむね時系列順に貼りつながれた状態となっている。これらから、分類記号などは後に付されたものであるとしても、史料の原秩序の大きな改編はなかったように思われる。

(19) 漢城府の長官は判尹であるが、各国領事との交渉担当者として判尹では階秩が高すぎるという理由で、判尹に代わって外国人に関する訴訟を専管させるため少尹が設けられた。初代の少尹は金鶴鎮で、一八八七年八月一一日（光緒一三年六月二二日）に任命された。『高宗時代史』第二輯、高宗二四年六月一八日条、同六月二二日条。

(20) 底本はソウル大学校奎章閣韓国学研究院に所蔵されている。

(21)「中国商民在朝鮮口岸、如自行控告、応帰中国商務委員審断、此外財産罪犯等案、如朝鮮人民為原告、中国人民為被告、則応由中国商務委員追拿審断、如中国人民為原告、朝鮮人民為被告、則応由朝鮮官員将被告罪犯交出、会同中国商務委員、按律審断」（第二条）。

(22) 一八七六年の日朝修好条規は単純な被告主義の領事裁判を規定していた。一八八三年の朝英条約は朝鮮で行われる裁判について相互に「聴審」できるとの規定を設けた。一八九九年の朝清条約は双務的な領事裁判権を規定したが、そこでも「聴審」規定が設けられた。은정태（二〇〇九）一一二〜一一五頁。

(23) 譚以時（同順泰）の唐紹儀（龍山商務委員）あて稟、光緒一五年一一月一五日、『華商控朝人欠款案』（使館檔案一-四一-四七-四七）。表4-2の訴状19にあたる。稟の宛先は明示されていないが、この簿冊が「唐紹儀：訴訟案件」に含まれることから、龍山商務委員と見てよい。原文は次の通り。「具稟治下広幇同順泰譚以時、為恃勢抗債懇恩追究事、窃商〔号〕在漢城開設生理歴有年、前於上年十二月初一日、有鮮人犂洞居金相愚、功名在身亦是富室、雖無来往而頗覚熟識、買去漂洋布五疋、3.6元、合洋銀十八元正、約定年内帰還、延至於今分文未給、商向伊索討、詎伊不出理言、恃其功名、為護身之符、以勢相欺誠心抗債〔騙〕、再有朴蓉湜与商号交易多年、従無拖欠、自今春三月買去貨物、除還下欠銭四十吊零六百四十文、自此抗債絶交永不相見、商尋伊索討、伊推托支吾、概〔終〕

無還賑之意、商情無出無奈、只得〔一併〕拠寔瀝陳叩懇憲台大人、俯恤商艱、恩准転照朝鮮官〔衙門〕、厳追金相愚与朴蓉湜二人、楚還商銭、以儆頑梗而安商旅、則商感荷無既已、光緒十五年十一月十五日治下広幇同順泰謹稟」。傍点部は原史料では抹消。〔 〕内の文言は後筆、商務委員が漢城府への照会に引用するにあたり修正したものと見られる。訳出は加筆以前のものに従った。アラビア数字は蘇州数字。

(24) 日清戦争以前に成立した南、北、広の三幇に加え一八九九年に京幇が成立した。華人団体の形成過程と機能については김희신（二〇一〇b）（二〇一一）によった。

(25) 本文で引いた稟に与えられた批は不明だが、他の稟の例によれば、受理した旨が簡潔に告げられるに止まったようである。

(26) 成岐運（漢城府少尹）の唐紹儀あて照覆、光緒一五年一二月二八日、『華商控朝人欠款案』（使館檔案一-四一-四七-四七）。原文は次の通り。「照覆事、照得、本年十一月十七日弊前任案内、准貴照会内開、拠同順泰号譚以時稟称、鮮人犂洞居金相愚、買去漂洋布五疋、合洋銀十八元、約定年内帰還、延至於今分文未給、再有朴蓉湜今春三月買去貨物、除還下欠銭四十吊零六百四十文、自此抗債絶交永不相見、懇請転照朝鮮衙門、厳金相愚与朴蓉湜楚還商銭等情、為此備文照会、即請査照、飭拘金朴両姓到案、清款毋任拖累等因、准此、現経飭拘金朴両姓到案、拠金相愚稟称、所負華商同順泰号洋銀十八元、業已如数備斉、不日帰還等語、拠朴蓉湜稟称、有伊夥出義代為約定、来正月晦間措辦清還等情、拠此、相応照覆貴理事査照辦理可也、須至照覆者」。

(27) 会審は訴訟の当事者間に主張の食い違いが生じた場合などに行われた。例えば一八九一年には、華商信昌号が朝鮮人裴春伯の債務不履行を訴えたのに対し、裴の親族が信昌号に殴打されたという逆の訴えを起こしたため、龍山商務委員は合同での審理を提案し、漢城府少尹もこれを受け入れた。李建昌（漢城府少尹）の唐紹儀あて照覆、光緒一七年一一月七日、『華商追韓人帳目』（使館檔案一-四一-四七-六〇）。

(28) 一八八六年以後の『旧韓国外交文書』に見える華商の商事案件は、大半が、このような形で文書が統理衙門を経由したことから、記録に残ったものである。

(29) 黄耆淵（漢城府少尹）の唐紹儀あて照会、光緒一七年八月二四日、『華商追韓人帳目』（使館檔案一-四一-四七-六〇）。

(30) 厳致弘原情、丙戌一一月、『朝鮮商民稟控各案』（使館檔案一-四一-一二-二五）。原情は朝鮮における訴状の形態で、この場合は袁世凱に直接提出されたものと見られる。

(31) 本文で素描した訴訟手続きは、清側に関する限り本国のそれを準用した部分が多いように思われるが、具体的な制度の形成過程は検討を要する。滋賀秀三（一九八四）第一章。なお韓国では二〇〇〇年代から、近代の国家間関係を法制史的な視角から再検討する研究が現れ、領事裁判権についても注目されている。清の領事裁判についても정태섭・한성민（二〇〇七）、이은자（二〇〇九）等の事例研究が発表されている。

(32) ただし暴行や窃盗などを理由とする訴えでも、実質的には商取引に関わる場合がある。その区別には筆者の恣意が入り込むことを避けられなかった。なお清代の裁判において民事と刑事の手続き上の区別がなかったことは、滋賀秀三（一九八四）七頁。

(33) 本書第6章第四節(2)参照。

(34)「光緒十五年華商各号花名成冊」作成日不明、『華商人数清冊』（使館檔案一-四一-四〇-一九）。石川亮太（二〇〇九）一七一頁の表六-四参照。

(35)「有鐘楼街青四房趙昶漢、立斗房朴漢豊、立花房金仁完、……該鐘楼街韓城官商」。（訴状9）。以下、表4-2所掲の訴状は、その番号によって引用する。

(36) 六矣廛は鍾路・南大門路に沿った長細い建物を持ち、その中を区切った房を各構成員の店舗とした。一九世紀末の綿紬廛の場合、七つの建物を持ち、その中を七八の房に区分したという。各房の使用者は房税を市廛に納めた。須川英徳（二〇〇三a）二五三頁、吉田光男（二〇〇九）二六一～二六三頁。市廛の配置図については、京城府『京城府史』二巻、一九三六年、四九六～四九九頁。

(37) 注(39)および『華商双盛泰与朝人崔学中釐税巻』（使館檔案一-四一-四一-一）。

(38)「商来鮮貿易、寓鮮人卞鍾玉店内、憑経手人店夥金聖文、於七月初十日、将大米十一包、売鮮人金学洙」（訴状32）。

(39)「王子蕃供、登州府人、於今年七月間、……開双盛泰字号、在福盛春号同寓、後因該号欲収生意、有朝鮮桟主崔学中接商民、到該桟暫寓、於八月初三日移住該桟、忽于初五日有鐘鼓楼五六人到商民号内、要商民貨物蓋戳納捐」「崔学中供、向開桟為生、近来朝鮮商人存貨甚少、現招中国商人王子蕃、於八月初三日将貨物移在小的桟内」「辺総殿供、白木廛人、朝鮮向例、有貨来到小的們前往、蓋用戳記捐厘、昨査崔学中桟内現有来的貨物、即派人前往打図章、不料崔学中攔阻、并云及此貨華商貨物」。供招、光緒一三年八月一六日、『華商双盛泰与朝人崔学中釐税巻』（使館檔案一-四一-四一-一）。

(40) 同順泰の在漢城清国総領事あて稟、光緒三二年六月、『銭債案巻（一）』（使館檔案二-三五-六二-七）。

(41) 桟および客主については本書第5章の注(80)(81)。また孫允弼については本書第5章参照。

(42)「於五月三十日、鐘楼鮮商青布四房兪致万、憑経手人全聖貢、買去洋紗二百疋、毎疋鮮銭乙吊八百文、共合鮮銭三百六十吊、開有銭票給商収執為憑、遅延至今分文未給、商於本月二十五日、到青布四房追討、則已将廛房鎖閉、……而経手人全聖貢亦渺無踪跡、不知下落、……顕係同謀合騙、情殊可恨、伏乞憲台大人、恩准可否照会漢城府少尹、厳促兪致万並経手人全聖貢、追及商銭」（訴状30）。

(43)「於閏五月十四日、有朝鮮経紀金奎煥、与一人亦□金同来説合、朝鮮林学淵買去支鉄九十九梱」（訴状4）。

(44)「本月二十二日、有朝鮮人経紀李戊敬与伊夥蔣和敬、買商洋紗三十疋、……言明現銭売買、着檥棍金仲和背送貨物、立即取銭、詎李戊敬将貨領至綢洞朴舜之家、金仲和空手而回」（訴状13）。

(45)「商在漢城開設生理、所有鮮人交往貿易、俱以経手人為憑」（訴状17）、また注(47)の引用史料にも同様の文言がある。

(46)「拠朝鮮商規、所有各貨売買、皆憑経紀估価、銀銭亦由経紀手交、致有誆騙等弊」（訴状9）。

(47) 次の例では逃亡した「経紀」だけが責任を追及され、「経紀」を通じた買い手については全く言及されないことから、売り手の中国人に対しては「経紀」が全面的に責任を負っていたと考えられる。「窃自通商以来、商与鮮人交易、俱憑牙行経紀為証、因有西門外経紀李鳳夏、於四月内買到商等貨物、未給銭文、即行蔵匿無踪、……商等尋至伊家、伊父云不知所往、……叩懇憲台大人恩准、照会朝鮮政府、厳追李鳳夏、楚還商等賬目」（訴状15）。

(48) 本文で見た仲買人の機能は、保護国期以後の調査に見える居間のそれに概ね重なるが、異なる点もある。最も重要な相違は、取引における当事者性の解釈である。本文では仲買人の責任が一義的でなく、時に取引の当事者として危険を負担していたことに注目したが、保護国期以後の調査の多くでは居間は取引に当事者としての責任を負わないとし、客主が取引の当事者として責任を負うのに対比している。この見解は管見の限り、手形組合・金融組合の調査報告を編集したという理財局「韓国の商事関係」（『朝鮮』三巻四号、日韓書房、一九〇九年）に初めて見える。以後『朝鮮産業誌』（山口精、宝文館、一九一〇年、中、五七七頁）など同時代の文献の多くに引き継がれ、박원선（一九七三）四七頁もこれを踏襲している。一方で『慣習調査報告書』（朝鮮総督府、一九一三年、三七八頁）では居間の責任をより多義的に捉え、相手方が誰かを示さずに取引を周旋した場合は当事者同様の責任に任じなければならないとする点、本文で見た仲買人の機能と類似する。後者の見解は『朝鮮人の商業』（朝鮮総督府、一九二五年、七四頁）にも踏襲される。なお仲介した取引に対する客主の保証責任については、本書第5章、第7章でもそれぞれ事例を挙げて論じる。

(49) ある華商の訴状では、問題となった仲買人について「私と長年の取引があり、毎年の取引高は二〜三万両を下ることなく、全く誤りがなかった（与商号交易有年、屢年賬目不下両三万金、毫無差錯）」（訴状9）と表現している。

(50) 一八八四年の朝鮮人林学淵による代金未払いの案件において、林の供招（供述書）に「矣身段居生于梨峴是乎所、居間人金伯賢、及通辞金奎煥為名者、偕往華商処、支鉄一万一千五百餘斤貿来」とある。ここに現れる「通辞金奎煥」は、同じ案件に関わった包星伍の供招において「義州人」とされている。いずれの供招も『漢城華商和興順号控朝鮮人林学淵誆騙貨価巻』（使館檔案一-四一-一一-一六）所収。

(51) 一八八六年に起きた中国米取引に関する紛争につき、「朝鮮国経紀韓楨鶴」が龍山商務委員に提出した稟は、華商が提出したものと同じ書式であった。一般に使館檔案に含まれる朝鮮人の申立書が、白活や原情と呼ばれる朝鮮の伝統的な文書形式を準用した吏読混じりの文章であったのと異なる。「経紀韓楨鶴」は中国側の慣習によく通じた人物であったと思われるが、供招によればその出身地は「平安道義州府」であり、また関係者の供招には「韓通事」として現れることから、中国語にも堪能であったと考えられる。いずれも『華商牟文殿与朝人姜徳俊議米価巻』（使館檔案一-四一-四〇-八）所収。

(52) 「小商、四月十五日代客売砂金、銭六千七百七十二両三銭正、言明四月二十五日銭清、当収到華商双盛泰票、回付当五市銭六千七百七十二両三銭正、随到鐘楼撥兌銭項、被賊人盗去、恐到期票落名人之手声明不及、特稟呈憲台大人尊前、恩準存案、小商不至受累、則感徳無極矣」。崔学中の龍山商務委員あて稟、光緒一四年四月一六日、『崔学中稟失票』（使館檔案一-四一-四七-一三）。文意の取りにくい部分があるが、四月二五日を清算期日とする双盛泰票を鍾路で売却しようとしたところ、強奪されたと解釈しておく。この解釈が正しければ手形の割引行為が見られた可能性が考えられる。

(53) 次の二つの例では仲買人が自身の親族の振り出した手形を華商に支払った。「於本月二十日、有鮮人経紀李戊敬、与伊夥蔣和敬、買到商洋柴一箱、計銭四十吊生、言明十日内陸続交清、当時蔣和敬与伊父蔣錫玄、打給銭票一紙為憑」（訴状14）、「鮮商劉鎮裕、住青布五房後、憑経紀徐錫俊、於四月初二日、買去潮羅二十疋合銭六十四吊、開具伊兄徐錫允銭票、交付商手、……均将貨物、送在劉鎮裕家中、……将屢向徐錫俊追索銭文、……詎於二十一日徐錫俊逃匿無踪、商尋問劉鎮裕、則云銭文俱付徐錫俊」（訴状37）。また一八八八年の恒利昌号の訴状によると、同号が朝鮮人劉秉度から商品代金の代わりに「西門外朴姓米舗現銭票壱張」を渡されたので、銭担ぎの労働者を連れて朴某のもとに引き換えに行ってみると、朴は「並非我票」として支払いを拒絶したという。「於十一月初六日、有鮮人劉秉度、到商号買雑貨等物、共計現銭参拾捌吊弐百七十文、……伊言、有西門外朴姓米舗現銭票壱張、銭壱百肆拾吊、着抗銭苦力同商到西門外使銭、商遂同抗銭苦力人到西門外朴姓米舗使銭、朴姓云並非我票」（訴状11）。

(54) この点については文献ごとに解釈が異なる。例えば保護国期に漢城手形組合理事の藤井定吉は、朝鮮の在来手形は譲渡可能だとしながらも、譲渡人は譲受人に対し償還の義務を負わないため、広範囲では流通しないとした（「韓国の手形に就て」『朝鮮』二巻一号、日韓書房、一九〇八年）。一方で朝鮮総督府『慣習調査報告書』（一九一三年）は、譲り受けた手形に対し債務者が支払いを拒んだ場合、直接の譲渡人に対し支払いを求めることができるという異なる見解を示している。ただし支払期限が短いために譲渡回数は事実上一～二回に止まるとする（三八七頁）。

(55) 本章で挙げた三件の手形の形式は、保護国期の調査に基づく「於音」の形式と一致しない点が多い（例えば朝鮮総督府『朝鮮人の商業』一九二五年、一二二～一二八頁の図を参照）。一方で例③が左右に切断され、片方だけが華商の手許にあったという点は、伝統的な於音の授受方法を踏襲している。手形の慣行だけをとっても、かなりの幅が見られたことが分かる。

(56) 「光緒九年十一月初四日、有朝鮮人王京諌洞崔致基者、買生元宝銀八錠、当面言明毎錠朝鮮市銭五拾千正、共銭四百千文、同在崔致基家立期票、十一月十五日為期、憑票取付生、因朝鮮買売向有期票之例、故与交易、不憶崔致基昧良誆騙、至期全家逃避」（訴状1）。

(57) 「窃有韓人金喜周、平素以居間為業貿易口文、今於八月間、陸続向商順興号買去貨価銭壱百念八千百五拾文、向商益記号買去貨価銭参拾千另五百文、向震康号買去貨価銭四拾陸千五百文、均以一月銭票、往常交易、按期無悞、因風聞金喜周、日夜嗜賭、是以将該居間来票往討、詎知概係捏造偽票……在漢城貿易、例以一月期票、若討現銭交易、則皆坐待無市、習慣市景固難挽回」（訴状8）。

(58) 波形昭一（一九八五）四五～四八頁。波形によれば銀行にとって京城出張所の収支は見合わず、一八九三年には撤退を検討したものの、外務省の要請で存続したという。他の日系銀行のソウル進出はさらに遅く、第五十八国立銀行が一八九四年、十八銀行は一九〇五年であった。開港場の対日貿易金融を当初の主任務とした日系銀行にとってソウルでの活動が必ずしも魅力的なものではなかったことが分かる。十八銀行（一九七八）五六八頁、『京城府史』（京城府、一九三六年）二巻、六二二頁。

(59) 고동환（二〇一〇）二九一～二九四頁。在来の信用取引システムの水準について再考を促す興味深い指摘であるが、根拠としては

植民地化後の回想に基づく叙述があるだけで、同時代史料による分析が待たれる。注(52)の史料はその傍証となる可能性がある。

(60) 訴状32では、買い手の朝鮮人が商品転売の遅れを理由として華商に支払期限の延長を求めている。「於七月初十日、将大米十一包売於鮮人金学洙、……商向金学洙追究欠賬、伊声言、将米転売於米房金元植、立有米票為憑、因伊米票遺失、金元植従而生心、遂不給銭、並非伊甘心抗債等語」。また別の例では、華商から商品を購入した朝鮮人が、代金未払いの理由として、その転売がうまくいかなかったことを挙げている。「拠華商同順泰及公記二号稟称、韓商崔鳳植欠同順泰銭八千吊、欠公五千吊、……拠崔鳳植声称、伊貨咸売与海州衆商等、貨価未帰、遂致商債無以償還」。唐紹儀の袁世凱あて稟、光緒一八年一二月一日、『華商在内地控追賠貨貨価並照提店主巻』（使館檔案一-四一-三〇-一二）。

(61) 赤間嘉之吉「日清韓の商取引と手形の流通」（『朝鮮』一巻四号、日韓書房、一九〇八年）では、中国の商業界では半年から一年の延べ払いが広く見られるのに対し、朝鮮では五日から長くても一カ月程度の短期の延べ払いしか見られない理由を、運転資金の融通に応じる在来金融機関の有無に求めている。

(62) 「本年十月二十七日、准朝鮮外務衙門督辦趙照会内開、現聞漢城桟住華商、積聚敝邦銅銭、不令貨路流通、以致我市廛之間、徒持匯票、兌換無路」。袁世凱の陳同書（龍山商務委員）あて札、光緒一三年一〇月三〇日、『査華商各号所存朝銭数目巻』（使館檔案一-四一-四〇-一五）。

(63) 龍山商務委員から調査を要請された南幇董事は、同順泰が銅銭一万二千吊余を保持しているのを除き、大方の商人には蓄蔵の事実はないと回答している。張傅茂（南幇董事）より陳同書（龍山商務委員）あて稟、光緒一三年一一月二日、同前。実際に同順泰では、朝鮮人への輸入品の売却に伴って銅銭の手持ちが生じ、その運用に苦慮した（本書第7章）。

(64) 注(53)前半部の引用史料を参照。

(65) 注(57)の引用史料を参照。

(66) 「昨年十一月初、居間人朴順昌為名人、以肆仟両於音紙一片、来言曰『此是実於音、元宝願売』云爾、則矣身答曰『我国法意、以手標為主、所謂於音紙、不用件也、汝若願買銀子、我与当者、親面相対成標後出給、似好』、朴順昌答曰『好矣』、仍与矣身偕往崔致基家、朴順昌・崔致基・矣身三人面約後、崔致基成給肆仟両銭標」。馬宗耀供招、甲申三月二日、『馬宗耀稟控朝人崔致等詐財』（使館檔案一-四一-一二-五）。文中に「矣身」（私の意）などの吏読が含まれ、朝鮮側で作成した供述書と考えられる。

(67) 「韓城万里倉鋳銭炉右第一炉頭領李東植、買到商号鉄、鮮銭六百四十八吊、言明貨銭両交、有経紀姜渭成処説、五日為期、至期仍未交還、因彼已将鉄搬去、又要延期五日、不得不再応允、……並立銭票為証、至期僅交六十吊、十三日交六十吊、二十日交十五吊、……商向李東植追銭、縁李貞適在坐間、口吐悪言、此係公地、非爾等敢到之地」（訴状7）。

(68) 「矣鋳所剏設之初、義州商人姜渭成処、鼓鋳各般機釘鉄物貿用、而価本従後量給、自有鋳所之旧規矣、……而彼姜渭成有言、此鉄料貿販于上国商人処也、別比我国循規之意、越例成銭標、当給于上国商和順号陳東山、間已準給標条銭強半、而零銭之未趁清賬、毎日

在煆煉中矣、不料今月二十七日、陳東山出来鋳所、要推標条之零而以趁末清目様、扯拮統領李光淳、将要捉去」。統領李東植・李世貞・尹俊泳の洪子彬（龍山商務委員）あて白活、戊子八月二九日、『和順号控韓人李東値欠鉄価巻』（使館檔案一-四一-四七-二七）。なお目録上の表題である李東値は李東植の誤りと考えられる。

(69) 訴状30、注(42)の引用史料を参照。

(70) ただし仲買人が明らかなのにもかかわらず、逃亡した買い手だけが追及の対象とされる場合もあった。「有崔徳景・崔徳形兄弟二人、素以貿販為業、於九月二十一日、崔徳景、憑経手人朴鳳根、買去商号錦成東白糖四包、……其崔徳形、於八月三十日、買去商号公源利白糖三包、……嗣後数月之間、均各不知去、……伏乞憲台大人、俯恤商等艱苦、恩准照会朝鮮官、厳追崔徳景・崔徳形、楚還商等賬目」（訴状26）。

(71) 清代の中国でも取引の「中人」は必ずしも債務の代償義務は負わず、債務者が支払いを履行するように督促したり、逃亡しないよう監視するに過ぎない場合が多かった。仁井田陞（一九六〇）五五三～五六三頁。ここでは華商側の商慣習についてはほとんど考慮に入れていないが、本来は中国慣習法との関係も念頭に置きつつ検討すべきであろう。

(72) 「前於八月十七日、有鮮人東門内居趙大洪、憑経手人趙仲汝、買去洋布二十疋、合銭壱佰二十一吊、……俱以九月二十日為交銭之期、……商於九月二十日、着柜夥到東門内、尋趙大洪索債、及至該処、伊已逃竄無踪、商遂尋趙仲汝追討、詎趙仲汝於本月初三日、将趙大洪拉至敝柜、両手空空並無分文、……叩懇憲台大人、俯恤商艱、恩准転照漢城府少尹、厳追趙大洪并趙仲汝等、楚還商銭」（訴状17）。

(73) 「夫海外経営、已属不易、而生意之道、顧本為先、利息次之、何我商不体験此情、而軽於一擲、徒信無頼経紀、狼狽為奸、或指某商公正、或称家資富饒、或云有眷属屋廬之可靠、一経逃匿、則毫無把握、……此後与韓商交易、宜以現銭為上、即或偶有賒欠、着令邀出的実保人出具保字、或以房屋作質、亦須書立典契、万一逃匿、尚有保人及屋宇、可以追償」。唐紹儀の広幇・南幇・北幇董事あて諭稿、光緒一七年一二月一七日、『華商追韓人帳目』（使館檔案一-四一-四七-六〇）。

(74) 朝鮮総督府『慣習調査報告書』（一九一三年）にも「保人」の責任範囲が論じられている（一九二頁）。こうした史料を事例と対照しつつ検討する必要があろう。

(75) 「皮善卿、……不勝其華商督促、称托高士元処、有所捧銭二千餘両、士元亦是難捧、而士義適因所看日前上京、不意皮善卿来訪、為言四寸士元許有捧銭二千餘金、此是華商彤成号・復新号等処所去云、無数拮乱而去矣、過数日、華人三人偕来討索、……与士元雖有四寸分義、一年内相面無過一二次、今番上京、探問去就、屢月前出他、未能相面、皮哥暗生不測之心、忽侵郷居四寸、豈不冤抑乎」。高士義の龍山商務委員あて原情、光緒一四年一〇月二二日、『韓人高士義控華商彤成等号巻』（使館檔案一-四一-四七-三〇）。

(76) 「今月初五日、忽有貴国人馬兆斌、叩門喚出、問其来由、則馬曰『爾弟買我倭元七千四百八十一斤半、毎斤価銭七銭七分、爾必報』、我答曰『吾弟今不在家、爾貨売買初不聞知、……七千餘斤売買、不軽伊重、必有居間保証』、求見其標記、則価銭三千両也、審問其保

人、則曰『張賢根也』、張賢根必是我国人、而初不相〔知、馬之売貨〕於宜鉉、而以張為保、則必熟知張之可信故也、何以捨可信之張、而責報於初不知之地乎」。金□鉉の陳樹棠あて白活、甲申四月、『永源順号張詩緒稟控朝鮮人金応五逃騙貨価巻』（使館檔案一-四一-一二-八）。なお〔知、馬之売貨〕の部分は原史料では破損しており、陳樹棠から統理衙門督辦への照会に引用されている文言から補った。陳樹棠の金炳始あて照会、光緒一〇年四月二八日、『旧韓国外交文書』清案一、文書番号一三七。

（77）「西部孔徳里裴宣伝奴吉伊稟称、矣上典四寸仁永、本係浮浪、家亦貧窶、緣何負債於華商、其弟興善、已自華商家拘留経月矣、本月十八日、華商信昌号、率興善及居間人徐元燁、即入矣上典所、居間曰、仁永・興善果宣伝之四寸乎、矣上典答曰、然、華商曰、然則四寸所負之債替当可也、矣上典未及回答之際、華商猝加拳殴、無数毒打、矣上典昏怯之中、為其威脅、書給三千三百五両証票、華商持之而去、法外横徴極渉冤枉等情」。李建昌（漢城府少尹）の唐紹儀あて照会、光緒一七年一〇月一五日、『華商追韓人帳目』（使館檔案一-四一-四七-六〇）。

（78）「査此案、原裴春伯所応償之款、裴星五尚係伊之胞弟、至裴宣伝乃春伯之堂従、異居有年、従来弊邦律例、凡私債之款、無異居堂従替徴之文」。李建昌（漢城府少尹）の唐紹儀あて照覆、光緒一七年一二月六日、『詞訟巻宗』（使館檔案一-四一-四七-一一）。前注と同じ案件である。前注の引用史料では買い手の裴春伯を仁永、弟の裴星五を興善としている。

（79）「接准該〔仁川〕監理照覆、……該商、仁川僅有房屋一処、業已査封、……而豊徳府有其家族産業、当於貨財、足償華商各債、綽綽有餘、前経飭差、往徴該家族措償、将已辦有成数、忽奉統理衙門関文、不許徴族、因之不能擅便、無由辦償」。劉永慶（仁川商務委員）の袁世凱あて稟、光緒二〇年一月二〇日、『華商在内地控追賠貨価並照提店主巻』（使館檔案一-四一-三〇-一二）。

（80）「新渓之朴、初非〔朴〕勝文之族、設謂其族、以本無徴族之意、業経声明知照各館、則族徴一款、実非公法所載也、今此華人之違章行悖、理合厳訊」。李建昌（漢城府少尹）の唐紹儀（龍山商務委員）あて照覆、光緒一六年九月一九日、『華商控朝人欠款案』使館檔案一-四一-四七-四七）。親族からの取り立てにつき漢城府少尹が各国公館に通知したという記述は興味深いが、相当する他の史料を見出せない。

（81）朝鮮総督府『慣習調査報告書』（一九一三年）は、「族徴」は法典上、一定の範囲で許されるとしながらも、「輓近に至り」負債は本人とその相続人の責任に止まるという観念が普及してきたという（一七七頁）。そのような変化の過程を動態的に検討する必要がある。

（82）「商等来朝貿易歴年、所向与韓人樸重植・全明載公平交易、……賅計虧欠、復新号貨価鮮銭五百九十八千文、興和長号貨価鮮銭一百千文、謹記号貨価鮮銭三十八千文、献記号貨価鮮銭二十三千文、永泰号貨価鮮銭十六千文、再三追索、無力償還、樸重植・全明載、自知理虧、情願将自己住屋二所、……并将親兄樸健植舗屋一所、……挽中出抵於商、……当時立有抵押筆拠一紙、限期是月初五日、変売給還、……豈知限期已逾、終無変売之意、……只得具稟、叩求大人台前、懇恩先将樸重植等三処房屋発封、并乞照会朝鮮漢城府少尹、将屋発売帰還」（訴状25）。

(83)「韓人洪鳳汝、在西門開設舗廠、平日常憑経紀買商等各貨、出売皆有票帖為証、本月初二日忽然夜間逃走、与伊估貨経紀等、次日到商等各号告知、言洪鳳汝家有貨物若干、率領商等到彼家分取、……将伊器具等物携帯会館存留、……該洪鳳汝即負債窃逃、尚有房屋、亦応典売、償還貨銭、……懇乞恩天俯卹商民、照会韓署、懐柔遠人、迅速将洪鳳汝房屋典売、償還商等貨銭」(訴状10)。これら六商号がそれぞれ別個の仲買人を通じて独立に取引していたことは、訴状に添付された覚書によって判明する。

(84) 売買の当事者間の合意でこうした処理がなされたことは他からも確認できる。一八八四年の公順興号・利順号の訴状5によれば、両商号に債務を負う朝鮮人劉漢世は李元燮に家屋を売却し、その代金を李から両商号に支払うよう約束している。「商等自五月間、憑経紀金元慶説合、売与朝鮮人劉漢世貨物甚多、均立有欠帖、……初六日又向他追問、伊云売房帰□約、其相識人李公集合局、将房売与土人金元燮、言明房屋一百三十千、当日与商等面立文契、執筆人李元昊、同衆言明、此項帰商家両号、限以本月十二日、金元燮将銭交付、又立欠帖一張為憑、至期合局人並売房人、皆不見面」。

(85) 逃亡した債務者の家屋差押については商務委員に、その売却と代金の債権者への交付については漢城府少尹に権限があったと考えられる。次の史料を参照。ただしその根拠となる取り決め等については現在のところ明らかでない。「准貴照会内開、拠華商永来盛号稟称、縁朝人呉相順、居住鐘楼木房、於前日在該号買去洋布三十疋、……分文未交、突於十四日平明時、閉門逃匿、稟請査封房屋、照会追償等因、〔さらに公和順から呉相順への追徴請求を引用〕除已派差携本府封条前往、査封該処房屋外、為此照会貴少尹、請煩査照、迅速提呉相順到案、厳行究追償還両号欠款、実為公便等因前来、呉姓在逃、現未就獲、即将該房変売、準交両号欠款三千五百九十五緡」。黄耆淵(漢城府少尹)より唐紹儀あて照覆、光緒一七年三月一一日、『韓民呉相順逃匿公債』(使館檔案一-四一-四七-五八)。なお平壌においては、華人が清国領事館の証印のある票紙を債務者の家屋に貼り付けて優先権を主張する慣行が韓国併合の頃まで見られたという。平壌商業会議所『平壌全誌』(一九二七年)三八二頁。

(86) 買い手の朝鮮人が逃亡した後、仲買人が債権者の華商たちに買い手の資産処分を勧めた例は他にも見られる。「鮮商李致大、憑経紀李升天、於十月十五日、買去商等洋布等貨、一去不返、……共合欠商等銭二百三十七千、逃竄無踪、経紀李升天、深懼幇騙之罪、遂向商等婉説、将李致大所遺之房、変売以充欠款、雖是両便之策、然不敢不稟命憲台大人案下、伏乞照会漢城府、発給文契、以憑変売」(訴状41)。

(87) 保護国期の史料では、債務者が期日までに債務を履行できない場合は逃亡し、債権者は合同してその資産を分配して債権を終了させるという習慣を紹介し、これを破産になぞらえている。山口精『朝鮮産業誌』(宝文館、一九一〇年)中、五九〇頁など。これによれば逃亡自体が定型化された債務処理プロセスの一環をなしていたことになる。ここで対象とする案件でも、多くは債務者の逃亡が紛争の直接のきっかけとなっていたことが想起される。また朝鮮総督府『慣習調査報告書』(一九一三年)では、債務が不履行となった場合に官を通じないで債務者の資産を引き渡させ、それをもって債権を終了させるという慣習が一九〇七年の裁判事務「刷新」、すなわち日本人法務補佐官制度の導入まで広く見られたこと、また債務者が「倒産」した場合には債権者間の協議によって債務者の財産を分配したことが指摘されている（一七六〜一七九頁）。こうした慣習が本章で対象とする時期にも既に定着していたのかは改めて検討しなければならない。

(88) 注(48)参照。

(89)『高宗実録』高宗二八年一一月一九日（一八九一年一二月一九日）条。

(90) 李英美［い・よんみ］（二〇〇五）は、保護国期における韓国独自の民商法導入の企図が挫折に至る過程を政策史中心に描いており示唆に富むが、その過程が社会経済の実態をどのように反映していたかは、課題として残されている。

第II部導論

(1) 林明徳（一九七〇）二〇六〜二二〇頁、나애자（一九九八）一三一〜一三二頁、강진아（二〇一一b）七四〜七七頁。

(2) 文書の存在は박은경（一九八六）五三〜五四頁、Larsen（2000）pp. 246–247；Larsen（2008）pp. 263–266が指摘しているが、歴史的な分析の対象としたのは管見の限り筆者と韓国の姜抮亞だけである。

(3) 강진아［姜抮亞］（二〇〇四）は譚傑生・同順泰の歴史を通観した最初の専論である。姜抮亞はその後文書の本格的な分析に着手し、同（二〇〇七a）を発表した。これは、同順泰文書の中でもそれまで学界に紹介されたことのない『同順泰往復文書』『同順泰宝号記』（表5-1参照）を取り上げたものである。続く論文に강진아（二〇〇七b）（二〇〇八a）（二〇〇八b）（二〇一〇）（二〇一一a）があり、さらにこれを集大成した著作として同（二〇一一b）がある。本書での引用は基本的にこの著書による。姜はその後も同（二〇一四a）（二〇一四b）を発表している。なお現在までの姜抮亞の研究では、同順泰文書のうち『同順泰往復文書』の第一冊から第三〇冊まで（一八九四〜九五年）と『同順泰宝号記』（一九〇七年）を集中的に利用している。本書の史料的な意義の一つは、姜が利用に至っていない部分も含めた文書の全体的な把握と利用を試みたことにある。

(4) 강진아（二〇一一b）一四八頁。この点は本書第5章で改めて論じる。

(5) このことは、清朝の朝鮮政策が政府レベルの利害だけでなく「条約港エリート」の利害をも反映したものであったというLarsen（2008）の主張とも重なる（一九八頁）。

(6) 斯波義信（一九八三）は、日本華僑の存在形態について日本近代史の枠内で捉えるのではなく、「華僑の行動や移動上昇志向を内面から支えている中国本土自体の社会組織の成り立ち」その他についての「シナ学的」理解に基づいて考えなければならないと指摘している（一〇六頁）。姜抮亞の研究はこのような指摘に沿うものと言える。

(7) 筆者は石川亮太（二〇〇四a）で初めて同順泰文書の部分的利用を試みた。その後、同順泰文書を利用した研究を続ける中で、『同順泰往復文書』『同順泰宝号記』の存在や性格について姜抮亞氏から直接教示を得た。記して感謝の意を示したい。

第5章

（1）本書の注で同順泰文書の書簡を引用する際には、以下のような原則に従う。①原文書において発信者はほとんど姓名を記すが、受信者（宛名）は姓を省くことが多い。注ではいずれも可能な限り姓名で表記した。②日付は原文書のまま旧暦で表記するが、月の雅名などは無視して数字に置き換えた。年は原文書に記されないことが多いが干支を補った。③出所の冊次はソウル大学校の請求記号による。その外題との対応関係は補論を参照。④『同順泰往復文書』は『往復文書』と略記する。

（2）『先父譚公傑生伝記』私家版、一九七三年跋。筆者は本史料のコピーを譚傑生の曽孫の一人であり米国在住の譚永鋒（Frank Tang）氏から恵与された。なお강진아（二〇一一b）もこの史料を利用しており、特に譚傑生の財産処理をめぐる問題については、他の史料も利用しつつ詳しく復元している。

（3）『伝記』に言う墨岡郷は、現在の高要市金利鎮東囲村（墨江村）にあたると考えられる。ただし二〇〇九年一月の現地調査によれば、自然村としての墨江村には第二次大戦後の解放時まで黄姓しかおらず、譚姓がいたのはその北東の塱心村だという。片山剛（二〇〇九）一七〇～一七一頁。また『金利区志』（金利区志編写組、一九八八年）によれば、塱心村の譚氏は茅崗村の譚氏が明の永楽年間に分かれたものだという（五二頁）。これらの事実は片山剛教授（大阪大学）の教示による。

（4）ただし同順泰文書によれば実際の父の死は一八九二年で、譚傑生はそれをソウルで聞いている。『伝記』の誤まりと思われる。譚傑生の鈺田（安和泰）あて一四号信、壬辰一一月四日、『往復文書』三五。なおこの書簡には父が「金利演戯火災」で焼死したとあり、その部分は『伝記』と一致する。

（5）注(39)に対応する本文を参照。

（6）本書第Ⅰ部導論を参照。

（7）『清季中日韓関係史料』文書番号八二六、九八三、一一二七、一二〇八。本書序章参照。

（8）同順泰の駐漢城総領事あて稟、光緒三二年閏四月一三日、『銭債案巻（二）』（使館檔案二-三五-六二-七）。同じく光緒三二年六月の稟、同前。

（9）孫允弼の訴状、明治三九年七月二日、同前。譚傑生の上申書と比べると、孫允弼・玄聖一のソウルでの開業を戊子年（一八八八）三月とする等の齟齬があるが、事実関係の大きな相違はない。ただ孫允弼は自らの逃亡後も家屋の所有権を譚傑生に譲ったことはないとしており、その点が争点となった（第三節参照）。訴訟の結果については明らかではない。

（10）表5-5参照。

（11）「前承受孫允弼玄聖一房産四至」、光緒三四年七月晦日、前出『銭債案巻（二）』所収。漢城同順泰の店印がある。これによれば問題の建物四棟は、もと玄聖一のものが一棟（瓦屋二九間）、孫允弼のもの二棟（同二九間半と六七間）、孫景文のもの一棟（撤去済み）であった。これらは隣接しており、四方の境界を見ると東が「水下洞小路」、北が「水下洞普通学校」、南が「十八銀行房」および

「同順泰房」に接した位置にあった。これらを各種の古地図で確認すれば、乙支路二街一〇番地とほぼ同定できる（ソウル歴史博物館『서울지도』二〇〇六年所収の『大京城精図』一九三六年ほか）。なお南側に接する「同順泰房」は、同順泰自身が買い増しした土地であろう。『伝記』によれば同順泰は開店後十数年を経て事業が拡大したためもとの敷地では不足となり、黄金町二丁目（植民地期の地名、解放後の乙支路二街）九番地に九八七坪、煉瓦造二階建ての店舗を建造したという（五頁）。

（12）これらの書簡配達で最も頻繁に用いられたのは海関郵便であった。書簡は概ね発送の翌日から、遅くとも三日後までには届いたようである。이시카와료타［石川亮太］（二〇〇八）二二七頁。

（13）譚傑生の梁綸卿あて五号信、庚寅二月一〇日、『往復文書』三三。

（14）譚傑生の梁綸卿あて六号信、庚寅二月二〇日、同前。

（15）梁綸卿の譚傑生あて二号信、庚寅一月一五日、『同泰来信』一八。

（16）『進口各貨艙口単』（奎二七五八四）の第七、八冊所収の文書がそれにあたる。

（17）譚傑生の陳達生あて書簡、乙未閏五月一二日、『往復文書』三一。

（18）梁綸卿の書簡では、漢城・仁川は「おのおの意見を異にするために（因各有立見不仝）」分かれたが、もともと同根であり協力してほしいとする。分立の理由は不明だが、前年の孫允弼・玄聖一逃亡事件の処理をめぐって意見の対立があったのかもしれない。梁綸卿の譚傑生あて五号信、庚寅二月四日、『同泰来信』一八。

（19）譚傑生の梁綸卿あて六号信（注14）。史料では一万一千両のうち数千両は在庫貨物を仕入れ値の九割で換算したものだとすることから、「底子」は資本金というよりは資産を指すのかもしれない。また同時期の仁川分号の書簡は漢城・仁川の「属銀」を各一万一五〇〇両とし、うち「老本」は三千両だとする。「老本」が創立当初の資本金を指す可能性がある。譚傑生あて書簡（発信者不明）、一月七日（年不明）、『同泰来信』一七。

（20）譚傑生の梁綸卿あて二六〇号信、丙申一一月一〇日、『往復文書』三一。

（21）一八九七年に長崎の宏昌号から紅蔘の共同輸出を提案された譚傑生は、上海にいる「弊東」梁綸卿と羅柱臣に相談したところ（羅柱臣も同泰号の共同経営者）、危険が大きいといって許されなかったと返事している。重大な取引の際には、出資者である梁綸卿・同泰号が介入することがあった（あるいは断りの口実となる程度にはあり得た）ことが分かる。譚傑生の麗堂（宏昌号）あて書簡、丁酉七月六日、『往復文書』三一。

（22）譚傑生の梁綸卿あて二号信、庚寅一月二二日、『往復文書』三三。譚傑生の羅柱臣あて四六号信、辛卯一月三日、同前。譚傑生が自身の股分に払い込む資金として、それぞれ四〇〇両と二〇〇両を梁綸卿から借りたことが確認できる。

（23）강진아（二〇一一b）一四二〜一四五頁。

（24）朝鮮総督府『朝鮮に於ける支那人』（一九二四年）では、一八八五年の「五六月頃広東商人同豊泰の店員某長崎より渡来し日本居留地内に店舗を構へ商業を営むだのが元山に於ける支那人居留の嚆矢」（一八七頁）とする。一八九二年には商務委員の斡旋により朝鮮地方官（監理）に土木工事の費用二千元を貸し付けたこともある（李鴻章より総理衙門へ、光緒一八年八月二二日、『清季中日韓関係史料』一七二一番）。羅聘臣・羅耀箴の名は光緒一二年の元山商務委員の華僑名簿に初めて現れる。「設舗華商」とあり当初から店舗を有していたらしい（『清季中日韓関係史料』一二〇八番）。

(25) 譚傑生の羅耀箴あて書簡、丁酉四月七日、『往復文書』三一。

(26) 宋鉆友（二〇〇七）二九四〜二九九頁。

(27) 一八九二年には譚傑生が梁綸卿に釜山への出店も勧めている。譚傑生の梁綸卿あて書簡、壬辰年（日付不明）、『往復文書』三四。ただし実現した形跡はない。

(28) 『同泰来信』一九所収。

(29) 『同泰来信』一八所収。翌庚寅年の正月に漢城本号と仁川分号の分離が実施されたことを考えると、これを区切りとして漢城本号宛ての書簡番号を開始した可能性が高い。

(30) 강진아（二〇一一b）一二五頁。

(31) 上海図書館・澳門博物館（編）『香山鄭慎餘堂待鶴老人囑書』（澳門博物館、二〇〇七年）三頁、五九頁、八一頁。鄭観応にとって梁綸卿は後年まで信頼できる友人であったようで、右の『囑書』では鄭の上海での資産を「同泰梁君綸卿」に管理させるよう子孫に指示し、また『囑書』の証人として梁自身が署名もしている。

(32) 『申報』光緒元年正月二四日「遺失滙票提単」に上海の同泰号梁綸卿の名が見える。

(33) 中国社会科学院経済研究所（一九七九）二八頁。ただし一九〇八年の『支那経済全書』一一に掲載された同公所の構成員一覧には同泰号が見えない。

(34) 「仁川港ニ於ケル支那米輸出ノ景況」『通商彙纂』六号、一八九四年。

(35) 中国社会科学院経済研究所（一九七九）一一頁。

(36) 『民国十一年上海商業名録』（商務印書館、一九二二年）八一頁、山口大学蔵。なおこの史料では所在を英国租界（正しくは共同租界）の北京路慶順里とする。姜抮亞によれば一九一八年刊行の同名書は同泰号の所在を英租界寧波路一一号とし、一九二五年・二八年版では北京路慶順里とするという。강진아（二〇一一b）一二四〜一二五頁。

(37) 「辨誣」（『申報』光緒二一年一一月一七日）は羅柱臣を「三洋経橋同泰号」の経営者とする。「三洋経（涇）橋」は県城の北、共同租界とフランス租界の境界にある洋涇浦の橋の一つで、「大東門内」とする一八九四年の史料（注34）と食い違うが、事情は不詳である。

(38) 羅耀箴の譚傑生あて書簡、乙巳二月一五日、『同泰来信』一九。

（39）宋鈷友（二〇〇七）三一～三二頁、三七頁。Leung Yuen Sang（1982）; Goodman（1995）pp. 54–62.
（40）宋鈷友（二〇〇七）六三頁。ただし一八五一年までには原型が成立していたという。
（41）『広肇公所集議簿』（上海市檔案館Q一一八-一二-一三九）から、梁綸卿が光緒一七年から二七年にかけての董事会にほぼ欠けることなく出席していたのが確認できる。
（42）郭緒印（二〇〇三）四四七頁。
（43）「粤僑商業聯合会選挙掲暁」『申報』一九二四年四月一日。
（44）「粤商追悼梁綸卿紀」『申報』一九二四年一〇月六日。
（45）강진아（二〇一一b）一二四～一二九頁。
（46）岡本隆司（二〇〇四）一三二頁、四二七頁。
（47）譚傑生は唐紹儀から私物の調達を依頼されたり、年始の挨拶に赴いたりしていた。仁川分号の漢城本号あて一号信、己丑一月三日、『同泰来信』一。譚晴湖の譚傑生あて無番信、一月一五日（年不明）、『同泰来信』一七。一方で譚傑生は紅蔘の密輸出に際して唐紹儀に口利きを依頼したこともあり（譚傑生の関聘農あて書簡、乙未八月二二日、『往復文書』三一、ただしこの時は摘発されれば面子に関わるとして断られた）、深い関係が窺われる。また강진아（二〇一一b）は唐紹儀が紅蔘の密輸出を企てた際、譚傑生が経営する汽船漢陽号を利用したことを指摘する（七八頁）。
（48）一九一八年に広肇公所の運営をめぐって内紛が起きた際は、兼任董事として収拾に尽力したという。宋鈷友（二〇〇七）六九頁。
（49）一八九〇年に庫平銀六千両の保管を袁世凱から依頼されたという記事がある。譚傑生の梁綸卿あて二〇号信、庚寅四月二五日、『往復文書』三三。また一八九二年夏頃には長期の預り金が一万四千両に達していたほか、年間七万五千両の公金を上海から回送するよう依頼されていた。譚傑生の梁綸卿あて九六号信、壬辰七月一八日、『往復文書』三五。
（50）洪子彬の袁世凱あて稟、光緒一四年一〇月一七日、『漢城衆商分挙各幇董事並議立会館』（使館檔案一-四一-二八-四）。それに先立つ一八八七年には、譚以端という人物が仁川の広幇董事に任じられたが、これは注(67)に見るように譚傑生の次兄晴湖の可能性が高い。広幇商人等の袁世凱あて稟、光緒一三年一一月一三日（受信日）、同前。
（51）すべて『往復文書』に収録されている。なお書簡宛先の商号名は一八九〇年から九二年初までの一四件は「永安堂」、以後は二件を除き「永安泰」となっている。その前後で同順泰からの書簡に付された連番が継続しており、同じ人物（玉鈿）が宛先とされていることから、ここでは一体のものとみなした。
（52）店印による。永安泰の同順泰あて艙口単、乙未五月一六日、『進口各貨艙口単』二。
（53）同順泰からの書簡で宛先人とされているのは五泉（一）、仁泉（一）、子明（三）、鈺田（三四）、煜田（三）、玉鈿（二）で、いずれも姓は不詳である（括弧内は延べの出現回数で、連名の書簡ではそれぞれ一と数えている）。

(54) 譚傑生の鈺田あて書簡、辛卯一一月一一日、『往復文書』三四、譚傑生の鈺田あて一一号信、壬辰八月一〇日、『往復文書』三五。後者には「家父」が立ち寄ったら渡してくれとあり、譚傑生の実家と日常的な往来があったと考えられる。
(55) 譚傑生の羅遜卿あて書簡、辛卯(日時不明)、『往復文書』三四。
(56) 安和泰の同順泰あて艙口単、乙未六月一日、『進口各貨艙口単』二ほか。
(57) 「香港に於ける海産物取引に関する規約並慣例」『官報』通商報告欄、二八三〇号、一八九二年。
(58) 仁川分号の漢城本号あて四二号信、己丑二月一三日、『同泰来信』二。
(59) 籠谷直人(一九九〇)六頁、中華会館(二〇一三)六六頁。
(60) 同泰号あて結単、辛卯三月二五日、『進口各貨艙口単』一、同泰号あて費単、乙未六月六日、『進口各貨艙口単』二。
(61) 中華会館(二〇一三)一二九頁。譚傑生が祥隆号に宛てた書簡でも、一八九七年に大阪の「広帮」がすべて神戸に移転したことに言及している。譚傑生の清湖あて書簡、丁酉六月一一日、『往復文書』三一。
(62) 譚傑生は一八九七年、神戸の祥隆号に対し香港分号経由で薬材を仕入れるよう依頼したことがある。譚傑生の陳達生あて一四号信、丁酉七月二一日、同前。
(63) 「当港在留清商氏名」『横浜商業会議所会報』二八号、一八九九年。
(64) 臼井勝美(一九六三)八六四頁。
(65) 長崎の福建華商泰益号の場合、各地取引先との関係は必ずしも固定的ではなかった。廖赤陽(二〇〇〇)によれば、泰益号はそれぞれの開港場で常に十数戸から数十戸に及ぶ華商と同時に取引関係を結んでいたが、そのうち長期・安定的取引関係を結んでいるのは、一地につき一軒からせいぜい二、三軒だったという(一一八頁)。こうしたネットワークの形態の相違が何に由来するのか(出身地や時代など)、慎重な検討を要しよう。
(66) 作成日について光緒一五年六月一五日(一八八九年七月一二日)との注記がある。『華商人数清冊』(使館檔案一-四一-四〇-一九)。
(67) 「晴湖」は「以」字を含まないため、諱ではなく字と考えられる。なお、一八八六年に「譚以端」なる人物が同順泰を代表して唐紹儀に稟を提出している。「以」字を共有していることから、譚傑生と同世代の親族と考えられ、同年に晴湖が仁川に来ていることをあわせて考えると(次注参照)、この人物が譚晴湖であり、その諱を示すと見てよい。譚以端(同順泰)の唐紹儀あて稟、光緒一二年八月初三日、『朝人厳致控華商譚以瑞巻』(使館檔案一-四一-四七-六)。
(68) 『清季中日韓関係史料』一二〇八番。譚晴湖は光緒一二年の釜山・仁川・ソウルの名簿に、譚以荘は釜山・仁川の名簿に現れる(ただし仁川・ソウルについて晴湖は譚以端の名で現れる。前注参照)。華人は居所を移すたびに商務委員に届け出る必要があったから、同年に二カ所で名前が現れても不自然ではない(石川亮太(二〇〇九)一六八頁)。釜山の名簿から両者が光緒一二年四月に同港を通過したことが確認でき、二人ともに日本経由の汽船によって来韓したと考えられる。

(69) 二人とも仁川分号から発した書簡が残るほか、一八九二年の譚傑生の書簡も、仁川分号に晴湖、以荘と益卿の三名がいるとしている。譚傑生の邵蘭圃あて三〇号信、壬辰閏六月二四日、『往復文書』三四。なお益卿は表5-6に現れる李益卿を指す。李も長く仁川分号で働いた人物で、一九〇五年に在職のまま仁川で死亡した。羅耀箴（元山同豊泰）の譚傑生あて書簡、乙巳一月二六日、『同泰来信』一四。

(70) 広幇商人等の袁世凱あて稟、光緒一三年（月日不明）、『漢城衆商分挙各幇董事並議立会館』（使館檔案一-四一-二八-四）。劉永慶の袁世凱あて稟、光緒一九年一〇月七日、『華商四釐捐款章程巻』（同一-四一-二二-四）。なおいずれの史料も名を「譚以端」とする。これが譚晴湖に比定されることは注(67)参照。

(71) 『先父譚公傑生伝記』は廷瑚が一九二四年に来韓したとするが誤りだろう（二五頁）。譚傑生の妻子については注(74)参照。

(72) 李益卿の譚象喬あて書簡、癸卯九月二八日、『同泰来信』八。この年の『同泰来信』には象喬が傑生に代わって本号で受けた書簡が六九件収められている。

(73) 譚配南は辛卯年（一八九一）、譚傑生が母の見舞いのため晴湖と一時帰国した際に漢城本号を預かった（譚傑生の梁綸卿・羅柱臣あて、辛卯六月二六日、『往復文書』三四）。彼の名前で漢城本号から発信された書簡の控えは四三件ある。ただし譚傑生がソウルに戻った後、怠け者だという理由で羅章佩と共に解雇されている（譚傑生の梁綸卿あて書簡、発信日不明（壬辰年初か）、同前）。

(74) 『先父譚公傑生伝記』の妻子についての記述を整理しておく（四、二五頁）。梁氏の名は容芳といい、傑生と同じ広東省高要県墨岡に生まれ、一九三五年に死亡するまで郷里で暮らした。一八七九年に長男の廷瑚を生んだ。何氏の名は不詳、やはり墨岡の生まれで結婚後に来韓してソウルに住み、一九三七年の同順泰閉店後は郷里に戻って五一年に死亡した。次男廷琨（一八八五年生）、三男廷琳（一八八九年生）、次女秀鳳（一九〇一年生）・五男廷釗（一九〇五年生）を生んだ。胡氏の名は雲卿、一八七九年に広東省仏山県に生まれ、九五年に結婚して来韓した。仁川に住み、同順泰の閉店後は上海さらに香港に移って一九五九年に死亡した。四男廷鑾（一八九八年生）、長女秀鸞（生年不明）、六男廷澤（生年不明）、三女秀金（一九一一年生）、七男廷煌（一九一三年生）を生んだ。妻として他に、梁氏以前に郷里で結婚して子供のないまま死去した黄氏、一九一七年に来韓した上海生まれの金氏がいたという。

(75) 羅明階の譚傑生あて書簡、甲午一月一九日、『同泰来信』四。

(76) 例えば注(73)の後半部に引いた史料で、譚傑生は梁綸卿に羅章佩・譚配南の解雇を知らせる一方、代わりに同泰号で働いている梁植三を同順泰に送ってくれるか、同様の信頼が置ける人物を斡旋してほしいと依頼している。

(77) 譚傑生の梁綸卿あて七七号信、壬辰二月二四日、『往復文書』三四。

(78) 日清戦前に同順泰の店員だった蔡雪喬は、戦争後は仁川に自分の店を持ち、ソウルにも出店の計画を立てていたという。譚傑生の邵蘭圃・何梃生あて四五号信、壬辰七月二七日、『往復文書』三五。譚傑生の梁綸卿あて二二一号信、乙未八月九日、同三一。

(79) 注(8)参照。

(80)中国における「行桟」という業態の機能につき、庄維民（二〇一二）は売買の仲介、委託売買、客商の宿泊と貨物の預託、信用保証、資金融通、運輸業者への仲介、書信の発送、商品の加工を挙げている（一二一〜一四一頁）。
(81)客主の業務については박원선（一九六八）に詳しい。一八世紀以後のソウルにおける客主（旅客主人）の発生とその全国的な展開については이병천（一九八三）、また開港場客主の成長については이병천（一九八四）、홍순권（一九八五）。なお地方の客主については本書第7章第三節を参照。
(82)오미일（二〇〇八）五三〜五六頁。
(83)孫景文より同順泰へ、戊子一月一五日。注(8)に引いた同順泰の稟（光緒三二年六月）に添付されている。なお一九〇六年に孫允弼側が提出した訴状では、自分たちは同順泰のすべての取引を斡旋したわけではないとし、斡旋する場合には商品代金の二パーセントの、同順泰が自ら相手を見つけた場合は一パーセントの口銭を取得したと主張している（注9）。
(84)박원선（一九六八）四七〜五〇頁。
(85)本書第4章の注(38)(39)参照。
(86)この経緯は譚傑生の稟（注8）による。孫允弼らの訴状では、債務の存在は認めるものの、金宗源の仲介でそれを家屋と相殺したことは否定する。だが孫允弼の逃亡直後、譚傑生は梁綸卿への次注の書簡でも、金宗源の仲介で債務整理したことに言及している。
(87)譚傑生の梁綸卿・羅柱臣あて一号信、庚寅一月三日、『往復文書』三三。
(88)오두환（一九九一）九一〜九二頁、李碩崙［い・そんにゅん］（二〇〇〇）一六〇〜一六八頁。日本人商人にも当五銭の原料銅の調達に携わって仁川からソウルに進出した者が少なくなかった。京城居留民団役所『京城発達史』一九一二年、一九頁。
(89)譚傑生の駐漢城総領事あて稟（光緒三二年六月、注8）による。
(90)오두환（一九九一）六六〜八一頁。
(91)金宗源の名は一八八〇年代末に親軍営の武官として史料に現れる。例えば『承政院日記』高宗二五年四月二九日条。閔氏政権の開化政策の一環として設けられた親軍営は各種の財政上の権益を有しており、その構成員が鋳銭事業に関与しても不自然ではない。
(92)仁川分号の漢城本号あて一四号信、己丑一月一七日、『同泰来信』二。
(93)仁川分号の漢城本号あて六号信、己丑一月九日、『同泰来信』一。同じく六〇号信、己丑三月三日、『同泰来信』一二。この紅蔘輸出の試みについて詳しくはIshikawa（2014）を参照。
(94)譚傑生の梁綸卿・羅柱臣あて一号信、庚寅一月三日、『往復文書』三三。
(95)오두환（一九九一）七二〜七五頁。
(96)『承政院日記』高宗二六年五月九日条、六月八日条。呉慶然の典圜局への関与は本書第3章の注(74)。
(97)玄興宅・呉慶然との紅蔘取引が挫折した後、譚傑生は漢城府李某と結んで自ら鋳銭事業を請け負おうとしたが、仁川分号（筆跡から見て恐らく次兄の譚晴湖）は、鋳銭事業は官の恣意に影響されやすく、それに携わる朝鮮人もごろつきの類であって、関係してはならないと諌めている。仁庄の漢庄本号あて六四号信、己丑三月六日、『同泰来信』一五。同じく続六四号信、己丑三月七日、同前。その結果については不明だが、譚傑生は一八九三年に至っても官と結んでの銅鉛の独占輸入や鋳銭所の請負に関心を持っており、繰り返し梁綸卿に相談している。譚傑生の梁綸卿・羅柱臣あて一一八号信、癸巳三月二〇日、『往復文書』三五。同じく一一九号信、癸巳四月一日、同前。譚傑生は特権商業と結び付くことによるレントの獲得に強い関心を持っていたと見られる。

第6章

（1）『甲午年各準来貨置本単』（奎二七五八二-一）、表六-一のa19文書。／は原史料上に改行があることを示す。字配りは基本的に原史料に従うが位置関係を正確に再現したものではない。

（2）史料の冒頭行に見られる「乙元月十五日乃到撥入乙年冊」は別筆で、到着日の都合で、甲午年の出荷にもかかわらず翌乙未年の勘定に繰り込まれた事情を同順泰側で注記したものと思われる。

（3）末尾の「結単」は文書種別を示しているものだろうが、必ずしも一定していない。同泰号の場合、結単のほか置本単、単、川費単、札単とする例があるが、互いに書式上の差異は認められない（ただし川費単と札単は転送費用の計算書）。他の商号を見ると、置本単とするものが多く、本単、列、川費単なども見られる。発送計算書を収めた冊子の外題が『各埠来貨置本単』とされていることから（補論の表補-3を参照）、同順泰では置本単と呼んだ可能性が高い。

（4）発送計算書の書式は、漢語によることを除けば、いわゆる商業送り状invoiceのそれによく似ている。ただしそれがどう使われたかは明らかでない。一八九〇年の同泰号の書簡では、商品発送にあわせ「提単置本艙口等単」を送るので対照してほしいとしている（梁綸卿の譚傑生あて五号信、庚寅二月四日、『同泰来信』一八）。前注で述べたように「置本」が発送計算書に当たると考えられ、また「提単」は一般に船荷証券、「艙口単」は包装明細書を指す。発送計算書を商品送り状invoiceと見るならば、これはいわゆる船積書類の一式ということになる。しかしこれらが汽船会社や税関に提示されるものであったか等、文書の機能については不明点が多い。開港場貿易に伴う共通化された手続きが、東アジアでいつ頃どのように成立したかということ自体が検討すべき課題である。

（5）同順泰からの輸出を中継した際に作成されたと思われる文書も見られる。表6-1のe9、g1文書がそれに当たる。これは発送計算書の枠に含めるのは不適当かもしれないが、書式の構成がほぼ同一であることから、便宜上これに含めた。

（6）この二年のほか丁未（一九〇七）年にも五一件の発送計算書が残っている。この年の発送計算書については강진아（二〇一一b）第四章が分析している。

（7）すべて『各準来貨置本単』一、二に収録されている。

（8）同順泰からの輸出についても、積み替えを代行した華商から経費を請求される場合があったと考えられる。表5-1ではe9、g1

がそれにあたる。

(9)なおａ1文書は諸掛に手数料を計上しているが、輸出品中に銀地金を含んでおり、その価格は手数料の算定の対象（商品代金の一パーセント）に含まれていない。

(10)発送元と転送地の両方の発送計算書が残っているものを対照すると（表6-1備考欄）、不明字があるものや船名自体が同定できないものもあるが、概ね異なる船会社の船の間で積み替える際に転送に関する発送計算書が作成されたようである。

(11)ただし安和泰や祥隆号では転送品には出荷番号を付していない。

(12)出荷番号の記載がない四件は、他商号輸出品の転送（ａ2、ａ31）、現銀の輸送（ａ12）、同泰号からの販売委託（ａ18）に関するもので、いずれも同泰号は手数料を取得していない。これらは、同日に発送された委託買付による商品と区別して計算書を作成したのであろう。なお本文に例示したａ26文書は転送に関する計算書だが、同時に発送された他の貨物がなかったため、独立した出荷番号が付されたと思われる。

(13)当該の計算書を含む冊子を挙げておくと、戊子年が『進口各貨艙口単』第五冊、丙申年が同じく第三冊、丁酉年が第四冊、戊戌年・己亥年が第六冊で、丁酉年のみ『同順泰宝号記』である。なお『進口各貨艙口単』第五冊の外題には戊戌年とあるが、これは戊子年の誤りである（注17参照）。

(14)石川亮太（二〇〇九）一七六～一八〇頁。

(15)その後も発送時期によっては長崎経由で商品を送り、万昌和に積み替えを依頼することがあった。梁綸卿の譚傑生あて四号信、庚寅一月二五日、『同泰来信』一八。

(16)一八八三年の仁川開港直後、招商局とジャーディン・マセソン商会（怡和洋行）によってそれぞれ仁川・上海間の定期航路開設が試みられたが、いずれも損失がかさみ短期間で撤退した。손태현（一九九七）一一八～一二六頁、나애자（一九九八）四八～五一頁。

(17)例えば『進口各貨艙口単』第五冊には戊子年（一八八八）に同泰号の発送計算書およびその写しが一四件収められている。このうち一一件には招商局の海昌、広済船を利用することが記されている（残りの三件には船名の記載なし）。なおこの冊子の外題には「戊戌年」つまり一八九八年とあるが、収録文書自体には戊戌年との記載はなく、六件に「戊」とあるのみである。招商局船が仁川・上海間に就航していたのは日清戦争以前だから、この冊子も戊子年のものと見るのが妥当である。

(18)一八八八年の航路開設にあたり招商局は朝鮮華商に欠損の補塡と他社船の利用禁止を約束させた。ただし招商局の航路には定期性が必ずしも確保されない等の問題があった。古田和子（二〇〇〇）一〇二～一〇四頁。表6-1で甲午年前半に「三菱」（日本郵船）と「煙之哥」（不詳）が利用されているのも、他社船の利用禁止が必ずしも徹底していなかったことを窺わせる。

(19)『仁川府史』（仁川府、一九三三年）七六九頁。

(20)下関講和会議では新暦三月三〇日（旧三月五日）に休戦条約が、新暦四月一七日（旧三月二三日）に講和条約が調印された。

(21) 仁川で日本汽船による日本航路が継続していたことは、「二十七年中仁川港商況年報」『通商彙纂』一六号、一八九五年、六七頁。
(22) 日本政府は残留華商の対清貿易を認めた。有賀長雄『日清戦役国際法論』（陸軍大学校、一八九六年）四二～四六頁。日清戦争中の日本華商については安井三吉（二〇〇五）五五～六二頁。
(23) 譚傑生の譚廷賡あて一五八号信、甲午九月一〇日、『往復文書』六。
(24) 梁綸卿の譚傑生あて一五〇号信、甲午五月二七日、『往復文書』五。
(25) 『甲午年各準来貨置本単』第二冊中の「茲将大坂祥隆号代転電費抄列」と題する文書には、乙未二月二四日から五月四日まで、祥隆号経由で発信した一六件の電信費が列記されている。同泰号から同順泰へ、乙未閏五月二六日付。
(26) 『進口各貨艙口単』第五冊に収録されている戊子年の同泰号の発送計算書は、破損が著しく、判読可能なのは七件しかない。判読不能な計算書を含めて見ると、この年の輸出は最低でも第一六便（一一月一〇日付）まであったことが確認できるから、この年の実際の輸出のうち、判読可能な計算書で把握できるのは半分以下となる。表6-3の注参照。
(27) 朝鮮総督府の推計では、一九一二年当時の絹織物の朝鮮内生産額が六六万六千円であったのに対し、中国からの輸入が二〇三万六千円、その他の地域（日本を含む）からの輸移入が七万五千円であった。朝鮮総督府『支那ニ於ケル麻布及絹布並其ノ原料ニ関スル調査』一九二三年、八一頁。
(28) 譚傑生の梁綸卿あて一〇六号信、癸巳三月初二日か、『往復文書』三五。「足重6両白紬市行ゝ、所来2百疋得価8.4吊、核寸有利。故即達電再加辦300疋。赶即期船付下、ト可遇市。如遅防各号多来、則□転滞。故以快来為貴也。……品月油緑直地九雲漢府紗、原非多行、聞別号亦多到、料非有起色之体。此貨正月有列単討辦、祈減一半為佳。否亦不宜多辦為要。……天青芝地直地漢府紗、昨年底抛沽出六百疋、限三月底交足、如果十分難辦、到期交不足、亦是無法、当与客商量請緩其期、或不允則推之。料朝人不敢説強話、不過失信于人、日後定辦貨物生意、自塞其路耳」。
(29) そのため一九二四年に日本が奢侈品税率を引き上げ、中国産絹織物の対朝鮮輸出が困難になると、蘇州総商会は仁川中華総商会と連絡して反対運動に乗り出した。陳來幸（二〇〇七）三七頁、五二～五五頁。
(30) 譚傑生の羅柱臣あて無号信、庚寅八月晦日、『往復文書』三三。
(31) 譚傑生の羅柱臣あて四七号信、辛卯一月一八日、同前。表5-4に見える鎮江・発記からの計算書はすべて絹織物の包装明細書である。これらには「同順泰牌」と記されており、注文生産によっていたことが確認できる。
(32) 譚傑生の梁綸卿あて一〇七号信、壬辰一一月四日、『往復文書』三五。
(33) 譚傑生の羅柱臣あて四六号信、辛卯一月三日、『往復文書』三三。
(34) 『支那経済全書』（東亜同文書院、一九〇八年）によれば、上海では八ポンド以上の重めのshirtingを指して市布と言ったという（一一巻、七六九頁）。

(35) 商店の英語名は *The Chronicle and Directory of China, Corea, Japan, The Philippines, etc. for the Year 1894*, pp. 112, 114. これによれば義源の本店は上海に、豊裕の head office はニューヨークにあった。後者は『支那経済全書』でも上海の代表的な綿布輸入商一七社の一つに数えられている（第一一巻、八五二頁）。

(36) 三井銀行の村上定が一八九〇年代に朝鮮に出張した際には、「朝鮮人は年中白木綿の衣類を纏ひ、其生金巾は英国「マンチエスター」の義源洋行の多年の尽力にて殆ど一手専売の権利を有し、金巾と云へば義源洋行の「マーク」に限られ、他会社が之と競争せんとして毎に失敗に終りたる歴史あり」という。村上定（一九八九）四八頁。

(37) 譚傑生の羅柱臣あて四七号信、辛卯一月一八日、『往復文書』三三。

(38) 譚傑生の羅煜甫あて書簡、庚寅一〇月一三日、同前。

(39) 譚傑生の羅柱臣あて五二号信、辛卯三月一四日、『往復文書』三四。銅銭の流通については注(98)を参照。

(40) 譚傑生の梁綸卿あて九六号信、壬辰七月一八日、『往復文書』三五。

(41) 譚傑生の何梃生・劉時高あて二五号信、癸巳一二月二九日、『往復文書』一三、譚傑生の何梃生・古穂興あて三二号信、丁酉七月二三日、『往復文書』三二ほか。一九世紀後半の銀価低落が中国の輸入に与えたマイナスの影響は限定的だったという見解もあるが（西村閑也（二〇一四）八〇頁）、金銀比価の急変が貿易に短期的な影響を与える場合のあったことは否定できないだろう。

(42) 表6-1、表6-2で神戸所在となっている祥隆号が大阪所在となっているのは、同号が一八九四年に大阪から神戸に移転したためである（以下同じ）。本書第5章注(61)に対応する本文参照。

(43) 『進口各貨艙口単』一、表6-5のi1文書。

(44) 一九世紀前半の状況では、徳大は大商人を資本主（物主）として資金を調達し、流動的な労働者（金軍）を雇い入れた。中央・地方の官衙に納税して許可を得た上で、買収した土地に数メートルの穴を掘り、その土砂を水で選別して砂金を採取した。유승주（一九九三）三七七～三九七頁。開港後の朝鮮政府は一八八七年に礦務局を設置し、外国人技術者を招聘する等の方策を取ったが、実効があったかは定かでない。一八九五年七月に米国人モース（James R. Morse）が朝鮮政府から平安北道雲山金鉱の採掘権を獲得したことを契機に、外国資本による金鉱開発が本格化した。이배용（一九八九）七〇～七四頁。

(45) 「廿九年中元山商況年報」『通商彙纂』号外（明治三一年三月三一日付）、一八九八年、八九～九〇頁。宮尾舜治（報告）『宮尾税関監視官韓国出張復命書』一九〇〇年か、三五六～三七二頁。

(46) 同泰号の売上計算書のうち、金に関するものは一五件（i2、5、6、8、10、13、14、17、19、21～25、27）、銀に関するものは三件（i9、16、26）である。いずれも諸掛に「叨用」（手数料）の項はなく、代わりに金の場合は「炭工估力」、銀の場合は「公估銭」「估力」のいずれかが挙げられている。公估銭は銀錠の品位鑑定と重量検査を行う公估局に関する費用であろう。公估局については宮下忠雄（一九五二）七一～七五頁。「炭工估力」「估力」も同様と見られる。

(47) 譚傑生の梁綸卿あて一二二号信、癸巳六月二日、『往復文書』三五。

(48) 譚傑生の梁綸卿・羅柱臣あて四号信、庚寅二月四日、『往復文書』三三。

(49) 薬材についての同泰号の売上計算書の一部には、実際の売却地が上海ではないものが含まれている。やや煩瑣となるが、表6-7の計算に関わるので注記しておきたい。同泰号発のi11、12、15、18、30文書は人蔘の売上げを通知したものだが、そのうちi11、12、18の三件に「港沽」という注記があり（表6-5備考欄）、上海からさらに香港に転送されて売られたものと考えられる（ただしi11については売上げの一部である三五・〇一四両についてそのような注記がある）。この三件のうちi11、12は香港の安和泰発のj4、5とそれぞれ対応している。例えば安和泰のj5は、同泰号から転送された「麗参」四〇斤について、売上金額六八七・六九五両から諸掛一・四一二両を差し引いた六八六・二八三両を清算予定額とする。対して同泰号のi12は、安和泰の清算予定額と同一の六八六・二八三両を売上金額とし、そこから諸掛三九・七五八両を差し引いた六四六・五二五両を同順泰への清算予定額とする。このような金額の対応から、この商品が同泰号に仲介されて安和泰で売却された後、その代金は同泰号を通じて同順泰に支払われたことが推測される。このような重複の問題を念頭に、表6-7では同順泰に対する最終的な支払いの当事者を基準として分類することとし、安和泰での売却額からj4、5を除外した。言い換えれば同泰号での売却額には、実際には香港で売却された分が含まれていることになる。なお「港沽」の注記があるi11、12、18の三件の商品は、いずれも仁川からの直行ルートではなく、煙台ないし神戸から転送されてきたものであった。これらの文書の諸掛には、運賃として、煙台・神戸から上海までの運賃と、上海から香港までの運賃とが計上されている。このことから同泰号は、煙台・神戸で商品を引き取ってから香港で売却されるまでの過程を同順泰に対して請け負ったことが分かる。

(50) 表6-7でいえば、同泰号で売却された薬材のうち三八三五・八一四両が「麗参」であった（前注に説明した「港沽」分を含む）。また安和泰売却の薬材のうち「麗参」は七二二・八七九両で、残りは白蔘であった。茂和祥売却の薬材はすべて白蔘であった。

(51) 譚傑生の五泉（永安堂）あて書簡、庚寅一一月二日、『往復文書』三三。広州・香港向けの白蔘の輸出はその後ある程度伸びた。譚傑生はその理由を、アメリカ産の人蔘に混入するために利用されたものと解釈している。譚傑生の邵蘭圃あて二五号信、辛卯八月一一日、『往復文書』三四。白蔘輸出の試みについては本書第7章で再び論じる。

(52) 香港安和泰発のj5（辛卯六月二一日付）によれば紅蔘一斤あたりの価格は三四・八元（二〇枝もの）、二五・五元（三〇枝もの）であるのに対し、同じく安和泰発のj7（辛卯九月）によれば白蔘一斤あたりの単価は五・九元であった。

(53) 例えば庚寅年（一八九〇）の九月初には金永奎という人物から官蔘一五千斤の輸出を請け負ってほしいと打診された。これについては本書第7章第一節を参照。また一八九三年の梁綸卿への書簡では、「国王之貨」を買ってくれという朝鮮官がよく来るが、品質が不揃いのうえ上海市況もよくないので、受けていないとする。譚傑生の梁綸卿あて一三二号信、癸巳九月一七日、『往復文書』三五。

(54) 日本人と華商が紅蔘の密輸出に従事していたことは当時から公然の秘密であった。今村鞆（一九七一）には開港期の密輸出について、一九三〇年代に日本人の当事者から聞き取った記録が収められている（五巻、五一七〜五五〇頁）。

(55) 履泰謙の同順泰あて計算書、辛卯七月七日、『進口各貨艙口単』一。同じ冊子に収められている履泰謙の売上計算書と類似した書式だが、転送費用を通知請求する内容である。請求額は四三・四八両で、運賃、関税、包装費などが含まれている。

(56)「紅参又寄辦妥、生字卅枝43斤、往煙台托履泰謙収、着同記関聘農即転運往申、尚存43斤、擬托船友帯去神戸、祥隆代収関照、即付去申就是、但昨年私貨疎少、好貨極難找辦、茲付上之貨、上中下均有、但下貨亦少、祈分別出手、……官貨由陸路運去牛庄千餘里、皮費甚重、国王毎斤抽税五両、又未知路上太平否、似非易ゝ也」。譚傑生の梁綸卿・羅柱臣あて六〇号信、辛卯六月六日、『往復文書』三四。

(57) 前注に掲げた史料原文にこの部分も含めている。

(58) 譚傑生の梁綸卿・羅柱臣あて六二号信、辛卯六月一二日、『往復文書』三四。これと対応する売上計算書は見当たらないが、七月一日付のi12文書では、やはり神戸経由で六月二日に到着した「麗参」四〇斤の売上げ（六八六・二八三両）が通知されている。

(59) 同泰号発の売上計算書のうち人蔘に関わるのはi11、12、15、18、30の五件である（注49参照）。経路等は表6-5「冒頭行の記載」による。

(60) 譚傑生の梁綸卿あて七五号信、壬辰一月二〇日、『往復文書』三四。

(61) 譚傑生の梁綸卿あて七六号信、壬辰二月一三日、同前。

(62) 例示したのは譚傑生の羅遜卿（安和泰）あて一五号信、壬辰七月一七日、同前。

(63) 譚傑生の梁綸卿・羅柱臣あて六二号信、辛卯六月一二日、『往復文書』三四、譚傑生の羅遜卿あて四号信、壬辰三月三〇日、同前、譚傑生の関聘農（同記）あて書簡、日時不明（辛卯年六月初か）、同前。「走私非係正路生意」というのは羅遜卿あて、「偏門之事」は関聘農あての書簡に現れる文言である。ただしこの頃の漢城本号と仁川分号は、開城での白尾蔘の買い付けをめぐって「敵国」同然のライバル関係にあったと言い（譚傑生の邵蘭圃あて二号信、壬辰四月二五日、同前）、譚傑生が仁川分号への情報漏洩を嫌ったのもそのためかもしれない。開城での人蔘買い付けについては次章参照。

(64) 例えば仁川についての日本領事報告では、華商はできるだけ「貨物交換法」を用いて現金の移動を避け、決済をする場合も五月五日、八月一五日と一二月晦日を期日とする節季払いの方法によるのが一般的だとする。「明治二十六年中仁川港商況年報」『通商彙纂』第八号附録、一八九四年。

(65) 五件とも同泰号発・同順泰宛、『進口各貨艙口単』第一冊所収。各件の発信日と対象期間は次の通り。（ア）辛卯六月六日付：辛卯年初〜同六月五日、（イ）辛卯一〇月一一日付：辛卯六月五日〜同一〇月一一日、（ウ）辛卯一二月三〇日付：辛卯一〇月一一日〜同一二月末日、（エ）（オ）辛卯一二月三〇日付：辛卯年中の補遺。これらが相互に連続することは、各件冒頭に記された前期末の清算残高が、その前件末尾にある当期末残高と一致することから確認できる。

(66) 前注の(ア)文書。
(67) 各項目末の「対」字印は同順泰での検印と考えられる。
(68) 梁綸卿の譚傑生・譚象喬あて六二一号信、乙巳二月一九日、『同泰来信』一九。同じく六二三号信、乙巳三月五日、同前。
(69) 例えば譚傑生が安和泰に宛てた書簡では、帰郷する同順泰の店員に金を立て替えてくれるよう頼み、その分は同順泰の「往来賬」に加算するよう伝えている。譚傑生の羅遜卿あて書簡、壬辰一〇月七日、『往復文書』三五。
(70) 同泰号以外の売上計算書は二八件現存するが、安和泰発のｊ4、5を除く二六件は貸借計算書に対応項目がある。例外であるｊ4、5は、注(49)で触れたように、同泰号発のｉ11、12と同じ商品を対象としている。これらは貸借計算書でも「収」方①に対応する項目が見られる。
(71) 譚傑生の関聘農あて書簡、辛卯五月五日、『往復文書』三四。なおこの書簡によると、譚傑生が高粱の代金を計上するよう依頼したのは、実は売却した万慶源ではなく、同じ煙台にある履泰謙の「同泰往来賬」であった。さらに書簡でその依頼を受けた関聘農が、万慶源でも履泰謙でもなく同記号の商人であったことは、前節(注56)の引用史料に見える通りである。これら三つの商号の間で何らかの振替関係があったに違いないが、詳細は不明である。なお万慶源の売上計算書ｍ1には後筆で「入同記」の注記があり、関聘農の同記を通じた振替が行われたことを示している。
(72) 「搭仁号滙濱札金弍千元、交福和号転滙上、到時祈査収入漢来往可也」。譚配南の梁綸卿・羅柱臣あて六四号信、辛卯七月一五日、『往復文書』三四。発信者の譚配南は、譚傑生の不在中に漢城本号の事務を預かった人物である（本書第5章の注(73)参照）。
(73) 譚配南の梁綸卿・羅柱臣あて六六号信、辛卯八月二八日、『往復文書』三四。譚配南の譚沛霖あて書簡、辛卯一〇月（日なし）、同前。譚配南の譚沛霖あて書簡、辛卯一一月一〇日、同前。
(74) 譚傑生が梁綸卿に宛てた書簡に、横浜に銀行を通じて三三〇〇元を送ったので「在申売単去浜交可也（上海で手形を売って横浜で支払わせよ）」という記述が見られる。同時に福和号の譚沛霖に対しては「応交申江同泰号滙単（上海同泰号の振り出した手形支払いに応じよ）」と告げている。譚傑生の梁綸卿・羅柱臣あて二七号信、庚寅六月一五日、『往復文書』三三。譚傑生の譚沛霖あて書簡、庚寅七月一三日、同前。
(75) 譚沛霖の同順泰あて書簡、甲午二月三日、『往復文書』一。
(76) 譚傑生の陳達生あて書簡、癸巳七月一七日、『往復文書』三五。
(77) ただし貸借計算書のこの項には「収錯是仁号数」と後筆の注記があり、同泰号が仁川分号からの送金を漢城本号のものと誤認した可能性が高い。実際に「付」方では六月二日付で同額を「調入仁川」として計上し相殺している（表6-8「付」④）。
(78) 譚傑生の梁綸卿・羅柱臣あて一三号信、庚寅三月四日、『往復文書』三三。
(79) なお表6-8「収」の③に挙げた項目のうち「発送者不明」の二件については経路などが不明である。ただし「滙豊票 1248 元」に関係する記述として、譚傑生から梁綸卿への書簡の中に、「洋人滙票1248元」を送るので上海の香港上海銀行で払い出してほしいと依頼した記述がある。仁川に同行の代理店が設置されるのは日清戦後の一八九七年なので（本書第8章第四節）、この「滙豊票」は朝鮮以外で振り出されたものを西洋人が持ち込んだものだろう。譚傑生の梁綸卿・羅柱臣あて七三号信、辛卯一一月一七日、『往復文書』三四。

（80）譚傑生の羅柱臣あて五三号信、辛卯三月二一日、『往復文書』三四。

（81）譚傑生の梁綸卿・羅柱臣あて六一号信、辛卯六月八日、『往復文書』三四。譚傑生の羅遜卿あて四号信、辛卯六月一二日、同前。

（82）同泰号の同順泰あて計算書、辛卯八月五日、『進口各貨艙口単』一。これについては表5-4の「その他の計算書」に含まれている。

（83）これについて、乙未年（一八九五）に永安泰が同順泰に輸出した尺桂（ニッキ）二千斤の例を紹介しておきたい。永安泰の発送計算書（五月一六日付、表6-1のc4文書）によれば、この商品は香港から神戸を経由して発送されることになっており、これに対応して香港の安和泰、神戸の祥隆号でそれぞれ転送費用に関する発送計算書が作成されている。安和泰の負担した転送費用については、その計算書（五月二二日付、b13）に「当店の来賬に計上されたい（祈登小号来賬）」との注記があり、同順泰との二者間で処理されたと見られる。一方で祥隆号の計算書（閏五月四日付、e8）には「この費用は貴店の同泰号との貸借に合算されたい（該費祈入宝号同泰来往数合）」とあり、同泰号への振替によって処理されたことが分かる。それぞれの商号が同順泰・同泰号との貸借のポジション等を考慮して清算方法を選択したと見られる。

（84）濱下武志（二〇一三）二二五～二二六頁。

（85）譚傑生の潘靄臣・潘達初あて書簡、辛卯一一月一一日、『往復文書』三四。

（86）「今発上十弐号滙票壱紙、計98元362両、見票遅十天、交虹口茂泰収繳回原票存拠、毎元作7.24銭、另毎百元収滙水1.3元、因関税要支用、現時赤金好価、故将銅銭買金頗易化寸、勝于買札紙多多也」。譚傑生の羅柱臣あて四九号信、辛卯二月一九日、『往復文書』三三。

（87）本文で見た一二号以外の滙票について書簡から得られる情報と典拠を列記すれば次の通り。一一号：八六八・八両、増和順に売り出し。紙幣一二〇〇元を毎元〇・七二四両で上海両に換算。滙水は一・四元、一覧後一〇日払い（譚傑生の羅柱臣あて四七号信、辛卯一月一八日、『往復文書』三三）。一三号：七二・四両、虹口茂泰に払い出し（同じく五二号信、辛卯三月一四日、『往復文書』三四）。一四号：一〇一・三六両、二馬路華彰に払い出し（一三号に同じ）。一六号：庫平三千両、一覧後ただちに日昇昌を通じて陳州府「袁公館」に送金させること。袁世凱の母親の葬儀の費用という（譚傑生の梁綸卿・羅柱臣あて七三号信、辛卯一一月一七日、『往復文書』三四）。なお貸借計算書には一五号の滙票が挙げられていないが、九月三日付の梁綸卿あて書簡によれば、一五号票・庫平銀六千両分を漢城総署の益元堂に売却したという。その後取り消された等の事情が考えられるが未詳である。譚配南の梁綸卿あて無号信、辛卯九月三日、『往復文書』三四。

(88) 注(77)参照。

(89) 譚傑生の梁綸卿あて八三号信、壬辰五月六日、『往復文書』三四。

(90) いずれも『甲午年各準来貨置本』所収、表5-4では「その他計算書」に含まれる。

(91) 譚傑生が同泰号に支払う利息を負担に感じていたことはしばしば書簡史料に現れる。譚傑生の羅柱臣あて五八号信、辛卯五月二一日、『往復文書』三四ほか。

(92) 梁綸卿の譚傑生あて五号信、二月四日、『同泰来信』一八。年は不明だが、書簡番号の小ささから仁川分号との経営分離から程ない庚寅年（一八九〇）のものと見てよい。

(93) 「現小号責同泰往来賬四万餘両、申江年節銀口拮据、将進口貨一概停辦、以至門面冷淡、祈将小号所存貨項、早日結単付下、并将貨款即滙去申同泰往年関之急」。譚傑生の羅遜卿あて二五号信、壬辰一一月二二日、『往復文書』三五。

(94) 譚傑生の梁綸卿・羅柱臣あて一〇八号信、壬辰一一月二二日、『往復文書』三五。

(95) 譚傑生の梁綸卿・羅柱臣あて一三八号信、癸巳一一月一八日、『往復文書』一〇。

(96) 高嶋雅明（一九七八）三七～三九頁。

(97) 「本港ニ於ケル本邦貨幣流通ノ形況報告ノ件」（仁川林領事、明治二四年一一月六日）『日本外交文書』二四巻、一八〇番、「京城ニ於ケル本邦貨幣流通ノ概況報告ノ件」（京城宮本領事代理、同年一〇月二二日）同一七九番。高嶋雅明（一九七八）四一～四五頁。

(98) 当五銭は当初はソウル・仁川近辺でしか流通せず、政府が公納に使用させる等して流通区域の拡大を図ったが、京畿全体と忠清道、江原道、黄海道の一部に流通するに止まった（오두환（一九九一）一一一～一一二頁）。それ以外の地域では常平通宝が使用されたと見られる。なお当五銭は額面五文、常平通宝は一文であったが、当五銭の地金価値は常平通宝の二倍程度に過ぎなかった。そのため当五銭の通用価値は発行直後から急落し、実質的に一文銭と同等にしか流通しなくなった。「朝鮮国通用旧貨幣」『通商彙纂』一〇、一八九四年。

(99) 「銭価略転順些〻、鎮口宝360吊、札紙197吊、金砂十足色50吊、雖申跌至23両、仍以買金砂為勝寸、如有提升、望可得利也、現已買入弐百両、擬照市多買、欲作一大幇五六百両返申、如再大起跌、祈電示知、以定進止、現札紙価貴、兼東洋滙価低、似不合化寸俟覆電如何、乃遵命而為可也」。譚傑生の梁綸卿・羅柱臣あて二一号信、庚寅五月四日、『往復文書』三三。

(100) 譚傑生の梁綸卿・羅柱臣あて二〇九号信、乙未五月二七日、『往復文書』三一。

(101) 「本港ニ於ケル本邦貨幣流通ノ形況報告ノ件」（仁川林領事、明治二四年一一月六日、注97）、三八四～三八六頁。高嶋雅明（一九七八）、四四～四五頁。

(102) 「廿八年中仁川港商況年報」『通商彙纂』五五号（号外一）、一八九六年、五四頁。これについては本書第11章で再論する。

(103) 「明治二十六年中仁川港商況年報」『通商彙纂』八号附録、一八九四年、一一〇頁。

(104) 譚傑生の梁綸卿・羅柱臣あて二号信、庚寅一月二二日、『往復文書』三三。ただし書簡の発信番号と同様、仁川分号との経営分離を期に滙票の連番も新たに一から始められたとすれば、これ以前に滙票の発売がなかったとは言い切れない。

(105) 譚傑生の梁綸卿・羅柱臣あて七五号信、壬辰一月二〇日、『往復文書』三四。

(106) 譚傑生の梁綸卿・羅柱臣あて一一〇号信、壬辰一二月二一日、『往復文書』三五。

(107) 譚傑生の梁綸卿・羅柱臣あて一三九号信、癸巳一二月一〇日、『往復文書』一二。

(108) 「現仁漢倶是札紙居多、洋銭甚少、山東幇及寧幇無東洋字号、如買得札紙、非漢号則在仁号滙之、計札紙在仁漢□〔用か〕比日洋英洋、毎百元□〔便か〕少弍元、今収札紙壱百元、在申交72.4両、另収水1.5元、……或収得札紙即有船去東洋、兼由銀行滙去、毎百元抽滙水四五毛之間、□彼此核寸」。譚傑生の梁綸卿あて続三〇号信、庚寅七月一三日、『往復文書』三三。

(109) 大阪（川口居留地・雑居地）の山東貿易商が三江公所から独立して「大清北洋商業会議所」を設立したのは一八九五年であり、翌年に直隷・満洲の出身者をあわせ「大清北幇商業会議所」に改組したという（西口忠（一九九五）一一三頁）。一八九九年九月に大阪商船が神戸―天津・芝罘―牛荘線を開設すると、「輸出さるゝ貨物は其の十中八九迄が北幇公所に所属する支那商人によりて取扱はれしを以て、当社〔大阪商船〕は同公所と交渉し、日本郵船会社の定期船に積載する貨物の外は全部当社々船に積載するの契約を締結した」という（『大阪商船株式会社五十年史』一九三四年、二五九頁）。神戸に北幇公所はなかったから、文中に現れるのは大阪の北幇公所と見て間違いない。なお同航路は一九〇六年に大阪起点に改められた。大阪の山東華商の活動は日露戦争後の大阪・満洲貿易の成長に伴ってさらに活発化したという（大阪市役所産業部『大阪在留支那貿易商及び其の取引事情』一九二八年、五頁）。大阪の山東華商に関する専論として前掲西口のほか許淑真（一九八四）がある。また山東出身者の東北アジアへの移動を長期的視点から整理した上田貴子（二〇〇八）（二〇一一）、大阪における山東華商の活動をその中に位置づけた同（二〇一四）は、開港場間移動を中心とした（東アジアの）広東出身者との違いを考える上で示唆が大きい。

(110) 中国米輸出問題についての本文の叙述は石川亮太（二〇〇四 a）を整理したものであり、詳しくは同稿を参照されたい。なお劉素芬（二〇一二）によると、日清戦争前には一八九三年のほか八四年、八六年、八九年にも朝鮮救恤を名目とした中国米輸出が実施された。堀地明（二〇〇二）（二〇一三）もこの問題に触れている。

(111) 「仁川港ニ於ケル支那米輸出ノ景況」『通商彙纂』六号、一八九四年、一四一頁。

(112) 譚傑生の李泉亨・邵蘭甫あて書簡、甲午二月三〇日、『同泰来信』四。中国米の取引を「仁漢両号合股」で行うと述べている。また別の書簡では同じ輸入米について「仁漢公司」の米と表現している（李泉亨の譚傑生あて書簡、甲午五月一四日、『同泰来信』五）。劉序楓（二〇一二）によれば、company の訳語となった「公司」は、もと華南で共同事業を表す語であった。この場合の公司もその意味で用いられたのだろう。

(113) 譚晴湖の譚傑生あて書簡、甲午四月五日、『同泰来信』六。

(114) 譚晴湖の譚傑生あて書簡、甲午四月七日、同前。

(115) 前注に同じ。「今日日本人有與東幇瑞盛買1000包、公和順2000包、恒順昌2800包、毎日斗6.2毛、連袋在内□、此価僅可保本、伊不知外埠市、怪不得急於脱手、周鶴雲来求貨載、我故意詳説、坂市不好、使其告東幇知、更欲急売也」。

(116) 譚傑生の羅遜卿あて一一号信、癸巳九月一七日、『往復文書』三五。

(117) 前注に同じ。「山東幇、由帆船走漏、仁川与煙台相隔不遠、先得地利、往来無定、且船隻多、関口難于稽査、或先駛出口外、晩間用小三板、私装去落、然後揚帆而去、故甚少失事」。

(118) 中国在来船の漢江通航の可否については朝鮮と清の間で外交問題となったが、一八八四年に容認された。酒井裕美（二〇〇五）一三六〜一四一頁。

(119) 江南哲夫・平山房吉『朝鮮平安黄海両道商況視察報告』一八八九年八月序、五〇葉左。李鴻章の総理衙門あて函、光緒一五年八月九日、『清季中日韓関係史料』一四四七番。

(120) 平壌開港問題は、朝鮮海関の主導権をめぐる日本・清朝・朝鮮の思惑、さらに日本側が交換条件として持ち出した済州島への日本人出漁問題とも関係して、以後数年にわたり断続的に交渉が行われた。平壌の開港は結局この時は実現しなかったが、一八九九年に開市場となった。外交交渉について林明徳（一九七〇）一九四〜一九七頁、손정목（一九八二）三一九〜三二八頁、권석봉（一九八六）三四八〜三六九頁、박준형（二〇一三a）。その契機となった在来船の西海岸における「密貿易」について石川亮太（二〇〇九）一七六〜一八〇頁、이은자（二〇一〇）、それを取り締まる清側の体制について김희신（二〇一〇c）二二三〜二三一頁。

(121) 「今年洋布各款疋頭無望好景、因山東人用民船、装往黄海平安各道、発売換什糧回煙、省関税費用不少、故仁港総無生意、黄豆亦少到、如不能禁止、将来仁港生意、漸〻零落之体」。仁川分号の漢城本号あて九一号信、己丑四月一四日、『同泰来信』一六。

第7章

(1) 一八七六年の日朝修好条規、一八八二年の朝米、朝英、朝独条約はいずれも内地通商権を認めなかった。しかし一八八二年の朝中商民水陸貿易章程ではじめて「朝鮮産品の購入（採辦土貨）」を目的とした内地通商が認められ（第四条）、一八八三年に再調印された朝英条約では商品買い付けに加えて「各種の商品を持ち込んで売却する（将各貨運進出售）」ことも認められた（第四条六項）。

(2) 이병천（一九八五）表四および表六から計算。原史料は華人について『旧韓国外交文書』清案、日本人について『日本外交文書』『通商彙纂』。ただし李炳天自身が言及するように、護照の発給件数を確定することは困難で、本文に挙げた数字も、例えば한우근（一九七〇）が『統署日記』などの史料を用いて計算したものと食い違いがある。

(3) 華人に対する護照は本来、商務委員と朝鮮地方官の合意に基づいて発給されるものだったが、申請の急増を理由として、一八九〇年から朝鮮統理衙門が捺印済みの護照用紙をあらかじめ清側に交付しておき（空白護照）、商務委員が申請に応じてこれを発給すると

いう方式に改められた。이병천（一九八五）三〇〇〜三〇一頁。駐韓使館保存檔案中の『華商請領護照入内地採辦土貨』（一-四一-四六-五）には、光緒一七年一〇月以後、龍山商務委員が発給した空白護照のリスト五件が含まれている（光緒一八年六月九日付、同一二月一六日付、同年七月二四日付、同年一一月三日付、二〇年三月八日付）。本文の数値はそれを合算したものである。

（4）外国人の内地通商について初めて本格的に扱った한우근（一九七〇）は政府の年代記類に依拠した研究で、商取引の具体的な分析に至らなかった。이병천（一九八五）や나애자（一九九一）は訴訟事例などを利用して実態解明を進めた。内地課税や流通規制を免除された外商の条約特権については、いわゆる防穀令に関する研究が多くの事実を明らかにした。本書序章の注(20)参照。

（5）譚傑生の梁綸卿・羅柱臣あて一一号信、庚寅閏二月一六日、『往復文書』三三。

（6）前注に同じ。

（7）譚傑生の陳達生あて書簡、庚寅七月二四日、『往復文書』三三。

（8）譚傑生の梁綸卿・羅柱臣あて三五号信、庚寅八月二六日、同前。

（9）譚傑生の邵松芝あて三二号信、庚寅一〇月二九日、同前。

（10）譚傑生の梁綸卿あて続三〇号信、庚寅七月一三日、同前。

（11）譚傑生の梁綸卿・羅柱臣あて三四号信、庚寅八月一四日、同前。

（12）譚傑生の邵松芝あて六号信、庚寅八月二二日、同前。

（13）譚傑生の梁綸卿あて四三号信、庚寅一一月三日、同前。

（14）譚傑生の梁綸卿・羅柱臣あて四一号信、庚寅一〇月六日、同前。譚傑生の羅柱臣あて四四号信、庚寅一一月二四日、同前。

（15）譚傑生の五泉（永安堂）あて書簡、庚寅一一月二日、同前。

（16）譚傑生の邵松芝あて一〇号信、庚寅九月三日、同前。譚傑生の梁綸卿・羅柱臣あて三七号信、庚寅九月九日、同前。

（17）前注に同じ。

（18）譚傑生の梁綸卿・羅柱臣あて三九号信、庚寅九月二四日、同前。

（19）譚傑生の梁綸卿・羅柱臣あて四〇号信、庚寅九月二八日、同前。

（20）譚傑生の邵松芝あて三五号信、庚寅一一月一三日、同前。譚傑生の邵蘭甫あて三八号信、庚寅一一月二五日、同前。

（21）譚傑生の羅柱臣あて四五号信、庚寅一二月一四日、同前。

（22）譚傑生の邵松芝あて六号信、庚寅八月二二日、同前。

（23）譚傑生の邵松芝あて二四号信、庚寅一〇月一二日、同前。

（24）譚傑生の羅章佩あて一号信、庚寅一〇月一五日、同前。

（25）譚傑生の羅聘三あて五号信、庚寅一一月三日、同前。

(26) 譚傑生の鑑堂（茂和祥）あて一七号信、庚寅一一月二四日、同前。譚傑生の羅聘三あて一七号信、庚寅一二月二四日、同前。
(27) 譚傑生の羅聘三あて一六号信、庚寅一二月二一日、同前。
(28) 譚傑生の羅聘三あて一三号信、庚寅一二月四日、同前。譚傑生の羅聘三あて一七号信、庚寅一二月二四日、同前。この件については注(93)も参照。
(29) 譚傑生の派遣店員への書簡では密造の紅蔘（私蔘）を指す隠語が頻出し、摘発を警戒しつつも積極的に関与していたことが分かる。隠語としては「牛皮」「紗紙」などが用いられた。例えば「二〇頭張四四吊、三〇頭張四五吊」という表現は、表面上は牛皮の価格を示しながら、実際には紅蔘の等級である二〇枝・三〇枝の価格を示したものと解される。譚傑生の邵蘭圃あて二〇号信、癸巳年九月九日、『往復文書』三五。
(30) 譚傑生の邵蘭圃あて八号信、癸巳六月二四日、『往復文書』三五。譚傑生の邵蘭圃あて四一号信、癸巳一一月二八日、『往復文書』一一。
(31) 譚傑生の邵蘭圃あて四九号信、辛卯一一月三〇日、『往復文書』三四。
(32) 譚傑生の邵蘭圃あて三九号信、辛卯一一月一〇日、『往復文書』三三。
(33) 譚傑生の邵蘭圃あて六〇号信、壬辰九月二日、『往復文書』三五。
(34) 譚傑生の何梃生あて書簡、壬辰三月一〇日、『往復文書』三四。
(35) 譚傑生の羅聘三あて五号信、辛卯二月五日、『往復文書』三三。譚傑生の羅聘三あて一五号信、辛卯四月、『往復文書』三四。
(36) 譚傑生の邵松芝あて一八号信、庚寅九月二三日、『往復文書』三三。
(37) 譚傑生の邵松芝あて二七号信、庚寅一月二一日、同前。
(38) 譚傑生の何梃生・劉時高あて一号信、癸巳五月二三日、『往復文書』三五。
(39) 譚傑生の劉時高あて書簡、癸巳九月二四日、同前。栗浦は現在の全羅北道金堤市孔徳面東渓里にある。一九二五年から実施された河川改修工事以前は万頃江の屈曲部に面し河港を成していた。河口から一〇キロメートルほど遡行した場所にあり、かつては「海水が押し寄せ船が出入した」という。김제문화원［金堤文化院］（一九九一）孔徳面の部、二一頁。
(40) 注(38)に同じ。
(41) 譚傑生の梁綸卿あて一三六号信、癸巳一〇月二三日、『往復文書』三五。
(42) 譚傑生の何梃生・劉時高あて二号信、癸巳五月二七日、同前。
(43) 何梃生の譚傑生あて書簡、甲午一月二七日、『同泰来信』四。
(44) 譚傑生の何梃生あて書簡、癸巳九月一〇日、『往復文書』三五。
(45) 譚傑生の何梃生・劉時高あて一七号信、癸巳一一月三日、同前。

(46) 羅明階の譚傑生あて書簡、甲午三月二三日、『同泰来信』四。
(47) 譚傑生の清湖あて書簡、乙未八月一二日、『往復文書』三一。
(48) 譚傑生の劉時高・羅明階あて三八号信、甲午五月四日、『往復文書』一八。
(49) 譚傑生の邵蘭圃あて三号信、癸巳五月二二日、『往復文書』三三。
(50) 注(38)に同じ。
(51) 譚傑生の羅聘三あて一五号信、庚寅一二月一三日、『往復文書』三三。
(52) 内地通商が同順泰の会計上どのように処理されていたのかは明確でないが、一八九三年に譚傑生が全州の何梃生に送った書簡が手がかりとなる（譚傑生の何梃生あて七号信、癸巳七月九日、『往復文書』三五）。それによれば譚傑生は、「分庄」つまり派遣店員の拠点が増えたため、各勘定をすべて漢城本号に帰属させると、どこが儲かってどこが損を出しているかが分からなくなるとする。これがその時点での状況だったと考えられる。これを踏まえて譚傑生は、全州で取り扱う輸出入品の勘定を次のように処理せよと命じた。それは、輸入品については全州が漢城本号から購入したものと見て、その現地での売却益を全州に帰属させる一方、輸出品については全州が漢城本号に売ったものとして、その海外での売却益については漢城本号に帰属させるというものである。現代の本支店間取引に近い考え方を採用して、損益がどこで生じたかを透明化しようとしたと言える。とはいえ本文で見たような、内地通商における譚傑生の強力なリーダーシップを考えれば、内地での店員の活動が漢城本号の活動の一部であったことは明白で、一八九〇年以後の仁川分号のように、経営上分離するといったものではなかったと考えられる。
(53) 譚傑生の羅聘三あて一八号信、庚寅一二月二五日、『往復文書』三三。
(54) 表7-4の根拠史料について、以下の本文と関わる部分も含めて訳出すると次の通り。「昨年の決算について、はじめ概算した時は二、三千両の利益があると思っていたが、いま数値を確認すると、上海への利息が多いこともあり、利益は千両余りに過ぎなかった。暇を見て決算書を送付する。昨年の輸入は八万両余りで、総署と上海への利息が五七七〇両、給金と輸出入貨物への四厘捐が約二千両、さらに正月から九月にかけて銭相場が急落したことで六、七千両の損失となった。合算すると、利益が一万四千両余りになって初めて損失を上回ることになる。輸入品については漸く一割二分の利益に過ぎず、幸いに輸出で四五千両の利益が出て補うことができたが、もしそれがなければ三千両余りの損失になっていた。思うに現在の輸入品の利益が薄く、輸出も着手する人が多いので、商売は段々難しくなっている。そのため今年は手堅い方針を採り、在庫を売却して利息の負担を減らすことが急務だ（去年総結、初時約略核寸似有三二千両之利、現時核実数目、且耗申息之多、亦不過賺利千餘両耳、俟有暇時、将年結札実付上呈鑒可也、計昨年来貨捌万餘両、耗総署及申息5.77千両、俸金費用進出貨四厘捐約弐千両、況銭価自正月至九月、俱要大虧、亦去六七千両、総要獲利壱万四千餘両、方够盤繳、計進口貨難得分餘弐分銭之利、幸得出口貨獲利四五千、籍此帮補、否則要虧賠参千餘両也、計現時做進口貨利薄、出口貨亦多人沾手、諒生意漸〻難做、所以今年立意収束、沽軽底貨、免虚耗重息、為急務也）」。譚以時（傑生）の梁綸卿あて書簡、日時不明、『往復文書』三四。前後の書簡（譚傑生の梁綸卿あて七六号信／七七号信）から壬辰年二月発と思われる。

右の史料は次のように解釈できる。「総署と上海への利息五七七〇両」以下三つの項目は主業の貿易業と直接に関わらない経費・損失であろう。これらを合計すると一万三七七〇〜一万四七七〇両で、「利益が一万四千両余りになって初めて損失を上回る」というのは、主業の貿易でそれだけの利益を上げてはじめて全体の損益がプラスとなるという意味に解される。これに対し輸出が四五千両の利益を上げ、もしそれがなければ（つまり輸入だけでは）全体に三千両の損失だったというのだから、輸入の粗利益は（一万四千両から三千両を差し引いた）一万一千両ということになる。輸入の元値は八万両余りというのだから、利益率は一三パーセントとなり、史料中の「漸く一割二分の利益」という部分とも合致する。なお辛卯年の輸入が八万両というのは、前章の検討内容（同泰号からだけでも九万両を超える輸入）と一致せず、在庫品の計上方法など、何らかの操作があったと考えられるが不明である。

(55) 譚傑生の梁綸卿あて書簡、発信日不詳、『往復文書』三四。日付を欠くが、壬辰一月一九日付の元号信の直前に綴じ込まれている。

(56) 他の年の決算結果についての史料は乏しいが、前年の庚寅年（一八九〇）の漢城本号の決算について、八千両程度の利益だろうとする譚傑生の書簡がある。それと比較すれば、確かに辛卯年の結果は深刻な不振といえる。なおその史料では「洋布疋頭」は損失だが絹織物・麻布・銅鉛は利益があったとしており、綿織物輸入の不振が確認できる。譚傑生の羅柱臣あて四七号信、辛卯一月一八日、『往復文書』三三。

(57) 注(54)の引用史料の一部。

(58) 注(54)の引用史料の一部。総署と同泰号への利息が経営を圧迫していたことは、一八九〇年の譚傑生の書簡にもあり、慢性的な問題だったと見られる。譚傑生の梁綸卿あて書簡、辛卯一二月一〇日、『往復文書』三四。

(59) 本書第5章の注(49)参照。

(60) 一八九二年には輸出貨物の仕入れのため、総署（袁世凱）からの預り金のうち三千両を流用している。譚傑生の梁綸卿あて一〇五号信、壬辰一〇月一五日、『往復文書』三五。また総署からの不時の引き出し請求に応じられず、同泰号に銀の回送を依頼した例があり、何らかの形で預り金を運用していた傍証となる。譚傑生の羅柱臣あて五四号信、辛卯四月五日、『往復文書』三四。

(61) 一八九二年五月末の預り金は八千両で利息は七厘であったという。これについて譚傑生は、ソウルの商売が不振のため、月ごとの利息数百両すら稼げないと嘆いている。譚傑生の梁綸卿あて八三号信、壬辰五月六日、『往復文書』三四。

(62) 「所駐松都之庄、原是作出口貨為用神、祈看有土産、無論合中国銷場与否、将小様付来、及列明価値若干、以得転付去探市、如果合銷、亦多一宗出口貨作辦、如得厚利更佳、否則作付銀回頭亦要為之、計今年本号做進口貨、比上年更多、苦于艱難求款回申、因金銀疎少□貴、虧賠頗巨、故要由出口貨幇力、祈知之」。譚傑生の邵蘭圃あて一五号信、辛卯六月二一日、『往復文書』三四。

(63) 譚傑生の五泉（永安堂）あて書簡、庚寅一一月二日、『往復文書』三三。本書第6章の注(51)を参照。

(64) 「高粱粟如価2.3吊、或再相宜更佳、祈尽掃之、否則照前盤之価、亦買2〜300包、赶付出仁川、……計此貨非係有厚利、不過因金銀騰貴難買、欲銷化此銅銭、如有別款貨作□、及海州有豆作辦、則不□此貨矣、祈会意是荷」。譚傑生の邵松芝あて二七号信、庚寅一〇月二一日、『往復文書』三三。

(65) 注(62)参照。

(66)「因今年大做進口貨、防金砂札金貴、慮及多積存銅銭、有出口貨作辦、似幇力銷銅銭之路、非係専靠厚利、乃作之、……海州乃是過往之区、非係得辦、所以做進口貨亦似困身、不能行開、大不銷行漢城之銭、故不宜做進口之貨」。譚傑生の羅聘三あて五号信、辛卯二月五日、『往復文書』三三。

(67)「各款綢緞、……今年所沽、扯計不能保本、……以往年而論、九十月銅銭去路頗多、望有漲機、故七八月按低価沽底貨、雖是虧賠、而到期収銭、遇銭価升、截長可以補短、今平壌所鋳之小銭、運来漢城、作当五通用、源〻不絶、看此情形、料有大跌、而無大漲、実無法以避其害、総是亦収小乃上策以図久遠、或入内地、留心于土貨、則有些可靠耳」。譚傑生の梁綸卿あて一〇〇号信、壬辰八月二六日、『往復文書』三五。

(68) 오두환（一九九一）七二〜七五頁。また本書第6章の注(98)。

(69) 오두환（一九九一）七五〜七六頁。

(70) 譚傑生の邵松芝あて二四号信、庚寅一〇月一二日、『往復文書』三三。

(71) 譚傑生の羅聘三あて四号信、庚寅一〇月二九日、同前。

(72) 譚傑生の邵蘭圃あて一〇号信、辛卯六月四日、『往復文書』三四。

(73) 譚傑生の邵蘭圃あて一四号信、壬辰六月一六日、同前。

(74) 譚傑生の羅聘三あて一二号信、辛卯四月一日、同前。

(75) 譚傑生の何梃生・劉時高あて三号信、癸巳六月一四日、『往復文書』三五。

(76) 譚傑生の邵蘭圃・何梃生あて六五号信、壬辰九月一八日、同前。

(77)「今松芝在松都、住孫允教桟、此桟主亦利心太重、進口各貨、無論洋布疋頭綢緞等、皆扣佣二分、滙票毎十吊加佣壱百文、辦糧食扣佣三分、栗子及各様什貨扣佣弐分、……今欲入尹董三之桟、佣銭已経説妥、洋布及各款疋頭類、計佣一分、綢緞什貨薬材1.5分、米豆各款糧食壱分、其餘皮革什貨、亦寸1.5分、似係公道取佣」。譚傑生の羅聘三あて四号信、庚寅一〇月二九日、『往復文書』三三。

(78) 本書第5章の注(83)参照。

(79) 客主以外の人物に前貸し金を渡して商品の買い付けを依頼した例もあるが、それが客主を介さない取引であったかどうかは分からない。例えば開城では金応権・禹銅権、李培玉に代金を前貸しして白蔘の入手を依頼している。譚傑生の邵蘭圃あて八号信、壬辰六月一日、『往復文書』三四。譚傑生の邵蘭圃あて七九号信、壬辰一一月一〇日、『往復文書』三五。

(80)「本号到全州入桟做売買、無論沽貨及放賬、本然桟主食佣銭、須要担保賬項、遇有客倒盤逃走之事、応帰桟主賠償、前者本号由仁分庄来漢搭孫桟、亦是一様規式也、如不保賬、則年中住他両三間草房、去大筆佣銭、無功而受禄、似無此理、況閣下初到、人地両生、何知土人之優劣貧富」。譚傑生の何梃生・劉時高あて一七号信、癸巳一一月三日、『往復文書』三五。

(81) 박원선（一九六八）四七～五〇頁。

(82) 開城における孫允教の手数料に不満を持った譚傑生は、邵蘭圃を「馬房」に移らせることを検討した。譚傑生の邵蘭圃あて三〇号信、庚寅一〇月二六日、『往復文書』三三。馬房は行商人に宿食を提供すると同時に取引の斡旋を行うものであった。최성기（一九八九）、류승렬（一九九六）四四頁。ただし注(77)の史料に表れた客主の手数料が平均より高いものであったとは思われない。나애자（一九九一）の収集した事例によれば、一八九五年頃の忠清道で客主による米買い付けの手数料（口文）は三・五～五パーセントであった（二〇九頁）。税金その他のコストを含むか等の問題があり単純比較は困難だが参考のため挙げておく。

(83) ただし客主自体が信頼に値するかも問題であった。例えば譚傑生は邵松芝に次のように伝えて警戒を促している。「朝鮮人の商売の元手はいずれも無担保の借り入れに頼り、高い利息を支払っている。また家庭の入費も多い。入金が少なければ維持できなくなる。外国人にはその虚実を見分けるのは難しい（朝鮮人做生意資本、俱係生揭、納貴利息、又家中費用浩繁、如入息少的、便不能支持、外国人難分別其虚実也）」。譚傑生の羅聘三あて四号信、庚寅一〇月二九日、『往復文書』三三。

(84) 譚傑生の何梃生あて無番信、壬辰一月三〇日、『往復文書』三四。

(85) 譚傑生の羅聘三あて一三号信、辛卯三月一二日、同前。

(86) 一八世紀半ばから客主は特定の地方との取引を独占する慣行的権利を持つようになった。이병천（一九八三）一二五～一三四頁。同順泰が書簡の送達を依頼したソウルの客主も、そのような形で相手先地と密接な関係を持っていたのかもしれない。

(87) 手数料はソウルへの送金需要に応じて変化した。例えば譚傑生は海州の派遣店員に宛てた書簡で次のように述べている。「開城ではソウル支払の送金手形から一〇吊につき五〇〇文の手数料を取る。……海州では顧客の手元の銭が甚だ多く、ソウルへの送金需要が切迫しているから、この現状から考えれば、開城の手形よりも多くの手数料を取らなければならない（松都滙票来王京交、毎十吊扣滙水五百文、……海州各客存銭甚多、滙来漢城更緊、以時勢而論、総要比松都滙票抽滙水多乃合也）」、譚傑生の羅聘三あて一五号信、庚寅一二月一三日、『往復文書』三三。

(88) 江南哲夫・平山房吉（調査）『朝鮮平安黄海両道商況視察報告』仁川商法会議所、一八八九年、一〇葉左。この史料では、黄州で買い付けを行う華商のうち「重なるものは京城仁川にある公和順・双盛泰・順同泰等の商店より派出せられたる買附番頭手代の類」とする。順同泰が同順泰を指すとすれば、同順泰の内地通商は一八八九年中に既に始まっていたことになるが、詳しくは分からない。なお日本人商人も、内地での穀物買い付けにあたり手形を資金移動に利用することがあった。吉野誠（一九九三）三一一～三一三頁。

(89) 注(77)参照。

(90) 譚傑生が海州の店員に宛てた書簡では、同順泰の手許に入る滙票の手数料が少なすぎるとし、客主が送金依頼者から受け取った手数料を半分ないしそれ以上横領しているのではないかと疑念を呈している。滙票の発行が客主の手で行われ、同順泰の店員が直接には関与していなかったことが分かる。譚傑生の羅聘三あて一〇号信、辛卯三月一日、『往復文書』三四。

(91) 朝鮮時代については홍희유（一九八九）二五一～二六二頁、고동환（二〇一〇）二七八～二八一頁。고동환は植民地期の開城の調査を根拠に、換の振出しは「換居間」が仲介し、手数料と利子を徴収したとする。

(92) 先にも述べたように譚傑生は地方客主のサービスに必ずしも満足していなかったが、その理由の一つは滙票発行に伴って客主が取得する手数料であり、自号なら朝鮮人間にも評判が高く、客主の保証がなくても滙票を取り組むことができると考えていたようである（注(82)の史料）。裏を返せば、客主は自身を通じて発行した手形の支払いを保証していたということであり、送金依頼者もそれによって安心して手形を購入したのであろう。

(93) このことについて補論的に説明を加えておきたい。本文で触れたように、内地に派遣される店員には朝鮮人が随行して補佐した。例えば李魯一という人物は庚寅年（一八九〇）に開城で邵松芝の活動を助け、次いで海州に行って羅章佩を助けている（譚傑生の梁綸卿あて三四号信、庚寅八月一四日、『往復文書』三三。譚傑生の邵松芝あて二四号信、庚寅一〇月一二日、同前）。李は同順泰の派遣店員に専属したが、同順泰の店員だったわけではない。李は同順泰が穀物を買い付ける際、客主との間に立って、同順泰と客主の双方から仲介手数料を得ていた（譚傑生の羅聘三あて四号信、庚寅一〇月二九日、同前）。朝鮮の伝統的な商慣習では、客主と顧客の間にさらに居間と呼ばれる仲買人が立つことがあった。居間は特定の商人に専属することがあったが、その場合でも独立した損益計算の下で活動したという（박원선（一九六八）四九、九七～九九頁、同（一九七三））。これに照らせば、李魯一は同順泰に専属する居間だったと考えられ、内地店員に随行しながら客主との取引を仲介し、恐らく通訳もしたのだろう。

ただし店員と居間の関係は常に円滑だったわけではない。庚寅年末、海州で活動していた店員は、買い付けた大豆を河川結氷のため搬出できないという事態に見舞われた。これより先、店員は李魯一から海州近辺は通年結氷しないと聞かされており、これについて譚傑生は、李が大豆買い付けの成約によって支払われる手数料欲しさに嘘をついたものと見て憤った（注28の本文）。結局譚傑生は、李魯一との関係を解消して新たに金聖仲という人物をソウルから派遣した。譚傑生によれば金は漢城本号で一年間「経紀」をしており、誠実な人物だと述べている（譚傑生の羅聘三あて三号信、辛卯一月二五日、『往復文書』三三）。本書第3章でも見たように「経紀」は居間を指すと見てよい。このことからソウルの同順泰本号にも専属の居間がいて、売買を斡旋していたことが窺われる。

(94) 地方客主の商業特権については一九八〇年代に大韓帝国の皇室財産文書（庄土文績、ソウル大学校奎章閣韓国学研究院所蔵）の整理に伴って重要な研究が発表された。이병천（一九八三）、이영호（一九八五）、고동환（一九八五）など。고민정ほか（二〇一三）はこの史料についての詳細な解題である。日本語の文献としては須川英徳（一九九四）第二章が「無名雑税」と呼ばれた朝鮮後期の商業税の性格について論じるほか、同（二〇〇三b）二一二～二一三頁が学説史について整理している。

(95) 注(4)の文献参照。

(96) 譚傑生の羅聘三あて三号信、辛卯一月二五日、『往復文書』三三。
(97) 譚傑生の羅聘三あて六号信、辛卯二月六日、同前。譚傑生の羅聘三あて七号信、辛卯二月九日、同前。
(98) 袁世凱の閔種黙あて照会、光緒一七年三月二八日、『旧韓国外交文書』清案二、一三三四番。閔種黙の袁世凱あて照会、光緒一七年五月一七日、同前、一三五六番。また領収書の原紙と思われるものは『同順泰稟黄道官私収税項扣留貨物巻』（使館檔案一-四一-四七-五九）に収められている。
(99) 現品の米を買う場合と代金を前渡しして調達（定辦）させる場合の両方があった。何梃生の譚傑生あて書簡、甲午二月二一日、『同泰来信』四。羅明階の譚傑生あて書簡、甲午二月二九日、同前。
(100) 「屢ゝ営門伝令到栗浦来、責罰各桟主要収税銭、若不大国人不給税銭、不能与大国人辦米云ゝ、如若与大国辦米者捉拿重打云ゝ、弟時常与百一税所理論、倘有米舡開往仁、亦要往百一税所処、説妥方可米船開行、査及各中国人亦未有給此税銭、是以我号亦不給他、倘若不給他、定然各桟主亦不敢与中国人辦米、未知□、兄与唐大人商量如何辦理」（劉時高の譚傑生あて書簡、癸巳一二月二一日、『同泰来信』四）。なお、本文の訳出では省略した傍線部から、劉時高が、客主から独立した収税所での徴税については外国人であることを盾に拒否していたことが分かる。
(101) 発信者不明、甲午年二月、『同泰来信』四。日は不明だが劉時高の二月三〇日付書簡に続いて綴じ込まれている。署名部分が失われているが劉時高と同筆である。
(102) 例えば一八八九年の黄海道黄州では、穀物の買い付けについて「朝鮮問屋」が「浦税・手数料・荷造り・浜出し一切入費四百文」を徴収したという（『朝鮮平安黄海両道商況視察報告』（注88）一二葉右）。税と客主の手数料が一体化していたことが窺われる。
(103) 譚傑生の邵松芝あて一二号信、庚寅九月六日、『往復文書』三三。
(104) 前注に同じ。
(105) 朝鮮後期の「都賈」問題については須川英徳（一九九四）第一章を参照。
(106) 譚傑生の邵松芝あて一三号信、庚寅九月九日、『往復文書』三三。譚傑生の邵松芝あて三三号信、庚寅一一月五日、同前。
(107) 譚傑生の羅柱臣あて四四号信、庚寅一一月二四日、同前。
(108) 譚傑生の邵松芝あて二五号信、庚寅一〇月一五日、同前。
(109) 譚傑生の邵蘭圃あて二号信、壬辰四月二五日、同前。
(110) 譚傑生の邵蘭圃あて一〇号信、辛卯六月四日、『往復文書』三四。
(111) 譚配南の梁綸卿・羅柱臣あて六八号信、辛卯九月二八日、同前。
(112) 譚傑生の邵蘭圃あて三四号信、辛卯一〇月二七日、同前。
(113) 譚傑生の邵蘭圃あて二号信、壬辰四月二五日、同前。

（114）「他雖做度沽、実有名而無実、計他所収不得三份之一、有二是朝鮮人暗売与日人、運出仁川、売与仁号、及東興隆、皆因他出価太少、故各人皆不売与他、雖有時提得将貨充公、人亦拷打、不能禁得来」。譚傑生の邵蘭圃あて四号信、壬辰五月一二日、同前。
（115）譚配南の梁綸卿・羅柱臣あて六八号信、辛卯九月二八日、『往復文書』三四。
（116）譚傑生は開城の邵蘭圃への書簡の中で、白尾蔘をめぐって仁川分号とは「敵国」同然の関係とする。譚傑生の邵蘭圃あて三号信、壬辰五月三日、『往復文書』三四。
（117）譚傑生の邵蘭圃あて九号信、壬辰六月六日、同前。
（118）譚傑生の邵蘭圃あて三八号信、壬辰七月一五日、同前。当時の兵曹判書は閔泳韶であり、金鍾佑は驪興閔氏に何らかの形でつながる人物だったと考えられる。金鍾佑は一八九一年にも絹織物の取引に関して譚傑生と接触しており、「閔妃の爪葛」を自称していたという。譚傑生の龍山商務委員あて稟、辛卯八月三日（受信）、『華商追韓人帳目』（使館档案一-四一-四七-六〇）。また一八九一年の統理衙門の文書には前監察（司憲府正六品）として金鍾佑の名が見える。外署督辦から署理総税務司へ、辛卯三月一〇日、『旧韓国外交関係附属文書』第一巻、二六六番。
（119）譚傑生の邵蘭圃あて九号信、壬辰六月六日、『往復文書』三四。
（120）譚傑生の邵蘭圃あて一四号信、壬辰六月一六日、同前。
（121）譚傑生の邵蘭圃あて四〇号信、壬辰七月二〇日、『往復文書』三五。
（122）譚傑生の邵蘭圃あて四二号信、壬辰七月二四日、同前。
（123）譚傑生の邵蘭圃あて四五号信、壬辰七月二七日、同前。
（124）須川英徳（一九九四）一三一頁。
（125）「蔘尾都部云不成事、各家散売、行情昂貴、乃自然之理、今討価三吊、連匯水用銭打寸実要三吊過外、似得利無幾、作不作亦了、須要按低些入手更佳、祈看時勢見機而為可也」。譚傑生の邵蘭圃あて七六号信、壬辰一一月一日、『往復文書』三五。史料中の「都部」という表現は「度沽」という語と同じ文脈でしばしば用いられており、ここではいずれも都買と同義とみなして独占と訳出した。
（126）他の商品についても同様の例がある。一八九一年三月には海州の店員に魚肚の買い付けを命じ、「度姑」がいればすべての出回り分を引き受けよと指示した。ただしその結果は不詳である。譚傑生の羅聘三あて三号信、辛卯一月二五日、『往復文書』三四。

第8章

（1）岡本隆司（二〇〇九）、また本書序章第三節を参照。
（2）日清戦争後の朝鮮における中国観、華人観の変化について、シュミット（二〇〇七）四九～五一頁、박준형（二〇〇八）、月脚達彦（二〇〇九）二一〇～二一二頁。

（3）譚傑生の梁綸卿・羅柱臣あて一五四号信、甲午六月五日、『往復文書』二〇。同じく一五六号信、甲午九月三日、同前。なお譚傑生の避難から帰還までの経緯については、既に강진아（二〇一一b）一三六～一三七頁、同（二〇一四a）（二〇一四b）に詳しく検討されており、ここでの叙述にあたっても参考にした。
（4）譚傑生の梁綸卿・羅柱臣あて一五六号信、『往復文書』二〇。
（5）譚傑生の梁綸卿・羅柱臣あて一五八号信、甲午九月九日、同前。
（6）譚傑生の陳達生あて書簡、甲午一〇月一日、同前。
（7）前注に同じ。
（8）譚傑生の梁綸卿・羅柱臣あて一六四号信、甲午九月三〇日、『往復文書』二一。
（9）専論として朴宗根［ぱく・ちょんぐん］（一九八四）がある。
（10）譚以時の梁綸卿あて書簡、発信日なし、『往復文書』三一。譚傑生の梁綸卿あて二〇九号信、乙未五月二七日付の直前に綴じ込まれている。
（11）旧一一月五日には何梃生と李泉亨が長崎経由で朝鮮に戻り、旧一二月二日には李益卿と李偉初が仁川に戻った。譚傑生の万昌和あて書簡、甲午一一月五日、『往復文書』二四。譚傑生の羅柱臣あて一八〇号信、甲午一二月二日、『往復文書』二六。
（12）譚傑生の清湖あて書簡、乙未八月一二日、『往復文書』三一。
（13）『高宗実録』高宗三一年一一月壬辰（二〇日）条。
（14）朴俊炯［ぱく・ちゅにょん］（二〇一二）六〇～六一頁。
（15）唐紹儀の総領事派遣については小原晃（一九九五）。
（16）「明治三十年中京城商況年報」『通商彙纂』一一二号附録、一八九八年。
（17）譚傑生の梁綸卿・羅柱臣あて二〇三号信、乙未四月一六日、『往復文書』三一。
（18）譚傑生は台湾情勢について横浜福和号から新聞などを送ってもらい情報を得ていた。七月（閏五月）の福和号宛て書簡では、台湾民主国側の善戦を喜び、これで「倭奴」も外地の華商を侮らないであろう、としている。譚傑生の譚玉階あて一二号信、乙未閏五月二二日、同前。
（19）「此是国家大事、似于平民無干、但在外営商、国勢□弱、凡事受人□凌、未知朝地可能久棲否、今日本要朝鮮造火車路、平壌及全羅道開港通商、日商四五十人去認地段、税務司亦往択地設関、料必成功之体、如多分両港、則仁漢生意清淡也」。譚傑生の梁綸卿・羅柱臣あて二〇一号信、乙未三月二六日、同前。
（20）前注に同じ。
（21）朴宗根［ぱく・ちょんぐん］（一九八二）一一三～一一四頁。

(22) 譚傑生の麗堂あて書簡、丁酉一月一〇日、『往復文書』三一。なお現存する譚傑生の書簡のうち、乙未年（一八九五）の日付を持つ最後のものは一〇月一七日付の梁綸卿・羅柱臣あて二二九号信であり、その次は丙申年（一八九六）一〇月一一日付の梁綸卿・羅柱臣あて二五七号信であるから、発信番号で見て三〇回分に近い書簡が失われている。譚傑生がソウルを出発したのは乙未年の一〇月二〇日頃（羅子明あて乙未一〇月二日付書簡）、帰着したのは丙申年の一〇月二日だったから（羅子明あて丙申一〇月一一日付書簡）、ちょうど譚傑生の不在中の書簡が失われたことになる。裏返せば譚傑生の帰省中も同順泰の活動は継続していたと言えるが、詳細は不明である。

(23) 譚傑生の梁綸卿・羅柱臣あて二五八号信、日時不明、『往復文書』三一。

(24)「廿九年中仁川港商況年報」『通商彙纂』号外（一八九八年三月三一日）。

(25) 譚傑生の梁綸卿・羅柱臣あて二六〇号信、丙申一一月一〇日、『往復文書』三一。

(26) 前注に同じ。「来春平壌及木浦皆開埠、以漢城而論、生意分散、必然大差、若僅守一隅、料無生色、似大賠虧、另行開庄、則責資本重、以弟愚見、漢号為総庄、由漢分枝而去、各貨物亦由漢号主辦、存貯仁川、如木浦好銷場、則付去木浦、或平壌好価暢行、則付去平壌、如此做法、不至重責、如□四万八千之資本、分做三庄、恐不足敷、演多耗息口、則難做□、不如照前年底所議、立本六万四千両約束、而做不用多入外款、雖生意艱難、亦易做矣、未知合否、憑高明裁酌可也」。

(27) 前注に同じ。「木浦乃是全羅忠清交界出米地方、所以日本官主開此埠者、専為糧食之計、以接済日本耳、如是開設做米之機器、在木浦地方、毎日約出米二三百担之譜、該処米好而価賤、如做好則分運去海参崴及金山等埠、此是至大宗之生意、必易得利、勝于別処做股份多々、大約三万元之資本、便可足用、計本号可以全做、似不用集股埋公司也、機器約五六千元、起房子五六千元、尚存万餘元之資、買谷□米、可能転動、付去各埠之米款、皆滙回申、在仁漢各売票回申交、収銀買谷、亦可賺滙水及折息、可得両頭之利」。なお右には本文で中略として訳出しなかった部分も含めている。

(28) 朝鮮では農民は籾のまま売却する場合が多く、輸出米の増加に伴って、開港場では日本人による工場制の精米工業が勃興していた。이헌창（一九八四）ほか。譚傑生の構想はこれに倣おうとしたものと言える。

(29) 引用史料の末尾にある「利息」も、同順泰が同泰号からの借越しに対して支払わなければならない利息を指すと見てよいだろう。

(30) 譚傑生の羅柱臣あて二六四号信、丙申一二月二一日、『往復文書』三一。

(31) ただし日露戦争後の丁未年（一九〇七）の発送計算書が相当数残っており（『同順泰宝号記』、本書表5-1参照）、강진아（二〇一一b）第四章が分析している。

(32)『進口各貨艙口単』のうち第七冊（庚子年）と第八冊（癸卯年）の収録文書を用いる。これは仁川分号の漢城本号に対する貸借発生を一五日または一カ月ごとに整理したもので、形式は本書第6章で見た同泰号の貸借計算書に類似している。費目は多様だが、本文に述べた通関作業に関する経費のほか、仁川からソウルへの輸送に関する経費が多い。なお両年とも一二月分を欠く。

(33) 日本郵船の航路は上海・ウラジオストク間を結ぶもので、途中で仁川に寄港した。この航路は一八九四年に香港・ウラジオストク線、一九〇〇年三月に長崎・香港線に改められながら維持された。小風秀雅（一九九五）二三九頁。だが一九〇〇年の義和団事変の際、御用船の徴発をきっかけに休航し、再開されなかった。「仁川三十三年貿易年報」『通商彙纂』一九八号、一九〇一年。

(34) シェヴェリョフ社については小風秀雅（一九九五）二三六頁、原暉之（一九九八）一四二〜一四四頁。東清鉄道汽船会社については麻田雅文（二〇〇六）。ロシア汽船の仁川寄港については이시카와 료타［石川亮太］（二〇一二）で詳しく検討した。なお一九〇三年からはハンブルク・アメリカ・ライン（Hamburg American Line）も仁川・上海間に参入した。同社の新設した香港・上海・牛荘線が仁川にも寄港したためである。「仁川第二季貿易」『通商彙纂』明治三七年一二号、一九〇四年。

(35) 表8-3に現れる船名について補足しておく。同順泰文書で漢字音写の形で現れる船名については現代漢語音を手がかりに英語表記での原船名に比定した。東清鉄道汽船の所属船舶名は麻田雅文（二〇〇六）五四頁に従い、ハンブルク・アメリカ・ラインの船舶名は注(33)所掲の日本領事報告によった。具体的な比定の過程は次のようである。①西加船（漢語音 Xijia、以下同じ）は癸卯年一一月一七日付の書簡に「俄船」とあり、ロシア船と確認できる（以下年は省略、いずれも『同泰来信』八〜一〇所収の仁川分号・李益卿発書簡）。東清鉄道汽船の所属船のうち音が近い Silka 号にあたると見られる。西爪船（Xizhua）も同じ。②亜根船（Agun）、阿根船（Agun）は一月二〇日付書簡に「鉄路公司船」とあることから東清鉄道汽船と考えられる。最も音が近いのは Argun 号である。③桑吉利船（Sangjili）は一二月二四日付書簡に済物浦海戦の際に出港できなかったとの記述があり、東清鉄道汽船の（Sungari）号と見られる。④蘇路北船（Sulubei）は一〇月一九日夜に上海から入港したとある（一〇月二〇日付書簡）。三日後の一〇月二二日に「鉄路公司船」がやはり上海から入港しており（一〇月二三日付書簡）、蘇路北船を東清鉄道汽船の所属船と考えるのは運航間隔の点から不自然であり、ハンブルク・アメリカ・ラインの Sullberg 号に比定してよい。布倫杜・普安渡は同社の Pronto 号に比定した。

(36) 「昨晩亜根船已到歩、因風大信箱未能埋候、到今早十一点、乃得到信耳、即得申号壱函付上」（李益卿の譚傑生あて書簡、癸卯三月四日、『同泰来信』八）、「鉄路公司船云今晩或明早可抵仁、申号信祈預早籌便寄去、免至臨時不及之患」（何介眉の譚象喬あて書簡、癸卯一〇月一九日、『同泰来信』一〇）。

(37) 日露戦争が終結すると、かつて東清鉄道汽船が運営した航路はロシア東亜汽船会社が引き継ぎ、ドイツ船を傭船して再開したものの、一九〇七年春頃には中断した。この後、朝鮮郵船によって上海と仁川を結ぶ直行定期航路が再開されるのは一九二四年のことである。「朝鮮元山商務情形〔光緒三三年春夏〕」『商務官報』戊申一期、清国商部、一九〇八年。「釜山商務情形〔光緒三三年春夏〕」同戊申二期、一九〇八年。

(38) ただし開港当初に日本に輸出された牛皮も中国に相当部分が再輸出されたようであり、最終消費地については明らかでない。村上勝彦（一九七五）二三八頁。

(39) 「仁川第一季貿易」『通商彙纂』明治三六年改三二号、一九〇三年、一七頁。「仁川第二季貿易」同、明治三七年一二号、一九〇四年、一一頁。「仁川第三季貿易」同、明治三七年一九号、一九〇四年、二一頁。
(40) 李益卿の譚傑生あて書簡、癸卯九月一六日、『同泰来信』九。
(41) 譚傑生の梁綸卿・羅柱臣あて二六二号信、丙申一二月九日、『往復文書』三一。
(42) 譚傑生の羅植三あて書簡、戊戌一〇月一三日、『往復文書』三二。同じく戊戌一一月五日、同前。
(43) 譚傑生の梁綸卿・羅柱臣あて二六三号信、丙申一二月一四日、『往復文書』三一。
(44) 注(42)に同じ。また、譚傑生の羅植三あて書簡、戊戌九月一日、『往復文書』三二。
(45) 一八九四年に度支衙門が制定した包蔘規則は、規定の税を納入した者に紅蔘の販売・輸出を認めた(今村鞆(一九七一)二巻、四二二~四二四頁)。一八九五年には三二名の商人が仁川から煙台に紅蔘を輸出していたことが分かる(양상현(一九九六)一五一頁)。ただし紅蔘の担当官庁は(度支衙門→)度支部、農商工部と宮内府の間を揺れ動き安定しなかった。一八九八年に宮内府内蔵司の職務に蔘務が加えられ、翌年内蔵司が内蔵院に改組されることで、紅蔘の皇室財政への包摂が定まった(同前一二六~一三三頁)。
(46) 一八九五年六月に煙台に官蔘九千斤を発送しており、さらに香港に七千斤を輸出する予定だったという(譚傑生の載臣・子明あて八号信、乙未五月一四日、『往復文書』三二)。一八九六年の譚傑生の説明によれば、日清戦前の朝鮮では全体で官蔘二万七千~八千斤、私貨二万斤程度が製造されていたが、戦後は官蔘一万五千斤、私貨一万斤程度となったという(譚傑生の梁綸卿・羅柱臣あて二六二号信、丙申一二月九日、同前)。これと比較すれば、右の同順泰による官蔘輸出額は相当に大きなものだったことになる。なお一八九五年には神戸経由で香港へ「蔘廠から私盗された」私貨三二包も輸出しており、密輸に参加しなかったわけではない(同じく九号信、乙未五月二四日、同前)。
(47) 譚傑生の羅柱臣あて二六七号信、丁酉一月二五日、同前。
(48) ただしこの試みは同順泰が人蔘を受け取ることができず失敗した。譚傑生の邵蘭圃あて書簡、己亥一月二日、『往復文書』三二。同じく己亥一月一三日、同前。
(49) 譚傑生の羅柱臣あて二六四号信、丙申一二月二一日、同前。ただしこれが実行に移されたかは確認できない。양정필(二〇〇一)は一八九九年に李容翊の主導で紅蔘の皇室財産化・専売化が本格化したとしており、本書もそれに従った(三三頁)。양상현(一九九六)によれば、一八九九年産の紅蔘から特定業者への一手販売が始まっており、世昌洋行、龍動商会(不詳)、三井物産などが委託に応じている
(50) 注(45)で触れたように日清戦争後の紅蔘管理体制は流動的であり、画期を確定するのは難しい。
(一五二頁)。また김재호(一九九七)は、一九〇〇年から三井物産が一手販売契約を結んだとする(一九八頁)。なお韓国が保護国化されると、紅蔘の専売権は宮中から政府に移り、入札によって払い下げられるようになった(一九〇八年紅蔘専売法)。この制度での第一回目の落札者は同順泰であった(今村鞆(一九七一)二巻、四四八頁)。
(51) 譚傑生の羅柱臣あて三七一号信、己亥二月二五日、『往復文書』三二。

(52) 一八九八年の譚傑生の書簡では、乙年（一八九五）から危険のため「私貨」（密輸品）の扱いを手控えていると説明している。譚傑生の陳達生あて書簡、戊戌八月二一日、同前。
(53) 譚傑生の譚秀枝・麦羣抜あて一三七号信、己亥七月三〇日、同前。
(54) 譚傑生の何梃生あて一号信、丙申一二月二一日、『往復文書』三二。
(55) 譚傑生の羅柱臣あて二六五号信、丙申一一月二三日、同前。
(56) 譚傑生の何梃生あて二号信、丙申一二月二六日、同前。譚傑生の王鼎三あて書簡、丁酉一月一三日、同前。
(57)「暁諭華商条規」第三款。北洋大臣の総理衙門あて函、光緒二二年七月一五日、『清季中日韓関係史料』三二九八番（附件一）。
(58) 譚傑生の何梃生あて続一号信、丙申一二月二三日、同前。特に期待されたのは輸入綿織物類の売却であった。一八九七年初に譚傑生が同泰号に宛てた書簡では、在庫の市布のうち六〇〇疋は全州ですでに売却に成功し、残りの一千疋も春以後に全州で売却できる見込みと伝えている。譚傑生の羅柱臣あて二六六号信、丁酉一月二〇日、同前。
(59) 譚傑生の何梃生あて一一号信、丁酉三月八日、同前。譚傑生の王鼎三あて書簡、丁酉一月一三日、同前。
(60) 譚傑生の麦羣抜・古穂興・譚秀枝あて一四〇号信、己亥八月六日、『往復文書』三三。
(61) 譚傑生の何梃生あて一号信、丙申一二月二一日、『往復文書』三一。
(62) 表8-4から分かるように全州から漢城本号に宛てた書簡では発信番号が連続しておらず、どの程度の頻度で書簡が発信されたか推測することができない。
(63) 一九〇五年の群山発の書簡では全州の情勢が不安定であるため撤収を考えているとされている。日露戦争・保護国化を契機とする義兵運動などの混乱が念頭にあったと思われる。しかしその後については史料が失われ明らかにできない。李静波の譚傑生あて三〇九号信、乙巳二月九日、『同泰来信』一一。
(64) 譚傑生の麦羣抜あて書簡、戊戌七月二五日付、三六号信、同前。
(65) 譚傑生の譚秀枝あて二号信、戊戌一〇月一八日、『往復文書』三二。譚傑生の李静波・古穂興あて九六号信、戊戌七月二五日付、同前。
(66) 譚傑生の李静波・古穂興あて一〇三号信、戊戌九月四日、同前。譚傑生の秀芝（譚秀枝か）あて一号信、戊戌九月二四日、同前。一八九八年の途中で書簡の発信番号がいったん途切れ一号から再度始まるのも、こうした事情を反映したものだろう（表8-4）。
(67) 一八九九年になると譚傑生は譚秀枝に江景での仕事を切り上げて全州を手伝うように命じ（譚傑生の譚秀枝あて一七号信、己亥二月二四日、同前）、これを最後に江景あての譚傑生の書簡は見られなくなる。
(68) 正確には競売により永租権を取得した。譚傑生の譚秀枝・麦羣抜あて九号信、戊戌一二月九日、『往復文書』三二。
(69) 譚傑生の子寿（仁川義生盛）あて書簡、日付不明、同前。

(70) 譚傑生の李静波・古穂興あて一〇八号信、戊戌一〇月一七日、同前。

(71) 同じころ譚傑生は、内地通商の要員として新しい店員を推薦してくれるよう梁綸卿に要請しており、地方での活動拡大に高い関心を持っていたことが窺われる。譚傑生の梁綸卿・羅柱臣あて書簡、戊戌八月二九日、同前。

(72) 周祺蘭の譚傑生あて書簡、癸卯七月二一日、『同泰来信』九。さらに一九〇五年には木浦の建物を解体して群山に移築する計画が進んでおり、同順泰が木浦に土地建物は所有していたものの、商業活動の拠点としては活用していなかったことが分かる。李静波の譚傑生あて三〇七号信、乙巳一月二一日、『同泰来信』一一。

(73) 譚傑生の李静波・古穂興あて一一五号信、戊戌一二月一一日、『往復文書』三二。

(74) 譚傑生の羅子明あて四号信、己亥三月二九日、同前。

(75) 李静波の譚傑生あて一六六号信、癸卯一月六日、『同泰来信』一八。

(76) 李静波の譚傑生あて三六〇号信、乙巳一二月一四日、『同泰来信』一四。

(77) *The Directory & Chronicle* の群山（Kunsan）の項では、一九〇一年から〇九年まで Tung Shun Tai の店名が確認できる。*The Directory & Chronicle for China, Japan, Corea, Indo-China, Straits Settlements, Malay States, Siam, Netherlands India, Borneo, the Philippines, &c.*, each year.

(78) 譚傑生の湓槎・達庭あて書簡、己亥五月一〇日、『往復文書』三二。

(79) 鎮南浦と関わる同順泰文書は少ないが、一九〇三年に同港の各国租界に保有する土地の一部を日本人に売却したことが確認できる（古達庭の譚傑生あて書簡、癸卯二月一一日、『同泰来信』八）。また一九〇五年にもやはり租界の土地売買に関する書簡が四件見られる（李偉初の譚傑生あて書簡、乙巳二月七日、七月二日、七月六日、七月九日、いずれも『同泰来信』一一）。これらから同順泰の鎮南浦での活動は不動産売買を目的としたものであった可能性がある。ただし *The Directory & Chronicle*（注77）の鎮南浦の項には一九〇一年から〇七年まで Tung Shun Tai の名があり、何らかの形で店員は駐在していたのかもしれない。

(80) 譚傑生発の書簡が残る時期には全州のほか開城と江景にも店員が派遣されていたが、後二者についての書簡から商品の発送・着荷が判明するのは管見の限り一件に過ぎない（譚傑生の譚秀枝あて九号信、戊戌一二月九日、『往復文書』三二）。この書簡は江景・全州の両地あてに発送した商品についてまとめて説明したもので、表8-5②に含めた。

(81) 書簡の発信日順としたのは、貨物の発送・着荷日自体を書簡上で確認できない例が多いためである。なお全州への何梃生の派遣は丙申年（一八九六）冬だが、何梃生自身が持ち下った商品を除いて、その年のうちに商品の発着があったことは確認できない。

(82) 日清戦争後の通貨流通の概要は高嶋雅明（一九七八）九一～九七頁。こうした流通圏の分離が生じた理由はなおよく分かっていないが、一八九四年の租税の金納化後、財政的な回路を通じて、小額通貨が特定の地域内を循環する傾向が強まった可能性が考えられる。도면회（一九八九）三八二～三九八頁、오두환（一九九一）二〇七～二二四頁。

(83) 譚傑生の李静波・古穂興あて九六号信、戊戌七月二五日、『往復文書』三二。
(84) 前注の史料からは、譚傑生が元山の同豊泰に銀行送金し、その地方で流通する在来銅銭（葉銭と呼ばれた）を購入して船で全州に現送するよう依頼していたことが分かる。このことからもソウルから全州への資金回送が容易ではなかったことが窺われる。
(85) 朝鮮政府は一八八六年に転運局を設置し、汽船海龍号を輸入して貢米輸送に充てたが、民間の利用に開かれたものではなかった。一八九三年一月に閔泳駿らが利運社を設け、転運局払下げの汽船を用いて沿岸航路を開設し、貢米輸送を請け負う一方、民間の貨客も輸送した。また同年三月には仁川の堀久太郎が仁川・平壌航路を開いた。손태현（一九九七）一五〇～一七七頁。나애자（一九九八）九八～一〇五頁、一三八～一三九頁。
(86) 第II部の導論で見たように、同順泰は一八九二年の朝鮮政府への借款提供の見返りに漢江の航運権を獲得し、一八九三年に通恵公司を設立して仁川・龍山間を運航した。しかし沿海航運に関与した形跡はない。
(87) 譚傑生の何梃生・古穂興あて三三号信、丁酉七月二九日、『往復文書』三一。
(88) 仁川府『仁川府史』（一九三三年）七九五頁。この海龍火船は注(85)に現れる海龍号と同じものである。
(89) 譚傑生の李静波・古穂興あて九三号信、戊戌六月二六日、『往復文書』三二。同じく九六号信、戊戌七月二五日、同前。なお火船桟主の語は注(87)所引の史料に現れる。
(90) 一八九四年前半期に全州・栗浦から漢城本号への来信では到着後に受信日がメモされているため送達の所要日数が明らかとなる。すべて『同泰来信』四に収録。注(93)所掲の拙稿参照。
(91) 譚傑生の何梃生あて一号信、丙申一二月二一日、『往復文書』三一。
(92) 朝鮮政府は一八八四年に郵政総局を設置したものの甲申政変で挫折し、本格的な事業の展開は甲午改革後となった。一八九五年の郵逓司官制により、全国の「府」に郵逓司が設置されることになった。국사편찬위원회（二〇〇〇）二二七～二二八頁。
(93) 譚傑生の何梃生・古穂興あて三二号信、丁酉七月二三日、『往復文書』三一。ただし江景にはまだ郵便の配達線が至っておらず、ソウルから書簡を送るには、近くの恩津まで郵送した後に人を雇って運ばせる必要があった（譚傑生の李静波・古穂興あて一一一号信、戊戌一一月八日、『往復文書』三二）。なお一九〇五年に群山分号から漢城本号に送られた書簡は三八件が残っているが、うち三〇件が郵便を利用しており、そのうち発信日と受信日の双方が分かる四件では、いずれも発信日の二日後にソウルに到着している（いずれも『同泰来信』一一所収）。郵便サービスが急速に拡充されていたことが窺われる。これらの点について詳しくは이시카와료타［石川亮太］（二〇〇八b）二二四～二二九頁。
(94) 注(55)に同じ。
(95) 譚傑生の何梃生あて三号信、丁酉一月三日、『往復文書』三一。
(96) 何梃生の譚傑生あて書簡、甲午一月一五日、『同泰来信』四。

(97) 譚傑生の何梃生あて五号信、丁酉一月二二日、『往復文書』三一。
(98) 譚傑生の何梃生あて二〇号信、丁酉四月二五日、同前。
(99) 譚傑生の譚秀枝・古穂興あて一二六号信、己亥三月二四日、『往復文書』三二。
(100) 譚傑生の麦羣抜あて三六号信、戊戌七月二五日、同前。譚傑生の秀芝（譚秀枝か）あて二号信、戊戌一〇月一八日、同前。
(101) 譚傑生の秀芝（譚秀枝か）あて一四号信、己亥一月一四日、同前。
(102) 이병천（一九八四）九三～一〇二頁および付表。また하지영（二〇〇七）は釜山地方の日本人米穀商による前貸取引の事例を収集・分析している。
(103) 譚傑生の何梃生あて二〇号信、丁酉四月二五日、『往復文書』三一。
(104) 譚傑生の何梃生あて二六号信、丁酉五月二五日、同前。
(105) 栗浦では在来船の斡旋も客主の機能の一つだった。譚傑生の何梃生あて三号信、丁酉一月三日、同前。
(106) 譚傑生の李静波・古穂興あて九二号信、戊戌六月一五日、『往復文書』三二。
(107) 譚傑生の李静波・古穂興あて一〇八号信、戊戌一〇月一七日、同前。
(108) 譚傑生の李静波・古穂興あて一二二号信、己亥二月一七日、同前。
(109) 신용하（一九七六）五四七～五五〇頁。
(110) 独立協会・皇国中央総商会の活動について신용하（一九七六）第Ⅷ章。独立協会と皇国中央総商会は一八九八年一二月に解散を命じられ、いったん活動は終息した。
(111) 譚傑生の李静波・古穂興あて一一一号信、戊戌一一月八日、『往復文書』三二。
(112) 譚傑生の清湖あて書簡、日付不明、『往復文書』三一。譚傑生の羅子明あて不列号信と譚傑生の梁綸卿あて二六二号信（いずれも丙申一二月九日付）に挟まれる形で綴じ込まれており、それらと同じ時期の書簡と見てよい。
(113) 譚傑生の清湖あて五号信、丁酉三月一二日、同前。同じく八号信、丁酉四月一七日、同前。
(114) 譚傑生の清湖あて一〇号信、丁酉五月一六日、同前。
(115) 譚傑生の陳達生あて一四号信、丁酉七月二一日、同前。
(116) 村上勝彦（一九七五）二四二頁、第四表による。
(117) 譚傑生の羅柱臣あて二六四号信、丙申一二月二一日、『往復文書』三一。この書簡では、三点にわたって日本人との競争が困難な理由を述べている。第一に、朝鮮米を扱う日本商人の数は多く、相互に気脈を通じているのに対し、華商は同順泰以外まだ参加していないこと。第二に、日本商人は銀行を利用し大量に買い付けて船積みするのに対し、華商は日本人が契約して余った船腹にしか積み込めないこと。第三に、輸出先の日本では米を「斗」で量るのに華商は「磅」つまりポンドを用い、また日本人のように小港に入り込んで売ることができず、大きな港で売却するほかないことであった。

(118) 一九一〇年以前における日本の朝鮮米輸入量を見ると（注116）、一八九七年の七一万八千石が最高記録であり、他の年は最低一〇万四千石（一九〇五年）から最高六一万二千石（一九〇七年）までの間を乱高下した。その動きは、日本の米輸入全体の傾向と必ずしも一致していなかった。例えば一八九八年の日本の外国米輸入は四六七万九千石で、前年の二五二万一千石を大きく上回ったが、朝鮮米に限ってみると九八年の輸入は二六万石であり、前年の半分に満たなかった。日本の米市場において朝鮮米・台湾米の重要性が確立されたのは一九二〇年代であり、それ以前においては仏印米や英領ビルマ米など、東南アジア産米の輸入がむしろ多かった（大豆生田稔（一九九三）八五頁）。同順泰文書からも東南アジア産米の動向が朝鮮米の対日輸出に影響を与えていたことが窺われる。例えば一八九七年七月の書簡では、「洋米」の大量流入で日本の米価が低落し、その煽りで仁川の日本人が買い入れた米を大量に持ち抱えている状況が報告されている。譚傑生の陳達生あて一三号信、丁酉六月二五日、『往復文書』三一。

(119) 譚傑生が祥隆号に宛てた書簡では、日本米価の騰落を見てから米を買い付ける方式では市況に通じた日本人に勝てないため、予め購入しておいて時機を見て売却する方式を取りたいとする（譚傑生の清湖あて書簡、丁酉一月八日、同前）。このような投機的方法を採っていては、勢い危険も大きくならざるを得なかっただろう。

(120)「内地沽出之貨款、辦米回仁、如仁市好則在仁沽之、或大坂市佳則付去托祥隆代沽、日前祥隆代滙上一千元、乃是沽米之款也、祈知之」。譚傑生の羅柱臣あて二八一号信、丁酉五月八日、同前。

(121) 譚傑生の李静波・古穂興あて一〇九号信、戊戌一〇月二四日、『往復文書』三二。

(122) 譚傑生の譚秀枝・古穂興あて一二六号信、己亥三月二四日、同前。

(123)「大米、如跌至2.2吊之価、祈即照市多辦、不拘由火船或帆船、連運来仁沽之、或転付去神戸出手、以求快捷、因上海銀口緊且折息奇貴、要赶急求款付申、応将軍也」。譚傑生の李静波・古穂興あて一〇五号信、戊戌九月二八日、『往復文書』三二。

(124) 譚傑生の陳達生あて書簡、己亥一月四日、同前。

(125)「小号自甲午以後買金砂甚少」。譚傑生の羅耀箴あて書簡、戊戌七月一一日、同前。

(126) 例えば一八九七年夏に全州の何梃生に宛てた書簡では、輸入品を売り上げた代金を用い、栗浦では米を買い、全州では砂金を買うようにと命じている。譚傑生の何梃生あて二〇号信、丁酉四月二五日、『往復文書』三一。

(127) 譚傑生の梁綸卿あて三五五号信、戊戌九月一八日、『往復文書』三二。

(128)「山東幇情性貪、買金砂睮一月期有廿天期、按高値一二元亦有之」。譚傑生の梁綸卿・羅柱臣あて三四七号信、戊戌七月二四日、『往復文書』三二。

(129) 小林英夫（一九七九）一八三〜一八四頁。「〔華商は〕仕入元なる上海等に対し貨物代金支払の方法に困難を感ずるを以て其便法として砂金を買収して之を回送」「〔砂金取引で〕利益を得んとするが如き意を有せず、時として銀貨現送点迄買進むより営利を目的とする他国商人は之と拮抗する能はざる勢」。「明治三十年中仁川港商況年報（続）」『通商彙纂』一一〇号附録、一八九八年、八二頁。

(130)「金砂初間按47元買入40両、今価提升、雖48元亦難買、与東帮相敵、俟有餘款、当滙去濱神転駁上可也」。譚傑生の羅柱臣あて二六六号信、丁酉一月二〇日、『往復文書』三一。

(131) 日清戦争中に三〇〇万円超の銀貨が朝鮮に散布されたという。高嶋雅明（一九七八）五七頁。

(132) 譚傑生の梁綸卿・羅柱臣あて二〇九号信、乙未五月二七日、『往復文書』三一。

(133)「明治三十年中仁川港商況年報」『通商彙纂』一一〇号附録、一八九八年、八四頁。チャータード銀行代理店の開業期ははっきりしないが、*The Directory & Chronicle*（注77）の一八九八年版には仁川の世昌洋行が請け負う代理店業務の一つに挙げられている。

(134) 第一銀行の在韓支店は一八九三年に上海の横浜正金銀行支店とコルレス契約を結んでいた（本書第6章の注(103)）。ただし宮尾舜治の調査によれば、第一銀行が実際に取り組んだ中国向けの送金為替は一八九六年：三九三四円、九七年：八七九五円、九八年：八五八六円、九九年：三七三一円に過ぎなかった。『宮尾税関監視官韓国出張復命書』（刊行年不明）三〇一～三〇二頁。史料中に「昨〔明治〕三十二年」との文言があり（三〇〇頁）、少なくとも執筆は一九〇〇年と見てよい。

(135) 譚傑生の関聘農あて書簡、乙未六月一七日、『往復文書』三一。譚傑生の夢九あて書簡、丁酉一月一〇日、同前。

(136) 譚傑生の羅柱臣あて二六七号信、丁酉一月二五日、同前。

(137) 前注に同じ。

(138) 注(47)に対応する本文参照。

(139)「日洋札金、滙価大升、山東帮亦売票、他所収之札洋、滙去東洋転滙申、或在仁漢応用、昨日洪泰東与本号滙洋弐千元、毎元作71銭、計規平1620両、見票後十天期交、俟到期、祈照収入本号来数可也」。譚傑生の羅柱臣あて二九二号信、丁酉八月四日、『往復文書』三一。

(140) ただし同順泰も滙票の発行をやめたわけではなく、一九〇三年には上海向けの牛皮買い付け資金を緊急に調達するため滙申すなわち上海為替を売り出したことが確認できる。李益卿の譚象喬あて書簡、癸卯一一月四日、『同泰来信』一〇。また『宮尾税関監視官韓国出張復命書』（注(134)）では、華商による「市中為替」を紹介しているが、これを扱う主な商人として「仁川京城の同順泰・祐盛仁、元山の同豊泰」を挙げている（三五六頁）。同じ史料では、華商の「市中為替」の取組を「〔日本銀行の〕兌換券を以てすること最も多かるべし」（二九六頁）としており、この点も本文での検討と一致する。

(141) 譚傑生の羅柱臣あて三六六号信、己亥一月二〇日、『往復文書』三二。

(142) 譚傑生の羅植三あて書簡、己亥一月二日、同前。

(143)『宮尾税関監視官韓国出張復命書』（注134）三〇〇頁、三〇四頁。

(144) 紅蔘の輸出代金が同泰号に振り替えられた例は、日清戦争後では一例だけ確認できる。譚傑生の梁綸卿・羅柱臣あて二〇一号信、乙未三月二六日、『往復文書』三一。

(145) 高嶋雅明（一九七八）八四頁。

(146) 一九〇三年の状況については岡庸一『最新韓国事情』（嵩山堂、一九〇三年）四六〇頁。日本政府の朝鮮における円銀流通策については高嶋雅明（一九七八）八四～八九頁、波形昭一（一九八五）九八～一〇五頁。

(147) 村上勝彦（一九七三 a）、高嶋雅明（一九七八）一〇〇～一〇四頁。

(148) 『最新韓国事情』（注146）四五七～四六〇頁。

(149) 高嶋雅明（一九七八）一〇四～一一〇頁、나애자（一九八四）七七～八四頁、조재곤（一九九七）。

(150) 一九〇三年の仁川分号の書簡は、仁川でのすべての取引が日本紙幣に切り替わりつつあると報告している。李益卿の譚傑生あて書簡、癸卯九月一六日、『同泰来信』九。

(151) 村上勝彦（一九七五）二六五～二六六頁、小林英夫（一九七九）。

(152) 譚傑生の譚秀枝・古穂興あて一二五号信、己亥三月一六日、『往復文書』三二。

(153) 「因日本以後俱用金不用銀、故用日銀不能買滙票、是以日本銀行、及滙豊一概以札金交易也、現時札金疎少、甚難找換」。譚傑生の李静波・古穂興あて九二号信、戊戌六月一五日、『往復文書』三二。

(154) 波形昭一（一九八五）一〇五～一一五頁。

(155) 白銅貨発行権の内蔵院への移属について、오두환（一九九一）一七六～一八九頁、김재호（一九九七）一三三～一三四頁。短期的な変動について、貿易収支の影響が大きかったことは오두환（一九九一）二二〇頁。また金允嬉の研究は、ソウル・仁川の華商が輸入品販売により白銅貨を持ち抱える傾向にあったことを指摘し、彼らが白銅貨相場と上海銀両相場を対照しながら、白銅貨を日本紙幣に交換していたことを明らかにした。これは本章で明らかにした同順泰の行動と概ね一致している。김윤희（二〇一二）一四九～一九六頁。

(156) 譚傑生の羅柱臣あて三七一号信、己亥二月二五日、『往復文書』三二巻。中略部分を含む原文は次の通り。「朝鮮出産、以米糧為大宗、全靠日本之銷路、往年日本米市好、故出口甚多、昨年日本豊収、市道平淡、化寸不通、日人止手不辦、内道客見仁漢無市販、運米亦少、故貨物積存不行、札金・洋銀、皆是日人買米発出、今米無市、則有去路而無来路、漸見疎罕、奇貴不堪、兌札金毎百元補水11.5元、札金滙価7.6銭、兌日銀毎百元補水四元、作価7.1銭、除去補水、毎元約規元6.8-9銭耳、但不計虧□賠、亦無得兌」。なお二銭五分白銅貨は、本位貨（五両銀貨）の二〇分の一にあたる。五両は銀本位制下の日本一円と同位同量であり、慣行的に一元と呼ばれた。訳文「日本紙幣一〇〇円あたり白銅貨一一一・五元」は意訳である。原文「兌札金毎百元補水11.5元」に白銅貨の語はないが、当時市中に流通する朝鮮通貨のほとんどは二銭五分白銅貨であったから、これも白銅貨建てと見て間違いない（一一一・五元＝白銅貨二二三〇枚）。当時の日本人も一〇〇円あたり～元という形で白銅貨相場を立てた。第一銀行の調べによれば、一八九九年一〇月～一二月の白銅貨相場平均は、日本一〇〇円あたり一一六元である（第一銀行『株式会社第一銀行韓国各支店出張所開業以来営業状況』一九〇八年、二〇頁）。白銅貨は形式的には銀本位制における補助貨の位置づけであったが、実際には銀とも連動していなかったことは、原文の中に「兌日銀毎百元補水四元」、つまり円銀一〇〇円あたり白銅貨一〇四元とあることから分かる。

(157)「漢生意甚為冷淡、因内道米疎来、而客亦少到、各家積存貨物不行、如沽出皆是什銭銅先士、街外砂金札金日銀甚疎、東幇急於調回款、故銭市大跌、……看春夏之生意、如多做則多虧、及積存銅銭、不能調換求款返申、以至暗耗折息之弊、実是両虧」。譚傑生の羅柱臣あて三七二号信、己亥三月二日、『往復文書』三二。

(158)出所は前注と同じ。「今小号立意倣択精而食、如各貨無求辦者、切勿付来、或有求辦者、祇可照信及辦単数目辦足、不宜加多、……看朝鮮売買之興旺、全憑年成之豊稔、并日本失収、則中国商務大有起色、……如此貨物行流、及銭有去路、便可転疎貴、日人要用日銀札金買米糧、在市上転流、易於兌換、而貨款易於籌劃返申矣、俟六七月看日本朝鮮禾稲、作貨物軽重、亦有把握、到時乃達知酌商」。

(159)上海からの輸入が日本紙幣の出回り状況に条件付けられていたことは、一八九八年の状況からも窺われる。譚傑生はこの年の一〇月中旬に同泰号から輸入代金の返送を求められたが、その時の漢城本号には白銅貨しか手持ちの現金がなく、日本人が米の買い付けを本格化して紙幣を放出するまで、その交換は困難だと判断した（譚傑生の李静波・古徳興あて一〇三号信、戊戌九月四日、『往復文書』三二、譚傑生の羅植三あて書簡、戊戌九月六日、同前）。同泰号に対しては、米が出回るまで送金を待ってくれるよう求めると同時に、その時期まではソウル向けの絹織物の仕入れも中断してほしいと申し入れた（譚傑生の梁綸卿・羅柱臣あて三五二号信、戊戌九月六日、同前）。

補論

（1）仁川分号発・漢城本号宛て、三月一〇日付書簡。発信年の表記はないが六六号の発信番号が付されている。これについて、己丑年発信の書簡を収録した第一五冊には仁川分号発の続六五号信（三月九日発）、六七号信（三月一一日発）が収録され、六六号信は欠落している。第一四冊所収の六六号信がこれにあたると見て間違いない。

（2）例えば辛卯年（一八九一）九月から一二月まで譚傑生が広東に帰郷した際は、親族の譚配南が譚傑生の代理人として書簡を発信し続けていた。

（3）この空白期の書簡について本書第8章の注(22)を参照。

（4）艙口単の用途については本書第6章の注(4)を参照。

（5）仁川分号の貸借計算書については本書第8章の注(32)を参照。

（6）これについては本書第6章の注(17)で考証を加えた。

第III部導論

（1）正確には日朝修好条規附録（一八七六年八月二四日調印）、第七款。

（2）とはいえ少なくとも日本側は一八八〇年代から日朝間の幣制統一を志向しており、一八九四年の新式貨幣発行条例はその一つの到達点であった。大森とく子（一九八九）。また朝鮮官民から反対を受けた第一銀行券の発行を日本政府が外交的な圧力の下で強行したことは既に述べた通りである（本書第8章の注(149)）。

（3）山本有造（一九九二）一〇五頁。小島仁（一九八一）も日本および植民地の金本位制が中国本土への金流出によって条件付けられたことを強調する。

第9章

（1）原暉之（二〇〇八）は、沿海州をはじめとするロシア極東が「東アジア交易圏」に組み込まれることによって初めて経済的に存立できたことを強調する（二九～三五頁）。ウラジオストクを中心とする貿易と貿易政策については高嶋雅明（一九七三）、原暉之（一九九八）、左近幸村（二〇一三）などがある。また沿海地方をめぐるアジア人の移動については、ユ・ヒョヂョン（二〇〇二）、サヴェリエフ（二〇〇五）などがあるほか、日露戦争後の現地調査にかかるグラーウェ『極東露領に於ける黄色人種問題』（満鉄庶務部調査課、一九二五年）が現在でも史料的価値を失わない。

（2）ロシア領への朝鮮人の移住について全体的に扱ったものとして、이상근（一九九六）。

（3）間島と呼ばれた吉林省東辺への朝鮮人の移住に関する研究は多い。清の政策と朝鮮人移民の関係に関するものとして李盛煥［い・そんふぁん］（一九九一）、김춘선（一九九八）など。

（4）ロシアの金本位制移行については中山弘正（一九八八）、伊藤昌太（二〇〇一）。

（5）梶村秀樹（一九九〇）。

（6）現在の朝鮮民主主義人民共和国の行政区域でいえば咸鏡北道・咸鏡南道・両江道および江原道の北部にあたる。

（7）朝鮮総督府『明治四十三年朝鮮総督府統計年報』一九一一年、第三八表。ただし統計の脱漏は考慮していない。

（8）강석화（二〇〇〇）一三〇～一七八頁、고승희（二〇〇三）四〇～五一頁。

（9）고승희（二〇〇三）二五三頁。

（10）田川孝三（一九四四）四四七頁。

（11）田川孝三（一九四四）五二三～五二五頁。

（12）サヴェリエフ（二〇〇五）二四〇～二四一頁。

（13）原暉之（一九九八）一一一頁。ただしこの規定が朝鮮人にそのまま適用された事例は多くなかったようである。ユ・ヒョヂョン

（二〇〇二）二一二頁。
(14) ユ・ヒョジョン（二〇〇二）二二七頁。
(15) 原暉之（二〇〇六）五、一二頁。なおこの新韓村は日本から抗日運動の拠点と目され、一九二〇年四月にシベリア出兵軍の掃討によって壊滅した。同（一九七九）（一九八七）。
(16) 고승희（二〇〇三）一七四〜一七七頁。
(17) 原暉之（二〇〇八）四一〜四二頁。
(18) 「城津浦潮港間貿易情況」『通商彙纂』二〇六号、一九〇二年。
(19) 原暉之（二〇〇八）四一頁。
(20) 書記生高雄謙三より元山領事二口美久あて、「雄基湾並ニ慶興視察復命書」、明治二九年七月一三日、『各館往復』（国史編纂委員会『駐韓日本公使館記録』一〇巻、五〇六頁）。
(21) 「咸鏡道北部各港商況視察報告（其六）」『日韓通商協会報告』二五号、一八九七年。
(22) 「咸鏡道北部各港商況視察報告（其五）」『日韓通商協会報告』二三号、一八九七年。
(23) 天一会社の活動については김재호（一九九九）。
(24) 在露朝鮮人の商工業活動については이상근（一九九七）、崔鳳俊について石川亮太（二〇一二）、玄武岩［ひょん・むあむ］（二〇一三）、崔才亨については이정은（一九九六）、박환（一九九八）。
(25) 注(22)に同じ。
(26) 『小山光利韓国北辺事情視察報告書』（外交史料館1-6-1-12、アジア歴史資料センターRef. B03050318100）。
(27) 元山領事代理宮本羆より外務次官林董あて、「咸鏡道北地へ露国舩出入し密貿易を為すの件に関し報告（機密一八号）」、明治二五年一一月二六日、『韓国咸鏡道沿岸へ露国船出入密貿易一件』（外交史料館3-1-5-15、アジア歴史資料センターRef. B10073668100）。
(28) 「咸鏡道北部各港商況視察報告（其四）」『日韓通商協会報告』二一号、一八九七年。
(29) Korea Imperial Maritime Customs, Chief Commissioner of Customs, *Returns of Trade and Trade Reports for the Year 1903*, Seoul：The Seoul Press, 1904, p. 167. 韓国国立中央図書館所蔵。
(30) 原暉之（一九八八）七七頁および巻末年表。
(31) 書記生高雄謙三より元山領事二口美久あて、「北道状況視察復命書（公第四二号別紙）」、明治三〇年八月二八日、『各館往信』（『駐韓日本公使館記録』一二巻、三三二頁）。
(32) 高嶋雅明（一九七三）続・八五〜九〇頁、芳井研一（二〇〇〇）二一〜二五頁、左近幸村（二〇一三）一一〜一四頁。自由港制は日露戦争を受けて一九〇四年に再施行されるが（実効を持つのは一九〇六年から）、一九〇九年には最終的に廃止された。

(33)「浦潮港関税引上ノ元山市場ニ及ホシタル影響」『通商彙纂』二〇一号、一九〇一年、一一頁。翌年の元山領事報告も次のように述べる。「昨年露領浦塩斯徳港関税改正の結果、重税を課するに至りし以来、其当時まで該港在留の清商が北関及黒龍江沿岸の方面を顧客と顧みて輸入しつゝありし金巾及洋反物絹織物の類は、全然彼等の手を離れて皆当港在留清国人の手より供給せらるゝこととはなれり」。「韓国元山港対日、清国貿易現況」『通商彙纂』二三二号、一九〇二年、九頁。

(34) 原暉之（一九九八）四二頁、九九頁、二八三頁、サヴェリエフ（二〇〇五）二〇七〜二三三頁、上田貴子（二〇一一）三一〜三四頁。ウラジオストクの華人の多くは労働者であったが、一九一〇年頃には大小合わせて六二五の「支那人商店」があり、「露人商店」一八一を大きく凌駕していたという。『極東露領に於ける黄色人種問題』（注1）三三頁。

(35) 本書第1章の注(50)参照。

(36) 朝鮮総督府『朝鮮に於ける支那人』一九二四年、一八七頁。

(37) 注(29)に同じ。なおここに挙げられた数値は表9-1、図9-2に見えるものと大きく異なるが、その理由は不明である。

(38)「露国紙幣元山港輸出概況」『通商彙纂』明治三七年九号、一九〇四年。元山領事館の報告日は明治三七年一月二七日とする。

(39) 東京高等商業学校（上田光雄調査）『韓国ニ於ケル貨幣ト金融』上巻、一九〇九年、一五頁。

(40) 矢後和彦（二〇一四）一二三三〜三四頁、一二五五頁。また Quested（1977）も参照。

(41) 朝鮮銀行調査局『近世露国貨幣史』（一九一七年）によれば、一ルーブルは「純金一七・四二四ドーリア」で、一・〇三二三一六円に相当するという（三九頁）。なお先の「露国紙幣元山港輸出概況」（注38）は「我邦貨百円に対し約五十銭内外の打歩にて交換し未た著しき変動なきもの丶如し」とするが、上下どちら向きのプレミアムが付いたのか明らかではない。

(42) Quested（1977）によれば、一九〇七年ごろ天津・上海の露清銀行支店ではルーブル紙幣を減価なく買い取っていたという（p. 51）。

(43) 表9-1で一九〇三年の元山からの流出額は五九万六千ルーブル余となっているが、この年の海関報告では「少なくとも六二万七千ルーブル」としている（注29、37）。

(44) 日清戦後の元山からの金流出はもともと日本向けの方が多く、一八九八年の時点で日本向け六三万六千円、中国向け三三万六千円であったが、日本向けは九九年に七八万七千円、一九〇〇年に一三一万三千円と急増した。

(45) 満洲での初期のルーブル紙幣流通について石田興平（一九六四）五一三〜五一九頁、Quested（1977）pp. 49–52. なお楊培新によれば、ロシア政府が満洲に本国で流通するルーブル紙幣をそのまま持ち込んだのは、ロシアが対満投資の資本調達に苦心していたのに加え、商品貿易の面でも満洲に対し著しい入超であったために、ルーブル紙幣の現地流通によってそれを相殺しようとしたのだという。楊培新（一九九二）六一頁。

(46) 楊培新（一九九二）六七頁。

(47) 佟灿章『東三省金融幣制論』一九一五年、二〇頁。楊培新（一九九二）六三頁より再引用。日露戦争時の日本側の調査でも、ロシアは当初ルーブル紙幣の金兌換を認め、信認を得てから次第に紙幣専用に切り替えたとしている。日本銀行か『満洲北清及韓国ニ於ケル調査復命書』一九〇五年、一二三頁。

(48) 外務省通商局『北清地方巡回復命書、長江沿岸視察復命書』一九〇三年、六四頁。

(49)『満洲北清及韓国ニ於ケル調査復命書』(注47) 一二三頁。

(50) 横浜正金銀行上海支店より本店あて、明治三七年九月一七日、『軍用切符ニ関スル調査』(大蔵省理財局、一九〇八年) 下巻、六二三頁。この史料については本書第10章の注(5)参照。

(51) 満洲開発の過程とそれに規定された幣制のあり方については石田興平 (一九六四)、安冨歩 (二〇〇九) を参照した。

(52) 小瀬一 (一九八九) によれば、営口・天津・芝罘などの渤海沿岸の諸港では、一八九〇年代末の時点で外国との直接貿易は進んでおらず、ほとんどの外国製品の供給が上海経由で行われていたという。一八九九年の営口の場合、上海に対する外国産品の移入超過が一一七〇万両に上っていた (四二〜四三頁)。

(53) 本文では割愛したが、このようなルーブル紙幣の流通は、並行して流通する他の通貨との関係を無視しては考えられない。当時の満洲では現銀や銅銭の供給が市場経済の成長に追いつかない状態にあった。それを補うため、現地の行政機関や商店はそれぞれに紙幣や手形を発行し、また預金振替の仕組みを発達させたりしたが、いずれも満洲域外への支払いに用いることはできなかった (満洲の通貨システムについては本書第10章で改めて整理する)。こうした中でルーブル紙幣は、域外への決済通貨としての役割に特化する形で受け入れられたと考えられる。例えば一九一〇年頃の長春では、「綿糸布其他輸入品取引」には専らルーブル紙幣が用いられ、他の貨幣は全く用いられない状態であった (横浜正金銀行大連支店『満洲ニ於ケル通貨及金融』一九一四年、一〇九頁)。また黒龍江省南部の双城堡では、輸入品代金を営口に送るのに「商人自ら羌帖 [ルーブル紙幣] を携へて哈爾賓に至り、露清銀行を通じて送金したという。ルーブル紙幣は「穀物買付の代金として市中商賈の手に入るも、為替用として輸出せらるるもの少なからざるを以て市中の流通多からず」と説明されている (南満洲鉄道調査課『北満洲経済調査資料 (続)』一九一一年序、二〇頁)。

(54) China Imperial Maritime Customs, *Returns of Trade and Trade Reports for the Year 1902*, Newchwang, p. 6.

(55) China Imperial Maritime Customs, *Returns of Trade and Trade Reports for the Year 1903*, Newchwang, p. 6.

(56) 横浜正金銀行上海支店長鋒郎より本店頭取席・支配席あて、明治三七年一〇月二三日、『軍用切符ニ関スル調査』(注50) 下、六二九頁。

(57) 海関両は海関での計算にのみ用いられる銀両単位で、通常一〇〇海関両＝一一一・四上海両にあたる (支那経済研究会『上海ノ通貨』一九二八年、四三頁)。海関両とルーブルの相場は直接には知り得ないが、上海両と日本円を介する形でクロスさせると、営口から移出されたルーブル紙幣は一九〇二年に約八一万九九七五ルーブル、〇三年に約九三万四一三五ルーブルとなる。日本円と上海両の相場は『金融事項参考書』の各年平均相場により、ルーブルと円の間は注(41)に示した平価で換算した。

(58) 横浜正金銀行上海支店長鋒郎より本店支配席へ、発信日不明、『軍用切符ニ関スル調査』（注50）下、六一八頁。明治三七年八月一七日付で大蔵省に回付されている。
(59) 注(56)に同じ。
(60) 伊東小三郎より横浜正金銀行頭取あて、発信日不明、『軍用切符ニ関スル調査』（注50）下、六四五頁。明治三七年九月二七日付で大蔵省に回付されている。
(61) 荒武達朗（二〇〇八）三一六～三二二頁。
(62) 長濱浅太郎「芝罘」『大連実業会会報』一三号、一九〇八年、二六～二七頁。庄維民（二〇〇〇）三五頁。
(63) 遼東守備軍経理部の報告、明治三七年一一月一日、『軍用切符ニ関スル調査』（注50）下、二四五頁。
(64) 注(60)に同じ。それによれば、明治三七年九月一四日の煙台におけるルーブル紙幣相場は、上海の露貨相場が八二両、煙台・上海間の為替相場打歩が五両であったことから、（煙台と上海の通用銀両の差も勘案して）七八両一であったという（六四六頁）。
(65) 横浜正金銀行上海支店長より頭取あて、明治三七年九月一七日、『軍用切符ニ関スル調査』（注50）下、六二二頁。
(66) 前注に同じ。
(67) 注(39)に同じ。
(68) 注(41)に同じ。
(69) 注(55)に同じ。
(70) 東京高等商業学校（上田光雄調査）『韓国ニ於ケル貨幣ト金融』上、一九〇九年、一五頁。
(71) 横浜正金銀行牛荘支店より大蔵省理財局長あて、明治三七年九月一八日、『軍用切符ニ関スル調査』（注50）下、七二一頁。
(72) 横浜正金銀行総務部行報係（工藤長春出張所主任調査）『長春金融事情』一九〇九年、一六頁。
(73) 前注に同じ、二九頁。
(74) 西村閑也（一九九三）一〇頁。
(75) 고승희（一九九六）九七頁。
(76) 이헌창（一九八五）一九四～一九六頁。
(77) 客主は売買双方の委託を受けて取引の斡旋を行うとともに宿食や通信・金融などの便宜を供与した。本書第7章第三節参照。
(78)「商業上ヨリ見タル韓国ニ於ケル外国人就中日本人ト韓国人トノ関係（五）元山港ノ分」『貿易月報』九号、韓国関税局、一九〇九年、一五頁。元山の朝鮮人商人からは、日清戦争前後から、沿岸の小汽船航路の開設に乗り出す企業家も相次いで現れた。梶村秀樹（一九九〇）一六四～一六六頁、나애자（一九九四）八二～八九頁。
(79) 注(33)の史料ではウラジオストクからの帰来者が直接元山に来て商品を購入したように述べており、その場合は地方内流通は介在しなかったことになる。そのような経路が選択された度合いについては現在のところ知り得ない。

(80) 大蔵省『明治三十年幣制改革始末概要』一八九九年、四一五～四一六頁。

(81) このような構造は、黒田明伸（一九九四）が一九世紀末の中国について描いた雑種幣制の構造（現地通貨と地域間決済通貨の分断、特定の商品・特定の担い手と特定の通貨の対応）によく似ている（一〇八～一一四頁）。本位制が存在しない状況での通貨間の分業という点では共通の現象と言えるかもしれない。しかし朝鮮の小額通貨には納税を通じた循環が見られる等、一概に比較できない問題もある。開港期朝鮮における小額通貨の流通状況については도면회（一九八九）、筆者の試論は石川亮太（二〇〇六）。

(82) 「元山ニ於ケル歳晩歳首貿易状況」『通商彙纂』明治三九年一五号、一九〇六年。高尾新右衛門『元山発展史』（一九一六年）は、この事件について「日露媾和条約の発表せらるるや、日貨一円乃至一円五厘を以て交換しつゝありし露紙幣は、上海に於て三四銭方下落の電報あるや、俄然元山に於ても九十四銭五厘に暴落」とする（三七二頁）。

(83) 前注参照。

(84) 「時恰も歳末に瀕し金融逼迫し貨物の渋滞甚しかりしも、漸く明太魚の豊漁にして入荷多く之に依り愁眉を開くを得たり」（『元山発展史』（注82）三七二頁）。

(85) 「元山三十七年第三季貿易」『通商彙纂』明治三七年六五号、一九〇四年、二七頁。

(86) 貨幣整理事業の概要については羽鳥敬彦（一九八六）。

(87) 開業年次は『株式会社第一銀行韓国各支店出張所開業以来営業状況』（第一銀行、一九〇八年）付表によった。植民地化後にはさらに羅南（一九一〇年五月）、会寧（一二年一〇月）に韓国銀行・朝鮮銀行の店舗が開設された。ただし咸興・鏡城の両店は一九一〇年に、城津店は一九一二年に咸鏡農工銀行に引き継がれた。韓国銀行時期以後の店舗状況については、朝鮮銀行史研究会（一九八七）八五〇～八五一頁を参照した。

(88) 高久敏男（一九六七）四四～四六頁。

(89) 朝鮮銀行（亀島豊治調査）『時局ニ於ケル浦塩斯徳金融貿易並ニ一般概況』一九一四年、二二頁。

(90) 咸鏡北道長官武井友貞より政務総監山県伊三郎へ、明治四四年九月二六日、『貨幣整理関係書類』（大韓民国国家記録院、フィルム番号六‐三‐四‐一）。

(91) 政務総監山県伊三郎より咸鏡北道長官武井友貞へ、明治四四年一〇月一九日、『貨幣整理関係書類』（前注）。この後、金額は不明ながら地方金融組合がルーブル紙幣の回収にあたったことは間違いないようである。「国境地方鴨緑江沿岸地方に於ける金融組合が支那貨を、図満江〔ママ〕流域地方金融組合が露貨を駆逐し通貨調節の為めに努力した功績もともに没することは出来ない」。朝鮮金融組合協会（秋田豊執筆）『朝鮮金融組合史』一九二九年、二四七頁。設立当初の地方金融組合が貨幣整理事業への寄与を期待されていたことは石川亮太（二〇〇六）。

(92) 朝鮮銀行（高坂松男調査）『咸鏡北道ニ於ケル経済状況』一九一三年、三頁。この史料では数値を咸鏡北道からの輸出としか言っていない。だが同年の別の史料で「城津港」の輸出頭数を一九一〇年：九六七二頭、一一年：一万二六三〇頭としており、これが本文に挙げた数値と概ね一致する（「朝鮮ト浦塩斯徳及敦賀舞鶴間間貿易状況（第二号ノ続）」『朝鮮総督府月報』三巻四号、一九一三年、九二頁）。そのため本文の数値は、陸路輸出や在来船による未開港地からの輸出を含まない、城津のみの輸出頭数と考えられる。
(93)「浦塩斯徳大正二年貿易年報（下）」『通商公報』一九五号、一九一五年。
(94) 度支部（藤原正文書記官調査）『清津方面視察報告』一九〇八年、六一頁。
(95)「沿海州に於ける生牛の需給」『通商彙纂』大正元年二〇号、一九一二年。
(96)「朝鮮ト浦塩斯徳及敦賀舞鶴間間貿易状況（第二号ノ続）」（注92）九二頁。
(97)『時局ニ於ケル浦塩斯徳貿易並ニ一般概況』（注89）五五頁。
(98) 朝鮮銀行『咸鏡北道ニ於ケル経済状況』（注92）一一頁、二四頁。
(99) 一方で中国領間島への咸鏡地方からの移民は増え続けた。植民地下の「開発」が地方経済に与えた影響については、より多面的に分析する必要がある。
(100) 梶村秀樹（一九九〇）三一九頁。
(101) 原暉之（二〇〇三）（二〇〇五）。
(102)「浦塩斯徳大正二年貿易年報（下）」（注93）。
(103) サヴェリエフ（二〇〇五）一五一〜一六九頁。
(104) 表9-3でルーブル紙幣の買取額自体は時期を追って増えていることから推測されるように、その咸鏡地方への流入額そのものが減ったわけではない。ただしこれは、ロシア領からの直接の流入というよりも、中国領間島からの流入だった。この点については本書第12章で改めて検討する。
(105) 加藤圭木（二〇一四）は、国境交易の拠点の一つであった咸鏡北道雄基に焦点を絞り、植民地に伴うその経済的位相の変化に注目している。そこでは併合後も必ずしも植民地経済に包摂されなかった朝鮮人の活動に注意を促している。

第10章

(1) 日露戦争後から「満洲国」期までの日本の満洲通貨政策に関しては多数の研究がある。波形昭一（一九八五）、金子文夫（一九九一）など。中国系金融機関も含めた満洲幣制の概観は安冨歩（一九九七）序章を参照。
(2) 一九〇五年一二月一六日の大蔵・外務両大臣による命令書の一節として正金銀行券を「満洲の公貨」とする政策が示された。なおこの時点で正金銀行券は法的には一覧払手形であったが、一九〇六年九月の勅令二四七号によって改めて銀兌換銀行券と位置づけられ、あわせて関東州と清国における無制限法貨と認定された。北岡伸一（一九七八）四六頁、波形昭一（一九八五）一七二〜一七三頁、金子文夫（一九九一）一三六頁、山本有造（一九九二）九四頁。なお正金銀行牛荘支店は一九〇一年から一覧払手形を発行していた。しかしそれは開港場を離れて広く流通することを想定したものではなかった。

（3）正金銀行券の前史としての日露軍票については注(1)所掲の論考に触れられているほか、近代日本の軍票史の中で日露軍票を位置づけたものとして岩武照彦（一九八〇）がある。ただしいずれも大蔵省『明治大正財政史』（一五巻「横浜正金銀行」、第二〇巻「軍用切符」）に依拠して制度面を概観するに止まっている。他に軍票回収の過程が日本産の機械綿布の販売と結び付けられたことが高村直助（一九七一）下、一八七〜一八八頁、金子文夫（一九九一）一三九〜一四二頁に指摘されている。しかしそこでも軍票の流通実態は検証されていない。

（4）前注参照。

（5）『軍用切符ニ関スル調査』からの引用は以下『軍用切符』と略記する。なお本史料は上・下二巻よりなる。上巻の制度的概要を叙述する部分が『明治大正財政史』における軍票関係の記述の底本になったものと思われる。また上巻には一九〇五年三月から〇六年一月にかけて開催された軍用切符委員会の議事要旨も収録する。下巻には陸軍、外務省、横浜正金銀行、第一銀行の現地報告書のうち大蔵省に回付されたものを収録する。

（6）閣議案（一九〇四年一月二三日提出、二月六日決定）と「軍用切符取扱順序」については『軍用切符』上、一六〜二一頁。第一節の記述は特に注記しない限りこれらによる。なお占領地における軍人軍属給与の支払いについて全面的に軍票が用いられるようになったのは一九〇五年五月以後である（『軍用切符』上、一八一〜一八六頁）。

（7）『軍用切符』上、二四頁。

（8）『軍用切符』上、二四二〜二六八頁。

（9）軍用切符取扱順序（第九〜一二条）および『軍用切符』上、四三〜五一頁。正確にいえば、諸金庫のうち軍票を円銀・金円双方と交換し得たのは大阪・広島・門司の三カ所のみで（第九条）、中央金庫ほかの主要金庫では金円との交換のみが許された（第一〇条）。朝鮮・満洲に設置されたのは中央金庫の派出所で、法文上は金円との交換のみが可能であった。ただし正金銀行の牛荘支店では、中央金庫代理店としての業務とは別に自行業務として（ただし損益は政府負担で）円銀との交換を行うことが命じられ、一九〇四年一〇月三一日より開始した（『軍用切符』下、七四二頁）。またその他の店舗でも便宜上円銀との交換を実施した形跡がある。例えば京城につき『軍用切符』下、四八四頁。

（10）『軍用切符』上、四一〜四二頁。なお日本の金本位制移行後、台湾では過渡的な措置として円銀建の台湾銀行券と金円を公定相場で連結した（向壽一（一九七八）ほか）。日露軍票を公定相場で金円に交換したのも、この例に倣った可能性があろう。

（11）第一銀行京城支店報告、明治三七年三月二六日、『軍用切符』下、四七五頁。

(12) 在仁川加藤領事より小村外相あて、明治三七年二月二一日、『軍用切符発行並満洲ニ於テ横浜正金銀行一覧払手形発行一件』（外交史料館三-四-三-五二、アジア歴史資料センター Ref.B11090632300、分割一、画像六）、在京城三増総領事より外務大臣あて、一九〇四年二月二二日、同前（分割一、画像九）。
(13) 阪谷大蔵次官より珍田外務次官あて、明治三七年二月二三日、同前（分割一、画像一三）。
(14) 一九〇四年中に第一銀行の在韓各支店に現送された日本銀行券は八〇〇万円に達し、その大半は「重に軍用の目的を以て輸入」されたものだった。また日本銀行券を準備とする第一銀行券の発行高は、仁川支店の分だけ見ても、一九〇三年下半期に三七一万円余だったのが、一九〇四年下半期には九一四万円余に達した。第一銀行仁川支店、「時局に関聯したる満洲経済状況第六回報告」、作成日不明、『軍用切符』下、五〇二〜五〇四頁。
(15) 第一軍兵站経理部（安東県）報告、明治三七年六月二〇日、『軍用切符』下、三八頁。
(16) 清末期における中国幣制については宮下忠雄（一九五二）、黒田明伸（一九九四）を参照した。「立体モザイク」は黒田の表現である（一〇九頁）。
(17) 満洲幣制についての叙述は石田興平（一九六四）、安富歩（二〇〇九）を参照した。
(18) 奉天の場合、一八九四年に華豊官帖局が設置され銭帖を発行した。これはいったん廃止されたが、九八年に華盛官帖局が設けられて銀帖を発行した。吉林では一八九八年に永衡官帖局が設けられ官帖を発行した。これらの額面は銭建てであったり銀元建てであったりしたが、実際は不換紙幣であった（山本進（二〇〇七）一七三〜一七四頁）。黒龍江では一九〇四年に広信公司が設置され、黒龍江省官銀号に発展した。日清戦争後の中国では多くの省に官銀銭号などと呼ばれる機関が設けられ、官金の出納や紙幣発行を行った。各省での設立状況について謝杭生（一九八八）参照。黒田明伸（一九九四）は二〇世紀初頭の湖北省を例に、官銭局の官銭票が省権力の財政基盤を提供したことを示した（二一八〜二二五頁）。
(19) 例えば遼陽では銭舗の銭票に比べ広範囲に流通する軍票の需要が高かったという。関東州民政長官より曽禰蔵相へ、明治三八年一一月一四日、『軍用切符』下、三三一頁。
(20) 石田興平（一九六四）二五一頁、安富歩（二〇〇九）一七二〜一七三頁。
(21) 佐々木正哉（一九五八）、小瀬一（一九八九）四八〜四九頁。
(22) 中央金庫牛荘派出所中村取扱主任より松尾日銀総裁へ、明治三七年一一月二〇日、『軍用切符』下、七二七頁。この史料では誰が取り組む為替か明らかにしていない。他の史料によれば、正金銀行牛荘支店では一九〇四年八月に営業を再開した後、天津・上海向け為替は事実上拒絶の状態となり、日本商・華商双方ともに打撃を受けたという（在牛荘瀬川領事より小村外相へ、明治三八年一月三日、『軍用切符』下、三九一〜四〇一頁）。本文で引用した史料も直接には正金銀行の為替について述べたものかもしれない。一方で在来の過炉銀は、開戦と共に市場の動揺によって機能しなくなり、七月に営口が日本軍の占領下に置かれた後もしばらく回復しなかったという（満鉄『南満洲経済調査報告』第六（第三篇）、一九一一年、一八頁）。過炉銀によって取り組まれる在来為替も当然その影響を受けたはずであり、正金銀行の為替同様、取組は困難だっただろう。なお一九〇四年中の営口の輸移入は三六〇五万両、輸移出は一六八〇万両であった（同前、第一篇、一七頁、五一頁）。「十が一に当らざる」という表現は誇張を含むと思われるが、海関を経由しない流通も存在したことから、一概に誤りとも言えまい。

(23) 在営口瀬川領事より小村外相へ、明治三七年一一月八日、『軍用切符』下、三八八頁。

(24) 在牛荘瀬川領事より小村外相へ、明治三八年一月三日、『軍用切符』下、三九一～四〇一頁。

(25) 在上海小田切総領事より小村外相あて、明治三七年九月一三日、『軍用切符』下、四五四～四五七頁。

(26) 正金銀行上海支店長より本店頭取・副頭取あて、発信日不明、『軍用切符』下、六一四～六一六頁。

(27) 前注に同じ。

(28) 正金銀行上海支店長より本店頭取席・支配席あて、明治三七年一〇月二三日、『軍用切符』下、六三八～六三九頁。なお本史料は前章の注(56)でも引用した。

(29) 正金銀行上海支店長の報告（注26）。（　）は原史料の通り。

(30) 正金銀行上海支店長より本店頭取席・支配席あて、発信日不明、『軍用切符』下、六二〇～六二一頁。明治三七年九月九日付で大蔵省に回付されている。

(31) 在上海小田切総領事の報告（注25）。

(32) 正金銀行上海支店長の報告（注30）。

(33) 在芝罘水野領事より小村外相へ、明治三八年一月二八日、『軍用切符発行並満洲ニ於テ横浜正金銀行一覧払手形発行一件』（注12参照、分割二、画像四七）。

(34) 同前、また在営口瀬川領事の報告（注23）。

(35) 正金銀行牛荘支店、「軍用手票買入状況報告第四」、作成日不明、『軍用切符』下、七四七～七四八頁。明治三七年一二月二六日付で大蔵省に回付されている。

(36) 中村取扱主任の報告、在牛荘瀬川領事の報告（いずれも注22）。また明治三七年一〇月頃、上海では山東商人が満洲から持ち込んだ金兌換券を欧米系銀行に売り渡していた（正金銀行上海支店の報告、注28）。

(37) 後注(64)(65)を参照。

(38) 『軍用切符』上、一一三～一一五頁。

(39) 正金銀行牛荘支店、「本邦向け為換取組状況報告第一」、明治三七年一二月七日、『軍用切符』下、七七八～七七九頁。

(40) 正金銀行神戸支店青木支配人より相馬頭取へ、明治三八年四月一八日、『軍用切符』下、七九五～七九九頁。

(41) 注(35)参照。
(42) 「軍用手票買入状況報告第四」(注35)。
(43) 金円と銀円が等価となる時、金銀比価では一対三二・三となる。図10-2によれば一九〇四年末の金銀比価はそれに近い水準まで銀高が進んでいた。
(44) 正金銀行牛荘支店、「軍用手票買入状況報告第十三」、明治三八年三月一五日、『軍用切符』下、七五八～七五九頁。
(45) 在芝罘水野領事より小村外相へ、明治三八年一月二八日、『軍用切符発行並満洲ニ於テ横浜正金銀行一覧払手形発行一件』(注12参照)、分割二、画像四六～四九。
(46) 鶴田第一軍兵站経理部長より外松野戦経理長官へ、明治三七年一二月一七日、『軍用切符』下、五一～五二頁。
(47) 『軍用切符』上、一二一～一二五頁。
(48) 正金銀行牛荘支店、「上海向け為替取組景況報告第一」、発信日不明、『軍用切符』下、八〇二～八〇三頁。明治三八年三月二五日付で大蔵省に回付されている。
(49) メキシコドル(墨銀)建為替も少額ながら取り組まれたが、大半は上海両建であったため、図では後者の分のみを示した。
(50) 『明治大正財政史』一五巻、七一四頁、七一九頁。中国本土の為替取組先として天津・煙台も追加されたが、取組規模は上海に比べ小規模にとどまった。
(51) 『軍用切符』上、一二三頁。
(52) 満鉄調査課『大連を中心として観たる銀市場と銀相場の研究』一九三〇年、一八頁。
(53) 「上海向け為替取組景況報告第一」(注48)。
(54) 「明治三十八年五月十二日付牛荘支店書信抜萃」『軍用切符』下、八一六頁。
(55) 「銀炉は……此際に於ても尚ほ過炉銀を利用し軍票を買入れ、当店に就き為換を取り組まんとする形跡」。正金銀行牛荘支店、「為換取組景況報告改第二回」、発信日不明、『軍用切符』下、八一〇頁。明治三八年五月二〇日付で大蔵省に回付されている。
(56) 正金銀行牛荘支店、「為替取組景況報告改第六号」、作成日不明、『軍用切符』下、八二七～八二八頁。明治三八年七月一九日付で大蔵省に回付されている。
(57) 前注に同じ。
(58) 「為替取組景況報告改第七号」、作成日不明、『軍用切符』下、八三二頁。明治三八年九月一八日付で牛荘支店から日本銀行総裁あてに発信されている。
(59) 外相小村寿太郎より駐韓公使林権助へ、明治三七年二月二四日、『軍用切符発行並満洲ニ於テ横浜正金銀行一覧払手形発行一件』(注12、分割一、画像二〇より)。もともと「軍用切符取扱順序」では金円との交換を日本国内だけと想定していたが、これを朝鮮に準用したものである。同年四月に第一銀行在韓支店に中央金庫派出所の資格が与えられ、正式に金円との交換に従事するようになった（『軍用切符』上、四六頁）。以後これが日本軍の満洲侵攻に伴って正金銀行にも適用されたことは第一節で触れた通りである。

(60) 第一銀行仁川支店、「時局に関聯したる満洲経済状況第七回報告」、明治三八年二月一八日、『軍用切符』下、五〇七頁。

(61) 珍田外務次官より阪谷大蔵次官あて、明治三七年一二月二二日、附件「第一銀行券位置及影響等調査ノ件」、『在韓第一銀行支店ニ於テ無記名式一覧払銀行券発行一件』（外交史料館所蔵、アジア歴史資料センター Ref. B11090627200、分割六、画像三より）。

(62) 「時局に関聯したる満洲経済状況第七回報告」（注60）、五〇八頁。

(63) 「時局に関聯したる満洲経済状況第六回報告」（注14）、四九八～四九九頁。

(64) 「時局に関聯したる満洲経済状況第七回報告」（注60）、五〇七頁。

(65) 満洲域外に持ち出す用途以外での交換を禁じるというもので、日本軍人・軍属の持ち帰りを念頭に置いた措置と考えられる。『軍用切符』上、四八～四九頁。

(66) 一九〇四年一〇月に韓国政府財政顧問として目賀田種太郎が着任した。日本と本位を共通にする通貨制度が実施されたのは一九〇五年六月一日であり、同時に金円額面の第一銀行券は韓国法貨として無制限流通が認められた。

(67) 第一銀行仁川支店、「時局に関聯したる韓国経済状況第十回報告」、作成日不明、『軍用切符』下、五一八～五二四頁。明治三八年五月二三日に大蔵省に回付されている。

(68) 第一銀行仁川支店、「第十一回報告時局に関聯したる韓国経済状況」、作成日不明、『軍用切符』下、五二六～五二八頁。

(69) 前注「時局に関聯したる韓国経済状況第十回報告」、五二〇頁。軍票一〇〇円に対し営口六三～六四両、煙台六四～六五両、仁川六五両九とする。営口について図10-5の相場はこれより大幅に上海両安の水準であり、正金銀行の人為的な為替誘導策を反映した可能性もあるが、他に史料を欠く。

(70) 「時局に関聯したる満洲経済状況第七回報告」（注60）、五〇九～五一一頁。

(71) 仁川日本人商業会議所『仁川商業会議所報告』一九〇五年。

(72) 「時局に関聯したる韓国経済状況第十回報告」（注67）、五二二～五二三頁。

(73) 第一銀行仁川支店電報、明治三八年五月二六日発、『軍用切符』下、五二五頁。

(74) 「第十一回報告時局に関聯したる韓国経済状況」（注68）、五二六～五二八頁。

(75) 梶原調査役より松尾日銀総裁へ、明治三八年九月八日付、日本銀行か『満洲北清及韓国ニ於ケル調査復命書』一九〇五年、七二一頁。

(76) 梶原調査役より松尾日銀総裁へ、明治三八年八月一七日付、『満洲北清及韓国ニ於ケル調査復命書』（前注）、七二一頁。

(77) 『軍用切符』上巻に議事要旨が残る範囲でいえば、一九〇五年三月一日の第一回から当初は毎週、次第に間隔を開けながら一九〇六年一月一九日の三四回まで開催された。大蔵次官、同理財局長、外務省通商局長、陸軍経理局長、逓信省通信局吊、日銀総裁、正金銀行頭取などが主な出席者で、井上馨や蔵相が出席することもあった。
（78）金子文夫（一九九一）一三六頁。
（79）『軍用切符』上、二七二頁。
（80）『軍用切符』上、二七五頁。
（81）第四回軍用切符委員会（一九〇五年三月二二日）の発言。『軍用切符』上、二七八頁。
（82）「広告（横浜正金銀行）」『東京朝日新聞』一九〇五年六月一八日。ウェブデータベース「聞蔵II」による（二〇一五年九月二二日閲覧）。なお第五回（一九〇五年三月二九日）の軍用切符委員会では日銀総裁から四月末には開業の見込みと報告されている（『軍用切符』上、二八〇頁）。開業が予定より遅延した理由は明らかでない。
（83）開業直前の一九〇五年六月九日付で認められた。『軍用切符』上、一一六頁。
（84）『軍用切符』上、一一八～一一九頁。
（85）『軍用切符』上、二七六頁。
（86）『軍用切符』上、三一一頁。
（87）日本政府は一九〇六年四月、正金銀行への命令の中で「満洲貿易は大連を以て中枢たらしめ、為替関係の幹線として大連と神戸との間を結び付くるを以て方針」とすることを明らかにした（金子文夫（一九九一）一三六頁、『明治大正財政史』一五巻、三一八頁）。大連開放は五月の満洲問題に関する協議会で決定され、六月の満洲経営調査委員会で同港を自由港として運営する方針が定められた（北野剛（二〇〇五）八九頁）。なお正金銀行芝罘出張所は一九〇九年九月末に廃止されるが、これについて大蔵次官若槻礼次郎は、軍票の回収が終了したこととともに、「大連を貿易の中枢たらしめ為換関係の幹線として大連対神戸間の連鎖を結付けんとする」政府方針のもと、煙台の貿易上の重要性が減退したためと説明している。若槻大蔵次官より石井外務次官あて、明治四一年一〇月一日、『本邦銀行関係雑件（正金銀行之部）』第一巻（外交史料館所蔵、アジア歴史資料センター Ref. B10074149400）、分割三、画像一八。
（88）正金銀行上海支店長より本店頭取席・支配席へ、明治三七年一〇月二三日、『軍用切符』下、六三〇頁。
（89）松尾日銀総裁より水町理財局長へ、明治三八年八月二八日、『軍用切符』下、六三一～六三四頁。買取額の内訳は香港上海銀行一六七・五万円、ドイツアジア銀行九三・五万円、オランダ銀行二八万円、チャータード銀行九四万円、インターナショナル銀行二五二・五万円であった。
（90）『軍用切符』上、三三二頁。
（91）日露戦争中の日本では輸入が急増し、輸入為替の取り立てで外国銀行の手元には多額の余剰資金が生まれた。これを本国に回送する際、為替相場不利のため金現送を図る動きが生じ、「日本銀行は此等外国銀行に対しては時々機宜に応じ建相場に比し幾分か割高に為替を取組み、以て正貨の流出を抑制するの方法」を採ったという。大蔵省『明治大正財政史』一七巻、五四四頁。

(92) このような動きが一九〇五年五月頃から急に生じたことについては、日銀のロンドン為替政策のほか、金銀比価の急速な銀高が影響したと推測されるが、具体的には不詳である。

(93)『軍用切符』上、九八～一〇六頁、三三二頁、三三六頁。

(94)『軍用切符』上、一〇〇頁。

(95) 第二四回軍用切符委員会、一九〇五年八月一六日。『軍用切符』上、三三二頁。

(96)『軍用切符』上、付表「軍用切符受払高累計表」の備考欄に「上海に於て買入」として二一五万〇二五一円一〇が計上されている。

(97) 正金銀行牛荘支店中村錠太郎より本店頭取・副頭取へ、明治三七年九月一六日、『軍用切符』下、七一五頁。

(98) 神野書記官の発言。『軍用切符』上、三〇三頁。

(99)『軍用切符』上、三〇五頁。

(100) 第一八回（一九〇五年六月二八日、『軍用切符』上、三一八頁）での議論など。

(101)『軍用切符』上、三五三～三五四頁。

(102)『軍用切符』上、三五七～三五九頁。

(103)『軍用切符』上、一四五～一四八頁。

(104)『軍用切符』上、四九～五〇頁。

(105)『軍用切符』上、付表「軍用切符受払高累計表」の備考欄。「円銀と交換」五三万八八五九円、「円銀にて買上」四二四万八一四四円の合計。なお総回収高は「交換受入高」「定額戻入高」「歳入に受入高」を足し合わせた一億九三一四万五四五四円（『軍用切符』上、二四一頁）。

(106) 出所は前注に同じ。「通貨と交換」五六一一万一八〇八三円。

(107) 出所は前注に同じ。為替取組による回収高としたのは「本邦為替」三三四七万七七七九円、「満洲為替」六七一九万一七四二円、「満洲為替（円銀資金に対する分）」六七万二三〇二円、「銀行為替（決算手続中の分）」二三三万二三六三円の合計。うち中国本土向けとしたのは二番目、三番目の項目の合計。

(108) 正金銀行による上海向け為替相場の設定方針について小島仁（一九七八）一〇三～一〇六頁、同（一九八一）二二八頁。

(109) いわゆる金建て・銀建て論争については多くの研究があるが、日露戦争終結直後のそれについて、北岡伸一（一九七八）四六～四八頁、波形昭一（一九八五）一七二～一八〇頁、金子文夫（一九九一）一五七～一六五頁。

(110) 大連・上海間の送金をめぐる華商の投機活動については多くの研究があるが、それを金円額面の朝鮮銀行券の散布に基因する問題として整理したのは安冨歩（一九九一）である。同論文の注(18)にこの問題をめぐる先行研究の論点が整理されている。

第11章

(1) 貨幣整理事業の概要については羽鳥敬彦（一九八六）。

(2) 謄写版刷り・一三四丁の冊子で、朝鮮総督府度支部から関係部署に配布した文書を編綴したものである。第二回（一九一一年一一月一日）から第一一回（同一二月二六日）まで一〇回分が収められている。国立国会図書館所蔵。

(3) 日清戦争前に成立した仁川・釜山・元山の清国居留地は戦後も維持された。ただし日清戦争にあたり朝鮮政府は清との諸取決めを廃棄しており、その中に居留地章程も含まれていたとみなせば、戦後の居留地に法的根拠はなかったことになる。これについて保護国期に日本側と清側の交渉が行われ、一九一〇年に改めて三港の居留地に関する章程が締結された。第1章注(1)の文献参照。

(4) 保護国期の華人労働者について李正熙［い・じょんひ］（二〇一二）三六六頁、また一二章全体。

(5) 松田利彦（二〇〇三）、安井三吉（二〇〇五）四章。

(6) 出所は表の注参照。なお김희신（二〇一四）表三は同様の史料を用いて一九〇七～〇九年のソウル華人の職業別人口を示している。ただし出身地別とクロスさせた値は得られない。

(7) 「三十三年春夏両季漢城商業戸口情形冊」（報告日不明）『各口商務情形――各口商務情形（二）』（使館檔案二-三五-五六-二）。

(8) 李正熙［い・じょんひ］（二〇一二）第九～一一章。

(9) 「韓国仁川口岸本年春夏両季商務情形」（光緒三〇年八月一一日、領事許引之報告）『各口商務情形――各口造送光緒三十年春夏商務清冊』（使館檔案二-三五-五一-二）。

(10) 前注に同じ。

(11) 「朝鮮甑南浦商務情形（三十二年秋冬二季）」『商務官報』丁未一八期、光緒三三年七月。

(12) 満韓萍士「京城に於ける清国人の社会的状態」『朝鮮』二巻五号、日韓書房、一九〇九年。

(13) 幇の推挙により董事が任命されたことを示す例として、駐韓総領事呉広霈稟、〔年不明〕六月二四日、『京幇票挙董事由』（使館檔案一-四一-五九-一一）。

(14) 駐韓総領事馬の外務部あて申、宣統三年六月一四日、『清季中日韓関係史料』四九七四番。

(15) 出使韓国大臣許の駐漢城総領事あて札飭、光緒二八年八月二四日、『憲諭建造華商公所案』（使館檔案二-三五-二四-一）。四幇と大商人が資金を拠出して建設し、一階を公所、二階を商董の執務する総会とする計画であった。

(16) 『清季中日韓関係史料』四七八一番、五〇〇五番。

(17) 『擬設華商会館由』（使館檔案二-三五-三一-三）所収の各文書。なお仁川華僑協会に所蔵される『仁川華商商会華僑状況報告（中華民国二十四年三月）』によれば、同商会は光緒一三年（一八八七）に南・北・広幇の商人により中華会館として創始されたといい、「公所」の実際の設立は本文に示したよりも遡る可能性がある。他の華人団体としては仁川山東同郷会（光緒一七年創設）、南幇会館

（光緒二五年創設）、広幇会館（光緒二六年創設）などが挙げられている。이정희・송승석（二〇一五）三一九～三二〇頁。

(18)「京仁清商の営業振（三）」『朝鮮新聞』一九一一年一一月二九日。京都大学人文科学研究所所蔵マイクロフィルムによる。原本は国立国会図書館所蔵。

(19) 一九〇四年までに仁川・釜山・鎮南浦・元山・木浦の董事が任命されていたほか、〇七年に新義州、〇九年に馬山浦、一一年に群山・恵山鎮でも董事が任命された。いずれも『清季中日韓関係史料』、関係文書の番号のみ挙げると、四〇九五番、四四九〇番、四五七〇番、四七八一番、五〇一六番。

(20)「漢城商務情形及進出口貨人口数目」（日時不詳）『各口商務情形——各口商務情形（二）』（使館檔案二-三五-五六-二）。なお『中国年鑑』（商務印書館、一九二四年）によれば京城のほか雲山北鎮・新義州・仁川・鎮南浦・元山・平壌に総商会が存在した。

(21)「京仁清商の営業振（三）」『朝鮮新聞』一九一一年一一月二九日。

(22) 朝鮮の対中国貿易において仁川が占めた割合は輸出で三二パーセント、輸入で四九パーセントであった（一九一〇～一三年の平均）。対日貿易において占める割合は輸出入とも一七パーセントであり、対中国貿易の大きさは仁川の貿易構造の特徴の一つであった。

(23) 一九〇七～〇九年は韓国度支部『韓国外国貿易要覧』隆熙二年版、隆熙三年版による。一〇年は朝鮮総督府『朝鮮貿易要覧』明治四三年版による。

(24) 仁川税関『大正二年貿易要覧』一九一四年による。

(25) 仁川の対中輸出額の中で米・人蔘の両品が占める割合は、一九一二年に八二パーセント、一三年に七六パーセントに達した。仁川税関『大正二年貿易要覧』一九一四年、三二頁。

(26) 本書序章注(52)の本文を参照。

(27) これら三国から直接輸入された分は最終積出地「その他」に含まれている

(28) 例えば一八九六～一九〇三年の間、仁川での対中国輸入の三二パーセントは機械綿織物（生金巾・晒金巾・シーチング）で占められた。本書序章、表序-5参照。

(29)「生金巾及生シーチング」「晒金巾及晒シーチング」の合計額（仁川税関『大正三年貿易要覧』一九一五年、五四～五五頁）。

(30) ライス翁「京仁清商の営業振（七）」『朝鮮新聞』一九一一年一二月六日、仁川搏風生「仁川港貿易政策（二）」『福岡日日新聞』一九一二年六月二一日（神戸大学図書館データベース、デジタル版新聞記事文庫、二〇一二年七月二五日閲覧）。また李正煕［い・じょんひ］（二〇一二）は、一九一〇年代にソウルで輸入織物商として活動していた三つの商号が、郷里である山東省芝罘近郊から資金を調達していたことを明らかにしている（四九～五三頁）。

(31) 一九〇五年七月、仁川・ソウルの華商は仁漢輪船有限公司を設立し、ドイツ汽船厦門号を傭船して上海・営口・芝罘・仁川間に就航させた（「華商輪船公司設立」『通商彙纂』明治三八年五二号）。これは駐韓公使曾廣詮が華商らに二万元を出資させ設立を促したものであった（「漢城等処商工業情形」『商務官報』二七期、一九〇六年、「朝鮮仁川商務情形」『同』己酉三四期、一九〇九年）。公司の章程では、華商自らが航路を開設するのは「外人」の介入を排除するためだと謳い、その業務は仁川の南北広三幇が分担することとした。また出資の有無や貨物の多寡にかかわらず、仁川への貨物を他船に載せたり日本経由で発送したりした者には罰金を科すとし、華商の貨物を独占的に集荷しようとした（「仁漢輪船有限公司」『仁漢輪船公司運貨事宜』使館檔案二-三五-三一-五）。だが開航わずか一カ月で三千元の損失が出たことが明らかになり、駐韓公使は一トン七・二元の貨物運賃を九・二元に引き上げるよう命じた。仁川三幇の董事はこれに抗議し、日本商や洋商が五〜六元の運賃で輸送する中で華商にのみ重い運賃負担を課すのは不当だとし、運賃の上げ幅は一元が限度だと主張した（駐韓総領事収南北広幇董事稟、光緒三一年八月三〇日、同前）。結局、公司はわずか五カ月で出資金が全損となり解散に追い込まれた。曾の後任である総領事馬廷亮はたびたび華商を集め航路復活を呼びかけたが、みな先の損失を理由に尻込みしたという（「漢城等処商工業情形」前掲）。

(32)「朝鮮元山商務情形」『商務官報』戊申一期、一九〇八年、「釜山商務情形」『同』戊申二期、一九〇八年。ロシア東亜汽船会社については左近幸村氏（新潟大学）の教示を得た。

(33)『朝鮮郵船株式会社二十五年史』一九三七年、一五一頁。これと前後して華商の織物輸入経路も上海からの直輸入に回帰する傾向を見せたという。李正熙［い・じょんひ］（二〇一二）八〇頁。

(34)「布帛類輸入は清商首位にあり——仁川輸入貿易と列国商勢の消長（三）」『朝鮮新聞』一九〇九年五月二〇日。

(35)関税局『韓国貿易品ノ取引順序及運賃等ニ関スル調査（財務彙報四四号付録）』仁川港の部、一九一〇年、三九頁。

(36)李正熙［い・じょんひ］（二〇一二）八一頁、一二二頁、一二六頁。その実態は不明だが、一九〇五年頃の上海には既に「駐申鮮幇」なる団体が存在していたことが確認できる（「仁漢輪船有限公司」『仁漢輪船公司運貨事宜』使館檔案二-三五-三一-五）。また一九〇六年に上海の山東公所が新築された際、協力した山東出身者のグループ二二の中に「仁川幇」「元釜山幇」の名が見られる（彭澤益主編『中国工商行会史料集』下、中華書局、一九九五年、八八七〜八八八頁）。これが右の「鮮幇」と同じかは不明だが、上海に朝鮮との取引を主とする華商が一定の厚みで存在したことは確認できよう。

(37)『宮尾税関監視官韓国出張復命書』刊行年不詳、九頁。一九〇〇年頃のものとする根拠は本書第8章の注(134)参照。

(38)前注に同じ。

(39)「朝鮮仁川商務情形」『商務官報』己酉三四期、一九〇九年、二〇葉右。김희신（二〇一四）によれば一九〇九年の延べ払いの禁止は領事館が華僑全体に向けて発したものであった。同論文の表四は日清戦争後の延べ払いによる紛争事例を一覧としている（三〇三〜三〇七頁）。

(40)「清商の過半芝罘に引揚ぐ——財界不振の結果」『朝鮮新聞』一九〇九年四月二八日。

(41)『宮尾税関監視官韓国出張復命書』（注37）三〇二〜三〇三頁。

(42)『宮尾税関監視官韓国出張復命書』（注37）三〇〇頁。

(43)『宮尾税関監視官韓国出張復命書』（注37）三〇二頁。本書第8章の注(133)参照。

(44)東京高等商業学校（上田光雄調査）『韓国ニ於ケル貨幣ト金融』下、八六頁。

(45)「朝鮮仁川商務情形」『商務官報』己酉三九期、一九〇九年、二一葉右。

(46)ロンドンのHSBC Archivesに所蔵されている。筆者が確認でき、ここで利用したのは一九〇八年および一二年の検査報告書（“Report on the Trade & Conditions in Chemulpo, June, 1908”, SHG II 129; “Report on the Business of Chemulpo, and General Remarks on Korea”, Oct. 1912, HSBC H190/00）、一九一〇年の営業規程（“Sundry Rules & Regulations, Nov. 1910”, HSBC H190/00）である。他にホームリンガー商会およびタウンセンド商会との代理店契約に関する文書、朝鮮総督府の店舗開設許可に関する文書などが現存している。

(47)“Report on the Trade & Conditions in Chemulpo, June, 1908”（前注）.

(48)“Report on the Business of Chemulpo, and General Remarks on Korea”（注46）.

(49)注(46)参照。

(50)対応する原文は次の通り。“The system under which rates are given out seems a perfectly fair one, as, to avoid undue trouble and running about it was agreed that rates should be put into sealed envelopes and taken to the Chinese Club by the respective Compradores where they are opened in the presence of the Chinese Consul in the afternoon when all the Chinese interested go there and the Bank quoting the higher rate obtains all the exchange offering on that day. In case of even rates our share is usually grater as Townsend & Co’s compradore is very popular. However, Mr. Townsend told me that the Chartered Bank’s Agent appeared to have no limit as to the amount he sold and as our limit is Tls. 30,000 in one day, any surplus went to them.” なお文中に“compradore（買辦）”が現れ、日本の開港場でも見られた欧米系銀行の銀行買辦（本書第1章の注(32)に現れる藍万高はその一例である）が仁川でも見られたことが分かる。一九〇八年の検査報告書(注47)によれば、香港上海銀行が華人に上海向け電信為替（T.T.）を売る際は、買辦に一六分の一パーセントの手数料を支払うが、チャータード銀行では買辦の手数料はなく、代わりに随時ボーナスを支払っていたという。

(51)“Sundry Rules & Regulations, Nov. 1910”（注46）. 対応する原文は次の通り。“An account to be kept in the Bank’s name with the Bank of Korea, Chemulpo, through which all receipts and payments must be pass. The balance should be verified daily. The balance should be kept as close as possible to Yen 50,000, and any surplus remitted through the bank of Corea to Yokohama, unless otherwise instructed by Nagasaki Agency.”

(52)『韓国ニ於ケル貨幣ト金融』（注44）下、八六頁。

(53)香港上海銀行の仁川代理店は長崎支店の下に、チャータード銀行の場合は神戸支店の下に置かれていた。一九〇八年検査報告書（注46）。

(54) 小島仁（一九八一）一二三～一二六頁。
(55) 「廿八年中仁川港商況年報」『通商彙纂』五五号（号外一）、一八九六年、五四頁。
(56) 横浜と大阪の一九一二年における対朝鮮貿易額を見ると、移出では横浜が三〇四万七千円、大阪が二五七三万五千円であり、移入では横浜が一八四万七千円、大阪が七七七万六千円であった。大蔵省『大日本外国貿易年表』明治四五年・大正元年版。
(57) 「領事率先して断髪」『朝鮮新聞』一九一一年一二月二六日。
(58) 「在留清人と新国旗」『朝鮮新聞』一九一二年二月一六日、「支那人と新国旗」『同』二月一八日、「各地の旧暦元旦」『同』二月一九日。
(59) 上海の状況については菊池貴晴（一九六〇）、丁日初（一九九四）二八五～二九一頁、本野英一（二〇〇一）に依拠して整理した。
(60) 一九一一年を通じて標準銀一オンスあたり月平均二四ペンス台で安定していたロンドン銀塊相場は一一月から二五ペンス台に上昇し、翌一二年一〇月の二九ペンス三一七三でピークに達するまで上昇を続けた（大蔵省『金融事項参考書』各年「倫敦銀塊相場表」）。このような銀相場の上昇傾向には、インドでの銀取引などいくつかの事情が働いていたが、辛亥革命が少なくともそのきっかけを作ったことは当時から認識されていた。'In October there was a sudden rise in price, which was due to the run on the Chinese banks caused by the outbreak of the revolution in China'.（"Silver in 1911", *The Economist*, London, Dec. 30, 1911）. また「事変発生後上海ニ於ケル金融運輸及商工業状態」『上海日本人実業協会報告』一、一九一一年（一九一四年再版）、九～一三頁。
(61) 「第六回調査（四十四年十一月二十日）」朝鮮総督府度支部『清国暴動ノ朝鮮貿易経済ニ及ホス影響』一九一一年。以下では『清国暴動』と略称する。
(62) 例えば上海からの主要な輸入品である晒金巾・麻布・絹布の輸入額は、革命前の一九一一年一～三月に六二万三〇九九円だったのが、一二年の同期には四六万三八七七円に止まった。「支那動乱の仁川に及ぼせる影響（三）」『朝鮮新聞』一九一二年五月一日。
(63) 「上海発小包の増加」『朝鮮新聞』一九一一年一二月七日。
(64) 「朝鮮と支那絹布」『朝鮮新聞』一九一二年一月一八日。
(65) 「支那動乱の仁川に及ぼせる影響（二）」『朝鮮新聞』一九一二年四月二八日。
(66) 「支那商との取引」『朝鮮新聞』一九一二年四月一三日。
(67) 「支那動乱の仁川に及ぼせる影響（朝鮮銀行仁川支店に於ける調査）」『朝鮮新聞』一九一二年四月二七日。
(68) 朝鮮綿糸布商聯合会『朝鮮綿業史』一九二九年、四七～五〇頁。なお金巾の中でも晒金巾については一九二〇年代までイギリス製品が相当規模で輸入され続けた。
(69) 「清国動乱と日清両国商人」『朝鮮新聞』一九一一年一二月一三日、「金巾（群山）」『同』一九一二年二月一四日。
(70) 「動乱の影響来る」『朝鮮新聞』一九一一年一〇月二一日。

(71)「其在上海等処所来貨物、款項大都貸自銭荘、其利息自一分至二分不等」(「朝鮮釜山商務情形——続第十一期」『商務官報』丁未二二期、一九〇七年)。

(72)同じことを指摘した他の記事として、「清商の一大頓挫——在仁某清商の談」『朝鮮新聞』一九一一年一一月一二日。

(73)「動乱と仁川」『朝鮮新聞』一九一一年一〇月二二日。

(74)「清商と応急策」『朝鮮新聞』一九一一年一一月一七日。この記事によればソウルの商務総会は急激な出資金の引き揚げに対処するため、一致して上海からの回収要求に応じないことを申し合わせたという。ただし商務総会側はこれを誤報として新聞社に抗議している(「京城にゐる清国人」『同』一九一一年一一月一九日)。事実か否かに関わらず、商店の信用に大きな影響を与える事柄だからであろう。

(75)「第三回調査(四十四年十一月十一日)」『清国暴動』(注61)。注(73)の『朝鮮新聞』の記事は、一〇月下旬の時点でチャータード銀行による送金だけで五〇万円に達し、香港上海銀行による送金もほぼ同額と見込まれるとする。

(76)「対清人金融」『朝鮮新聞』一九一一年一一月二八日。

(77)「第三回調査(四十四年十一月十一日)」『清国暴動』(注61)。

(78)横浜正金銀行頭取の高橋是清は、一九〇七年一二月に日銀総裁に提出した『清韓視察報告書』の中で「韓国に於ける第一銀行券発行高は一千万円余にして同銀行は本邦より毎月平均約参拾万円の兌換券を輸送して一ヶ年四百万円内外に達す。何故に斯く兌換券を輸送するやといふに、在韓外国商人(重に清国商人)は第一銀行券にて支払を受け之を他に送金する為め同行に就き兌換券に交換し、兌換券を本邦に持ち来り更らに金貨と交換して之を輸出し債務を決済す」とし、一九〇九年の第二回東洋支店長会議でも同趣旨の発言を繰り返している(『清韓視察報告書』勝田家文書一一七-二(国立公文書館蔵)、『第二回東洋支店長会議録(横浜正金銀行史資料集第三集第二巻)』日本経済評論社、六二頁)。多田井喜生(一九九七)一三〜一四頁、小島仁(一九八一)一八一〜一八二頁はこれを事実と見て引用している。筆者も華商が一定額の日銀兌換券を朝鮮から持ち出し金兌換したことは間違いないと考えるが(本書第10章第五節)、一九〇六年の朝鮮の対中国輸入自体が四一〇万円強(表序-1)であったことを考えれば、第一銀行の朝鮮に持ち込む日銀兌換券四〇〇万円がすべて華商によって兌換された如き高橋の表現は相当の誇張を含むものと考える。高橋の視察旅行は満洲通貨の金建てを主張する満鉄・関東都督府関係者の説得を目的としたものであり、高橋と正金銀行がそれに反駁する根拠の一つとして華商による金正貨流出の恐れを挙げていたことを考えれば、右の『報告書』もその点を意図して強調した可能性があろう。

(79)「支那動乱の仁川に及ぼせる影響(三)」『朝鮮新聞』一九一二年五月一日。日銀兌換券が煙台に持ち出された理由は、各種の通貨が混用される煙台において、「比較的一定の価格を維持せる日本銀行券」の人気が高まったためという。

(80)「第四回調査(四十四年十一月十五日)」『清国暴動』(注61)。

(81)「第三回調査(四十四年十一月十一日)」『清国暴動』(注61)。

(82)「支那動乱の仁川に及ぼせる影響（朝鮮銀行仁川支店に於ける調査）」『朝鮮新聞』一九一二年四月二七日。同様の指摘をする史料として、他に、「〔華商は〕上海より貸付金の回収を急がるると、為替相場暴落し尚爾後下向き一方なるとに驚き、此際出来得る限り上海へ返金し置くを利とし急に上海へ送金」（「第三回調査（四十四年十一月十一日）」『清国暴動』注61）、「上海方面より急激なる回収ありしと、在仁清商が戦局の開転を見越し、為替相場の益々低減すべきを予想し送金を取急」（「対清人金融」『朝鮮新聞』一九一一年一一月二八日）。

(83)「第三回調査（四十四年十一月十一日）」『清国暴動』（注61）。

(84)「第十一回調査（四十四年十二月二十六日）」『清国暴動』（注61）。

(85)「地方の貯米如何」『朝鮮新聞』一九一一年一二月二二日。

(86)「動乱と仁川」『朝鮮新聞』一九一一年一〇月二二日。

(87)「市原総裁の演説（上）」『朝鮮新聞』一九一二年二月二一日。ほぼ同文が朝鮮銀行の第五期（一九一一年七〜一二月）営業報告書「営業景況」欄に収録されている。

(88)前注参照、また「歳末の金融」『朝鮮新聞』一二月一七日。

(89)朝鮮銀行史研究会（一九八七）一二四頁。

(90)朝鮮銀行史研究会（一九八七）九六〜九八頁、貿易額については朝鮮総督府『朝鮮貿易年表』明治四四年版による。

(91)注(78)参照。

(92)例えば雑誌『朝鮮及満洲』では一九一二年上半期だけでも次の関連記事が見られる。いずれも朝鮮銀行の危機を大筋で否定するものだが、それだけに広く危機説が流布されていたことを窺わせる。岡崎遠光（日韓瓦斯電気株式会社専務取締役）「朝鮮財界小観」『朝鮮及満洲』四七、木村雄二（朝鮮銀行営業局長）「輸入超過必ずしも憂ふるに足らず」『同』四八、水越理庸（朝鮮銀行理事）「朝鮮経済界振興策――三千五百万円の輸入超過は何物に依って権衡を保つ可きか」『同』五一、市原盛宏（朝鮮銀行総裁）「輸入超過と救済策」『同』五三。

(93)「朝鮮銀行の正貨準備充実（動乱に対する影響なりとの巷説に就て）」『朝鮮新聞』一九一一年一一月二三日。

(94)朝鮮銀行史研究会（一九八七）一一一頁、羽鳥敬彦（一九八六）一六八頁。

第12章

(1)朝鮮銀行史研究会（一九八七）一五四頁。他に波形昭一（一九八五）三九四〜三九九頁、金子文夫（一九九一）二五二〜二五九頁、山本有造（一九九二）九五〜一〇〇頁など。

(2)満洲での朝鮮銀行券流通規模について山本有造（一九九二）九六頁（表2-3）。金円統一方針の破綻について波形昭一（一九八五）

第四章第一節、金子文夫（一九九一）二八八～三〇三頁など。
（3）石田興平（一九六四）五八〇～五八五頁。
（4）김주용（二〇〇一）八八～九八頁、同（二〇〇八）一九九～二二五頁。他に塚瀬進（一九九三）が一九二〇年代以後を中心として間島の金融に言及している（二〇一～二〇四頁）。
（5）李盛煥［い・そんふぁん］（一九九一）二六～三〇頁、김춘선（一九九八）。
（6）李盛煥［い・そんふぁん］（一九九一）三九七頁表三。ただし統計の捕捉率の向上による見かけ上の人口増加も多かったであろう。なおここで言う間島は延吉県、汪清県、和龍県、琿春県の範囲であり、以下も原則として同じである。
（7）ただし琿春県を除く数値。統監府臨時間島派出所『間島産業調査書』一九一〇年、農業篇一八九頁。朝鮮総督府内務局『満洲及西比利亜地方ニ於ケル朝鮮人事情』一九二七年、四八八頁。
（8）注(6)に同じ。
（9）「頭道溝地方状況」『通商公報』三九六号、一九一七年、七二九頁。また荒武達郎（一九九七）は、間島に隣接する安図県について、朝鮮人を小作とする中国人地主経営の事例を紹介している（一〇～一一頁）。
（10）「清国間島局子街商勢一斑」『通商彙纂』明治四三年一三号、一九一〇年、五～七頁。
（11）塚瀬進（一九九三）一九二～一九七頁、芳井研一（二〇〇〇）八九～九五頁、김주용（二〇〇一）八八～九八頁。
（12）韓国度支部『清津方面視察報告』一九〇八年、六六頁。岩本善本ほか『北鮮の開拓（上）』北鮮の開拓編纂社、一九二八年、三五八頁。後者は一九〇八年の調査の回想録。
（13）鶴嶋雪嶺（二〇〇〇）二二八頁。
（14）注(11)に同じ。
（15）「琿春四十四年貿易年報」『通商彙纂』明治四五年四三号、一九一二年、五四頁。
（16）「頭道溝ニ於ケル貿易状況」『通商彙纂』大正二年一一号、一九一三年、三四頁。
（17）The Inspector General of Customs, *Decennial Reports 1902–1911*, Vol.1, Lungchingtsun〔龍井村〕, p. 75.
（18）一九〇六年に琿春が、〇九年に龍井村・局子街・頭道溝・百草溝が開放された。
（19）本書第10章、注(18)参照。
（20）吉林官帖の制度的な変遷については南郷龍音「吉林官帖の研究」『満鉄調査月報』一一巻一一～一二号、一九三一年を参照した。なお吉林官帖は永衡官銀銭号の発行した多種の紙幣の総称であり、同時代の史料上でも区別されていないことが多い。
（21）満鉄調査課『南満洲経済調査資料（第五）』一九一〇年調査、一一三～一一五頁。
（22）*Decennial Reports 1902–1911*, Vol.1, Lungchingtsun, p. 78. 満鉄調査課『吉林東南部経済調査資料』一九一一年、六～七頁。

(23) 朝鮮銀行『間嶋ノ貿易及金融状況』一九一五年、五〇～五一頁。가가（一九九四）。
(24) 注(21)に同じ。
(25) 「頭道溝ニ於ケル公議会準単」『通商彙纂』大正元年二九号、一九一二年、五七頁。
(26) 朝鮮銀行『間嶋及琿春地方経済状況』一九一二年、三二頁。
(27) *Decennial Reports 1902–1911*, Lungchingtsun, p. 78. 塚瀬進（一九九三）二〇二頁。
(28) 外務省通商局『満洲事情（第五輯）』一九一一年、三六二頁。
(29) 朝鮮銀行『咸鏡北道ニ於ケル経済状況』一九一三年、一九頁。
(30) 韓国度支部『清津方面視察報告』一九〇八年（一九〇六年調査）、七一～七二頁。ウラジオストクでは一九一二年頃になっても朝鮮銀行券が日銀兌換券に対し五パーセント以上割り引かれていたという。朝鮮銀行『間嶋及琿春地方経済状況』一九一二年、三六頁。
(31) 満鉄調査課『吉林東南部経済調査資料』一九一一年、一八頁。
(32) 「間島地方流通々貨」『通商彙纂』明治四四年一三号、一九一一年、六四頁。
(33) 波形昭一（一九八五）一七二～一七七頁。
(34) *Decennial Reports 1902–1911*, Vol. 1, Hunchun〔琿春〕, p. 61.
(35) 「間島大正三年貿易状況」『通商公報』二〇三号、一九一五年、五〇頁。「琿春経済状況」『通商公報』二八四号、一九一六年、二六一頁。
(36) 朝鮮銀行調査局『琿春地方ニ於ケル経済状況』一九一八年、三三～三六頁。
(37) 朝鮮銀行『咸鏡北道ニ於ケル経済状況』一九一三年、一九頁。
(38) 表12-1の出所資料より計算した。
(39) 大正二年九月二日付の報告書（作成者不明）、清津商工会議所『清津商工会議所史』一九四四年、三八九頁所収。
(40) 満鉄調査課『南満洲経済調査資料（第六）』一九一〇年調査、六六～六七頁、拓殖局（横浜正金銀行調査）『満洲各主要地ニ於ケル通貨及金融機関』一九一一年、四四頁。
(41) 朝鮮銀行『間嶋ノ貿易及金融状況』一九一五年、五三頁。
(42) 朝鮮銀行調査局『局子街方面ニ於ケル経済状況』一九一八年、二六頁。
(43) 「吉林官帖下落ノ原因」『通商彙纂』大正二年八号、一九一三年、四二頁。
(44) 김주용（二〇〇一）一一七～一一八頁。例えば長春における吉林官帖の対円相場は、一九一一年を一〇〇として一九一四年には三四〇にまで下落していた。満鉄調査課『満洲貨幣相場集成　其三』一九二九年、二〇頁。
(45) 注(43)参照。

(46)「清国間島ノ通貨及金融」『通商彙纂』明治四三年一四号、一九一〇年、三七頁。
(47) 朝鮮銀行『間嶋ノ貿易及金融状況』一九一五年、五一～五二頁。
(48)「間島大正二年第一季貿易状況」『通商公報』一五号、一九一三年、三頁。
(49) 注(10)参照。
(50)「間島大正三年貿易状況」『通商公報』二〇三号、一九一五年、四頁。
(51) 前注に同じ、五〇頁。ただし郵便を通じたルーブル紙幣の現送は拒絶されなかった。
(52)「露貨下落とその影響」『朝鮮総督府月報』五巻一号、一九一五年、六〇頁。
(53) 김주용(二〇〇一)一一八～一二二頁。
(54) 間島から清津経由で行われる通過輸出において、インゲンマメ(統計上の商品名は「白豆」)の占めた割合は、一九一六年:四二パーセント、一七年:四一パーセント、一八年:二一パーセント、一九年:六一パーセントであった(朝鮮総督府『朝鮮貿易年表』各年版)。なお、一九一七年に清津から豆満江に面した会寧まで鉄道が開通し、一九一八年に清津・敦賀間航路が朝鮮総督府命令航路として開設されるなど、政策的な流通基盤の整備が輸出を後押しした点も重要であろう。
(55) 朝鮮銀行調査局『満鮮産色豆取引状況』一九一八年、一～一三頁。
(56) 東洋拓殖会社『間島事情』一九一八年、五五六～五五七頁。
(57) 朝鮮銀行史研究会(一九八七)八五〇～八五一頁。
(58) 朝鮮銀行調査局『局子街方面ニ於ケル経済状況』一九一八年、二〇頁。김주용(二〇〇一)一三九～一五三頁。
(59) 注(56)に同じ。
(60) 김주용(二〇〇一)一五三～一五五頁。
(61)「間島地方豆類輸出状況」『通商公報』七一二号、一九二〇年、一〇八四頁。
(62)「頭道溝地方状況」『通商公報』六九六号、一九二〇年、四三五頁。
(63)「間島貿易状況(大正六年)」『通商公報』五六〇号、一九一八年、七九頁。
(64)「頭道溝対西間島地方取引状況」『通商公報』四三〇号、一九一七年、一頁。
(65)「各地金融状況 吉林」『朝鮮銀行月報』八巻一二号、一九一八年、四八頁。
(66)「各地金融状況 龍井村」『朝鮮銀行月報』九巻三号、一九一八年、六二頁。
(67) 注(48)参照。
(68)「局子街に於ける最近金融経済状況」『通商公報』五八九号、一九一九年、二四四頁。
(69) 注(65)参照。

（70）「局子街に於ける露貨暴騰の影響」『通商公報』五一二号、一九一八年、三一九頁。
（71）「局子街に於ける最近金融経済状況」『通商公報』五八九号、一九一九年、二四四頁。
（72）塚瀬進（一九九三）二〇二～二〇三頁。こうしたルーブル紙幣の下落に伴う投機は満洲全体で加熱し、最終的にはルーブル紙幣の退出に結果した。石田興平（一九六四）五一九～五三〇頁。またルーブル投機に基づく金融混乱が、営口における過炉銀の衰退をもたらし張政権の介入を招いたことについて、松重充浩（二〇〇九）三二八～三三二頁。
（73）塚瀬進（一九九三）一九九～二〇一頁。また表12-1も参照。
（74）申奎燮［しん・ぎゅそぷ］（一九九三）一八一～一八二頁、김주용（二〇〇一）六五～八七頁。
（75）満鉄調査課『吉会鉄道関係地方調査報告書』第一輯、一九二八年、六六頁。
（76）「間島金融概況（十一月）」『通商公報』八〇三号、一九二一年、三八頁。

終　章

（1）石井寛治（一九八四）一三〇～一三二頁。一八六〇年代横浜の事例である。なお生糸など輸出品の取引においては外商の前貸しが見られたものの、日本側金融機構の整備によってそうした慣行の排除されていったことは周知の通りである。
（2）高嶋雅明（一九七八）二四七～二五三頁。
（3）「明治二十六年中仁川港商況年報」『通商彙纂』八号附録、一八九四年。
（4）김윤희（二〇一二）二四七～二七〇頁。
（5）大韓天一銀行側の史料によれば、一八九九年の開業式には同順泰ほか有力華商も列席し、若干の貸金融通も受けたようである（김윤희（二〇一二）九九頁）。また一九一〇年代以後にも華商がソウルの朝鮮人銀行から手形割引等を受けていたことが知られる（李正熙［い・じょんひ］（二〇一二）九〇～九七頁）。これらから華商と朝鮮人の間に銀行が関与する場合があったことは確実だが、どの程度の影響があったかは明らかでない。
（6）須川英徳（一九九四）、学説史についてはその序章、また同（二〇一一）。
（7）大韓帝国期の皇室財政について李榮薫［い・よんふん］（二〇一三）、趙映俊［ちょ・よんじゅん］（二〇一三）。
（8）一九〇六年に宮内府の特許により設立された東洋用達株式会社、同じく一九〇八年設立の東洋合資会社に出資者の一として参加している。오미일（二〇〇二）六三頁。
（9）이승렬（二〇〇七）など。
（10）市廛が個々の成員の取引に介入しなかったことは고동환（二〇一三）二七一頁。客主商会所の性格については이병천（一九八四）。
（11）仁川の紳商会社、木浦の士商会社などの例が知られる。이병천（一九八四）九五頁。

（12）植民地化後になると移出入品の同業組合が朝鮮人も成員に含んで活動するようになり、日本にある同種の組合とも連携するようになる。홍성찬（二〇〇九）は一九二〇年代の日本産絹織物の移入商組合について分析している。
（13）山本有造（一九九二）九三頁、一〇四頁。
（14）本書第11章の注(94)。
（15）植民地化初期の小額通貨需給の問題は石川亮太（二〇〇六）で論じた。
（16）遠山茂樹（一九六六）、鵜飼政志（二〇〇二）第九章。
（17）고동환（一九九八）。
（18）梶村秀樹（一九九〇）二九八頁。
（19）이영훈・박이택（二〇〇一）。
（20）日本の「海域史」研究は、国境を越えて広がる自律的な「地域」の論理に注目することで長足の発展を遂げてきた。しかし六反田豊（二〇一三）によれば、韓国の学界ではそうした研究視角に懐疑的な傾向が強い。韓国（朝鮮）では統一による国民国家の形成自体が今日的な課題なのであり、それを相対化しようとする日本の研究視角は容易に受け入れられないであろうとする（六九～七一頁）。歴史学の研究視角が今日的な状況に制約されるのは当然であり、本書の視角もそこから自由ではないであろう。
（21）板垣雄三（一九九二）第二章参照。初出は一九七三年。
（22）板垣雄三（一九九二）九～一〇頁。

あとがき

これは「朝鮮史」の研究なのでしょうか、という問いを何度も投げかけられてきた気がする。思い返してみると、際限なく自問していたことを人から問い質されたように思い込んでいただけかもしれない。特定のフィールドに専門を固着させることに意味はないと思うこともあるが、この問いは常に心の片隅にあった。

朝鮮近代史、特に開港期の経済史を専攻したいという気持ちは早くから固まっていたが、所属する大阪大学の東洋史研究室に専門の教員がおられず、授業中に紹介されたアジア交易圏論に関心を持ったこともあって、ひとまず「外からの視線」を通じて朝鮮史にアプローチしてみようと考えたのは、卒業論文の最初の中間報告を直前に控えた一九九六年の春であった。中国史、中央アジア史、東南アジア史の教員・院生が集う研究室は、フィールドやアプローチの選択については極めて開放的で、論文指導教員の片山剛先生・桃木至朗先生には積極的に背中を押してもいただいた。また主任教授の濱島敦俊先生は、漢文史料の扱いについて厳しい姿勢を崩されない一方で、該博な知識に基づく問いかけを通じて常に議論を広い世界に導いて下さった。筆者の大学院進学とほぼ時期を同じくして、アジア交易圏論の主唱者の一人である杉原薫先生が大阪大学経済学部に着任され、直に教えを受けられるようになったのも、極めて幸運なことであった。

しかし「外からの視線」を採るからといって、外的環境の中に朝鮮を位置づけるだけでは何事も分からない。ようやくそう気が付いて朝鮮史研究会関西部会の月例会に顔を出すようになった。筆者の朝鮮史に関する知識の大半は、この研究会とその後の懇親会での学びを基礎としたものである。そこでお会いするようになった北村秀人先生には大阪市立大学での朝鮮史料講読の授業に参加を認めていただき、近代史を専攻される水野直樹先生、藤永壯先生には基礎史料や工具書、文献の探し方や韓国の学界事情に至るまで、時々は研究室をお訪ねして教えていただいた。

そうした出会いをきっかけに、次第に韓国の研究者にも知り合いが増え、覚束ない朝鮮語で論文などを読むようになると、韓国には韓国の事情に即した研究の流れがあるという当たり前のことに気付いた。同時に自分が強い影響を受けてきたアジア交易圏論が、一九八〇年代から九〇年代の日本という固有の歴史的条件の産物であることに思い至り、自分の立ち位置をどのように定めればよいか悩むようになった。

そうした思いを燻らせながら勉強を続けていた筆者にとって、二〇〇七年から〇八年にかけてソウル大学校奎章閣韓国学研究院に客員研究員として滞在し、韓国の学界を内側から眺める機会を得たことは、大きな研究の転機となった。およそ朝鮮社会を対象とするあらゆる分野の研究者が集まる機関で、朝から晩まで史料を繰り、疲れると同室の研究者たちと韓国独特の甘いインスタント・コーヒーをすすりながらよもやまの話をした。折しも米国産牛肉の輸入自由化をきっかけとした政権批判のデモが大きな盛り上がりを見せていた頃であった。急速な「近代化」を達成する一方、グローバル化の圧力を日本よりもずっと身近に感じる韓国において、研究者たちが韓国の現実に根差した歴史学を構築しようと格闘し、激しい議論を交える様子に強い刺激を受けた。またこの滞在中に、韓国の同順泰文書研究の第一人者である姜抮亞先生にお目にかかり、様々な教えを受けたことは、本書の研究に直接つながる貴重な出会いとなった。

一方で日本のアジア経済史研究は、グローバルヒストリーやイギリス帝国史と結び付き、中国史からのリアクションも本格化して、アジア交易圏論の枠を超え大きく発展していった。筆者もそれらの議論を手に負える限りで追っていたが、それをどのように朝鮮史と結び付けてよいか、手がかりの得られない状態が続いた。そうした中で、籠谷直人先生はしばしば筆者を研究会に招かれ、君の研究には意味があるからと元気づけて下さった。日本史の内側からアジア経済史への道を開いた先生の言葉には重みがあった。また中国史の立場から朝中関係史の新しい視角を提起された岡本隆司先生には、朝鮮に関わる著作を刊行の都度ご恵贈いただき、研究会などで温かい激励を頂戴した。自分にできることが残されているのだろうかというプレッシャーを感じながらも、先生の著作を繰るごとに新しいヒントを頂いた。

筆者のこれまでの研究は、アジア経済史の平面の中に朝鮮を位置づけるという方向と、朝鮮社会の歴史の流れの中に開港期独自の位相を見出すという方向との間を揺れ動いてきた。本書の序章と終章のタイトルは、それと意識したわけではなかったが、改めて見返すと、そうした視点の往復を端なくも表したものとなっているような気がする。アジア経済史と朝鮮史の交点を探るという意図が本書でどこまで達成できたかは心もとない。どちらから見ても不足な点は多いと思うが、多方面からのご批判を頂き、二つの流れを結ぶ一つのきっかけを提供できれば望外の幸せである。

先述した韓国の貿易自由化をめぐる議論の中で「第二の開国」という言葉を聞くことがあった。そこには植民地化の起点としての、という含意が込められていたようである。「開国」という言葉が持つ響きには日韓で大きな違いがある。一方で各地の旧開港場では、放置されてきた開港期・植民地期の建造物を「文化財」とし、保存・再生しようとする動きも見られる。痛みを伴う過去であっても自分たちの歴史として受け止め、消化しようとする営みと筆者は受け取っている。朝鮮史の中でも開港期は必ずしも研究者の多い分野ではないが、想像を超えた速度でグローバル化が進む中、歴史的な参照枠組みとして新たな意味を持ちつつあるように思う。そうした意味を自覚しながら、研究をさらに深めてゆくことで、これまで筆者を育てて下さった方々にいささかなりとも報いたいと思う。

右にお名前を挙げられなかった方を含め、筆者を公私にわたり見守り支えて下さった方々および自由な研究を許された佐賀大学と立命館大学の各位に心からお礼を申し上げたい。また本書の刊行にあたっては日本学術振興会の平成二七年度科学研究費補助金（研究成果公開促進費「学術図書」）の助成を受けた。これについても各方面のご配慮にお礼申し上げたい。

二〇一六年一月

石川亮太

初出一覧

第1章　Ishikawa, Ryota, "The Question of Foreign Residents in Pusan's Japanese Enclave during the 1880s", *Memories of the Research Department of the Toyo Bunko*, vol.72, 2014.

第2章　「一九世紀末東アジアにおける国際流通構造と朝鮮――海産物の生産・流通から」『史学雑誌』第一〇九編第二号、二〇〇〇年。

第3章　「一八八〇年代の紅蔘対清輸出と華商――裕増祥事件を通じて」『朝鮮史研究会論文集』第五三集、二〇一五年。

第4章　「開港期漢城における朝鮮人・中国人間の商取引と紛争――「駐韓使館档案」を通じて」『年報朝鮮学』第一〇号、二〇〇七年。

第6章　「朝鮮開港後における華商の対上海貿易――同順泰資料を通じて」『東洋史研究』第六三巻第四号、二〇〇五年。

第7章　「朝鮮開港期における華商の内地通商活動――同順泰文書を通じて」『朝鮮学報』第二三五輯、二〇一五年。

第9章　「二〇世紀初、朝鮮東北部のルーブル紙幣流通――近代東アジア域内流通と朝鮮の地域経済」『待兼山論叢』第三五号史学篇、二〇〇一年。「近代東アジアのロシア通貨流通と朝鮮」『ロシア史研究』第七八号、二〇〇六年。

第10章　「日露戦争軍票の流通実態と日本の対応――満洲通貨政策の起点として」『軍事史学』第四〇巻二・三号合冊、二〇〇四年。이시카와 료타「인천을 둘러싼 화교 네트워크와 일본제국――러일전쟁 군표 유입 문제를 중심으로」趙正民（編）『동아시아 개항장 도시의 로컬리티』소명、二〇一三年。

第12章　「一九一〇年代満洲における朝鮮銀行券の流通と地域経済」『社会経済史学』第六八巻第二号、二〇〇二年。

特記したもの以外は筆者（石川亮太）の単著である。いずれも本書の収録にあたり大幅な加筆修正を行った。第5章、第8

章、第11章と序章、終章、補論は書き下ろしである。ただし次の論文で明らかにした内容を部分的に利用している。

「ソウル大学校蔵『同泰来信』の性格と成立過程——近代朝鮮華僑研究の端緒として」『九州大学東洋史論集』第三二号、二〇〇四年。

「開港後朝鮮における華商の貿易活動——一八九四年の清国米中継貿易を通じて」森時彦編『中国近代化の動態構造』京都大学人文科学研究所、二〇〇四年。

「一九世紀末の朝鮮をめぐる中国人商業ネットワーク」籠谷直人・脇村孝平編『帝国とアジア・ネットワーク——長期の一九世紀』世界思想社、二〇〇九年。

Ishikawa, Ryota, "The merchants of the Korea-China Ginseng Trade in the Late Nineteenth Century", Lin Yu-ju and Madeleine Zelin ed., *Merchant Communities in Asia, 1600–1980*, Pickering & Chatto, 2014.

《著者略歴》

石《いし》川《かわ》亮《りょう》太《た》

1974年　静岡県生まれ
2004年　大阪大学大学院文学研究科博士課程修了
　　　　佐賀大学経済学部准教授等を経て
現　在　立命館大学経営学部教授，博士（文学）

近代アジア市場と朝鮮

2016年2月29日　初版第1刷発行

定価はカバーに
表示しています

著　者　石　川　亮　太

発行者　石　井　三　記

発行所　一般財団法人　名古屋大学出版会
〒464-0814　名古屋市千種区不老町1名古屋大学構内
電話(052)781-5027/FAX(052)781-0697

印刷・製本　亜細亜印刷㈱
ISBN978-4-8158-0832-7
乱丁・落丁はお取替えいたします。

索　引

1）漢語は人名を含めて日本語読みで排列したが，慣用に従ったものもある。
2）本文からのみ取り，図表・注の語句は原則として取っていない。
3）語句そのものではなく，内容によって取ったものもある。

ア　行

カ　行

サ　行

タ　行

ナ　行

ハ　行

マ　行

ヤ　行

ラ・ワ行

図表一覧

文献一覧

【日本文】 50 音順

青山治世（2014）『近代中国の在外領事とアジア』名古屋大学出版会

秋田茂・水島司（2003）「はじめに」秋田茂・水島司編『現代南アジア 6 世界システムとネットワーク』東京大学出版会

秋谷重男・黒沢一清（1958）『日本資本主義と水産貿易』水産研究会

秋月望（1983）「鴨緑江北岸の統巡会哨について」『九州大学東洋史研究』11

———（1984）「朝中貿易交渉の経緯——一八八二年，派使駐京問題を中心に」『九州大学東洋史研究』13

———（1985）「朝中間の 3 貿易章程の締結経緯」『朝鮮学報』115

麻田雅文（2006）「「中東鉄道海洋汽船」と極東の海運」『北海道大学大学院文学研究科研究論集』6

———（2008）「華商紀鳳台——ロシア帝国における「跨境者」の一例」松里公孝編『ユーラシア——帝国の大陸（講座スラブ・ユーラシア学 3)』講談社

荒居英次（1975）『近世海産物貿易史の研究——中国向け輸出貿易と海産物』吉川弘文館

荒武達朗（1997）「清朝後期東北地方における移住民の定住と展開——吉林永吉徐氏の履歴を手掛かりとして」『東方學』96

———（2008）『近代満洲の開発と移民——渤海を渡った人びと』汲古書院

荒野泰典（1988）『近世日本と東アジア』東京大学出版会

李正熙［い・じょんひ］（2012）『朝鮮華僑と近代東アジア』京都大学学術出版会

李碩崙［い・そんにゅん］（2000）『韓国貨幣金融史——1910 年以前』藤田幸雄訳，白桃書房

李盛煥［い・そんふぁん］（1991）『近代東アジアの政治力学——間島をめぐる日中朝関係の史的展開』錦正社

李榮薫［い・よんふん］（2013）「大韓帝国期皇室財政の基礎と性格」森山茂徳・原田環編『大韓帝国の保護と併合』東京大学出版会

李英美［い・よんみ］（2005）『韓国司法制度と梅謙次郎』法政大学出版局

石井寛治（1984）『近代日本とイギリス資本——ジャーディン＝マセソン商会を中心に』東京大学出版会

石井孝（1942）「幕末開港後に於ける貿易独占機構の崩壊——特に俵物を中心として」『社会経済史学』11-10

———（1982）『明治初期の日本と東アジア』有隣堂

石川亮太（2004a）「開港後朝鮮における華商の貿易活動——1894 年の清国米中継貿易を通じて」森時彦編『中国近代化の動態構造』京都大学人文科学研究所

———（2004b）「ソウル大学校蔵『同泰来信』の性格と成立過程——近代朝鮮華僑研究の端緒として」『九州大学東洋史論集』32

――― (2006)「韓国保護国期における小額通貨流通の変容」『朝鮮史研究会論文集』44
――― (2009)「19 世紀末の朝鮮をめぐる中国人商業ネットワーク」籠谷直人・脇村孝平編『帝国とアジア・ネットワーク――長期の 19 世紀』世界思想社
――― (2012)「二十世紀初頭の沿海州における朝鮮人商人の活動――崔鳳俊を中心に」今西一編『北東アジアのコリアン・ディアスポラ』小樽商科大学出版会
石田興平（1964）『満洲における植民地経済の史的展開』ミネルヴァ書房
板垣雄三（1992）『歴史の現在と地域学――現代中東への視角』岩波書店
伊丹正博（1961）「第十八国立銀行の貿易商人的性格――荷為替業務を中心として」『九州文化史研究所紀要』8・9
伊藤泉美（1991）「横浜華僑社会の形成」『横浜開港資料館紀要』9
伊藤昌太（2001）『旧ロシア金融史の研究』八朔社
稲井秀左衛門（1937）『朝鮮潜水器漁業沿革史』朝鮮潜水器漁業水産組合
今村鞆（1971）『人蔘史』全 7 巻，思文閣（朝鮮総督府，1934～40 年の復刻）
岩井茂樹（1996）「十六・十七世紀の中国辺境社会」小野和子編『明末清初の社会と文化』京都大学人文科学研究所
――― (2010)「朝貢と互市」和田春樹ほか編『岩波講座東アジア近現代通史 1　東アジア世界の近代――19 世紀』岩波書店
岩武照彦（1980）「日本軍票の貨幣史的考察 1，2」『アジア研究』27-1，2
上田貴子（2008）「東北アジアにおける中国人移民の変遷　一八六〇――一九四五」蘭信三編『日本帝国をめぐる人口移動の国際社会学』不二出版
――― (2011)「20 世紀の東北アジアにおける人口移動と「華」」『中国研究月報』65-2
――― (2014)「奉天・大阪・上海における山東幇」『孫文研究』54
植田捷雄（1941）『支那に於ける租界の研究』巖松堂書店
鵜飼政志（2002）『幕末維新期の外交と貿易』校倉書房
――― (2014)『明治維新の国際舞台』有志舎
臼井勝美（1963）「横浜居留地の中国人」『横浜市史』第三巻下
太田淳（2013）「ナマコとイギリス綿布――19 世紀半ばにおける外島オランダ港の貿易」秋田茂編『アジアからみたグローバルヒストリー――「長期の 18 世紀」から「東アジアの経済的再興」へ』ミネルヴァ書房
大豆生田稔（1993）『近代日本の食糧政策――対外依存米穀供給構造の変容』ミネルヴァ書房
大森とく子（1989）「朝鮮における銀本位幣制改革と日朝マネタリー・ユニオン構想」『日本植民地研究』2
大山梓（1988）『旧条約下に於ける開市開港の研究――日本に於ける外国人居留地』鳳書房
岡義武（1953）「条約改正論議に現われた当時の対外意識（一）（二完）」『国家学会雑誌』67-1・2，67-3・4
岡本隆司（2004）『属国と自主のあいだ――近代清韓関係と東アジアの命運』名古屋大学出版会
――― (2009)「韓国の独立と清朝の外交――独立と自主のあいだ」岡本隆司・川島真編『中国近代外交の胎動』東京大学出版会

——— (2010)「属国／保護と自主——琉球・ベトナム・朝鮮」和田春樹ほか編『岩波講座 東アジア近現代通史 1 東アジア世界の近代——19 世紀』岩波書店
——— (2014)「宗主権と国際法と翻訳——「東方問題」から「朝鮮問題」へ」同編『宗主権の世界史——東西アジアの近代と翻訳概念』名古屋大学出版会
小川国治 (1972)「明治政府の貿易政策と輸出海産物——明治期輸出貿易に占める俵物の位置」『社会経済史学』38-1
——— (1973)『江戸幕府輸出海産物の研究——俵物の生産と集荷機構』吉川弘文館
奥平武彦 (1937)「朝鮮の条約港と居留地」京城帝国大学法学会編『朝鮮社会法制史研究』岩波書店（同『朝鮮開国交渉始末』刀江書院，1969 年に収録）
小野一一郎 (2000)『近代日本幣制と東アジア銀貨圏——円とメキシコドル（小野一一郎先生著作集①)』ミネルヴァ書房
カースルズ，S.・ミラー，M.J. (2011)『国際移民の時代』関根政美・関根薫監訳，名古屋大学出版会
籠谷直人 (1990)「1880 年代のアジアからの“衝撃”と日本の反応——中国人貿易商の動きに注目して」『歴史学研究』608
——— (1995)「1880 年代の対アジア貿易と直輸出態勢の模索——日本昆布会社を事例にして」『オイコノミカ』31-2 / 4
——— (2000)『アジア国際通商秩序と近代日本』名古屋大学出版会
梶村秀樹 (1986)「近代朝鮮の商人資本等の外圧への諸対応——甲午以降（1894〜1904 年）期の「商権」問題と生産過程」『歴史学研究』560 臨時増刊号
——— (1990)「旧韓末北関地域経済と内外交易」『商経論叢』（神奈川大学）26-1
糟谷憲一 (1992)「近代的外交体制の創出——朝鮮の場合を中心に」荒野泰典・石井正敏・村井章介編『アジアのなかの日本史Ⅱ　外交と戦争』東京大学出版会
——— (1995)「閔氏政権後半期の権力構造」『朝鮮文化研究』2
片山剛 (2009)「2009 年高要市金利鎮調査記録——「村の土地」の実在をめぐって」『近代東アジア土地調査事業研究ニューズレター』4
加藤圭木 (2014)「朝鮮東北部・雄基港における交易の変容——一九世紀後半から一九二〇年代まで」君島和彦編『近代の日本と朝鮮——「された側」からの視座』東京堂出版
加藤雄三 (2011)「租界に住む権利——清国人の居住問題」佐々木史郎・加藤雄三編『東アジアの民族的世界——境界地域における多文化的状況と相互認識』有志舎
金子文夫 (1991)『近代日本における対満州投資の研究』近藤出版社
蒲地典子 (1977)「明治初期の長崎華僑」『お茶の水史学』20
神長英輔 (2011)「コンブの道——サハリン島と中華世界」『ロシア史研究』88
——— (2015)「コンブがつなぐ世界——近現代東北アジアのコンブ業小史」『新潟国際情報大学国際学部紀要』創刊準備号
姜徳相［かん・とくさん］(1962)「李氏朝鮮開港直後に於ける朝日貿易の展開」『歴史学研究』265
菊池一隆 (2011)『戦争と華僑——日本・国民政府公館・傀儡政権・華僑間の政治力学』汲古書院
菊池貴晴 (1960)「経済恐慌と革命への傾斜」東京教育大学東洋史学研究室アジア史研究

会・中国近代史研究部会編『中国近代化の社会構造——辛亥革命の史的位置』東京教育大学文学部東洋史学研究室アジア史研究会
岸百艸（1966）「麦少彭一斑」『歴史と神戸』5-4（通巻24）
北川修（1932）「日清戦争までの日鮮貿易」『歴史科学』創刊号
北岡伸一（1978）『日本陸軍と大陸政策』東京大学出版会
北野剛（2005）「日露戦後における大連税関の設置経緯——満洲開放と経営体制の確立」『史学雑誌』114-11
木部和昭（2013）「近世対馬沿岸の漁業に見る漁場と国境——対馬藩の西目挊規制と朝鮮海密漁」『東アジア近代史』16
金秀姫［きむ・すひ］（1994）「朝鮮開港以後に於ける日本漁民の朝鮮近海漁業の展開」『朝鮮学報』153
木村健二（1989）『在朝日本人の社会史』未來社
——（1999）「朝鮮進出日本人の営業ネットワーク——亀谷愛介商店を事例として」杉山伸也・リンダ・グローブ編『近代アジアの流通ネットワーク』創文社
許淑真（1984）「川口華商について 1889—1936——同郷同業ギルドを中心に」平野健一郎編『近代日本とアジア——文化の交流と摩擦』東京大学出版会
楠家重敏（2005）『W・G・アストン——日本と朝鮮を結ぶ学者外交官』雄松堂出版
黒田明伸（1994）『中華帝国の構造と世界経済』名古屋大学出版会
高秉雲［こ・びょんうん］（1987）『近代朝鮮租界史の研究』雄山閣出版
黄栄光（2008）『近代日中貿易成立史論』比較文化研究所
小風秀雅（1995）『帝国主義下の日本海運——国際競争と対外自立』山川出版社
小島仁（1978）「金本位制制定以降の日本の金塊輸出入構造（一八九七-一九一四年）」『金融経済』169
———（1981）『日本の金本位制時代 1897～1917——円の対外関係を中心とする考察』日本経済評論社
小瀬一（1989）「一九世紀末中国開港場間流通の構造——営口を中心として」『社会経済史学』54-5
小林英夫（1979）「日本の金本位制移行と朝鮮——日中両国の対立と抗争を中心に」旗田巍先生古稀記念会編『旗田巍先生古稀記念 朝鮮歴史論集』下，龍溪書舎
小原晃（1995）「日清戦争後の中朝関係——総領事派遣をめぐって」『史潮』新37
サヴェリエフ，イゴリ R.（2005）『移民と国家——極東ロシアにおける中国人，朝鮮人，日本人移民』御茶の水書房
酒井裕美（2005）「甲申政変以前における朝清商民水陸貿易章程の運用実態——関連諸章程と楊花津入港問題を中心に」『朝鮮史研究会論文集』43
———（2008）「朝清陸路貿易の改編と中江貿易章程——甲申政変以前朝清関係の一側面」『朝鮮史研究会論文集』46
———（2009）「開港期朝鮮における外交体制の形成——統理交渉通商事務衙門とその対清外交を中心に」一橋大学博士学位論文
———（2010）「開港期朝鮮の関税「自主」をめぐる一考察」『東洋学報』91-4
———（2011）「最恵国待遇をめぐる朝鮮外交の展開過程——朝清商民水陸貿易章程成立以

後を中心に」『大阪大学世界言語研究センター論集』6
左近幸村（編）（2008）『近代東北アジアの誕生――跨境史への試み』北海道大学出版会
―――（2013）「帝政期のロシア極東における「自由港」の意味」『東アジア近代史』16
佐々木正哉（1958）「営口商人の研究」近代中国研究委員会編『近代中国研究』第一輯，東京大学出版会
諸洪一［じぇ・ほんいる］（2007）「明治初期の朝鮮政策と江華島条約――宮本小一を中心に」『札幌学院大学人文学会紀要』81
滋賀秀三（1984）『清代中国の法と裁判』創文社
重藤威夫（1967）『長崎居留地と外国商人』風間書房
斯波義信（1981）「明治期日本来住華僑について」『社会経済史学』47-4
―――（1983）「在日華僑と文化摩擦――函館の事例を中心に」山田信夫編『日本華僑と文化摩擦』巌南堂書店
―――（2002）『中国都市史』東京大学出版会
朱徳蘭（1997）『長崎華商貿易の史的研究』芙蓉書房出版
十八銀行（1978）『百年の歩み』十八銀行
シュミット，アンドレ（2007）『帝国のはざまで――朝鮮近代とナショナリズム』糟谷憲一・並木真人・月脚達彦・林雄介訳，名古屋大学出版会
申奎燮［しん・ぎゅそぷ］（1993）「日本の間島政策と朝鮮人社会――1920 年代前半までの懐柔政策を中心として」『朝鮮史研究会論文集』31
須川英徳（1994）『李朝商業政策史研究――十八・十九世紀における公権力と商業』東京大学出版会
―――（2003a）「朝鮮時代の商人文書について――綿紬廛文書を中心に」『史料館研究紀要』34
―――（2003b）「朝鮮時代における商業の歴史的性格についての試論」『史料館研究紀要』34
―――（2011）「経済史」朝鮮史研究会編『朝鮮史研究入門』名古屋大学出版会
杉原薫（1996）『アジア間貿易の形成と構造』ミネルヴァ書房
園田節子（2009）『南北アメリカ華民と近代中国――19 世紀トランスナショナル・マイグレーション』東京大学出版会
高崎宗司（2002）『植民地朝鮮の日本人』岩波書店
高嶋雅明（1971）「第百二国立銀行と外国貿易金融――朝鮮貿易と荷為替金融」『社会経済史学』37-2
―――（1973）「ウラジボストク貿易概観――「通商彙纂」・「通商公報」の分析を中心として［正］・続」『経済理論』133，134
―――（1978）『朝鮮における植民地金融史の研究』大原新生社
―――（1986）「明治前期の貿易業者に関する資料――日朝貿易と五百井商店・住友」『大阪の歴史』17
高橋秀直（1995）『日清戦争への道』東京創元社
―――（1998）「江華条約と明治政府」『京都大学文学部研究紀要』37
高久敏男（1967）『李朝末期の通貨とその整理』友邦協会

高村直助（1971）『日本紡績業史序説』塙書房
――― （1984）「京城出張所の綿布販売」財団法人近江商人郷土館・丁吟史研究会編『変革期の商人資本――近江商人丁吟の研究』吉川弘文館
――― （2002）「開港後の神戸貿易と中国商人」『土地制度史学』44-4
田川孝三（1944）「近代北鮮農村社会と流民問題」朝鮮総督府朝鮮史編修会編『近代朝鮮史研究』朝鮮総督府
――― （1964）『李朝貢納制の研究』東洋文庫
滝野正二郎（1988）「清代常関における包攬について」『山口大学文学会誌』39
田島佳也（2014）『近世北海道漁業と海産物流通』清文堂出版
田代和生（1981）『近世日朝通交貿易史の研究』創文社
多田井喜生（1997）『大陸に渡った円の興亡』上，東洋経済新報社
田保橋潔（1940）『近代日鮮関係の研究』上・下，朝鮮総督府中枢院
中華会館（2013）『落地生根――神戸華僑と神阪中華会館の百年』増訂版，研文出版
趙映俊［ちょ・よんじゅん］（2013）「大韓帝国期の皇室財政研究の現況と展望」森山茂徳・原田環編『大韓帝国の保護と併合』東京大学出版会
朝鮮銀行史研究会（1987）『朝鮮銀行史』東洋経済新報社
陳天璽（2001）『華人ディアスポラ――華商のネットワークとアイデンティティ』明石書店
陳來幸（1996）「鄭孝胥日記にみる中華会館創建期の神戸華僑社会」『人文論集』（神戸商科大学）32-2
――― （2007）「清末民初期江南地域におけるシルク業界の再編と商業組織」太田出・佐藤仁史編『太湖流域社会の歴史学的研究――地方文献と現地調査からのアプローチ』汲古書院
塚瀬進（1993）『中国近代東北経済史研究――鉄道敷設と中国東北経済の変化』東方書店
月脚達彦（2009）『朝鮮開化思想とナショナリズム――近代朝鮮の形成』東京大学出版会
角山榮（1984）「明治初期，海外における日本商社及び日本商人――明治17年，明治22年の調査を中心として」『商経学叢』（近畿大学）30
鶴嶋雪嶺（2000）『豆満江地域開発』関西大学出版部
寺内威太郎（1986）「義州中江開市について」『駿台史学』66
――― （1992a）「柵門後市と湾商」神田信夫先生古稀記念論集編纂委員会編『清朝と東アジア』山川出版社
――― （1992b）「柵門後市管見―――初期の実態を中心に」『駿台史学』85
――― （1998）「近世における朝鮮北境と中国――咸鏡道の国境貿易を中心に」『朝鮮史研究会論文集』36
遠山茂樹（1966）「世界史把握の視点」幼方直吉・遠山茂樹・田中正俊編『歴史像再構成の課題――歴史学の方法とアジア』御茶の水書房
中山弘正（1988）『帝政ロシアと外国資本』岩波書店
波形昭一（1985）『日本植民地金融政策史の研究』早稲田大学出版部
仁井田陞（1960）『中国法制史研究（土地法・取引法）』東京大学出版会
西口忠（1995）「川口華商の形成」堀田暁生・西口忠編『大阪川口居留地の研究』思文閣出版

西里喜行（1967）「清末の寧波商人について（上）(下）――「浙江財閥」の成立に関する一考察」『東洋史研究』26-1，2
――― (1994)「黎庶昌の対日外交論策とその周辺――琉球問題・朝鮮問題をめぐって」『東洋史研究』53-3
西村閑也（1993）「香港上海銀行の行内資金循環，1913 年」『経営志林』30-1
――― (2014)「第一次グローバリゼーションとアジアにおける英系国際銀行」西村閑也・鈴木俊夫・赤川元章編『国際銀行とアジア――1870～1913』慶応義塾大学出版会
二野瓶徳夫（1981）『明治漁業開拓史』平凡社
布目潮渢（1983）「明治十一年長崎華僑試論――清民人名戸籍簿を中心として」山田信夫編『日本華僑と文化摩擦』巌南堂書店
河明生［は・みょんせん］(1994)「韓国華僑商業――1882 年～1897 年迄のソウルと仁川を中心として」『研究論集』(神奈川大学大学院経済学研究科）23
朴俊炯［ぱく・ちゅにょん］(2012)「近代韓国における空間構造の再編と植民地雑居空間の成立――清国人及び清国租界の法的地位を中心に」早稲田大学博士学位論文
――― (2014)「東アジアにおける雑居と居留地・租界」李成市ほか編『地域論（岩波講座日本歴史 20)』岩波書店
朴宗根［ぱく・ちょんぐん］(1982)『日清戦争と朝鮮』青木書店
――― (1984)「日清戦争と朝鮮貿易――日本による朝鮮対外貿易の支配過程」『歴史学研究』536
箱田恵子（2012）『外交官の誕生――近代中国の対外態勢の変容と在外公館』名古屋大学出版会
橋谷弘（1993）「釜山・仁川の形成」大江志乃夫ほか編『植民地化と産業化（岩波講座近代日本と植民地 3)』岩波書店
羽鳥敬彦（1986）『朝鮮における植民地幣制の形成』未來社
羽原又吉（1940）『日本昆布業資本主義史――支那輸出』有斐閣
――― (1957)『日本近代漁業経済史』上・下，岩波書店
濱下武志（1990）『近代中国の国際的契機――朝貢貿易システムと近代アジア』東京大学出版会
――― (1994)「朝貢と条約――東アジア開港場をめぐる交渉の時代 1834-94」溝口雄三・濱下武志・平石直昭・宮嶋博史編『アジアから考える 3　周縁からの歴史』東京大学出版会
――― (1999)「一九世紀後半の朝鮮をめぐる華僑の金融ネットワーク」杉山伸也・リンダ・グローブ編『近代アジアの流通ネットワーク』創文社
――― (2013)『華僑・華人と中華網――移民・交易・送金ネットワークの構造と展開』岩波書店
原暉之（1979）「ロシアにおける朝鮮独立運動と日本」『季刊三千里』17
――― (1987)「ウラジオストクの新韓村」『季刊三千里』50
――― (1998)『ウラジオストク物語――ロシアとアジアが交わる街』三省堂
――― (2003)「日露戦争後のロシア極東――地域政策と国際環境」『ロシア史研究』72
――― (2005)「巨視の歴史と微視の歴史――『アムール現地総合調査叢書』(一九一一～一

九一三年）を手がかりとして」『ロシア史研究』76
———（2006）「ウラジオストクの新韓村・再考」『セーヴェル』23
———（2008）「近代東北アジア交易ネットワークの成立」左近 幸村編『近代東北アジアの誕生——跨境史への試み』北海道大学出版会
原康記（1991）「明治期長崎貿易における外国商社の進出とその取引について——中国商社の場合を中心に」『経済学研究』57-2
坂野正高（1973）『近代中国政治外交史——ヴァスコ・ダ・ガマから五四運動まで』東京大学出版会
菱谷武平（1963）「長崎外人居留地に於ける華僑進出の経緯について」『長崎大学学芸学部社会科学論叢』12
———（1970）「唐館の解体と支那人居留地の形成」『長崎大学教育学部社会科学論叢』19
玄武岩［ひょん・むあむ］（2013）「越境するエスニック・メディア——極東ロシアの沿海州を中心とするコリアンのメディア・ネットワーク—」玄武岩『コリアン・ネットワーク——メディア・移動の歴史と空間』北海道大学出版会
福井憲彦（2003）「国家論・権力論の変貌」歴史学研究会編『国家像・社会像の変貌（現代歴史学の成果と課題，1980-2000年，II）』青木書店
藤村道生（1965）「朝鮮における日本特別居留地の起源」『名古屋大学文学部研究論集』35（史学12）
古田和子（2000）『上海ネットワークと近代東アジア』東京大学出版会
彭澤周（1969）『明治初期日韓清関係の研究』塙書房
堀和生（2013）「韓国併合に関する経済史的研究——貿易・海運を素材として」森山茂徳・原田環編『大韓帝国の保護と併合』東京大学出版会
———・木越義則（2008）「開港期朝鮮貿易統計の基礎的研究」『東アジア経済研究』3
堀地明（2002）「中国米密輸問題と東アジア米穀流通（1895-1911）」『北九州市立大学外国語学部紀要』105
———（2013）『明治日本と中国米——輸出解禁をめぐる日中交渉』中国書店
洪宗郁［ほん・じょんうく］（2010）「内在的発展論の臨界——梶村秀樹と安秉珆の歴史学」『朝鮮史研究会論文集』48
松重充浩（2009）「営口——張政権の地方掌握過程」安冨歩・深尾葉子編『「満洲」の成立——森林の消尽と近代空間の形成』名古屋大学出版会
松田利彦（2003）「近代朝鮮における山東出身華僑——植民地期における朝鮮総督府の対華僑政策と朝鮮人の華僑への反応を中心に」千田稔・宇野隆夫編『東アジアと「半島空間」——山東半島と遼東半島』思文閣出版
三谷博（2010）「一九世紀における東アジア国際秩序の転換——条約体制を「不平等」と括るのは適切か」『東アジア近代史』13
宮下忠雄（1952）『中国幣制の特殊研究——近代中国銀両制度の研究』日本学術振興会
村上衛（2013）『海の近代中国——福建人の活動とイギリス・清朝』名古屋大学出版会
村上勝彦（1973a）「第一銀行朝鮮支店と植民地金融」『土地制度史学』16-1
———（1973b）「植民地金吸収と日本産業革命」『経済学研究』（東京大学）16
———（1975）「植民地」大石嘉一郎編『日本産業革命の研究』下，東京大学出版会

村上定（1989）『村上定自叙伝・諸文集』慶應義塾福澤研究センター
茂木敏夫（1997）『変容する近代東アジアの国際秩序』山川出版社
本野英一（2001）「辛亥革命期上海の信用構造維持問題――1910年「ゴム株式恐慌」を中心に」『近きに在りて』39
―――（2004）『伝統中国商業秩序の崩壊――不平等条約体制と「英語を話す中国人」』名古屋大学出版会
森万佑子（2013）「朝鮮政府の駐津大員の派遣（一八八三-一八八六）」『史学雑誌』122-2
森田吉彦（2009）「日清関係の転換と日清修好条規」岡本隆司・川島真編『中国近代外交の胎動』東京大学出版会
矢後和彦（2014）「露清銀行・インドシナ銀行 1896－1913年」西村閑也・鈴木俊夫・赤川元章編『国際銀行とアジア――1870～1913』慶應義塾大学出版会
安井三吉（2005）『帝国日本と華僑――日本・台湾・朝鮮』青木書店
安冨歩（1991）「大連商人と満洲金円統一化政策」『証券経済』176
―――（1997）『「満洲国」の金融』創文社
―――（2009）「県城経済――一九三〇年前後における満洲農村市場の特徴」安冨歩・深尾葉子編『「満洲」の成立――森林の消尽と近代空間の形成』名古屋大学出版会
山岡由佳（1995）『長崎華商経営の史的研究――近代中国商人の経営と帳簿』ミネルヴァ書房
山田昭次（1979）「明治前期の日朝貿易――その日本側の担い手と構造について」家永三郎教授東京教育大学退官記念論集刊行委員会編『家永三郎教授東京教育大学退官記念論集 2　近代日本の国家と思想』三省堂
山本進（2007）「清末東三省の幣制――抹兌と過帳」『九州大学東洋史論集』35
―――（2014）『大清帝国と朝鮮経済――開発・貨幣・信用』九州大学出版会
山本有造（1992）『日本植民地経済史研究』名古屋大学出版会
ユ・ヒョヂョン（2002）「利用と排除の構図――一九世紀末，極東ロシアにおける「黄色人種問題」の展開」原田勝正編『「国民」形成における統合と隔離』日本経済評論社
芳井研一（2000）『「環日本海」地域社会の変容――「満蒙」・「間島」と「裏日本」』青木書店
吉田敬市（1954）『朝鮮水産開発史』朝水会
吉田光男（2009）『近世ソウル都市社会研究――漢城の街と住民』草風館
吉野誠（1978）「李朝末期における米穀輸出の展開と防穀令」『朝鮮史研究会論文集』15
―――（1993）「開港期の穀物貿易」中村哲・安秉直編『近代朝鮮工業化の研究』日本評論社
藍璞（1966）「日本華僑社会における買辦制――第二次大戦前における神戸の銀行買辦を中心に」『歴史と神戸』5-4（通巻24）
廖赤陽（2000）『長崎華商と東アジア交易網の形成』汲古書院
六反田豊（2013）「朝鮮前近代史研究と「海」――韓国学界の動向と「海洋史」を中心として」『朝鮮史研究会論文集』51
渡辺美季・杉山清彦（2008）「近世後期東アジアの通交管理と国際秩序」桃木至朗編『海域アジア史研究入門』岩波書店
和田正広・翁其銀（2004）『上海鼎記号と長崎泰益号――近代在日華商の上海交易』中国書

店
王恩美［わん・えんめい］(2008)『東アジア現代史のなかの韓国華僑——冷戦体制と「祖国」意識』三元社

【朝鮮文】 カナタ順（特記したものを除き刊行地は韓国である。題名のハングル表記は便宜上，可能な限り漢字に置き換えた）
가가（1994）「吉林永衡官帖局 延吉分局」『解放前 延辺経済（延辺文史資料 7)』延吉：延辺人民出版社
강석화［姜錫和］(2000)『朝鮮後期 咸鏡道와 北方領土意識』경세원
강진아［姜抮亞］(2004)「近代 東아시아의 超国籍 資本의 成長과 限界——在韓華僑企業 同順泰（1874?～1937）의 事例」『慶北史学』27
——（2007a)「東아시아経済史 研究의 未踏地——서울大学校 中央図書館 古文献資料室所蔵 朝鮮華商 同順泰号関係文書」『東洋史学研究』100
——（2007b)「広東 네트워크（Canton-Networks）와 朝鮮華商 同順泰」『史学研究』88
——（2008a)「近代転換期 韓国華商의 対中国 貿易의 運営方式——『同順泰宝号記』의 分析을 中心으로」『東洋史学研究』105
——（2008b)「韓末 彩票業과 華商 同順泰號——20 世紀初 東아시아 貿易 네트워크와 韓国」『中国近現代史研究』40
——（2010)「同順泰文書를 통해 본 近代転換期 朝鮮 華商의 他者 認識」東北亜歴史財団編『歴史的 観点에서 본 東아시아의 아이덴티티와 多様性』東北亜歴史財団
——（2011a)「近代転換期 東아시아 砂糖의 流通 構造와 変動——朝鮮華商 同順泰號를 중심으로」『中国近現代史研究』52
——（2011b)『同順泰号——東아시아 華僑 資本과 近代 朝鮮』慶北大学校出版部
——（2014a)「在韓華商 同順泰号의 눈에 비친 清日戦争」『歴史学報』224
——（2014b)「清日戦争 時期 華商 同順泰號의 営業 活動——辺境에서의 愛国과 致富」『中国近現代史研究』64
고동환［高東煥］(1985)「一八・一九世紀 外方浦口의 商品流通発達」『韓国史論』13
——（1998)『朝鮮後期 서울 商業発達史 研究』知識産業社
——（2010)「朝鮮後期～韓末 信用去来의 発達——於音과 換을 中心으로」『地方史와 地方文化』13-2
——（2013)『朝鮮時代 市廛商業 研究』知識産業社
고민정・김혁・안혜경・양선아・정승모・조영준（2013)『雑談과 憑考——京畿・忠清 庄土文績으로 보는 朝鮮後期 旅客主人権』소명출판
고병익［高柄翊］(1964)「穆麟徳의 雇聘과 그 背景」『震檀学報』25・26・27 合集
고승희［高丞嬉］(1996)「18，19 世紀 咸鏡道 地域의 流通路 発達과 商業活動」『歴史学報』151
——（2003)『朝鮮後期 咸鏡道 商業研究』国学資料院
구선희［具仙姫］(1999)『韓国近代 対清政策史 研究』혜안
——（2011)「高宗의 西欧 近代 国際法的 対外関係 受容 過程 分析」『東北亜歴史論叢』32

국사편찬위원회［国史編纂委員会］（2000）『韓国史 44 甲午改革 以後의 社会 経済的 変動』国史編纂委員会
권석봉［権錫奉］（1986）『清末 対朝鮮政策史研究』一潮閣
권혁수［権赫秀］（2000）『19 世紀末 韓中關係史研究——李鴻章의 朝鮮認識과 政策을 中心으로』白山資料院
김경태［金敬泰］（1985）「甲申・甲午期의 商権回復問題」『韓国史研究』50・51
김동철［金東哲］（2005）「釜山의 有力資本家 香椎源太郎의 資本蓄積過程과 社会活動」『歴史学報』186
김수희［金秀姫］（2010）『近代 日本漁民의 韓国進出과 漁業経営』경인문화사
김승［金勝］（2014）『近代 釜山의 日本人社会와 文化変容』선인
김옥경［金玉卿］（1986）「開港後漁業에 관한 一研究」『大韓帝国研究』V
김원모［金源模］（1995）「遣美朝鮮報聘使 随員 邊燧・高永喆・玄興澤 研究」『祥明史学』3・4 合輯
김윤희［金允嬉］（2012）『近代 東아시아와 韓国 資本主義——共生과 独占，二重志向의 資本蓄積』高麗大学校民族文化研究院
김재호［金載昊］（1997）『甲午改革 以後 近代的 財政制度의 形成過程에 관한 研究』ソウル大学校経済学博士学位論文
———（1999）「開港期 遠隔地貿易과‘会社’——対러시아 貿易과 鏡城天一会社」『経済史学』27
김정기［金正起］（1976）「朝鮮政府의 清借款 導入（一八八二－一八九四）」『韓国史論』3
———（1978）「一八八〇年代 機器局・機器廠의 設置」『韓国学報』10
———（1989）「1890 年 서울商人의 撤市同盟罷業과 示威 闘争」『韓国史研究』67
김제문화원［金堤文化院］（1991）『내고장의 옛이름—김제군 마을 유래—』金堤文化院
김주용［金周溶］（2001）『日帝의 対間島 金融侵略政策과 韓人의 抵抗運動 研究——1910～1920 年代를 中心으로』東国大学校博士学位論文
———（2008）『日帝의 間島 経済侵略과 韓人社会』선인
김춘선［金春善］（1998）「1880～1890 年代 清朝의‘移民実辺’政策과 韓人移住民 実態 研究——北間島 地域을 中心으로」『韓国近現代史研究』8
김태웅［金泰雄］（2006）「大韓帝国期 群山의 商会社 設立과 経済・社会運動」『地方史와 地方文化』9-1
김희신［金希信］（2010a）「‘漢城 開設行桟 条項 改訂’交渉과 中国의 対応」『東洋史学研究』113
———（2010b）「清末（1882－1894 年）漢城 華商組織과 그 位相」『中国近現代史研究』46
———（2010c）「駐朝鮮使館의 華僑 実態調査와 管理——清日戦争 以前 漢城・仁川을 中心으로」『明清史研究』34
———（2011a）「清末 駐漢城商務公署와 華商組織」『東北亜歴史論叢』35
———（2011b）「近代 韓中関係의 変化와 外交檔案의 生成——「清季駐韓使館保存檔」을 中心으로」『中国近現代史研究』50
———（2014）「華僑，華僑 네트워크와 駐韓使館——清日戦争 以後 漢城 地域을 中心으로」『中国史研究』89

나애자［羅愛子］(1984)「李容翊의 貨幣改革論과 日本第一銀行券」『韓国史研究』45
――― (1991)「開港後 外国商人의 浸透와 朝鮮商人의 対応」韓国歴史研究会編『1894 年農民戦争研究 1』歴史批評社
――― (1994)「開港期（1876～1904） 民間海運業」『国史館論叢』53
――― (1998)『韓国近代海運業史研究』国学資料院
담영성［譚永盛］(1976)「朝鮮末期의 清国商人에 関한 研究――1882 年-1885 年까지」檀国大学校碩士学位論文
도면회［都冕会］(1989)「甲午改革 以後 貨幣制度의 紊乱과 그 影響（1894～1905)」『韓国史論』21
류승렬［柳承烈］(1996)「韓末 日帝初期 商業変動과 客主」ソウル大学校博士学位論文
박경룡［朴慶龍］(1995)『開化期 漢城府 研究』一志社
박구병［朴九秉］(1967)「韓・日 近代 漁業関係 研究」『釜山水産大学校研究報告（社会科学篇)』7-1
박원선［朴元善］(1968)『客主』延世大学校出版部
――― (1973)「居間」『延世論叢』10
박은경［朴銀瓊］(1986)『韓国 華僑의 種族性』韓国研究院
박정현 (2013)「清日戦争 以後 韓中 間 紛争의 類型과 韓国人의 中国人에 대한 認識」『中国近現代史研究』59
박정현・권인용・배항섭・박찬홍・강경락・송규진・손승희・김희신・이영옥 (2013)『中国 近代 公文書에 나타난 韓中関係――「清季駐韓使館檔案」解題』韓国学術情報
박준형［朴俊炯］(2008)「1890 年代 後半 韓国 言論의‘自主独立’과 韓清関係의 再定立」『韓国史論』54
――― (2012)「開港期 漢城의 開市와 雑居問題――漢城開桟 및 撤桟 交渉을 中心으로」『郷土서울』82
――― (2013a)「開港期 平壌의 開市過程과 開市場의 空間的 性格」『韓国文化』64
――― (2013b)「雑居의 歴史，韓国 華僑와 이웃하기」『東方学志』161
――― (2014)「日本専管租界内 雑居問題와 空間再編 論議의 展開」『都市研究』12
박현규［朴現圭］(2011)「서울 呉武壮公祠의 歴史와 現況考察」『中国史研究』74
박환［朴桓］(1998)「崔才亨과 在러韓人社会――1905 年 以前을 中心으로」『史学研究』55・56 合集
변광석［卞光錫］(2001)『朝鮮後期 市廛商人 研究』혜안
서영희［徐榮姫］(2003)『大韓帝国 政治史 研究』서울대학교출판부
손정목［孫禎睦］(1982)『韓国 開港期 都市変化過程研究――開港場・開市場・租界・居留地』一志社
손태현［孫兌鉉］(1997)『韓国海運史（増訂版)』暁星出版社
송규진［宋圭振］(2004)「日帝下 関税政策의 変化가 朝鮮의 対中国貿易에 끼친 影響」『亜細亜研究』47-2
――― (2014)「「清季駐韓使館檔案」‘訴訟案件’計量化를 통한 近代 韓中 間 訴訟事件에 대한 再解釈」『亜細亜研究』57-1
신용하［慎鏞廈］(1976)『独立協会研究』一潮閣

――― (1985)「呉慶錫의 開化思想과 開化活動」『歴史学報』107
양상현［楊尚弦］(1996)「大韓帝国 内蔵院의 人蔘管理와 蔘税徴収」『奎章閣』19
양정필［梁晶弼］(2001)「一九世紀～二〇世紀初 開城商人 蔘業資本 研究」延世大学校史学科碩士学位論文
양필승・이정희［梁弼承・李正熙］(2004)『차이나타운 없는 나라――韓国 華僑 経済의 어제와 오늘』三星経済研究所
연갑수［延甲洙］(1993)「開港期 権力集団의 情勢認識과 政策」韓国歴史研究会編『1894年 農民戦争研究 3』歴史批評社
――― (2001)『大院君執権期 富国強兵政策 研究』서울大学校出版部
――― (2008)『高宗代 政治変動 研究』一志社
오두환［呉斗煥］(1991)『韓国近代貨幣史』韓国研究院
오미일［呉美一］(2002)『韓国近代資本家研究』한울아카데미
――― (2008)「開港（場）과 移住商人――開港場都市 로컬리티의 形成과 起源」『韓国近現代史研究』47
유승주［柳承宙］(1993)『朝鮮時代鉱業史研究』高麗大学校出版部
―――・이철성［―――・李哲成］(2002)『朝鮮後期 中国과의 貿易史』景仁文化社
은정태［殷丁泰］(2009)「概念의 衝突인가，解釈의 問題인가? ――領事裁判의 "聴審" 条項을 中心으로」『概念과 疎通』2-2
이배용［李培鎔］(1989)『韓国近代 鉱業侵奪史 研究』一潮閣
이병천［李炳天］(1983)「朝鮮後期 商品流通과 旅客主人」『経済史学』6
――― (1984)「居留地貿易機構와 開港場客主」『経済史学』7
――― (1985)「開港期 外国商人의 侵入과 韓国商人의 対応」ソウル大学校博士学位論文
이상근［李尚根］(1996)『韓人 露領移住史 研究』探求堂
――― (1997)「沿海州地域에 移住한 韓人들의 商工業」刊行委員会編『竹堂李炫熙教授華甲紀念韓国史学論叢』国学資料院
이승렬［李承烈］(2007)『帝国과 商人――서울・開城・仁川地域 資本家들과 韓国 부르주아의 起源，1896～1945』歴史批評社
이시카와료타［石川亮太］(2008)「開港期 中国人 商人의 活動과 情報媒体 ――同順泰 書簡資料를 中心으로」『奎章閣』33
――― (2012)「仁川을 둘러싼 러시아 定期航路 構築과 華僑 商人――大韓帝国 時期를 중심으로」『仁川文化研究』(仁川広域市立博物館) 9
이영옥 (2007)「韓・中 民間訴訟研究，1906-1910 ―― 張導之案・姚貴春案・劉金有案 등 殺人事件을 中心으로」『中国近現代史研究』35
이영호［李榮昊］(1985)「一九世紀 浦口収税의 類型과 浦口流通의 性格」『韓国学報』41
――― (2007)「仁川開港場의 '韓国型買辦'，徐相濮의 経済活動」『史学研究』88
이영훈・박이택［李榮薫・朴二澤］(2001)「農村 米穀市場과 全国的 市場統合――1713-1937」『朝鮮時代史学報』16
이옥련［李玉蓮］(2008)『仁川華僑社会의 形成과 展開』仁川文化財団
이원순［李元淳］(1967)「韓末 済州島 通漁問題 一攷」『歴史教育』10
이은자［李銀子］(2009)「清日戦争 以前과 以後 在韓 韓中間 '訴訟' 案件 比較 分析」『아

시아文化研究』17
――― (2010)「19世紀末 在朝鮮 未開口岸의 清商 密貿易 関聯 領事裁判案件 研究」『東洋史学研究』111
이정은［李廷銀］(1996)「崔才亨의 生涯와 独立運動」『韓国独立運動史研究』10
이정희・송승석［李正熙・宋承錫］(2015)『近代 仁川華僑의 社会와 経済――仁川華僑協会所蔵資料를 中心으로』学古斎
이철성［李哲成］(2000)『朝鮮後期 対清貿易史 研究』国学資料院
――― (2005)「大院君執権期 包蔘貿易政策과 海上密貿易」『朝鮮時代史学報』35
이항준［李姮俊］(1999)「一九世紀中・後半 管税庁에 대한 政策과 그 性格」서울女子大学校碩士学位論文
이헌창［李憲昶］(1984)「開港期 韓国人 搗精業에 관한 연구」『経済史学』7
――― (1985)「韓国 開港場의 商品流通과 市場圏――韓国開港期에서의 市場構造의 変動을 招来한 一次的 要因」『経済史学』9
이현종［李鉉淙］(1975)『韓国開港場研究』一潮閣
인하대학교한국학연구소［仁荷大学校韓国学研究所］編 (2010)『東아시아, 開港을 보는 제 3 의 눈』仁荷大学校出版部
―――・중국 복단대학역사지리연구중심［――・中国復旦大学歴史地理研究中心］編 (2015)『近代 東아시아의 空間 再編과 社会 変遷』소명출판
전성현［全盛賢］(2013)「植民者와 朝鮮 - 日帝時期 大池忠助의 地域性과 '植民者' 로서의 位相」『韓国民族文化』49
전우용［全遇容］(2003)「韓国 近代의 華僑 問題」『韓国史学報』15
정태섭・한성민［鄭台燮・韓成敏］(2007)「開港 後 (1882～1894) 清国의 治外法権 行使와 朝鮮의 対応」『韓国近現代史研究』43
조세현［曺世鉉］(2013)『釜山華僑의 歴史』산지니
조정민［趙正民］(2013)『東아시아 開港場都市의 로컬리티』소명출판
조재곤［趙宰坤］(1997)「1902, 3 年 日本 第一銀行券 流通과 韓国商人의 対応」于松趙東杰先生停年紀念論叢刊行委員会編『韓国民族運動史研究』나남출판
최성기［崔晟基］(1989)「冊街魚物市場内 商業機関――馬房을 中心으로」編集委員会編『韓国近代経済史研究의 成果――秋堰權丙卓博士華甲紀念論叢 II』蛍雪出版社
최태호［崔泰鎬］(1983)「紅蔘専売制度의 成立過程에 관한 研究」『経済論叢』(国民大学校) 5
하원호［河元鎬］(1985)「開港後 防穀令実施의 原因에 관한 研究 (上)(下)」『韓国史研究』49, 50・51
――― (1997)『韓国近代経済史研究』新書苑
하지영 (2007)「開港期 朝鮮商人과 日本商人 間의 資金去来와 穀物流通」『地域과 歴史』20
한우근［韓㳓劤］(1970)『開港期 商業構造의 変遷―― 특히 外国商人의 浸透와 韓国人商会社의 成立過程을 中心으로』韓国文化研究所
한철호［韓哲昊］(2009)『韓国 近代 開化派와 統治機構 研究』선인
현계순［玄季順］「韓末 韓日漁採問題의 一研究」서울大学校碩士学位論文
홍성찬［洪性讃］(2009)「日帝下 韓日 貿易 네트워크의 한 様相――1920, 30 年代 初 絹織

物貿易業界의 事例」『東方学志』145
홍순권［洪淳権］(1985)「客主의 流通支配에 관한 研究」『韓国学報』39
―――（2010)『近代 都市와 地方権力――韓末・日帝下 釜山의 都市 発展과 地方勢力의 形成』선인
홍희유［洪熹裕］(1989)『朝鮮商業史（古代・中世)』科学百科事典綜合出版社（白山資料院再刊)

【中文】拼音順
丁日初（1994)『上海近代経済史』上海人民出版社
郭緒印（2003)『老上海的同郷団体』文匯出版社
林明徳（1970)『袁世凱与朝鮮』中央研究院近代史研究所
劉序楓（2012)「近代華南伝統社会中「公司」形態再考―由海上貿易到地方社会」林玉茹編『比較視野下的台湾商業伝統』中央研究院台湾史研究所
劉素芬（2012)「恤隣字小―甲午戦前的中韓賑災米糧貿易」海洋史叢書編輯委員会編『港口城市与貿易網絡』中央研究院人文社会科学研究中心
秦裕光（1983)『旅韓華僑六十年見聞録――韓国華僑史話』中華民国韓国研究学会
権赫秀（2008)『近代中韓関係史料選編』世界知識出版社
―――（2013)『東亜世界的裂変与近代化』中国社会科学出版社
宋鉆友（2007)『広東人在上海（1843-1949年)』上海人民出版社
王淑玲（2013)『韓国華僑歴史与現状社会』社会科学文献出版社
市川信愛・戴一峰（1994)『近代旅日華僑与東亜沿海地区交易圏――長崎華商“泰益号”文書研究』厦門大学出版社
謝杭生（1988)「清末各省官銀銭号研究（1894 - 1911)」『中国社会科学院研究所集刊』11
楊培新（1992)『華俄道勝銀行和欧亜大陸第一橋――未透露過的沙俄侵華内幕』中国金融出版社
楊昭全・孫玉梅（1991)『朝鮮華僑史』中国華僑出版公司
張存武（1978)『清韓宗藩貿易――1637-1894』中央研究院近代史研究所
中国社会科学院経済研究所編（1979)『上海市棉布商業』中華書局
庄維民（2000)『近代山東市場経済的変遷』中華書局
―――（2012)『中間商与中国近代交易制度的変遷――近代行桟与行桟制度研究』中華書局

【英文】
Goodman, Bryna(1995) *Native Place, City, and Nation — Regional Networks and Identities in Shanghai, 1853-1937*, University of California Press.
Ishikawa, Ryota(2014) “The Merchants of the Korea-China Ginseng Trade in the Late Nineteenth Century”, Lin, Yu-ju and Zelin, Madeleine ed., *Merchant Communities in Asia, 1600-1980*, Pikering & Chatto.
Larsen, Kirk W.(2000) “From Suzerainty to Commerce — Sino-Korean Economic and Business Relations during the Open Port Period (1876-1910)”, Ph.D thesis, Harvard University.
―― (2008) *Tradition, Treaties, and Trade — Qing Imperialism and Chosŏn Korea, 1850-1910*,

Harvard University Asia Center ; Harvard University Press.

Noble, Harold J.(1929) "The Former Foreign Settlements in Korea", *The American Journal of International Law*, 23-4.

Patterson, Wayne (2012) *In the Service of His Korean Majesty — William Nelson Lovatt, the Pusan Customs, and Sino-Korea Relations, 1876-1888*, Institute of East Asian Studies, University of California.

Quested, Rosemary K. I. (1977) *The Russo-Chinese Bank — A Multi-National Financial Base of Tsarism in China*, Department of Russian Language and Literature, University of Birmingham.

Leung, Yuen Sang (1982) "Regional Rivalry in Mid-Nineteenth Century Shanghai — Cantonese vs. Ningpo Men", *Ch'ing-shih Wen-t'i*, 4-8.